龚剑

著

中国甲胄史

The History of Chinese Sword

中华书局

图书在版编目(CIP)数据

中国甲胄史/龚剑著. —北京:中华书局,2025.1
ISBN 978-7-101-16043-7

Ⅰ.中… Ⅱ.龚… Ⅲ.军服-军事史-研究-中国-古代
Ⅳ.E291

中国版本图书馆 CIP 数据核字(2022)第 243753 号

书　　名　中国甲胄史
著　　者　龚　剑
责任编辑　傅　可
封面设计　崔欣晔
责任印制　陈丽娜
出版发行　中华书局
　　　　　(北京市丰台区太平桥西里 38 号　100073)
　　　　　http://www.zhbc.com.cn
　　　　　E-mail:zhbc@zhbc.com.cn
印　　刷　天津裕同印刷有限公司
版　　次　2025 年 1 月第 1 版
　　　　　2025 年 1 月第 1 次印刷
规　　格　开本/920×1250 毫米　1/32
　　　　　印张 37　插页 4　字数 330 千字
印　　数　1-6000 册
国际书号　ISBN 978-7-101-16043-7
定　　价　188.00 元

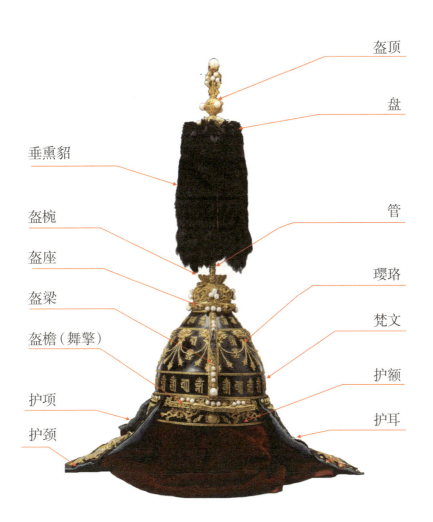

盔顶

盘

垂熏貂

管

盔椀

盔座

璎珞

盔梁

梵文

盔檐（舞擎）

护额

护项

护耳

护颈

盔枪

垂髦

护腋

护肩

甲袖

遮裆

左裆

甲裳

序

甲胄是冷兵器时代武备系统中最重要、最核心的装备之一。通常意义认为甲胄是个人防护具，这样的理解相对狭隘，其实甲胄核心的意义不是防护，而是进攻。《战国策》《史记》中对勇武的赞美必称"被坚执锐"，"坚"就是指铠甲，冷兵器时代的重甲武士，是整个军队进攻的核心力量，甲胄的多寡往往代表着国家、军队实力。近代对甲胄的研究往往只强调甲胄的防护卫体功能，防护只是甲胄的基本功能，而甲胄所代表的核心意义是具有强大的进攻能力，甲胄实际上是整个国家军事实力的柱石，是历代王朝严格管控的军事物资。

新中国成立之后，诸多学者前贤对中国甲胄有过相应的梳理和解读，周纬、杨泓、白荣金先生是此研究方向的代表。随着文物资料的丰富，中国甲胄的研究内容不断更新。本书系统梳理了从商周至明清这三千余年的甲胄发展历史，立足考古发掘文物、陶俑、塑像、绘画、现存收藏实物，对历代甲胄的形制、制作、管理进行了详细分析，在前贤的基础上，填补了更多中国甲胄的细节。本书同时对中国甲胄在历代的演化过程中，如何吸收外来文化和对外产生影响进行了详细分析。

本书按照编年史编写，大致分为两个阶段：第一阶段是青铜时代，涵盖商至战国；第二阶段是钢铁时代，从战国晚期至明清。第二阶段中，重点对唐朝甲胄、吐蕃甲胄进行了分析解构，分析了真正的唐朝甲胄的式样，同时对自唐朝开始的神将风格甲胄产生的原因进行了解读。对宋辽、宋金战争三朝的甲胄形制相互影响进行了分析。蒙古势力崛起后，中国甲胄再一次发生巨变，深远地影响了明、清两朝。对于蒙、元甲胄的细节，以往的研究是不够充分的，本书第一次通过诸多史料和实物还原蒙古甲胄细节。

中国甲胄研究相对较为冷僻，国内学者和学界介入不深，除了三十年前的先贤学者著书撰写了一部分理论后，至今在理论上并无更多进步。笔者在收藏历代武备实物的同时，潜心研究中国武备二十余年，通过大量查阅古籍、参观各地博物馆和古迹、拜访诸多收藏家，力求将历代甲胄实物、造像与历史对应，并用这些遗存的实物细节做拼图，去解读中国甲胄背后的历史故事，准确还原它们的形制与细节，填补中国武备研究的空白。

目录

写在最后　588

第一章

商周甲冑

"天命玄鸟，降而生商，宅殷土芒芒。古帝命武汤，正域彼四方。"（《诗经·商颂·玄鸟》）目前认为商人自公元前 1600 年建国，至公元前 1046 年周武王灭帝辛（纣王），国祚计 554 年。

商朝开始出现文字，这些出现在青铜器上的文字被称作金文。史料显示从汉朝开始国人就关注商、周青铜器上的文字，后世历代都有相关史料记载对出土青铜器铭文的研究。宋朝时期吕大临的《考古图》，赵九成的《续考古图》和宋徽宗敕编、王黼主编的《宣和博古图》系统记载了商周至宋的官廷及私人收藏的古青铜器，并对铭文进行了摹录，写出释文，同时加以考证说明。晚清金石学家王懿荣于光绪二十五年（1899）从来自河南安阳殷墟的甲骨上发现了甲骨文。这些历代对商朝文字的研究，为我们知晓商朝历史提供了极大便利与确切证据。

商王是商朝的最高统治者，商王之下是最高辅政官员辅相，初期只有一人，武丁时期增加为三人，后称为三公。三公统领着一个决策集团，组织了庞大的官僚机构，商王朝为了维持统治，建立了较完备的法律制度。

商朝实行的是"内外服"的政治体制，即商王直接统治王畿和诸侯的领地，各个诸侯和贵族有自己的属地。商王朝的军事力量由多层级结构构成：国家军队、诸侯军队和地方武装。国家军队即常备军，在甲骨卜辞中称为"王师""我师""朕师""我旅""王旅"等；诸侯的军队在卜辞中一般称作"某师"，如"雀师""犬师""虎师"等，"师"前为诸侯名或地名，也有些直呼其名，后面不加"师"，诸侯的军队要受商王室节制，随王出征；地方武装在卜辞中一般称为"族"，甲骨文中所见的"族"有"王族""子族""三族""五族"等。研究者们指出，这些"族"是一种宗族或家族性质的武装力量，属于非正规军事组织。（参见王绍东《甲骨卜辞所见商王国对外战争过程及行为的研究》）

商汤灭夏之时，曾"十一征而无敌于天下"（《孟子·滕文公下》）。近年来通过对甲骨文卜辞的研究发现，商王朝早期战争不多，亦有可能文字未能完善，所以没有得以有效记载。至仲丁时期发生征蓝夷，河亶甲征蓝夷、再征班方等战争。商代后期的战争则比较频繁，规模较大，武丁时期伐鬼方、伐荆楚、伐羌方等战争持续时间最长、规模最大，《周易》"既济"卦爻辞中说："高宗伐鬼方，三年克之。"；武乙时期犬戎寇边；帝乙时期，征夷方、盂方，以及周人崛起后伐商；帝辛征人方、克东夷等。商代战争必然促进其武备发展，从考古发掘可知商代青铜武备主要有戈、矛、弓箭、刀、钺、甲、胄，这些器物的文字在甲骨文中都有准确、清晰的表现。

商朝末年，周人崛起于周原。周武王十一年（前1046）一月二十六日，此时帝辛派大军远征东夷，周武王在太公吕尚等人辅佐下，武王"率戎车三百乘，虎贲三千人，甲士四万五千人，以东伐纣"（《史记·周本纪》）。武王亲率六师出兵潼关，东进灭商，总兵力达甲士四万五千人。周军抵达孟津后，与西夷方国、诸侯的部队会师，组成联军。联军至牧野后誓师伐商，历数帝辛种种暴行，即《尚书》所载之《牧誓》。武王下令联军发起总攻，先遣太公吕尚以数百名精锐部队出击，亲率主力跟进冲杀，尚在牧野祭祀的商人毫无防范。《尚书·武成》曰："甲子昧爽，受率其旅若林，会于牧野。罔有敌于我师，前徒倒戈，攻于后以北，血流漂杵。"帝辛见大势已去，逃回朝歌，登鹿台，自焚而死，史称"牧野之战"。此战后商朝灭亡，周王朝登上历史舞台。

　　周朝是一个完全施行封建制度的世袭王朝，可分为西周（约前1046—前771）与东周（前770—前256）两个时期。前771年，申侯联合缯国和犬戎攻打周王室，周幽王战败被杀，西周时期结束。周平王在晋文侯、郑武公与秦襄公护送下东迁到成周洛邑，东周可分为春秋时期与战国时期，中国进入诸侯争霸的时代，周王威严扫地，仅有天下共主的虚名。此时的周天子对诸侯已经失去控制，"礼乐征伐自天子出"已经不存在。春秋时期的"尊王攘夷"运动产生出春秋五霸等诸侯霸主，到战国时期七雄彼此合纵连横。秦庄襄王元年（前249）"东周君与诸侯谋秦，秦使相国吕不韦诛之，尽入其国"（《史记·秦本纪》），东周灭亡。至此，周朝国灭。

一、青铜胄

1. 商朝青铜胄

（1）商朝胄器形与分类

商朝晚期对外的征战日益频繁，可以从先秦文献、甲骨卜辞中得以佐证。

殷墟出土的甲骨卜辞中，有大量与战争相关的占卜记录。统计显示在《甲骨文合集》中，记录武丁与百余方国、族氏发生军事冲突的卜辞有 50 余条，数量最多。目前国内学界认为"武丁曾经出兵四方，征服了从商王朝西北直到南方的广大地区，达到了商王朝的极盛时期"（郭沫若《中国史稿》）。商朝晚期针对东夷地区的战争强度和烈度最高，同时这样大规模的战争对商朝本身也是一种巨大的负担，为自身的毁灭埋下种子，"纣克东夷，而陨其身"（《左传·昭公十一年》）。

高烈度的战争催促了商朝武备的发展，甲胄也成为武备中最重要的核心。从现有的考古资料中可知出土了大量的青铜胄，殷墟侯家庄西北冈发掘的 M1004 号大墓，出土铜戈 370 把、矛 36 捆（每捆 10 个，共 360 个），"此墓南墓道北段近墓口处有几十个铜盔"，整个殷墟西北冈出土"数以百计的铜盔"（杨锡璋《安阳殷墟西北冈大墓的分期及有关问题》，《中原文物》1981 年第 3 期），殷墟出土铜胄140 余顶。除了殷墟出土的铜胄，江西新干大洋洲、山东滕州都出土过商朝铜胄。

根据出土资料可以将胄分成：A 型，一体铸造铜胄，河南安阳殷墟侯家庄 M1004 号大墓、江西新干大洋洲商代大墓均出土此类胄；B 型，皮胎组合青铜胄。

A 型青铜兽面纹胄：

1934—1935 年，梁思永先生、胡厚宣先生发掘了安阳殷墟侯家庄西北冈 M1004 号大墓，M1004 墓是王陵大墓中出土器物最多的一座，青铜胄出土后装入 9 只木箱，其中 7 箱于 1948 年随故宫文物和殷墟文物一起迁往台湾，现藏于"台湾中央研究院历史语言研究所"。清点工作以每件胄只有一个顶管为依据，查知这 7 箱中的胄有141 件。剩余两箱青铜胄现存南京博物院，南京博物院对两箱残片进行整理，南京博物院整理的 7 个顶管中至少有 6 个对于胄的总数统计有效，因此 1004 号大墓出土青铜胄的数量可更新为不少于 147 件（田建花　金正耀《南京博物院藏侯家庄 1004 号大墓出土青铜胄》，《东南文化》2014 年第 6 期），南京博物院对其中两顶胄进行了修复。发掘出的铜胄形制大体近似，有 5 种风格。青铜胄采取范铸法制作，铸造的合范缝在胄体中线、胄体顶部形成一条纵向脊棱，脊棱左右两侧的胄体对称，胄体左右两侧和后部下沿较长，遮蔽耳部和后颈部。胄体横向剖面呈椭圆形，部分胄体尖顶略微后仰。胄体正面下边开长方形窗，武士佩戴后露出眼鼻。左右耳部有听孔，听孔表面多装饰涡纹。胄体顶部都有竖立的缨管。

一部分胄体正面铸造有兽面（图 1-1、图 1-2、图 1-4），上海博物馆前馆长马承源先生称图 1-2 这类兽面为虎纹，正面的兽面纹以胄顶脊棱为中线向左右对称展开，臣字形兽目和眉毛在鼻上向左右伸展，与双耳相接，与同期的青铜鼎、簋中的兽面风格一致，兽鼻轻微外凸。另一部分相对简素，只在左右两额装饰圆形凸起，表面装饰涡纹（图 1-3、图 1-5）。美国圣路易斯博物馆保存的商铜胄品相较好（图2），形制与殷墟出土（图1-5）形制完全相同。杨泓先生在《中国古兵器论丛》记载："（胄）重 2000~3000 克之间，胄面打磨光滑，兽面等装饰都浮出胄面。但胄的里面则仍保持着铸制时的糙面，凸凹不平。"

项目 内容	胄1	胄2	胄3	胄4	胄5
整体高	26cm	26.4cm	25.6cm	26.9cm	24.9cm
胄高	23.3cm	22.8cm	21.4cm	23.6cm	22.4cm
缨管高	2.63cm	3.68cm	4.09cm	3.29cm	2.43cm
盔底宽度	20.3cm	20.7cm	23cm（纵向）		
盔底脸部开窗	12.1×12.7cm	13.5×6.4cm	12.2×8.55cm		
胄体壁厚	0.15–0.45cm	0.25–0.4cm	0.18–0.5cm	0.12–0.4cm	0.08–0.25cm
重量	2620g	2970g	2700g		

南京博物院对 7 件可区分个体的带顶管残片，进行了化学成分分析和金相观察。日本著名汉学家内田纯子和钣壕羲之也对"台湾中央研究院历史语言研究所"的 24 件铜胄进行了同样的研究，结果显示，"31 件铜胄的铜、锡、铅的平均含量分别为 82.7%、15.2%、1.6%，锡含量变化范围为 7.7wt%~22wt%[①]，铅含量小于 1wt% 的 17件，在 1wt% 至 3wt% 之间的 9 件，大于 3wt% 的 5 件，最大值为 5.97wt%。这样的金属配比保证了合金硬度，能够满足作为战斗防护器具的铜胄的材质要求"（田建花 金正耀《南京博物院藏侯家庄 1004 号大墓出土青铜胄》《东南文化》2014 年第 3 期）。金相结果显示，胄均为铸造成型。从统计数据上来看，胄体的厚度在 0.15~0.5 厘米，这样的厚度已经具有良好的防护性，佩戴胄的时候应该会戴

① wt% 是比重量百分比，指一种物质占混合物的比重。

头巾或盔衬，从胄体的深度推测，胄内部留出了发髻的空间。

江西新干大洋洲商代大墓出土的铜胄（XDM:341[①]）是目前已知商朝铜胄中品质、品相最好的（图3，@核桃蛋摄），胄体中部脊棱高耸，正面铸造浮雕兽面，两眉毛弯曲至后瓢，眼外凸略呈方圆形，两眼间有卷曲状鼻。鼻下开长方形窗，胄体下沿环绕条边，胄高18.7厘米、内径18.6~21厘米，厚度0.3厘米，重2210克，横截面为椭圆形。胄顶缨管位置偏后。此胄与殷墟的风格有明显差异，殷墟的胄体明显后仰，而此胄明显前冲。此胄是唯一发现的长江以南地区的商朝胄，可能是武丁时期对南方作战时期的遗物。

B型皮胎组合青铜胄：

1994年发掘的山东滕州前掌大墓地，当年被评为全国十大考古发现。历经前后9次考古，共出土商朝青铜胄45顶，分别出自4座墓葬和1座车马坑。滕州出土的青铜胄与殷墟一体铸造的胄有明显区别，"胄出土时候背面发现有黑色炭化物，可能是炭化的皮革一类衬托物的痕迹"（中国社科院考古研究所《滕州前掌大墓地》文物出版社2005年版）。这批出土的胄体青铜构件单独铸造，再固定于皮胄之上，这批胄从结构上可分成三大型，Ⅰ型单独兽面，有护耳，无护顶和护颈；Ⅱ型为复合结构，正面为兽面结构，有护顶和护颈；Ⅲ型为兽面带脊棱型，正面分成兽面和素面两类。

Ⅰ型（图4）共有31件，根据兽面的特征可以分出4个亚型，这类单独兽面是镶嵌于皮胄的护额。

图4-1型有13件，兽面长角向上弯曲，角后半部变粗，双眼大而突出为臣字形，双角下有耳，耳与角之间有梁，鼻阔中部起脊

---

① 指考古标本编号，全书均从此例。

线，阔嘴两侧露獠牙，牙与鼻之间有穿，用于固定在皮胄体之上。图 4-2 型与图 4-1 型出自同一墓，形制基本一致，该墓室还出土有与胄配套的圆形护耳，护耳扁薄中有孔，两侧各有一穿。这类兽面面阔 14.2~17 厘米，高 10.2~15.4 厘米，两角宽度为 18.3~18.4 厘米，兽面宽窄高矮虽然有变化，但两角的间距与胄体宽度较为一致，说明头围大体是一致的。图 4-3 型有 2 件，角细长而弯曲，圆目突出，无眼眶，整体结构与图 4-1 型、图 4-2 型相似，但是较为简素。图 4-4 型有 8 件，兽面的面容形式与图 4-1 型、图 4-2 型相近，较为特殊的是桃形大角，上饰十字凹线叶脉纹，大角上端有两组 4 孔，獠牙与鼻之间有穿，固定于皮胄之上。面阔 19.6 厘米，面高 10.9 厘米，高 15.8 厘米，厚 0.1 厘米，图 5 为兽面铆接或捆扎在皮胄上示意图。图 6 型有 8 件，兽面结构与图 5 相似，兽角铸造为一整体，占整个兽面的一半，兽面内亦有十字凹线纹。面阔 17.2 厘米，面高 14.7 厘米，高 17.1 厘米、厚 0.1 厘米。

Ⅱ型 1 件，结构上由正面的兽面、起脊条形护顶、护颈三部分构成（图 7）。正面的兽面（图 7-1）与图 4-3 风格一致；护顶（图 7-2）呈条形起脊，枕延续至后脑，左右两侧有对称四对八穿，顶长 18 厘米，枕长 14.6 厘米，宽 5 厘米；护颈（图 7-3）呈窄扁条状，弯曲成半环形，两端各有两个长方形的穿，直径 22.2 厘米，宽 4.6 厘米，厚 0.2 厘米，胄组合完成造型为图 8。

Ⅲ型共计出土 13 件，根据兽面风格可以分成 2 个亚型。

Ⅲ-1 型（图 9）5 件，兽面和弧形起脊顶铸造为一体，应是内外范整体铸造完成，正面兽面风格与Ⅰ型一致，顶部起脊棱延伸至脑后；胄体左右两侧有圆形护耳，护耳左右有半圆环，应为缀合之用，中有一孔；胄体正面脸两侧分别有长方形牙片缀合其上。胄体表面光洁，内部则保留了原始铸造的粗糙面，此类胄应是缀合在皮质胄外，出土时发现胄内侧的黑色炭化物。胄体通高 23.8 厘米，面阔 17.2 厘米，厚 0.2 厘米，护耳直径 11.2 厘米。保利博物馆亦藏有风格近似的青铜胄（图 10）。

Ⅲ-2 型（图 11）8 件，正面为素面，顶部起脊并与兽面、顶、颈连铸为一体，应是整体范铸而成，正面简素呈长方形，左右两个角略微上翘，边缘有穿，胄面通高 26 厘米，面阔 15.8 厘米，厚 0.2 厘米。

（2）商朝青铜胄的一些细节

兽面纹：

宋《宣和博古图》指出这种"兽面纹"是《吕氏春秋·先识览第四》载的"周鼎着饕餮，有首无身，食人未咽，害及其身，以言报更也"。从此，这个名称在铜器研究中一直沿用至今。随着对商朝青铜器研究日深，马承源先生认为"饕餮纹"一词的含义不足以囊括青铜器纹饰中这一类复杂的兽面集合纹饰，提出以"兽面纹"代替"饕餮纹"。马承源撰写的《商周青铜器纹饰综述》一文指出，从商代早期到西周早期青铜器的艺术装饰纹样的共同特点是，兽面纹占有突出的统治地位，这与当时的宗教思想有着密切的联系。它实际上是用艺术的形式来表现人们对客观世界的态度和认知水准，反映了当时人们对自然神崇拜而产生的神秘和肃穆的气氛。所有的商朝兽面纹的核心是巨大的双目纹，双目纹配合牛角、羊角、鹿角、虎耳身、兽身形成不同的组合，因其多样性让今人产生了定名和认识上的诸多争议。商朝兽面纹总体呈现出狞厉的美感，这些风格不同的兽面纹大量出现在青铜器上，也体现了商朝人意图用狞厉神秘的兽面来体现对原始宗教的崇拜。

笔者认为青铜胄上出现兽面，更多的是用一种神秘凌厉的形象来威吓对手，其次可能用不同风格的兽面来区别不同的部队。

结构分析：

殷墟、山东滕州前掌大墓地出土的不同形制的青铜胄，整体铸造且纹饰精美的青铜胄，其使用者明显阶级等级较高。虽然殷墟青铜胄、大洋洲青铜胄都未给出铸造胄体的厚度，但是因为胄体是整体铸造，其防护性能应是较为良好的，这类青铜胄的使用者应该是军队中的将领或骁勇军队或王师。滕州前掌大墓地出土的兽面、脊棱顶胄的使用者等级会稍弱，或许是诸侯的部队。仅有正面兽面的胄应是最普通部队的装备，山东滕州出土的 I 型兽面护额铸造厚度均为 0.1 厘米，从物理性能来说，防护性是相对较弱的。此类胄没有顶部的金属覆盖面，从防护性来说强度是偏弱的，其主体应该还是皮胎胄，此类铜兽面除了提供一定的防护能力，更多的应是标识出商军的威武，或者用不同风格的兽面来区分部队。

殷墟考古出土过一个商朝武士的头颅（图 12），头顶正中嵌有一个残断的箭镞，头颅的左侧还有伤及颅骨的劈砍伤，原殷墟考古队唐际根队长指出这个颅骨的主人生前是一个武士，对外征战后，带着严重的颅骨伤回到殷墟，并且存活了一段时间，颅骨的伤口有明显的愈合痕迹。商朝近距离格斗主要使用青铜戈和矛，戈的杀伤是自上而下啄击和横击，所以从这个受伤的颅骨可以知道胄对武士的防护极为重要。

商朝高级的铜胄脊棱高耸，这个风格并非是单纯的造型，带有明显的功能性。笔者认为，高脊棱最大的功效是可以保证戈在击中胄顶的时候，脊棱斜坡会使戈的垂直打击力产生偏转，把戈尖导向盔侧，卸掉戈尖的攻击力量。凸起的脊棱本体也具有良好的抗打击能力，商人应是3500年前就注意到了这个现象，所以商朝人采用此种高脊棱盔型，是很科学的。

无论是整体铸造的青铜胄还是复合青铜胄，都会在耳部出现听孔，说明商朝人在制作胄体的时候充分考虑到了战场环节，在增加防护的条件下，同时需要武士能清楚听到指挥命令。

2. 周朝青铜胄

（1）考古实物

周朝代商而立后，西周胄仍旧是以青铜铸造。

1978年山西柳林县高红村大墓发现青铜胄一件（图13），胄顶端有一环状钮，口前后均为半圆形开口，两侧缘齐平，下部有六个方孔，盔口边沿起棱，素面（杨绍舜《山西柳林县高红发现商代铜器》《考古》1981年第3期）。早期考古报告认为此盔是商朝的，但是从更广泛的考古资料比对来分析，它应该是西周早期器物。

北京房山琉璃河1193号墓出土西周早期铜胄（M1193:27）（图14）。胄顶有环形小孔，前后均为半圆形开口，两侧缘齐平；两侧边缘有一圆形小孔，素面。

北京昌平白浮西周墓中出土青铜胄两顶（图15），分别出自白浮二号墓和三号墓，都有一定破损。二号墓出土胄经过修复，铜胄左右两侧向下延伸，形成护耳，胄顶中央纵置网状长脊，脊的中部有系缨的环孔，胄体表面光素无纹饰。三号墓胄破损较为严重，形制与二号墓一致。

1963 年 6 月内蒙古昭乌达盟宁城县南山根 101 号墓出土一件铜胄（M101:29）（图 16）。铜胄的前后两面大致相同，盔体边沿起宽 1.3 厘米边带，宽带上凸出一列圆泡钉。左右两侧下垂，形成护耳。在两侧护耳的下角，各有两个小钮穿。胄顶中心竖立着一个方钮，横穿一方孔。胄出土时还附有四根皮条痕迹，自顶上方钮穿过后向四边下垂，其中两条各穿过两侧护耳下的小钮，说明戴胄之后用皮条结扎。胄通高 23.8 厘米。这座墓的时代应是西周晚期到春秋早期（《宁城县南山根的石椁墓》，《考古学报》1973 年第 2 期）。此外，1958 年在这里也曾出土了一件铜胄，形制与上述一件相同，通高 24 厘米（图 17）。（李逸友《内蒙昭乌达盟出土的铜器调查》，《考古》1959 年第 6 期）内蒙古宁城博物馆收藏一顶宁城县小黑石沟墓出土的铜胄，形制与以上两胄一致（图 18）（国家文物局国家文物鉴定委员会《文物藏品定级标准图例》[兵器卷] 文物出版社）。

1956 年春在内蒙古昭盟赤峰市美丽河出土过一件铜胄（图 19），形制与前述南山根出土标本大致相同，区别仅在于缘部没有泡钉，胄左右两侧各只有一个方形钮穿。

青海民和塘尔垣出土的一件铜胄（图 20）为代表。这件铜胄是民和县博物馆的藏品，半球形，两侧耳部下垂，顶中部一半环。张文立博士认为其形制与北京昌平白浮 M2 出土的铜胄近似，故将其年代定为西周中晚期。宁夏西吉县钱币博物馆中有一顶西吉县硝河乡出土铜胄（图 21），馆方标注为"西夏铜头盔"。这是错误的，此胄与民和塘尔垣出土铜胄高度相似，应是同期之物。

河南省博物院藏灵宝出土战国铜胄（图 22），胄的截面似圆形，顶部方形的钮断裂，前面有 M 形开窗，并有折边，其余两侧与后部皆素面。

此类风格的铜胄在山西博物院、辽宁葫芦岛博物馆、台北故宫博物院都有保存。部分胄顶钮穿演化成动物形象。

项目 内容	山西柳林县高红村	房山琉璃河1193号墓	昌平白浮西周墓	内蒙昭乌达盟	青海民和塘尔垣	河南省灵宝
年代	西周早期	西周早期	西周	西周晚期	西周晚期	战国
胄高	19.5cm	21cm	23cm	23.8cm	18.8cm	19.5cm
胄长	23cm	24.8cm		32.9cm		22cm
胄宽	18.5cm	22.5cm			20.7cm	19cm
钮	1.5×2.6cm		高3cm 纵向长18cm		半环	
胄护耳宽	18cm		12.2X8.55cm			
穿	6×2cm		0.18–0.5cm	0.12–0.4cm	0.08–0.25cm	
重量	1350g		2700g			

从已知的周朝青铜胄可知，周朝的胄形与商朝有明显区别，胄体整体呈圆弧体，面部开窗成圆弧形，后颈部也露出弧形窗，胄两侧稍长，遮蔽耳以及部分脸颊。胄体顶部有方形或圆形穿绳孔，胄戴好后，由皮绳穿过顶部孔和胄两侧的穿孔栓于下颌进行固定。商朝夸张的兽面彻底从胄顶消失，周朝的青铜胄造型完全没有延续商朝的风格，整体显得更为简素。

已知的这些青铜胄都出现在西起青海东至辽西（包括内蒙古的东南部和辽宁西部）的中国北方广大地区，长江以南地区未见此类风格铜胄出土。

（2）周朝青铜胄与北方游牧文化的关联

已知的中国北方周朝青铜胄都带有 M 形面部开窗，胄顶有方形、半圆形钮，这种开窗、钮与殷墟青铜胄风格完全不同。

斯基泰青铜胄出现于斯基泰文化的初期，在北高加索的库班发现较多，故常被称作"库班式胄"。库班河左岸的凯莱梅斯墓地出土的铜胄，伏尔加河流域、哈萨克斯坦东南部的谢米列奇耶、乌兹别克斯坦东南部的撒马尔罕等地也有分布。（参见李刚《中国北方青铜器的欧亚草原文化因素》，文物出版社 2011 年版）

欧亚草原腹地斯基泰文化铜胄（图 23）的主要特征是前后开口、M 形面部开窗、贯通前后的中脊和底缘开穿孔。斯基泰文化的早期应该在公元前 7 世纪，相当于中国的春秋早期至中期，时代要比中国商晚期至周朝初期出土的 M 形面部开窗的铜胄出现得晚。斯基泰风格的青铜胄更接近河南灵宝出土的风格，由此推测中国北方周朝青铜胄可能对北方草原产生了影响，北方草原又通过欧亚大草原传播至斯基泰人控制的南俄罗斯草原。根据目前南俄、中国出土青铜胄的时间线来看，很多学者认为斯基泰 M 形面部开窗的铜胄是由中国传到北方草原的。部分学者认为，传播路线是由黄土高原向四方传播，其中一路的传播是西经河西走廊，传播至中亚，进而到达西亚，乃至欧洲草原。青海民和塘尔垣出土的实物可能就是传播路径中的一个节点。

二、青铜甲

1. 板甲

在宝鸡石鼓山考古资料公布之前，已知的中国甲都是以札甲为主。2012 年宝鸡石鼓山发掘了一座西周墓，长方形竖穴土圹墓石鼓山

M1，墓葬时代可能为西周早期，可能上至商末周初。出土器物有青铜礼器、兵器、马器等，是一座等级较高的贵族墓葬。

铜甲1组3件（M1:13），弧形薄片状，残甚。M1:13-1（图24-1），短边沿有一排卵孔，长边沿有两排卵孔。两短边饰勾连云纹。残长23.5厘米，残宽10厘米。M1:13-2，边沿弧形上翘，外边沿连续单排卵孔，内饰勾连云纹。残长40厘长，残宽21厘米。M1:13-3，腿部形状筒状，疑为包裹腿部的护甲，接口处两边沿卵孔3组，每组6个。表面饰斜线、弧线图案。上部一边残缺。残长29厘米。铜甲碎裂成很多块，厚度从0.4~0.8毫米不等，其中标本TJ01长约4厘米，宽约2.5厘米，厚0.6~0.8厘米（图24-2 摄影@动脉影）。边缘有4个完整卵孔，左侧有1圆形凹痕，疑为未穿透的卵孔。

经过宝鸡青铜博物馆修复，可知整个青铜甲分成前后两个部分，背甲明显有左右两块模拟肌肉的凸起，前后甲的下端都反翘，顺边缘起界线并装饰勾连云纹，最外缘等间距制作卵孔，推测卵孔系由硬度较大的锥子之类的工具冲压而成，工具的材质有待进一步研究。经过金相分析后，"可以推测当时的匠人可能是先铸造出比目前甲片稍厚的铜片，然后根据人体各部位的形状，加热锻打制成铜甲衣的不同部件。宝鸡青铜博物馆的研究人员认为此套铜甲可能是要通过甲周围的孔附着在内衬之上，不是独立成为身甲。铜甲周围的勾连云纹的绘制使用了'毛笔'一类的工具，以墨勾勒出纹饰的形状，然后以孔雀石为主要成色剂进行绘制"（陈坤龙、梅建军、邵安定、刘军社、郝明科《陕西宝鸡石鼓山新出西周铜甲的初步科学分析》，《文物》2015年第4期）。

石鼓山整体青铜甲在我国尚属首次发现，宝鸡青铜博物馆的专家认为其与欧洲瓮棺文化铜甲有诸多相似之处，似乎二者之间存在某种联系。

瓮棺文化是主要分布于欧洲中、东部的青铜时代晚期文化，存续的年代约为公元前 1300 年至公元前 750 年，相当于我国的晚商至西周时期。铜防护用具在该文化中较为流行，胸甲、护膝、头盔和盾牌等均有发现，且多为锻造而成。铠甲通常由胸甲和背甲构成，通过榫卯结构相互连接，甲片上常见冲压、錾刻等方式制作的三角形、圆形和星形等纹饰。根据统计，瓮棺文化出土的铜铠甲已有 20 余件，东部的"喀尔巴阡组"（图 25-1）年代可早至瓮棺文化初期，斯洛伐克萨卡遗址出土铠甲可早至公元前 13 世纪；西部"阿尔卑斯组"（图 25-2）以法国东部 Marmesse 和 Fillinges 等地的发现最为重要，年代约在公元前 9- 前 8 世纪（陈坤龙、梅建军、邵安定、刘军社、郝明科《陕西宝鸡石鼓山新出西周铜甲的初步科学分析》，《文物》2015 年第 4 期）。

从已知的商周考古可知，中国与当时的中亚、西亚、欧亚大草原的游牧势力都有比较广泛的交往，西周时期出土的大量西亚风格红玛瑙珠、陕西周原出土的蚌雕欧罗巴人头像就是例证之一。石鼓山铜甲与欧洲瓮棺文化铜甲的诸多相似之处，似乎也暗示了二者之间可能存在某种联系，而其最直接的体现当是金属锻造技术的使用。我国商周时期的铜器加工以范铸工艺为主，锻造成型在中原地区的应用非常有限，西亚、欧洲等地青铜时代加工使用锻造技术则是常规。目前我国所见较早的锻造铜器多与北方或西北地区的青铜文化显示出密切联系，其技术渊源或许有可能来自更远的西方。综合以上各方面的因素，国内学者认为："或许可将石鼓山铜甲视作在西方技术传统的影响下，结合中原本地皮甲的传统形制和装饰特点而进行的新的创造。"（陈坤龙、梅建军、邵安定、刘军社、郝明科《陕西宝鸡石鼓山新出西周铜甲的初步科学分析》，《文物》2015 年第 4 期）此套青铜板甲在同时期考古是孤例，不排除是早期贸易流入之物。

云南李家山墓葬群，属于战国晚期至西汉初期，出土了青铜甲多件，然而因过于破碎，无法辨识全形。从残片看出有胸甲、臂甲、腿甲、肘甲等，系用薄铜片制成。甲表面有阴刻和模压出各种动物图案花纹，边缘有对称小孔，便于串联（图 26），保存较好的是青铜臂甲（图 27）。此处还有大量长方形小铜片，四周亦有小孔，估计原来是连缀一体，因串联线已腐，难以复原。盔多件，破碎，无法辨认全形。从残片看，似为筒状尖顶形。云南李家山地区的青铜甲与石鼓山青铜甲风格完全不同，带有典型的边地风格。笔者在海外藏家处见到过一片品相完好的铜甲（图 28），风格和李家山胸甲极为相似，制作极为精细，整体外缘包细边，整体有数道棱，起到结构加强作用，在顶部有简单的几何纹样，边缘有穿孔，可能与皮衬垫缝制在一起，此甲制作极可能采取了铸造和锻造相结合的工艺。

2. 札甲的早期形态

1984 年中国社会科学院考古研究所沣西发掘队在陕西长安普渡村第十八号西周墓中发现西周青铜甲片 42 件，其出土时位于椁室内墓主人脚端及腓骨两侧，锈蚀较严重并略有残损。

甲片由青铜铸造而成，个别甲片顶端留有浇口痕迹，片体上及部分穿孔处有浇铸缺陷（图 29）。甲片为长方形，四角设孔，穿孔作斗状，片体表面微凸，四边抹棱。可分长短两类：长形甲片 14 件，甲片长 10.2~10.79 厘米，宽 3.8~4.08 厘米，厚度 1~2 毫米；短甲片 28 件，长度 7.63~7.82 厘米、宽度 4~4.08 厘米，厚度 1~2 毫米。甲片开方孔，正面大底口小，上口 6×3 毫米，底口 3×1.5 毫米。甲片称重总重为 1934 克。其中 14 长片合重 713 克，每片平均重 51克；28 短片合重 1221 克，每片平均重 43.6 克。

甲胄修复专家白荣金先生参与了此套甲的复原，认为此甲片总数拼合好，仅能遮蔽前胸和腹部，身体两侧和后背是无法遮蔽的。所有甲片均未见丝麻织物及木质遗留下来的痕迹，但从部分甲片的背后发现附有一定厚度的褐色腐蚀层，呈粉状，似为皮革衬里网状纤维朽后所留痕迹。根据甲片的这些痕迹，白荣金先生认为，青铜甲片的背后可能曾以皮革作为衬里。甲片四角都开单孔，表面甲片之间的组合互不叠压，这与后世甲片边缘相互重叠的组合形式有很大差别，属于一种较原始的组合方式。由长方形甲片组合成的身甲为一长方形体，在穿着时应掩护前身，上端可通过系带挎于颈上，或斜叉过两肩作背带式系结，下部则需通过腰部系带固定（图 30）（白荣金《西周铜甲组合复原》，《考古》1988 年第 9 期）。

此甲是后来秦、汉札甲的源头。秦始皇陵兵马俑所穿着第一类一型甲，即为正面一片状结构，仅能护卫前身，应该就是此类身甲风格的延续。长安普渡村西周青铜甲是早期札甲的形态，是从整体皮甲向金属甲、整体甲向札甲过渡的阶段。

3. 西周马面甲

湖北随州叶家山墓地是西周早期的高等级贵族墓地，其葬制独特，布局清晰，保存完整，规模较大，随葬器物种类多。M28 墓出土铜、陶、玉、原始瓷、漆木等质地的器物 600 余件。通过初步整理发现，该墓出有多件带"曾侯""曾侯谏"铭文的青铜器，结合墓葬规模、随葬品情况，可推定该墓为一代曾侯墓，年代为西周早期。

M28 墓椁室内棺外北侧出土形制相同马胄 4 套，已复原，该器应是戴在马头上的防护性器具，从额片压边缘及穿孔看，马胄原应还有皮甲与之相连。每套由一件鼻片和一件额片连缀而成。器表发暗，呈古铜色，局部有黄褐色锈斑（图 31）。鼻片 4 件，形制相同。鼻片置于马嘴之上的两鼻孔间。截面呈"一"，顶面和两侧面均作长方形；下部表现两鼻孔及其中间轮廓，两边为弧弯形尖角，合于两鼻之上，中间为倒梯形，近马鼻处微向外弧。边缘一周有圆形小穿孔，两个一组，共 12 组。"通高 6.8 厘米，通长 17.6 厘米。上部宽 13.6 厘米，顶面宽 4.4~4.8 厘米，长 13.6 厘米，两侧面宽 8 厘米，下部宽 15.2 厘米。孔径 0.3~0.5 厘米。厚 0.2 厘米。"额片仅存 3 片，呈亚字形，当是置于马的额前、两眼之间。器薄，中间有凸起的四棱锥形顶面，并向四面各伸出一截圆角方形薄片，带一定弧度，其中位于马鼻上方的一截薄片较长。额片边缘有一周有压缘，压缘上有圆形小穿孔，左、右两边各 4 个，上边 3 个，下边 4 个。"通高 5.4 厘米，长 26 厘米，宽 24 厘米，压缘宽 0.5~0.7 厘米，下边长 9.8 厘米，宽 6.4~13 厘米，余四边长 7 厘米，宽 7.6~11.2 厘米，孔径 0.3~0.5 厘米"（湖北省文物考古研究所　随州市博物馆《湖北随州叶家山 M28 发掘报告》，《江汉考古》2013 年第 4 期）。通过观察，鼻片和额片上有芯撑可知制作工艺为范铸，此青铜马面甲是目前已知年代最早的。

三、皮甲胄

从现在考古发掘中所获得的中国古代甲胄的实物来看，殷商、西周、东周（春秋、战国）时期军队主要使用的都是皮甲胄。

1. 人甲

我国最早的铠甲实物见于商代晚期，20 世纪 30 年代发掘的殷墟侯家庄 1004 号大墓南墓道曾发现腐蚀的皮甲残迹。可辨的两件个体上下叠压，轮廓不清，最大残径约 40 厘米，保留黑、红、白、黄等颜色装饰的花纹，被推测为整片的皮甲（图 32）。杨泓先生在其著作《中国古代兵器丛论》中也支持此出土物为整体皮甲，笔者查阅国内研究甲胄的论文和各种报告，都支持皮甲说，但是此物会不会是皮盾的残片？目前殷商时期考古出现的甲胄都是青铜材质，由于年代久远和土层关系，尚未有完整或可修复的皮甲胄。

从目前考古资料显示，出土了相当数量的东周时期皮甲胄、皮具装铠。河南淅川县下寺春秋楚墓、湖南长沙左家公山、湖南长沙浏城桥一号墓、湖北江陵拍马山五号墓、湖北随县城关擂鼓墩一号曾侯乙战国墓、安徽六安市白鹭州战国墓都出土了皮质甲胄，除了河南淅川县、安徽六安市地处长江以北，其余的皮质甲胄都在长江以南地区，发现有甲胄遗物的楚墓主要集中于长沙、江陵、南阳等地。湖北地区的楚墓以江陵地区最多，此地原为楚国国都郢都，江陵地区楚墓集中于雨台山、九店等地，甲胄多出于一些大型的墓葬中，如天星观、包山、望山、马山楚墓等。

河南淅川县下寺春秋楚墓出土的甲胄残片经过白荣金先生的整理修复，认为此批甲是马具装铠，甲片皮胎髹漆，皮胎已经朽烂，仅剩余漆片，表面通体髹黑漆，用朱漆绘制出纹样，部分漆皮保留了侧边的厚度，测量结果为 0.3 厘米，应该是皮甲的真实厚度，多数甲片接近长方形，残存大致尺寸为 20×33 厘米，小的甲片宽度有 6 厘米左右，部分截取的皮甲上有山形镂空金饰（图 33）。

长沙地区的楚墓共发现 5 件皮甲，保存完整的有两件，分为二式，一式以浏城桥一号墓出土的一领春秋晚期皮甲为代表，因积水泡浮，散置凌乱，无法复原。甲片有横长形、竖长形、角形、璜形、弯角形等形状。长方形的一种长 15 厘米，宽 13 厘米，上有小孔 10 个。另一种长 20.5 厘米，宽 13 厘米，四周均有小孔（图 34）。另一式以湖南长沙左家公山十五号战国中期墓皮甲为代表，其甲上半部为皮质，下半部为丝质物，皮质部分由小方块缝制而成（图 35）。

江陵天星观一号楚墓出土有数量众多的兵器，出土一领甲，出土时甲片相互盘绕叠压。甲片木胎，外贴皮革，髹黑漆。甲片大部分呈长方形，少部分形状不规则。经复原，甲片只有身片，无胄、袖片。甲身由胸甲、背甲、肋甲、甲裙片组成，共 66 片。胸、背甲各 3 片（出土时胸、背甲各缺左边一片），中间 1 片长方形，左右两片外弧形，两端和中间有编连孔和编连痕迹。肋甲 8 片，两侧各 4 片，长方形，外弧，两端有编连痕迹。甲裙，由 4 排甲片组成，每排 13 片，共 52 片。均上窄下宽，外弧。4 排裙片从上至下，长度依次递减，宽度依次递增，边沿相互重叠。同排甲片大小形制一样。第一至三排甲片，上端 4 孔，下端 2 孔；第四排甲片，上下端各 4 孔。整个甲裙，上小下大，圆筒形。甲身长 90 厘米、肩宽 64 厘米、裙下端宽 90 厘米（图 36）。该墓的时代为战国中期，在公元前 340 年左右。

这套木胎贴皮髹漆甲是已知楚系甲的特例，木胎贴皮髹漆是最早的复合甲。这类甲片是典型早期札甲，甲片之间开始出现局部的叠压关系，但是横排之间尚未出现编缀关系。

荆门包山墓地二号墓出土了两件马甲和两件人甲（图37），具体下葬时间为公元前316年的楚历六月二十五日，年代为楚怀王前期。甲片均为皮革裁制，多呈弧形和半球面形，表面髹黑漆，甲片四周开制用于编连的穿孔，少量甲片穿孔处残留编缀丝带的痕迹。所有甲片皮胎都已经腐朽无存，残存漆膜。整套皮甲由胄、身、袖、裙四部分构成，残存甲片203块。

胄残存3块甲片，凸起顶梁（图37-1）1块，纵向凸棱，两侧有穿孔，弧形弦长21.6厘米，残宽8.4厘米；顶部侧片（图37-2）2块，半球形，中间纵列穿孔4对，内侧下沿1孔，内侧展开边长20厘米，半径12厘米。凸起顶梁叠压在侧片之上，固定编连。

身甲残存16片，可细分为领、胸、背三部分。大领中间一片为方形，下部呈梯形外凸，其上有穿孔18个，正面残留有丝带编连痕迹，外凸部分内折，通过其上的一对穿孔编连背甲，甲片高14厘米，宽11.3厘米（图37-3）。大领侧片2块，长弧形，两端残损，左右两侧各有3孔，上沿及中下部各有一对穿孔，宽11.5厘米（图37-4）。大领中间片叠压于大领侧片之上，固定编连，再立编缀于背、肩甲处。肩甲2片，呈长方形，内侧上部呈弧形内凹，弧形处及上边皆残损，现存20穿孔，该片前接胸，后接背部，弧形内凹处为颈部。纵向长22厘米，下宽11.6厘米（图37-5）。胸中片1块，长条形，一侧有纵向穿孔4对，另一侧有纵向穿孔3对半，正面残留编织丝带痕迹，长23厘米，宽7厘米（图37-6）。

背部中片 1 块，长条形，一侧有纵向穿孔 4 对，另一侧有纵向穿孔 3 对半，正面有残留编织丝带痕迹，长 22.3 厘米、宽 6.7 厘米（图 37-7）。背部中侧片 2 块，长条形，内侧有纵向穿孔 4 对，外侧两端各 1 孔，长 22.3 厘米，宽 6.7 厘米（图 37-8）。胸侧片残存左侧片 1 块，内侧上下为直角，外侧上部弧肩，下部弧内凹，四周有 10 孔，上缘穿孔缺失，纵向长 18 厘米，上宽 18.6 厘米（图 37-9）。背侧片 2 块，形制与胸侧片相同，略窄，边缘内凹，有 9 孔，纵向长 16.5 厘米，上宽 14.4 厘米（图 37-10）。胸、背外侧片 4 块，前胸后背各 2 块；内侧上方弧肩，下部方形，其上残存 4 孔，纵向长 11.5 厘米，横宽 9.6 厘米（图 37-9、图 37-11）。肋间片 2 块，方形，上下缘略内凹。左肋尖片稍大，其上有穿孔 5 对，长宽均为 10 厘米（图 37-12）；右肋间片略小，其上四角各有穿孔 4 对，长 8 厘米，宽 6.8 厘米（图 37-13）。胸、背外侧片与肋间片之间的过渡性甲片腐朽无存。身甲编缀的特点是胸、背甲片均是中间叠压两边，纵排上排叠压下排，固定式编连成身甲。此种身甲胸背部分是编缀成一个紧固部分，上下左右不可移动。

整个甲的制作中，臂手甲的制作最为复杂，现存甲片 118 片，按照细分可以分成中间片、袖内侧片、袖外侧片三种。袖中间片 19 块，扇形，两侧各有 2 对穿孔，中部上沿有 1 对穿孔（图 37-14）；袖内侧甲片 55 块，扇形，内下角大于外下角，内侧有 2 对穿孔，上沿横列 1 对穿孔，外侧上下各有 1 个穿孔，横长 8~13.5 厘米，宽 5 厘米（图 37-15）；袖外侧片 46 块，长条形，外侧上部弧边，袖上部第一排外侧为 6 个穿孔，横长 9.8~14.2 厘米，宽度 4.5 厘米。整个袖甲由 18 排横排编缀而成，每横排 5 块甲片，横排相同部位侧片尺寸相同，左右对称。整个甲袖如图38-4。横排甲片中间片在上，依次向两边叠压，固定式编连；纵向连接横排的时候，下排压上排，属活动式编缀。整体袖甲为上粗下细、不封口、能伸缩的袖筒结构。

部位	排序	实有片数	横长（厘米）	宽（厘米）
中间片	一			
	二	1	13.5	5
	三、四	4	12	5
	五—七	2	10.5~11	5
	八	1	9	5
	九—十八	11	8	5
内侧片	二	4	13.5	5
	三、四	5	12	5
	五—七	3	10.5~11	5
	八	1	9~9.5	5
	九—十八	37	8	5
外侧片	二	3	14.2	4.5
	三、四	4	13.5	4.5
	五—七	4	12	4.5
	八	1	10.5	4.5
	九—十八	34	9.8	4.5

甲裙残存66片，可细分为窄长方形、长方形、方形三种。窄长方形的甲裙甲片14块，上沿穿孔3组，两侧各纵列3孔，中间并列2行，长17厘米，宽9.6~10.2厘米（图37-18）；长方形甲裙甲片39块，上下沿穿孔均呈3、3、2排列，长14~14.5厘米，宽10.6~12.8厘米（图37-19）；方形甲片13块，穿孔与长方形甲片相同，长14.5厘米，宽13~13.5厘米（图37-20）。甲裙由5横排组编，每排14块甲片，共计70块甲片，第一排为窄长方形裙甲片，第二至四排为

长方形裙甲片，第五排为方形裙甲片。每横排尺寸基本相同。横排甲片均是从右向左依次叠压，固定编连；纵向横排连接下排压上排，活动编缀。整体甲裙上细下粗呈筒形，展开成扇面形（图38-5），复原人甲身长96厘米，胸围126厘米，袖长56.8厘米。另外一套甲2:359与此套甲结构相同，袖甲为19横排，甲裙为4横排。

1978年发掘的湖北随州擂鼓墩一号墓墓主是战国早期曾侯乙，在墓室北椁室出土大量皮甲胄，数量在百副之数，主要包含人甲和马甲两类，较有次序地堆放在北椁室的西北部的上层和西中部的下层，堆积层最厚处有1米左右，由于重物叠压，墓中积水的漂浮，以及连缀甲片丝带遭腐蚀的原因，使得多数皮甲胄已经解体和散乱。王振江、白荣金、王影伊等专家从1979年4月19日开始，至6月下旬结束，总计清理出12件皮甲，多和胄一起保存，还发现有马甲以及一些零散的甲片，并根据这些资料进行了初步复原。

出土皮甲均由各式甲片编缀而成，甲片均为皮质，外表髹漆，残存漆膜厚薄不一，除少数甲片髹红漆外，均髹黑漆。现甲片的皮胎均已腐烂无存，仅剩下漆壳保存下来，但有的漆膜内面还遗留着皮胎的痕迹，毛面一侧的痕迹较光滑，有的毛孔还清晰可见，肉面一侧则呈现出网状纤维。甲片上均开有用以组合编缀的孔眼，有的还保存着编连使用的丝带。清理出的皮甲胄中，以Ⅲ号甲（带胄）和Ⅻ号甲（带胄）保存较为完好。

全套甲胄可分甲身、甲裙、甲袖和胄四部分（图39）。

身甲，由胸甲、背甲、肩片、肋片及大领共23片甲片组成。胸甲计3片，左右两片对称。当中一纵片压在上面，甲片上端均伸出一小折领，与两肩片及背甲上的同样小折领，共同组成一个前低后高的领口。背甲计6片，分上下两排，下排3片基本同于胸甲，上排3片组成稍窄于下排的矩形，两侧与肩关联。上缘也有小折领。肩片计2片，左右各1片，前接胸甲，后连背甲，肩上有用于编缀甲袖的孔眼。肋片计9片，左4右5，连接于胸、背，左边连定，右侧开口。由以上四部分组合成一个类似背心状的甲身。再在甲身两肩以上编联甲领，领部由3片甲片组成，中间1片近方形，上边及两侧有压边。

甲袖出土时有些散乱，但甲片没有缺损。左右两袖对称，各由52片组成，分为13排，下排依次叠压上排。每排横连4片甲片，甲片均有一定的弧度，编连后构成下面不封口的环形。最上一排甲片最大，以下各排依次减小，通过丝带编组成上大下小可以伸缩的袖筒。在同一支甲袖上，每横排甲片的叠压次序相同，总是后数第二片压在最上面。

甲裙由4排甲片编成，每排14片，共计56片，因第一排缺2片，第二、四两排各缺1片。实存52片。甲裙甲片形制是上窄下宽略呈梯形，同排甲片尺寸基本相同，自左而右依次叠压，通过侧边两角的穿孔，用丝带编连成排。上排甲片均比下排甲片小，其宽的底边与下排窄的顶边长度相等。上下两排之间的编连，除自边孔上下穿连外，主要通过各甲片上部居中的穿孔来连接。甲片编连圈接起来以后，形成上圈较小下圈稍大的情况，便于伸缩活动。通过横排上边各孔透出的编带，均有一条丝带横贯通排，两头伸延出一段，以为接缝处结扣合口之用。甲裙最上一排，用丝带与甲身最下一排编连在一起，形成垂缀于其下的上小下大的活动垂裙。在第四排裙甲片下部当中也有孔。虽也通编带，但不起连接作用，只是起着装饰作用，在大领片和胸甲、背甲当中的纵长甲片上，也都可见到这种情况。

I号皮胄顶部微有残损，居中自前而后一片凸起一道圆形脊棱，与左、右两片组成圆顶。前额一片呈"⌒"形，垂下两角，以护双目。自颜面两侧向后围有两排胄片，悬垂胄顶下部用来遮护双耳和颈部。上排7片，与顶上孔编成可活动的形式，下排7片，被上排压住一部分，其上下活动则受到限制（图40）。白荣金先生在《湖北随县擂鼓墩一号墓皮甲胄的清理和复原》一文中给出了修复后的白描示意图（图41），现部分复原的皮甲在湖北省博物馆展出（图42）。2011年，安徽省文物考古研究所在六安市文物局的配合下，对六安市白鹭洲战国至汉代墓葬群进行抢救性发掘。出土皮甲一套（图43），"表面髹漆，放置于东外藏室北部，北侧甲片较大，呈圆形层状分布，南侧为小甲片，较为散乱，但仍可看出层状结构。甲片上有穿孔，局部残存穿绳。"（安徽省文物考古研究所 六安市文物管理局《安徽六安市白鹭洲战国墓M585的发掘》，《考古》2012年12期）。此套皮甲复原尚在进行，从甲片形制来看，属于典型的楚皮甲。

2. 马甲

包山楚墓出土马甲两套，皮革内胎已经腐朽，残存漆膜，部分漆膜内残留稀疏毛孔。马甲内侧髹黑漆，外髹红漆，所有甲片均有宽0.7厘米的压边，边缘有供编缀的穿孔，孔径0.6厘米，个别甲片还保留有编连丝带的痕迹。整甲由马胄、胸颈甲、身甲三部分组成。

标本2:381马胄由6块甲片组成，可细分为顶梁片、鼻侧片、面侧片3种。顶梁片2块，长条形，四周压边，两侧各有3对穿孔，残长 32 厘米，宽 7.5 厘米（图 44-1）。鼻侧片 2 块，近似三角形，内侧有宽 3.4 厘米的压边，与上边成直角，下部为钝角。内侧有两对零一个圆孔，上部有两组，每组有 4 个小圆穿孔。下部压模外凸，其上开一马鼻孔透孔。外侧上部锐角处较厚，长 28 厘米，上边宽 24 厘米（图 44-2）。面侧片 2 块，为不规则方圆形，内侧下部为直角，上边及外侧边弧外凸，内侧有 4 对圆穿孔，下部有两组，每组有 4 个穿孔，长 38 厘米，最宽处 37 厘米，最厚 0.25 厘米（图 44-3）。鼻侧片、面侧片左右对称，鼻侧片压于面侧片之上，中间先上后下叠以顶梁片，甲片固定编缀。整个马胄贴合马头，两侧遮蔽马脸颊。

胸颈甲由 25 块甲片组成，可分成中间片、内侧片、外侧顶端、外侧片四种（图 45）（湖北荆沙铁路考古队《包山楚墓》，文物出版社 1991 年版）。包山楚墓中出土完整的战国时期的马甲胄，是国内田野考古中的第一次。

身甲以马匹中脊为界线，分成完全对称的左右两大部分，每一部分由横 4 排纵 6 列甲片组成。甲片第一列后侧被第二列叠压，其余均为自前向后依次叠压，上下排之间则是自下而上反向叠压，横排固定编缀，竖排纵向缀连。甲片内侧漆书"嬴""□公"等字（图 46）。马甲胄复原显示马胄可贴合马脸，但仍需丝带进行捆扎，胸腹甲只能保护正面，脖子部分仍有空隙，身甲覆盖至马臀（图 47）。白荣金先生指出包山楚墓中，身甲的大领可能不是人甲的部分，而是马甲的颈甲。

曾侯乙墓中亦出土有皮马甲胄，清理出较为完整的马胄有两件，残损情况不同，形制、大小相似，相互补充可以复原出较完整的马胄形状，马胄表里均髹黑漆，制作成马面形。以从顶经马鼻梁至口唇为中线，左右对称，折下遮护马的两颊，耳部有透孔，以便马的双耳伸出，眼部亦有透孔，可使马目外视。马胄表面有凸出的图案花纹，并施红漆彩绘（图48、图49）。

3. 周朝皮甲制作

从已知的皮甲片压边、胄梁结构、马胄上的花纹等特征判断，发现有明显的模压成形的特点。

整个皮甲的制作应该是先用新鲜牛皮去毛后晒干备用，所有甲片都预先制作泥范，泥范都是内外两范，焙烧定型，皮革浸泡湿软后，置入范中，再施加外力挤压，成为所需的形状。待皮革干燥后，脱模修型、打孔。皮革制作甲胄，定型相对容易，模压技术是相对简单的（图50）。"凡为甲，必先为容，然后制革。"《周礼·考工记》对制甲做了相对较为准确的记载，推测其文中"容"应该就是指制作皮甲的泥范，当然也可以解释为所有甲叶都有规范的式样。

整体修型完成后，就可以髹漆。髹漆是古代甲胄制作中最重要的一个环节，制作甲胄的皮革都是未经硝制的生皮，富含脂肪和纤维结构，在干燥后比较容易定型并且有一定的强度。髹漆的主要作用是闭合皮革表面，形成有效的防水层，如果没有防水层，皮革会因为吸水而饱胀，也会变得柔软，丧失防御能力。中国使用漆器的时间约有 7000 年[①]，战国时期，楚地的漆器制作极为精良，所以皮甲的制作髹漆相对来说是一个成熟的工艺。

白荣金团队在修复皮甲的过程中，发现部分甲片在编缀过程有单独使用工具打孔的现象，说明甲片在制作过程中是按照统一模型

---

① 河姆渡文化遗址中出土有朱漆木碗，据此推测，中国人使用漆器时间约有 7000 年。

打孔，在实际的编缀过程中，往往因制作误差的问题发现打孔有误，故会单独使用工具再次开孔。

无论是甲还是胄，它们在结构上大致可以分为两种类型：一种是甲叶相对编缀后，彼此甲片组合成为固定的板型结构，如身甲的胸口和后背部分与胄体，因身体不会产生过度的弯曲和折叠，所以这些结构甲片就编缀紧固成一体。另一种是相对连接而又可适当活动的形式，如甲袖、甲裙、胄的垂缘（顿项），这些部分为了贴合身体的运动，必须要甲保持相对的灵活性。

甲胄在组合过程中，一般是先编成横排，而后再上下连贯纵排而组成一个整体。通过观察，我们从许多铠甲的编结特点可以看出，固定部分与运动部分结构甲片开孔有明显不同：控制甲片横向编缀的孔，一般开在甲片四角或两侧；而在动式结构部分，控制纵排连贯的孔，一般开在甲片居中的部位。这种开孔方式从皮甲一直传递至后来的铁甲，形成了中国札甲的一般编缀规律。

春秋时期，公元前607年，郑国公子归生奉楚国之命攻打宋国。宋文公派华元、乐吕带兵抵御。二月，双方在大棘开战，宋军大败。郑军俘虏了华元，斩杀了乐吕。宋文公用一百辆战车、四百匹良马，准备从郑国赎回华元。战车和良马还没全部送到郑国，华元就自己逃回宋国。宋国筑城垣，华元为主管，出去巡察工程。筑城的役人唱道："睅其目，皤其腹。弃甲而复，于思于思。弃甲复来。"筑城的役人讽刺华元弃甲丧师。华元让他的驾车武士回答筑城的人说："牛则有皮，犀兕尚多，弃甲则那？"筑城的人回答他说："从其有皮，丹漆若何？"役人嘲笑华元纵然有犀牛的皮可做甲，可给皮甲髹漆用的朱漆又从何而来？（《左传·宣公二年》）

这段史料说明了制作皮甲的两个细节，第一，春秋时期髹漆使用朱漆，这与现存的考古实物和收藏实物一致；第二个细节是朱漆的材料对于国家而言是较为贵重的战略物资，一旦损失也不能及时补充。

四、铁甲胄

1965年10月，河北易县东周燕下都遗址44号墓出土了中国最早的一套铁胄。

胄由铁胄叶片穿缀而成，被发现时，胄的面廓向上，铁胄叶遭到部分扰乱并有散佚，但胄的顶部、脑后及侧面的绝大部分保存原状。自顶至底共有七层铁胄叶，各层铁胄叶的形制和穿缀情况有一定特点，故能将胄复原。"胄高26厘米，宽24厘米。全胄共用铁胄叶89片，现存86片，仅缺第六层铁胄叶2片及第七层左颊处铁胄叶1片。铁胄叶间用丝线或皮条串穿，出土时有朽痕可辨，胄里面残留有织物痕迹，原来当有软的垫套"（刘世枢《河北易县燕下都44号墓发掘报告》，《考古》1975年第4期）。（图51）

胄体由铁质甲叶编缀构成，第一层用两片半径6厘米的半圆形札甲叶叠成圆形平顶。第二、三、四层每层用16片圆角长方形铁甲叶缀穿组成，第四层前面居中额部用1片T形札甲叶，形成尖凸护额，两侧各用一片矩角形铁胄叶。第五、六、七层每层用13片圆角长方形铁胄叶缀穿，每层空出面前3片铁胄叶位置，以露面部，第七层面廓边护颊的两片为矩角形。所用铁胄叶除顶部、护额、护颊等 7 片外，其余皆为圆角长方形。上层的铁胄叶略狭长，第六、七层铁胄叶略短方些。铁胄叶一般是表凸里凹，略有弧度，第六、七层铁胄叶则弧度很微，或者相反，里面微凸，表面略凹。甲札的穿孔均置于铁胄叶边沿，两穿一组（胄顶甲札中心例外），两穿间相距约 1 厘米。

每片铁胄叶穿组的多少，视它在胄上的位置与周围铁胄叶的关联而定。胄顶的两片半圆形铁胄叶各置穿 10 组，除顶心 1 组外，各有 9 组，两铁胄叶间以两组叠串穿缀后共有 16 组穿，正好与第二层16 片铁胄叶穿缀。第二至第五层使用较狭长的圆角长方形铁胄叶，上下左右均需穿缀，则置穿 6 组。第六层较短方的圆角长方形铁胄叶，每边置穿一组（共 4 组）与上下左右穿缀。最下的第七层铁胄叶底边无穿，但上边多置穿 1 组。第六层面廓边两片铁胄叶有三边各置穿 1 组与邻叶穿缀，另一边置穿 2 组，共 5 组。只有上、左、右需穿缀的，如护额、鬓角铁胄叶置穿 3 组。同组的两穿一般与边沿平行，胄顶圆周边的穿作向心排列，故第二层铁胄叶上边的 1 组穿也相应地垂直排列。铁胄叶叠法都是上层压下层，前面的压住后面的。

白荣金先生认为此铁胄可能缺少一部分垂缘，认为在胄体下沿应该有两排活动的垂缘。胄整体用不同小甲片制作，充分展示了整体规划和设计能力，此类铁胄出现之前，应该是有同类型的皮胄，铁甲叶的制作应该按照皮甲叶的造型锻造，然后进行编缀。此墓地在发掘之前，在燕下都遗址就发现过不少零散铁甲片，只是目前尚未发现完整的铁甲，再结合此墓地出土的铁胄，说明燕国已经能够制造系统完整的铁甲胄。《韩非子·内储说上》记载："夫矢来有乡，则积铁以备一乡；矢来无乡，则为铁室以尽备之。"《集解》："谓甲之全者，自首至足无不有铁，故曰铁室。"自首至足的"铁室"就是指全套铁甲。

燕下都44号墓的生产工具和兵器几乎全都使用铁器，是中国甲胄史、中国武备史上最重要的实物之一，就其数量和质量来看，都十分重要。为了深入了解这批铁器的冶炼技术和加工工艺，北京钢铁学院对剑、矛、戟、镈、箭铤、锄、镢等7种9件铁器做了科学考察，得知其中6件为纯铁或钢制品，3件为经过柔化处理或未经处理的生铁制品。可知当时块炼法已流行，并用以这种方法得到的海绵铁增碳来制造高碳钢，且熟练掌握了淬火技术。这表明当时燕国的冶铁技术和工艺水平是相当高的，达到了目前从考古资料中所知的战国时期的先进水平。

1995年8月，在燕下都遗址10号夯土建筑基址东北8米处的断崖上发现一暴露的灰坑，暴露出的遗物有铁胄叶、镢等铁器。

出土铁胄1件（Y95H1:1），共出土铁胄叶66片，锈蚀严重，经清理复原。胄由69片铁胄叶缀连而成，缺第三层铁胄叶2片及第五层左护颈铁胄叶1片。复原胄高31.4厘米，口径25.2厘米。胄顶部为直径10.5厘米的圆弧顶，正中有一圆穿孔，近边缘处有7组穿孔，每组3圆孔。胄顶部第一层，有铁胄叶14片，铁胄叶呈略向外鼓的弧状，呈圆角梯形。上部分一穿孔与胄顶外周一穿孔相缀穿，左右两侧及下部各有两个圆穿孔以便与左右和下层铁胄叶缀穿，高7.5厘米，最宽5厘米。第二层，共有铁胄叶15片，护额为两片委角圆角长方形，外露部分均有向外折的矮檐。其余12片为圆角长方形，上下、左右用两个圆穿孔与其上下层与相邻铁胄叶缀连，高9厘米，宽 6 厘米。胄体遮檐在第二层护额铁胄叶中间，遮檐后部反折贴合胄体，中间和两侧各有 2 个圆穿孔，和护额的 3 片铁胄叶固定缀连，长 15 厘米，宽 4.5 厘米。第三层，共有铁胄叶 13 片，护颔两侧的两片铁胄叶呈倒"凸"字形，其余为圆角长方形。铁胄叶的上下、左右均有 2 个圆穿，高 9 厘米，宽 5.8 厘米。第四层，共有铁胄叶 13 片，除护颔两侧的两片铁胄叶为委角长方形，其余为圆角长方形。护颔两片铁胄叶的下部有 4 个圆穿孔，其余铁胄叶的上下、左右亦都有 2 个圆穿，高 11 厘米，宽 8.9 厘米。第五层，共有铁胄叶 13 片，正面的两片铁胄叶较大。上部有 4 个圆穿，上宽 7 厘米，下宽 9 厘米，高 5.2 厘米。其余 11 片铁胄叶，上部和左右两侧均有 2 个圆穿，下端无穿，所有铁胄叶均呈向外撇的直角梯形，上宽 4.5 厘米，下宽 6.5 厘米，高 5.2 厘米（图 52）。

此套铁胄与 44 号墓出土的胄在结构上较为相似，只是面部开窗很独特，眼、口开孔较大，鼻梁只留一小缝隙。最为独特的是此胄出现眉遮，是中国胄历史上首次出现。

按照常理推测，燕下都有铁胄出土，其身甲应该也是铁质，较为遗憾的是燕下都的身甲甲片并未公布，也未曾听闻进行复原，所以无法得知战国晚期中国北方铁甲的形态。

五、小结

1. 函人为甲

《周礼·考工记》在中国史料中第一次用文字记录甲胄制作，对制造工艺和材质都有较为详细的记载。

"犀甲""兕甲""合甲"都是不同材质的皮甲。"兕"近年有文献考证为爪哇犀或是印度犀，"合甲"应该是木胎贴皮或双层皮革的甲。不同的制作工艺和皮胎可能会使甲的寿命有所不同，"犀甲寿百年，兕甲寿二百年，合甲寿三百年"（《周礼·考工记》）。

"凡为甲，必先为容，然后制革。"前文已经简述。"权其上旅与其下旅，而重若一。"身甲甲裙重量被设计控制，说明整个制甲已经有严格的规范了。

"凡甲，锻不挚则不坚，已敝则桡。"东汉郑玄注释的时候解释为甲片裁切好后，需要用锤进行加工，让皮革更紧密。此句其实也完全可以解释为铁甲叶的制作工艺，从燕下都出土的铁胄说明此时已经完全有了铁甲的冶炼锻造工艺。燕国冶铁技术发达，制甲能力更是诸国中最强的，"燕之无函也，非无函也，夫人而能为函也"（《周礼·考工记》），即谓凡属男子都能制造皮甲。《战国策·燕策》也记有燕王姬哙"身自削甲札"。这些说明燕国制造甲的技术，应该比当时其余诸国先进。

2. 楚系皮甲

已知的楚系皮甲从形制上看较为一致，说明是一种基于标准生产的皮甲，不同部位的甲片都采取模制，能够轻易有效地解决大规模生产，说明楚国甲胄制作体系也是极其完善的。现存的皮甲显示身甲已经出现了高盆领结构，胸背甲完全贴合人体，采取固定编连方式，甲裙则是采取活动编连，上窄下宽，保证人体活动，臂甲连缀在双肩，整体身甲和甲裙均在一侧开口，武士穿好后再用丝带结扣系合。

整个楚系皮甲已经体现出了后世铁札甲遵循的几个重要原则：盆领、胸甲、固定编缀的胸甲、活动编缀的甲裙。

甲裙活动编缀。甲片的编缀先横排，横排编缀中，以中心甲叶向左右编缀；然后纵向连接。楚国晚期冶铁工艺也较为发达，考古出土有铁剑实物，但目前尚无铁甲出土。

3. 札甲

中国甲胄在商晚期、周初期出现过整体铜甲，但是不知为何很快放弃了这样的技术路线，在周朝开始全面采取了札甲的技术路线，至战国晚期，札甲的编缀技术已经几乎成熟，成为后世札甲编缀的技术源头。

4. 甲胄的价格

至战国时期，有的国家有了一种被称为"赀甲"的刑罚。所谓"赀甲"就是触犯法律的人向刑罚机关缴纳以甲的价值为基准的货币，用以抵销其所犯的罪责，从而使自身免于刑事追究的一种赎罪方式。日本学者若江贤三在其著作《秦律中的赎刑制度》中，根据出土的云梦秦简的记载得出了"赀一甲等于货两盾，货一盾等于钱五千"的结论。战国时期的秦国，一领皮甲的价值约为一万钱，而那时的一斗米只值 160 钱左右。

第二章

秦朝甲胄

西周时期，周孝王为抵御北方戎狄袭扰，在汧水、渭水之间开辟牧场，驯养战马。此时有一名为非子的养马师受到周孝王赏识，受爵获封秦地，成为秦国始封君，建立秦国。公元前771年，申侯联合犬戎进攻西周国都镐京，袭杀周幽王于骊山之下，秦襄公率兵救周，而后周平王东迁，秦襄公出兵护送，以功受封于关中平原，成为一方诸侯。战国时期，公元前361年秦孝公继位，重用商鞅两次变法，使秦国经济得到发展，军队战斗力不断加强，成为战国后期最强的诸侯国。

公元前230年至公元前221年，秦王嬴政先后灭韩、赵、魏、楚、燕、齐六国，完成统一大业，建立秦朝。秦朝在中央设三公九卿官僚机构来管理国家；地方上废除分封制，代以郡县制；在全国实行书同文、车同轨、统一度量衡。秦始皇采用战国时期法家韩非的建议，以法治国，秦国制定的法律十分细密、严苛，是始皇帝加强皇权、巩固中央集权政治体制的工具。秦国统一后立刻派遣蒙恬率军三十万北击匈奴，收复河套以南地区，移民建长城。秦始皇又先后遣屠睢、任嚣、赵佗南征百越，秦人凿灵渠以通珠江和长江水系，以利军粮运输，平定百越后，移民五十万人至南方，以控制岭南地区。

公元前210年，秦始皇巡游途中死于沙丘。其子胡亥即位，为秦二世。公元前 209 年，陈胜、吴广杀死押送他们的秦尉，用已被赐死的秦公子扶苏和已故楚将项燕的名义，号召农民反秦，揭竿而起，天下响应。刘邦、项羽起兵江淮共抗暴秦。公元前 207 年，秦朝灭亡，国祚十四年。

中央集权制度的建立，奠定了中国之后两千余年政治制度的基本格局，故后世称"百代都行秦政法"。秦朝结束了自春秋战国以来五百余年诸侯分裂割据的局面，成为中国历史上第一个中央集权制国家，对中国历史产生了深远影响。

目前国内尚未有秦朝军制甲胄的实物出土。

随着 1974 年秦始皇陵园兵马俑陪葬坑的发现与发掘以来，已清理出了一大批秦朝武士俑，根据已出土陶俑、陶马的排列密度推算，一号兵马俑坑内约埋藏陶俑、陶马 6000 件，同时还有大量的青铜兵器，已经出土的陶俑近 2000 件，披甲俑占近半数。二号兵马俑坑内埋藏陶俑、陶马 1300 余件，二号坑兵种更齐全，基本为铠甲武士俑。三号坑内埋藏陶俑、陶马 72 件。有学者认为，它是统帅一、二号兵马俑坑的指挥部，古代称为"军幕"。1998 年试掘的秦始皇陵园石甲胄陪葬坑三个探方共发现可辨认的石甲 87 领、石胄 43 顶、石马缰残件 3 组及 1 处马甲遗迹。1999 年的秦始皇陵考古报告公布了 1 领甲（T2G1 甲 1）和 1 顶胄（T4G1 胄 1）的整理复原材料，近年又公布了另一件石甲（T2G2 甲 4）的整理报告。秦始皇陵兵马俑陪葬坑陶俑身甲和秦始皇帝陵园石甲胄坑出土的石甲胄，是目前研究秦甲胄唯一的准实物资料。

一、兵马俑甲胄

按照现有的秦武士俑表现出来的甲，大致可以分成两大类六个子型。

第一类，身甲是由整片的皮革或布衬里制成，在其上面铆接编缀好的甲叶，甲叶仅仅防护在胸腹重要部位，四周留有宽的外缘。可以细分为三型。

Ⅰ型：仅在前身有护甲，两肩设宽带后系，于背后交叉，与腰部的系带相连接，在身后打结系牢。身甲系一整片，四周有较宽的边沿，居中嵌缀甲片，身甲第一排甲片上缘呈弧形，第二至八排甲叶呈方形，以上横排以中间甲片为中心，向左右两侧以前片压后片的叠压顺序编缀，上下两排为固定式编缀；第九至十一排为活动编缀，上下两排可上下活动，保证弯腰的灵活性（图1）。出土2件，属于车兵军吏俑铠甲。

Ⅱ型：身甲和披膊都是整片的，结构与Ⅰ型接近。披膊在四缘亦留有宽边，中间嵌缀甲片，身甲只是在胸部和腰腹部嵌缀有甲片，使用的甲片较Ⅰ型要小一些。腹部的甲叶编缀形式与Ⅰ型相同，甲裙围绕整个下腹部、臀部。身甲右肩处有身甲扣袢，应该是自左袖穿入后，在身体右侧紧固（图2）。胸腹甲片横排以中间甲片为中心，前片压后片编缀。出土3件，属于步兵军吏俑铠甲。

Ⅲ型：身甲是整片的，前身较长，下摆呈尖角形；后身较短，下缘平直。在胸部以下，嵌缀甲片，使用的甲片较小，周围的宽边上绘有彩色几何花纹。在前胸和后面肩背处，护甲外面没有嵌缀甲片，只是露出几处花结状绶带头，花结状绶带头的位置在胸背各两处，两肩各一处，另在右肩身甲扣袢，也带有花结带头。杨泓先生认为胸背护甲内可能置有整块的护板，那几处带结是为了系连护板用的。披膊为整片结构，较短，无嵌缀甲片。身甲上半段采用固定编缀，编缀的丝绳在甲叶上形成V字型，尖形下摆甲叶为活动式编缀（图3），此套甲叶总体都比较小。出土3件，为车兵军吏俑铠甲。此类型甲还有一个未有披膊的形式（图4）。

第二类，铠甲整体是由甲片编缀成的，可以分为三型。

Ⅰ型：身甲较短，全甲由长方形甲片编缀而成，无披膊。此类俑是二号坑骑兵俑身甲,胸甲、肩甲连缀在一起至胸骨,这部分都是固定编连,以中心甲片为轴向左右叠压,胸骨以下至腹部采取活动式编缀。此种身甲系二号坑骑兵俑所穿,说明秦朝骑兵为了保证下肢灵活地控马,未对腰部以下装备铠甲。右肩处有一长丝绳扣袢在胸口,说明身甲是在右侧开襟,此类短甲对汉军短甲明显产生了影响(图5)。

Ⅱ型:身甲较二类Ⅰ型稍长,胸背都采用方形大甲片固定编缀,胸骨以下甲叶采取活动编缀,下边沿多呈圆弧形,甲叶横编时,是以中间的一片为中心,向左右两侧以后片压前片的顺序编缀。纵编的方法与前身甲同。身甲长约53~68.5厘米,腰围84~114.5厘米。两肩有披膊,披膊也是由甲片编缀成的。披膊长21~26厘米,宽24.5~38厘米(图6)。披膊为活动甲片。横编时是以中间的一片为中心,向左右两侧以前片压后片的顺序编缀;纵联时是下片压上片。这类身甲甲叶共计140片左右,一号坑早期发掘出土的铠甲俑有687件,二类Ⅱ型、Ⅲ型共计679件。

Ⅲ型:身甲较长,且在领部加有高的"盆领",左右两肩的披膊向下延伸,一直护到腕部,其前还接缀有由两片甲片编成的舌形护手(图7)。此甲的风格与战国时期的楚国皮甲非常相似。

秦俑所披铠甲,其结构已相当完善,编缀方法比较科学。甲衣的前身横编时,是自中间向两侧依次前片压后片,后身甲横编法则与之相反。这样便于挺腹和侧转身躯活动。纵连时,前后上旅的固定甲片都是上片压下片,下旅和披膊的活动甲片都是下片压上片,这样也便于活动。此种编缀方式成为后世中国札甲的标准编缀方式,也是中国甲特有的编缀风格。

战国时期楚地的皮甲编缀和秦兵马俑的甲片部分结构编缀方式相同，整体甲的设计思路是胸部编缀为固定结构，甲裙上下伸缩便于活动，说明战国时期各地区铠甲的编缀方法是近似的，也表明秦始皇时代的铠甲继承了前代的制作技法，并在前代的基础上进一步改进了。

二、陪葬坑石甲胄

1. 陪葬坑

K9801 陪葬坑（石铠甲坑）位于秦始皇陵园东南部的内外城之间，东距外城西垣约 25 米，西距内城东垣约 26 米，平面为长方形，主体部分东西长 130 米，南北宽 100 米，总面积约 13 698 平方米，是迄今为止在陵园城垣以内发现的面积最大的陪葬坑。除出土了青铜箭镞、石马缰与极个别青铜构件外，一处马甲遗迹大量的出土物为石质甲胄，在试掘的 70 平方米范围内共发现了 87 领石甲、43 顶石胄。目前已修复铠甲 7 领、胄 3 顶。部分石铠甲遭受过严重火焚，部分甲片已烧成白灰状，但基本上未经人为扰动，仍旧有规律地铺在坑底，东西成行，南北成列，每列有 4 件铠甲。石甲胄中除了方形甲片的札甲外，还有一种鱼鳞甲甲片形式，但是尚未复原，尚不知其完整形态。此批石铠甲是秦朝甲胄重要实物，具有重要的学术价值和研究意义（图 8）。

以编号 K9801T2G2 甲 4 石铠甲为例，全身共 332 片，甲片重量为 20.88 千克，编缀成形后重量为 23.18 千克（图 9）。

2. 石甲片

（1）甲片的大小在披膊和肩部，从上至下，每排甲片逐渐变小；铠甲其他各部位的甲片（除领口和甲裙周边及转腰处个别特殊甲片外）大小基本相等。

（2）甲片的形状可分为6种。

长方形：多位于上下身甲、甲裙和腰部。长、宽多为5~6厘米。

一边为弧形的四边形：位于前后甲裙最下排两边，仅4片。

等腰梯形：多位于披膊处。

直角梯形：位于甲裙边缘。

一边为弧形的五边形：位于领部、腰与身甲的转角处，共12片。

五边形：前后甲裙最下排中片，仅2片。

（3）经过测量发现，甲片薄厚不一，它是根据石片的薄厚来进行制作的，甲片的厚度（以甲片的最厚处为测量点）为0.7~1.1厘米的，占铠甲总数的92.5%。同时也说明了人工制作的不统一和原始性。

（4）甲片的抹棱就是将甲片边缘的直棱角打磨掉，形成一条窄长的小斜面。领甲中抹棱现象特别显著。抹棱绝大部分位于甲片正面，极少数甲片背面也有分布。不同部位甲片抹棱情况不同，三边抹棱的甲片位于铠甲的前、后身和左右披膊的中列，其他部位的甲片则多是两边抹棱。

（5）同一种类的甲片重量大致相同。主体部位甲片平均重量为67.8克，披膊部位甲片平均重量为59.07克，以此计算，该铠甲甲片总重量约为20.88千克。

铠甲各部位的甲片是由扁铜丝通过每个甲片上布设的孔眼连缀

在一起的。甲片上布设的孔眼有一定的规律，铜丝的穿缀方式视不同部位而不同，而铜丝的使用方式也随之变化（图10）。

3. 铠甲

（1）领口：由前、后、左、右一周不同类的甲片组成。左、右领的中片分别依次向前、后两边叠压，为中片压两边。前领和后领的两边甲片分别依次向中间叠压，为两边压中间。整个领结构为左、右领压前、后领，领口4个角，分别各有1个弧形缺口甲片将领口4个直角变为圆角（图11）。

（2）肩：左、右两肩各一排甲片。为中间甲片向两边依次叠压编缀成排，左肩甲片压左领，右肩甲片压右领。

（3）身甲的编缀方式：前身上旅为中间甲片向两边依次叠压，后背为两边甲片向中间甲片依次叠压，上下排之间的连缀关系为上排压下排，逐排叠压，前、后领口叠压身甲第一排（图12）。

（4）腰的编缀方式：从前腰的中间甲片向两边依次叠压，至后腰中间甲片合成一圈，即后腰中间甲片位于最下层。腰部两排的连缀关系为上排压下排，身甲末排压腰的上排。

（5）甲裙的编缀方式：前身甲裙为中间甲片向两边依次叠压，后身甲裙为两边甲片向中间甲片依次叠压，上下排之间的连缀关系为下排压上排，逐排叠压，腰的下排叠压下旅最上排（图13）。

（6）披膊的编缀方式：左、右披膊的每排甲片均由中间甲片向两边甲片依次叠压，上下排之间连缀关系为下排压上排，披膊最上排叠压肩（图14）。

整副铠甲的叠压与编缀情况为：

横向：左右两披膊末排甲片依次向领口叠压收于领部；前身身

甲最上排甲片（领口中片除外）和甲裙最下排甲片分别依次向中间逐排叠压收于甲裙最上排；后身领口一排甲片和甲裙最下排甲片分别依次向中间逐排叠压收于甲裙最上排。

纵向：前身中列甲片依次向两边叠压（领口中片除外），后身则相反，两边甲片依次向中列叠压，腰部连成一体。

4. 胄

（1）石胄一系从 T4G1 坑中提取的，编号为 T4G1 胄 1。全胄共由 74 片石胄片编缀而成，第一至第五层片数依次为：16、16、13、13、15，通高 31.5 厘米，底部宽 31.5 厘米，虽经火烧倾压散失了 3 片，但修复后其形制和结构非常清楚。顶部为一片直径为 12.5 厘米、残厚 0.5 厘米、拱高 1.8 厘米（顶片外表面已经剥层残损）的球面圆形片，顶片中心有一直径 0.4 厘米的圆孔，孔内还保留有装饰红缨类点缀物的环状铜条。顶片四周共有 32 个圆孔，每 2 个孔一组被扁铜丝分组穿编，铜丝从其孔内穿过，两端在顶片下每一层对应片背面扣合。孔间距离比较均匀，一般为 1.1 厘米（图 15）。

胄片的编缀方法纵向为上排压下排；横向从前部正中一片分别向两侧压去，到后面为两侧向中间对称叠压。胄的开合口设在正前方，领部之下胄最末层片上，扣由一铜环和一个铜钩组成，铜钩底端固定了一片高 2.1 厘米、宽 0.8 厘米、厚 0.2 厘米的长方形铜片，铜片被钩前端的两股铜丝扭合固定。可防止钩与环扣合后相互脱节。铜钩在右侧片上，铜环设在左侧片上。此类胄的编缀程序应是：先将上下胄片固定编缀成一列列的纵行，再将每列按层位作横向桥连缀合。秦始皇陵考古学者认为应以这种程序编缀此胄，主要是因为其纵向为固定编缀，甲片开孔的缀合要精确得多，而横连时只要铜丝活动桥连即可，并不要求将孔对准（图 16）。这样先纵向编缀后横向桥连应是石铠甲制作的一种工序，不一定是真实胄的编缀工艺。

（2）石胄两顶片合为圆形，平顶。顶片以下主要用圆角梯形或圆角长方形的胄片自顶而下编缀，胄片表面均无弧度，比较平直，这类胄是由第二类胄片组成的。由于目前尚未对此类型的胄进行提取和修复，故不清楚其顶片以下共有多少层，但从顶片周围的 26 组圆孔判断其有 26 列，若按第一类胄的高度计，则远比第一类胄片数要多。此类胄数量较少，约占出土量的 3%，典型标本为 T2G2 胄 2。

T2G2 胄 2 顶片为圆形，中心有一圆孔，顶片边缘有 50 多个圆孔，每 2 孔为一组被铜丝穿编。从现存的彼此联缀的胄片上可看出，第一层片呈梯形，形体很小，上端宽 2.3 厘米，下端宽 3.3 厘米，然后越往下层胄片越大。胄片上布有数目不同的圆孔，上下端各 2 孔，各横向排列为一组；两侧各纵向排列 2 至 4 个孔，纵向排列为 1 至 2 组；另外，在胄片上还有一些不被铜丝连缀的圆孔，其作用不详；侧片上的孔数大多为 12~20 个，越往下层，甲片越大，孔越多。此类胄的甲片叠压关系仍为上层压下层，从正前方分别向两侧对称叠压，直到后侧正中一片被两侧对称叠压（图 17）。

这种胄的甲片纵向和横向均为固定编缀。其横向连缀的方式与第一类胄有明显区别，第二类胄片两侧的孔纵向 2 个为一组，铜丝为纵向穿编；而第一类胄片侧边的两孔虽为纵向排列，但不为一组，而是各自与另一片的侧边一孔相互桥连，铜丝为横向穿编。第二类胄片两侧的每根铜丝要穿编 4 个孔（即叠压片 2 孔，被叠压片 2 孔），而第一类胄的胄片两侧的每根铜丝只穿 2 个孔，即相邻两胄片各被穿连 1 孔。

通过对比两类胄的特征，我们认为第一类胄数量多、片体大，且有各种弧度，所以可能是仿皮胄所制；第二类胄数量极少，胄片特征与燕下都44号墓发现的铁兜鍪片特别接近，故可能是仿铁胄所制。

在现有的这批石质甲胄中，共有铠甲近90领、胄43顶。可见并非每一领铠甲都有与之相配对的胄，而是只有一部分铠甲才配有胄。这些甲和胄在放置时并未分类隔开，而是甲胄共存。所以特定的铠甲才可能配有胄，当时对二者之间可能有一定的规定，或是与着甲者身份、地位以及军种性质有某种关系。要解释这一问题，尚待进一步的发掘和修复提供更多的证据和资料。

5. 石甲片制作

《秦始皇帝陵园考古报告》披露了石铠甲甲片制作流程：

（1）2001年7月在渭河南岸第二阶台地上的新丰镇长条村李子组一废弃的秦井中，发现了许多废弃的秦代石铠甲残片和用大块石料开凿的甲片初胎，其上有清晰的凿磨和切割痕迹。根据甲片的纹理与结构分析，甲片的选材以青石为主，依青石的纹理层打凿和切割成与甲片厚薄相近的石板，再在此基础上进行下一步加工。

（2）粗磨。在已打凿成形的石片上进行粗磨，使石片表面更平整。

（3）规划甲片。在已粗磨过的石片上，根据需要刻画出甲片的形状、大小，刻画线内予以保留，刻画线外冗余部分去掉。

（4）切割。按照规划甲片的线用金属锯类的工具进行切割。

（5）钻孔。钻孔方式有单面钻和双面钻两种，以单面钻为主。单面钻多是从甲片正面向背面钻孔，少量的是从甲片背面向正面钻孔。双面钻有两种情况：一是先从甲片正面钻，待钻的尖端已钻透甲片但尚未全部穿透时，再从甲片背面露出的小点对钻；二是甲片正背面的钻点稍错位，用锉类工具对孔进行修整，形成三角形孔。

（6）琢磨。对钻好孔的甲片，根据其所在铠甲的部位和连接情况，确定如何琢磨和琢磨的程度，主要是对甲片进行抹棱、抹角及弧拱等方面的加工。在甲片的正背面均留有琢磨痕迹，尤其是甲片背面的痕迹较多且清晰，说明甲片正面琢磨较细，而背面琢磨较粗。

（7）抛光。大多数甲片出土时正、背面都有一定的光泽，说明甲片是经过抛光处理的，甲片正面的光较细致，背面的光较粗。

（8）编缀成形。用扁铜丝先将甲片横向连成排，再将每排甲片上下连接成铠甲。

在 K9801 陪葬坑 T2G2 中部偏南出土的甲 4 左右披膊甲片的背面发现有五类刻画文字。依《秦文字类编》，读为一、二、三、四、五，甲片背后的编号说明秦人在制作披膊的时候，在其背后刻画编号以利于编排；在每排中有少量不属于该排的数字，说明大多数甲片是按照编号次序编缀的，个别甲片在编缀时根据需要进行了调整。

K9801 陪葬坑石铠甲材料的主要来源是陕西渭北北山富平县漫町一带。也不排除漫町附近凤凰山一带的可能性。

其中石胄的发现为我们展示了秦胄的真实形态和风格，填补了考古资料包括秦兵马俑坑甲士俑装备中均无秦胄的空白；马甲在关于秦朝的文献和考古资料中均未发现过，石胄的发现为我们提供了研究先秦马甲的珍贵资料；人的甲衣做工精细，类型繁多，比已发现的兵马俑坑甲士俑的模拟性铠甲形制更精美，类型更丰富，而且与之相互补阙映衬，丰富了秦甲的类型和研究内容。

三、小结

兵马俑的铠甲、陪葬坑的石甲胄显示秦朝甲胄与战国晚期皮甲有着较为相似的结构。秦俑上的秦甲明显在编缀上更为紧凑，更为贴合身体。石甲胄明显是模仿皮甲或金属甲，石胄第一次展示了秦胄的形制，两种不同甲片风格显示了秦胄可能有金属、皮革两种不同材质。

秦甲胄是皮质甲胄向金属札甲过渡的阶段。特别要注意的是秦甲的编缀逻辑，胸甲部分的编缀采用以中心甲片向左右叠压，甲片前片压后片的形式（图18-1）。这样的编缀方式有两个好处：第一，可以保证前胸是外鼓，适合人体外形；第二，是兵刃在正向刺击胸甲时，刃向左右滑动，不会嵌入叠压缝隙。背后的甲片同样是以中心向左右叠压，但是叠压方式是后片压前片，这样也是为了保证后背的中心内凹贴近身体（图18-2）。胸甲、背甲编缀为硬体，长度至腹部，甲裙可以上下排活动，保证腹部以下身体可以灵活运动。披膊横排则是以中心向左右叠压，竖排则是下排叠压上排，上下排可活动。这样的编缀方法直接影响了汉铁甲的编缀，成为后世中国札甲的技术起源之一。

第三章

汉朝、三国甲胄

公元前 206 年，刘邦攻入咸阳，秦王子婴请降，秦国灭。刘邦经过与项羽长达四年的战争，在垓下之战取得了决定性胜利，项羽战败身死。刘邦于公元前 202 年正式称帝，立国号"汉"。

汉朝分成西汉、东汉两部分，西汉至王莽篡位建立新朝结束，东汉由光武帝刘秀建立至曹丕迫汉献帝"禅让"帝位，东汉结束。西汉立国之初，屡受匈奴袭扰，刘邦亲率汉军反击匈奴，却反被匈奴包围于白登山，后刘邦采用陈平计与匈奴修好，再加上周勃援军至，方才脱险。汉朝采用与匈奴和亲的政策，换取北部疆域的和平。经过"文景之治"后，汉朝国力日盛，汉武帝刘彻开始对匈奴采取积极进攻的策略，涌现出卫青、霍去病、李广、李陵、李广利、公孙贺、公孙敖等杰出名将，经过武帝、昭帝、宣帝三朝数十年用兵后，终于彻底击溃匈奴，使"漠南无王庭"。汉武帝开疆拓土，汉朝陆续攻灭南越、闽越、卫氏朝鲜，在河西四郡和西南夷聚居地建立汉朝直属郡县。匈奴势力退出西域后，汉宣帝神爵二年（前 60）设立西域都护府，加强对西域三十六国所处地区的联络与控制。

汉光武帝废除王莽时的弊政，建武二年（26），光武帝下令整顿吏治，设尚书六人分掌国家大事，削弱三公（太尉、司徒、司空）的权力，加强中央集权。对匈奴等外部势力实行防御的策略，对外戚严加限制，史称"光武中兴"。汉明帝、汉章帝在位期间，东汉进入全盛时期，史称"明章之治"。汉明帝永平十六年（73），奉车都尉窦固与驸马都尉耿秉击破北匈奴，窦固以班超出使西域。班超在西域长驻三十一年，以汉军武力威慑各国，更善用外交手段去联络距离较远的国家。其间，匈奴人亦在西域开展类似行动，推翻各国亲汉政权，再与新政权结盟。双方反复攻防，一直到二十年后，班超之子班勇才完全掌控西域。汉章帝章和二年（88）十月，车骑将军窦宪领军出塞，次年击破北匈奴，登燕然山（今蒙古国杭爱山），令班固作铭，史称"燕然勒石"。两年后，汉和帝永元三年（91）窦宪派兵再次出击匈奴，出塞五千里进攻金微山（今阿尔泰山），大破北匈奴单于主力，斩名王以下五千余人，俘虏北单于皇太后，北单于仓皇逃窜不知所终，从此消除数百年来匈奴对汉朝北方边境的威胁，汉朝国势也再一次到达汉武帝时期的鼎盛。佛教也在此时期自中亚地区传入中国。东汉中后期太后称制，外戚干政，幼君多借助宦官势力才能亲政，史称"戚宦之争"，朝政日益腐败，豪强势力大肆兼并土地。汉灵帝光和七年（184）爆发"黄巾之乱"，朝廷令各州郡自行募兵平叛，导致地方豪强拥兵自重。汉献帝初平元年（190），董卓挟汉献帝迁都长安，自此朝廷大权旁落，揭开了东汉末年军阀混战的序幕。董卓被吕布诛杀后，天下大乱，群雄割据，曹操把持朝廷"挟天子以令诸侯"，袁绍控制了河北，袁术占据淮南，孙策把持江东，刘表节制荆州，刘焉掌管益州。曹操架空汉室权力，数年内先后破袁术，灭吕布，降张绣，逐刘备。其势力范围发展至兖、豫、徐三州，以及部分司隶、雍州等地区。汉献帝建安五年（200），曹操又在官渡之战中消灭了最强大的敌人——袁绍军队的主力，基本统一了北方。汉献帝建安十三年（208），曹操挥军南征，却在赤壁之战中被孙权、刘备联军击败，曹操被迫回北方，巩固中原。汉献帝建安二十五年（220）春正月庚子，曹操去世，其世子曹丕继任汉丞相，袭封魏王。同年十一月，曹丕篡汉建立魏，东汉结束。割据益州的汉朝宗室刘备随即称帝，宣布继承汉朝法统，史称蜀汉。孙权随后亦称帝，国号吴。中国历史进入三国时代。两汉除去王莽的新朝，国祚四百零七年。

汉朝疆域最鼎盛时期，北至五原郡、朔方郡（今内蒙古包头及巴彦淖尔一带）、居延海乃至外蒙古，南至日南郡（今越南广平省等地），东至辽东半岛、乐浪郡（朝鲜半岛北部），西至新疆广大地区，各政权臣服于汉朝。西汉所尊崇的儒家文化，成为日后的中原王朝以及东亚地区社会主流文化。

一、史料中的铠甲

诸多史料中记录了汉军中使用甲胄的情况。《汉书》《后汉书》《三国志》中多记载军将在陷阵之前，披甲持戟。

楚汉争霸时期，项羽是反秦最重要的一支武装力量，其军队的核心主要是战国时期的楚人，项羽"长八尺二寸，力扛鼎，才气过人"（《汉书·陈胜项籍传》），其个人武技极高。刘邦与项羽在成皋之战中，对峙于广武，楚军不断在汉军阵前挑战，汉军的楼烦人善于骑射，挑战的楚军未及三合，被楼烦射杀于阵前，项羽听闻挑战的楚军阵亡，"羽大怒，自被甲持戟挑战"（《汉书·陈胜项籍传》）。楼烦本欲射项羽，项羽"瞋目叱之"，楼烦肝胆俱裂，手软不能持弓，退回汉军阵中不敢复出。"楼烦"系中国古代北方少数民族，属北狄一支，楚汉双方都有楼烦人服役，因其人勇武善骑射，军中对善射的武将都称作"楼烦"，未必是楼烦人也。

汉景帝时，吴楚七国之乱，灌夫率领一千人随其父亲灌孟从军。灌孟战死后，灌夫本应送其父丧归，但是灌夫奋言："愿取吴王若将军头，以报父之仇"（《史记·魏其武安侯列传》）。于是灌夫"被甲持戟",领军中愿与他并肩作战的十余勇士直杀入吴军的将旗之下,斩杀吴军数十人,直至不能再进,又飞马返回汉军营地,所带去的勇士全都战死了,只身回营。灌夫此战重创十多处,亦因此战闻名天下。

东汉永平十七年(74),汉明帝派耿秉和奉车都尉窦固平定车师国,车师后王安得闻汉军至,深感"震怖",带领数百骑迎接耿秉,但窦固的司马苏安想把全部功劳都归窦固,立即骑马去对安得说:"汉贵将独有奉车都尉,天子姊婿,爵为通侯,当先降之"(《后汉书·耿弇列传》)。安得于是返回去,改派他的部将迎接耿秉。结果,"秉大怒,被甲上马,麾其精骑径造固壁。言曰:'车师王降,迄今不至,请往枭其首。'"(《后汉书·耿弇列传》)。耿秉为人勇敢,精通军事,行军过程中"常自被甲在前",他扎营的时候不修营寨,远放斥候进行预警,一旦有警,军阵可以立刻成型,统军深得士卒拥戴,"皆乐为死"。

汉献帝建安十三年(208),曹魏阵营的曹仁领军南征,屯兵江陵,周瑜率吴军数万来攻,前锋数千人至江陵城下,曹仁部将牛金率三百人出城迎战吴军先锋,牛金部众杀入吴军后,曹仁与长史陈矫俱在城上,见牛金等人垂危濒没,左右之众皆失色惊惧。曹仁"气奋怒甚,谓左右取马来",众人劝曹仁不要出战,曹仁不应,"遂被甲上马,将其麾下壮士数十骑出城"(《三国志·魏书·诸夏侯曹传第九·曹仁》)。曹仁与吴军距百余步之遥,迫近城沟,陈矫等人以为他只是在城沟上为牛金支持作势,谁料曹仁率骑兵冲入吴军重围,牛金等乃得救。但敌围之中有余众尚未尽出,曹仁复突入,将余兵从重围中救出,又杀吴军数人,击退吴军。

　　三国时期出现了较为明显的一种小规模精锐部队，全军人数不多，但是器甲精良，这些小股精锐部队往往作为军队的突击力量出现。吕布手下将领高顺掌握的"陷阵军"就是代表。高顺"所将七百余兵，号为千人，铠甲斗具皆精练齐整，每所攻击无不破者，名为陷陈营"（《三国志·魏书·吕布张邈臧洪传第七·张邈》引《英雄记》）。

　　汉献帝建安二十年（215）八月，孙权领军十万围合肥。东吴军的此次进攻曹操早有预见，他本人率兵征讨张鲁前，令护军薛悌给驻守合肥的张辽、乐进、李典送去一封信函，信函边还注明："贼至乃发。"东吴军至，张辽与诸将打开信，曹操教曰："若孙权至者，张、李将军出战；乐将军守，护军勿得与战。"曹操只在信中明确了三位将领的分工，完全没有提及拒敌的具体措施。因此，合肥诸将都感到疑虑，张辽指出曹操现下正在征讨张鲁，无法迅速回援合肥，认为应在还未被孙权大军完成合围之前，率先出击，挫其锐气，才能守住合肥城。李典支持张辽所言策略。当夜，张辽从军中募集八百敢战之士，杀牛以飨诸将士。次日魏军出击，"辽被甲持戟"，率先陷阵，杀数十人，斩杀吴军二将，高呼自己名号，直杀至孙权营帐前。孙权大惊，吴军被张辽一众的突击打乱了部署，陷入混乱。众人携孙权至一高坡，孙权"以长戟自守"，张辽便叱喝孙权，挑衅他下来对战。孙权不敢轻举妄动，随后孙权发现张辽所率领的士兵非常少，指挥部队将张辽部队重重包围。张辽见无法击杀孙权，率部"左右麾围，直前急击"，吴军的包围被打开后，"辽将麾下数十人得出"。然而，当时在东吴军队的包围圈中，依然有张辽军余众，余众大声呼喊："将军要舍弃我们吗？"于是，张辽带领着破围的几十人，又杀入了重围前去救援。吴军皆望风披靡，士气为之所夺，从早晨战至中午，吴军"无敢当者"。史料中并未记载张辽的八百勇士是骑兵还是步兵，笔者认为张辽与八百勇士应都是骑兵，只有精锐骑兵才能保证突击的迅猛，而且此战过程中张辽及其部属都应该穿铁甲。三国时期高桥马鞍已经成熟，东吴丁奉墓陶俑显示，此时已经出现单侧马镫，但目前尚无马镫实物出土。马镫出现，魏军穿甲持槊或戟冲阵，张辽所率领的此军作用与高顺的"陷阵军"相同。

汉朝史料多记载军中装备"玄甲"。汉武帝时，霍去病死后，武帝深为哀痛，"发属国玄甲军，陈自长安至茂陵，为冢象祁连山"《史记·卫将军骠骑列传》。

东汉中兴名将"云台二十八将"之一的祭遵"至葬，车驾复临，赠以将军、侯印绶，朱轮容车，介士军陈送葬"（《后汉书·祭遵传》）。《东观汉记》对祭遵下葬作了更详细的记载："遣校尉发骑士四百人，被玄甲、兜鍪，兵车军阵送葬。"此种玄甲送葬的制度，是汉朝对功勋卓著将领葬礼的极高荣誉。

东汉永元元年（89）车骑将军窦宪率军大破北匈奴，此役后，匈奴脱离了漠北高原，自西远遁。汉军的统帅窦宪为了留念这一场重要的战役，命班固在燕然山刻石勒铭纪念此役，史称《封燕然山铭》。《封燕然山铭》被记载于《后汉书》，其中描述了汉军的威武："……勒以八阵，莅以威神，玄甲耀日，朱旗绛天。"这说明东汉军中大量装备了"玄甲"，"耀日"是说甲叶光亮，可以反射日光，可见此类甲叶表面非常光亮，应是铁甲。

汉匈战争中，相当一部分汉甲遗落在匈奴地区，近年俄罗斯考古出土了一些匈奴箭镞，是用汉军铁甲甲片制作而成（图 1）。2017

年，中国内蒙古大学蒙古学研究中心与蒙古国成吉思汗大学合作，前往杭爱山实地踏察，判断杭爱山立摩崖石刻即班固所书《封燕然山铭》，《封燕然山铭》被认为是我国有史记载的"边塞纪功碑"的源头。

魏文帝黄初六年（225），魏王曹丕至广陵故城临江观兵，做马上诗曰：

> 观兵临江水，水流何汤汤！
> 戈矛成山林，玄甲耀日光。
> 猛将怀暴怒，胆气正从横。
> 谁云江水广，一苇可以航。
> 不战屈敌虏，戢兵称贤良。
> 古公宅岐邑，实始翦殷商。
> 孟献营虎牢，郑人惧稽颡。
> 充国务耕植，先零自破亡。
> 兴农淮泗间，筑室都徐方。
> 量宜运权略，六军咸悦康。
> 岂如东山诗，悠悠多忧伤。

据记载，此次广陵阅兵"戍卒十万余，旌旗百余里"。可见曹魏军中装备"玄甲"的数量庞大。

《史记正义》中说："玄甲，铁甲也。"杨泓先生认为"可能因为铁是黑色金属，所以铁铠就称为玄甲"。笔者认为此种解读不完全准确，首先要确定汉代的"玄色"，《周礼·考工记·锺氏》载"五入为緅，七入为缁"，郑玄注："凡玄色者，在緅缁之间，其六入者与？""玄色"是黑里带微赤的颜色。笔者认为铁甲叶出现这样的颜色，只能是髹漆才能达到。另外一种可能性是，汉朝时期铁甲甲叶表面进行了某种氧化处理，致使甲叶呈黑亮色。这两种工艺形式使甲片呈现玄色，因此大量的汉甲根据其颜色被命名为"玄甲"。

汉朝除了铁甲胄还有皮甲胄，《居延汉简》也常提到"革甲鞮瞀"《肩水金关汉简》显示戍边汉军装备有"革甲鞮瞀""铁甲鞮瞀"。《居延新简》有"白玄甲十三领，革甲六百五十，铁铠二千七百一十二"的记载。这里的"白玄甲"中的"玄甲"可能是代指甲的形制。

三国时期铠甲的种类有了新的发展，曹植《上先帝赐铠表》中，就列举了曹魏的几种铠甲：黑光铠、明光铠、两当铠、环锁铠、马铠。蜀汉地区制作了"筒袖铠"，蜀汉军中装备的"筒袖铠"常被称为"诸葛亮筒袖铠"，杨泓先生推测，"可能是由于三国时期，诸葛亮在蜀汉很注意军事装备的生产，曾经制造过比较精坚的钢铠，后来就把这类铠甲冠上了他的名字"（杨泓《中国古代甲胄（下）》，《考古学报告》1976 年第 2 期）。《南史·殷孝祖传》中记宋武帝刘裕曾经赠送给殷孝祖以名贵的铠甲，就是"诸葛亮筒袖铠、铁帽，二十五石弩射之不能入"。诸葛亮《作刚铠教》曰："敕作部皆作五折刚铠，十折矛以给之。""五折"是指汉锻造兵器中的折叠锻造工艺，折叠锻造是为了将铁中的杂质挤出，这样保证金属组织致密。蜀地善造兵器，是因为始皇帝统一六国后，将赵国卓氏迁入蜀地临邛，卓氏本是冶铁世家，蜀地的钢铁冶炼技术由此提升，西汉时期就在蜀地设立"蜀郡工官"，是汉代设立最早的工官之一，曾生产

"五十涑"铁剑。

三国时期的马甲也是军中铠甲的重要组成部分。战国时期出现的马甲多为皮革制作，曾侯乙墓的皮马甲就是典型。燕下都考古有铁马甲出土，但因朽烂严重，其形制不得而知。曹操《军策令》曰："袁本初铠万领，吾大铠二十领；本初马铠三百具，吾不能有十具。见其少遂不施也，吾遂出奇破之。是时士卒精练，不与今时等也。"曹植表曰："先帝赐臣铠，黑光、明光各一具，两当铠一领，环锁铠一领，马铠一领，今世以升平，兵革无事，乞悉以付铠曹。"（《太平预览·卷三五六·兵部八十七》）笔者推测三国时期马铠应该是延续战国风格，只是目前尚无考古实物。

二、武库

出于政治统治的需要，历代统治者都牢牢地把握着对武器的控制，对甲胄制造管理尤为重视。对于甲胄的制作管理、储藏管理，汉朝在秦朝、战国的基础上更为完备。

汉高祖七年（前200），天下初定，汉王朝开始营建新都长安，"萧何治未央宫，立东阙、北阙、前殿、武库、大仓"（《汉书·高帝纪》）。在首批重点建设的国家工程中，就包括了长安武库。此后二百多年，长安武库一直作为西汉王朝的国家武库，在整个武库体系中具有头号重要的地位。《汉书·毋将隆传》曰："武库兵器，天下公用，国家武备，缮治造作，皆度大司农钱。"西汉时期中央级的武库有长安城武库，《三辅黄图》载："武库在未央宫，萧何造，以藏兵器。"除长安城的中央武库外,在洛阳还有一个中央级的武库。地方各郡亦设有武库,《武库永始四年兵车器集簿》记载内容就是东海武库贮备的器甲。郡一级武库,在文献中记载有上郡、颍川、广汉、山阳、北海和玄菟等郡库,《居延汉简》记载有张掖和酒泉郡库。各级武库的设置,使西汉军队始终保持着巨大的军事储备,这些器甲成为西汉军队可靠的物质基础和后勤保障。西汉常备军是以戍役制形式维持的,平时服兵役戍卫京师与边境的男丁必须发给必要的武器装备;一旦有较大的军事行动,更需大量军械供给临时征发或招募而来的大批吏士。因此,拥有发达的武库设施和雄厚的军备对整个国家有着非同一般的重要作用。

武库的兵器调拨直接由皇帝掌握,其他任何人不得调动。武库的兵器在一些时候会调拨至边境,"边兵不足,乃发武库工官兵器以赡之"(《史记·平准书》)。敦煌汉简亦见类似文字,如"盾一完,元康三年南阳工官造""盾一完,神爵元年寺工造",这些军器应为长安武库输边器物。

武库贮藏的器甲既是保卫皇权的基础,也是动乱中的危险因素,汉朝史料中记载了大量有关武库的史实。汉武帝的妃子王夫人曾向汉武帝请封其子为洛阳王,被武帝以"雒阳有武库敖仓,天下冲阸,汉国之大都也。先帝以来,无子王于雒阳者"(《史记·三王世家》)为由拒绝,主要因为洛阳有中央武库,担心一旦诸侯王有异志,武库会成为其巨大助力。

武帝时期戾太子刘据因巫蛊事件起兵,"遣使者矫制赦长安中都官囚徒,发武库兵"(《汉书·刘屈牦传》),武装囚徒和市民在长安城内与丞相刘屈牦军大战。郡县武库所藏器甲,往往是民变造反夺取的重点。汉成帝时，社会矛盾激化，民变和铁官徒暴动连续发生，汉成帝阳朔三年（前22）六月，颍川铁官徒申屠圣等"杀长吏，盗库兵，自称将军，经历九郡"；汉成帝鸿嘉三年（前18）十一月，广汉男子郑躬等"攻官寺，篡囚徒，盗库兵，自称山君"；陈留男子樊等起兵，杀长吏，"盗库兵"；汉成帝永始三年（前14）十一月，尉氏男子樊并等"杀陈留太守，劫略吏民，自称将军"；同年十二月，山阳铁官徒苏令等"攻杀长吏，盗库兵，自称将军，经历郡国十九，杀东郡太守、汝南都尉"，武库内所存的器甲一旦被民变之众获得，就可以迅速武装成军队。王莽时期，赤眉军造反，翼平郡连率田况素来果敢，"发民年十八以上四万余人，授以库兵，与刻石为约"（《汉书·王莽传》）。将武库的兵甲发给四万民众抵抗赤眉军，赤眉军见翼平郡迅速成军，不敢入界。

《汉书·百官公卿表》就明确记载："中尉，秦官，掌徼循京师，有两丞、候、司马、千人。武帝太初元年更名执金吾。属官有中垒、寺互、武库、都船四令丞。都船、武库有三丞，中垒两尉。"武库有专门的官员管理，此种制度至东汉仍旧保留，《后汉书·百官》载："考工令一人，六百石。本注曰：主作兵器弓弩刀铠之属，成则传执金吾入武库，及主织绶诸杂工。"从这些文献记载可以看出，西汉武库还是由中尉（汉武帝太初元年更名执金吾）下属的武库令掌管，武库所藏兵器由少府属官考工室令丞督造，制作完成后，交由执金吾藏入武库。长安武库出土的"考工"骨签，印证了史料。长安武库中的骨签显示武库有相当数量的兵器是各地工官生产的。

西汉时期对甲胄的管理比较严格，严禁购买、私藏、随葬甲胄。据《史记·绛侯周勃世家》记载，西汉名将周亚夫其子周阳私买工

官、尚方制造的甲盾五百具，欲在周亚夫身故后随葬。周阳购甲后
"不与钱"，被告发，汉景帝派廷尉追查此事。"廷尉责曰：'君侯欲
反邪？'亚夫曰：'臣所买器，乃葬器也，何谓反邪？'吏曰：'君
侯纵不欲反地上，即欲反地下耳。'"周亚夫"因不食五日，呕血而
死"。周亚夫虽为平定七国之乱的功臣，私买甲胄却是他丧命的直接
导因。由此一例，可见西汉初期宫廷对武库安全的极大关注和控制
上的严厉与紧密。

三、考古中的甲胄

1. 考古书简

1993 年，江苏省东海县尹湾汉墓出土了《武库永始四年兵车器
集簿》（以下简称《集簿》），木简上记载了汉成帝永始四年（前 13），
东海郡武库库存兵器情况，《集簿》的出土为汉朝甲胄研究提供了
非常详实的数据（图 2）。

《集簿》载：

乘舆甲三百七十九……

乘舆铁股衣二百二十五两一奇……

乘舆铁鞮瞀六百七十八、

乘舆铁鍪一……

甲十四万二千三百二十二、

铠六万三千三百二十四、

鞮瞀九万七千五百八十四、

革□□二万六百八十一、

马甲鞮瞀五千三百三十、

□面衣□□八十八、

□巾帻、股甲衣□□□万五百六十三、

□革札二十四、

甲□一……

"乘舆"是皇帝或皇室所用器物，有可能是地方武库暂存须缴纳中央武库之军器。"鞮瞀"即兜鍪也；兜鍪，胄也。"铠"应为铁甲。《集簿》认为甲、铠在书简中并列，其意义肯定有所不同，甲应特指皮甲，铠特指铁甲。与《居延新简》中所载的革甲、铁铠意义相同。

从《集簿》上登记的铠甲数量来看，皮甲"十四万二千三百二十二"领，铁甲"六万三千三百二十四"领，胄"九万七千五百八十四"顶，甲胄数量巨大，现有史料尚不得知汉朝军队的披甲率。

2. 考古实物

两汉考古资料：

（1）1955 年，长沙南郊侯家塘墓中发现有皮甲残片，甲片分为大、小长方形，正方形，椭圆形四种，是在薄皮革上涂漆，然后两相夹合。甲残存的腐漆片，以黑为底，外表绘有朱红、浅黄、白三种颜色的花纹，制作精美，根据出土物判断，该墓时代为西汉时期（图 3）。（罗敦静《被盗掘过的古墓葬，是否还值得清理？——记55、长、侯、中 M018 号墓发掘》，《文物》1956 年第 10 期）

（2）1957—1958 年，洛阳西郊 3023 号墓发现一领铁甲，残存约

328 片铁甲片，出土时大多锈蚀，出土于墓主人骨架足端，在骨架的腰际与左侧有铜带钩与铁剑出土。甲片分为二型：一型甲片略近长方形，只有 4 片，长 3.3 厘米，宽 2.2 厘米，左右两侧和下端各有 2 个穿孔；二型甲片 324 片，呈上方下圆的椭圆形，长 2.5 厘米，宽 1 厘米。甲片出土时还保留着清晰的编连关系。该墓时代为西汉晚期（图 4）。（陈久恒、叶小燕《洛阳西郊汉墓发掘报告》，《考古学报》1962 年第 2 期）

（3）1960 年，内蒙古呼和浩特二十家子汉城址第七发掘区 T703 窖穴出土完整铁甲 1 领（T703H8∶85）。出土时，铁甲背面向上平放在窖穴内，同出的有存残漆皮的漆奁、铁环首刀、戟、釜、五株钱、镞、小半两等，从共出的半两看，铁甲为汉武帝晚期的遗物。这是从汉朝军事城堡中获得的实战铠甲，所用甲片的总数约 650 片，共重 11.14 公斤（图 5）。

铠甲用三种类型的甲片组成。

Ⅰ型：上宽下狭的长梯形，边孔以两个为一组，已见 6 组半 13 孔，用于铠甲的领部（盆领）。宽 2.3~3.5 厘米，高 11 厘米，重 30 克；27 片（图 6）。

Ⅱ型：长方形，边孔有 9 组 18 孔和 10 组 20 孔等，用于胸腹和背部。宽 3.4 厘米，高 11 厘米，重 30 克；206 片（图 7）。

Ⅲ型：上端略呈半圆形，下端平直，两角呈略大于 90 度的钝角，边孔为 3 组 6 孔，用于肩部和垂缘活动的部位。宽 2.7~3.4 厘米，高 4.6~5 厘米，重 10 克；两肩 300 片，垂缘 115 片，共计 415 片。

铠甲通高 64 厘米，分为领（盆领）、肩（筒袖）、背、垂缘（甲裙）几个部分。

领部：可分后领、左领和右领。后领用Ⅰ型甲片13片编缀而成，甲片宽边在上，窄边在下，下与颈背部的甲片编缀，宽约25.5~29.5厘米。左、右领各用Ⅰ型甲片7片缀成，下部渐收为尖圆形，因此所用甲片也渐为收削，到领梢一片甲片已呈一边弧形的三角形。左领宽约13.5厘米；右领已残，第二片甲片已失，原宽应与左领相同。左、右领所用甲片下端内折弯卷，然后与肩部的Ⅲ型甲片编缀，盆领高约8.6厘米。领部编缀以后领居中一片为中心，两侧的边孔分别叠压左、右两片边孔之上（即左侧边孔压于左片右侧边孔之上，右侧边孔压于右片左侧边孔之上，下均同此）。即以中间一片为基片，左右各穿连6片，甲片上保留单股麻绳残迹，编缀法同于下述右领的编法。右领前4片编缀痕迹清晰，其余几片已锈结，系左片压右片，第一片与领梢最末一片无重合甲片的边孔，无编绳痕迹（图8）。

胸部：用Ⅱ型甲片缀成，正视左胸4排29片，右胸4排26片。在左胸边缘有铁锈包3个，可能是连接销甲用的铁扣。

背部：从中脊纵列5片甲片成中轴线，将背甲分为左右两部分，均由Ⅱ型甲片编缀而成，左边5排43片，右边5排47片，第三、四、五排各与左、右胸的二、三、四排连在一起。背甲5排与胸甲4排连在一起，甲片编缀法相同。出土时因当胸部已敞开，由两襟间空处可看到背甲里面的结构，系每排居中1片为基片，向左、右编缀，除去两端的甲片外，各用甲片侧面的3组边孔，横编如同右领。

肩部：用Ⅲ型甲片编缀，形成短袖式的披膊，可以上下收叠在一起。陆思贤《呼和浩特二十家子古城出土的西汉铁甲》一文中认为"腋下不封口";白荣金先生根据后期汉朝铁甲的修复经验，从各地出土汉代铁甲复原的过程中，认识到一个规律，即凡右开身的铠甲，才配置披膊，而前身对开襟的铠甲，是配置"筒袖"的（如山东淄博甲和河北满城甲），故而认定此套甲"配置有筒袖而不是披膊"（白荣金《呼和浩特出土汉代铁甲研究》，《文物》1999年第2期）。左侧能观察的有6排，前6排共60片，宽11.5~12厘米，长32.6厘米，后6排约64片。右肩已破损，前面现存5排28片，宽12厘米，残高20厘米，后排有27片（图9）。

垂缘：用Ⅲ型甲片编缀，共计3排，第一排编缀于左右胸、背下沿，第二、三排编缀于左右两侧，前左31片，宽21厘米，高7.5厘米；前后26片，宽22厘米，高8厘米。背部约有50片。白荣金先生在复原甲裙的过程中，认为身甲前胸部分最下沿缺一横排甲叶，推测缺失横排应该有甲片47片，其横向编排形式与身甲底排相同，即由前分别向两侧后顺序叠压；第二至四排各由47片Ⅲ型片组合而成，甲片的横向编排方式一律由右向左叠压，故与第一排片有所区别。第一排片通过图6-2中上部的一对横孔，与身甲底排片上的下端孔作活动式的缀连，4排裙片与身甲纵向连缀时，除第一、二排间缀合较紧外，其余排与排间留出一定的绳长，从而构成上下伸缩的形式（图10）。

（4）1968年在河北满城西汉1号墓（刘胜墓）出土铁铠一领，全铠出土时长67厘米，圆径17~25厘米，共用甲片2859片，重16.85公斤。与铁制的刀、剑和戟等兵器放在一起。铁铠是卷起来存放的，出土时已经锈蚀在一起。汉代大丧礼明确记载陪葬甲胄："东园武士执事下明器……甲一，胄一……"（《后汉书·礼仪志》）

刘胜墓中的铠甲，应与丧仪有关。锈蚀的铁铠经过白荣金团队细心的复原，恢复成一领用两种小型甲片编缀成的鱼鳞甲，由甲身、筒袖和垂缘构成。

满城汉墓铁铠甲片有两种，均为熟铁热锻造而成。形制基本整齐划一，表面略凸，中部较周边高起 1~1.5 毫米。甲片正面的周边以及孔眼的两面均经过打磨倒棱。第一种甲片上端平直，宽度略窄，下端圆弧形，长 3.2 厘米，宽 2 厘米，厚 0.1 厘米。甲片上共有 4 组 8 孔，上端顶角各 1 孔，两侧纵列 2 孔，下端居中纵列 2 孔，孔径 2 毫米（图 11-1）。此种甲片用于组编成铠甲的主体部分。第二类甲片为四角抹圆的长方形，长 3.9 厘米，宽 2.6 厘米，厚 0.1 毫米，此种甲片用于编缀筒袖和垂缘部分（图 11-2）。

整套铠甲采取了 3 种编缀方式。第一种用于前后身甲的编缀，甲片使用第一种。组编的方法是一片一片地按照一定次序以绳子串联累积而成。先从横排的一端开始，甲片依次叠压排列，相邻侧边的孔相垂合，编至另一端打结，然后回绳编组下一排。下排和上排的甲片排列次序一致，但是各错开半片位置，并把下排甲片上端压在上排之下。编缀时先使绳索穿过相邻甲片重合侧孔，再引绳穿过本片上甲孔，穿过上排甲片下端之纵孔和下排临近甲片之顶角孔，如此逐片逐排往复编连，使甲片左右串联并与上排结成一体（图 12-1 至图 12-6）。此种方法组编的身甲，从正面看呈鱼鳞状，"鱼鳞甲"盖因此得名。身甲背面的绳子痕迹是上下隔排相同、邻排相异。

第二种编缀方式用于左右两肩，甲片也是第一种。左、右肩各由 3 排甲片组成，各排先单独编出。以左肩为例，其第一排和第三排的编法分别和第一式之编法相近，第二排用中腰孔组编。甲片的排列和第一排一致。编成3排后再叠边编连，第三排做倒置，第二排压在第一、三排之上，其顶边还用丝织物包出窄缘（图12-9、图12-10）。编成后，左右肩的甲片均为自前向后依次叠压之顺序，两肩组编形式完全相互对称。第三种编缀用于垂缘，甲片属于第二种（图12-2）。编缀的方式是先编出单个的横排，每排的甲片依次叠压，相邻一侧甲片纵向孔重合，穿绳编缀，每穿过一组侧孔都在背后挽结紧固，使组合起来的一排排甲片不易散开错动（图13）。铠甲各部分的边缘都用皮革和丝织品包边，内部也用皮革和丝绢做衬里。

现有考古资料中，此套汉铁甲保存最完整，经过复原后在河北省博物院展陈（图14）。

（5）乐浪王根墓出土皮甲1领，出土时已经散乱，甲片有两种形制，较小的长54厘米，宽36厘米，上侧有两横孔，两侧及下边缘有2孔，较大的甲片长74厘米，宽32厘米，上有7组14孔，皮甲表面髹黑漆（《石严里第一一九号墓发掘调查报告》，《乐浪汉墓》（第二册）乐浪汉墓刊行会1975年版）。

（6）1976年发掘的广西贵县罗泊湾一号墓规模巨大，结构复杂，并有陪葬车马坑。椁室被分成前、中、后三室，其中出土木简牍5件。M1:161号牍自名《从器志》，记录着随葬的器物，兵器部分有"绫甲 鍪督各一 缯缘"，另外还有盾戟锁矛等。但墓内没有发现遗物，可能已经腐烂。该墓出土器物有战国晚期、秦代风格，而不见西汉中期以后的特征，考古队认为该墓应属于西汉初期（广西壮族自治区博物馆《广西贵县罗泊湾汉墓》，文物出版社1988年版）。

（7）1977年发掘的安徽阜阳双古堆号墓是一座大型积炭木椁墓，

头厢和边厢内有许多木笥，其中东边厢东北角的一个木笥内卷放着铁甲胄1领，甲叶共计3038片，重20.2公斤。依甲片的形状与穿孔的不同分为26类甲片，多数片为抹角近方形片，还有一些特殊片可能属于其中的1顶胄，伴出的有铜环、金泡。墓主为西汉汝阴侯夏侯灶（王襄天 韩自强《阜阳双古堆西汉汝阴侯墓发掘简报》，《文物》1978年第8期）。

（8）1979年淄博大武村西汉齐王墓第五号陪葬坑出土2副铁甲和1顶铁胄，出土时互相挤压重叠，经过社科院考古所白荣金先生整理后复原。

第一领甲的等级较高，甲片嵌金、银饰。铠甲制作经过周密的设计和计划，第一步是编缀之前先在一定数量的甲片上以金片或银片贴饰，然后在这些饰片上用红丝带编饰出菱形图案。第二步是在一定数量的甲片上单独用红色丝带编饰菱形图案。第三步可以用各种甲片分别编出铠甲上的各个局部，编时将先头的装饰片按一定位置编排在部块之中，最后进行总体组合。根据甲片标本保存下来的组编痕迹可知，甲片之间的组合都是用麻绳连缀。从一些甲片正反面的痕迹来分析，甲片编缀先编横排，再纵向连接在一起。此甲展开后左侧连缀在一起，顶边与两肩之间内侧边形成了一个后高前低的长方形开口，此开口为铠甲领口。左右肩外侧边、左右肋顶边和胸背部分的侧边形成左右两个孔洞，成为两臂的出入口。右侧开襟，有单独的左右披膊（图15）。

此领甲片制作不够规范化，形状大小不是很整齐，构成的金饰甲片主要有3类，Ⅰ类甲片是编缀身甲的主体，甲片上端较平略窄，下端圆形，表面微凸，甲片长3.2~3.5厘米，宽2.4~2.6厘米，厚

1 毫米。周边棱角抹圆，甲片开 10 孔（图 16-1）。Ⅱ类甲片用于垂缘，片形为长方形，最下一排四角较方，上面 7 排甲片上端两角抹圆，表面微凸。长 3.1~4 厘米，宽 3~3.2 厘米，厚 1 毫米（图 16-2）。Ⅲ类甲片主要是两肩横向使用，甲片均为长方形，甲片较平，长 3~3.4 厘米，宽 2.5 厘米，厚 1 毫米，甲片开 8 孔（图 16-3）。

　　金银铠甲大体编缀完成时，即进行衬里和包边。衬里所用材料，经观察，甲片背面的痕迹有两层，内层为皮革，外层为丝绢，包边处有织锦痕。右肋前块上端近边处，保存了一些丝带痕迹，当是右肋前后块围合后的系定点。其下端痕迹不明，至少也应有一道丝带方好系定。右胸开口的上下联合处，因未见有如秦俑甲上右胸系结的别扣，推测有可能也是用丝带系结（图 17）。

　　齐王墓中出土 1 领素甲，整体结构与金银饰甲结构相同（图 18）。同坑出土的铁胄较为奇特，经过全部清理后，发现整体胄由 80 片甲片组成，主体部分为 4 排，最上一排仅有 7 片，当中 3 片甲片上窄下宽，近似等腰三角形，其余 4 片上圆下方（图 19-1），为胄甲片的主要形状，宽 3.7 厘米，长 5.3 厘米，下面 3 排每排 21 片，都是图 19-1 类型甲片。4 排胄甲片的横向关系是自中间甲片向两侧叠压，纵向关系是下排压上排。胄的主体为一筒形，上下透空。胄体左右有两组护耳，左右对称连接于胄体，护耳由 5 片甲片编缀，编缀成上三下二的组合，每组甲片由 4 片图 19-1 和 1 片三角形甲片（图 19-3）构成，长 5.3 厘米，宽 3.8 厘米。胄体无顶，四面合围，两侧带护耳，胄体边缘以丝织物包边，部分胄甲片内部有皮革衬里（图 20）。

　　（9）1983 年在广州南越王墓的西耳室随葬器物中发现 1 领保存

比较完整的铁铠甲（图21），这领铁甲已得到复原整理，甲片的基本形状为长方形，整个铠甲没有披膊和下垂缘。铠甲甲片形状大小相似，均为四角抹圆的长方形，甲片正面略凸起，周边经锉磨倒棱，制作都是统一锻造，但是加工甲片不够整齐。此套铠甲甲片为709片，每片重约13.5克。根据甲片开孔差别，甲片分成两个规格：Ⅰ式甲片略呈上窄下宽，长4.2厘米，宽3.1厘米，厚0.15厘米，开4组8孔，上端横开2孔，下端纵列2孔，两侧中部各纵列2孔，孔径2毫米。此类甲片为661片，占甲片总量的93%以上，主要组成铠甲的两肩和前后身甲主体部分。Ⅱ式甲片上下等宽，长4.3厘米，宽3.1厘米，厚度与孔径与Ⅰ型甲片相同，孔眼为3组8孔，上端1组4孔，下端无孔，此类甲片有48片，占比不到总甲片数量的7%，用于铠甲的底缘（图22）。

该铠甲无盆领无袖无垂缘，形状近于坎肩。其结构大体由前后身片及两个肩片组成。左肩片之两端分别固定于前后身片之左胸背上缘，右肩片后端与后身右上端连定，其前端则敞开，可通过丝带与前身右上端相应部位连接以便于穿着。领口前低后高呈长方孔状，故前身片较短，后身片较长。前后身片之下段左侧相连，右侧对应处为敞开式，可叠合后系带连定（图23-1）。复原后的南越王甲如图23-2所示。

（10）1991年西安北郊墓葬中出土1领汉铁甲胄，从出土遗物判断，该甲胄属于西汉早期。此套残片送至中国社科院考古所，经过白荣金先生与诸位专家修复整理，这批甲片的分类大体可分作8型12个式（图24），数量总计为2857片，总重量达16.5公斤。出土的甲片中Ⅰa式甲片出土数量为1297片，其中贴金片者30片，贴饰银片者 198 片，贴丝帛者 10 片，其余则以丝带编饰为主（图 25）。

此套胄的复原是以顶部的圆形片为起点，根据相关甲片的形状、大小、弧度、数量，结合孔眼及功能等特点，找出其横排与纵列的关系，复原出铁胄的基本结构。胄顶上的横向编排方式有左右之分，据此复原出以处于正前方的甲片为起点，其余片则依左右两侧顺次向后叠压的编排形式。在两侧向后各编至 15 片时，则共同叠压在后方居中的一片上而合拢。这种横向由前往后依次叠压的甲片编排方式，符合铠甲甲片的一般组合规律，在此胄体上其他各层位的甲片，也都是按此方式排列的。胄体整体呈覆钵形，胄体左右两侧有较长的护耳，脑后有可以伸缩的顿项（图 26）。

此套胄在复原过程中参考了西汉齐王甲的结构，复原出的身甲是在肩与右胸和右肋处开合搭接，以系带作为连接方式，结构上由上段的胸、背及下段的腹、肋、腰几部分组成（图 27）。白荣金先生认为此套甲同秦始皇陵陶俑中武官所披Ⅰ类Ⅱ型铠甲的披膊、甲裙颇为相近，而且与临淄西汉齐王贴饰金银的铠甲的造型，也有较多的共同性。

白荣金先生对 1965 年 8 月咸阳杨家湾出土的西汉彩绘陶俑群考查过，并得到马建熙先生许可作了现场记录。当时陶俑上的铠甲图案已较模糊，甲上所绘线条亦欠规整，但其色彩尚清晰，大体轮廓还是清楚的。考察的重点之一，是号称三千人马中独有的一件指挥俑上的彩绘鱼鳞甲。该甲甲片为黑色，身甲片较小，以白色勾画出鱼鳞状的甲片重叠边线。在前胸及后背的部分甲片上，则用朱红色绘出斜置的方形块，并组合成若干菱形图案（图 28）。杨家湾数以千计的身着铠甲俑中，只有这一尊彩绘陶俑着菱形纹饰身甲，这件彩绘俑被认定为指挥俑。其身甲与西安出土的那领金银饰铠甲几乎一致。

西汉时期，此种贴饰金银的铁铠甲，制作数量必定有限，故在现有考古发掘中极为罕见，目前仅有2套实物出土。齐王随葬坑出土的饰金银铁甲，以其墓主人的身份，对此类甲的规格和使用等级是一个明确的标定。足见金银饰铠甲并非寻常装备，它属于当时规格颇高、具有典型性的一种铠甲形制。西安出土此领甲的墓葬规格并不高，但是出土了如此高等级的铠甲，说明墓主人生前经历不凡，或在武官中身居高位，或立过显赫战功而受赏赐得此铠甲。

（11）徐州汉兵马俑博物馆与南京博物院联合组队，对位于江苏省徐州市汉兵马俑坑以东约40米处狮子山顶的一座大型西汉楚王陵墓进行了考古发掘，并取得重大成果，被评为1995年中国十大考古新发现之一。1995年夏，中国社会科学院考古研究所白荣金先生对楚王陵出土铁甲作了重点考察，认为大量铁甲片通过系统整理研究仍有可能复原；2001年完成了2顶铁胄和4领铁甲的复原研究。狮子山楚王陵出土的铁甲胄是目前已知西汉诸侯王陵中随葬数量最多的，同时也是几十年来古代甲胄复原研究遇到难度最大的一项工作。

经过系统整理和逐一核对，楚王陵出土的铁甲片大体上分为12型。

A型：长条形札甲。根据甲片的形状、大小、厚薄，以及片上的开孔数量和布局等情况之区别，可分为13式（图29）。A型札甲甲片出土情况较复杂，除完整者外，另有断裂碎块246片，其中属上部者106片，属中部者74片，属下部者6片，统计残断甲片总长度约1862厘米。A型甲片孔眼间有双股麻绳的编缀痕迹，另外在一些甲片表面还残留有丝绸、皮革的包边和衬里等痕迹。

B 型：圆形甲片，片体中部表面向外凸起，四周略低。直径约11.4 厘米，厚 0.3~0.35 厘米。片上开有 25 孔，其孔眼分布为圆中 1 孔，周边 24 孔分成环状均匀排列的内外两圈，每圈 12 孔，两圈开孔互相交错。此型甲片出土时均已残碎不全，后区分为两个不同片体，其大小略有差别，为胄之顶心甲片（图 30-1）。

C 型：梯形甲片，上部平直，下部略圆，甲片上凸起为较大的圆弧状。根据甲片两侧梯形长边的细微差别，该型甲片可细分为两直边和一边角为弧状抹圆两种，其甲片大小基本一致，高 10 厘米，上部宽 4 厘米，下部宽 7 厘米左右，重 75 克至 80 克。片上开有 9 孔，孔眼分布为上边中部 1 孔，下边中部 2 横孔，甲片中上部横 4 孔，下部两侧边各开 1 孔。该类甲片相对完整者有 21 片，可能还是胄体甲片（图 30-2）。

D 型：长方形大型甲片，根据甲片的形状、大小、开孔可分为 7 式（图 30-3 至图 30-9）。

E 型：正方形的中型甲片，片体厚而平直，推断此型甲片应为胄之垂缘用片。根据甲片的大小、开孔等情况，可分为 3 式（图 30-10 至图 30-12）。

B、C、D、E 4 型甲片的体貌特征较为相似，表现为片体大而厚，甲片的制作工艺也与其他甲片有所不同，故推断为铁胄使用之甲片。此外，胄片上均有丝带编缀痕迹，亦与铠甲甲片的编缀材料有所区别，这也是区分此类甲片的一项重要依据。

F 型：舌形的中型甲片，甲片上有麻绳连缀编痕，推断其用途可能为铠甲之披膊用片。此型甲片根据片上开孔数量和位置的不同，可分为 3 式（图 31-1 至图 31-3）。

G 型：马蹄形的大鱼鳞形铠甲甲片，根据甲片的形状、大小和开孔等情况，此型甲片可分为两大类 6 式。此类甲片具有相同的体貌特征，其片体大而薄，此型甲片基本为麻绳编缀（图 31-4 至图 31-9）。G 型甲片为大鱼鳞形铠甲之甲身主体甲片。

H 型：椭圆形铠甲片，此型甲片根据片形、大小和开孔等情况，可分为 3 式（图 31-10 至图 31-12）。H 型甲片可能为肩部甲片。

I 型：小刀状的小鱼鳞形。根据片形的不同，可分为 3 式（图 31-13 至图 31-15）。

I 型甲片为一领小刀型鱼鳞铠甲，出土时其他甲片混杂一起，因残碎较为严重而未能详细划分，故合并统计，此型甲片总计有较完整者 2500 余片，残片有 1000 余片，合计 3600 余片，总重量约 19.3 公斤。此型甲片均残留麻绳编缀痕迹。

J 型：槐叶状的小鱼鳞形铠甲片，根据甲片的形状、开孔等特征，可分为 6 式（图 31-16 至图 31-21）。J 型小鱼鳞形各式甲片共有 2000 余片，重 8.5~9 公斤。此型甲片基本为麻绳编缀，惟 J 型 7 式披膊甲片左右横排为麻绳编缀，而正面上下保存纵向连缀处丝带痕迹。

K 型：中型铠甲片，根据甲片的形状、开孔等特征，可分为 4 式（图 31-22 至图 31-25）。

L 型：细长方形的特殊铠甲片，甲片采用麻绳编缀（图 31-26 至图 31-28）。其为连接小型鱼鳞铠甲之肩部甲片。根据甲片的形状、开孔等特征，可分为 3 式。

楚王陵出土两顶铁胄的形制基本相同，仅在尺寸上有一些较小的区别。铁胄外观整体如筒形，由胄体和垂缘两部分组成。胄体如覆钵形，顶部似一覆盘，其下连体呈筒状，前部开一近方形、口边向外卷曲的窗口，从中显露出人的面部五官（图 32）。

经过复原楚王墓共复原出 3 套铁铠甲。第一领铁札甲共用甲片 4 型 18 式，合计 891 片。各个部分复原后，展开后为身体右侧开襟（图 33），其整体形制上与呼和浩特二十家子古城出土西汉铁札甲较为相似，二十家子西汉铁札甲为前胸对开襟。但楚王陵铁札甲为右开襟，楚王陵札甲右肩扣袢结构与秦甲有明显渊源，复原后效果如图 34 所示。

第二领小鱼鳞甲的身甲由大量相对小型甲片组成，身甲甲片排列外观如鱼鳞状，故名小鱼鳞甲。在众多的零散甲片中，此甲保存的局部残块较多，因而复原的依据较充分，构成此甲各部位的甲片类型，经区分计有 7 种。不同类型的甲片，一般均按特定的方法相连缀，构成甲衣的不同部位。有些大小形状略有区别的同一类型甲片，可能是随身形体位的变化而有意加工的，有的或出于加工不规整所致，也有的是在铠甲修整时随手取其他残甲片补配上去的，甚至在补配甲片时，用不同类型的甲片加以顶替，以上情况在此领小鱼鳞甲上表现比较突出（图 35）。小鱼鳞甲也是采取右侧开襟，右肩系扣袢，前后身甲下的垂缘长度有所差异，前身更长，复原过程中明确参考了秦俑、杨家湾俑身甲的关系。其共使用两型 7 式甲片，总数计 2398 片。

第三领刀形小鱼鳞甲是一领右开身的连衣裙形制的铠甲，穿铠甲时通过系带和扣袢控制开合，身甲与甲裙上下贯通，可以向上收缩在一起，身甲部分有皮革等衬里，甲裙后身设两道开口，有助于下身的灵活运动。此外配有肩、披膊和后领。其胸、肩、领口处当衬以较厚的皮革，一方面加强防护，另一方面还对甲衣起着巩固和稳定作用（图36）。

身甲的特殊之处在于其状如鱼鳞的圆弧一端朝上，而不是常见的朝下，这种形态，实为缩合式裙甲片的一种形态。此种编缀具体的操作是，一律从底排的一端编起，通过甲片全部8孔，一片一片地累加，组成一个横排，而后依此逐片往上续加。每排的组成，都是在组合中以麻绳穿过下部一对横孔之同时，与下排对应甲片组绳中部的一条纵向绳相连，从而完成上下排片以及同排邻片的连接。由于运用了此种缀合方法，出现了甲衣如同甲裙一样可以上下伸缩的特殊结构形式。这与唐、宋以后的某些甲衣的身甲可以上下收缩的形式颇为相似。

（12）两汉考古中发现了大量的具有军事属性的陶俑，在汉高帝长陵陪葬墓的陪葬坑、汉景帝阳陵陪葬坑、徐州西汉狮子山楚王墓陪葬坑、咸阳杨家湾等处都发现了比较完整的兵马俑群，其中许多陶俑身着铠甲。这些陶俑也是研究汉代甲胄的重要标本。

咸阳杨家湾出土的披甲俑较为清晰地表现了三种甲胄类型（图37）。第一类是较为简单的铠甲形式，札甲仅仅遮蔽胸背，身甲长度至腰，前后胸甲用肩带连接在一起，整体似一背心。此类甲除了步兵使用，骑兵亦大量装备，此类甲应该就是南北朝时期裲裆甲的起源。第二类胸背札甲甲片编缀在一起，身甲下端有垂缘；两肩有独立披膊。第三类结构上与第二类相近，只是胸、背甲片是鱼鳞甲编缀而成，身甲下沿有垂缘，两肩有披膊。高级的鱼鳞甲胸、背甲会装饰金、银，属于高级将领甲。

（13）汉长安武库是西汉中央政府直接掌控的精良兵器仓库，是一处军事重地，对保障京师乃至全国的安全稳定起着至关重要的作用。长安武库始建于汉高祖七年（前200）。1975年开始，中科院考古所汉长安考古工作队勘察发现了汉长安武库，在遗址中发现了铠甲残片4万多片，还有数量颇多、锈蚀在一起的铁质铠甲残块，形制也较为齐全，分成了大型、中型、小型（鱼鳞甲）等。白荣金先生对长安武库的甲片和锈蚀块进行研究和分解，最后复原了小型鱼鳞甲。

甲片的形制决定了铠甲的组合和造型，此套鱼鳞甲使用的甲片一共有6型2式。Ⅰ型甲片上端平直，下端圆弧，长2.6厘米，宽1.82厘米，甲片开4组7孔（图38-1）。

Ⅱ-1型甲片上端圆弧，下端平直，长3.2厘米，宽2.75厘米，甲片开3组6孔，下端不开孔（图38-2）。

Ⅱ-2型甲片与Ⅱ-1型甲片形制和开孔方式都一致，但是甲片较大，甲叶长5.2厘米，宽3.15厘米（图38-6）。

Ⅲ型甲片上端平直，下端圆弧，长3.9厘米，宽2.7厘米，开6组11孔（图38-3）。

Ⅳ型甲片较小，整体略呈椭圆型，长2.3厘米，宽1.7厘米，开4组8孔（图38-4）。

Ⅴ型甲片呈横向长方形，四角抹圆，长3.25~3.35厘米，宽2.5厘米，甲片开4组8孔（图38-5）。

Ⅵ型甲片属于大型长条片，长11厘米，宽2.9厘米，甲片在左右两侧开6组12孔（图38-7）。

此领武库鱼鳞铁甲的复原，参考了之前满城汉墓甲的形制，同时对残存锈蚀甲块进行了分解，认为此套甲由胸甲、垂缘、背甲、两肋、两肩几部分构成。根据以往汉甲修复的经验，凡是筒袖铠，必为对襟式。故推定武库汉甲为开襟身甲，前胸甲的顶排、后背顶排、两肩内侧形成甲衣领口。前胸、后背两外侧、两肩外侧和两肋上沿围拢后，成为袖洞，连接两筒袖。前胸身甲主体使用Ⅰ型甲片；后背居中一列使用Ⅲ型甲片；前胸、后背的顶排使用Ⅴ型甲片；底边一周连接Ⅵ型甲片；两肩为Ⅳ型甲片组成两个条形块连接前胸后背；身甲展开略呈山字型。垂缘一周由Ⅱ-2型甲片纵向4排组成，上接身甲底缘的Ⅵ型甲片下沿，组成可上下活动的结构。筒袖皆由Ⅱ-1型甲片编缀成活动结构，主体部分自肩至末端为9圈（图39）。甲片的编缀方式如图（图40）。

从出土的标本残留的痕迹来看，各型甲片都是由麻绳按照一定方式编缀而成。身甲周边应该有包边，推测与其他出土汉代铠甲使用皮革或织锦做包边、衬里的做法一致。

（14）1980年吉林榆树县老河深墓经过发掘，其中3座墓中出土较为完整的2领铁铠甲和3顶铁胄。M97墓单独出土1件铁胄，M56、M67分别出土了1件铁胄和1领铠甲。吉林省考古队与中国社科院考古所联合对这批铁甲胄进行了复原。此墓下葬年代大致在西汉末期或东汉初期，其墓主人应是鲜卑族，墓室中的长矛、铁剑完全是西汉风格，只是剑柄改造成了鲜卑风格。

M67墓铁甲未散乱的甲片有6层，每层少者3排，多者8排，共计28排。每排甲片数量多寡不等，少则四五片，多者18片，一般在11~14片之间，总片数为266片。M67铁甲不够完整，有可能随葬入土时就是件残甲。此铠甲的甲片连缀的材料，从现有一些标本遗留的痕迹判断似乎为窄皮条。经过整理，白荣金先生参考其他同时期汉制甲胄的编缀和形制，推断 M67 身甲整体形制当如图 41。

M67 墓铁胄系整体从野外取回，故其整体状态保持出土时状态。胄体按照不完全锈蚀的出土残存重量为 1625 克，因为部分残损，如果按照复原补足，整体重量当在 1880 克。

胄片可以分成 3 种类型，胄主体部分为 I 型，胄片为上窄下宽的长条形，上端近半圆，一般底端平直，共有 21 片，位于胄体正面 5 片的下端，与两侧及后部的胄片有区别，正中 1 片下端是 V 形，在胄体正面形成了一个略带 M 形的开窗；胄体甲片编缀排列叠压的次序是自正中 1 片开始，分别向后两侧依次叠压，至最后 1 片的两侧边同时被相邻甲片叠压。胄片大致尺寸长为 18 厘米，上宽 2 厘米，下宽 4.5 厘米，厚 0.15 厘米。其顶部甲片为 II 型，略呈半球形，底直径 11.6~12.2 厘米，高 3.8 厘米，距离底缘边缘 0.6 厘米处一周开孔，连缀 I 型甲片，编缀胄体的胄片攒拢后收于半球形之内。垂缘部分的小型甲片为 III 型，甲片上端平直，下部长圆，共计 27 片，这些胄片大小比较一致，宽约 4 厘米，长 5 厘米，每片 4 组 7 孔。上下两排编缀成的垂缘是固定式编缀，不能上下伸缩（图 42）。社科院复原的胄模型戴在头上做过测试，垂缘总体较短，虽然不能伸缩，但也不影响头部的灵活性。

经过复原整理，M67 墓出土的胄顶部圆弧如同覆碗，胄体由长条胄片编缀而成，下接固定结构垂缘（图 43）。

M97 墓铁胄出土时已经散乱，形制上与 M67 墓一致。此胄连带土垢称重为 1485 克。

吉林榆树县老河深墓胄与中原地区出土的汉胄有明显的区别，第一次出现长条胄叶型，鲜卑系长条胄盔对后世北魏、隋、初唐的胄形影响深远。

（15）2008 年 11 月，河南省文物考古研究院、安阳市考古队、安阳县文化局组成联合考古队，对安阳曹操墓（M2）进行考古发掘。汉献帝建安二十五年（220）年初，曹操远征汉中后，又亲率军赴樊城，解救被关羽长期围困的曹仁，回到洛阳后病逝，终年六十六岁，曹操灵柩被运回邺城，汉献帝赠曹操谥号"武王"，葬于高陵。M2 墓在历史上屡屡被盗，考古发掘中发现最早的盗洞是西晋时期，该墓在新中国成立后 70 年代、2005 年、2008 年再次被盗。

M2 墓中出土有大量铁质铠甲残片，散落在各个墓室的扰土和淤土中。既有单个完整的散片，又有单个残甲片，更有多片锈蚀在一起，胶结成大块，保存着原始的状态的甲片。根据统计，墓中出土铠甲片 3071 片，甲片种类繁多，包括鱼鳞状小型甲片、大型鱼鳞状甲片、长条舌状甲片、大型直边宽甲片、长条状巨型甲片、短宽如瓦状的弧形甲片、长条形弓背甲片、长条形直甲片等多种类型。

绝大多数铠甲片属小型鱼鳞甲片。此类甲片中部均向外隆起，四周略低，周边有穿孔，此种瓦面结构可以增加甲片结构强度。成组的甲片横向排列，边缘用牛皮包边，上下左右相邻的铠甲片之间用牛筋连缀。

成组出现的甲片外部都有粗布残痕迹，考古工作人员推测，这些铠甲下葬过程中可能都是用粗布包裹，同时经过仔细观察，一些散乱的甲片背后，也发现有粗布的痕迹，因此可以断定，铠甲内层有粗布衬垫，这些衬垫主要是为了减少铠甲和身体之间的摩擦，增加铠甲的舒适性。《曹操高陵》一书中披露了一些甲片的形制和分类（图 44、图 45、图 46）。铠甲片数量众多，大多尚未来得及修复和详细分类，考古报告仅仅挑选了 7 类甲片作介绍。

A 型鱼鳞状小型甲片，体形较小，上沿平齐，下边缘为圆弧形，整体为鱼的鳞片状，甲片中部略微隆起，表面有一定弧度，周边有穿孔。甲片 M2:946（图 44-5）开孔分 3 组，上沿横排开 2 孔，孔间距 1 厘米，两边各开 2 孔，间距 0.6 厘米，个别孔中残存有牛筋，长 4.65 厘米，宽 3.2 厘米，厚 0.2 厘米。此类甲片分为 3 个亚型。

B 型大型鱼鳞甲片，该类甲片上沿平齐，两长边微向外弧，下部为弧形舌状，中部隆起，周围有 4 组穿孔，上边横排 2 个穿孔，左右两长边中部各有 2 个竖排穿孔，靠近下部中间位置，有 2 个竖排穿孔，整体显得宽而短。甲片 M2:949 长 5.4 厘米、宽 4.35 厘米。此类甲片分为 3 个亚型。B 类甲片和 A 类甲片的形制基本一致，区别就是外形尺寸和开孔方式。这两类鱼鳞甲与出土的汉鱼鳞甲形制完全一致。

C 型长条舌状甲片，长条形，下弧边为舌型，两边长柄平直，没有弧度，可以根据宽窄大小分为 4 个亚型。甲片 M2:953（图 44-2）为 2 片甲片胶结在一起，其中一片较为完整，单片长 8.1 厘米，宽 3.2 厘米，厚 0.2 厘米。甲片 M2:952（图 45-4）分成上下 5 层，约有 31 片个体，上部牛皮包边，相邻甲片牛筋连缀的痕迹十分清晰，此类甲片单片长 7.5 厘米，宽 3.6 厘米，厚 0.2 厘米。甲片 M2:954（图 45-2）长 15 厘米，宽 3.8 厘米，厚 0.2 厘米，两片甲片叠压在一起保持原始状态，相邻两片铠甲用牛筋连缀，叠压部分宽 0.6 厘米，此类甲片连接一起后，横向形成一定弧度。

D 型直边宽面甲片，此类甲片整体显得宽大，上沿平直，两边平直，下部弧形内收成圆弧舌状。甲片 M2:878（图 44-3），长 8.5

厘米，宽 4.5 厘米，厚 0.2 厘米，靠近上沿横排开 2 孔，孔距 1.6 厘米，两长边各有两组孔，此类甲片横向排列，相互叠压。

E 型梯形甲片，上下两边平齐，其中上边长，下边略短，两长边中部略向外弧，形状近似梯形。表面较平，中部略向外隆起，靠近上下两边，各有横向开孔，两长边中部，各有 2 竖向开孔，下中部同样有 2 竖排开孔，根据尺寸大小，分成大、中、小三类。甲片 M2:957（图 44-6）横长边 3.3 厘米。

F 型甲片为长条形弓背甲片。该类甲片呈狭长条状，上边平齐，中间微微向外隆起，两端向后弯曲成弓形，根据其个别部位形状不同，分成 4 个亚型。甲片 M2:959（图 45-3）整体为长条状，上宽下窄，中间隆起，两端向内弯曲，下部为三角形尖状，上部残缺，具体长度和形状均不详。残长 13.5 厘米，下部最宽 3.7 厘米，尖部两斜边长 2.3 厘米，厚 0.3 厘米。此甲片极可能是铁胄盔叶的中心片，与吉林榆树县老河深墓 M67 胄的中心片高度相似。曹操高陵中的铁胄极大概率是长条甲片编缀的风格。

甲片 M2:960（图 44-1）长条形，长 11.5 厘米，宽 3.8 厘米，厚 0.2 厘米，上下等宽，上边平齐，下端呈弧形，中部向外大幅度隆起，两头向内弯曲，形成弓形。甲片 M2:961（图 45-1）残长 13.5 厘米，上部最宽 3.8 厘米，下部最窄 3.55 厘米，厚 0.2 厘米，上宽下窄，中部向外大幅度隆起，两端向内弯曲，上横边平齐，靠近上边两侧有两组横排开孔，甲片的中间部位，有一较大的圆形缀孔，两长边中部各有一组开孔，甲片背部中间部位有一排竖向凸起，似为一排铆钉。甲片 M2:967（图 44-7）为 3 片横向排列的长条曲背甲片，上半部分保存完好，下部已残。单片长 8 厘米，上部宽 3.5 厘米，下部残存最窄处宽 3.3 厘米，每片甲片上端均有两组横向排列的开孔，中部靠近凹窝处，有两个竖排开孔，该类甲片上宽下窄，狭长呈条形，其弯曲方式中部内凹，上部大幅度向外弯曲，整体来看其上部呈喇叭状外飘，甲片上沿平齐，牛皮包边，内侧有布纹残痕，考古报告推测这部分甲片可能是两个部位的，一个是铁胄下部连缀之甲片；也有一种可能性是身甲的盆领部分，但是笔者认为应该是盆领较为合理。

G 型甲片，异形甲片。甲片 M2:963（图 44-8）为 3 片锈蚀在一起，基本保持原始排列状态，其中一片的下部保存较好，上部局部有残损，甲片为横向排列，中间用牛筋相连缀，表面残存布纹，保存较好的甲片残部的上宽 3.3 厘米，下部弧形弯曲的部分，长约4.7 厘米，弧面最宽处约 4 厘米，整个甲片残长 7.2 厘米，因为有残损，故总长度不详。笔者认为这部分甲片极大概率是腰侧甲片。

考古报告认为图 46 出土圆护是护心镜，但是因为残损超过60%，而且图 46-2 的直径超过了 14.5 厘米，如果做为双护心镜，两面护心镜并列接近 30 厘米，这是不合理的。图 46-1 护心镜直径接近 10 厘米，这个尺寸做为护心镜是合理的，如果真是护心镜，说明北魏出现的双圆护甲，就是源于此。

四、铭文甲胄片

近年在南京河道清淤过程中，发现一批铁甲片，有数麻袋之多，其中甲片类型颇为丰富，有条形铁胄、大型胸甲、札甲片多种形制，经过整理，发现数十片有錾刻铭文，铭文内容非常丰富，涉及年号、督造、甲名、铠师、数量甚至还有军种名称。国内收藏家葛龙飞、许宁、刘恒都收藏了此批铭文甲片。甲片铭文中的年号有："黄武""黄龙""永安"。东吴都城建业（南京）出现的这批甲叶是研究三国时期甲胄的重要实物。

1. 铭文胄片

目前已知的带铭文的胄片有两片，甲片长度大致在 23~24 厘米，甲叶正面微凸，甲片上窄下宽，下端两角切削较直。上端开 3 组孔，最顶端 1 孔，左右两侧纵向 2 孔，腰部开 2 组孔，每组纵向开 2 孔。胄片下端开 3 组孔，最下端 1 孔，左右纵向开 2 孔。

刘恒先生保存的胄片錾刻铭文"黄龙元年五十五二□□□□□"。铭文錾刻朝向是自下而上的（图 47-1、图 47-2）。此片长 24 厘米，上端较窄，宽 1.7 厘米，下端稍宽约为 2.7 厘米，甲叶厚度约 0.6 毫米，甲叶内侧从顶部顺边缘錾刻折边。

许宁先生保存的胄片长度约为 25.3 厘米，上端较窄，宽 1.82 厘米，下端稍宽约为 2.6 厘米，甲叶厚度约 0.6 毫米。甲片佩里面錾刻"黄龙元年监作都尉盛戒所作三涑九辟明光晔晙四千廿具重二斤半钢师彭铠师孙柱□□贲"；佩表面錾刻"无难将赵凌部曾□"（图 48）。此片甲叶铭文的錾刻方式也是从胄体下沿向胄顶方向錾刻。

同批胄片还有几种不同形制，基本都是上窄下宽，略呈三角形，部分胄体甲叶较宽（图 49-1），这类大盔叶应该是北朝多瓣盔的起源。

东吴地区的铁胄是用条形甲叶编缀而成的，胄体朝顶部收拢，顶部应有覆碗形胄顶，其形制与吉林榆树县出土的胄风格相近。根据现有胄体甲叶，推测胄型为图 49-2。

2. 铭文甲片

除了带铭文的胄铁甲叶，部分铁铠甲甲叶亦有铭文。葛龙飞先生保存的长条札甲錾刻"右作部督孙无典业胡立业吏李安书史王立除业十年七月五日造"，甲片长 7.8 厘米，宽 3.2 厘米，厚 0.8 毫米左右（图 50），东吴年号中只有孙权的"赤乌"年号超过十年，这片甲叶中的"十年"应是赤乌十年；许宁先生保存的一片鱼鳞甲錾刻"所作三涷明光钨铠重十两"（图 51），另一片鱼鳞甲錾刻"十两尉师彭五甲师如师吴孝铠师陈龙作"（图 52）。有一片札甲甲叶錾刻铭文"永安六年十月貟成重十六斤功夫吏朱纺"（图 53）。部分甲片能清晰地看到制作年号"黄龙"（图 54）和人名（图 55）。此批甲片中除了正常的汉制鱼鳞甲片外，还有一部分异形甲片，呈刀型（图 56），不知道此类甲片应用在何处。

3. 锻造工艺

此批次甲片中有"黄武六年""黄龙元年""赤乌三年""永安六年"年号，分别是吴大帝孙权、吴景帝孙休的年号。

涉及的铠甲锻造工艺是"三涷九辟"。汉朝炒钢技术迅速发展，为刀剑、甲胄制作提供了大量的优质材料，锻造技术的成熟使"百炼钢"成为武备制作的主流。"涷"通"炼"，钢铁兵器中出现"涷"始于西汉，苍山"三十涷大刀"经过电子显微镜的检查，被发现刀断面层数有 31 层，这种现象与将铁胚件折叠锻打的结果相近，孙机先生认为"涷数可能是折叠锻打的层数"。刀铭中的"涷"字当为"漱"字之省，《说文通训定声·说雅·释器》："漱，辟漱铁也。"《文选·七命》"万辟千灌"，李善注："辟，谓叠之。"所以东吴铭文记载甲片的"涷""辟"都是指甲叶是经过 3~9 次折叠锻造而成，与诸葛亮的"五折铠"制作工艺相同。

史料记载东吴军制中有相当多的部队有自己的名号：羽林军、无难军左右部、解烦兵左右部、绕帐兵、帐下兵左右部、武卫兵、五校兵、虎骑兵、外部兵、中军兵、营下兵、太子兵左右部、水军、敢死兵、车下虎士、武射吏（参见陶元珍《三国吴兵考》）。其中"无难军"和"虎骑兵"应是东吴帝的亲军，《江表传》记载会稽王孙亮与全纪密谋诛杀权臣孙綝："孤当自出临桥，帅宿卫虎骑、左右无难一时围之。"无难军最高指挥是督，《三国志·吴书》中记载了虞钦、陈正、殷礼、施宽、孙仪、孙虑、周处为历代"无难督"。"无难将赵凌部曾□"铁胄，应该就是无难军装备的甲胄。

甲片中提及"铠师""钢师"是指铠甲制作的匠师和锻造师，说明东吴甲胄制作是有专门专职的匠人。

"明光钨铠"应与曹植《上先帝赐铠表》中的明光甲是一种甲制，"明光"的意思是指甲胄因甲叶打磨得精细而通体光亮。

东吴铠甲的身甲甲片都是以长条札甲、鱼鳞甲为主。但是身甲形制尚无完整实物出土，其形制应与西汉时期风格差异不大。东吴时期甲胄錾刻铭文说明，在东汉三国时期依旧延续了战国至秦时期的"物勒工名"制度。

4. 髹漆铁甲

南京地区还出过一批髹漆铁甲片，甲片形制各异，数量稀少。部分甲片髹朱漆（图57-1），部分髹黑漆（图57-2，杨子麟、龚剑先生藏品），笔者保存一批西汉时期铁甲片，部分铁片残留髹漆，分为黑、红两色（图57-3），其中一片漆面较好（图57-4），仅有一角的漆面脱落，可以观察到甲片表面漆皮与皮胎漆面厚度相比较薄。

铁胎锻造较为精良，中间较厚，四周较薄，整个甲片微凸。漆面颜色为栗色。甲片的右侧漆面颜色比较鲜亮，应是右侧有甲片叠压所致。

5. 云南地区甲胄

西汉时期，除了中原地区的铁质铠甲，在云南地区还有大量的皮甲。

云南省博物馆藏李家山出土的贮贝器盖上铸造了滇人和昆明人之间的战争场景，滇人主将骑乘战马，头戴兜鍪，披甲穿袍，腰佩剑。其中滇人的甲胄表现得极为清晰，能清楚看出胄体正中高突起脊，胄体下缘用皮条连接环形的顿项，有些武士的顿项可以上翻（图58-1，摄影 @ 路客看见）。笔者认为，云南此类甲是典型的皮甲，身甲应是大块皮甲构成，明显能看出是下层叠压上层，贮贝器盖边缘有一套脱下来的铠甲（图58-2，摄影 @ 路客看见），明显能看出身甲由甲片编缀成一体，身甲上还有交叉纹饰，应该是表现交叉的皮绳，甲裙堆叠在一起，明显呈现下层叠压上层的结构，并由皮条上下编连；其他武士披挂的铠甲甲裙成喇叭形。此类皮甲的披膊的制作与顿项类似，都是将大块皮甲制作成半环形，上下由皮条编连，肩部较宽，至肘部渐窄，披膊和肩部、盆领连接在一起；滇人将领的披膊则似乎是整体制作。此类皮甲有较高的盆领，整体呈一形。滇人的皮甲和战国晚期楚国皮甲几乎一致，其因是"庄蹻入滇"。《史记·西南夷列传》中记载楚顷襄王在位时，庄蹻奉命南征，楚军沿长江道攻占巴郡，经过黔中、且兰，攻打夜郎国一直到滇池。庄蹻以武力平定西南后准备归楚，但楚国的巴郡、黔中郡在公元前277年再次被秦国攻占，庄蹻所率领的楚军归路断绝，遂留在滇池建立滇国，自立为滇王。所以云南地区皮甲的源头是楚式皮甲。除了贮贝器，在滇国带扣上也能看见此类皮甲（图58-3）。

这类甲应该都是生皮模压成型，表面髹漆，但目前尚无出土实物佐证。

五、小结

自战国晚期开始，冶铁技术的发展，促使兵器、甲胄都开始使用性能更为优秀的钢铁，青铜作为武备材质逐渐退出历史舞台。汉朝是中国钢铁武备发展的重要阶段，现有的史料、考古资料显示，汉朝制作了数量极为庞大的钢铁兵器。

汉朝初期的甲胄是皮甲和铁甲共存，至武帝时期，汉朝已经大量装备铁甲胄。西汉之前的铁胄都还是小甲片编缀而成，以西汉楚王、西安北郊铁胄为代表。至东汉时期，中国北方出现了长条甲片编缀成的铁胄，以榆树县出土的鲜卑铁胄为代表；南京地区出现的东吴铁胄甲片，显示东吴的铁胄应该与榆树县铁胄风格一致。这类条形甲叶编缀的铁胄成为南北朝时期中国条形甲叶铁胄的起源。

西汉初期的铁甲明显还带有秦朝的部分风格，身甲分成居中开襟、右侧开襟两种，身甲甲叶有长条形札甲和鱼鳞甲片两类。鱼鳞甲是汉朝开始出现的一种新风格，身甲的前胸、后背部分都采取固定结构编缀，使整个身体部分的甲形成一个较为坚固的整体。身甲有些有盆领，有些没有盆领，盆领的结构也是延续战国、秦朝风格。汉朝铠甲身甲连接的披膊有两种，一种是片状覆盖臂膀，其形制明显延续秦制；另一种是筒袖形式，整个上臂是由甲片编缀成一个筒形，筒形结构都是采取活动式编缀，具有良好的伸缩性，其形制仍旧延续战国楚皮甲、秦驭手甲风格。汉甲的垂缘延续了秦朝风格，总体不长，甲叶采取活动编缀方式，保证腰、下肢的灵活性。汉铁甲正中开襟的编缀箭袖，侧开襟的编缀片状批膊。

　　汉朝甲胄是中国铁甲的开端，编缀上先编缀横排，横排都是以中心甲片向左右两边叠压；横排编缀完成后，再纵向连接。这种编缀方式继承自战国、秦，经过汉朝的系统发展，成为后世中国札甲的主要编缀方式。

第四章

南北朝
甲胄

两晋末发生八王之乱，而后匈奴、鲜卑、羯、氐、羌南侵导致了"五胡乱华"，西晋灭亡。晋宗室琅琊王司马睿南渡建康（今江苏南京）建立东晋，史称"永嘉南渡"。五胡在中国北方及四川局部建立了前凉、成汉、前赵、后赵、北凉、西凉、后凉、南凉、前燕、后燕、南燕、北燕、夏、前秦、西秦、后秦16个国家，中国进入了前所未有的大分裂时代。前秦苻坚曾经短暂统一中国北方，公元383年苻坚率军南下，意图统一中国，前秦与东晋在淝水决战，东晋取得胜利，前秦军尽没，而后中国北方再次陷入分裂。

北朝第一个王朝北魏，鲜卑人拓跋珪在公元386年复立代国，公元398年改国号为"魏"，拓跋珪称帝。

公元439年，北魏太武帝拓跋焘灭北凉，统一北方，十六国结束。此时中国形成了南北两大政权的对峙，史称南北朝。公元493年北魏孝文帝拓跋宏迁都洛阳，并极力推行汉化，改拓跋姓为元，加速了北方诸多民族的融合。

北魏孝武帝元修时期，权臣高欢把持朝政，孝武帝无法容忍高欢掌握实权，于公元534年投奔了长安的北魏权臣宇文泰，宇文泰后弑杀元修，立元宝炬为帝，史称西魏。而高欢则立元善见为孝静帝，将洛阳拆毁，迁都邺城（今河北临漳），史称东魏。东魏、西魏相互攻伐对峙。

公元 557 年，西魏恭帝禅让于宇文泰之子宇文觉，北周建立，西魏覆灭。公元 550 年，东魏孝静帝禅位于高欢之子高洋，北齐建立，东魏覆灭。公元 577 年北周灭北齐。

南朝自刘宋起，公元 420 年，刘裕废除晋恭帝代晋自立，定都建康（今江苏南京），国号"宋"。与后相继更迭的齐朝、梁朝、陈朝 4 个王朝统称为南朝，这几个王朝都是以东晋"衣冠南渡"后的汉人为主体的王朝。

南北朝是中国历史上一个极为重要的时代，上承十六国，下接隋朝，中国南北分裂，南北长时间对立，所以称南北朝。北朝从北魏到东魏、西魏都是鲜卑人或鲜卑化的汉人建立的王朝，唐朝修史，奉北朝南朝同为中国正朔。司马光编撰《资治通鉴》时奉南朝为中国正朔。

公元 581 年，北周外戚杨坚篡周，改国号隋，北周亡。公元 588 年，隋文帝出兵灭陈，次年隋军攻陷建康，南朝陈亡，中国再度统一。自永嘉之乱以来，中国分裂近三百年之久的南北朝结束。

一、史料中的甲胄

从十六国至南北朝，整个中国陷入了长时间战乱。甲胄形制在延续魏晋的基础上，同时吸收了北方诸族群的甲胄特点，形成了南北朝时期风格，这个阶段的甲胄也是中国武备发展的一个重要节点。

1. 军中甲胄

军中将校的甲以裲裆甲为主，裲裆甲又分成皮甲和铁甲两大类，东汉末年刘熙的《释名·释衣服》："裲裆，其一当胸，其一当背也。"裲裆甲前胸后背的身甲用甲片编缀而成，前后用肩带连接，腰中捆束；曹植《上先帝赐铠表》："先帝赐臣铠，黑光、明光各一领，两当铠一领，环锁铠一领，马铠一领，世以升平，兵革无事，乞悉以付铠曹自理。"两当铠（裲裆甲），北朝裲裆甲明显延续了东汉魏晋形制，其源头就是西汉杨家湾陶俑一类一型身甲。兜鍪（胄）大量出现长条甲片铆接型铁胄。《北朝乐府》载《企喻歌》："放马大泽中，草好马著膘。牌子铁裲裆，鉏铻鹳尾条。前行看后行，齐著铁裲裆。前头看后头，齐著铁鉏铻。"从诗歌中可见北朝军中大量装备铁质裲裆甲，铁质兜鍪插鹳尾。

南侵的匈奴、鲜卑以强大的骑兵影响了北方中国的军制，这个时期出现的具装铠骑兵成为战争中的重要突击力量，重甲、具装铠的数量也成为衡量各国军事力量的指标。十六国之一的前赵末帝刘曜将勋臣公卿子弟中勇武之士组成亲军，命名为"亲御郎"，该部就装备大量具装铠，"被甲乘铠马，动止自随，以充折冲之任。"（《晋书·载记第三·刘曜》）铠马就是具装铠。

史料中记载十六国、南北朝时期甲胄的事件不算多，但是从现有的史料中细分，还是能掌握此阶段甲胄的部分细节。

十六国时期后赵石虎的亲卫大量装备了一种铁制铠甲，"石季龙左右直卫万人，皆着五色细铠，光耀夺目"（《邺中记》）。此类甲片应该较为细窄，甲片可能髹不同色彩的漆，铠甲周围加上包边织物，就是所谓的"五色"。

东晋将领桓伊多次参与各州府军事活动，累迁至大司马参军，后被任命为淮南太守。东晋太元八年（383），前秦苻坚率军南侵，桓伊与冠军将军谢玄、辅国将军谢琰在淝水大败苻坚，以战功封为永修县侯，晋右军将军。桓伊在淮南击破前秦军后，收集"马步铠六百领"，预先写好奏表，让亲信在他死后进呈朝廷，奏表说："……淮南之捷，逆兵奔北，人马器铠，随处放散。于时收拾败破，不足贯连。比年营缮，并已修整。……谨奉输马具装百具、步铠五百领，并在寻阳，请勒所属领受。"朝廷降诏，"伊忠诚不遂，益以伤怀，仍受其所上之铠"（参见《晋书·列传第五十一·桓宣·桓伊》）。此段史料说明十六国时期，前秦大量装备了步兵铠甲、具装铠，战后东晋军队将此次缴获的铠甲修复，重新纳入军队。

蔡祐是历经北魏、西魏的两朝名将，北魏孝武帝元修不满高欢专权，出奔长安，蔡祐深受宇文泰器重，受命迎接北魏孝武帝元修，亦因迎奉之功封为苌乡县伯，西魏建立后，拜平东将军、京兆郡守、青原二州刺史。西魏大统四年（538）七月，西魏和东魏爆发河桥之战，作战中蔡祐下马步战，左右裨将劝其乘马作战，以备不时之需，蔡祐告知左右："丞相（宇文泰）养我如子，今日岂以性命为念？"东魏军进攻迅猛，蔡祐率领左右裨将和军士步战反击，杀伤众多东魏军士，东魏军认为蔡祐无援军，随即"围之十余重"，东魏军围住蔡祐后向其喊话："观君似是勇士，但弛甲来降，岂虑无富贵耶？"祐骂之曰："死卒！吾今取头，自当封公，何假贼之官号也。"（《周书·列传第十九·蔡佑》）蔡祐弯弓四面射箭，令东魏军不敢前进，东魏军在军中募集敢死之士，准备围攻蔡祐，东魏重甲步兵逐渐围拢至三十步，蔡祐身边的军将劝蔡祐速射敌军，蔡祐曰："吾曹性命，在一矢耳，岂虚发哉！"待东魏重甲士兵靠拢至十步，蔡祐引弓而发，"中其面，应弦而倒"，西魏军随即持长槊反击，东魏军气夺，蔡祐及诸军将才得以撤退（参见《周书·列传第十九·蔡佑》）。西魏大统九年（543），东魏将领高慎在北豫州归附西魏，宇文泰率军救援，在邙山（洛阳北）与北齐神武帝高欢率领的北齐军交战。蔡祐"著明光铁铠，所向无敌。齐人咸曰：'此是铁猛兽也。'皆避之"（《北史·列传第五十三·蔡佑》）。从史料中可知，西魏（北周）、东魏（北齐）军中都有重铠甲士，箭矢对重铠几乎无伤害。蔡祐本人穿"明光铁铠"应是延续三国、两晋时期的明光铠，此种铠甲的名称至隋唐依旧沿用，在《唐六典》记录的13种甲制中位列第一。

历经北魏、北周、北齐三朝的名将王思政同样参与了河桥之战。当时他是西魏将领，与东魏军对阵过程中，亦下马步战，以长槊左右横击，"一击踣数人"。王思政陷入东魏军包围，随从皆战死，他本人受到重创后陷入昏迷，王思政久历军阵，上阵之时"着破衣弊甲"，敌军在打扫战场过程中，见其身甲破败"疑非将帅"，至日落，东魏军撤退，其手下部将雷五安重返战场找到王思政后，两人重返大营（参见《北史·王思政传》）。史书中记载的军将绝大多数是器甲鲜明，而王思政穿"破衣弊甲"颇为罕见。

南朝齐国开国将领王敬则，凭借武艺选入宋前废帝宫中，任补侠毂队主，穿着"细铠"宿卫左右，王敬则成为萧道成心腹后，参与弑杀宋后废帝。《宋书》称之为"细铠将临淮王敬则"（参见《宋书·列传第五十四·阮佃夫》）。南朝细铠明显是对十六国细铠的继承，是一种小甲片编缀的札甲。

南北朝史料记载，军中高级将领会装备铁面甲，精锐军队会佩戴铁面。北齐宗室高长恭（高欢之孙，后被册封兰陵王）在解金墉之围时，亲率五百骑兵冲击北周军，"遂至金墉之下，被围甚急，城上人弗识，长恭免胄示之面，乃下弩手救之，于是大捷"（《北齐书·高长恭传》），城上军士看见高长恭退下面甲后，开始配合高长恭反击。后北齐军士以歌谣《兰陵王入阵曲》传唱高长恭的神武。事实上在西晋末期，高级将领就有佩戴面甲，威远将军朱伺在夏口之战中"伺用铁面自卫，以弩的射贼大帅数人，皆杀之"（《晋书·列传第五十一·朱伺》），面甲可能在这个阶段仅仅为高级将领的个人喜好。

西魏大统十二年、东魏武定四年（546），东魏权臣高欢率大军二十万围攻西魏名将韦孝宽位于汾河下游的重要据点玉壁（今山西稷山县西南）。韦孝宽在被重重围困的情况下，不断派出机动兵力反击，北齐军用弓箭反击，"西魏晋州刺史韦孝宽守玉壁，城中出铁面，神武使元盗射之，每中其目"（《北齐书·帝纪第二·神武下》）。南朝梁武帝时期，侯景叛乱，领军至朱雀航，建康令庾信领军准备拆除浮桥，见侯景叛军"皆著铁面，遂弃军走"（《南史·列传第七十·侯景》）。

以上两段史料说明南北朝时期精锐军队装备铁面甲，只是目前尚无考古资料佐证。

2. 宫廷仪仗

北齐文宣帝高洋受禅之后，警卫仪仗遵循北魏之仪。"其领军、中领将军，侍从出入，则著两裆甲，手执桴杖。左右卫将军、将军则两裆甲，手执檀杖。侍从左右，则有千牛备身、左右备身、刀剑备身之属。兼有武威、熊渠、鹰扬等备身三队，皆领左右将军主之，宿卫左右，而戎服执仗。兵有斧钺弓箭刀稍，旌旗皆囊首，五色节文，旆悉赭黄。天子御正殿，唯大臣夹侍，兵仗悉在殿下。"（《隋书·礼仪志》）宫廷甲的形制就是裲裆甲，史料中未言明是何种材质。

3. 御赐甲胄

宇文泰特别喜好赏赐重臣铠甲以示荣宠。北魏、北周时期将领田弘深受宇文泰的赏识，宇文泰曾经将自己所穿甲胄赐田弘，曰："天下若定，还将此甲示孤也"（《北史·田弘传》）。北魏、西魏、北周将领史宁少年勇武，立下战功，授任别将，后升任直阁将军、都督，宿卫皇宫。随即加任持节、征东将军、金紫光禄大夫衔。西魏废帝元钦三年（554），吐谷浑往北齐派出使节，被史宁活捉，因此功授任大将军。史宁派遣使者到丞相宇文泰处述职，宇文泰"以所服冠履衣被及弓箭甲稍等赐宁"（《周书·史宁传》）。以此两例可知，宇文泰在御下的策略中，往往以赐衣甲来表示对臣属的信任。

南朝刘宋名将、开国功臣刘荣祖在东晋末年随其父刘怀慎投奔刘裕，参与平定卢循、征讨荆州、北伐后秦的战役。他擅长骑射，勇冠三军，颇受刘裕赏识。东晋义熙十一年（415），刘荣祖又从刘裕征讨荆州刺史司马休之，时刘裕前锋彭城内史徐逵之在与鲁轨军交战时战死，前锋众将战死者甚众，诸将意气消沉，唯独刘荣祖一人数次向刘裕请战，刘裕见刘荣祖意志坚定，"上乃解所着铠授之"，刘荣祖陷阵冲锋，身被数创，仍骁勇异常，最终大破鲁轨军。战后，刘荣祖被授予振威将军（《南史·刘荣祖传》）。

南朝刘宋将领殷孝祖率军两千至建康，支持刘宋明帝刘彧，因此功受封为冠军将军。刘彧将御仪仗中的"诸葛亮筒袖铠、铁帽，二十五石弩射之不能入，上悉以赐孝祖"（《南史·殷孝祖传》）。刘宋明帝距离三国诸葛亮时期已历二百余年，南朝仪仗中的"筒袖铠（箭袖铠）、铁帽"，形制是否是三国形制不得而知，但是此种甲胄为明显铁质，锻造精良，二十五石强弩也无法射穿。笔者推测其形制可能是在汉制筒袖铠基础上发展出来的一种甲制，被假称为诸葛亮筒袖铠。杨泓《中国古代的甲胄》中指出，洛阳出土的西晋武士俑所穿着的就是筒袖铠，陶俑身甲胸、背连接在一起，身甲甲片为鱼鳞甲，两袖明显编缀在身甲之上（图1），河南济源博物馆出土的武士俑和洛阳武士俑应是一个模具，故宫博物院有相同风格的藏品（图2）。此类晋朝武士俑真实反映了晋朝甲制，其肩、上臂甲片编缀为筒形就是筒袖。陶俑的身甲与满城汉墓、长安武库中筒袖铠形制极为接近，应该是这类汉甲的延续。从出土陶俑看，晋朝胄都是条形甲叶编缀的胄，其形制接近吉林榆树县老河深M65墓条形铁胄。

4. 甲坊、武库

南北朝时期少数史料提及国家体系的甲胄制作和贮藏。史料中提及制造甲胄的专业机构是"甲坊"，而在甲坊中从事制作甲胄的除了工匠之外，还有被朝廷罢黜的官员。南北朝时期器甲生产后，经过点验贮藏于武库。

十六国时期，大夏开国皇帝赫连勃勃生性残忍，对国内的匠人视如草芥。他经常要求匠人将所造军器呈御览，然后他用所造的弓矢射铠甲，"射甲不入，即斩弓人，如其入，便斩铠匠"，匠人在这样的测试中，无论何种结果"所造兵器，匠呈必死"（《北史·列传第八十一·夏·赫连屈丐》）。从此段史料可知，大夏国内有明确的军器制作单位，根据分工不同有"弓人""铠匠"。

王峻经历北齐神武帝、文襄帝两朝，至武成帝高湛时期，官至南道行台，因贪污军粮和"坐违格私度禁物"，两罪并罚斩刑，武成帝念其有功，下诏"鞭一百，除名配甲坊，蠲其家口"（《北史·列传第四十三·王峻》）。北齐文宣帝高洋认为范阳卢斐、顿丘李庶、太原王松年同犯"谤史"之罪，"各被鞭，配甲坊"（《北史·列传第四十四·魏收》）。以上两段史料说明北齐有明确的甲胄制作工坊，罪臣可能会被发配至甲坊。

南朝梁武帝太清元年（547），东魏尚书侯景率部投降梁武帝，梁武帝想利用其部实力北伐，封其为大将军、督河南南北诸军事、大行台，册封河南王。太清二年（548），侯景发动叛乱，兵锋直指建康。百姓竞相入城，建康城内秩序十分混乱，名将羊侃将整个城防分区，以宗室为领导，率军防守侯景攻城，此时"军人争入武库，自取器甲，所司不能禁，侃命斩数人方得止"（《南史·列传第五十三·羊侃》）。说明南朝首都的武库平时收纳军器，在危急时刻，军人抢夺武库意图自保，羊侃斩杀数人方才制止乱兵行为，重新掌握武库的控制权。由此可知，南北朝武库制度应该也是延续汉制，平时贮藏甲坊生产的武备，出征时对军队发放军器。

二、考古中的胄

国内田野考古发掘出相当数量的十六国至南北朝武士俑和铁胄，从陶俑和实物能看出不同时期胄的形制多有不同。

1. 十六国时期

2011年11月，西安市文物保护考古研究院对西安市灞桥区洪庆街道办纺织工业新园内一座墓葬进行了发掘，出土了大量十六国时期彩绘陶俑，通过对墓葬形制、随葬器物以及墓中铭文砖等研究表明，这座墓葬为十六国时期梁猛墓。

墓中出土两类武士俑，白彩武士俑6件（图3-1），"头戴白色圆顶兜鍪，以墨线绘出甲片并用红彩勾边"，上身穿高领右衽小袖襦，衣领施红彩，袖口施黑色，外披白色甲衣，颈后垂双带，白带系于腰间。武士俑的胄明显是由多片窄盔叶铆接而成，胄体顶部偏圆；胄体正面有一方形饰物，与北朝时期的帽饰"珰"相近；胄体下沿有网状顿项，身甲的上半身也是网状甲，推测此种网状顿项应是环锁铠。奏乐男立俑2件，"头戴黑色尖顶兜鍪"（图3-2）；抬物男立俑4件，衣着与奏乐男立俑相同，均作抬物站立状，身甲与图4一致。图3、4两类武士所带的胄形制相同，胄体收分较快，顶部较尖，胄体上部有一半球形盔顶；胄体由细甲片铆接而成，两侧编缀札甲顿项；脖颈、前胸有一三角形护甲，这个结构在之前的甲制中未见，可能是将盆领和护喉整体制作成独立构件。陕西少陵原十六国大墓M100墓中武士俑则表现得更为清晰（图4）。（参见西安市文物保护考古研究院《陕西西安洪庆原十六国梁猛墓发掘简报》，《考古与文物》2018年第4期）。

1995—1998 年，辽宁省北票市喇嘛洞十六国时期三燕文化墓地发掘出铁甲和铁具装铠，被评为"1996 年全国十大考古新发现"之一。IM5、IM3、IM4 三座墓室中出土了铁甲，IM5 墓室出土完整一套具装铠，白荣金先生及其小组对出土铠甲、具装铠作了详细的记录和复原。

IM5 墓室出土铁胄上部主体保存较完整（图 5），下口略残，胄体下沿连接的顿项甲片已散乱解体并有残缺。胄体呈覆钵状，顶部装设圆形的上下 2 片顶盖。上片在顶外，表面微凸，周边略下折；顶部有盔缨管，缨管是先在其下 3 个分叉底脚上打孔，与顶盖上片铆接在一起。下片在顶内，略小而平，二者通过片上对应的 6 个孔眼相铆合。胄体各铁片上缘皆聚拢后夹合于顶部两片顶盖之间。胄体共计有 34 片甲片，片形、宽窄、长短有别，依其差异依次划分为 A—L12 种样式，所有甲片边缘都有 4 曲，除 J、K 两种各为 12 片外，其余均为 1 片。组装时自前向两侧后叠压围拢并以铆钉铆成一体。胄体下散乱的垂缘片定为工型片，归于甲片的统一型式中，共清理出 73 片。白荣金先生通过分析出土的一些甲片之间保存的对应关系，做出垂缘顿项的复原方案为：以 81 片组成上、中、下 3 排，横向编排一律左片压右片，纵向下排压上排，如此形成相对固定的板块式结构，再连接于胄体下沿的两侧及后部。修复后的胄体底口径 231~246 毫米，连同垂缘通高 328 毫米。此铁胄现在辽宁省博物馆展出（图 6）。

喇嘛洞 IM17 墓出土 1 顶铁胄（图 7），胄体由较宽的铁盔叶铆接而成，至顶部有轻微弯曲收分，未见考古报告提及盔顶，胄体正面有眼眶形曲边。

1988 年 5 月，辽宁朝阳十二台营子砖厂取土过程中发现十六国前燕墓 1 座，辽宁文物考古所随即对此墓室（88MI:54）进行了发掘，出土铁胄、盆领、具装铠 1 套。

铁胄胄体由 34 片铁甲片编成（图 8），上窄下宽铁盔叶 32 片，其中底边平直的 25 片，底边为圭形的 1 片，凹弧形的 6 片，圆形的 2 片。编缀方法是底边为圭形的甲片居于前额正中，两侧各编底边为凹弧形的 3 片，底边平直的 12 片，依次是前片压后片，然后两侧合拢，均压在剩下的 1 片底边平直的甲片上，形成盔体圆钵。因甲片均上窄下宽，收拢后顶部自然变小，最后用两片圆形甲片将顶端盔叶里外压住，用铆钉铆合。在圆形顶片上除用于铆合盔体的 6 个铆钉外，中部还有 3 个呈三角形排列的铆钉，可能与系缨络有关。此胄的高度为 175 毫米，戴在头上底边刚好至耳部，两侧还应有护颊的甲片（张克举　田立坤　孙国平《朝阳十二台乡砖厂 88M1 发掘简报》，《文物》1997 年第 11 期）。

从现已出土的 3 顶三燕十六国盔实物和西安十六国陶俑来看，十六国时期的铁胄都是条形铁盔叶铆接成胄体，部分盔叶侧边为波浪形曲边关系，胄体正面有明显 M 形式样，盔顶由两片圆形铁片上下夹胄体盔叶，铆接时胄体盔叶正面一片为中心，左右两侧逐次叠压。胄体的下缘有孔，正面眼眶形曲边部的孔应该是编缀软性材料，防止盔叶摩擦皮肤，两侧的孔则是编缀顿项的连接孔。目前已知的铁胄顿项都是甲片形，从陶俑上看可能有环锁铠形式，只是目前尚无考古例证。

盔型上有两种风格，一类是整体向上收成锥体，梁猛墓白色俑、IM5 墓胄、十二台墓胄都是此类风格；第二类胄在顶部明显有弧度，喇嘛洞 IM17 墓胄是此类风格。两类胄都是延续西晋的条形盔形制，与西晋出土的陶俑风格一致（图 9）。

2. 北魏时期

北魏的器甲形制在出土的陶俑、壁画中多有体现。

1982 年，宁夏固原文物工作站在彭阳县西南的新集乡石洼村发现两座北魏古墓，专家指出此墓葬应为北魏早期。汉墓出土武士俑 65 件，武士俑的制作方法都是单独制作俑头（图 10），再插入俑身。俑头戴长条盔叶铆接的铁胄，胄体正面有一方形饰物，胄体后有 3 排甲片编缀的顿项。此盔型与西安出土的十六国墓中武士的胄风格一致，胄体略高，靠近顶部有明显的弧度，与喇嘛洞的胄体近似，考古报告指出此类胄顶部有一孔，可能是用来插盔缨。

1953 年，在西安南郊草场坡出土的北魏具装铠武士俑所佩戴的胄（图 11），与新集北魏墓形制接近，胄体顶部明显有一个圆弧形盔顶，有较为粗大的一个孔。陶俑的胄彩绘脱落，不知是大盔叶还是窄盔叶，很有可能这类的盔并无盔顶，顶部才有一个较大的敞口。

2005 年出土的山西大同沙岭北魏墓壁画（图 12），经过考证，其墓主人为侍中、主客尚书、平西大将军破多罗氏的母亲（张庆捷《北魏破多罗氏壁画墓所见文字考述》，《历史研究》2007 年第 1 期）。该墓下葬时间是为北魏太延元年（435），是北魏太武帝拓跋焘年号，北魏道武帝拓跋圭于天兴元年（398）七月迁都至平城（今山西大同），大同地区的北魏墓葬都属于北魏中期风格。墓室壁画非常清晰地显示了武士胄，胄体由典型的长条盔叶铆接而成，胄体正面有方形饰物，无尖凸护额，胄体顶部无明显收尖的曲度，盔顶有盔缨管，顿项为交叉网格式样，此种风格顿项很可能是环锁甲形式，胄体风格延续了喇嘛洞 IM5、十二台风格。

北魏平城遗址及其周围，发现了很多石堂和石棺，少数有纪年或绘画雕刻，新发现的解兴石堂收藏在大同西京博物馆，是迄今为止发现石堂中年代较早的一个，而且形制特殊，文字显示石堂下葬于北魏文成帝太安四年（458），石堂大门左右两侧各绘制一甲胄武士，左侧持戟，右侧持环刀、盾。武士胄形与沙岭墓相近，盔叶相对较宽（图 13），前额的饰物已经发生变化，不再是一个长方形的饰物，而变成了在长方形基础上，上部有出尖的造型，非常像"珰"；胄体下沿的顿项是由小甲片编缀而成。此类前额有饰物的胄体都无突出的尖额。特别要注意颈部有明显的护喉，盆领和护喉为一体，下装饰有三个三角旗，这个防护方式应该继承于十六国，蔡猛墓陶俑的护喉应该就是此类护甲的源头。

1964 年，河北省文化局文物工作队、曲阳县文化馆在河北曲阳发掘一座北魏墓。墓中出土了一批铜器、陶器等随葬品。从出土的墓志知道墓主为北魏营州刺史韩贿的妻子高氏，葬于北魏孝明帝正光五年（524）。墓中武士身披裲裆甲，所戴胄为宽盔叶铆接而成（图 14），前额明显有尖凸，胄顶部有半球形盔顶。整体风格与喇嘛洞三燕铁胄相近。

洛阳博物馆藏北朝青釉武士俑提供了另外一种风格的胄（图 15），整个胄体由小甲片编缀或铆接而成，单片盔叶都应是正视为梯形，侧视为弧形，每片盔叶都有制作凹面，可以有效加强单片甲片的强度。洛阳青釉武士的胄明显还有西安北郊出土的汉朝小甲片编缀铁胄的风格。

1965 年，洛阳博物馆对北魏元邵墓进行了清理发掘。元邵是北魏宗室大臣，孝文帝元宏之孙，清河文献王元怿第二子。北魏孝明帝武泰元年（528），北魏权臣尔朱荣借口丞相高阳王元雍谋反进兵洛阳，屠杀胡灵太后以下诸王贵族公卿两千余人，史称"河阴之变"，元邵就是当时被杀者之一，当时元邵为常山王。通过河阴之变，尔朱荣将迁到洛阳的汉化鲜卑皇室、贵族以及出仕北魏政权的汉族大家族消灭殆尽。北魏政权名义上是元氏帝王，实为尔朱氏天下。

该墓出土的按盾、按剑武士俑出现了一种新型胄（图16），胄体较矮，胄体中部有盔梁与胄体下沿的环形结构连为一体，盔梁和环形结构之间铆接两片弧形盔叶，顿项分成双层结构，除了披于脑后的部分，在两耳和两颊还有一层防护。

此种风格的胄在河南偃师联体砖厂二号墓亦有出土，此墓中的武士俑与元邵墓相近似（图17）（偃师商城博物馆《河南偃师两座北魏墓发掘简报》），考古报告认为此墓也属北魏晚期。

图16、图17类型胄出现在北魏晚期，是一种全新形制的胄。佩戴此种胄的武士俑多身穿胸口有椭圆圆护的身甲，手按长盾或剑，武士的身份等级较高。

2020 年 12 月大同市考古研究所对山西省大同市南郊七里村抢救发掘北魏平城时代墓葬86座，M29墓门、甬道及墓室内的四壁和墓顶均绘有壁画，甬道两壁所绘均为镇墓武士形象，"界框内绘镇墓武士，人物形象高大，呈胡跪状，头戴缨盔，面覆深目高鼻、五官狰狞的面具，身穿对襟鱼鳞短甲，肩有护膊，腰束革带，下着束口筒裤，足蹬皂靴，一手持兽面盾，另一手持环首刀"（图18）（大同市考古研究所《山西大同七里村北魏墓群 M29 发掘简报》,《文物》2023 年第 1 期)。武士戴条形盔叶胄,鱼鳞甲的甲片与北魏其他壁画的甲片形状一致,最重要的是此套铁甲是对襟形式,与其他壁画中的裲裆甲有明显差异,而且甲叶的纵向编缀明显是下排叠压上排,目前这是国内第一次发现对襟北魏铁甲图像。

3. 北周、北齐时期

北周、北齐时期的胄相较于北魏时期在风格和器形上已经有明显改变。

1989 年,陕西省考古研究所在咸阳机场发掘了北周开国元勋叱罗协墓,叱罗协于北周建德三年(574)薨于私第。该墓早年被盗,残存的武士俑有 206 件,武士胄 4 件。其中一全身擐甲的武士胄出现了新型式样,胄体整体上端收尖,盔顶较高,呈锥形,与之前十六国、北魏出现的盔顶风格都不相同。盔体整体造型与十二台胄风格相似,较为特殊的是胄体不是用传统的窄条盔叶,而是使用宽盔叶,整个胄体推测由 8 片盔叶构成,外侧 4 片盔叶边缘都是曲边造型,中间起脊线,内侧盔叶呈三角形,胄体正面仍旧出现眼眶双弧形(图 19),尖凸形护额边缘凸起,明显是包裹有织物,防止铁胄摩擦皮肤。胄体下沿连缀小甲片编缀的顿项。

1979—1981 年,山西考古研究所开始发掘清理北齐东安王娄睿墓。娄睿是北齐外戚,早年跟随神武帝高欢于信都起兵,推翻尔朱氏集团,拥立孝武帝元修。其间屡立战功,授光州刺史。北齐建立后,官拜骠骑大将军、瀛州刺史。孝昭帝高演即位后,拜大司马、丰州刺史、开府仪同三司,封东安郡王,武平元年(570)入葬。墓室南壁门洞东侧的壁画,绘制有甲胄武士 1 人,戴铁胄,擐铁札甲

（图20）。此武士所佩戴的胄和十六国、北魏的胄有明显不同，胄体是由大盔叶铆接成型，胄体顶部稍圆，盔叶侧边明显呈多曲关系，胄体正面有尖凸护额；盔顶半球形覆盖于胄体，上有盔缨管，下沿呈花瓣状；顿项4排连缀于胄体，编缀关系是下排叠压上排。

娄睿墓壁画武士胄和叱罗协墓武士俑胄风格一致，此种多瓣大甲片胄应该是从东汉、两晋时期大盔叶胄演化过来的，至北朝盔叶出现曲边关系，这种变化非常重要，是后世隋、唐、辽、吐蕃、蒙古八瓣铁胄的起源。

1986年，中国社科院考古所、河北省文物保护所发掘了河北磁县湾漳北朝壁画墓，考古报告认为墓主为北齐文宣帝高洋，墓室时代为北齐乾明元年（560）。墓室中出土陶俑共计1805件，武士类有"按盾武士俑""仪仗俑""甲胄骑兵俑""甲骑具装俑"。

按盾武士俑的盔非常特殊（图21），胄体较矮，正中有梁，与盔体下沿的环形连接，在胄体正面有一个明显的冲角，盔梁和下沿之间有整体弧面盔叶；顿项连缀在胄体下沿，顿项的双耳部分还有一单独护颊，上有两个半球形凸起，可能是镂空耳听结构，顿项下缘有圆形饰物。此种冲角形胄于北齐时期大量出现，明显是对北魏晚期风格（图16、图17）的延续，但是冲角结构则是北齐特有的风格。

国内考古尚未见到此种胄实物，但是在朝鲜半岛庆尚北道高灵池山洞古坟群、金海大成洞古墓中出土有类似的铁胄（图22），该墓葬遗址属于朝鲜半岛伽倻王朝时期（42~562）。日本古坟期（250~710）考古中则出土了相当数量的"冲角付胄"，日本京都国立博物馆中的"江田船山古坟"（图23）、天理大学附属天理参考馆藏"久津川车塚古坟"（图24）两顶冲角铁胄明显与北齐冲角铁胄相似，杨泓先生认为日本古坟时期的甲胄明显受到了中国魏晋风格的影响。日本古坟时期，中国东北地区、吴越地区和朝鲜半岛因战争原因，大量大陆人口渡海移居日本，这些人在日本历史中被称作"渡来人"，北朝风格的冲角盔传入日本就应该是在这个阶段。

磁县湾漳北朝墓中的步兵俑戴有一种特别的护额（图25-1），"额前正中有一尖状凸起，额护上装饰有甲片，是几道并排的长甲片，甲片边缘为波浪线状，甲片上有穿线的小孔，额护的左右两端各有一根带子，在脑后系结，在额护之下，陶俑头上戴一顶小风帽，帽裙被扎束并提起至头顶"（中国社会科学院考古研究所 河北省文物研究所《河北磁县湾漳北朝壁画墓》，科学出版社2003年版）。此种头巾风格的护额也是北齐时期出现的一种简易防护装置，此护额应是铁叶铆接而成，铁叶外边为曲边，铆接后背面缝制布胎，方便系结。盔叶明显也是延续了十六国三燕[①]时期的形制，此类风格的护额尚不清楚是大量军中装备之物还是仪仗风格。故宫博物院和大都会博物馆都藏有此类北朝陶俑（图26-1、图26-2），只是护额铁叶是长条，这类额护下沿都有眼眶双凹弧形和额尖。

这类额护也装备在骑兵俑中（图25-2），"其顶部有一戟状凸起，额前伸出一冲角，以顶戟至冲角为中轴，左右对称，边缘部位有阴线细槽，额护上装饰有鱼鳞状甲片，两角各有一根带子，在脑后系结"（中国社会科学院考古研究所 河北省文物研究所《河北磁县湾漳北朝壁画墓》，科学出版社2003年版）。此额护盔叶形制与步兵的略有差异。

① 指前燕、北燕、后燕。

墓中甲骑具装俑的胄与步兵俑、骑兵俑有所不同（图 25-3），"其顶部为一半圆盔状，盔上周围装饰一圈甲片，甲片为长条状，上窄下宽，边缘为波浪线状。兜鍪顶部有一小圆柱状凸起，上有一插缨管圆孔。盔下的顿项垂至颈部，掩住双颊，上缀四排长条甲片，在左右耳部又各加一长方形耳护，耳护上也缀有四排甲片，甲片为细长条形，每片上有两个穿线细孔"（中国社会科学院考古研究所 河北省文物研究所《河北磁县湾漳北朝壁画墓》，科学出版社 2003 年版）。此胄体的风格与喇嘛洞 IM5 出土的铁胄形制相近，胄体正面有额尖，胄体明显延续了吉林榆树县的风格。胄体下沿、护颊、顿项都在边缘有包边，防止铁叶边缘与皮肤摩擦。护颊、顿项分成三段结构应该是从北齐开始出现的。

1986 年冬，邺城考古队在河北省临漳县境内邺南城古城址的朱明门外城壕中发掘到一批铁甲胄，铁甲胄标本发现于城壕的底部。发现的 12 件铁胄标本，按胄体结构不同，大体可分为两种类型，Ⅰ型为弧形铁甲片铆接胄体，Ⅱ型为长条甲片铆接透顶式胄体。

Ⅰ型铁胄由胄体、护颊、顿项 3 个部分构成（图 27）。胄体横截面呈截卵形，前后径大于左右径，由四片弧形铁盔叶铆合为一体，左右两侧都是盔叶前片压后片。盔顶件为半球形封盖，中设一缨管，半球盔顶下部有花瓣结构铆接胄体，胄体由 4 个弧形片铆接构成，其搭接次序为由前向后叠压排列。底口两侧及后侧较平，处于颜面处的前口为眼眶双凹弧形，当中呈一尖突。盔顶为半球形，下沿有花蒂边缘，铆接于胄体，盔顶上有盔缨管，下部附 3 至 4 个扇形小片将之固接于顶上。考古报告记载还有一种胄体后部的盔叶向下延长作弧形，底部底口内收，弧度与后颈相适应。

盔体下沿左右两侧有护颊，左右对称，编缀于胄体下沿，由数排较大甲片组成。护颊和顿项的甲片尺寸各异（图28），护颊左右对称，均由 7 片甲片组成，上下作 3 排布列。最上一横排 3 片，甲片形较方，自前向后顺序叠压（图28-1 至图28-3）；第二排 3 片，片体向后缩减，亦是自前向后顺序叠压，此排片顶边搭接于第一排底边之上（图28-4 至图28-6）；最下排仅有 1 片，片形近椭圆，搭连于第二排前侧片下（图28-7）。3 排片之集合体为前宽后窄的梯形结构，组成不能伸缩的固定编连形式，连接于胄体两侧底缘之上。顿项围接于胄体后半部的底缘上，由几组横排甲片自下而上叠压连接而成，横排上的甲片均为长条形小片。其所用甲片基本上分为两种，较多的一种为长方形，厚约 1 毫米，片长 62 毫米，宽 20 毫米左右；片上开 10 孔，上部并列开 3 对纵孔，底边开 3 横孔，居中偏下开 1 单孔（图28-8、图28-9）。另一种甲片编排在各排侧边处，上下端均为圆形，长宽尺寸与前种甲片相同，片上开有 10 孔，布局大体与前种片相同，唯底边 3 孔是两孔居中平列，外侧 1 孔位置偏高（图28-10、图28-11）。在 5 组横排中，甲片纵向编排一律自下往上叠压，上面两排各有甲片 43 片，中间 1 排为 37 片，底下两排各为 15 片。上下排间均可以自由伸缩。各横排上甲片的编排次序，一律由两侧向当中依次叠压，这种编排方式是甲胄编制中由来已久的常规定例（中国社会科学院考古研究所考古科技实验研究中心《邺南城出土的北朝铁甲胄》，《考古》1996 年第 1 期）。

Ⅱ型胄没有硬壳弧形的胄体（图29），而是由不同尺寸的长条甲片铆接而成，整体外形呈上小下大、前高后低的筒形，顶部透空，后部可开合。此类胄与淄博齐王墓中的铁胄有明显的继承关系。

除了已知的考古资料，国内收藏家亦有北朝兜鍪收藏。2013 年翰龙雅集论坛网友瑶哥曾经公布过一顶铜胄（图 30），此胄横截面为卵形，前后径大于左右径，胄体正面有 M 形开窗，护鼻较圆润，胄体正面装饰北朝特有的卷草纹，此种风格卷草纹在北朝纹饰中大量出现，山西琅琊王司马金龙墓石雕棺床的卷草就是此类风格卷草的代表（图 31）。胄体为铸造，在胄体侧边有明显的曲边，完全是模仿铁盔叶的铆接关系。盔顶为错层莲花状，在盔顶上制作莲花纹，也是佛教昌盛在北朝社会中另一种体现。

郭海勇先生保存的一顶铁胄由 4 片大形盔叶铆接而成，正面盔叶下有 M 形开窗，形制上与北齐定州刺史库狄回洛墓出土按盾武士陶俑（图 33）、娄睿墓武士俑（图 46）的胄完全一致。盔顶较小朝上收尖，缨管应已遗失（图 32）。此胄与邺城北齐盔接近，此胄应属北朝晚期至隋初期。

4. 南朝时期

南朝出土的陶俑较少，陕西安康博物馆藏长岭南朝武士俑（图 34），其身甲与北朝身甲有明显的不同，不是小甲片编缀的札甲，可能是大块皮甲连缀而成的身甲，手臂可能有单独护甲；胄与北魏晚期、北齐时期出土的陶俑相似，有明显较宽的盔梁和冲角，而且此俑的盆领特别突出，与磁县北齐壁画中武士颈部的护甲相近，推测这类风格应该继承于十六国陶俑的颈部护甲。安康博物馆藏张家坎出土"天监五年"武士陶俑头（图 35），其胄形制明显与北朝风格相近。

南京市基建过程中，曾经出土过一批东晋或南朝铁甲片和数顶铁胄，铁胄分成两类。

Ⅰ型为5片大盔叶铆接而成（图36），每片铁盔叶在上、中、下3个位置铆接，顶部平，环顶部四周开孔，应是编缀盔顶所用。胄体上部明显有曲线，胄体正面有M形开窗，正中有尖突额尖，在眉框和盔体下沿有孔，胄体两侧和后部连接护颊和顿项，正面眉框的孔包裹软质包边。

Ⅱ型铁胄是用窄长条甲片铆接而成（图37-1），收藏家杨子麟赠送笔者此种残盔数片甲片，胄体甲片以正中甲片为中心向左右叠压（图37-2），单片甲片长度为230毫米，厚度基本在0.6毫米，下宽上窄，底边宽度26毫米，上端至开孔处宽12毫米。两片胄体为一部分正面部分，胄体正面下面有M形开窗，另一片是同一胄的右侧部分（图37-3）。胄体甲片都使用3个铆点固定，铆钉正面为半球形，制作极为精细。胄形与Ⅰ型一致，这类条形甲片盔因为不是科学发掘，所以不知道此类盔的盔顶是什么形制。推测应该是半球形带缨管，盔顶下缘有孔与胄体连接，图37-4为推测图（线描图绘制：苏海荣、周钰）。

甲片侧边有明显的錾刻痕迹，这样的錾刻让甲片侧边形成折边（图37-5），这样的折边保证甲片在同样的厚度下，有效地增加强度，南朝铠甲甲片中也有同样的制作工艺。

Ⅰ、Ⅱ两型铁胄外形弧度与十六国喇嘛洞所出宽盔叶铁胄、彭阳新集北魏墓弧度一致，胄体明显是十二台墓、喇嘛洞铁胄的一种综合状态。两型铁胄都未见原始胄顶，推测此类半球形盔顶应该与吉林省集安市洞沟高句丽墓壁画中的胄顶类似（图38-1）（许光冀《中国出土壁画全集》（8），科学出版社）。韩国国立中央博物馆复原了半岛伽倻时期长条甲片盔，此盔明显受到中国影响，与南朝盔非常接近（图38-2）。从西安草场坡出土的北魏骑兵俑来看，这类胄也可没有盔顶，期待未来的考古实物能将此问题解释清楚。2017年在杭州的中国刀剪剑博物馆展出一顶铁胄（图39），胄体由三片弧形铁叶铆接而成，盔体下沿平整，正面无M形眉框造型，无额尖，缨管上端为空心柱状，下端扁平铆接于胄铁叶上，此种形制的盔缨也未在陶俑和壁画上呈现。其胄体的制作方式与邺城北齐铁胄非常接近，笔者认为此胄应该属于北周、隋时期。南京市博物总馆曾经公布过1件南朝胄，但未获得清晰的图像（图40），期待未来有详细资料公布。

三、甲

十六国、南北朝是中国甲胄发展的重要阶段，社会大分裂之下，各个政权之间战争不断，促使彼此之间的甲胄有较大的相似性。

1. 裲裆甲

南北朝时期大量使用"裲裆甲"，国内考古至今未见有完整北朝裲裆甲实物出土，所有对裲裆甲的分析都建立在出土陶俑和壁画的基础上。从陶俑上可以看出，裲裆甲分成前后两部分，由肩部的带扣将前后两部分连接在一起，腰部用束腰进行捆扎。裲裆甲只注重前胸和后背的防护，手臂无披膊或者筒袖，裲裆甲虽然盛行于南北朝，但明显仍然是汉甲的延续，杨家湾汉俑的短甲就是裲裆甲的起源。

南北朝大量装备裲裆甲可能根据作战方式选择这样的甲型。南北朝注重骑兵作战，骑兵在马上作战，甲胄不宜太厚重，手臂的灵活性要突出，所以在这样的情况下，裲裆甲的优势就凸显出来。秦始皇兵马俑中骑兵甲无披膊，仅仅防护胸背，应该也是这个思路。

裲裆甲前后两片的材质有铁甲、皮甲两种。《北朝乐府》中的《企喻歌》"牌子铁裲裆"就是铁甲片编缀的前胸和甲裳。大都会博物馆、故宫博物院藏北朝陶俑的身甲就是明显的铁甲片编缀的裲裆甲（图26），河北省磁县北齐高润墓出土的武士俑也装备此种铁甲片裲裆甲（图41）。晋朝庾翼《与慕容皝铠书》载："邓百川昔送此犀皮两当铠一领，虽不能精好，复是异物，故复致之。"说明裲裆甲有皮质。洛阳纱厂西路出土的北魏陶俑胸口身甲平整光滑（图42），下连缀甲片编缀的甲裳，胸口部分应该就是皮质裲裆结构。此种裲裆甲在北周时期还出现过一种在胸口装饰椭圆形圆护的形制，北周李贤墓壁画中的仪卫就此类代表（图43）。

裲裆甲从魏晋时期诞生，在南北朝极为普及，乃至成为武官服制，至隋唐依旧沿用。前后身甲由甲片编缀而成，下至腰胯，并用肩带连接前后身甲，一部分裲裆甲的前胸和后背都是整体结构，在其下缘编缀甲片。这种形制对后世铠甲产生了深远的影响。

2.札甲

西安灞桥十六国时期梁猛墓中的陶俑（图3-2），身穿札甲，外罩袍服，甲片细密，身甲长至胯部，甲裳分两幅至脚踝，武士俑的札甲甲片窄细，应该是史料记载的"细铠"。

北魏破多罗氏墓壁画（图12）、解兴石堂（图13）武士像绘画风格近似，这幅壁画非常特殊，从图像上看，左侧武士胸口部分的甲是长条甲叶的短札甲；腹部、两袖是菱形交叉纹状甲；甲裳是札甲结构的独立部分，拴于腰部，较长至脚踝。推测武士内穿环锁铠，再于胸口罩短札甲，札甲外侧有织物包边，右侧武士与左侧一致。

这类穿甲形式就是史料中记载的双重甲。在身甲上画出的红身条纹一般都是凸显札甲的上下层关系，但是此壁画在身甲、臂膀、腹部都有绘制红色条纹，如果按照常理肯定都是表现札甲形式，但是又与环锁铠的菱形交叉纹相矛盾，可能是画师墨线先绘制完成后，按照传统札甲绘画方式进行胸口札甲上下层描红装饰，顺手按照对札甲描红的习惯又装饰了两袖和腹部，属于无心之举造成了我们对图像识别的障碍。

解兴石堂两武士身甲与破多罗氏墓壁画近似，身甲甲片上端为抹角圆形，下排叠压上排，披膊编缀于身甲左右两肩，颈部盆领下有3个三角形饰物，这样的饰物在同时期陶俑中也有表现。甲裳下端为圆弧形，边缘有软质材料包边。解兴石堂武士身甲明显延续十六国形制。解兴墓的身甲都是侧面开襟形式，山西大同七里村北魏 M29 墓壁画中的武士札甲是对襟形式（图 18），披膊编缀在身甲上，身甲无盆领，无独立护喉，侧开襟和对开襟札甲应该在北魏时期并行，只是图像中对襟甲目前只有七里村壁画中一例。

北齐东安王娄睿墓壁画武士像（图 20）的身甲也是札甲的一种，甲片较为宽大，上端为抹圆，身甲和披膊都使用相同风格的甲片。披膊甲片明显能看出来是下排压上排的关系。娄睿墓中出土的陶俑（图 46）身甲为札甲，腰部束带，腰部以下为虎皮裙；披膊为独立构件，无绘制甲片，可能是种皮质材料。此种身甲长度可能在腰侧以下，虎皮裙可能是较为高级的武士使用。

梁武帝太清元年（547），侯景率部投靠南朝梁。东魏高澄派大将慕容绍宗进攻侯景，"景命战士皆被短甲短刀，但低视斫人胫马足，遂败绍宗军"（《南史·列传第七十·侯景》）。此处史料中的短甲，可能就是未披挂甲裳的身甲。

磁县湾漳北朝墓壁画中的步兵陶俑、骑兵（图47），都身穿铁札甲。此种札甲的盆领较矮，骑兵的披膊也使用札甲；步兵身甲甲片相对较为窄细，外罩布袍；墓道东、西两壁壁画中亦有擐札甲的武士（图48）。壁画中武士头戴护额（图49），身甲为细甲片编缀的札甲，前、后身甲由肩带连接，明显是裲裆甲风格，披膊独立压于肩带之下，盆领亦由细甲片编缀而成环绕颈部，前端较矮，后端较高，外缘有红色织物包边，此种甲应是在身侧开襟。此类甲应该是史料记载的"细铠"。

北周叱罗协墓武士俑身甲为连身长札甲（图50），长至膝部，甲片较宽上端抹圆，特别要注意的一个细节是叱罗协的札甲是红色丝绳编缀，腰部束带，此类甲应该是在身侧开襟；披膊使用的甲片相对较窄，下端圆弧形，从图像上看应是编缀在身甲之上。

3. 双圆护铠甲

南北朝时期出现了一种新型身甲，此类身甲胸前、背后身甲表面相对较为光滑，在左右两胸和后背有单独大型椭圆形圆护，披膊遮蔽两肩，甲裳多为甲片编缀，此类武士俑多带冲角形胄或圆形胄。北魏宁懋石室线刻武士、北齐东安王娄睿墓、东魏崔芬墓、磁县漳州北朝壁画墓出土的武士俑都穿着此种身甲。

中国甲胄研究的先驱杨泓先生认为此种甲就是史书中记载的"明光甲"，认为胸口的两块圆护为铁质，"很像镜子，在战场上，圆护反照太阳光即发'明光'，正如汉代镜铭中的'见日之光，天下大明'一样，所以它应该就是当时所称的'明光铠'"（杨泓《中国古代的甲胄》[下篇]）。

随着文史资料的深度整理，当前学界、收藏界对"明光甲"的认知又有所增加。唐朝武备研究学者夏超伦先生在《素甲日耀：中古时期明光甲的形制和应用》一文中提出了新的认知："明光甲中的'明光'二字与汉镜铭文'见日之光，天下大明'并无关联，明光甲并非胸前具有圆护的铠甲，其圆护也未必会像铜镜一样反光，而这种设圆形护胸的铠甲可能源于中西亚地区，史书中的'明光甲'很难与文物中的圆护型铠甲相对应。"由于目前尚无准确证据能佐证史料中的明光甲就是此种胸口有圆护的铠甲，故本书将此类甲称为双圆护铠甲。

北魏宁懋石室中的武士线刻像是研究北魏甲胄的重要素材，宁懋石室和墓志于 1931 年在洛阳汉魏故城北邙山半坡向阳处被人盗掘出土。出土后不久被商人买去，后经上海运往国外，现藏于美国波士顿艺术博物馆。据志铭可知，宁懋三十五岁时蒙获起部曹参事郎，在北魏孝文帝太和十二年（488）就任，太和十三年（489）转补山陵军将。志文称"至太和十七年，高祖孝迁都中京，定鼎伊洛，营构台殿，以康永祀，复简使右营成极军主，宫房既就，复除横野将军甄官主簿"。宁懋在北魏孝文帝迁洛时任"营成极军"将领，在宫房修建完成后，被提拔为"横野将军甄官主簿"，实际是掌管砖瓦建材等事宜。

石室线刻武士像（图 51）分列石室门扉两侧，身甲、披膊的编缀形式较为独特，不是北朝札甲常见的下排压上排形式，依旧保持汉朝的鱼鳞甲编缀形式，这与同时期的札甲甲片叠压形式有明显的不同；披膊分为 3 层，这样的形制极为罕见，应是一种艺术化的表现；身甲之下有独立甲裳。门扉左侧的武士胸口有较大的两块圆护，圆护应是铁质，应该是铆接在独立构件之上，而独立构件又单独捆扎在胸口；右侧武士胸口的两个圆护形制则较为简单，应是在甲衣之上单独铆接两个金属圆护。两位武士所穿的甲总体来看是北魏风格札甲，在胸口增加了椭圆形护甲。

北齐东安王娄睿、磁县湾漳北朝壁画墓陶俑，都穿风格近似的双圆护铠甲，但是细节又有明显的不同。娄睿墓武士俑甲裳为铁叶札甲，胸口和披膊表面较为光滑，考古报告中描述："……上身穿鱼鳞镶红边的贴金明光铠，两肩披镶红边护肩……"从实物照片未反映出绘制有鱼鳞状甲片（图52），从陶俑的鱼鳞甲的绘制方式能看出甲片的编缀方式，圆角向上的甲片形式代表是下排压上排的结构，反之，甲片的圆端朝下，则是汉制甲的编缀方式。扬州大运河博物馆藏北魏按盾俑风格与娄睿、磁县北朝墓的俑非常相似（图53-1），但是其甲裙的细节表现得更为准确，甲片的下缘明显有横向编制关系，甲裙的皮边和甲片的串联关系也较为清晰（图53-2），和后世的西藏铁甲的编缀非常相似。甲裙之下还有防护小腿的胫甲。和宁懋石室、北魏破多罗氏、解兴石堂中的武士甲胄一致。

磁县湾漳北朝壁画墓所出双圆护铠甲陶俑显示身甲更为复杂，分成两类风格，图54-1身甲"披膊、腿裙及身甲腰带以下部位，残存绘有黑色鱼鳞甲的痕迹"。披膊罩于身甲之上，身甲长度遮蔽至胯部。图54-2武士俑"甲衣的腰带以下部位有几道间距大致相等的垂直细槽，将其分为几段，在它的上面及披膊、腿裙上可以明显看出横列有几排细小的圆点。由此可以推测，此类甲衣应属皮质，上面的圆点应为金属泡钉"（中国社会科学院考古研究所 河北省文物研究所《河北磁县湾漳北朝壁画墓》，科学出版社2003年版）。此武士俑身甲的细节更为丰富，考古报告推测身甲和披膊都是皮质甲片。

东魏威烈将军、南讨大行台都军长史崔芬墓甬道左右壁画都有穿双圆护铠甲武士像（图55），胸部圆护应是铆接在一单独革制基层，腰部明显有交叉网纹，腰部以下的甲裳是甲片编缀。

从以上资料来看，双圆护甲分成两种模式，Ⅰ型是胸口圆护可能铆接在皮革之上，身甲穿好后，皮革再套在身甲之外；内穿身甲分成两种，一种是札甲，另一种是内穿环锁铠，崔芬墓绘画武士腰部露出的网纹应该是环锁铠。Ⅱ型是将金属圆护直接铆接在身甲之上，宁懋石室右侧线刻武士就是此种模式。

4. 环锁铠

西安灞桥十六国时期梁猛墓中的陶俑（图3-1）身甲，"甲衣以腰带区分，以上用波浪形墨线绘网格状甲，以下墨线绘鱼鳞甲。下着黑袴，袴外有甲裳，长至足，甲裳分左右两片，以墨线绘出鱼鳞甲"（西安市文物保护考古研究院《陕西西安洪庆原十六国梁猛墓发掘简报》，《考古与文物》2018年第4期）。笔者认为，此武士俑实际上穿的是双甲，外层的"网格状甲"应是环锁铠，环锁铠从东汉传入中国后，应在军中有所装备，南北朝史料中未见记载，也未见考古实物出土，但是在陶俑上的此种网格在十六国、北齐陶俑中都出现了，笔者认为唯一的解读只能是环锁铠。内层是铁甲片编缀的札甲，札甲盆领前后高度相近，环绕颈部，身甲遮蔽胯部，甲裳分左右两幅，前后腿部都有遮蔽，身甲和甲裳的甲片尺寸相近，明显能看出编缀的甲片是下排压上排。史料中记载的身着"重甲"，指的就是同时穿札甲和环锁铠，这类摆甲一般都是环锁铠穿内层，短札甲穿外层。

磁县湾漳北朝墓壁画有亦有一种特殊武士俑（图56），"最外面套交领左衽半袖军衣，衣服上可见阴刻斜菱格衣纹，襟袖边缘侧素地无纹，领口敞开，上有几道平行阴线，足见此种军服质地较为厚重"（中国社会科学院考古研究所 河北省文物研究所《河北磁县湾漳北朝壁画墓》，科学出版社 2003 年版），推测此俑身罩的菱形纹就是环锁铠。

史料记载，东汉时期环锁锁自西域传入，曹植的《上先帝赐铠表》中就有记载，前秦将领吕光伐龟兹的时候也接触过装备环锁铠的"狯胡"。环锁铠应该在较为高级的北朝军队、宿卫装备。后世史料中记载北朝装备有环锁铠，贞观十九年（645），唐太宗李世民破高句丽，"城有朱蒙祠，祠有锁甲、铦矛，妄言前燕世天所降"（《新唐书·东夷列传·高丽》）"朱蒙祠"是供奉高朱蒙的祠堂，传是高句丽开国君主，祠中供奉环锁铠，说明十六国、北朝应该装备环锁铠。

5. 考古实物中的铁甲

（1）十六国时期

1995—1998 年，辽宁省北票市喇嘛洞十六国时期三燕墓地发掘出铁甲数套。

IM3 铁甲片 136 片（图 57），总体分为两种类型，Ⅰ型甲片略呈长方形，四角抹圆且四边倒棱，表面较平。平均长 84~86 毫米，宽 37~38 毫米，厚度 2 毫米，上开 10 孔，孔径 2 毫米，重 18.2~22 克。Ⅱ型甲片一端较方，一端较圆，近于马蹄形，平均长约 49 毫米，宽 33 毫米，厚度 2 毫米，一般开 8 孔，重约 10 克。依据开孔布局的不同又可分成 a、b 两个子类。根据出土情况，Ⅰ型甲片既有从左向右的叠压关系，也有从右向左的叠压关系。根据开孔形式和甲片组合规律，甲片是先横排编缀，后纵向连接，下排甲片叠压上排（图58-1）。Ⅱ型甲片推测有两种组合模式，一种是相对固定的板块式编缀方式（图58-2）；另一种是上下可以伸缩活动的结构（图58-3）。白荣金先生在修复Ⅰ型甲片后，认为此种甲片可能属于一领主体结构可以上下伸缩的裲裆甲，Ⅱ型甲片则明显属于甲衣上的披膊和甲裳部分。

IM4铁甲保存状态较好，虽锈蚀较重，但片体多完整，较大部分甲片保持着原来的排列关系。其中部分甲片呈直立或斜立状，表明此甲入葬时是卷曲起来竖向置于棺内角落处的，其余的甲片多已散乱，呈倒伏状。已识别出的甲片个体合计为265片（图59），分为3型。Ⅰ型甲片193片，甲片上圆下方，开9孔，制作不甚规范，平均长80毫米，宽40毫米，厚1.5毫米，重21克，是甲衣的构成主体。Ⅱ型甲片39片，甲片上圆下方，开13孔，平均长88毫米，宽43毫米，厚2毫米，重25克。Ⅲ甲片33片，上圆下方，狭长，中腰两侧向内收窄，上部略向后折曲，纵剖面呈弓形，开14孔，平均长120毫米，宽28~33毫米，厚22毫米，重32克。IM4出土的铁甲由于部分保留着原甲的造型特征和甲片的排列方式，根据清理时所掌握的材料，再结合以往对甲片编排规律的认识，判断出IM4铁甲应属于甲衣的后身兼及两侧腋下的残存。以此为基础，参考相关资料复原出甲衣的整体轮廓。清理中未发现肩部甲片，而在编号A1片上发现了一个锈蚀的铁带扣，故推测此甲应属于裲裆甲（图60-1、图60-2）。复原出的IM4铁甲或属一件独立甲衣，或仅为一副甲衣的主体部分，另附有披膊、腿裙等附件而没有完全随葬。此套身甲中，双凹面腰侧甲片特别值得关注，此种甲片收腰细节对后世中国札甲收腰甲片产生深远影响。

IM5 墓主完整陪葬一套完整的铁胄、身甲、披膊、甲裳、具装铠，各组中甲片数量多寡不一，全部编号累计为 2785 号，部分残损未计入。出土各型甲片 23 种（图 61）。

身甲的前胸甲片属于图 61-2 型，前胸为 5 横排，第一至三排每排 21 片，第四排 23 片，第五排 25 片。后背由 6 排甲片组成，第一至三排每排 23 片，第四至六排各递增 2 片；下段（腰部以下）甲片共 9 排，每排皆为 65 片，复原的甲衣总计为 846 片（图 62）。甲片横向叠压方式有所区别，除下段的 2、3 排为自右向左叠压之外，其余各排甲片一律由左向右叠压。各排甲片的纵列组合一律下排压上排，此身甲甲片的纵列连接方法甚为特殊，根据连缀痕迹判断，是用贯通上下的许多皮条缀合而成。复原后可见甲衣属裲裆甲造型，它以前胸、后背为上段，以围绕腰际的部分为下段，组合而成，擐甲时上段以带扣通过两肩的皮带将前后相连，右腋下的开襟用织带系结。

此套身甲领部有护颈结构，出土时甲片不完整，可以拼合的 9 片排列成 1 个横排，甲片上宽下窄，上平直下圆弧，长短不一，并向后弯曲，属于图 61-7 型，甲片编排方式为自中间向两侧叠压，顶边中间低而两侧渐高（图 63-1、图 63-2），根据综合情况来判断，此排甲片底缘与身甲后背部分领部连缀，应是由 13 片甲片组成（图 63-3）。

除了身甲后背的这 9 片外，还有一种单独造型的甲片出现在颈部（图 64），此种甲片外形特殊（图 61-19），甲片呈长条形，其一侧有两个纵向凹弧，可分成两式，清理后有 60 片，经过比对，发现此甲片是颈部护甲，与磁县湾漳北朝壁画墓中墓道武士的颈甲一致。

复原后 60 片颈甲按照左右对称，自前而后的叠压顺序围成环形，上下两边外缘包裹皮革。此环形护甲不知道使用何种结构固定在身甲之上，从北齐壁画中推测其环形颈甲应是一独立结构，下端有单独的皮索。披膊先穿戴，再罩裲裆甲，颈甲的皮索捆扎于前后身甲的上端和肩带。汉代二十家子汉城出土铁铠甲的盆领是固定在身甲之上，北朝此种结构的盆领比较难以固定在身甲上，所以可能是在北朝流行裲裆甲后，改良出的一种新型盆领结构，可能是盆领和披膊连为一体的形式。

左右披膊较为完整（图 65），甲片多是 Ⅱ 型，靠近顶部为图 61-6 型。右侧披膊残存甲片 99 片，复位后有 8 个横排，甲片都是从右向左叠压；左侧披膊的甲片与右侧一致。根据甲片的形态，推测披膊为 9 排甲片编缀，第一排甲片是 Ⅵ 型，第二排至第九排甲片都是 Ⅱ 型，甲片用皮绳编缀，整体形成一个板块结构，这样的披膊上下排不具备伸缩功能，周围有皮革包边。

此披膊非常重要，说明西晋至十六国时期的此类披膊是甲片编缀固定成板块，而不是上下排不可移动。北魏陶俑中的部分披膊应该是此类风格。宁懋石室线刻武士的披膊也是此种风格，只是表现为 3 层结构。

此套身甲的甲裳保存较为完整（图 66），居中各排保留了清晰的皮条编缀痕迹。单幅由 9 排构成，每排甲片 23 片，共计 207 片。甲片横排先编缀好，再纵向连接，上下两排编连后可上下伸缩。

辽宁朝阳十二台十六国前燕墓中亦出土颈甲，由 33 片铁甲片编缀而成，甲片呈弧形，编缀完成后颈部两侧较低，后脑部分较高，上口外撇（图 67）。此盆领结构应该也是一种独立结构，与图

63 的盆领一致，此种结构在同时期的高句丽壁画中多有表现，吉林集安市洞沟古墓群禹山高句丽墓壁画武士的身甲就有此种风格颈甲（图 68）。韩国国立中央博物馆复原的伽倻武士的盆领也是此种风格（图 69），伽倻是朝鲜半岛南部洛东江流域由弁韩发展起来的一个国家联盟（42–562），由许多小的城邦组成。说明此种盆领结构在北朝时期的中国和朝鲜半岛都是一种标准形制。

（2）北齐时期

1986 年冬，邺城考古队在河北省临漳县境内邺南城古城址的朱明门外城壕中发掘了一批铁甲胄，铁甲胄标本发现于城壕的底部，距现地表深约 3 米，一块块散乱地分布在 20 余平方米的范围内，同期出土有剑、链等其他铁制兵器。这批铁甲、铁胄共有 37 件，经初步整理判断，其中属于铠甲部分的有 25 件，属于铁胄的有 12 件。这是目前国内集中出土北朝甲胄数量最多的一次，从现场提取后，整体装箱至北京后清理。

《邺南城出土的北朝铁甲胄》考古报告和《甲胄复原》一书较为详尽地记录了甲片的尺寸、编缀关系以及胄的复原情况。身甲多是以局部成块形式出土，相对较好地保存了甲片的形态和编缀关系。这批甲出土时较为集中，根据出土位置标注了每块甲的标号 A—F，该箱总编号为 2（图 70）。根据出土情况来看，应该是战场遗弃物，而非墓葬物，个别铁胄非常完整，多数铁甲是完整铠甲的某个完整局部，有些局部之间有一定的关联，成块甲片的编连方式比较清楚，对北朝铠甲的研究有极高价值。

此批残甲出土有领甲部分（图 71），出土时一小部分被压在标本 18A、18B 之下，由 15 片甲片组合成一个横排，呈凹字形。编排情况是从当中向两侧依次叠压，组成对称的左右两侧。甲片一端为圆弧形，另一端为斜平且外折，同侧片体长短不等，长度向两外端而递增。此领甲应是编缀在后身甲顶部，就是汉制甲中的盆领结构。

邺南城出土的这些甲片并非完整一套身甲之物，应是多套甲胄的局部。

（3）高句丽甲片

汉建昭二年（前37），东北高句丽族崛起，建立高句丽政权。初期，建都于纥升骨城（今辽宁桓仁五女山山城），于汉元始三年（3）迁都国内城（位于今吉林集安市），北魏始光四年（427）迁都至朝鲜半岛平壤城。唐总章元年（668），高句丽被唐朝所灭。在其存世的705年中，以集安为都城历时425年。今集安城区周围保留高句丽时期都城两座、多处重要遗址和万余座古墓，代表着高句丽早、中期文物精华。《梁书·诸夷》载："高句骊者……国人尚气力，便弓矢刀矛。有铠甲，习战斗……"《周书·异域》载："高丽……兵器有甲弩弓箭戟稍矛铤。"史料记载高句丽军队装备铠甲，集安高句丽考古实物中有出土有大量甲片。

在集安墓群中出土了相当数量的甲片，甲片总体分成鎏金和铁甲片两大类。

麻线2100号墓出土鎏金甲片30件（图72），根据墓室出土具有明显时代特征的铁镜、纹饰及垂幛纹釉陶壶，分析墓葬在4世纪中期，最晚不会晚于4世纪末期，相当于东晋时期。考古报告推测麻线2100号墓主人是在位于公元371—384年的高句丽第17世小兽林王。报告根据鎏金甲片的体量和造型分为三个类型。A型21件，"左右边缘较直，上下等宽，上端平齐，略外翘，下缘外弧。甲片上共有缀孔 7 个，上缘单孔居中，下端与左右两边的中部均为双孔。规格有大小 3 类。"B 型 3 件，"甲片上（平齐端）窄下（外弧端）宽，长 5 厘米，宽 1.5~1.6 厘米，厚 0.1 厘米，上缘翘起，形体细长，甲片共穿 7 孔，纵轴 4 孔，上一下二，中央一单孔，左右两侧分别有一组双孔。"C 型 6 件，"甲片上宽下窄，上缘翘起，下端略呈方头圆角状，长 4.1 厘米，宽 1.6~1.8 厘米，左右两侧分别为两组双孔，中轴上三孔，上一下二。甲片右侧及下缘磨有斜面。"（吉林省文物考古研究所 集安市博物馆《集安高句丽王陵：1990—2003 年集安高句丽王陵调查报告》，文物出版社 2004 年版）（以下简称《调查报告》）《调查报告》中认为甲片圆弧端为下端，这个是值得商榷的，从现有的喇嘛洞十六国甲片的关系来看，圆弧端应该是上端才合理。A 类甲片和喇嘛洞 I 类甲片形制和开孔几乎一致，只是大小有区别。B 类甲片和喇嘛洞 XVI 一致，这类甲片基本是后世唐甲片的起源。

麻线 2100 号墓出土铁甲片 263 片，大部分完整，甲片均为锻制，形状规整，边缘磨制精细。《调查报告》将铁甲分为五类。A 型 95 件，整体呈长方形，形体有大小、平弧之别，分为三个亚型。原《调查报告》的甲片分成两个图，文字和图像对应非常难以阅读。

笔者按照比例将五型甲片排版在一起后（图 73），发现《调查报告》的分类并不科学，图 73-1、图 73-2（Aa 型）应该和图 73-7 至图 73-10（B 型）归为一类。Aa 型甲片 68 件，长 9.8 厘米，宽 4.6 厘米；B 型甲片 78 件，略呈梯形，长 7.9~8 厘米，宽 3.8~4.5 厘米。这些甲片应属于具装铠一类甲片，尤其是 B 型甲片和喇嘛洞具装铠甲片外形非常接近，只是开孔不同。

图 73-3、图 73-4（Ab 型，23 件）与图 73-11 至图 73-14（Ca、Cb 型）为身甲甲片。图 73-3 甲片在左侧边的弧形端增加一组双孔，齐平端增加一个单孔，这类甲片就是开襟或横排最前端的甲片，侧边一排孔是作为甲叶包边的穿孔；图 73-5 甲片（Ac 型，3 件，只有一件完整，正视为长方形，侧视为弧形，长 5.7 厘米，宽 2.6 厘米，厚 0.1 厘米）、图 73-6 甲片（Ad 型，1 件，圆弧端略窄，略残端外折，长 9.2 厘米，宽 1.8~2 厘米，厚 0.1 厘米），这两型甲片应为盆领甲片；图 73-11、图 73-12 甲片（18 件，11 件完整，甲片细长，略呈条形，一端平齐，中间一单孔，一端外弧，中间有竖排双孔，两侧均为两组双缀孔，长 8 厘米，宽 1.9 厘米，厚 0.1 厘米），这类甲片都是身甲甲片，这类开孔方式在后世的唐甲中常见。

13、14 号甲片（Cb 型 44 件，长 5.5 厘米，宽 2.6~2.7 厘米、厚 0.1 厘米，一侧和齐平端都磨出整齐斜面）应是身甲的部分。

15、16 号（Cb 型 8 件，长 3~3.4 厘米，宽 2.2~2.5 厘米，厚 0.1 厘米，侧边边缘磨出斜面），17、18 号（Cb 型 7 件，残 4 件，长 3~3.4 厘米，宽 2.2~2.4 厘米，厚 0.1 厘米，甲片横截面中央略鼓）小甲片应为披膊甲片。

19 号甲片（Da 型）应为身甲腰部甲片。

20 号甲片（Db 型，11 件，完整者 1 件），甲片呈兰叶形，一段宽而齐平，另一端渐窄，呈圆头状，侧视呈 S 形，平头一端穿横向双孔，圆头一端为竖向双孔，左右两侧均有双组双孔（弧长 18 厘米，宽 1.2~2.2 厘米，厚 0.1 厘米），为胄体甲片。这片甲叶与南京地区的东晋、南朝胄铁叶几乎一致，说明高句丽铁胄是长条甲叶编缀而成，这与壁画中的胄体一致。

集安地区好太王陵亦出土铁甲片，该陵的年代为东晋义熙十年（414）。甲片共出土 237 片，多数锈蚀或已残断，有些能明辨形制。《调查报告》将铁甲分为七类（图 74）。

A 型甲片 27 件，呈长方形，多数形体宽大，根据高句丽壁画应为马具装铠甲片。

1、2 号甲片（Aa 型，17 件）体量较大，外形呈长方形，2 号甲片中心位置的孔较大，应为穿连上下两排吊绳的孔；2 号甲片侧视上缘翘起，下缘左侧内扣，右侧略翘，这是充分考虑了叠压的工艺细节，长 12.2 厘米，宽 6.6 厘米，厚 0.1 厘米。3、4 号甲片（Ab 型）10 件，甲片较平，残长 9.2 厘米，宽 5 厘米。

B 型甲片 28 件，甲片上窄下宽呈梯形，形体较大。《调查报告》认为是腰、腿部分的甲片，但其实应该还是属于马具装铠甲片。

5、6（Ba 型），7、8（Bb 型）号甲片 10 件，甲片中间略鼓，侧缘内扣，上缘翘起，长 6.5 厘米，宽 5.1~5.6 厘米，厚 0.1 厘米。9 号甲片（Bc 型）与麻线 2100 号墓 9 号甲片属于同一形制，长 7.5 厘米，宽 3.8 厘米，厚 0.1 厘米。

C 型甲片 139 件，甲片一端平，一端弧形，规格种类较多。此类甲片明显具有汉铁甲的风格，应是身甲或披膊的甲片。

10、11、13 号甲片（Ca 型，45 件）中间轻微凸起，齐平端打磨斜边，长 4 厘米，宽 2.4 厘米，厚 0.1 厘米；12、14、17 号甲片（Ca 型）长 3.2 厘米，宽 2.3 厘米，齐平端打磨斜边。18、19、20 号甲片（Cb 型，9 件）体量较 Ca 型更小，长 2.4~2.8 厘米不等，开孔形制与长安武库出土的西汉甲片 1 型甲一致。

21-25 号甲片（Cc 型，83 件）长 6.6~7 厘米，宽 2.2~2.2 厘米，

厚 0.1 厘米，属于典型的身甲甲片。其形制与开孔方式与麻线 2100 墓 11、12 号甲片一致，只是体量尺寸不同。

25–29 号甲片残损厉害，25 件，长度均超过 9 厘米，是胄体的甲片。25、27、28 是甲片的下端，29 是甲片上端。25、29 结合在一起，与麻线 2100 号墓 20 号甲片一致。

31、32、33 号甲片（E 型）是腰侧的甲片。

34 号甲片（F 型）下缘为双弧形，《调查报告》称之为"双联鳞形甲"，甲片残长 4.4 厘米，宽 3.6 厘米，厚 0.1 厘米。这类弧形关系的甲片，在后世的敦煌、新疆武士壁画的盆领、护臂上可以看见，这类甲片可能是受到突厥文化的影响。

35 号甲片（G 型）4 件，形制未明，残片观察似圆角长方形。甲片侧边铆接对折椭圆形铁皮，边缘中空可以穿轴杆，残长 6 厘米，宽 5.3 厘米。

吉林考古研究所对集安好太王陵出土的 5 片甲片进行金相检测，结果显示，这几件样品的质地分别为低碳钢、中碳钢。由铸铁脱碳钢材锻打加工而成，其工艺方法与中原地区早些时候及同时期的铁器制作工艺比较，方法上有传承关系。较为特殊的是在样品甲片表面发现半球状凸起，这些凸起应是锻打时留下的标记，用以确定变形量的尺度。从部分甲片金相结构看，质地较为纯净，存在铸造产生的缩孔和气孔，观察断面发现中心区域含碳量高于边缘区域，或一侧边缘含碳量高于一侧，表现出表面脱碳迹象，推测甲片使用的原材料为铸铁脱碳材料，脱碳降低材料硬度，增加柔软性，以便锻造。

高句丽王陵出土的铁甲片反映出几个重要的细节，高句丽胄为长条甲叶编缀而成，出土实物和壁画完全对应；身甲、披膊的甲片形制完全继承自汉、晋，而且部分身甲甲片的形制在唐制甲片中也能看到。

6. 六朝时期的铁甲片

除了已知的考古资料，杨子麟、刘恒、曹先然诸位先生以及笔者都保存有南京地区所出的六朝时期甲片。这些甲片根据尺寸共分成 12 类。

一类甲片开 8 组 14 孔，长 144 毫米，宽 38 毫米，厚 0.6 毫米。一端圆弧呈勺状，一端稍平直，两端切角，甲叶中部轻微收腰，甲片佩里侧顺边缘錾刻折线，此类甲片应是腰部使用，此甲片可能年代较早，接近东晋初期（图 75-1，杨子麟先生收藏）。

二类甲片开 7 组 13 孔，长 134 毫米，宽 34 毫米，厚 0.6 毫米，甲片佩里侧顺边缘錾刻折线（图 75-2，刘恒先生收藏）。此甲片与汉狮子山楚王墓中的身甲甲叶形制相同，此类甲片应该也属于身甲部分。

三类甲片束腰形，开 7 组 13 孔，长 109 毫米，宽 34 毫米，厚 0.6 毫米。甲片佩里侧顺边缘錾刻折线，应是身甲甲片（图 75-3，刘恒先生收藏）。甲片推测为腰侧部分，其收腰的工艺是为了身甲成为筒形后，此位置适合束甲扎紧皮带。

四类甲片开 7 组 13 孔，长 89 毫米，宽 34 毫米，厚 0.6 毫米，甲片佩里侧顺边缘錾刻折线，应是身甲甲片（图 72-4，刘恒先生收藏）。

五类甲片一端圆弧，另一端平直，开 4 组 7 孔，长 42 毫米，宽 32 毫米，厚 0.6 毫米，表面微凸，内侧顺边缘錾刻折线（图 75-5，龚剑先生收藏）。此类甲片外形与长安武库出土的鱼鳞甲身甲形制完全一样。

曹先然先生收藏的两片甲片形制非常特殊，两片都在甲片腰部形成折弯，在数千片六朝铁甲片中，这是为数不多的几片（图76）。第一片开5组12孔，长106毫米，宽23毫米，厚0.6毫米；第二片开5组12孔，长84，宽24，厚0.6毫米。根据这两片甲片的折弯，推测是腰侧甲片，南北朝时期的铁札甲已经为束紧身甲而出现腰侧特定甲片。这种腰侧折弯形式，在后期的唐朝曲江甲片、吐蕃身甲中也多有出现，其源头就应该是南北朝腰侧甲片。

南京六朝甲片中有两片特别大的甲片，其中一片有铭文"都尉乐所作大甲□□重四斤六两师唐□作"（图77），此甲片明显是右胸甲右侧一块。此种甲片应是南北朝较为流行的前胸有圆护的铁护甲，这类胸甲是隋唐胸口有圆护铁甲的起源，也是神将风格胸甲的起源。

刘恒先生保存的一片六朝甲片较为特殊，侧视为弧形，正视为梯形，开六组17孔，应该是属于盆领结构（图78）。

7. 皮甲片实物

收藏家杨子麟和笔者都保留有南京地区所出南朝皮甲实物（图79），甲叶长为11厘米，宽5.8~6.4厘米，残存漆皮厚度0.3厘米，下端较为平直，上端呈圆弧形。甲片的皮胎已经朽烂，只残存漆皮，正面髹朱漆，背面髹黑漆。漆皮内胎能看见皮胎残留毛孔，只是无法分析是何种材质皮胎。朱漆甲片的右侧漆面保存较好，说明甲片是右侧叠压左侧，叠压的部分结合较为紧密，故氧化较少，故能保存比较好的颜色。南京城墙博物馆也藏有此类六朝皮甲（图80）。

从工艺上看应该是将皮料去毛后晒干，制作成生皮，然后裁切成甲片，皮胎表面较为光滑，然后髹漆，皮甲的侧边髹朱漆。

四、具装铠

十六国、南北朝时期，骑兵得到空前的发展，具装铠成为军队重要的突击力量，在史料中可见各个政权都大量装备了具装铠。南北朝时重甲骑兵形成军队核心的另一个因素，是自匈奴刘曜灭西晋后，北方开始了各民族纷争的历史阶段，而匈奴、鲜卑这些民族崛起多依赖骑射技术，军队的主力是骑兵。为了加强骑兵的攻击力，人马都披挂铠甲，军士多穿裲裆铠，马匹装具装铠。

十六国前赵刘曜的亲军选公卿子弟中勇武者组成，号"亲御郎"，皆"被甲乘铠马，动止自随，以充折冲之任"（《晋书·载记第三·刘曜》）。后赵石勒破辽西鲜卑段末柸之战"获铠马五千匹"；攻乐平太守韩据于坫城，破援军姬澹"获铠马万匹"（《晋书·石勒》）。北魏天兴五年（402），拓跋珪破黜弗、素古延等诸部，柔然祖仑发兵援救素古延部，材官将军和突"逆击破之于山南河曲，获铠马二千余匹"（《魏书·太祖纪》）。南朝南齐皇帝萧宝卷用银叶装饰其具装铠，"帝于殿内骑马，从凤庄门入徽明门，马被银莲叶具装铠，杂羽孔翠寄生，逐马左右"（《南史·齐本纪》）。南北朝名将薛安都在作战中披具装铠，其人勇武异常，战场上甚至除去重铠和具装铠，轻骑突击，"元嘉二十七年，北讨至陕。虏多纵突骑，众军患之。薛安都怒甚，乃脱兜鍪，解所带铠，惟着绛纳两当，械马亦去具装驰奔，以入贼阵。猛气咆哮，所向无前。当其锋者，应刃而倒"（《太平御览·兵部八十七·甲下》）。

具装铠主要由"面帘、鸡颈、当胸、身甲、搭后、寄生"组成（图81）。具装铠从材质上分成皮质和铁质。十六国、南北朝出土了大量具装铠陶俑，在田野考古中，北燕冯素弗墓、朝阳十二台三燕墓、北票喇嘛洞墓发掘出铁具装铠实物。

1. 陶俑

十六国时期具装铠陶俑以陕西咸阳平陵墓中出"黄褐釉陶铠甲马"（图 82）、西安南郊草场坡具装铠骑兵（图 83）为典型，马首有明显的面甲，背设高桥鞍，周身自颈向下覆盖防护甲片，双侧附长柄金属马镫。

北魏时期具装铠以洛阳孟津北陈村北魏王温壁画墓出土陶俑为代表（图 84），具装铠明显表现出一排排甲片的关系，每排未画出甲片，似乎是一种皮质具装铠。武士的裲裆甲和具装铠清晰地表现出下排压上排的结构，马面、具装铠边缘都包有红色织物。

北齐时期具装铠陶俑以东安王娄睿、磁县湾漳壁画墓中所出为代表（图 85–图 88），北齐具装铠陶俑明显都是甲片编缀而成；能清晰地看出马面分成两种，图 85 是整体结构，图 86 是多甲片拼接而成。图 87、图 88 具装铠制作极为精良，清晰地表现出当胸的甲片尺寸不同，顶部甲片较小，下端甲片较大。北齐具装铠的鸡颈和当胸可能是编缀在一起的，用三条皮带固定在马颈部，搭后由左右片和顶部构成。北齐的具装铠长度明显较十六国时期短，下沿长度至马腹，较短的具装铠可以保证马匹奔跑时不会受限。搭后的连接方式与北魏风格一致。图 87 的马面应该不是金属的，而是织锦类材质。东安王娄睿墓的具装铠表面绘制虎斑（图 88），史料记载"宁朔将军索邈领鲜卑具装虎斑突骑千余匹，皆被练五色"（《宋书·武帝本纪》），此种具装铠可能是大块皮革制作，而不是甲片编缀，只有这样，才方便在其上绘制虎斑。北齐具装铠下缘反到马胸，马匹奔跑时不被当胸阻挡，保障马匹的冲刺速度。

南朝诸政权也装备具装铠，中国国家博物馆藏河南邓县1957年出土南朝彩色画像砖中也有明确的具装铠武士形象（图89），从画像砖中能看出具装铠甲片较大，其寄生[①]极为夸张。江苏丹阳胡桥南朝大墓及砖刻壁画中亦有具装铠表现（图90），马面顶部有一装饰，武士和马匹的铠甲甲片都较大，其寄生与邓县画像砖中的具装铠寄生风格一致，应该是插各种装饰羽毛，南齐皇帝萧宝卷的具装铠"杂羽孔翠寄生"可能就是孔雀翠羽。南朝具装铠下缘比北朝稍长，这一细节颇不利于马匹奔跑。

2. 考古实物

（1）马面帘

朝阳十二台十六国前燕墓中的具装铠较为完整，有一完整的面帘（图91），考古报告描述了此面帘，"护唇片、护颊板、面罩三部分组成，固定连接处均采用铆接工艺，面罩由五块长条形铁片制成，顶部前倾，并加上一周正中有乳突的宽边形成冠形。面罩前边连接一个半圆形的护唇片，两侧各有一个半圆形的护颊板，在面罩与护颊板之间挖有眼孔。护唇板、护颊板与面罩均用铁销连接，可以转动。左侧护颊板还装有3个带扣，右侧护颊板相对应的位置上留有固定革带的穿孔，原来应有革带。使用时将右侧的革带穿过左侧带扣卡住，把马胄固定在马头上，不用时可以把护颊板向里折叠，用革带扎紧，不仅实用，而且更便于携带"（张克举 田立坤 孙国平《朝阳十二台乡砖厂88M1发掘简报》，《文物》1997年第11期）。此面帘通长660毫米，宽137-296毫米，护颊板长365毫米，宽187

① 战马的一种装备，用于遮蔽骑士背部。——编者注。

毫米，护唇片高 78 毫米，宽 80 毫米。

辽宁北票喇嘛洞出土马面帘一副，出土编号 95BLIM5:49。出土时已支离破碎，修复后造型与朝阳十二台乡砖场 88M1 发现的马胄基本相同。其主要分为面罩、护唇片和护颊板 3 部分，用熟铁片打制，由 15 个分件铆合而成（不含扣环、包边附料及铆钉在内），再通过扣环连为一体。面罩系按马头正面形状制成的狭长护盖，两侧下缘预留出上半个眼孔，顶部向上折翘，其形如冠。护唇片呈舌状，其上有 2 孔，通过铁环与面罩前端连接，可灵活地掀开与垂落。护颊板左右各 1 片，分别以 2 扣环铆接于面罩两侧下缘，其上缘预留出与上半眼孔相对应的下半眼孔，则形成 1 对完整的眼孔。在护颊板下缘处设有皮带扣 3 个，可固定马胄于马头。面罩长 59.8 毫米，宽 140~296 毫米，高 112~220 毫米；护颊板一长 340 毫米，宽 180 毫米，另一长 332 毫米，宽 188 毫米；护唇片长 82 毫米，宽 80 毫米（图 92）。

除了金属面甲之外，北朝亦流行织锦面甲，此类织锦面甲都采用织锦包棉胎、外缘再用其他织锦裹边的形式，面甲的形式与铁面帘相近。中国丝绸博物馆（图 93、图 94）（赵丰 齐东方《锦上胡风——丝绸之路纺织品上的西方影响（4—8 世纪）》，上海古籍出版社 2012 年版）、上海博物馆都有此类藏品。中国丝绸博物馆、上海博物馆藏品上曾经都粘合银箔，《锦上胡风》刊载贺祈思先生收藏有贴金箔织锦覆面（图 95）。此类织锦覆面应是北朝宫廷"仪仗、卤簿"之物，《后汉书》和《晋书》记载宫廷车骑导从和仪仗中出现"麾骑""戟吏"和"鼓吹"，部分墓葬壁画或陶俑所表现的"骑马武士""执戟侍卫"和"骑马乐队"的织锦贴金、银马面帘就应是此种仪仗所用之物。

（2）马甲

十六国北燕冯素弗墓中出土相当数量的铁甲片，辽宁省博物馆相关人员对甲片分类（图96），出土的甲片约重141公斤，其中图96-1至图96-5形制的甲片约重42.5公斤。杨泓先生认为此批甲片中，较大的甲片应是具装铠马甲。

十二台墓出土完整的具装铠1套，修复完成的有铁胄、盆领颈甲、马面帘。

其中具装铠置于棺外右侧前部。马甲受到当年条件所限，未做完整的修复。近年文物系统开始对此套具装铠进行完整修复。

北票喇嘛洞具装铠相对较为完整，分成马颈甲、身甲、搭后几个部分。

马颈甲（鸡颈）出土时已残缺不全。白荣金小组复原的时候认为颈甲的甲片应是较短的片型，方可适于马颈的活动特点，所以复原中选用了出土片中短而宽、有的还略成梯形的Ⅳ型和Ⅷ型甲片（图97）。这些甲片数量较多，合计较完整者共140余片，甲片长短宽窄的规格不很统一。复原后的马颈甲共为161片，纵列计有7排，片型上小下大相配合：上四排用Ⅳ型片，每排23片，自当中向两侧叠压，组合为板块式结构；下三排以Ⅷ甲片组合，每排仍为23片，组成可上下缩合的结构，以增加其灵活性（图98）。

马胸甲（当胸）出土时虽较为散乱并多有重叠，但横排上的不少甲片尚保存着原有的相对位置，合计305片。复原后的马胸甲共348片，包含典型片中的Ⅸ、Ⅹ、ⅩⅩ型。这部分甲片共分为6横排，第一、第二排每排8片，一律由右向左叠压；第三至六排甲片为 43 片，均由当中向两侧叠压，各排甲片纵向叠压方式为自下而上反向叠压，形成可伸缩的结构（图 99）。

身甲和搭后出土时甲片虽锈蚀严重，但排列情况良好，基本完整地保持着原来的组合状态。

右侧身甲自上而下依次属于Ⅲ、Ⅺ、Ⅻ、ⅩⅢ型甲片（图 61），组合为 5 个横排，第四、第五两排甲片同属ⅩⅢ型。以甲片出土时保存最完整的第二排甲片中编排的 1—56 号甲片为准，其余各排仅作少量补配并与第二排数量取齐，这样右身甲共由 280 片甲片组成（图 100-1）。横排甲片都是由右向左叠压，纵向每排甲片下排压上排，每排之间可以上下伸缩。左身甲保存状况较右身甲略差，甲片也属于Ⅲ、Ⅺ、Ⅻ、ⅩⅢ型，甲片的数量、编排方式、结构与右身甲相同，横排甲片都是由左向右叠压（图 100-2）。

马甲搭后部分在清理中发现的有关甲片分属Ⅳ、Ⅻ、ⅩⅢ、ⅩⅤ、ⅩⅥ这 5 型（图 61），共计 95 片。白荣金小组将这些甲片分作 5 个横排，每排 19 片，诸片自当中向两侧叠压，纵向组合为板块结构。搭后两侧部位作左右对称状，而各横排上甲片的叠压顺序相反。清理中发现的相关甲片有Ⅹ和ⅩⅫ型，按甲片叠压顺序区分所属左右侧。左侧 97 片，右侧 78 片。复原方案是使左右两侧各由 5 个横排组成，每排 28 片，两侧合计用片 280 片。甲片的横向编排，左侧者左压右，右侧者右压左，纵列的缀合一律下排压上排，组成可缩合的结构（图 100-3）。

具装铠的复原完整形象如图 101 所示。

（3）具装铠寄生

南北朝时期具装铠上多有寄生，敦煌 285 窟南壁西魏五百强盗官兵与盗贼鏖战图（图 102）、邓县南朝画像砖（图 90）中都清晰地表现了具装铠寄生。寄生应是在马背上竖立的一种结构，下端扇形为金属材质，中插羽毛或其他装饰呈伞状。辽宁省博物馆藏晋朝铜鎏金镂空寄生（图 103），系辽宁省文物考古研究所的陈山先生于1996 年在北票市南八家乡四家板村调查时，从木匠沟村征集到的铜鎏金马鞍桥包片和铜鎏金寄生残片，寄生呈扇形外框槽状，外鎏金，底边略平直，两侧向外弧曲。"底边宽 11cm，上端宽 27.8cm，高17.5cm，外框槽深 1.2cm，宽 1cm。其前、后、侧三面皆有两个一组的圆形小穿孔，用以固定其内部扇面和系缀圆形摇叶。底部一侧两组孔之间尚存一段银丝。寄生扇面由前后两片镂空鎏金铜片合成"（耿铁华《高句丽马具寄生研究》，《社会科学战线》2017 年第 5 期）。南朝史料记载寄生内插入"翠羽"。

五、小结

十六国、南北朝中国陷入大分裂时期，历经三百余年至隋再次统一。这阶段甲胄的发展上承魏晋，下启隋唐，是中国甲胄发展最重要的一个节点。

1. 胄

胄主要有三类。

第一类是曲边铁甲片铆接成的护额，以北齐磁县漳州壁画墓中陶俑为代表，护额继承山东淄博西汉齐王墓中的铁胄风格，只是将小甲片编缀改制成长条甲片铆接。

第二类是长条铁盔片铆接成的多瓣胄，这类胄铁叶有宽窄两种风格，十二台铁胄、喇嘛洞 IM5 就是窄条代表；喇嘛洞 IM7 就是宽铁盔叶代表。造型上一种盔体顶部是逐渐收尖，以喇嘛洞 IM5 铁胄为代表；另一类是至顶部有明显的收腰过程，以南京南朝铁胄为代表。一类、二类铁胄正面都有明显的眉框结构，部分盔叶侧边有明显的波浪形曲边装饰，以喇嘛洞 IM5 铁胄为代表。现在尚不清楚草场坡、南京出南朝盔是否有盔顶，从图像上看似乎无盔顶。

第三类是北魏北齐时期出现的冲角胄，此种胄尚未有实物出土。

北齐、北周时期出现了一种宽盔叶铆接铁胄，整体由多片铁盔叶铆接成，外侧铁盔叶两侧出现波浪形曲边，北齐东安王娄睿墓壁画武士、北周叱罗协墓武士俑就是代表，此类胄是后世隋、唐、吐蕃、辽的多瓣、八瓣铁胄之起源，长条甲片胄（窄条、宽条）、多瓣弧形胄片铆接铁胄成为这个时期的主要趋势。

2. 甲

身甲按照长短分成长身甲和短身甲两类，长身甲都是铁甲片编缀而成，北周叱罗协墓武士俑长身甲就是典型。长身甲分成侧开襟和正面对开襟两种。短身甲以裲裆甲为主，裲裆甲又分成皮质和铁甲片两种。

史料中的"细铠"应是以细甲片编缀而成，此种结构的身甲应为裲裆甲结构，甲裳、披膊为独立结构，盆领颈甲较长，盆领与身甲的结合究竟采用何种方式，考古报告未能提供明确线索。笔者推测可能有两种结构，一种是盆领编缀在身甲之上，另一种是盆领和披膊为一个整体，披挂后可以遮蔽颈部同时兼顾防护臂膀。此类甲以草场坡、梁猛墓武士俑为代表。

北朝时期出现了大量胸口有圆护的新型甲制，此种结构应是在皮胎上铆接金属圆护，并将皮胎罩在裲裆甲之外增加一重防护结构，此种甲制是基于裲裆甲增加了局部变化，此种甲早年被杨泓先生判断为明光甲，其实从现有的史料以及后来学者的研究来看，此种定论值得商榷。

北朝陶俑显示军中有环锁铠，但是史料中未有对应，考古至今也未有实物出土。

北朝的甲片出土实物较多，明显一端抹圆，一端较为平直，宽窄各有不同，整体还是延续汉晋风格。北朝披膊实物显示出其被编缀成板块结构，此种编缀结构对后世甲胄有明确影响，隋唐、西藏地区吐蕃时代的部分披膊也使用此种结构。身甲腰部有侧边弧形的甲片，甲片弯曲。此种类型甲片是为了身甲捆束方便而制作，后世札甲多有此种结构甲片。南北朝札甲的编缀方式部分继承汉鱼鳞甲风格，以北票喇嘛洞 IM5 披膊为代表；但是身甲已经完全形成横排以中心向左右叠压、纵向下排叠压上排的结构风格，后世札甲都是以此逻辑编缀。从陶俑可知编缀身甲的丝绦或皮绳是彩色，陶俑中显示有红色。

3. 具装铠

具装铠从战国诞生，至北朝发展为全盛，十六国、南北朝诸政权都大量装备。材质有皮革、铁叶两类。

具装铠面帘在十六国三燕时期用铁叶铆接而成，敦煌西魏具装铠壁画（图104）显示面帘由甲片编缀而成，面帘内衬都垫有织物。北朝宫廷礼仪用织锦面甲会在表面黏合金箔、银箔。

具装铠甲片并非为统一规格，随着部位不同，尺寸也有所变化。辽宁省博物馆根据喇嘛洞考古资料尝试做了具装铠复原（图105，摄

影 @ 君大一），大体上表现了具装铠的造型，但是如果细究其结构，仍有不足。胄铁叶缺乏弧度，不能有效贴附成一个整体，盆领甲叶非曲边甲；盆领和胄体的顿项产生了明显的干涉。从北齐的陶俑来看，可能胸甲和鸡颈会是一个整体，当胸尾端向马鞍方向延长，搭后分成 3 个结构，左右两侧较长，呈弧形向马鞍方向延伸，这样的结构几乎可以省去左右身甲，结构上和十六国、北魏具装铠有所不同。在《辽宁省北票市喇嘛洞时期墓葬出土铁甲的复原研究》一文中，白荣金小组描绘 IM5 墓中的铁胄、具装铠复原的白描图，因为考古报告出版是 2008 年，当时手工绘图图像质量不高，且绘图的透视角度、手中持握的环首刀有错误，盆领和披膊的关系并未交代清晰，胸腹的关系也有问题。笔者和周珽先生反复沟通后，根据考古资料重新绘制了线图（图 106），身甲仍旧为裲裆甲侧面开襟形式，调整了胸部的关系；根据现有北朝壁画、高句丽资料来看，盆领和披膊应该是一体结构，所以在这个细节上绘制成一体结构。根据咸阳十六国黄釉具装铠马俑添加了寄生。

南北朝甲胄从出土陶俑、实物可以相对准确地知道其形制。佛教虽然在南北朝得到极大的发展，但是佛教造像中，天王身甲还极为写实，大都会博物馆藏东魏武定二年（544）赫连子悦石雕造像碑碑座下两个神王力士，身着双圆护铠甲（图 107），与北朝出土的陶俑风格一致。

随着佛教文化在中原地区盛行，天王雕塑、绘画的身甲开始与真实甲胄出现分野，隋唐时期佛教天王的身甲更为华丽和夸张，吸收了部分中亚风格的同时，也继承了北朝甲胄的一些特点，演化出

了特有的神将风格甲胄，与真实的甲胄出现了明显差异，并且形成
了一种塑像、绘画的法式，此类神将甲胄成为后世佛教、道教造像
和绘画中特有的一种甲胄形式。

第五章

隋唐甲胄

公元 581 年隋文帝杨坚受禅建立隋朝，公元 589 年隋军攻陷建康，南朝陈亡，中国再度统一。至公元 619 年王世充废隋越王杨侗为止，国祚仅 38 年。隋朝是上承南北朝、下启唐朝的一个重要朝代。

公元 618 年李渊迫使隋恭帝杨侑禅位，建立唐朝，将都城大兴城改名为长安；封嫡长子李建成为太子，嫡次子李世民为秦王，嫡四子李元吉为齐王。秦王李世民扫灭隋末群雄，受封天策上将。李世民与太子李建成为争夺皇位继承权失和。公元 626 年，李世民发动"玄武门之变"，诛杀李建成、李元吉，控制长安。李渊禅让帝位，成为太上皇，唐太宗李世民继位，改年号"贞观"。

公元 629 年，名将李靖率军奇袭东突厥，次年东突厥灭亡，北方各族入贡长安，诸族尊称李世民为"天可汗"；公元 635 年，李靖攻占吐谷浑；公元 641 年，文成公主与吐蕃赞普松赞干布通婚。唐太宗贞观时期国家安定，经济得到恢复和发展，史称"贞观之治"。李世民去世后，高宗李治即位。公元 657 年，苏定方西征攻灭西突厥汗国，疆域西扩至咸海与阿姆河一带，设安西都护府于碎叶城。公元 656 年起，李治因健康原因，政事逐渐交武后处理，武后成为最高统治者之一，与高宗并称"二圣"。武后于公元 690 年废睿宗李旦，即皇帝位，改国号为周，即武周，改东都洛阳为"神都"。

公元 705 年，经"神龙革命"，武则天还祚于李显。公元 712 年，睿宗禅让帝位，李隆基即位，李隆基诛杀太平公主与其党羽，唐朝进入了第二个全盛时期，史称"开元盛世"。唐玄宗天宝时期，国事败坏，公元 755 年"安史之乱"爆发，唐朝为平息叛乱，调河陇边兵军入关，吐蕃趁机夺取安西四镇和陇西，唐朝势力被逐出中亚。"安史之乱"历经八年之后被平定，唐朝自此一蹶不振，内陷党争，宦官把持朝政；外困藩镇割据，吐蕃、回纥不断入寇侵扰。

晚唐时因为政治腐败，爆发了民变，其中黄巢之乱破坏了江南经济，使唐朝完全瓦解。最后唐朝被朱温控制，朱温于公元 907 年逼唐哀帝禅位，唐朝彻底灭亡。

隋、唐甲胄主体承袭南北朝的风格，随着唐朝开拓西域，甲胄也吸取了部分西域风格；盛唐时期形成了系统完善的甲胄形制，对五代、两宋的甲胄形制产生了深刻影响。至 2019 年前，隋、唐甲胄并无完整实物出土，近百年陆续出土的都是较为零散的甲片。荣获 2021 年中国十大考古新发现的"甘肃武威唐代吐谷浑王族墓葬群"中的慕容智墓出土了完整初唐甲胄一套。

同时由于佛教文化的影响，在真实甲胄的基础上，诞生了一种全新的、艺术化的甲胄形式，这种形式的甲胄成为后世佛教天王、道教神将的甲胄范例。

《唐六典》中虽然详细记载了军制甲胄的名称，但是并无对形制的详细描述。造成今人研究唐甲胄形制时，遇到了极大的障碍。本章节立足现存的唐朝塑像、石雕、壁画、考古资料，对安西都护府（西北）、中原地区、吐蕃不同区域的甲胄式样分析，尽量归纳隋唐甲胄的形制。

一、史料中的隋唐甲胄

1. 隋唐甲胄的名称和分类

隋朝史料中记载甲胄的信息不多。

隋朝宫廷仪卫礼仪制度基本继承北周,"小宫伯贰之。临朝则分在前侍之首,并金甲……中侍,掌御寝之禁,皆金甲……次左右侍,陪中侍之后,并银甲……次左右前侍,掌御寝南门之左右,并银甲……次左右后侍,掌御寝北门之左右,并银甲……左右骑侍,立于寝之东西阶,并银甲……左右宗侍……皆服金涂甲……左右庶侍,掌非皇帝所御门阁之禁,并服金涂甲……左右勋侍,掌陪左右庶侍而守出入,则服金涂甲……左右武伯,掌内外卫之禁令,兼六率之士。皇帝临轩,则备三仗于庭,服金甲,执金扣杖,立于殿上东西阶之侧。行则列兵于帝之左右,从则服金甲,被绣袍……武贲已下六率,通服金甲师子文袍,执银扣檀杖。副率通服金甲兽文袍。各有倅长、帅长,相次陪列。行则引前。倅长通服银甲豹文袍,帅长通服银甲鹖文袍"(《隋书·礼仪志》)。宫廷仪卫中的"宫伯、侍、武伯、武贲"在不同的宫廷任务中穿"金甲、金涂甲、银甲",这些宫廷甲胄究竟是属于纯仪仗还是具有一定实用功能,史料未曾说明。"金甲、银甲"可能是髹漆装饰出的色彩,"金涂甲"则有可能是铜鎏金甲。《隋书·礼仪志》记载左右卫、左右武卫、左右武候大将军、领左右大将军,并武贲都穿"裲裆甲",侍从穿"金裲裆甲",所以隋朝宫廷这些甲都是裲裆甲,这个细节在贞观四年(630)李寿墓壁画中也有所体现(图1)。

《隋书》记载大业七年(611),隋炀帝亲征高丽。史料中记载了隋军骑兵的甲胄和具装铠，骑兵甲胄出现了"青丝连明光甲""绛丝连朱犀甲""白丝连明光甲""乌丝连玄犀甲"（《隋书·礼仪志》）。"明光甲"是铁札甲，编连的绳颜色不同，有青丝、白丝两种；"犀甲"通指皮甲，并非是真正的犀牛皮甲，编连皮甲的绳有绛、乌两种颜色。马匹的具装铠有"铁具装""兽文具装"，"铁具装"是由铁甲片编缀成；"兽文具装"极大可能是皮制，并且在其表面绘制猛兽图样，其样式极大可能与北齐娄睿墓中虎皮具装铠相近。步兵装备"长槊、楯、弩及甲耗等"（《隋书·礼仪志》）。高凉"冼氏亲被甲，乘介马"（《资治通鉴·隋纪一》），高凉地处岭南，"介马"就是具装铠，说明在整个隋朝的南北两端都装备具装铠。

《唐六典》作为盛唐时期重要的行政法典，详细记录了唐朝甲胄的形制和名称："甲之制十有三：一曰明光甲，二曰光要甲，三曰细鳞甲，四曰山文甲，五曰乌锤甲，六曰白布甲，七曰皂绢甲，八曰布背甲，九曰步兵甲，十曰皮甲，十有一曰木甲，十有二曰锁子甲，十有三曰马甲。"这13种甲胄是唐军的标准装备，其中人甲12种，骑兵马匹使用马甲（具装铠）1种。

《唐六典》甲胄注疏中指出"今明光、光要、细鳞、山文、乌锤、锁子皆铁甲也，皮甲以犀兕为之，其余皆因所用物名焉"。史料明确说明唐甲胄的材质有四类：铁甲、布甲、皮甲、木甲。"明光、光要、细鳞、山文、乌锤、锁子"是铁甲；"白布甲、皂绢甲、布背甲"从文字来看是以布为胎制作的甲；"皮甲"是以皮为胎制作的甲，唐朝皮甲号称"以犀兕为之"实际应该就是牛皮；"步兵甲"从字面之意是指步兵甲胄；"木甲"从字面之意看出可能是木胎制作的甲。史料中特别强调13种甲胄中的"步兵甲"，反而说明其他甲胄中的某几款极大可能是"骑兵甲"。骑兵甲和步兵甲最大的区别是甲裳（甲裙）长度和开襟方式，骑兵甲裳相对较短，身甲可能是正中或侧开襟两种形式，保障骑乘时，两腿有甲裳遮挡，保障轻松骑乘；步兵甲的甲裳相对较长，开襟形式与骑兵甲相似。"马甲"是骑兵的具装铠。

除了两唐书中对甲胄的记载，随着敦煌、新疆考古研究的深入，更多涉及唐朝武备的文书、史料得以面世，《敦煌吐鲁番出土唐代军事文书考释》一书中对北京图书馆、法国巴黎国家图书馆、英国伦敦博物馆所藏的敦煌文书进行整理，其中部分内容与唐朝武备相关。文书中涉及"铁甲、皮甲、铠子甲、头牟、覆膊、掩腋、囷项、弩、弩箭、弩弦、板排"等军事装备。

项目分类 / 文献	甲				铠子甲	头牟		覆膊		掩腋		囷项	
	未注明	铁	皮	布		铁	皮	铁	皮	明光	铁	铁	
唐队正阴某等领甲仗器物抄	27	2	2										
唐潘突厥等甲仗账		7	41										
唐军府甲仗簿		1	4										
性质不明文书断片	100				36								
唐开元二十二年沙州都督府会计历		92	48	5		44	21	76	40	53	16	29	
合计	127	102	95	5	36	65		116		69		29	

（王永兴《敦煌吐鲁番出土唐代军事文书考释》，兰州大学出版社 2014 年版）

从敦煌、吐鲁番出土的文献可以看出，唐军的铁甲、皮甲装备比例比较接近。"铠子甲"极大可能就是环锁铠，环锁铠装备的比例也相对较高，布甲装备数量相对较少。文献中提及的"头牟、覆膊、掩腋、囤项"都是唐甲的组成部分，"头牟"是兜鍪；"囤项"是顿项，这些文献中的名称对唐朝甲胄研究非常重要。"掩腋"部分标注"数内壹拾陆事明光"（图2，唐开元二十二年沙州都督府会计历），这段注释说明"掩腋"这个部件肯定是掩护胸甲、两腋的部件，也可能是明光甲的一个部件。《新唐书·礼仪志》中记载宫廷仪卫有"臂韝"，臂韝是手臂防护具，但是在军器文献中未见记录，也许唐军装备非常少。

2. 披甲比例

唐朝军队中铠甲的普及程度较高，不同的史料都有所记载。《唐通典·兵一》载："六分支甲，八分支头牟，四分支戟，一分支弩，一分支棒，三分支弓箭，一分支枪，一分支排，八分支佩刀。"李荃《太白阴经·军械篇》所记唐军一万二千五百人中装备有"甲六分，七千五百领；战袍四分，五千领"，同书《阴阳队图篇》记每队五十人装备"甲三十领，六分；战袍二十领，四分"。根据这两段史料记载，可知唐朝军制中，军士有装备有铠甲和胄的有60%。

汉朝、南北朝史料中并无文字记载军队的披甲比例。咸阳杨家湾汉俑出土后，对五百骑兵俑和两千步兵俑的披甲进行统计，骑兵的披甲率为8%，步兵的披甲率为43%。由此可见，唐朝军铠甲装备数量远胜前朝。

3. 管理机构、制作、贮藏

（1）管理机构

隋朝甲胄的制作沿用北周制度，设立少府监，"少府有甲铠署，大唐改焉"（《唐通典·职官九》）。甲铠署专事隋朝甲胄的生产。

唐朝对甲胄的制作和管理在王朝建立初期就非常重视，贞观六年（632），沿袭隋朝的少府设甲铠署的制度，单独改为"甲坊署"，专事铠甲的生产。《唐六典·少府军器监》载甲坊署设"令一人，正八品下；丞一人，正九品下；监作二人，从九品下"；又"甲坊令、弩坊令各掌其所修之物，督其缮造，辨其粗良；丞为之贰。凡财物之出纳，库藏之储备，必谨而守之"。同时，北都军器监也掌管甲胄制作，"掌缮造甲弩之属，辨其名物，审其制度，以时纳于武库"。唐朝的军器监制度延续北周、隋朝制度，隋代兵器事务由尚方署和少府监负责，唐朝军器监先后在武德七年（624）和九年（626）两次被罢废，其间兵器制造由武器监负责。贞观六年（632），武器监被罢去，此后直至开元之前，兵器事务皆归于右尚署。唐玄宗开元初年，置军器使；开元三年（715）设置军器监，为中央五监之一；乾元元年（758）军器监被撤废，兵甲制造的事务由军器使掌握，由内官充任。

（2）制作

唐朝史料中并未记录甲胄制作的细节。日本平安时代中期编撰的日本官制和仪礼律令《延喜式》的"兵库寮"对"挂甲"制作有详细的记载，杨泓先生认为日本"挂甲则是到公元五世纪中叶以后才开始出现于古坟的随葬遗物中"，并且认为日本挂甲的出现明显受到中国甲胄的影响。日本平安时代深受唐朝典章制度影响，故从《延喜式》记载的工艺可以推测唐甲部分制作细节。《延喜式》完成的年代是公元927年，此时唐朝已经灭亡了二十年。

"挂甲一领（札八百枚）。长功百九十二日。中功二百廿日。短功二百六十五日。"一领札甲有 800 片甲叶，长甲片的一领甲制作工期是 192 日，中等甲片用时 220 日，短甲片制作工期是 260 日。"打札廿日。粗磨四十日。穿孔廿日。错穴并裁札四十五日。错稜十三日。砥磨、青砥磨并莹四十日。横缝并连七日。缝颈牒并继著二日，著缘一日，擘拘并裁韦四日（擘缩有手力，下同）。中功日：打札廿三日，粗磨四十六日，穿孔廿三日。错穴裁札五十二日。错稜十五日。砥磨、青砥磨并莹四十六日。横缝并连八日。缝颈牒并继著二日，著缘一日。擘拘并裁韦四日。短功日打札廿七日。粗磨五十六日，穿孔廿八日。错穴裁札六十三日，错稜十八日，砥磨，青砥磨并莹五十六日，横缝并连九日，缝颈牒并继著二日，著缘一日，擘拘并裁韦五日。"长甲片锻造需 20 日，粗磨 40 日，甲片打孔 20 日，错穴并裁札需 45 日，将甲片彻底打磨光滑需 40 日，甲叶横排编缀需 7 日，连缀颈部和其他细节需 2 日，身甲边缘包边需 1 日，编缀身甲的皮条裁切需 4 日。中等甲片、短甲片的挂甲制作周期比长甲制作周期稍长。日本史料显示铠甲制作周期短者需要 192 日，长者要 265 日；宋朝史料记载造铁甲需用百日，由此推测唐朝一套铠甲制作也需超过百日之功。

唐朝军队甲胄的制作对尺寸作了规定，唐朝中期名将马燧于唐代宗大历十四年（779）六月任河东节度使，在任职期间修造甲兵，令"造甲者必令长短三等，称其所衣，以便进趋"（《旧唐书·马燧传》）。这是中国史料第一次记载军中甲制需要按照长短不同来制作，以适应不同军种和军士。

《新唐书·仪卫志》中两次提及"蜀铠"，《册府元龟》卷二五八载："隋废太子勇，高祖长子，尝文饰蜀铠，帝见而不悦，恐致奢侈之渐，因而诫之。"说明宫廷仪卫甲胄有蜀地打造的，可能制作较为精良，在史料中被特意记载。蜀地善造兵器历来有传统，西汉、蜀汉所造器甲精良，南北朝亦用"诸葛筒袖铠"代指精良铠甲，这都因为秦朝将燕地善于冶铁的卓氏迁徙至蜀。

史料中还记载了唐朝甲胄重量，唐开元时期大臣王琚奉命巡视军队，至塞下，边军欲袭击回纥，张廷珪给王琚列举了五不可，且言："中国步多骑少，人赍一石粮，负甲百斤，盛夏长驱，昼夜不休，劳逸相绝，其势不敌，一也。"（《新唐书·张廷珪传》）此段史料说明反击回纥的唐军主要以步兵为主，"负甲百斤"不利于长途作战，史料虽然未能说明甲是铁甲还是皮甲，"百斤"肯定是修辞中常用的一种夸张，唐朝重量单位中又分成大制和小制，大制每唐斤折合约660克（按照何家村金银器考古数据），小制约220克，如果以大制计算，完整唐甲66公斤，这个重量显然超过了人体能够承重的能力。小制算，唐甲22公斤，这个重量则合理得多，理论上唐甲的重量就介于这两个重量之间。由于史料所限，唐甲的准确重量尚需细考。

（3）武库贮藏

唐代早期实行府兵制，贞观年间，划分天下为十道，《新唐书·兵志》载："置府六百三十四，皆有名号，而关内二百六十有一，皆以隶诸卫。"天下之兵聚之京师，内重而外轻。两京武库贮藏了大量的兵器甲仗，地方武库处于中央政府的管理之下，中央对地方武库拥有强有力的管理权。"米粮介胄，戎器锅幕，贮之府库，以备武事"（《唐会要·府兵》），"并其介胄、戎具藏于库。有所征行，则视其入而出给之"（《唐书·兵志》）。武库为军队出征作战和平定叛乱提供兵器物资，在战事结束之后，甲仗武器要放回到武库之中。

唐朝设置武库，分成中央武库和地方武库，各级武库设立相应官职，"总武库、武器、守宫三署"。唐代武库内的器物甲仗主要储存弓弩、箭矢、刀剑、甲胄，每种器物单独成库。每种兵器入库后，按照种类分库房登记，大部分兵器会上架储存，"兵器入者，皆籍其名数"（《新唐书·百官志》）。中央武库即首都长安武库及东都洛阳武库，全国各地方也设立地方武库，旨在加强中央对地方的控制，抵御少数民族的侵略。

地方武库可以划分为两类，一类是内陆地区的州、县，另一类则是边疆地区设立的都护府。唐军对外征战、对内平定藩镇都由各级武库调拨兵器甲胄。中央武库贮藏的器甲数量庞大，在一些重大军事行动前，重要州县武库会提前贮藏大量器甲。唐太宗贞观四年（630），房玄龄上奏曰："今阅武库甲仗，胜隋日远矣。"；唐朝将五十万甲仗贮藏在号称"天下北库"的清河库中；唐玄宗"天宝十载八月丙辰，武库灾，燔兵器四十余万"（《唐会要·火》）；殷亮《颜鲁公行状》载"时讨默啜，甲仗藏于（清河）库内五十余万"。这三段史料显示盛唐之前武库中兵器、甲胄储存数量巨大。

甲胄制作完成后，入武库储藏，征战前从武库领取，检验甲胄质量是否达标，须进行刀砍箭射测试，大唐卫公李靖曰："须取甲，试令斫射，然始取中"（《唐通典·兵一》）。

公元 755 年，安史之乱爆发，唐玄宗在逃往四川途中诏令各地"应须士马、甲仗、粮赐等，并于当路自供"（《资治通鉴·唐纪三十四》），进一步将武库的管理权下放到地方，中央武库逐渐衰落，而地方藩镇则逐渐掌握了地方武库。晚唐开始，地方发生叛乱和兵变，都是先夺取地方武库以获得器甲。唐德宗贞元十六年（800），徐泗发生兵乱，《旧唐书·张建封传》记载"五六千人斫甲仗库取戈甲"，乱兵劫掠武库夺器甲后作乱。唐僖宗乾符二年（875），浙西狼山镇遏使王郢等69人立有战功，节度使赵隐仅仅给这些人赏以职名，而不给衣粮，王郢等人论诉无果，"遂劫库兵作乱，行收党众近万人，攻陷苏、常，乘舟往来，泛江入海，转掠二浙，南及福建，大为人患"（《资治通鉴·唐纪六十八》）。

（4）管理

唐朝中央政府对兵仗甲胄有较为严格的管理，在《唐律疏议》中做了相当细致的记录。《唐律疏议》是唐朝刑律及其疏注的合编刑事法典，明确规定禁止私藏甲胄，并且确定私藏甲胄的处罚。"诸私有禁兵器者，徒一年半；谓非弓、箭、刀、楯、短矛者。【疏】议曰：'私有禁兵器'，谓甲、弩、矛、矟、具装等，依令私家不合有。若有矛、矟者，各徒一年半。注云'谓非弓、箭、刀、楯、短矛者'，此上五事，私家听有。其旌旗、幡帜及仪仗，并私家不得辄有，违者从'不应为重'，杖八十。弩一张，加二等；甲一领及弩三张，流二千里；甲三领及弩五张，绞。私造者，各加一等；甲，谓皮、铁等。具装与甲同。即得阑遗，过三十日不送官者，同私有法。"（《唐律疏议·擅兴·禁私兵器条疏》）甲胄是历代朝廷严格管控的军用物资，甲胄之所以被禁止私藏，是因为甲胄具有强大的防护性，通常认为甲胄是卫体武器，其实甲胄的核心是一种进攻性武器，有了防护能力强大的甲胄，就具有在战阵中强袭对手的能力，重甲武士是冷兵器时代整个军队进攻的核心力量，是战场中具有决胜力量的单位。所以历代中央政府严格控制甲胄的私藏，在律法上私藏甲胄都被定为谋逆重罪。这段史料还反映出一个细节，"甲，谓皮、铁等"，说明唐朝甲胄中皮甲、铁甲都是军中标准军器。

唐高宗时期，太子李贤被废，成为宫廷政治斗争的牺牲品。而引发被废的事件就是"于东宫马坊搜得皂甲数百领"（《旧唐书·列传第三十六·高宗中宗诸子·章怀太子贤》），这件事情成为李贤被废为庶人的导火索。高宗李治在太子李弘死后，素爱李贤，高宗出面求情，希望可以从轻发落李贤，而武则天曰："贤怀逆，大义灭亲，不可赦。"除了武则天因为权力必须打压李贤的原因，李贤马厩搜查出来的"皂甲数百领"按照律法核定就是死罪和谋逆，所以武则天借机废除了李贤。李贤东宫中的甲胄来源，诸多史料都语焉不详，按照唐朝律法和管理，极大可能是参加仪仗活动时从武库调拨的，但是疏于管理，使用后未予归还，从李贤东宫收缴的甲胄作为罪证展示后，被焚毁。东宫护卫只能有横刀、弓矢、长枪、长戟，应该无甲胄。

"（田）鍼，宣宗时历银州刺史，坐以私铠易边马论死，宰相崔铉奏布死节于国，可贷鍼以劝忠烈，故贬为州司马。"（《新唐书·田弘正传》）至晚唐时期，唐朝藩镇已经不受朝廷控制，甚至发生私造铠甲，并用铠甲与周边贸易马匹，按律当处死，因为田鍼为成德节度使田弘正之孙，田弘正率领六州归顺朝廷，于国有功，因此朝廷仅以降职处理此事。

4. 甲胄在仪仗、宫廷中的记录

隋朝宫廷仪卫各个不同部队的器甲服色都有明确规定，有主色和装饰色。左右武贲，"其队器服皆玄，以四色饰之"；左右旅贲，"其队器服皆青，以朱为饰"；左右射声"其器服皆朱，以黄为饰"；

左右骁骑，"器服皆黄，以皓为饰"；左右羽林，"其队器服皆皓，以玄为饰"，左右游击，"其器服皆玄，以青为饰"。(《隋书·礼仪志》)

"新旧唐书"中详细记载了唐朝宫廷仪卫中，不同的宿卫部队，军士甲胄的色彩有明显的区别：

> 左右武卫……大朝会，被白铠甲；
>
> 左右威卫……大朝会则被黑甲铠；
>
> 左右领军卫……大朝会则被青甲铠。(《旧唐书·职官志》)
>
> 次左右卫……鍪、甲、弓、箭、刀、楯皆黄；
>
> 次左右骁卫……鍪、甲、弓、箭、刀、楯皆赤；
>
> 次左右武卫……鍪、甲、弓、箭、刀、楯皆白；
>
> 次左右威卫……鍪、甲、弓、箭、楯、稍皆黑；
>
> 次左右领军卫……鍪、甲、弓、箭、楯、矟皆青。(《新唐书·仪卫志》)

隋、唐两朝宫廷宿卫的甲胄色彩明显是以"五色"代表"五行"。"左右领军卫、左右武卫、左右威卫、左右骁卫、左右卫、左右厢"宿卫部队从一队到十二队颜色的排列为"赤（火）、青（木）、黑（水）、白（金）、黄（土）"，从色彩的关系明显体现"木生火、水生木、金生水、土生金、火生土"的五行相生关系来排列。《资治通鉴·唐纪三》中记载唐李渊武德二年（619），"初置十二军，分关内诸府以隶焉，皆取天星为名"，说明隋唐时期采用了星宿、天象、五行之术来辅助仪仗、宿卫制度以及军事的建设。

宫廷仪仗的甲胄式样未曾详细记录，按照隋朝宫廷实用裲裆甲，初唐肯定也是实用裲裆甲。史料明确记载大驾卤簿的甲胄使用铁甲，"次清游队……领夹道铁甲弑飞"（《新唐书·仪卫志》）。

宫廷仪卫中除了军士着甲，马匹也披具装铠，"次外铁甲弑飞二十四人，带弓箭、横刀，甲骑具装""次左右骁卫郎将各一人，各领翊卫二十八人，甲骑具装"（《新唐书·仪卫志》）。仪仗中使用"甲骑具装"是铁甲还是皮甲或皂绢，史料并未言明。

宫廷中的甲胄除了禁军仪卫使用，内庭也单独藏有甲胄，在唐朝宫廷发生的重大事件中也有记载。唐高宗时期，薛仁贵受命领兵击九姓突厥于天山，出发之前，高宗知道薛仁贵善射，从内库取出甲胄，曰："古之善射，有穿七札者，卿且射五重。"令薛仁贵试之，薛仁贵发一箭，洞穿之，高宗看了之后，大惊失色，从内库"更取坚甲以赐之"（《旧唐书·薛仁贵传》）。薛仁贵所射穿的铠甲究竟是皮甲还是铁甲，史料未详细说明。

唐玄宗时期，王焊、邢縡意图勾结禁军作乱，被告发后，玄宗令杨国忠和京兆尹王鉷前往邢縡府中擒拿二人，包围邢縡府后，邢縡率领十余家人反抗，骠骑将军高力士率领"飞龙小儿甲骑四百人讨之，縡为乱兵所斩"（《旧唐书·王鉷传》），阵斩邢縡后，擒拿了余党，平定了反叛。史料中对"飞龙小儿"记载极少，但是从平定此次叛乱来看，"飞龙小儿"非常不简单。这四百人是在杨国忠和王鉷兵马出动后，玄宗觉得谋反的主谋王焊是王鉷之弟，故又派出高力士带"飞龙小儿"前往监察现场情况。杨国忠和王鉷突然遇到邢縡反击，邢縡在反击过程中高呼"勿损大夫人"，大夫就是王鉷，杨国忠立刻就对王鉷产生了怀疑，认为他也是反叛的同党。正在不知所措的时候，"飞龙小儿"在高力士的指挥下迅速解决战斗。高力士本人精于骑射，在其神道碑中记载高力士随玄宗至三山宫，曾经在玄宗和随扈三军面前展示过精湛的弓箭射术，"公以一箭受命，双禽已飞，控弦而满月忽开，饮羽而片云徐下，壮六军而增气，呼万岁以动天，英主惬心，□其中镮，其绝伦之技，又如此者"（《大唐故开府仪同三司兼内侍监上柱国齐国公赠扬州大都督高公神道碑并序》）。玄宗一朝，高力士统管内庭，随高力士出战的"飞龙小儿"表面上是宫廷飞龙厩养马的中官，平时饲养调习御马，实际上应是由高力士训练和掌握的内庭精锐骑兵，"飞龙小儿"出动时都擐甲，说明内庭库房中有他们单独的甲胄，而并非禁军的甲胄。

宝应元年（762）四月，唐肃宗寝疾弥留。皇后张氏与唐肃宗第二子越王係密谋除掉权臣李辅国，"后令内谒者监段恒俊与越王谋，召中官有武勇者二百余人，授甲于长生殿"（《旧唐书·越王係传》）。李辅国得知消息后，提兵抓捕越王及同谋内侍朱光辉、段恒俊等百余人，皇后、越王李係皆遇害。越王武装中官的甲胄应不属于禁军，也是属于内庭库房中的甲胄。

史料显示，隋朝立国时期就有对大臣御赐甲胄，杨善会治理地方匪患有功，"帝赐以尚方甲稍弓剑，进拜清河通守"（《北史·杨善会传》）。

唐朝中期宫廷会御赐甲胄以示荣宠。唐德宗建中二年（781），淮西节度使李希烈反，唐朝宗室江南西道节度使李皋奉诏讨逆，在与李希烈对阵的时候，德宗遣中使"赐之以所乘马及器甲"（《旧唐书·李皋传》）。唐朝设置两京制度，东都洛阳是陪都，其政治、军事地位十分重要，故置常制"东都留守"坐镇东都。初唐时期留守都是心腹重臣或李唐宗室担任，武周时期更是以东都为政治核心，唐后期担任东都留守有被贬逐之意。唐制"旧例，留守赐旗甲，与方镇同"（《旧唐书·吕元膺传》）。御赐"旗甲"其意义是指东都留守可代行天子事。至唐朝宪宗时期，内政治理中央以法度裁制藩镇，外交中吐蕃势力衰落，对唐朝的威胁减小，唐朝出现短暂的中兴。吕元膺在宪宗朝出任东都留守的时候，宪宗取消了"赐旗甲"的旧例，从此"留守不赐旗甲，自元膺始"（《旧唐书·吕元膺传》）。从这两段史料可知，唐中期宫廷有御赐甲胄的成例，这在初唐史料中未见。

5. 军阵中的甲胄

隋唐时期名将如云，在隋末的统一战争、唐朝的对外战争以及对内平叛战争中，军将在军中的记录是研究隋唐甲胄的重要史料。

隋末唐初名将罗士信，自幼从军，武艺极高，初从隋将张须陀，后降瓦岗寨，最后成为唐太宗麾下战将。罗士信十四岁欲与张须陀上阵，张须陀说他现在这个样子，是穿不上甲胄的，怎么能上阵杀敌？"士信怒，重著二甲，左右双鞬而上马，须陀壮而从之"（《新唐书·罗士信传》）。罗士信穿双重甲，佩戴双弓囊上马，双重甲是隋唐时期军中穿甲的一种常态，从现在隋唐陶俑、壁画中的武士形象分析，内甲一般为环锁铠，外罩札甲，故称被"双甲""重甲"。

隋唐史料记载了唐太宗李世民在早期作战生涯中，他与秦王府诸将尉迟敬德、秦琼、程知节等人在军阵中都擐甲作战。在平定王世充的战争中，"秦王世民选精锐千余骑，皆皂衣玄甲，分为左右队，使秦叔宝、程知节、尉迟敬德、翟长孙分将之。每战，世民亲被玄甲帅之为前锋，乘机进击，所向无不摧破，敌人畏之。行台仆射屈突通、赞皇公窦轨引兵按行营屯，猝与王世充遇，战不利。秦王世民帅玄甲救之，世充大败，获其骑将葛彦璋，俘斩六千余人，世充遁归"（《资治通鉴·唐纪四》）。玄甲军是秦王李世民重要的突击力量，"皂衣玄甲"说明骑兵内穿黑色战袍，铠甲也是黑色，铠甲的黑色只有两种可能性，一种是铁札甲髹黑漆，另一种是皮甲髹黑漆，史料中未记载唐玄甲军的甲胄是皮甲还是铁甲，理论上两种材质的甲胄都存在。玄甲骑兵是否装备具装铠，现在史料和研究都未言明，笔者推测应该没有装备具装铠，李世民的骑兵在建立初期就效法突厥骑兵，史料记载李世民用骑兵常出其不意，亲率轻骑兵诱敌或突然出现在敌人阵后，或攻击敌军侧翼，或正面直接冲击敌人军阵。在李世民的整个征战生涯中，无论对手是刘武周、窦建德，还是刘黑闼、宋金刚，都无法有效克制这种迅捷的轻骑兵战术，李世民往往选择冲击对手最薄弱的环节，令敌人措手不及，惊慌失措，自乱阵脚，李世民也因此种战术而大获全胜。为了发挥轻骑兵的迅捷突击，玄甲军应该不会装备重型具装铠。

唐高宗永徽时期，唐军在西北方向用兵的史料中，记载骑兵有具装铠，苏定方随程知节讨西突厥，苏定方作为前军屡破突厥，副大总管王文度嫉妒苏定方的功劳，认为苏定方的出击会折损唐军，他认为应该将军队结为方阵，辎重并纳腹中，对程知节说："人马被甲，贼来即战，自保万全。"他的保守策略极大影响了唐军作战方略，加之王文度矫称另有圣旨，掌握了军队的控制权，保守的战略致使唐军"终日跨马，被甲结阵，由是马多瘦死，士卒疲劳，无有战志"（《旧唐书·苏定方传》）。此次出击西突厥在王文度的操控下，长时间披甲备战，沉重的铠甲会使人马都极度疲劳，丧失战斗意志，以至于此次攻击西突厥劳而无功。这段史料显示唐军中应会装备马甲。

王世充在与秦王作战的过程中，也因身摱重甲而躲过一次刺杀。唐军骠骑将军王怀文做唐军斥候，前出侦查王世充军的时候，被王世充军俘获，王世充欲笼络王怀文，将其安置在身边以示亲近。唐军进攻洛阳时，王世充出右掖门，亲率三军与唐军在洛水对阵，"怀文忽引槊刺世充，世充衷甲，槊折不能入，左右猝出不意，皆愕眙不知所为"（《资治通鉴·唐纪四》）。王怀文实际上是假意降王世充，他想在阵前刺杀王世充后返唐，但是在刺杀过程中，因为王世充身摱重甲，外罩袍服，槊不能入，王怀文用力之大，槊刃被甲阻挡，槊杆因大力而折断。说明王世充的甲胄质量非常高，应是铁札甲，此段史料说明隋末唐初时期高级将领的铁札甲有极好的防护能力。

唐朝军队军士的甲胄平时都应收纳于武库，而军将肯定都有自己的私甲胄。玄武门之变的时候，尉迟敬德带七十人随李世民埋伏在玄武门。在诛杀了李建成、李元吉二人后，李世民命尉迟敬德入宫宿卫，"敬德摱甲持矛，直至高祖所"（《旧唐书·尉迟敬德传》），尉迟敬德这类名将的甲应该属于私人之物。

冷兵器时代的军队，在无战事的时候，人马都不会披甲，因为无故披甲，甲胄的重量会使人马产生极大的疲劳感。军队一定是在对阵的时候才会披甲，在行军中不会披甲。则天后垂拱二年（686），突厥犯边，名将黑齿常之率军出击，潜行至两井，"忽逢贼三千余众，常之见贼徒争下马著甲，遂领二百余骑，身当先锋直冲，贼遂弃甲而散"（《旧唐书·黑齿常之传》）。黑齿常之发现突厥军三千余众，突厥军也发现黑齿率领的唐军，突厥军立刻下马穿甲，黑齿常之立刻率二百骑兵发起冲锋，突厥军随即溃败，弃甲而散。这个战例充分说明临阵穿甲是一个相对较为麻烦的事情，在遭遇战的时候，仓促之间是无法有效披甲的。

唐朝史料屡次记载"金甲""银甲""五采甲"。唐高祖武德四年（621），李世民大破窦建德、王世充后，太宗和李勣穿金甲入城，"凯旋，太宗被金甲，陈铁骑一万、介士三万，前后鼓吹，献俘于太庙"（《新唐书·太宗本纪》）。"太宗为上将，勣为下将，与太宗俱服金甲。"（《旧唐书·李勣传》）张长逊因联合突厥、平定薛举有功，"以功授丰州总管，进封巴国公，赐以锦袍金甲"（《旧唐书·张长逊传》）。唐太宗贞观八年（634），吐蕃出兵二十万入寇松州（今四川松潘），"命使者贡金甲，且言迎公主，谓左右曰：'公主不至，我且深入。'"（《新唐书·吐蕃列传上》）。史料中屡次提及的金甲并非黄金所制，此种金甲都是用金漆在铁札甲或皮甲上髹漆。这种金漆据史料记载是来自朝鲜半岛的百济，"贞观十九年，太宗遣使于百济国中采取金漆，用涂铁甲，皆黄、紫引曜，色迈兼金"（《册府元龟》卷一百十七·帝王部·亲征第二）。金甲带有明显的奖赏、夸功意义。

《新唐书·礼乐志》中记载《秦王破阵乐》《神功破阵乐》《一戎大定乐》中，舞者披"金甲""银甲""五采甲"持戟而舞，舞者此类甲胄应该属于绢甲，表面通过刺绣或者其他工艺形成金、银、五彩之色。

在唐朝史料中显示，唐军、吐蕃军、高丽军都装备环锁铠。贞观十九年（645），唐太宗李世民破高丽，"城有朱蒙祠，祠有锁甲、铦矛，妄言前燕世天所降"（《新唐书·东夷高丽列传》）。高朱蒙是高句丽传说的开国君主，祠中供奉环锁铠，一是说明此种甲较为珍贵，再者说明北朝时期，中国亦有环锁铠装备军中。

开元六年（718），吐蕃军犯边，唐军名将郭知运"率兵入讨吐蕃，贼徒无备，遂掩至九曲，获锁甲、马、牦牛等数万计"（《旧唐书·郭知运传》）。建中二年（781）六月，山南东道节度使梁崇义反，朝廷派遣淮西节度使李希烈前往征讨。伊慎以江南西道牙将的身份奉命参战，独自率军破梁崇义军于弯水。后李希烈反，江南西道节度使李皋奉旨平叛，伊慎在麾下任事。李希烈深知伊慎的厉害，认为李皋重用伊慎，会对自己大为不利，便使计离间两人关系。他托人向伊慎送去甲胄，还模仿伊慎笔迹伪造了有叛乱内容的书信，然后作为证据使人向朝廷检举，说伊慎和李希烈合谋叛乱。《旧唐书·伊慎传》记载李希烈赠送的甲胄是"遗慎七属之甲"，《旧唐书·李皋传》记载为"乃阴遣遗之锁甲，又诈为慎书往复，置遗于境"。从这三段史料来看，吐蕃、高句丽、唐军都装备有环锁铠。

唐朝军营对铠甲的管理较为细致，铠甲发放至军队后，须用布写明甲片的数量、编缀的行数，"诸应请甲数叶行数，于甲襻上钞记"（《卫公李靖兵法》）。这样的管理主要是针对札甲，札甲都是由不同尺寸的甲片编缀而成，在"甲襻"上注明甲片数量、编缀行数，不仅可以记录甲的原始情况，还可以在损伤后，按照原始数据补足修整。

唐军的军事训练中，对披甲武士有较为明确的训练模式，军营中造土马十二匹，大小与正常的军马一致，土马身上装置马鞍，"令士卒摆甲胄，囊弓矢，佩刀剑，持矛楯，左右上下，以便习其事"。这些操典都来自《卫公李靖兵法》，此书为唐朝军事家李靖所撰，至北宋中期以前就散佚了。宋神宗在熙宁年间曾诏令枢密院："唐《李靖兵法》，世无全书，杂见《通典》，离析讹舛，又官号物名与今称谓不同，武人将佐多不能通其意。令枢密院检详官与王震、曾收、王白、郭逢原等校正，分类解释，令今可行。"（《宋史·兵志》）这说明至北宋时期，唐朝武备器械名称与北宋都有较大的差异，可惜有宋一朝都未能将此书辑成。

敦煌文献《唐队正阴某等领甲仗器物抄》《唐潘突厥等甲仗帐》中详细记录了唐军领用皮甲的细节："甲肆领并皮二月二十日付队正、善欢下皮甲七领、隆下皮甲八领"（王永兴《敦煌吐鲁番出土唐代军事文书考释》，兰州大学出版社 2014 年版）。

二、唐甲的分类解读

1. 铁甲

（1）双圆护铠甲

"明光""光要"究竟是何种甲胄形式，史料中并未指出。杨泓先生在其著作《中国古兵器与美术考古论集》的《南北朝明光甲》一章节中认为，前胸后背有大型金属圆护，圆护如同镜子，会反射太阳光，这类甲是"明光甲"。按照杨泓先生的推测，北魏时期的裲裆甲在胸前装饰了金属圆护的就是"明光甲"，杨泓先生为了佐证此概念，给出的配图是现存美国波士顿博物馆北魏宁懋石室线刻武士像，武士像分列石室门扉两侧，身甲、披膊的编缀形式依旧保持汉朝的鱼鳞甲编缀形式；披膊分为 3 层，这样的形制极为罕见；身甲之下有独立甲裳。门扉左侧的武士胸口有较大的两块圆护，圆护可能是铁质，应该是铆接在独立构件之上，而独立构件又单独捆扎在胸口；右侧武士胸口的两个圆护形制则较为简单，应是在甲衣之上单独铆接两个金属圆护。

杨泓先生认为此种风格的甲制就是隋、唐时期的"明光甲"。在西魏（北周）的史料中记载了明光甲在战阵中的形象，西魏权臣宇文泰和东魏高欢战于洛阳邙山，西魏大将蔡祐穿明光铠与东魏（北齐）军作战，"祐时著明光铁铠，所向无前。敌人咸曰'此是铁猛兽也'，皆遽避之"（《周节·蔡祐传》）。

隋大业七年（611），隋炀帝征辽东，隋军装备有"青丝连明光甲……白丝连明光甲"（《隋书·礼仪制》）。

随着文史资料的深度整理，学界、收藏界对"明光甲"的认知又有所深入。唐朝武备研究学者夏超伦先生在《素甲日耀：中古时期明光甲的形制和应用》一文中提出了新的认知："明光甲中的'明光'二字与汉镜铭文'见日之光，天下大明'并无关联，明光甲并非是胸前具有圆护的铠甲，其圆护也未必会像铜镜一样反光，而这种设圆形护胸的铠甲可能源于中西亚地区，史书中的'明光甲'很难与文物中的圆护型铠甲相对应。"夏超伦先生在文中推测"明光"二字可能与汉晋时期的"明光锦"有一定关联。从现陶俑、南北朝甲片实物来看，胸甲出现圆护，隋唐的此类甲是对南北朝风格的延续继承。

西晋潘岳《关中诗》云："素甲日耀，玄幕云起。"唐玄宗时官员刘良对"素甲"注曰："素甲，明光甲也；玄幕，军幕也。"唐代也是明光甲发展的鼎盛时期，而唐人是以当时的甲胄形制注释史料。诗中的"素甲"未必就是唐制明光甲，但唐人眼中的明光甲则是一种素甲。

笔者认为"明光甲"是铁札甲,"明光"二字并非特指胸口两个金属圆护的反光,而是指整体铁甲片打磨光亮,由这些光亮的铁甲片编缀成的身甲才是"明光甲",这种铠甲的每一片甲片都会在日照之下反射阳光。唐朝诗人李贺"甲光向日金鳞开"描写的就是每片甲片经过精细打磨的反光,明光甲在阳光下反光的状态,如龙鳞、鱼鳞一般闪耀着光芒。"明光"二字描述铠甲,不仅仅出现在唐朝史料中。《明实录》中多次提到西藏地区向中央政府进贡"明铠甲""明甲胄",这里的"明"与《唐六典》中的"明光"都特指甲胄铁叶打磨得光洁明亮,事实上铁器在表面打磨得较为光亮的情况下,其耐锈蚀状态会提高。西藏地区气候干燥,很多传世兵器和甲胄至今都依旧保持表面的原始打磨状态,布达拉宫管理处收藏的1领西藏铁甲几乎保持原始光亮状态(图3)。北朝到隋唐的双圆护甲中的两个圆护究竟是铁质还是皮质,因无出土实物,所以材质难以定性。

杨泓先生在其著作《中国古代的甲胄》中对此类双圆护铠甲作了一定的梳理。杨泓先生总结此类唐甲总体风格是胸甲有两块较为明显的防护,身甲和圆护用绳索前后捆扎,甲裳相对较短。此类大块胸甲有南北朝时期的实物出土,南北朝的实物胸护并非圆形,近乎方形,可能至唐朝逐渐演化成椭圆形。杨泓先生总结的这些陶俑基本都是天王神将甲,只有2例为军阵甲。

"光要甲"究竟为何种形制,现在还不得而知。

(2)细鳞甲、乌锤甲

铁甲中的"细鳞甲"应是甲片更为细小的一种形制,可以肯定的是鱼鳞甲或札甲,汉制鱼鳞甲在南北朝已经都消失了,而细鳞铠应该就是北朝的细铠,只是目前尚无考古实物能够佐证。乌锤甲究竟为何种形制,因为无法考据,完全不知道其含义所指,其形制目前无法做出判断。

(3) 锁子甲

唐制铁甲中的"锁子甲"与今天所熟知的锁子甲无差异,"锁子甲"又称为环锁铠。国内学界认为公元前5世纪,"斯基泰人可能才是锁子甲最早的发明者和使用者"(马冬 陶涛《锁子甲的起源、形制及传入中国》,《中国典籍与文化》2005年第1期)。环锁铠诞生之后向西由凯尔特人传入欧洲;向东进入中亚地区,中亚地区就是中国古代称之为西域的广大区域。自汉朝开始,锁子甲输入至中国,文字中最早出现锁子甲是在曹植的《上先帝赐臣铠表》中:"先帝赐臣铠,黑光、明光各一具,两当铠一领,环锁铠一领,马铠一领,今世以升平,兵革无事,乞悉以付铠曹。"

唐朝的锁子甲在史料中记载颇多,最早的输入应该是朝贡。"开元初,屡遣使献锁子甲"(《唐会要·康国》);"开元六年,遣使贡献锁子甲"(《旧唐书·西戎列传·康国》)。唐初开始建立安西都护府,唐军势力控制西域的过程中,与吐蕃的战争中,都有缴获。"新旧唐书"的《西域传》记载当时康国进贡唐朝的供品中,就有环锁铠,唐朝也从战争中缴获了相当数量的锁子甲,这些缴获多来自吐蕃。事实上吐蕃王朝由于地域关系,率先装备了锁子甲,吐蕃使用锁子甲最早可能是其役下的苏毗人。至少在5世纪之前,游牧的苏毗人已长期活动在西域的塔里木盆地南线一带,他们存在很早接触到锁子甲的地理优势与可能性。而后来吐蕃与唐朝战争中,部分吐蕃军士为苏毗人,《册府元龟》言苏毗"盖是吐蕃举国强授,军粮兵

马，半出其中"（《册府元龟》卷九七七），唐军从其部缴得锁子甲的
机会最大。另，吐蕃中的吐谷浑部也早在 445 年之前，就深入于阗
和罽宾（今克什米尔地区）等，他们也有较早接触到锁子甲的机会。
可以确定吐蕃地区开始使用锁子甲的时间应远早于 8 世纪前期。吐
蕃地区锁子甲早期的来源地可能是中亚河中地区。据其他研究资料
表明，这一时期，撒马尔罕和索格底亚那等地的甲胄制造业和武器
出口贸易发达，故许多产于河中地区的精良武器，包括锁子甲在内
的其他器甲大量输入西域和吐蕃。《唐通典·吐蕃传》载吐蕃军队装
备"重装全覆盖型锁子甲"的情形："人马俱披锁子甲，其制甚精，
周体皆遍，唯开两眼，非劲弓利刃之所能伤也。"唐将郭知运开元六
年（718）在九曲（今青海共和南）袭破吐蕃，"六年，知运又率兵
入讨吐蕃，贼徒无备，遂掩至九曲，获锁甲马牦牛等数万计"（《旧
唐书·郭知运传》）。吐蕃王朝成为中国古代最早成规模使用锁子甲
的地区，对锁子甲向中原传播起到了积极的作用。

　　锁子甲以朝贡、缴获的形式进入唐朝，随后唐朝很快掌握了锁
子甲的制作方式并装备军队，并且将其纳入 13 种甲制之一。现藏于
大英博物馆由斯坦因盗走的唐敦煌绢画（藏品编号：1919,0101,0.69）
中能清晰看见唐锁子甲的形式（图 4），锁子甲作为内甲穿着，外摆
铁札甲。除了绘画，天王俑外罩札甲、内穿锁子甲也有实物（图 5），
木雕彩绘天王俑系伯希和从敦煌莫高窟盗运至法国，后被法国吉美
博物馆收藏，锁子甲在腰侧显露，与大英博物馆绢画位置相同。两
博物馆藏品证实了唐朝锁子甲的真实存在。绘画和天王造像中的唐
锁子甲与后世的锁子甲在结构上并无差异，都是一环套四环的形制。

　　除了现有的这些文物，唐朝诗歌中对锁子甲也有记载。杜甫就

写有"雨抛金锁甲,苔卧绿沉枪",晚唐文学家贯休"黄金锁子甲,风吹色如铁",两首诗说明锁子甲在当时已广为人知。唐朝锁子甲从西域或吐蕃引进,其制作精细和造型迥异于中国传统铠甲,因唐朝极为热爱西域文化,故锁子甲所蕴含的西域文明的审美意趣成为唐人的一种追求。

锁子甲在唐朝天王俑中产生了一种异化的表现形式。1959 年《文物》第 3 期刊载陕西西安羊头镇出土唐总章元年(668)李爽墓武士俑(图 6),俑身胸甲之下出现 Y 字形甲片,甘肃庆州博物馆藏唐开元十八年(730)庆州游击将军穆泰墓陶俑胸甲之下也绘制有 Y 字形甲片(图 7)。这种 Y 字形甲片并非一种新型结构的甲片,事实上就是锁子甲,与大英博物馆藏绢画、吉美博物馆藏木雕天王表现的锁子甲完全一致,只是在绘画技法中,将写实的环环相套,简化成 Y 字形相互叠压。这种异化的表现形式在唐中晚期大量出现在陶俑、天王造像、壁画之中,上海博物馆藏唐天王像的甲裳明显能看出是铁环形成的 Y 形结构(图 8)。

唐人将锁子甲异化后装饰在各种神将甲胄之上,这种对造像艺术化的处理,也恰恰体现了唐人用艺术的方式展现了充满异域风格的锁子甲的那种神秘感和威严感。大英博物馆藏唐敦煌绢画《行道天王图》(Ch.xxxvii.02)中的毗沙门天王的胸甲和甲裳就绘制成 Y 形(图 9)。锁子甲异化成 Y 形后,宋人继承此种绘画形式,北宋李公麟绘制的《维摩诘辩经图》中的天王胸甲就是锁子甲的另外一种形式(图 10)。这样的 Y 形图样表示锁子甲的表现方式,成为后世中国塑像、绘画中天王、神将的铠甲形式,甚至演变成中国式铠甲的代表。

宋人以锁子甲各种不同形式的编缀为基础，将锁子甲的基础纹样进行演化和重新解构，在北宋官方颁布的一部建筑设计、施工规范《营造法式》一书中加以记载，统称为"琐子"。

（4）山文甲

铁甲中的"山文甲"是目前争议比较大的一种甲胄形式。唐朝的石翁仲、天王、神将、敦煌绢画中都出现了Y字形甲片，铠甲的披膊、身甲、甲裳皆是此种甲片，披膊和甲裳收边明显有装饰边条，有些铠甲胸口还保存甲袢环，腰部出现单独防护的捍腰。这种Y形甲片编缀的铠甲，前文分析指出是锁子甲的异化。那么为什么这样的甲制现在统称为"山纹甲"？杨泓先生在《中国古代甲胄》一书中阐述唐甲的时候，描述李爽墓陶俑"腹甲绘做山纹状"（图6），这是国内学界早期对Y形甲片的定义，应该是对此类铠甲称为山纹甲的源头。杨泓先生写这个陶俑的时候，用"山纹"二字描述Y形甲片，原本并无大碍，但是随着各种解读的出现，似乎Y形甲片构成的铠甲就称为唐"山文甲"，这个观点是谬误的。

研究古代甲胄史料，尤其在没有实物佐证的情况下，往往会出现偏差。那么真正的唐"山文甲"究竟是何种形制的铠甲？笔者查阅大量敦煌资料和有限的考古实物，试图从中找寻答案。敦煌壁画、塑像，包括斯坦因带走的敦煌绢画中都含有大量唐天王、神将、武士形象，这些塑像、壁画中都有较为详实的甲胄细节，这些甲胄细节毫无疑问都参考了唐朝真实的甲胄，所以本文罗列这些塑像、图像资料中甲胄的细节，结合考古实物来推测真实唐山文甲的造型。

敦煌壁画中的天王像、武士像较多，榆林窟025窟左侧北方毗沙门天王、南方天王是目前保存较好的一铺中唐时期壁画，是吐蕃占领沙州时期绘制，细节上有于阗、唐朝双重风格。北方天王侧身而立（图11），左手托五柱塔，右手持长戟。披膊和盆领一体结构，甲片为多曲形，披膊为条形甲片；胸前和后背单独结构，用肩带连接前后护甲，前胸左右有金属装饰物；身甲为鱼鳞甲，甲裳为条形甲片编缀成札甲。甲裳和披膊的甲片在顶部都有突出部分，近似如意云头。腰侧悬长剑，剑首为环首，剑柄包鲛鱼皮，柄中有茎孔，孔口有装饰片，因剑在身侧，不知其剑是否有剑格，剑鞘尾端有明显珠饰。南方天王身姿略向右转（图12），胄为多瓣甲片拼接，顿项由小甲片编缀而成，披膊与盆领一体，前后胸甲以肩带连接，胸甲左右有圆形护甲，身甲腹部为鱼鳞甲，甲裳为札甲。右手持剑，剑首环形，应为双纹。两尊天王的札甲甲片上有着共同特点，甲片上端成如意云型（图13），札甲是用绿色丝绳编缀而成。

随着资料的收集整理，笔者发现甲片上端为如意头形式，它不仅出现在敦煌壁画和造像中，在同时期敦煌绢画中的天王像都具有此类风格的甲片。法国吉美博物馆保存了敦煌绢画（EO.1162），绢画中的毗沙门天头戴三叶宝冠（图14），左右两肩出弧形炎肩，身甲为鱼鳞甲，胸口开襟，两襟有三条横束皮带，自两肩有璎珞连接三圆护，两圆护在胸口，另一在腹部，甲裳为长条甲片编织的札甲，腰部悬挂长剑，长剑为剑璏式样悬挂。法国国家图书馆藏敦煌绢画中的毗沙门天王像（Pelliot chinois 4518）的甲胄形式与吉美博物馆藏毗沙门天王像构图相似，此绢画属五代时期（图15）。正面构图形式，上身部分的身甲分成三部分结构：披膊和盆领为一结构，连接为一体，鱼鳞甲片；前胸和后背各有单独的一层硬质护甲，用肩带连接，压住披膊；内部身甲至腰部，身甲也为鱼鳞甲片。甲裳为长叶片札甲。腹部挂一弧型短刀，腰侧未见长剑。两张绢画中的天王像甲裳极为一致，甲片上端都是如意云头形式。这两张天王像都是由斯坦因假借探险之名，从敦煌盗运至法国。

2018 年中国国家博物馆《大唐风华》展中，出土于宝鸡的唐铜鎏金天王像身甲甲片也是如此造型（图 16）。从现有的各种资料证明，中唐至五代期间的壁画、绢画、塑像都具有相同的如意云头甲片造型，此类甲片无考古实物，这个风格的甲片应是在某种甲片实物基础上演绎而成。

敦煌所有的毗沙门天王像，其原型都来自西域，其传入是源于于阗国对毗沙门天王的崇拜。在对于阗国毗沙门天王的梳理中发现，斯坦因撰写的《沙埋和阗废墟记》一书中记录了丹丹乌里克遗址出土的一尊天王像，丹丹乌里克遗址位于今新疆策勒县达玛沟乡东北约 90 公里的塔克拉玛干沙漠，斯坦因发掘出一尊已经残损的塑像（图 17），这尊塑像系遗址中二号佛寺出土，残存下半身，双脚分开踏在一横卧人物上面，可以观察到塑像身穿铠甲，双脚穿靴，身甲较长。丹丹乌里克在唐朝时的本名是"杰谢"，音译自于阗文的 Gayseta，唐朝在此设杰谢镇，作为安西四镇中于阗军镇防御体系中的一环。斯坦因在丹丹乌里克佛寺中的这尊造像被发掘出土时，观察其衣饰特点描述道："……甚至连铠甲上小金属片的铆钉和下垂的衣褶都雕画得清楚准确。毫无疑问，匠人所精心雕画的这些铠甲和服饰，都是他当时非常熟悉的物件的再现……"（斯坦因著 殷晴等译《沙埋和阗废墟记》，新疆美术摄影出版社出版 1994 年版）。中国藏学研究所所长霍巍教授指出，此尊造像是典型的于阗风格天王像，美国学者威廉斯认为其可能在公元 7—8 世纪。丹丹乌里克遗址中的天王像身甲明显为鱼鳞甲，甲裳由甲片编缀成札甲风格，甲片最重要的特点是侧边呈波浪形。

在俄罗斯艾尔米塔什博物馆保存的 7 世纪左右的一个粟特武士的银盘上（图 18）、片治肯特的壁画中（图 19），能够看到丹丹乌里克甲胄式样的源头。粟特风格的甲胄明显具有大翻领和中间开襟的形式，甲裳较长，明显为条状、侧边为曲边的甲片编缀成札甲。在片治肯特遗址中粟特武士的资料显示，其内层穿锁子甲，外套长身札甲，其札甲形式与于阗风格的毗沙门天王、丹丹乌里克遗址天王明显相似，其甲片侧边有明显的曲线。大英博物馆藏一新疆焉耆明屋（Ming-oi）出土的唐武士塑像（图 20），其甲胄具有明显的中亚风格，甲片是典型的曲边造型。1958 年黄文弼在新疆明屋考古时，在同一遗址发掘出"建中通宝"，该时间段正是吐蕃控制安西四镇时期。事实上，新疆地区有曲边甲实物出土，新疆福海县博物馆在"博物中国"网站展示了一组曲边甲（图 21），由于馆方并不了解，将其时间写为清朝，此组甲片就具有典型的中亚、西域风格，福海县位于新疆阿勒泰中部地区，隋唐时期属于西突厥控制的疆域，故这大概率是 8—9 世纪之物。

从考古实物来看，中亚、西域广泛流行曲边甲片编缀成的札甲，这种曲边甲片与中国传统札甲甲片有明显不同，于阗风格的曲边札甲就是西域风格的札甲，此种曲边札甲的源头来自波斯、突厥或粟特人，北朝至隋唐时期，大量粟特人从事丝路贸易，新疆地区此种曲边甲片札甲明显是由粟特人从中亚传播过来的，而粟特人的曲边甲又明显受到了萨珊波斯文化和突厥文化的影响。

笔者梳理中原地区唐甲的考古资料的同时，在查询 1985 年由西藏自治区文物管理委员会主导的对古格遗址考察报告中，发现古格遗址考古出土的甲片中有一些特殊的甲片，具有极高的研究价值。古格王朝是吐蕃王朝分裂后形成的，其第一任国王德祖衮是吐蕃末代赞普朗达玛的重孙，古格王朝在公元 17 世纪灭亡。

《古格故城》一书中将古格出土的甲片归纳为两种形式：ⅡC 型、XE 型，两种甲片的侧边呈波浪形（图 22-8、图 17），遗址中也出土了曲边甲片编缀成甲衣的实物（图 23），这些甲片和新疆福海县博物馆藏甲片高度相似。"V 型甲衣，仅发现 1 件，标本 VI：采 24 从产品形状、皮下摆、中夹一排侧视呈 S 形甲片等情况分析，应该是一种甲衣的左侧背部和腰部"（西藏自治区文物管理委员会编《古格故城》，文物出版社 1991 年版）。从出土实物中能明显看出最下一层甲片的左侧都是曲边造型，与 XE 甲片较为相似。此类曲边甲片笔者也收藏到实物（图 24）。在笔者收藏的一套西藏古札甲中，混编两片造型非常特殊的甲片（图 25），此套古札甲肯定是在修补过程中编入了更为早期风格的甲片，这两片甲片造型极为古老，侧边的波浪形与古格考古所出的甲片有明显差异，从器形上来看，此种甲片与丹丹乌里克遗址天王甲裳的甲片完全一致，具有更明显的西域风格。

吐蕃势力在 7 世纪崛起后，与唐朝反复争夺西域，安史之乱后曾经完全控制唐朝的安西四镇，在这个阶段，吐蕃直接接触西域文明，在史料中记载吐蕃曾经联合突厥对唐进攻。《新唐书·高宗本纪》载："是岁，西突厥及吐蕃寇安西。"同书《裴行俭传》记此事曰："仪凤二年，十姓可汗阿史那都支及李遮匐诱蕃落以动安西，与吐蕃连和。"由此，笔者推测吐蕃曾经装备过具有明显西域风格的铠甲，只是此种铠甲无完整实物流传或出土，从古格遗址出土和流传的实物中，可以看出吐蕃晚期至少存在两种不同风格的曲边甲片。

古格遗址考古中出现此类甲片，应该是古格王朝对吐蕃甲制的继承。西藏地区还出现过一种铁甲片编缀的护臂（膝）（图 26），此护甲现存纽约大都会博物馆（编号：2001.559），馆方认为此护甲是护肩或护膝，给出年代为 15—17 世纪，此护甲的甲片下沿为波浪形，正中脊线部分有较大的甲片，从风格上来看，与古格曲边甲片是一种表现形式，笔者认为此种甲片极大可能是西域风格甲片在西藏地区的遗存。此种风格的护甲最早出现在榆林窟 025 窟毗沙门天王的盆领上，后期在新疆柏孜克里克 10—11 世纪壁画中也有清晰的表现，天王手肘处的甲片就是曲边甲（图 27）。

1985 年，古格考古发现这种曲边甲片，无疑是吐蕃时代考古的一项重大成果，至今国内文博界未见有对此类甲片作深度解读的论文，应是文博系统的研究焦点对武备系统关注不多，所以此类甲片并未引起国内学界的重视。

事实上古格这两类曲边甲片的出现，证明了吐蕃王朝在控制西域的时期，吐蕃的甲胄受到过于阗、粟特人、萨珊文化的影响，由于吐蕃文化的包容性、延续性好，此种西域风格的甲片经历吐蕃王朝并延续至古格王朝。

唐时期天王造像、大英博物馆藏天王绢画、榆林窟毗沙门天王像壁画中的云头形甲片，可以视作曲边甲片的一些装饰性的异化，从核心角度讲，就是曲边甲片中国化。由于受丧葬制度影响，中原地区考古尚无此类唐甲实物出土，但是古格地区出土的曲边甲片，无疑证明了唐时期此类甲片存在的真实性，进而反映出敦煌天王像、宝鸡天王像的曲边甲片是真实存在的，而不是艺术家在壁画、塑像创造过程中的异想天开。古格曲边甲片的出现，也反映出吐蕃铁札甲和唐札甲之间有着紧密的关联性。

日本正仓院保存的北仓 38 号"金银钿庄唐大刀"，《献物帐》中对此刀的记载如下："金银钿庄唐大刀一口，刃长二尺六寸四分，锋者两刃，鲛皮把作山形，葛形裁文，鞘上末金镂作，白皮悬，紫皮带执。"此唐刀手柄朝刀刃方向有明显的波浪形分指结构（图 28），除了这口唐刀，正仓院中仓保存的金银钿庄唐样大刀的手柄也是这样的"山形"（图 29）。日本两只刀手柄的"山形"风格来源于唐朝，在昭陵六骏"飒露紫"雕塑中，丘行恭的佩刀（图 30）、章怀太子墓壁画仪卫佩刀都有清晰的表现（图 31）。日本在 8 世纪时期深受唐文化影响，遣词造句都遵循唐制，故在《献物帐》中称此种波浪形分指结构为"山形"，此处的"山形"二字充分说明在唐人的眼中，此种波浪式曲边就似远山峰，"山形"与"山文"互通。2022 年出版的《古璧丹青——昭陵唐墓壁画集》首次公布了韦贵妃墓墓道东侧甲胄仪卫图（图 32-1），图中右侧的武士甲裙的甲片是典型的曲边甲造型，其曲边造型与图 17 新疆丹丹乌里克天王甲裙、图 21 新疆福海县曲边甲、图 25 西藏古格曲边甲完全一致，韦贵妃薨于麟德二年（665），说明初唐时期，山文甲（曲边甲）就已经进入唐军甲制，诸多唐墓壁画中甲胄仪卫图中只有一例是山文甲，推测唐军装备山文甲数量相对较少。

由此，笔者认为《唐六典》中记载的"山文甲"就是指由一侧为曲边的甲片编缀而成的铠甲，"山文"二字是指甲片侧边如"山"形，实际就是曲边形。其实北齐时期的漳州壁画墓中护额也是曲边铁叶编缀，更早的十六国盔也使用曲边盔叶，隋唐时期应该对曲边甲胄并不陌生。此种风格的甲片造型异于汉、两晋、南北朝时期的传统甲片，带有明显的西域风格，唐朝在控制西域的时期，接触到此种风格的甲制，加之李唐王朝本身较为崇尚胡风，故迅速将此类甲纳入军制。笔者推测唐人为了区别此甲不同于中原体系的甲，用曲边甲片重叠之后类似山形的特点，故以"山文"称呼此类甲制。

此类曲边甲片应是西域文化对吐蕃、唐朝产生了影响，但是由于丧葬制度和军事制度的制约，唐朝墓葬未能出土此类实物，只是通过图像、塑像记录。而吐蕃由于其文化的多元性和地域特性，完整保留了西域风格曲边甲片文化因子，这样的甲片得以在古格遗址留存。也正是由于这样保存，笔者推测由此类曲边甲片编缀的札甲应是唐史料中记载的"山文甲"，此类甲多用于仪仗、宿卫等，所以在唐天王像中大量展示此类风格的甲。当然这所有的推导都是基于唐王朝与吐蕃、西域广泛文化交流的背景下做出的思考，希望未来有更明确的考古证据能支持这个推论。

除了西藏古格地区出土曲边甲片，事实上中原地区也出土了曲边甲，这类曲边甲片属于晚唐至北宋，后文详述。

此种曲边甲片编缀的铠甲在五代、宋初期都还有保留，成都永陵博物馆藏后蜀武士俑就有明确呈现（图32-2），武士的披膊就是典型的"山文甲"。宋代史料则对此种风格铠甲另外命名，《宋史·兵志》载："皇祐元年……宋守信所献……黑漆顺水山字铁甲……"；《宋会要辑稿·兵一·陈进》载宋军平定岭南陈进叛乱时，"前军即持棹刀巨斧破其牌，贼皆衣顺水甲"，说明至北宋时期，此种"山文甲"已经被命名为"顺水山字铁甲"。

2. 布甲、木甲

布甲、皂绢甲、布背甲这类甲应是以布为胎，彩绘甲叶，多用于仪仗卤簿。宋制仪仗卤簿中有布甲、绢甲，就是继承唐制。

3. 皮甲

皮甲的甲片是以皮为胎，表面髹漆，其制作工艺与汉时期皮甲制作方式相同。皮甲胄由不同尺寸的甲片编缀成，唐皮甲有明确考古实物。

4. 纸甲

纸甲最早诞生于北齐，晚唐之前唐军并无装备。晚唐时期，"纸铠"再次出现，唐宣宗时期任命徐商为河中（今山西西南部）节度使，突厥残部生活在特峨山，其中有一千帐落渡过黄河主动归附唐朝，宣宗诏令徐商给予安抚。徐商上表请朝廷让他们在山东田多人少的地方安家，并把归附的突厥人组成军队以备征讨之需，给他们的铠甲就是纸甲，"襞纸为铠，劲矢不能洞"（《新唐书·徐有功附商传》）。晚唐时期国力衰退，铁铠制作耗费甚大，纸铠作为一种临时的甲胄开始装备，唐朝史料未记载纸甲制作工艺和细节。宋朝史料记载制作纸甲须用陈年旧账册，叠好锤打紧实，就可制成甲片。这些锤打好的旧纸经过髹漆，结构上就类似皮甲甲片，应该具有一定的防护能力。

三、考古中的唐甲

由于丧葬制度的影响，唐墓中极少陪葬甲胄，考古发掘的唐代甲胄实物极少。

从 20 世纪开始的中国境内考古，斯坦因从新疆米兰戍堡发掘出唐时期吐蕃皮甲片；1976 年 7 月中旬在西安曲江池出土唐代铁铠甲残片三百余片；1979 年 8 月肃南大长岭墓出土环锁铠；1995 年在西安唐含元殿考古中出土残唐甲；2013 年北京发掘的唐晚期幽州卢龙节度使刘济墓中出土铁甲片；2019 年新疆丝绸之路考古重大成果之一，新疆尉犁县克亚克库都克烽燧遗址发掘出唐皮甲片；2019 年甘肃祁连吐谷浑墓出土完整唐铁札甲一领、铁胄一顶；2020 年青海血渭一号墓发掘青铜、铁、皮甲；2023 年 7 月山西晋阳古城"唐代一号作坊"遗址出土铁甲片。

1979 和 1985 年，西藏自治区文物管理委员会联合陕西考古所组织考察队对古格王国都城遗址扎不让作过调查与发掘，发掘出古格时期的甲胄和残片，这些残存的甲片是研究唐甲的重要实物。

1. 铁甲

（1）曲江铁唐甲

1976 年 7 月中旬，在西安曲江池出土唐代铁铠甲一领。铁铠甲是在平整土地时发现的，据发现人说，出土时甲片编连尚整齐，是一件完整的铠甲，收集到的甲片共 322 片，按照甲片的形状，可分成 3 种：宽条型、中宽型和窄条型。宽条型平面为长方形，四角钝圆，中部略宽，上部向背面弯曲；长 96 毫米，宽 26 毫米，厚 2.8 毫米；片上有绳孔 7 组 13 个，孔径大小 3 种，分别为 4 毫米、3 毫米、2 毫米；每片约重 18 克。中宽型平面为长方形，四角钝圆，中部略宽，上端比下端窄，这种甲片中，一部分上端向背面弯曲，另一部分除上端向背面弯曲外，下端还向前面弯曲；片长 89 毫米，宽 20 毫米，厚 2.4 毫米；片孔有 7 组 13 个，孔径有两种，即 3.2 毫米；每片重约策 11.5 克。窄条型平面为长方形，上端为半圆形，下端向背面弯曲；长 90 毫米，宽 13 毫米，厚 2.2 毫米；片孔有 7 组 14 个，孔径 2 毫米；每片重约 5.5 克。出土的 322 枚甲片有宽条片 139 枚，中宽片 72 枚，窄条片 111 枚；各种片完整的 112 枚，残断的 210 枚（晁华山《西安曲江池出土唐代铁铠甲》，《文物》1978 年第 7 期）（图 33 ）。

1995 年在西安唐含元殿考古中，"发掘出唐代甲片，为九层横向排列的甲片叠置而成，锈蚀严重。残块大致呈长方形，长 40 厘米，宽约 14.5 厘米，厚 6 厘米。甲片呈圆角长方形，上端和下端各有一小孔。长 7 厘米，宽 2.3 厘米。应是唐代宫廷卫士甲片的残存"（安家瑶 李春林《唐大明宫含元殿遗址 1995—1996 年发掘报告》，《考古学报》1997 年第 7 期）（图 34 ）。

（2）祁连山吐谷浑慕容智铁唐甲

2019 年 9 月 27 日，甘肃省武威市天祝藏族自治县自然资源局在祁连山区进行土地整备时发现一座墓葬。墓中出土完整铁甲胄一套，是目前出土最为完整的初唐时期铁甲胄。

从现有的资料来看，胄顶保存较为完整，呈碗形，顶部有胄缨管。胄体上完整的甲叶只有数片，其破损较为严重。推测在墓室环境中胄体锈蚀后，又被坍塌的帷幄砸中，导致破损严重。经过实物拼合，推测出胄为长条甲叶编缀而成，长条甲叶侧边有曲边，正中甲片有突出的额尖，胄体正面有 M 形开窗。编缀以正中甲叶为中心向左右编缀，最后在后部正中收尾，北朝时期长条甲叶胄会在胄体背后正中有一条压缝，推测慕容智铁胄很大的概率也有一片甲叶处于正中压缝。现存胄顶与北齐娄睿墓壁画中胄顶、河北临漳邺城出土胄的胄顶高度一致。胄体下端接甲片编缀而成的顿项，顿项整体有 4 排，不知道实物是否开衩，但是复原顿项没有开衩；顿项甲片

编缀上下排活动量较小，较为特殊的是顿项甲叶上下连缀的丝绳是外露，其编缀的形式明显保存了早期甲胄的编缀风格。（图35）

铠甲整体较为完整，但是据修复人员说："披膊的保存状态相对较差。披膊因摞在身甲的上层，绳带腐朽后散乱严重。还有墓葬所在地的土壤盐含量较高也是一个不利因素，甲片基本矿化，只剩少许铁芯。"身甲甲片开孔为7组12孔，孔组形式与曲江出土的唐甲完全一致，唯一的差异在最下一组开孔，曲江唐甲是2孔，而慕容智甲片是单孔。总体显示身甲和甲裙整体较短，无盆领结构；身甲上下两排连接用的是紫色丝绳。

披膊甲片破损较大，从残存甲片推测出应是7排结构，下排压上排，推测整体为长方形；左右两披膊采用丝绳困扎于身甲上端（图36）。甘肃考古所公布了慕容智甲甲片的X光资料（图37），图37–1、图37–3、图37–5甲片形制和开孔方式与西安曲江出土唐甲几乎一致。图37–4甲片是身甲开襟最外侧的甲片，图37–6是甲裙最外侧甲片，这两块侧边甲的开孔方式说明最外侧的甲有特别的皮革包边。

此套出土的铠甲是初唐时期西北、西域边缘地区的甲胄，真实反映出初唐时期军制甲胄形制。同墓也出土了彩绘天王俑，"身着软袍，外套明光铠，领部正中着一固项，其下束一甲带，自胸部正中向下垂至腹部，后呈横向分束到背后，将胸甲分为左右两部分，上面各有一菱形胸护。固项、胸护贴金，甲带及胸护周边施蓝彩，甲带上再绘有黑色花纹。腹部微鼓，腹上部绘缠枝卷草纹，腹下部绘有一半圆形护脐圆护。背部直挺，自背部至臀部皆穿虎皮，以黑黄彩绘出虎皮纹。腰部系一周粗绳，涂黑彩。腰下系膝裙鹊尾护住大腿。膝裙边缘贴金，内部描绘有缠枝卷草纹，双腿股骨外侧绘出两片椭圆形区域，以贴金和蓝彩相间的条纹为地，其上再以黑色颜料描绘有铠甲纹"（甘肃省文物考古研究所 武威市文物考古研究所 天祝藏族自治县博物馆《甘肃武周时期吐谷浑喜王慕容智墓发掘简报》，《考古与文物》2021 年第 2 期）。此两尊天王俑甲胄和唐朝其他地区的天王甲基本没有区别，与真实的唐制甲有诸多区别。此墓铁甲胄和木雕天王迥然不同，说明初唐时期神将天王甲已非常成熟。

慕容智墓出土的铁胄其形制明显延续北朝风格，现有的资料显示，中国从十六国时期开始，南北朝大都有此类盔形，说明吐谷浑或唐朝初期，此种形制的胄可能仍旧是军中主要形制。此种盔形在敦煌塑像中亦有保存，敦煌莫高窟 322 窟始建于初唐，主室西壁天王所佩戴的盔就是曲边长条甲叶盔，胄体正中出额尖，盔顶只是无盔缨管（图 38）。

根据甘肃考古所给出的资料，笔者绘制了慕容智甲的线描图（图 39），其胄体有明确的北朝风格，胄体铁叶有明显的曲边，胄体正面有眉框形结构，顿项由略呈方形的甲片编缀而成，总共有四横排，纵向有外露皮绳连接横排。身甲前开襟，身甲横排应该有九排，身甲甲片较为细小，每排开襟位置都有包边，前后身甲由团窠纹织锦包裹的厚布肩带连接；甲裙甲片稍大，甲裙左右开衩，分为三部分。整体身甲的风格是北朝裲裆甲，但是属于前开襟形式，风格非常简素。

俄罗斯科学院西伯利亚分院、考古与民族学研究所高级研究员亚历山大·索洛维约夫（Aleksandr Solovyov）于 2003 年出版的《武器和盔甲——从石器时代到中世纪的西伯利亚武器》（*Оружие и доспехи:сибирское вооружение: от каменного века до средневековья*）

一书中披露的突厥札甲分成腋下、胸前开襟两种，身甲与甲裙编缀在一起，身后开衩，前后身甲用肩带连接，大部分铠甲无盆领结构，左右披膊独立结构，单独连缀在身甲或肩带之上（图40）。

通过慕容智的甲与突厥甲的比较，我们有理由相信唐朝、吐谷浑、吐蕃的长身甲可能在外形上是高度趋同的，这种趋同很大的可能性是因为自十六国以来，中国北方受到北亚游牧势力影响较多，鲜卑、突厥的甲胄形式从北朝一直影响到初唐时期。裲裆甲风格的札甲是当时主流，只是这个阶段的札甲比北朝时期裲裆甲稍长。此种风格的铠甲，至十一世纪仍旧在北亚较为流行，辽、女真甲仍旧延续了此种风格。

（3）青海乌兰县大南湾遗址铁甲

青海省考古研究所2002年发表的《青海乌兰县大南湾遗址试掘简报》一文提及了在该遗址出土铁铠甲1件，"锈蚀甚重，仅剩残片，系一片片铁片相搭，用腾甲横穿而成，胄甲内用丝绸做内装，残片上可看出丝绸残迹。甲片呈长方形，上有8个小孔，长8厘米，宽2.7厘米，厚0.1厘米"（图41）。此遗址所属年代经推断最晚应为11世纪，考古报告披露此遗迹中遗留柱础颇具唐朝风格。在乌兰县地区生活的是吐谷浑人，吐谷浑从其建国至被吐蕃所灭成为吐蕃邦国，一直将青海地区作为其主要活动区域，此套甲应该是已知较为接近吐蕃甲的出土文物。此甲片外形与唐甲片相似的是四角抹圆，甲片开孔形式非常独特，一侧开2组2孔，另一侧开3组，一组2孔，另外2组都是单孔，此甲片究竟是属于唐朝、吐蕃还是吐谷浑，尚待细考。

近年的一些文献资料披露了一些青海地区唐朝遗址中出土过甲

片和铠甲，高志伟先生在《略论青海地区的铁器》中提及"大通唐朝军事要塞遗址，出土铁器22件，铜器2件，其中铁甲片336片，出土的铁器以生产农具和兵器为主，农具7件，兵器5件，包括铁箭镞、铁匕首、铁甲片"，这个遗址是由青海省考古研究所主持发掘的，相应的考古报告并未发表，所以对其甲片形制不得而知。

（4）新疆铁甲

杨泓先生在《中国古代皮甲》一文中曾提及"过去在新疆米兰也发现过唐代残铁铠的甲片"，杨泓先生并未指出此资料的来源。周纬先生的著作《中国兵器史稿》也记载了新疆出土的唐朝甲片，"日人曾搜获唐代残甲片多具，均新疆出土者"，在配图中描述甲片为"朝鲜总督府博物馆藏，新疆三堡出土物。与日本东大寺正仓院传存之铁甲片残片比较，似均系唐宋间遗物，用绒丝革麻以联贯各片之残迹犹存"（图42）。中国人民革命军事博物馆官方网站一篇《魏晋至隋唐时期的铠甲》的文章中，刊载了一张标注为"唐朝铁甲片（新疆出土）"的照片，经过比对，此甲片应该就是周纬著作中提及的出土于新疆的唐甲片。笔者在对此甲片与西藏札甲甲片做比对过程中，有了更为有趣的发现，新疆出土的唐甲片与西藏札甲的肩甲在外形和开孔形式上几乎一致。周纬先生对此新疆出土唐铁甲片也存有一丝疑虑，认为其也有属于宋代的可能性。俄罗斯东亚武备学者 Горелик М.В.（戈雷利克·米哈伊尔维科托维奇）在其著作中引用此图片，但是他认为是新疆12—13世纪时期蒙古甲片，笔者认为这个甲片不应该是唐甲片，也不是蒙古甲片，而是典型吐蕃系的甲片，时间范围应是9世纪或更晚，属于吐蕃占领安西四镇时期的遗物。

（5）渤海国铁甲

渤海国在政治、经济制度上完全模仿唐朝，唐玄宗时期渤海国国王被册封为"渤海郡王"，整个国家深受唐文化影响。其"典章制度，仿自唐朝；衣食住行，皆有汉风"，渤海国出土器物可以视作唐物。在黑龙江流域渤海国遗址考古中，出土最多的就是铁器，各种铁制品在各类渤海国历史遗迹中都有发现，铁刀、铁甲、铁盔、铁箭镞在陪葬品中较为常见。黑龙江省海林市二道河子乡墓葬、吉林永吉杨屯大海猛遗址、渤海上京龙泉府遗址都出现甲片。

"甲片62件，寝殿遗址出土46件，堆房遗址出土15件，东半城1号佛寺遗址出土1件，均系扁平铁片，略呈长方形，上端抹去两角，下端弧形。有许多穿孔，其排列是左右对称，往往两孔一组。分大小两种，大型长9~12.5厘米，小型长5.2~6.7厘米。大型有穿孔13个，长12.3厘米，宽2.5厘米，厚0.1厘米（图43-3）；小型下端较上端宽，抹角和弧曲程度较甚，有穿孔8个，长5.2厘米，宽1.7~2.3厘米，厚0.1厘米（图43-1）；寝殿遗址出土，属小型，下端较上端宽，有穿孔10个，长6.7厘米，宽2.3~2.5厘米，厚0.1厘米（图43-2）"（中国社会科学院考古研究所编著《六顶山与渤海镇——唐代渤海国的贵族墓地与都城遗址》，《中国大百科全书出版社》1997年版）。此次考古未见完整成套的铁甲，仅有甲片遗存，此类甲片顶端两抹角较为有特点，和北朝的有些甲片有相似性。

1982年吉林永吉杨屯大海猛遗址出土甲片数量较多，有400余片，多出于墓葬，有的系零星甲片，有的为整身铠甲，皆锈蚀严重，但是组合结构不清晰。按照形状和用途、部位可分为六类。"I式圆角长方形，有七组13孔，这类甲片数量最多，长11厘米，宽3厘米，厚0.2厘米（图44-4，图44-5）；Ⅱ式圆角长方形，一端窄一端宽，五组9孔，长6.9厘米，宽2~2.3厘米，厚0.2厘米（图44-6）；Ⅲ式平面为长条形，中间稍窄，侧面呈S形，有四组8孔，长11.2厘米，宽2.2~2.3厘米、厚0.15厘米（图44-12）；Ⅳ式长方形，两侧边缘各有四组8孔，长5.8厘米，宽3厘米，厚0.15厘米（图43-7）；Ⅴ式平面为圆角长方形，中间稍窄，侧面呈弧形弯曲状，两端各有两组4孔，长7.7厘米，宽2.1~3厘米，厚0.2厘米（图43-8）；Ⅵ式平面为长梯形，侧面双弯曲，上端向外折曲，下端向内弧曲，前段残断，残长18.9厘米，宽3.5~1.2厘米"（图44-14）（《考古》编辑部编《考古学集刊》，中国社会科学出版社1987年版）。考古报告并没有给出完整铠甲的形制，较为遗憾。图44-4、图44-5甲片开孔方式与曲江出土的唐甲片完全一致，只是尺寸有所不同，相同的开孔方式和外形，说明渤海国甲和唐甲整体形制应该相去不远。图44-7甲片的形制和其他甲片风格迥异，其形制是后世辽、金系甲片的主要形式，由此可以推断辽、金系的甲就是源自于此。图44-12甲片明显还有北朝风格

（6）晋阳古城唐代一号作坊遗址铁甲片

2023年7月山西省考古研究院对外公布了晋阳古城"唐代一号作坊遗址"的发掘资料。该作坊遗址中有大量灶址，并结合出土的铜、铁残渣可推断，此处为一处唐代冶炼和加工金属的作坊遗址，为研究唐代冶炼、制造金属的技术史，提供重要材料。遗址出土铁甲片四类（图45），A、B两类甲明显是已经编缀好的横排；C、D两类明显是尚未完成的加工粗胚。

较为遗憾的是，从目前的唐墓、遗址考古实物中，并未出土铁

曲边甲片。

2. 皮甲

唐、吐蕃皮甲在近百年考古中时有发现，从新疆的尼雅、若羌的米兰戍堡、新疆尉犁县克亚克库都克烽燧遗址到朝鲜半岛公山城遗址均出土"贞观十九年"铭髹漆皮甲。

（1）尼雅皮甲

斯坦因带走的皮甲分成两批，第一批是 1907 年从尼雅盗掘的皮甲都属于生皮，表面未做髹漆处理（图 46），令人疑惑的是此批甲片究竟是成品还是半成品，从甲片上残存皮绳看，似乎已经编缀成身甲。甲片形状多样，甲片的宽度为 4~5 厘米，高度为 6~8 厘米，1907.1111.95 号甲片上圆下方，左右两侧各开 1 组 3 孔，顶部开 1 孔；MAS.526 甲片呈长方形，左右两侧各开 1 组 3 孔。这说明这两个甲片有可能是一套皮甲之物。甲片的风格明显还有汉鱼鳞甲的遗风。

（2）米兰戍堡皮甲

1921 年，斯坦因从新疆的米兰戍堡带走另一批甲片（图 47），斯坦因在对米兰戍堡的发掘过程中，清理出相当多吐蕃遗物，此批次皮甲"是从不同房间中成套挖掘出来的，这是一个重要证据，证明那些生活在戍堡中并将其穿旧的装备脱在那里的人主要是军人"（奥雷尔斯坦因《西域考古图记》，广西师范大学出版社 1998 年版）。经过筛选和鉴定，认定此批皮甲是吐蕃占据安西四镇时期，宿卫此地的吐蕃军队遗物。

此批皮甲现存于大英博物馆，分成 4 组，甲片基本都是长方形或正方形，甲片较大，单品尺寸高 7~9 厘米，宽 5~7 厘米，表面髹漆，基本都是黑红两色。MAS.610、MAS.592 两组甲片表面都有逗号形装饰图样（图 48、图 49），逗号用朱漆勾勒出外缘，内部填画黑漆，整体制作极为精良；MAS.611.b、MAS.621 两组表面都是纵向 3 圆点图样（图 50、图 51），圆点明显是模压形成，中间装饰朱漆；MAS.616 表面装饰有反 S 形图样（图 52），S 图样也采用了模压制作，模具中精细地制作了中心线，可见工艺之精湛。米兰戍堡的甲片在制作工艺上明显高于尼雅甲片，可以看出在甲片的制作过程中，采用了上下模具压制湿生皮甲片胚料，等甲片胚料干燥后，表面图样就得以定型，然后反复髹漆，最后在模压图样上髹装饰漆。4 组甲片开孔方式各不相同，说明身甲编缀方式是较为复杂的。此 4 组甲片体量较大，尚无法断定是身甲、甲裳何种部位的甲片。

（3）克亚克库都克烽燧皮甲

2019 年度"考古中国"丝绸之路重大项目成果之一，新疆克亚克库都克烽燧出土一批皮甲片，遗址中出土的开元遗物经碳 14 测年表明，烽燧遗址修筑于公元 700 年前后。初步认为克亚克库都克烽燧是安西四镇之一焉耆镇下，为防止吐蕃入侵而修筑的军事设施。出土 4 片唐皮甲片用皮绳编缀在一起（图 53），甲片上端较圆，下端较方，四角抹圆，共开 5 组孔，每组开 2 孔。甲片外形与曲江出土唐甲近似，但是开孔方式不同。较为遗憾的是此甲片并未公布尺寸，此类甲片与铁甲片一致，生皮干燥后打孔，表面反复髹漆后就制作完成。

（4）公州公山城皮甲

2011 年韩国忠清南道公州公山城城中村出土漆面铠甲片，甲片上留有"□行贞观十九年四月廿一日"的朱漆铭文（图 54-1）。"贞观"是唐太宗李世民年号，贞观十九年即公元 645 年。从目前公布的资料来看，该遗址首先是韩国公州大学调查团在古百济蓄水池中挖掘出了刻有汉字铭文的皮质甲碎片，随后 2014 年继续深度发掘，发现完整具装铠和大刀。出土后公开解读的甲片上铭文有 30 多字，在整理保存过程中新解读的文字多达 60 多字，这是目前唯一能看到的有铭文的唐甲甲片。韩国国内学界在整理甲片过程中发现铭文有"益州、参军事、大夫、王武□、大□典、□□绪、李□银□、司曹参军事"（图 54-2）等铭文，韩国国立中央博物馆学艺师李泰熙的论文《公山城出土的皮质铠甲铭文库存》认为"在铠甲上用红漆刻上制作年份、制作地、制作官厅等，是根据唐朝律令的格式而制。最终论旨为四川省制造的胄甲，由于种种原因，被葬在了百济的土地上"。"由于种种原因"是暗指贞观十九年唐太宗亲征高丽或唐高宗灭高丽这两个影响朝鲜半岛的事件。其中有甲片铭文为"右颊各四行后"，这块甲片说明唐甲各个部位的甲片形式不同，各有规制，并且标注其部位。这说明唐朝制作皮甲是一个系统统筹的工作，身甲、胄的甲片都有不同形制，有不同的分工。

韩国公布了部分甲片的形制（图 54-3），从甲片残存的形态来看，部分甲片与曲江出土的甲片形态非常接近，残存的甲片造型、开孔形式与曲江甲片完全一致，这个细节说明唐甲的制作规制非常严格，有相应的标准。此批次除了人甲，还有皮质髹漆马甲，但是韩国未公布马甲甲片细节（图 55）。

（5）血渭一号墓铜、铁、皮甲

青海都兰血渭一号墓在 2020 年的发掘中，发现一领青铜甲，甲片一段呈圆弧形，一段较平直，甲片较大，因为未做完整提取和复原，不知其形制（图 56），从其体量推测可能是具装铠甲。除了青铜甲之外，尚有一领铁甲（图 57）和彩绘皮甲。此套皮甲非常精美，一部分甲片髹黑漆底，朱漆勾边，甲叶中间绘制逗号形图样（图 58-1），其图样与斯坦因从米兰戍堡带走的甲叶绘制的图样基本相同（图 47）；彩绘逗号纹皮甲下，还有朱漆皮甲叠压在一起，应无纹饰，甲叶横排的端头有金饰包边，横排甲片下端有绿色材质包边，从包边工艺看，非常接近慕容智墓甲片的包边风格（图 58-2）。从现有的图像和资料来看，是已知唐时期皮甲胄中最精美的。现在这个墓主人被确定为吐蕃赤德祖赞时期的吐谷浑王莫贺吐浑可汗，所以将此甲纳入唐甲范围，其实此甲和吐蕃风格更为接近。

四、具装铠

隋唐时期，宫廷仪卫和军阵都使用具装铠，史料中明确记载隋炀帝征高句丽的军队有"铁具装"和皮革的"兽文具装"；唐朝宫廷仪卫"次外铁甲伙飞二十四人，带弓箭、横刀，甲骑具装"（《新唐书·仪卫志》）。唐朝的具装铠应该都以仪仗使用为主，从现有史料和壁画来看，唐朝军队基本不装备具装铠。

2005 年陕西考古研究所发掘的隋潼关税村墓，推测墓主人应是隋朝太子杨勇。墓中出土具装铠陶俑（图 59），图 59-1 具装铠应为皮质，表面绘制豹纹，就是史料中记载的"兽文具装"；图 59-2 具装铠应为铁甲编缀，就是史料中记载的"铁具装"。隋具装铠的"后搭"和北齐的非常相似，但是明显"当胸""身甲"又有不同。

1971 年发掘的唐懿德太子李重润墓，出土有贴金具装铠俑（图

60），武士身着札甲，小腿有胫甲，战马披具装铠，具装铠似为铁甲片编缀而成，面帘呈金色覆盖马头顶，鸡颈、当胸、身甲、搭后似乎为一体结构。"寄生"结构，具装铠"鸡颈"上端、下沿装饰彩色织锦，图样为团窠纹，属于典型的唐朝团窠纹织锦风格。李重润墓的具装铠武士形式较为清晰地展示了唐朝早期具装铠形制。

1978 年 8 月，重庆万州驸马公社在改土造田时发现一座古墓。四川省博物馆会同当地文教局进行发掘，根据残存两块墓志铭和《夔州府志》相关记载，考证此墓为唐高宗永徽五年（654）永州（今湖南零陵）刺史冉仁才夫妻合葬墓，妻为"汉南县主"，即汉南王之女，从二品。墓中出土大量金、铜、玉、玻璃、青瓷等器物，共计出土青瓷具装铠武士俑 6 件，其中 2 件完整，造型完全相同（图 61）。"头戴兜鍪，其顶端有一圆洞，原插有长缨。身穿长至膝部铠甲，下着长筒靴。前臂裸露，双手曲举，屈指握拳，拳心一小孔，所执兵器已失。左大腿侧挂一带鞘刀，右大腿侧系一箭箙。马俑身披具装铠（只有四肢、眼睛、鼻孔外露），两耳间前伸一角状饰物，项颈右侧斜挂一枪囊。寄生直竖马尻部，形似喇叭，口沿作莲瓣状，外表饰以圆圈纹。甲骑具装，由长方形甲片编缀而成，甲片上刻有鳞纹，通高 25 厘米。"（高英民《四川万县唐墓》，《考古学报》1980年第 4 期）。武士身体左侧佩戴环首刀，马颈部右侧筒形结构是首见，考古报告文中认为是枪囊（槊筒），笔者认为此判断颇为勉强。

冉仁才夫妻合葬墓中青瓷具装铠和懿德太子墓的具装铠，形制完全一样，应该是初唐时期标准形制。从万州青瓷具装铠武士像来看，唐朝具装铠应该是有寄生的，而懿德太子墓具装铠没有寄生，颇耐人寻味。

敦煌莫高窟 156 窟《张议潮统军出行图》壁画中有唐朝骑兵形象（图 62），这是为数不多展示唐骑兵的图像，从这些图像中可知唐骑兵穿札甲，佩戴胡禄 ①，马匹未装备具装铠，至少在安西四镇驻扎的唐军不装备具装铠。

唐朝大量装备轻骑兵，和唐太宗李世民的作战理念有相当大的关系。唐高祖李渊作为隋朝山西河东郡慰抚大使、右骁卫将军驻守太原，防备突厥入寇。在与突厥的作战中，李渊、李世民都对突厥骑兵有着深刻认知。唐高祖李渊分析突厥骑兵的优点和弱点时说："突厥所长，惟恃骑射。见利即前，知难便走，风驰电卷，不恒其陈。以弓矢为爪牙，以甲胄为常服，队不列行，营无定所。逐水草为居室，以羊马为军粮，胜止求财，败无惭色。无警夜巡昼之劳，无构垒馈粮之费。中国兵行，皆反于是。与之角战，罕能立功。今若同其所为，习其所好，彼知无利，自然不来。当今圣上在远，孤城绝援，若不决战，难以图存。"（《大唐创业起居注》卷一）。突厥入寇的作战模式在很多史料中均有记载："来如激矢，去如绝弦，若欲追蹑，良为难及。"（《册府元龟·将帅部·机略第五》）两处史料说明突厥是以高速流动作战为战斗原则，充分发挥骑兵的袭扰作用而进行抢劫和战斗，不具备持久攻坚的能力。

李渊极为清晰地认识到突厥骑兵的优势和劣势，决定效法突厥骑兵来训练自己的骑兵。他对付突厥采取的策略即"同其所为，习其所好"，不但在骑射上向突厥学习，师突厥长技，而且使士兵完全突厥化。"简使能骑射者二千余人，饮食居止，一同突厥"（《大唐创业起居注》卷一）。此种训练骑兵方式是一个大胆而有创意、有魄力

① 一种收纳箭矢的器具。——编者注

的尝试，不仅以突厥的作战方式训练兵士，而且在生活方式上也一如突厥骑兵，逐水草而居，驰骋射猎，使士兵脱胎换骨，从根本上改变中原骑兵的面貌。生活方式的改变，使李渊部下精锐骑兵彻底突厥化，甚至当突厥遇到这些骑兵时，也都无法辨伪，认为是突厥部落，真正做到了以假乱真。李渊反隋建国平定天下、攻灭突厥的作战，使用的就是这些善于骑射、与突厥不辨真伪的精锐骑兵。

而将李渊的精锐轻骑兵战术完全领会并发挥出巨大作战能力的就是唐太宗李世民。李世民19岁随同李渊起兵反隋，20岁封秦王，在建立大唐的战争中立下了汗马功劳。李世民的骑兵作战有两大特色，一是深入敌阵，二是善出奇兵。

> 甲申，将骁骑五百，出武牢东二十余里，觇建德之营。缘道分留从骑，使李世勣、程知节、秦叔宝分将之，伏于道旁，才余四骑，与之偕进。世民谓尉迟敬德曰："吾执弓矢，公执槊相随，虽百万众若我何！"又曰："贼见我而还，上策也。"去建德营三里所，建德游兵遇之，以为斥候也。世民大呼曰："我秦王也。"引弓射之，毙其一将。建德军中大惊，出五六千骑逐之，从者咸失色。世民曰："汝弟前行，吾自与敬德为殿。"于是按辔徐行，追骑将至，则引弓射之，辄毙一人。追者惧而止，止而复来，如是再三，每来必有毙者，世民前后射杀数人，敬德杀十许人，追者不敢复逼。世民逡巡稍却以诱之，入于伏内，世勣等奋击，大破之，斩首三百余级……（《资治通鉴·唐纪五》）

唐宋史料大量记载了李世民的作战经历，李世民用骑兵，常出其不意，率领轻骑兵诱敌或突然出现在敌人阵后，或攻击敌军侧翼，或正面直接冲击敌人军阵。

> 秦王世民选精锐千余骑，皆皂衣玄甲，分为左右队，使秦叔宝、程知节、尉迟敬德、翟长孙分将之。每战，世民亲被玄甲帅之为前锋，乘机进击，所向无不摧破，敌人畏之。（《资治通鉴·唐纪四》）

在李世民的征战生涯中，无论对手是刘武周、窦建德，还是刘黑闼、宋金刚，都无法有效克制这种迅捷的精骑兵战术，李世民往往选择在对手最薄弱的环节进行冲击，令敌人措手不及，惊慌失措，自乱阵脚，李世民也因此种战术大获全胜。不论深入敌阵还是出奇兵，他仰赖的都是风驰电掣的骑兵。

至此，我们从史料中可以得知灵活机动地运用精锐骑兵，是李世民的战略战术，也是唐军骑兵平定隋末割据势力统一天下直至横扫塞北的基础。敦煌壁画为李世民骑兵战术作了较好的注释。史料显示至少初唐时期，在西北地区作战中唐军装备了具装铠，中原地区没有证据显示军中装备了具装铠。装备具装铠是随着骑兵战术的发展而变化的，至北宋、辽、金、西夏时期，具装铠又再次兴起。

五、唐胄

唐军装备的胄，在不同区域有不同形制，总体分成三大类：第一类是多瓣胄叶结构，第二类是小甲片编缀结构，第三类是长条甲片胄。

1. 多瓣盔

2005 年陕西考古所发掘的柔然族贵族郁久闾可婆头墓，墓葬中出土精美石门线刻及石门门砧，尤其门扉刻有"持戟甲士"，甲士所带的胄就是典型的曲边多瓣结构（图 63），从图像看应该是八瓣结构。顿相是长条甲片编缀，边缘装饰织锦。

唐昭陵长乐公主墓中的《仪卫图》对胄描绘得比较清晰，图中武士佩戴由八片胄叶编缀的胄（图 64），其胄正面的外重胄叶起脊线，胄叶侧边有多曲弧线，护颊在下颌连接，顿项较长，可环颈围绕。榆林窟第 015 窟，中唐时期的南方增长天王所戴胄清晰地展示了八瓣胄的一些细节（图 65），胄体外侧甲叶起脊，左右两侧呈多曲弧形，两片凸脊弧形曲边胄叶间装饰彩绘宝相花。国家博物馆展的郑仁泰墓出土唐武将俑（图 66-1），从立体关系上展示了另一种唐制多瓣胄造型，胄顶为一封闭圆顶锥体，胄体由宽窄不同的胄叶构成，外侧多曲边，胄叶相对较窄，内重胄叶相对较宽，胄体下缘有单独一圈结构加强固定。张士贵墓中出土的陶俑也戴此种胄（图 66-2）。

将故宫博物院藏十尊初唐武士俑拼合成一个组图（图 67），可以有效地观察多瓣式唐胄的结构。通过壁画和雕塑可以知道，部分唐胄叶分成内外两重，胄体由胄叶相互铆接成型，外重胄叶略窄，正面外重胄叶凸起筋线，侧面为连续弧形曲边。胄体正面有 M 形开窗、尖凸护额。胄下的顿项可以反卷，此种反卷成为唐天王像中一种重要的表现形式。部分唐胄只有正面有多曲盔片，胄体整体由大盔叶铆接而成。

现国内唯一明确出土的唐胄是在洛阳宫城中曜仪城考古中发现的。曜仪城是隋唐洛阳城宫城内的小城，考古报告描述出土"铁胄 3 件，由内外两重铁质叶片铆合而成。内重四片叶片较宽，用于成型；外重四片叶片稍窄，边缘作花边状，主要铆合在内重叶片缝隙处；胄口另用宽带形铁叶加匝，顶部嵌饰柿蒂纹形叶片，叶片居中有用于插缨的管孔。口径 22.2 厘米，高 14.3 厘米，管径 1 厘米"（图 68）（中国社会科学院考古研究所《隋唐洛阳城 1959—2001 年考古发掘报告》[第三册]，文物出版社 2014 年版）。从文字到实物，清晰地显示了唐胄的结构是典型的八瓣式样，外侧胄叶片边缘呈三曲形，胄顶的花瓣边与北齐娄睿墓武士的胄顶极为相似。洛阳唐胄的考古实物在唐朝武备考古中占有极其重要的地位，此唐胄的出现，完美对应了长乐公主墓壁画中的唐胄形象。此胄不知现在存放于何处，未来希望能在博物馆展陈。

此种八瓣结构的胄在晚唐、五代、辽、吐蕃的雕塑和实物中有着极为准确的表现。四川前蜀永陵王建墓中，棺床左右两侧有石雕半身武士形象，其中两个武士的胄清晰地展示了八瓣结构（图 69-1、图 69-2）。王建在晚唐时期被唐昭宗封为蜀王，唐灭后不愿意归附后梁，建立大蜀。其墓室中武士的胄型明显继承唐制，为典型的八瓣胄造型，与西藏现存八瓣胄相似，只在前额有稍许差异，其顿项分成 3 片，左右两侧可以反折，与现存西藏头胄顿项结构完全一致，现存西藏八瓣胄前额没有弧形，五代永陵的胄体有明显的弧形尖凸额尖。此雕塑中显示的胄是非常标准的唐制，与洛阳出土唐胄实物形制几乎一致。

黑龙江省博物馆保存的渤海国时期铁胄（图 70），也属于唐制铁胄的一个分支。铁胄出土于宁安渤海国遗址，7世纪初，靺鞨勃兴，粟末靺鞨首领大祚荣于698年建立了一个隶属于唐朝的地方政权"渤海国"，至926年，渤海国被辽国所灭。渤海国在其立国二百余年的历史中，与中原内地频繁交往，深受盛唐文化的影响，其"典章制度，仿自唐朝；衣食住行，皆有汉风"。伪满洲国时期，日本在东北发掘出土了渤海、契丹两铁胄（图71）。渤海国胄由8片铁胄叶构成，外重铁叶两侧各出戟3个云头，铆接内重胄叶，胄顶铆接柿蒂纹装饰压片，胄顶为球形。契丹铁胄也是八瓣结构，外层盔叶两侧有4个火焰形云头，通过该云头铆接内层盔叶。

西藏地区现存的铁胄中，有一类为典型的八瓣结构。1985年由西藏自治区文物管理委员会主导的对古格遗址考察中，发现古格遗址中出土了八瓣盔的盔叶共计48片。考古学者将其分类为"头盔脊片"和"头盔里片"两大类。"头盔脊片"是八瓣盔外侧盔叶，每片盔叶上有一纵向凸起脊线，以脊线为中心，盔叶左右两侧呈波浪形，每个波浪尖制两小孔，用于盔叶的编缀（图72-1）。"头盔里片"整体呈三角形，部分中间有脊线，大部分无脊线，左右两侧和顶部开编缀孔，每组2孔（图72-2）。考古学者根据八瓣盔的编缀规律，复原了其中一顶八瓣盔（图73）。此盔后放置在西藏博物馆展陈，相关考古资料定义其年代为公元10世纪左右，相当于晚唐时期。

除了国内外考古资料，国内武备收藏界也非常关注唐朝甲胄实物和相关残件。

赵亚民先生收藏的一顶盔非常有特点（图74-1、74-2），胄体由6片宽铁盔叶铆接而成，盔叶边缘呈轻微多曲关系，胄体颇高，正中有以多曲边压条，胄体正面下端铆接有 M 形开窗，盔顶呈覆碗形，略微倾斜铆接于胄顶。此胄风格与北齐娄睿墓壁画武士的胄较为接近，但是其正中的压条与隋末初唐武士俑非常接近，故宫保存的初唐武士俑就是佩戴此类铁胄（图 67）。笔者认为，此胄是较为典型的北朝晚期到初唐阶段的风格。

赵亚民先生收藏的八瓣铁胄出自东北地区（图 75），胄体甲片分成内外两重，外层甲片侧边为三曲形，内外铁胄片在曲边的尖端铆接在一起，胄顶铆接在胄体上。此胄与洛阳出土唐胄实物极为接近，与洛阳唐胄的区别只是无下沿的一圈封边。

刘恒先生收藏了一顶出自东北地区的完整十二瓣结构铁胄（图 76），此胄外层铁叶 6 片，边缘呈三曲关系，凸起的脊线由内向外锤打而成；内层胄铁叶呈三角形，胄体由铁叶铆接成型。胄顶底座呈六瓣形，中有圆凸，原始胄顶应该有缨管，每瓣铆接在胄体内侧胄片上。胄体高 15.5 厘米，胄体底面呈椭圆形，长轴 21 厘米，短轴 19 厘米，胄体顶部收尖，胄体铁胎保存比较完整。此胄与长乐公主墓壁画中的胄高度相似。

杨勇先生保存两片出自广西地区的残胄铁片，胄片正面呈圭形，上端向内弯曲，由 3 片胄片铆接成型，正中由一起脊，侧边双曲出尖，胄叶将左右两侧甲片铆接在一起，左右两侧的胄叶上端有一装饰片铆接于胄铁叶，此残胄如果完整，应该是 16 片胄叶构成（图77）。另一片甲胄残片与图 77 风格一致，在胄体顶部和下部装饰有黄金饰片，上部的金饰片中开如意状窗，下部金饰片中部开两圆孔，周围錾刻乳突纹样（图 78-1、图 78-2）。从纹饰和器形推测此两片胄片为中唐之后的胄体。

笔者还见过一片铜胄片，胄片制作精细，侧边开小齿边，整体风格还是曲边造型，每侧齿边开两孔，脊线凸起，是胄体的外层胄片，推测其复原应该是一顶八瓣胄（图79）。

以上几顶胄，笔者认为都是唐胄或唐胄的残片。图74、图75、图76应该都是早中期风格，图77、图78、图79属于中晚期风格。

2. 小盔叶编缀胄

隋、唐胄有一类为小甲片编缀，此类胄是继承汉制，北朝洛阳青瓷陶俑出现过小甲片胄形象。河南博物馆青瓷武士俑就是典型（图80）。

3. 长条甲片胄

隋唐长条甲叶胄是继承于南北朝。

2019年中国国家博物馆和新疆维吾尔自治区博物馆举办的《万里同风——新疆文物精品展》，展示了新疆阿斯塔纳墓出土的唐武士泥像，武士分成步兵和骑兵两类，胄都由小甲长条片编缀成型（图81）。阿斯塔纳墓是高昌故城的公共墓地，高昌在贞观十四年（640）被侯君集攻下。

条形盔在隋唐造像中都有所体现，陕西碑林博物馆藏隋开皇二年李和墓门石雕武士像中，比较清晰地显示了隋朝条形盔造型（图82）。敦煌莫高窟322窟天王像中盔（图38）也是长甲片编缀而成，甲片有细波浪形曲边。唐修定寺砖雕中的武士也佩戴长条甲片胄（图83）。

唐铁胄的胄顶在敦煌壁画中也有表现，总体分成6大类。

第一类是竹节型，唐懿宗咸通十年（869）修建的敦煌012窟前室西壁天王像的胄顶缨管为单竹节形（图85-1），莫高窟061窟主室北坡顶部的武士胄顶（图85-2）也是此类风格。

第二类是宝瓶形，榆林窟 015 窟天王的胄顶（图 65）就是宝瓶形。

第三类是覆钵形，郑仁、张士贵泰墓室出土的武士造像完全一致，胄顶是一圆钵体（图 66），此类国内尚未有考古实物。韩国国立庆州博物馆藏朝鲜半岛出土铁胄胄顶就是覆钵形（图 84）。

第四类是渤海国风格球形胄顶（图 70）。

第五类是一种金属细丝顶端有一丝球（图 81），榆林 025 窟武士胄顶就是此类形制，此类应该是画师有一定的演绎。

第六类盔顶是小半球盔顶座上铆接盔缨管。

4. 大铁盔叶铆接胄

韩国国立庆州博物馆藏朝鲜半岛出土大盔叶铆接铁胄（图 84），盔顶为覆钵形，两侧少平，下沿有打出的平面与胄体铆接；胄体由四片弧形铁盔叶铆接而成，胄体类似北齐邺城胄，下沿无眉框形结构，博物馆给出的年份是 7–9 世纪。此胄极有可能是唐军贞观时期征高丽所遗留之物。

5. 凤翅盔

2000 年 3 月，陕西杨陵区文物管理所在杨陵示范区杨村乡张家岗村发掘唐墓一座，从墓志铭文得知此墓为武则天万岁登封元年（696）墓葬，墓主姓李名无亏。李无亏墓室墓门雕刻两武士像，其中左侧武士身摁甲胄，手持三股叉，其胄体为典型的八瓣式样，最为特别的是左右两侧出现凤翅（图 86）。从武周载初元年至延载元年期间（689—694），李无亏任沙州刺史，敦煌文书《沙州都督府图经》中多次记载李无亏治理沙州的事迹。李无亏上任沙州刺史前，安西四镇已沦陷于吐蕃，沙州成了唐军与吐蕃交战的前沿。延载元年吐蕃与突厥联兵入寇沙州，再次与唐朝争夺安西四镇，墓志铭载"箭竭援绝，敌军蚁结"（王团战 陕西杨陵区文物管理所《大周沙州刺史李无亏墓及征集到的三方唐代墓志》，《考古与文物》2004 年第 1 期），李无亏最终战死殉国。凤翅盔除了中原地区出现，在 10—11 世纪新疆地区的绘画中也有出现，只不过在绘画中更接近一种云形（图 87），此种风格从图像上仅有一例。

除了李无亏墓唐胄体两侧出现凤翅造型，山西五台山唐朝南禅寺大殿武士胄体左右两侧也出现凤翅造型（图 88）。唐胄凤翅究竟是金属材质还是皮质尚未可知，但是胄体左右出现凤翅，对后世天王、神将造型产生了深远影响，宋陵石翁仲即为典型（图 89），宋、元、明时期的寺庙神将、皇陵石翁仲多采用此种风格。

六、不同区域的唐甲形制

笔者按照不同区域的壁画、雕塑对唐甲的形制进行归纳，虽然无法完全对应《唐六典》的甲胄名称，但是可以看出唐甲在不同的时间和区域有明显的差异。

1. 隋、初唐的短甲

隋、初唐时期，唐军装备一种短身札甲，外罩战袍。

故宫博物院有与河南偃师杏园村唐墓风格完全一致的陶俑（图 90）。头戴的胄体相对较浅，胄顶为圆顶锥体，胄体正面起脊线，有一尖凸，顿项沿胄体下沿垂至肩部。披膊为一单独构件，披膊左右两肩连通，中间有保护颈部的盆领。胸甲较为宽大，遮挡前胸，胸甲、背甲连接肩带，应该被顿项遮盖，从盆领到胸腹有丝绦捆扎胸甲。腹部甲片呈菱形网状，此种短身甲腰腹绘画菱形网格，推测应是锁子甲。甲裳较短，开襟于身体右侧，明显能看出甲裳外侧掩住内侧。铠甲内层穿战袍，腿部无甲。这样的短身甲在初唐时期较为流行，昭陵六骏中的丘行恭给李世民坐骑飒露紫拔箭，丘行恭穿的就是这样的短身甲（图30），明显能看出身甲是侧开襟形式。丘行恭身甲与两尊武士俑身甲一致。

山西考古所藏唐高宗永徽三年（652）襄垣县唐墓出土的武士俑2件（图91），其短甲形制，短身札甲，内穿环锁铠，环锁铠下沿遮蔽臀部，此套甲无甲裳。披膊较大，遮蔽肩部、大臂。

这类初唐短身甲内侧一般都是穿锁子甲，胸甲是单独结构，用束甲绦将盆领和胸甲、背甲捆扎在一起。由此可见甲裳极大可能是独立结构。

1971年发掘的唐懿德太子墓中出土一类披甲陶俑，其甲制较为写实（图92），唐则天后大足元年（公元701）懿德太子因议论武则天隐私被杀。此类武士俑出土147件，完整或黏合完整45件，"武士皆戴兽头风帽，身着甲裙……甲衣分批膊、身甲、膝裙……现存可辨认的甲衣有红甲29件、蓝甲24件、黑甲20件、白甲15件，其中红甲保存较好，兽头帽和裤的颜色与甲衣统一，甲衣下衬袍多呈绿色。武士的批膊形制略有不同，一种批膊长及肘部，此类数量较多……另一种批膊仅盖肩部"（陕西考古研究院编著《唐懿德太子墓发掘报告》，科学出版社2016年版）。

这些陶俑明显展示的是宫廷宿卫部队"左右领军卫、左右武卫、左右威卫、左右骁卫、左右卫、左右厢"的武士。这些陶俑身甲是札甲，长度仅至膝盖，这类甲属于典型的步兵甲，甲长及膝，前后开襟。有一个细节非常值得关注，武周朝之前的唐制甲中没有出现"鹘尾"，"鹘尾"的出现说明甲裙是分两片，并且开衩较高，为了对裆部形成保护，单独制作了此构件。此种"鹘尾"在同时期的天王像中也开始表现（图3）。考古报告中提及披膊的尺寸大小有差异，这和初唐时期身甲的不同形制有关，山西襄垣县陶俑的披膊就非常大。这类身甲大概率是身甲和甲裙是连体结构，肩部结构没表现，推测是裲裆风格。这类唐甲明显属于军制。

2. 初唐王室墓壁画中的长身甲

初唐时期，宫中禁军还有一种长身札甲。

1986年发掘的唐昭陵长乐公主墓壁画中有一组《甲胄仪卫图》。6人擐长身甲，戴曲边甲片胄肃立，5人为军士，皆配胡禄和已经下弦插入豹韬的桑柘长弓，腰侧悬挂环首横刀；1人为伍长，腰侧配横刀，壁画中甲胄武士、袍服武士高约1.35米，所绘制的甲胄、唐刀细腻准确，是研究初唐武备的重要参考。胄体为重瓣大胄叶铆接，顿项由小札甲片编缀，尤其要注意的是甲叶是曲边，这和榆林窟025窟毗沙门天王盆领的甲边完全一致。耳侧有单独的听孔，整体较长环绕颈部；披膊由小札甲片编缀，边缘装饰皮毛；身甲由札甲片编缀而成至膝盖以下，胸口有两椭圆形护甲，下缘装饰红色织锦和皮毛，腰间束黑色革带（图93-1、2、3）。

笔者在初次对此套甲的临摹过程中，因受限于早期公布的壁画资料的图像清晰度，几次绘制都未能发现身甲的开襟形式，虽然能粗略看清东侧甲胄伍长的右侧开襟，最初认为此套甲是侧开襟形式，但是又发现胸甲甲片是以中心向两侧叠压，始终无法理解其身甲的编缀逻辑。直到友人购买了高清图片，再次临摹时才发现东壁武士的身甲是在身体正中开襟，而且画师特别表现了右侧甲裙的开衩，开衩高度在腰部；西侧武士的身甲是也是正中开襟，但是因为身体稍微右转，无法看见身甲右侧的开襟。这类长身甲应该都是正中开襟，较为独特的是开襟、开衩侧未包裹有收边的织锦或皮革，身甲的左右两侧开衩，甲裙为三片式关系，甲片的编缀使用红色丝绳。甲片编以身体中线为中心，向两侧编缀，都采取的前片压后片的形式，先编缀横排，再编连上下两排。这种编缀形式从汉朝开始出现，延续至唐朝。现存的西藏铁札甲在开襟、开衩和编缀形式上与长乐公主墓壁画武士甲胄高度相似。

1971 年发掘的唐懿德太子李重润墓中，具装铠武士的身甲也是典型的长身札甲，顿项、披膊边缘装饰典型的团窠纹织锦（图 60）。1995 年发掘的唐节愍太子李重俊墓中也出土具装铠武士俑（图 94），其形制与懿德太子墓所出俑的形制接近，但明显简略。

1990 年发掘的唐韦贵妃墓中也绘制有《长身甲仪卫图》（图 95），韦贵妃出身京兆韦氏，是隋唐之际著名士族家族之一，其曾祖韦孝宽为北周上柱国。唐高祖武德四年（621），秦王李世民在洛阳破王世充、窦建德后，迎娶韦珪，唐太宗贞观元年（627）册封其为贵妃，麟德二年（665）去世，陪葬于昭陵。韦贵妃墓中的武士都是长身甲，3 领为札甲，1 领为鱼鳞甲。

从这四处皇家陵墓中可以看出，宫廷宿卫中的铁札甲有长身形制，长乐公主墓中的长身甲胸口椭圆护甲明显继承了北朝、隋的风格，此两块护甲应是光亮铁甲。

3. 披膊的细节

唐制披膊都是小甲片编缀而成。陶俑和壁画显示披膊和身甲在穿戴上有两种形式：一种是肩带压披膊（图96），榆林025窟的毗沙门天王、南方天王像中的披膊就是此种典型；另一种是披膊遮盖身甲肩带（图97），长乐公主墓甲胄就是此类典型。

4. 安西都护府风格

唐朝建立之初就面临突厥的压力，唐太宗经略西域的目的就是要彻底打败突厥。他利用突厥内乱，调整国防策略，转守为攻，先出兵漠北解决了东突厥汗国，之后用兵西北，开始对付西突厥。

贞观十四年（640）八月癸巳，交河道行军大总管侯君集平高昌，在高昌设西州，同年于西州设安西都护府，用于防范西突厥侵袭。唐高宗显庆二年（657）十一月，苏定方在碎叶水平定阿史那贺鲁的反叛，平定西突厥。显庆三年（658）五月，安西都护府迁到龟兹（今新疆库车），安西都护府升格为大都护府。置龟兹、焉耆、于阗、疏勒安西四镇。则天后长寿元年（692），唐朝又在西域驻扎军队，部署军事力量，建筑城池、关戍、烽燧，将西域地区纳入唐朝统一军政体制，牢牢地确立了中央政府的政治主权。唐朝安西都护府常备军的驻扎，对当时周边强邻吐蕃、大食形成威慑，有力地维护了西域地区局势的稳定。

敦煌壁画中对天王、武士的甲胄也有较为清晰的描绘，图像中的甲胄对研究唐朝安西都护府区域的甲胄有重要意义，总体图像中的甲胄分成三大类：于阗式样、敦煌式样、唐制式样。

于阗式样的甲胄形式是随着毗沙门天王崇拜而深入中原的，随着佛教的传播，其形象逐渐从西域式样向中原式样过渡，但是其整体依旧保持了"法冠、炎肩、身甲、长甲裳，腰腹有弧形短刀，腰侧配长剑、长戟"这个基本形象。第154窟营建于敦煌陷落于吐蕃后，营造时间为公元800年左右，南壁西侧一铺毗沙门天王像（图98）、法国吉美博物馆保存的斯坦因从敦煌盗运绢画中的毗沙门天王像（图15），较为清晰地展示了其身甲、长戟、佩剑的部分细节。目前敦煌学一些论文对此类形式的毗沙门天王称为"于阗风格"。此类毗沙门天王最重要的特点是身甲和甲裳分离，身甲都是鱼鳞甲形式，甲裳是铁片札甲形式，甲片非常特殊，在甲片头部有明显的云头式样。身甲在胸口开襟，有3条横束皮带用于捆扎，胸口和腹部有3个圆形护甲，使用X形璎珞捆扎于胸前和背后。

敦煌式样的甲胄是毗沙门天王的一种新造型，诞生于中唐之后。榆林窟025窟左侧毗沙门天王是目前保存较好的一幅晚唐壁画（图11），天王侧立，左手托五柱塔，右手持长戟。披膊和盆领是一体结构，披膊为条形甲片；胸前和后背单独结构，用肩带连接前后，前胸左右有金属装饰物；身甲为鱼鳞甲，甲裳为条形甲片编缀成札甲，甲裳和披膊的甲片在顶部都有凸出云头式样。腰侧悬长剑，长剑剑首为环首，剑柄包鲛鱼皮，柄中有茎孔，孔口有装饰片，因剑在身侧，不知其剑是否有剑格，剑鞘尾端有明显珠饰。同窟的南方天王（图12）的甲胄都是敦煌新样。法国国家图书馆藏敦煌绢画中有相当数量的毗沙门天王像，此张天王像为五代时期（图15），正面构图形式，馆藏编号：Pelliot chinois 4518。上身部分的身甲分成三部分结构：披膊和盆领为一结构，连接为一体，鱼鳞甲片；前胸和后背各有单独的一层硬质护甲，用肩带连接，压住披膊；内部身甲至腰部，身甲也为鱼鳞甲片。甲裳为长叶片札甲。腹部挂一弧型短刀，腰侧未见长剑。这两尊毗沙门天王像已经和于阗风格出现了一些显著的不同，尤其是披膊和胸甲的关系完全不同。胸甲和背甲用肩带连接，肩带下压披膊，明显可以看出此类胸甲更具有中原风格，肩带的连接方式完全继承南北朝的裲裆甲造型。此类风格在中原地区的唐天王石雕、镇墓天王中更为流行，学界称之为敦煌新式样。天王甲从于阗风格转换为裲裆甲风格的中原式身甲，这种变化应该是从武周时期开始。

唐制式样札甲在敦煌 217 窟中有所表现（图 99），此窟建于唐中宗景龙年间（707—710），即敦煌历史上的初唐、盛唐之交。217 窟主室南壁的《八王子礼佛图》中，八王子身着铠甲，此种札甲胸甲和甲裳为一体式，都为长条甲片和皮绳编缀而成，甲身及膝，胸前两侧开襟，披膊独立，前后身甲由肩带联接，压住披膊，背后没有整体式样背甲，胸甲是否有圆护从图像中没有表现出来。其身甲的形制明显是裲裆甲，腿部有铁甲片编缀成的吊腿。

同窟的主室北壁的《交战图》（图 100）中，画面左侧的长槊兵，槊下有旗，右侧是刀盾兵，立地的是圭首长盾，相互演练攻防。两军武士都着长身铁札甲，其甲的形制与《八王子礼佛图》中的身甲一致，前胸无圆护，明显看出身甲与裲裆甲一致，顿项、披膊、甲裙的边缘都包不同颜色的织物，由此推测甲内层都应该衬布、麻等织物。顿项的结构与长乐公主墓武士一致，敦煌此类唐制长身甲不仅出现在壁画中，而且在敦煌藏经洞的经卷、绢画中也有所表现。大英博物馆藏佛陀本生绘画（博物馆编号：1919,0101,0.98），城门口的 4 个武士身穿长甲，胄也是由甲片编缀而成（图 101）。笔者认为这些绘画中的长身札甲属于军队战阵之器甲。

5. 晚唐风格

至晚唐时期，敦煌 012 窟主室南壁的法华经变壁画中显示了晚唐时期使用的甲胄（图 102），在图像上胸口明显没有单独的圆护，身甲和甲裳为整体，由小甲片编缀而成，披膊独立，前后身甲由肩带连接，胸甲和背甲的关系更接近于裲裆甲结构。敦煌窟 156 窟绘制的晚唐甲胄射箭武士（图 103），胄、身甲、甲裳都是札甲编缀而成，甲裳较长，至脚面，与 012 窟甲胄形制一致。

说明至晚唐，边军实战甲胄变化较小。

七、八瓣胄源流

公元 7—10 世纪，唐朝、渤海国、吐蕃都装备八瓣、多瓣盔，稍晚一些的辽朝同样装备八瓣盔。这些胄无一例外都是由内外双重胄叶片构成，外层胄叶都有曲边，只是细节略有差异，外侧胄叶中间部分起脊线，部分无脊线，四区域在结构上、细节上、造型上高度相似。

现在已知的资料显示唐朝八瓣胄极为普及，那么唐朝的八瓣胄从何而来？因为一件器物不会凭空出现，一定有其传播的脉络。笔者查阅大量考古报告、壁画资料，希望能寻找早于隋唐时期的八瓣胄资料，最后在北朝的壁画、陶俑中找到了例证。1979 年在山西太原晋祠王郭村发掘了北齐东安王娄睿墓，娄睿是鲜卑人，是北齐世祖高欢妻娄太后兄之子，武平元年（570）入葬，墓室壁画描绘墓主人生前生活的显赫场面，壁画技艺精妙，清晰地表现了北齐时期鞍马、弓矢、横刀等诸多细节，代表了北朝绘画的最高水平。墓室内南壁墓门东侧武士像有重要价值（图104-2），武士头戴铁胄，胄体明显是多瓣构成，胄叶侧边为波浪多曲边，胄叶中有明显脊线，胄顶有较高的胄缨座，胄缨座底部呈细密花瓣形，从图像上看这个胄应该是有曲边关系的多瓣胄。其整体造型与河北临漳邺南城朱明门外城壕中发掘出土的北齐胄（图104-1）非常相似。白荣金先生在复原时提及，此遗址出土北朝胄12件，此类"Ⅰ型胄，计有11件，其中基本完整者5件，胄体之外并残留有其余附件者2件，只存胄体者4件"（中国社会科学院考古研究所考古科技实验研究中心《邺南城出土的北朝铁甲胄》，《考古》1996年第1期）。同一遗址中此类胄占绝对多数，可见此类多瓣式样胄已经在中国大量出现，只是邺南城的胄叶侧边未出现曲边关系。北周武士俑中也能看见胄上有明确的曲边胄叶，西安北周叱罗协墓出土武士俑就是典型代表（图104-3）（王兴邦《中国北周珍贵文物——北周墓葬发掘报告》，陕西人民美术出版社1993年版）。至初唐长乐公主墓武士曲边多瓣盔已经完全成熟（图104-4），并且有洛阳唐城出土八瓣铁胄实物（图104-5）完全印证壁画和陶俑的真实性。

这些例证说明，在北朝时期中原地区已经开始出现曲边甲片的多瓣胄形制，只是尚未有确切的北朝曲边八瓣胄出土实物以佐证壁画，唐制八瓣胄明显继承北朝的多瓣胄，这条发展脉络非常清晰。

笔者在查询中亚、西亚相关史料过程中，发现大英博物馆收藏一顶萨珊晚期（公元6—7世纪）的铜胄（图105，馆藏编号：22495），该头胄是公元1871年在伊拉克尼尼微省出土的，经大英博物馆鉴定为萨珊晚期胄。胄体由铁和铜制作，胄体由8片胄叶构成，外层 4 片胄叶略窄，中起脊线，侧边装饰波浪纹，内侧 4 片胄叶略宽，是典型的八瓣胄形式，非常有意思的是此胄与萨珊时期其他胄型有明显不同。国际著名武备研究专家 Stephen V.Grancsay 在 1963 年发表的 *Sasanian Chieftain's Helmet* 一文中谈到了这顶萨珊胄和西藏八瓣胄构造相似，"17 世纪的西藏制作的胄，由八块铁胄叶构成，胄叶侧边做波峰装饰，并用皮革做丁字形简单串联。这是近东地区存在的一种头胄编缀形式，如此简单的、类似的解决方案异于已知头胄固定方式。然而，这种相当原始的形式可以被认为是已丢失的最原始的波斯萨珊王朝的头胄形制"。Stephen V.Grancsay 先生的观点认为西藏地区八瓣胄源自萨珊王朝的风格。

Grancsay 先生是西方著名的武备研究学者，其武备著作在整个学术界极有影响力。在这篇文章刊印的 1963 年，当时大都会博物馆尚未收藏到西藏 8—10 世纪八瓣胄（馆藏编号：2002.226）（图 106），Grancsay 先生在并不掌握早期西藏八瓣胄的形制下，仅从 17 世纪西藏八瓣胄的形制上得出了此了结论。笔者认为 Grancsay 先生的观点是有误的，这个观点完全忽视了中国历代胄的演变和继承关系。

萨珊晚期八瓣胄与唐制八瓣盔非常相似，让笔者重新思考北朝多瓣胄、唐八瓣胄、吐蕃八瓣胄的关系，从内亚的文化交流上来看，它们之间一定存在某种关联性。

自南北朝开始至唐朝，中原地区和西亚、中亚有着广泛而深刻的文化交流，南北朝佛教造像、唐朝的诸多器物和纹饰都受到了西域、萨珊文化的影响。两个地区相近的时间段出现八瓣胄形制，极有可能是彼此产生了文化交流的结果。两者之间究竟是谁更多地施加影响给对方？从同时期萨珊文物的考古发掘中，此类八瓣胄只见到了一个实例，与同时期典型的萨珊胄有极大差异，也说明了这个胄型应该不是萨珊的主流。由此，笔者推测萨珊多瓣胄极大可能是引进的类型，故萨珊多瓣胄应是南北朝时期自东向西传播的可能性较大，这个推论有待更多考古实物来解答。

至此，八瓣胄形制的起源，应该是隋、唐两朝继承南北朝风格的多瓣胄形式，并进化成壁画中显示的八瓣盔和洛阳唐盔考古实物式样。西藏地区吐蕃王朝八瓣胄起源是吐蕃王朝与唐的战争、和亲交往过程中，吐蕃对唐制八瓣胄的学习。

八、图像、雕塑中的军制、神将甲胄

从北朝开始，佛教作为一个外来宗教，在中国被深度接受和推崇，随着佛教的发展，佛教中的天王神将形象也得到了极大的发展。尤其是毗沙门天王的崇拜兴起，西域风格的甲胄结合中原地区的甲胄，形成了神将风格。

1. 军制

笔者按照大致的年代对诸多壁画、绘画中的军制甲胄进行梳理，分析唐军制甲胄：

初唐，贞观十七年（643）长乐公主墓壁画（图93）；

盛唐，中宗时期的莫高窟217窟摆甲《八王子礼佛图》（图99）；

中唐，库木吐喇石窟73窟，是安西都护府时期开凿，壁画中绘制了具装铠、摆甲武士（图107）；

晚唐，宣宗大中二年（848）至哀帝天祐四年（907）莫高

窟 156 窟擐甲射箭武士（图 103）；大英博物馆藏敦煌晚唐绢画
（1919,0101,0.93），佛教七宝中的将军擐对襟甲持戟盾（图 108）；

晚唐至五代时期（907—960），法国吉美国立博物馆《降魔成道
图》（MG17655）中绘制了大量魔军，这些魔军擐甲持弓矢刀剑，骑
乘具装铠（图 109）。这些身甲明显能看出是前胸开襟，甲裙是三片
结构，与现代的西藏札甲结构完全一致。

图 93、图 99 至图 103、图 107 至图 109 和这几张绘画中的唐制
甲胄都是典型的军中甲胄形象，身甲都是札甲，明显具备几个特征：

胄体分成四大类，一是曲边盔叶的多瓣盔，以图 93 代表；二是
小甲片编缀的胄体，以图 80 为代表；三是长条盔叶编缀而成，以图
38、图 82、图 83 为代表；四是正面有多曲压条，胄体是大盔叶铆接
而成，以图 74 为代表。

身甲亦有两种形制，一种是连身整体甲，至膝盖小腿，整体由
铁甲片编缀而成，图 93 至图 99 就是代表。一种是上身身甲和下身
甲裳分离结构，图 103 就是代表。骑兵甲以甘肃博物馆骑兵俑为代
表（图 110）。

披膊为独立披膊，身甲穿好后，再穿戴披膊，图 93 就是典型。

晚唐《降魔成道图》中还有马具装铠形象，马面帘也是甲片编
缀而成（图 109）。

故宫博物院中藏有唐武士陶俑（图 111），陶俑戴多瓣铁胄，身
甲为长连身甲，结构为裲裆甲，前后身甲由肩带连接，身甲长至膝
部，身甲穿戴完毕后，再披挂独立披膊，披膊由甲片编缀而成。此
两俑的身甲与长乐公主墓壁画中武士身甲一致，长乐公主墓中武士
因为绘画，无法展示肩带关系，而此陶俑以立体的方式展示了此种

长身甲的穿戴方式。武汉市博物馆藏长沙窑碗中绘制有两擐甲持刀盾武士（图 112），刀无环有格，应是盛唐之后的形制，身甲较短，由铁甲编缀而成，披膊结构应该与故宫陶俑一致，身甲与阿斯塔纳墓木俑一致。这两件藏品中的甲胄是军中的典型形制，这样的形制对辽、宋的甲胄产生了深远影响。

军中甲制，以简素、实用为原则，仅在甲胄边缘收口装饰织锦或皮毛，部分胸口有圆形铁叶。整体风格是在北朝裲裆甲基础上产生变化，大部分甲是用肩带连接前后身甲，正面或侧面开襟，材质分成铁、皮两种为主的札甲。披膊有两种披挂形式，一种是罩于肩带之上，一种是压于肩带之下。在整个唐朝近三百年的时间中，军中甲胄形制变化较少，说明军中甲制是比较稳定的。

2. 神将

佛教洞窟、寺庙中的天王的甲胄则走向了另一个发展方向。在军制的基础上吸收西域风格，形成了一种新的表现形式。

按照年代简单罗列一下塑像，可总结天王神将甲胄的规律：

初唐，敦煌莫高窟 322 窟（图 113–1）；

盛唐，甘肃敦煌莫高窟 319 窟、敦煌莫高窟 046 窟（图 113–2、图 113–3），故宫博物院藏品（图 113–4、图 113–5）；

中唐，德宗建中三年（782）五台山南禅寺大殿（图 113–6、图 113–7）；

晚唐，宣宗大中十一年（857）佛光寺东大殿（图 113–8）。

从初唐至晚唐，天王神将的甲胄有共同的特点，也有局部的变化。神将的甲多为短甲，身甲胸口有明显的硬甲防护，早期形状为圆形、椭圆形，后期这部分圆护不再是光素表面，而是装饰 Y 形甲片、札甲片等。此类甲的身甲和甲裳有两类，一类是各自独立分开的，一类是连身结构。天王甲的甲裳非常短，仅仅遮蔽大腿，甲裳下沿装饰百褶织物。

神将风格的甲胄在颈部有一个 Ω 状结构，身甲穿戴完成后，会在此位置进行捆扎（图 113 敦煌天王像、图 114 李寿墓）。笔者认为此结构是源自真实甲胄的一个细节，长身札甲因为重量和体量的关系，极难贴合身体，步兵、骑兵札甲上半身需要甲与身体贴合，为了解决这个问题，在盆领上增加一个 Ω 结构套住盆领，用绳索捆扎可有效增加甲的贴合度，同时胸口圆护做为一个独立结构也便于捆扎在一起。大都会博物馆藏西藏札甲（图 115）的盆领有时会有一圈皮绳对其进行紧束，由此笔者认为唐神将、天王上的这个结构原理应该与西藏札甲的这个紧束原理相同。这类结构在盛唐之后逐渐转化成天王领部的巾（图 116）。

神将天王的甲胄两肩多装饰有龙首、虎首，此种形制在中国之前的历代甲胄中都未曾出现，明显是受到西域风格的影响。片治肯特壁画中粟特人甲胄中就有狼头装饰风格（图 19、图 117）。粟特、突厥的狼头装饰风格从西域传播至唐朝后，演变成龙首、虎首的装饰风格，随着天王甲形制一直对后世产生影响。

从北魏开始，穿甲胄的护法武士出现在佛教构图中，一般不是成对出现，可视为早期天王像。真正意义上的天王像诞生于公元 6 世纪初期，此时的天王像擐甲持刃；至隋唐，随着佛教的昌盛，于阗地区产生的毗沙门天王信仰体系及其图像系统成为佛教天王的主要式样，于阗风格与唐制甲胄产生融合，形成了普遍意义上的天王形象。其身甲既有真实的构成，同时又具有大量出于美化意义的装饰，成为后世神将天王像的源头。

神将天王甲对后世寺庙中的天王塑像、壁画粉本、水陆画影响巨大，自唐朝中期开始直至今日。涉及宗教、神怪故事中的甲胄都以此类甲为主，尤其是 Y 形甲片的使用，肩部兽吞形象在后世宋、明水陆画、寺庙塑像中都得以延续，形成了中国甲的一种特有风格。这类天王甲并无考古实物，故研究其形制、结构非常困难。明显能看出此类甲脱胎于军制，同时又增加了大量艺术的表现形式。

九、裲裆甲、唐甲的遗风

四川、贵州、云南地区现存的彝族皮甲，其形制特别值得关注。

现存的彝族皮甲的胸背有大片防护的硬板，胸前甲上端为 M 形，背后顶部为弧形，胸甲、背甲都由整体皮革制成；两块大板甲之下用稍小的皮甲片连缀成腹部和腰侧，整个身体用大甲片裹成筒形，形成一个筒形的硬质结构；腰部以下以长方形小甲片编缀成甲裳，甲裳与身甲相连，长度仅遮蔽大腿，皮甲都是腰侧开襟。

此类皮甲应是裲裆甲、唐甲的遗存。彝族皮甲穿戴后，前后身甲用肩带挂在肩头，与塑像中唐甲穿戴方式一致。以上区域出现的彝族皮甲都严格按照此种形制制作，只是后期在绘画和表现符号上更加本地化。

大都会博物馆 2014 年收藏一彝族皮甲（图 118），此套彝族甲是目前已知年代最早的，其身甲形制与敦煌 194 窟天王甲（图 119）形制最为接近。其纹饰细节，胸甲中有翼龙，从龙形来看是典型的宋元风格（图 120）。胸甲中龙纹的表现和宝鸡出土的唐铜鎏金天王像胸甲的龙纹所表现的意向是一致的。皮甲的背甲与中国国家博物馆藏郑仁泰武士俑的身甲（图 121）高度一致。彝族皮甲的前胸、后背两块硬甲完全是对唐天王甲的模仿和继承。

十、小结

从前文罗列的壁画、雕塑、考古实物，可以总结出唐甲胄的以下细节和特征。

1. 胄

唐铁胄主要分成四种形制：第一种是曲边盔叶的八瓣胄，此种胄体在广阔的唐朝疆域存在，吐蕃、辽都使用此种胄体；第二种是小甲片编缀的胄，此类胄多出现在中原；第三种是长条铁叶铆接铁胄；第四种是大甲叶铆接铁胄。隋唐胄总体是北朝胄的延续，从现有的实物来看，唐中期后，胄体眉框结构逐渐淡化，胄体下缘开始变得平整。

唐朝铁胄两侧开始出现凤翅，但是其构成材质不明。

2. 甲

唐朝铠甲形制上主要分成长身甲、短身甲两种形制。

长身甲在禁军、安西四镇普遍装备，身甲都是小札甲片编缀而成，多在肩部装备独立的披膊。此种长身甲的甲制属于典型军制，对五代和北宋甲制有明显影响。

短身甲更多出现在中原地区，短身甲也有两种风格：一种是短身甲内层穿锁子甲，胸口有硬质护甲，此种风格的甲，甲裳极大可能是独立结构，是札甲编缀而成；另一种身甲是札甲编缀而成，前后身甲由肩带连接，身甲和甲裳为一体结构，在裆部或身侧开衩。短身甲的披膊形式与长身甲的披膊风格一致。唐甲的披膊有弧形的盆领，此类披膊在披挂时，一种用肩带压住，一种是披挂于身甲之外。肩带压披膊的甲，胸口部分的两块护甲应该是皮胎硬板，正面胸口装饰两金属圆护。短身唐甲穿戴时有一单独的领圈套住盆领，领圈经过绳索束紧后，再将前胸和后背两块硬板捆扎固定。身甲编缀使用的丝绦或皮绳有红、绿两种。

唐制明光甲、光要甲两种甲制更多可能是泛指表面光洁的札甲甲片编缀的铁甲。

唐制锁子甲、山文甲明显都受到西域风格影响。

唐制铁铠甲中的细鳞、乌锤两种甲制不明。总体形制相似的情况下，更多的可能是甲叶不同。

唐制白布甲、皂绢甲、布背甲这类甲因为使用布为主要材料，比铁甲更难保存，其形制不明。应该是模仿军阵甲，只是更为华丽。

唐朝开始出现纸甲，纸甲在宋朝发展成高峰。

唐朝的皮甲数量较多，从现有史料分析，皮甲的装备量大于铁甲，究其原因应是皮甲在制作成本上低于铁甲，故装备量更大。军中的唐甲其核心结构仍旧是裲裆结构，部分身甲增加了独立披膊及胸口、后背的护甲。

据史料记载，吐蕃王朝装备有皮甲、锁子甲、铁甲，从考古实物中也发现了皮甲、铁甲、锁子甲。其铁铠甲形制与唐长身铁甲完全一致，并且其形制一直保存至 19 世纪。吐蕃铁胄与唐制铁胄形制一致，分成小甲片编缀胄和八瓣铁胄。现存的西藏铁札甲和八瓣铁胄是研究唐制铁札甲的重要参考。

古格遗址出土的曲边甲片说明吐蕃铁札甲也受到了粟特、突厥风格影响。笔者认为军阵唐甲主要形制还是裲裆甲风格，不过分成长、短不同形式；开襟有侧开襟和中开两类；身甲、披膊都是札甲编缀形式，甲片有继承北朝风格的，也有来自西域的曲边甲；甲片的材质有铁、皮、纸等；披膊是独立件，部分披膊有盆领结构，穿戴时，有些是将披膊压在肩带之下，有些披膊则是遮蔽肩部。

3. 神将

唐朝军制甲胄和神将天王甲胄出现明显的分水岭，军制甲胄对五代、宋制甲胄产生了深刻影响。神王甲胄也成为后世寺庙塑像、水陆画尊崇的范本。神将甲的物理源头之一，应该是身穿环锁铠后，再穿戴了一个裲裆甲风格的短皮甲。风格非常类似今天的防弹背心，腰腹穿独立的甲裙，这样的穿甲风格再结合宗教的创造和西域的部分风格，形成了神将甲的起源。这点从毗沙门天王早期是于阗风格，后逐渐成为敦煌新样的变化也能看出来，后期的神将则是在军阵甲的基础上，不断添加各种艺术的夸张，在中唐以后成为定式。

唐朝是一个开放、包容、进取的时代，以一种前所未有的姿态出现在中国，唐朝甲胄吸取了北朝的部分精髓，同时又吸取了西域风格，形成了一种全新风格的甲胄形制，此种风格直接影响了五代和北宋。因为佛教的昌盛，唐朝出现的神将天王甲胄也是中国后世佛教、道教天王神将的甲胄。

第六章

五代十国甲胄

　　"安史之乱"是造成唐王朝由盛转衰的关键事件，从此唐王朝深受藩镇割据、宦官专权之祸。公元907年，后梁太祖朱温逼迫唐哀帝禅让，唐朝灭亡，中国又一次陷入了大分裂时代。

　　公元907年，梁王朱温篡唐建立后梁，标志着五代十国的开始。唐僖宗册封的晋王沙陀人李克用依然尊唐为正朔，起兵勤王，讨伐后梁。中原内乱，原臣服于唐朝的契丹人也趁机建国，公元916年，耶律阿保机称帝，国号"契丹"，自此契丹开始逐鹿中原。李克用病故后，其子李存勖攻灭后梁，建国后唐。后唐之后，五代的君王均出自李克用的子孙与其部属。后唐明宗李嗣源内整国政，外扩疆土，国力日盛，但因后来发生内乱，被河东节度使石敬瑭引契丹军攻灭，石敬瑭献出"燕云十六州"建立后晋。燕云十六州相当于今北京、天津全境以及山西、河北的北部地区，辽朝疆域扩展至长城沿线，中原王朝历来对抗北方游牧势力的燕山山脉落入辽朝手中。石敬瑭死后，契丹与后晋的关系恶化，契丹军南下灭后晋，耶律德光改国号"契丹"为"大辽"。同时后晋河东节度使刘知远在太原府称帝建立后汉，收复中原。后汉枢密使郭威篡后汉建立后周，并将皇位传给养子柴荣，柴荣苦心经营中原，使得后周日渐拥有统一中国的能力。柴荣在北伐辽朝时不幸病亡，后周随后被殿前都点检赵匡胤所篡，五代结束。

　　中原地区出现了后梁、后唐、后晋、后汉和后周政权，史称五代。五代诸国控制的疆域仅在中原地区，无力统一整个中国。后唐、后晋、后汉的政权皆由沙陀人所建立。同时期在南方还有十个相对较小的割据政权，或自立为帝，或奉中原王朝为正统，北汉在山西境内，其余九国都在南方地区，后世称之为十国。五代十国时期战乱连年不休，统治者多重武抑文。五代十国是中国历史上的重要时期，其间，河西定难军在北宋时期独立成西夏；静海军掌管的交趾地区逐渐脱离中国独立。

一、史料中的甲胄

史料显示五代军队装备甲胄数量较多，且形制华丽。

后梁太祖朱全忠与河东晋王李存勖之间为了扩展各自的势力，互相争夺成德（今河北正定）、义武（今河北定州）、卢龙（治幽州，今北京）三藩镇。后梁开平四年（910），朱全忠命部将王景仁为北面行营招讨使，韩勍为副，李思安为先锋，率兵三万，于十二月经河阳（今河南孟州南）向柏乡进军。成德军节度使王镕告急，晋王李存勖亲自领兵至赵州与周德威会合；义武军节度使王处直亦派兵五千支援晋王。后梁韩勍、李思安率"步骑三万，铠甲炫曜，其势甚盛，分道以薄帝军"（《旧五代史·唐书·庄宗纪》）。后梁军队以铁甲为主，且甲片精磨，方能在阳光下明亮光耀。后梁军的"龙骧、神威、拱宸等军，皆武勇之士也"，是其核心部队，"每一人铠仗，费数十万，装以组绣，饰以金银，人望而畏之"（《旧五代史·唐书·庄宗纪》）。后梁军的甲胄非常精良华丽，装饰织锦刺绣和金银，军容之盛令晋军颇为忌惮。两军接战前，后晋名将周德威见到后梁军如此布阵，对其副将李存璋说，敌军虽然势大，结阵而来，其形式不似在作战，而是"以兵甲耀威耳"，周德威令李存璋告谕全军："尔见此贼军否？是汴州天武健儿，皆屠沽佣贩，虚有表耳，纵被精甲，十不当一，擒获足以为资"（《旧五代史·唐书·周德威传》）。两军接战后，周德威率本部精锐骑兵出击，左驰右决，四次冲击后梁军两侧翼，后梁军受到周德威的攻击后，退回野河南岸。梁晋两军对峙数月后，李存勖认为孤军远来救难，应速战速决。周德威认为友军成德军善于守城，但不善野战，晋军多是骑兵，在攻城作战中也难以发挥作用。他建议按兵不动，待梁军士气衰退再伺机出击。李存勖听闻此言，颇为气恼。周德威随即与监军张承业言，两军对峙，梁军一旦修桥渡河，晋军必败。建议晋军可退守至鄗邑，引诱梁军离开营垒，采用"敌出我归，敌归我出"的战术，用精骑抢掠梁军的粮草军需，梁军必败。李存勖在张承业的劝谏下得知王景仁果然正暗中营造浮桥，遂采纳周德威的建议，退守鄗邑。

开平五年（911）周德威率骑兵至柏乡，设伏于村坞之间，周德威率三百骑兵至后梁军营门诱战，王景仁率全军拔营追击，周德威且战且退，退至鄗邑南，后梁军步兵尚未列好阵型，周德威领骑兵列阵于河上与梁军对峙，此时李存勖领主军在柏乡设伏。李存勖欲开战，周德威认为后梁军轻装远来决战，即便携带干粮，也难以在战斗中进食，部队很快便会人饥马乏，士气衰落。届时再趁势攻击，必获全胜。李存勖遂按兵不动，两军对阵到傍晚时分，梁军饥渴难耐，皆有退意。周德威见时机已到，高呼："汴军走矣！"立即从侧翼发起猛攻，李存勖也趁机率本军冲击梁军，与周德威夹攻，后梁军大败，"弃铠投仗之声，震动天地，龙骧、神威、神捷诸军，杀戮殆尽……是役也，斩首二万级，获马三千匹，铠甲兵仗七万"（《旧五代史·唐书·庄宗纪》）。后梁军的核心部队全军尽没，后梁军主帅王景仁、李思安仅以身免，将校被俘者有二百八十人，后梁军精良器甲全数被后晋所得。

后唐明宗李嗣源在柏乡之战之中表现突出。当时两军列阵已毕，李存勖看后梁军势盛，准备激励晋军，手持白金巨钟赐酒给李嗣源，谓之曰："卿见南军白马、赤马都否？睹之令人胆破。"李嗣源笑说梁军徒有虚表，那些白马和赤马明日就会到我的马厩之中。尽酌巨钟之酒后，率部下百人直冲后梁的白马都，"奋楇舞稍，生挟二骑校而回，飞矢丽帝甲如猬毛焉"（《旧五代史·唐书·明宗纪》）。李嗣源的奋勇突击，造成后梁军阵型松动，后唐军因此三军振奋。激战中李嗣源铁甲被大量箭矢射中，如同刺猬。历史上诸多史料都记载过军将的甲被射成刺猬，而军将无伤。李世民在霍邑之战中，与段志玄冲隋军宋老生军阵时，"敌人矢下如雨，帝为流矢所中，拔而复战，冲突出其阵后，愤气弥厉"（《册府元龟》卷四十四）。李世民冲阵被箭矢射中无碍，也是因为身擐铁甲。箭矢无法射穿铁札甲，箭矢多会卡在札甲的甲叶缝隙或编缀孔，所以才会有"如猬毛"的形容。

后唐同光二年（924）李嗣源破契丹于涿州，路过邺城，从邺城武库取走铠甲，"邺库素有御甲，帝取五百联以行"。此事引起了后唐庄宗李存勖的极大不满，曰："吾之细铠，不奉诏旨强取，其意何也？"（《旧五代史·唐书·明宗纪》）此段史料说明甲胄平时贮藏于武库，李嗣源私自取走甲胄是古代极为犯忌讳的行为，此种行为无异于谋反，所以李存勖才苛责此事。从李存勖言语中可知邺城武库的甲制作极为精细，属于甲片细小的札甲。

后唐末帝李从珂是唐明宗李嗣源养子，至壮年，身长七尺余，方颐大体，材貌雄伟，骁勇果敢，后唐明宗甚是喜欢。曾经有相士言李从珂形似毗沙门天王，李从珂听闻后，暗自窃喜。后废黜唐闵帝李从厚自立为帝，"即位，选军士之魁伟者，被以天王甲，俾居宿卫，因诏诸道造此甲而进之"。毗沙门天王的崇拜始自中唐，唐朝将毗沙门天王作军神崇信，后唐政权以唐为正朔，所以在军中自然崇拜毗沙门天王。清泰二年（935）"邺都进天王甲"（《旧五代史·唐书·末帝纪》)。邺城制作的天王甲与宿卫亲军的天王甲形制不明。北宋《册府元龟》对李从珂天王甲的数量加以明确："魏府进天王字甲胄千二百副，乃选诸军之魁伟者，被以天王甲，俾居宿卫"(《册府元龟》卷四十四)。文中表述甲胄上有"天王字"，也有可能是身甲上有铭文。

　　五代甲胄中除了铁甲之外，皮甲也多见于史料。李克用给朱温的书信中曾言，"三边校士，铁骑犀甲"(《旧五代史·唐书·李袭吉传》)；后晋天福六年（941），成德军节度使安重荣以抗辽为号反出后晋，遭后晋杜重威部镇压，安重荣部将赵彦之与安重荣有隙，临阵卷旗反叛，欲返回晋军，"其铠甲鞍辔皆装以银"，晋军不知其来降，反而将其部众杀死，晋军将铠甲分之(《新五代史·卷五十一·安重荣传》)。成德军装备的铁甲、鞍辔都是用银装饰。安重荣战败后，"取牛马革旋为甲"(《旧五代史·晋书·安重荣传》)，说明五代甲胄中，铁铠和皮甲都在使用。

　　五代十国时期，甲胄有不同的颜色，十国中的吴国选取淮南骁勇之士，"选五千人豢养于府第，厚其衣食，驱之即战，靡不争先。甲胄皆以黑缯饰之，命曰'黑云都'(《旧五代史·僭伪列传·杨行密》)，吴国精锐"黑云都"使用黑色甲胄。后周显德元年（954）二月，北汉世祖刘崇趁后周国丧之际，自率三万兵马，并招引辽国骑兵万余人，南犯潞州。柴荣闻讯后，力排众议，决心亲征，六月围攻太原失利后撤军，但是仍旧留少量精锐牵制后汉军，"周师南辕返斾，惟数百骑，间之以步卒千人，长枪赤甲，炫趫捷跳梁于城隅，晡晚杀行而抽退"(《晋阳见闻录》)，后周军精锐使用红色甲胄。

　　五代时期，宫廷对任职、出外征战的将领赐铠甲以示荣宠，后周世宗柴荣任命袁彦为淮南道行营马步军副都指挥使,"赐衣服、金带、鞍勒马、铠甲、器仗,遣赴军前"。世宗柴荣亲征淮南的时候,其将领祁廷训时任东西班都指挥使,迁内殿直都指挥使,随驾出征,世宗"赐以明光细甲"(《宋史·袁彦传》),明光细甲应该是铁质铠甲,"细"估计是代指铁甲片较小的一种形制。

二、甲胄形制

五代甲胄尚无考古实物,仅能以壁画和石雕为参考进行梳理。

五代中原风格以河北王处直后梁龙德二年(922)墓门龙凤武士、山西后周显德元年(954)大云院七宝舍利塔天王、山西平遥镇国寺北汉天会七年(963)天王像的甲胄为代表;十国以四川前蜀王建永陵(918)武士、四川后蜀赵廷隐墓(950)陶俑、南唐李昪钦陵(943)浮雕武士、南唐栖霞山舍利塔武士为代表;归义军节度使曹元忠夫妇于十世纪中期修建的敦煌061窟骑兵则是西北方向的代表。

1. 甲

王处直墓门武士的前后胸甲肩带应该是置于披膊之下,这样的结构也是唐制披膊的一种形式,披膊的甲是Y形甲片,实际就是环锁铠,武士的甲裳较长,可及脚面,甲裳是铁札甲,从结构上看,甲裳和身甲可能是连体的札甲,胸口的圆护还是单独前后两片硬结构,与唐甲结构一致(图1)。总体来看还是典型的神将风格。

大云院的浮雕武士更为清晰地展示了连身长甲的造型。图2-1武士身甲是鱼鳞甲,胸口有两人面形圆护,身甲是裲裆甲结构,前后用肩带连接，披膊置于肩带之下，未见盆领结构，身甲用甲绦束紧，甲裳可能在两侧和后面开衩；图2-2武士身甲为铁或皮甲片编缀的长身札甲，胸口有两人面圆护，胸口和两肋处用甲绦束紧身甲，甲裳较为宽大，甲裳下沿有明显的织物收边。两武士的甲裳都较长，至膝盖之下。大云院的图2-1鱼鳞甲应该已经退出实用，这是按照军阵甲的形制，用鱼鳞甲表现，是介于神将和军阵之间的表现形式；图2-2则是属于贴近军阵甲实物。身甲结构与唐长乐公主墓仪卫武士的身甲区别仅限于披膊的叠压方式、身甲的捆扎方式不同。

平遥镇国寺的武士像从整体结构来看，与唐武士像非常接近，披膊较短，甲裳也仅遮蔽胯，胸前的圆护仍旧是单独结构，用甲绦捆扎束紧，由于披巾遮蔽，不知道连接前后身甲的肩带是置于披膊之上，还是披膊之下，这类风格的短身甲应是骑兵甲胄演化成为仪仗甲、神将甲，而不是真实作战甲胄的形式（图3）。

前蜀王建永陵石雕神将（图4）、成都博物馆后蜀赵廷隐墓陶俑（图5）都清晰展示了披膊为独立结构，身甲为裲裆甲，前后用肩带连接并压住披膊，这样的结构应该是前蜀、后蜀的主流，这类风格应是在军阵裲裆甲上做了神将风格的演绎，尤其是甲片形式上的表现。赵廷隐武士俑明显是神将风格。永陵神将的披膊多是鱼鳞甲，胸甲是札甲、环锁铠、鱼鳞甲三类。

成都永陵博物馆中还陈列了一尊出土于成都籍田的后蜀陶制神将（图6），身甲的甲片侧边都呈波浪形，是典型的曲边甲，这类曲边甲就是《唐六典》所记载的"山文甲"，《隋唐甲胄》一章中对此类曲边甲已有阐述。

南唐钦陵（图7）、江苏南京五代栖霞山舍利塔武士（图8）的身甲甲片是鱼鳞甲和环锁铠，披膊都在肩带之上。钦陵武士身甲风格上也是介于神将和军阵之间，如果把甲叶替换为札甲，就是军阵形制。栖霞山舍利塔的武士则是典型的神将风格。

西北地区的五代归义军的甲胄（图9、图10）明显继承于唐，从图像上看，与《张议潮统军出行图》中的甲胄几乎一致，都属于军阵甲。但是从图像中明显看出是札甲形制，披膊较为宽大，骑乘时甲裳遮蔽膝盖至小腿，身甲边缘装饰绿色织锦，与敦煌中期的唐制札甲并无实质区别。非常值得关注的是，在同一铺壁画中，军阵甲胄和天王神将甲胄有明显的不同。杭州烟霞洞五代吴越时期吴延爽供养人像身穿裲裆札甲，甲长及膝盖，可能为侧开襟形式，此甲为较典型的军中形制（图11），宋、金甲制基本都延续此形制。

从这些现存的石雕来看，五代十国时期的披膊都是独立结构，擐甲的时候或在身甲之上，或在身甲肩带之下，两种结构都是延续唐制。五代十国时期的甲裳较长，防护面积较大，这类长身甲在唐朝的安西军、御林军中也多有装备，长身甲是步军用甲，其甲片的形制仍旧以札甲片为主，铁甲、皮甲并存，但是史料未曾记载军队中装备比例关系。史料显示，五代高级铁甲装饰金银，殊为华丽。五代甲胄中仍旧以札甲为主，部分使用环锁铠，雕塑中显示也有鱼鳞甲、山文甲，只是迄今为止无考古实物能佐证。

2. 考古实物

1999年、2001年，宝鸡市考古队对陵塬村东侧的古墓进行发掘，其中M2号墓就是唐末五代藩镇李茂贞之墓。墓中墓志文首题为："大唐秦王谥曰忠敬墓志铭并序"，李茂贞生前曾经在两个时期封为"秦王"，唐昭宗景福二年（893）封秦王，唐朝灭亡后，后唐庄宗李存勖入洛，李茂贞"惧不自安，方上表称臣"（《旧五代史·李茂贞传》)，后唐庄宗再次追封李茂贞为"秦王"。

M2 墓中出土铜鎏金甲片 6 枚，考古报告称之为"舌形片，出土于墓室，长舌形，片状，一端平齐，有 2 个小钉孔；中部有 5 钉孔；另一端呈椭圆舌形，竖排 2 小钉孔，正面鎏金，标本 M2:24 长 6.8 厘米，宽 1.9 厘米，厚 0.1 厘米"（图 12）。李茂贞陵墓的甲片圆弧端为上端，其形制和开孔方式与曲江出土的唐甲甲片接近，只是下端开孔形式不同。随葬甲片是铜鎏金，甲片尺寸也符合唐甲尺寸，说明此套甲可能是李茂贞仪仗之物。

在《中国传统工艺全集·甲胄复原》书中提及扬州地区考古出土五代铁甲片（图 13），白荣金先生标注的参考文献是《扬州城考古工作简报》《江苏扬州市文化宫唐代建筑基址发掘简报》，特别指出是蒋忠义先生提供甲片标本。部分甲片与曲江出土的唐甲片形制完全一致。

3. 胄

五代的胄形制上整体分成四类；材质分成铁质、皮质两种。

第一类是八瓣形：4 片盔叶在外侧，两侧为多曲边，中间有凸起的脊线，前额有尖凸，顿项分成 3 片，左右护颊较小，可向上反折，而脑后的较为宽大。此种八瓣盔明显承袭唐制。王处直墓神将，前蜀王建永陵的玄武、青龙神将（图 14），属此类典型。

第二类是长条盔叶铆接的盔型，永陵神将（图 15）、赵廷隐陶俑中都有所表现。此种长条甲片的盔型也是继承于唐制，敦煌莫高窟 322 窟天王像就是条形盔叶铁胄，较为特殊的是盔叶是多曲形。

第三类是横向铁叶铆接成胄体（图 16），此类胄也没有考古实物。从工艺结构上分析，如果是铁叶做成横圈，不如纵向铁叶拼接合理，制作也相对麻烦，如果是皮胄，结构就变得合理了，生皮经过模压就可以形成这样的环形结构，再逐层铆接。此类盔极大可能是皮胄。

第四类胄体以王处直墓石雕为代表（图17），应该是一种新型铁胄，胄体可能是由3块盔叶构成，左右为半弧形盔叶，中间由一弓形铁盔叶铆接左右两片盔叶。南唐李昇钦陵的武士胄也是此种风格。五代此类型的胄目前尚无实物可以佐证，宋朝的三片铆接胄的起源应该就是此类胄。

4. 具装铠

五代军中有具装铠，且为铁制马甲。后晋天福七年，泾州节度使张彦泽朝见石敬瑭进献人甲和具装铠："三月戊寅，泾州节度使张彦泽到阙，进朝见谢恩马九匹。又进马五十匹，并银鞍辔、黑漆银钱子马面、人铁甲、弓箭袋、浑银装剑共五十副。又进骆驼二十头。己卯，又进马五十匹，供御金镀银鞍辔一副。庚辰，又进马五十匹，金鞍辔，全人马甲、弓箭各五十副。"（《册府元龟·帝王部·纳贡献》）其中马面黑漆底装饰银色饰物，后晋的人甲、具装铠都是铁甲。契丹军攻破后晋汴京后，收罗了后晋具装铠。后晋其形制不知细节，应与唐、北齐形制相去不远。

三、小结

五代十国总共历时七十二年，由北宋统一中原。五代的甲胄应该是明确延续晚唐形制，由于完全无考古实物支持，无法准确得知五代甲胄的细节。

五代甲胄应该分成胄、披膊、身甲、甲裳几部分。身甲应是裲裆结构，分成前后两部分，甲裳较长；胄体以八瓣结构、条形盔叶为主，王处直墓天王胄型应该是新出现的一种形制，此种盔型由两宋继承。

辽朝甲胄

第七章

辽朝是中国北方契丹族建立的政权。

北魏时期，契丹人分成八部，通过互市、朝贡与北魏开始交往。隋唐时期，中原王朝与契丹部落之间，根据各自不同目的，有和亲、朝贡、羁縻等行为。从唐玄宗开始，契丹族群与中原地区的交往加深，在近代考古中发现契丹文化中带有深刻的唐文化痕迹，唐末五代时期，契丹人已经有了相当程度的汉化。

唐朝在公元907年灭亡，中原王朝在东北、华北的势力减弱。耶律阿保机趁机统一契丹诸部后，在公元916年称帝建国。石敬瑭献出燕云十六州换取契丹势力支持，建立后晋。燕云十六州相当于今北京、天津全境，山西和河北的北部地区，辽朝疆域扩展至长城沿线，中原王朝北宋的北方边境面临着无险可守的境地。公元946年，辽太宗耶律德光灭后晋，改国号为"大辽"。契丹人建立的辽朝疆域广阔，国势最盛时期，东至日本海，西极阿尔泰山，南至河北、山西一线，辽朝对周边的诸国采取不同的政治策略，史载："东朝高丽，西臣夏国，南子石晋而兄弟赵宋，吴越、南唐航海输贡。"（《辽史·地理志》）辽朝第一次在政治上使用一国两制，实行北、南两套官制，北面官员处理契丹游牧各部事务，南面官员处理汉人、渤海国等农耕民族事务。

公元 1125 年，辽朝被金灭国，辽朝国祚共计 210 年。耶律大石在新疆、中亚地区建立的西辽在公元 1218 年被蒙古人灭国，史学界称之为哈喇契丹。

一、史料中的辽甲

1. 宫廷、仪仗

辽朝立国后虽然建立了五京，但是辽皇帝却有相当长的时间不在京城宫殿，而是保持了游牧习惯，一年按照四季不同进行"捺钵"，即四季巡幸于捺钵之地，从事游牧射猎等活动，朝廷政务皆在捺钵所在地处理。从政治地位而言，捺钵之地实际上是契丹国的政治中心，宫廷大帐重于五京，这与中原皇室住在宫城有本质的差异。辽太祖耶律阿保机建国称帝初期，各部族时有反叛，乃至朝会时都要在袍服之下擐甲，"朝服裹甲，以备非常"（《辽史·仪卫志》）。可见辽朝立国之初，部族之间的矛盾极为严重。

后期，辽朝典章制度完善后，皇帝在捺钵过程中穿田猎服，"皇帝幅巾，擐甲戎装，以貂鼠或鹅项、鸭头为捍腰"（《辽史·仪卫志》）。这类捺钵活动也是游牧民族的军事活动体现，所以皇帝会擐甲。

辽朝卤簿仪仗现有史料极为简略，《辽史·仪卫志》中寥寥数语记载了宫廷仪卫擐甲和骑乘甲马："坐马挂甲人五百九十八人，步行挂甲人百六十人，金甲二人。"历代记载铠甲的史料文字中，只有辽史记载铠甲为"挂甲"，"挂甲"应就是札甲，用挂字形容上下排甲叶关系。

2. 军制

辽朝军队的构成、分类在各种史料中表述不一，相互之间颇有矛盾之处。按照《辽史·百官志》记载总体分成：御帐亲军、大帐皮室军、属珊军、宫卫骑军、五京乡丁、属国军、边境戍兵这七大类。构成的主体是以部族军为核心，对外征战中召集各部族、从属国军队组成军队出征。部族军对外征战时，"往往置私甲以从王事。大者千余骑，小者数百人，著籍皇府。国有戎政，量借三五千骑，常留余兵为部族根本"（《辽史·兵卫志》）。《契丹国志》对"大帐皮室军"解释为："晋末，契丹主投下兵，谓之'大帐'，有皮室兵约三万人骑，皆精甲也，为其爪牙。"对"属珊军"解释为："国母述律氏投下，谓之'属珊'，有众二万。"契丹皇帝、皇后属于不同族群，都有属于族群的武装。辽初期南侵时候，"戎主阿保机牙将，半已老矣。每南来时，量分借得三五千骑，述律常留数百兵，为部族根本。其诸大首领太子伟王、永康、南北王、于越、麻荅、五押等，大者千余骑，次者数百人，皆私甲也。"这两段史料说明在辽朝建立初期，辽主、辽后、亲王、大臣都分属各部族，这些部族组成不同族属的武装，这些武装的甲胄都是属于部族和部族首领私产，而不属于国家。在辽朝中后期国家的法统逐渐战胜了部族势力后，甲胄则是国家、军队的物资，严禁私藏。甲胄的国有化过程，也是契丹人从部族政权向封建国家过渡的表现。

辽朝甲胄在诸多史料中有记载，"人铁甲九事，马鞯辔，马甲皮铁，视其力"（《辽史·兵卫志》），记述辽朝军队人与马应该都披挂甲。人甲应该由"九事"构成，史料中并未说明"九事"的细节，推测应是指兜鍪、披膊、顿项、身甲、甲裳、臂韝、吊腿等甲胄的不同部件，共计九件，只是不知道契丹甲除了这些已知的部分，还有其他什么构件。马的具装铠分为"皮""铁"两种材质，根据马力不同进行披挂。

辽朝的甲胄在军队中的使用非常有特点，皇帝御驾亲征的时候，选骁勇三千人为先锋，又会派出一支较为特殊的远程侦查部队"远探栏子马（远探栏子军）"。这支部队是严格筛选的剽悍勇武之士，数量不多，总计"百人之上"，由单独的将领率领。这支部队会分散成十数人一队出击，其战术特点是夜间行军每行进十里或五里后，停下来隐蔽休息，下马倾听有无敌军斥候前来侦查或埋伏，如果遇到宋军的斥候或埋伏，则先行攻击，如攻击不能得手，则回报前锋，然后引导前锋消灭宋军。侦查过程中，如果遇到宋军主力，则回报主帅，宋军的虚实和动态都会被"栏子马"侦知。这支部队特别注重夜间侦查，"以夜听人马之声"。这些进行远程侦查的"栏子马"装备精良，装备的是"全副衣甲"（《辽史·兵卫志》）。这段史料显示出"栏子马"总数量不多，是精锐远程夜间侦查部队。史料还对此部队有一些记载，如辽朝皇帝不亲征，南下辽军部队"大帐前及东西两面"（《云麓漫钞》卷六），三个方向都各有一将领率领，"拦子马各万骑，支散游弈百十里外，更迭觇逻"（《辽史·兵卫志》）。《兵卫志》前后文中对这支部队的人数记载有巨大的差异，前文中部队是百余人的剽悍锐士，后文中数量则是万余人规模，推测《辽史》中这两处人数记录有如此巨大差异，有两种可能性：一种是抄录史料出错；二是辽朝军制发生了变化，"栏子马"的部队进行极大扩充。皇帝亲征中，百余人的"远探栏子马"装备极为精良，这支部队是游离于前锋之外的斥候，注重远程机动，更注重夜间的渗透和侦查；而由重臣领军南征的情况下的"栏子马"，已经不再是独立的夜间侦查部队，而是具备先锋和斥候两种功能的部队，极大可能是辽朝军制的改变。史料中未曾提及此部队是否装备马匹的具装铠，这类远程机动部队应更注重机动性，不会装备具装铠。

南宋史料记载了司马光对辽军披甲的描述："契丹之法，有简要可尚者，将战，则选兵为三等。骑射最精者，给十分衣甲，处于陈后；其次给五分衣甲，处于中间；其下者不给衣甲，处于前行。故未尝教阅，而民皆习于骑射"（《能改斋漫录》卷十三）。司马光的描述也说明了辽军甲胄是按照部队性质不同进行装备的，精锐装备"十分衣甲"（全套甲胄）。辽军在南征的过程中，军队的核心是各部族军，都是契丹人组成，每个部族正军往往携带"打草谷"家丁两人，家丁多是俘虏的汉人和渤海人，这些家丁可能穿"五分衣甲"（半甲）。在相关史料中记载，辽军攻灭后晋，破汴京，耶律吼在众将皆大肆劫掠时，"吼独取马铠，帝嘉之"（《辽史·耶律屋质传》）。耶律吼在战争过程中尽量收集具装铠，说明辽非常重视重甲骑兵的建设。

北宋太平兴国五年（辽乾亨二年，980），辽景宗耶律贤为报乾亨元年满城之战的失利之仇，御驾亲征北宋，命北院枢密使耶律休哥领先锋。辽军进展迅速，先包围了瓦桥关，宋朝援军赶到瓦桥关后，夜袭耶律休哥大营，被辽将萧翰干等击退。为救关内宋军，宋军再次攻击辽军，被辽军阻于瓦桥关东，守将张师率军向东突围，耶律休哥率亲军突袭宋军，阵斩张师，宋军余众退回城中。辽宋两军在易水两岸对峙，在决战之前，"帝以休哥马介独黄，虑为敌所识，乃赐玄甲、白马易之"（《辽史·耶律休哥传》）。辽景宗耶律贤认为休哥的马披挂的具装铠是黄色，而且与其他辽军的具装铠色彩不一样，恐被宋军集火，于是赐黑具装铠。这段史料反映出两个细节：一是辽朝高级将领的马匹披挂具装铠；二是具装铠颜色不同，至少出现了黄色、黑色两种，而且军中具装铠应该以黑色为主。

辽兴宗重熙十八年（1049），萧惠领辽军自河南征西夏，进入西夏境内后，放出的斥候侦查距离很短，行军中，全军的"铠甲载于车，军士不得乘马"（《辽史·萧惠传》）。诸将觉得如此行军极为危险，纷纷建言请萧惠下令全军戒备，萧惠对诸将说："谅祚（夏毅宗）必自迎车驾，何暇及我？无故设备，徒自弊耳。"萧惠盲目相信夏主会来投降，毫无戒备。数日之后，辽军尚未安营扎寨，斥候来报告夏军来袭，萧惠不相信夏军会进攻辽军，甚至"惠方诘妄言罪"，夏军从山坡直冲辽军，"惠与麾下不及甲而走"（《辽史·萧惠传》），辽军来不及穿甲，全军溃败。此段史料说明辽军步兵、骑兵的甲胄在行军状态是用牛车装载运输，接战前才披甲。

3. 宋朝史料中的辽甲胄

契丹一族在唐贞观时期受松漠都护府羁縻，武周时期契丹叛唐，松漠都护府被撤销，开元时期再次设立，安史之乱后，唐肃宗再次裁撤都护府，此时契丹臣服回纥。契丹立国时期的甲胄来源、形制尚不清楚，从其归属来看，应该是受到了唐朝和中亚风格的影响。辽朝史料相对较少，但是从五代和北宋的部分史料中能一窥辽军甲胄的情况。

石敬瑭献出燕云十六州获得契丹支持后，建立后晋，在石敬瑭死后，其侄子石重贵逐渐脱离契丹控制。公元944年，契丹太宗耶律德光亲率大军伐后晋，契丹、后晋两军互有胜负，总体契丹占据战争的主动。公元945年，契丹军再次南侵，将后晋军重重包围在白团卫村，并出奇兵断后晋军粮道，后晋军结寨对抗契丹军，在大寨外埋置鹿角抵御契丹骑兵，耶律德光令契丹"铁鹞军"下马步战，"铁鹞四面下马，拔鹿角而入，奋短兵以击晋军，又顺风纵火扬尘以助其势（胡三省注：契丹谓精骑为铁鹞，谓其身被铁甲，而驰突轻疾，如鹘之搏鸟雀也。鹘，弋召翻）"（《资治通鉴·后晋纪五》）。契丹军与后晋军鏖战之时，天起大风，后晋军将借助风势发动反击，符彦卿等率"万余骑横击契丹，呼声动天地，契丹大败而走，势如崩山"。大寨中的李守贞亦令后晋步兵尽拔鹿角出阵决死突击，步骑俱进，追杀契丹军二十余里。"铁鹘既下马，苍皇不能复上，皆委弃马及铠仗蔽地"（《资治通鉴·后晋纪五》）。辽军中的精锐骑兵称之为"铁鹘"，身披铁甲，此战败落，遗失铠仗无数。公元947年，后晋主帅成德军节度使杜重威率十万军降契丹，"晋军降契丹，太宗悉收其铠仗数百万，贮恒州"（《契丹国志》卷十六）。按照唐朝军队六成的披甲率来看，后晋军至少有三四成的披甲率，十万后晋军自身应该有三万套甲胄。"铠仗数百万"应是后晋的武库尽数交给契丹，由此契丹获得了大量铠甲，后晋的甲胄形制都是晚唐、五代风格。

北宋开宝二年（969），宋太祖赵匡胤亲征北汉，兵至晋阳，契丹出兵支援北汉。北宋名将何继筠屯军阳曲县，赵匡胤召何继筠至驻跸处，"授以方略，命将精骑数千赴石岭关拒契丹"，何继筠在石岭关击破契丹军，"生擒刺史二人，获生口百余，斩首千余级，马七百余匹，器甲甚众"。北汉一直仰仗契丹的支持，赵匡胤命将斩获的"首级、铠甲示城下，并人丧气"（《宋史·何继筠传》）。北宋真宗景德元年（1004），辽朝太后萧绰与辽圣宗耶律隆绪以收复瓦桥关为名，亲率大军南侵宋境。辽军主力集中于瀛州城下，日夜不停攻城，辽军"驱奚人负板秉烛乘堙而上"，宋军守将李延渥率领瀛州军以及城内强壮之士，又将巡检史普所部的军士派往城墙协助防守，"发礌石巨木击之，皆累累而坠，杀伤甚众"，次日"契丹主与其母亲鼓众急击，发矢如雨……戍棚垂板护城才数寸许，契丹射之，矢集其上凡二百余"。李延渥率领瀛州军死守城池，辽军久攻不下，随即撤军，史载"契丹遁去，死者三万余，伤者倍之，获铠甲、兵矢、竿牌数百万，驿书以闻"（《宋史·李进卿传》）。这是澶渊之盟前宋辽之间的攻防战，此战亦说明辽军装备了大量铠甲。

二、生产制作、储存

辽朝的甲胄生产肯定有相应的机构，只是史料未能详细记载，只能从一些细节进行推测。

1. 生产

辽圣宗统和四年（986），襄州刺史赵彦章、顺义军节度副使赵希赞二人叛辽投宋。宋军攻入涿州、朔州。辽朝太后萧绰与辽圣宗耶律隆绪下诏："林牙勤德以兵守平州之海岸以备宋。仍报平州节度使迪里姑，若勤德未至，遣人趣行；马乏则括民马；铠甲阙，则取于显州之甲坊"（《辽史·圣宗本纪》）。"甲坊"应该就是铠甲制作的专门机构，此机构名称源自唐朝。

辽兴宗重熙十一年（1042），"辛酉，阅新造铠甲"（《辽史·兴宗本纪》）。此史料说明新造铠甲是专门机构制作，这样的机构可能类似北宋作院，制作好的新铠甲呈给辽兴宗检阅，类似宋太祖的"旬课"。

辽朝军器的生产在宋朝史料中也有记载，澶渊之盟后，两朝使者长期相互往来。北宋大中祥符五年（1012）宋真宗派遣使者王曾贺辽朝国主生辰，王曾归来后向宋真宗上了一篇奏疏，其中记载：

"西北有铁冶，多渤海人所居，就河漉沙石，炼得成铁……过松亭岭，甚险峻，七十里至打造部落馆。惟有番户百余，编荆为篱，锻铁为军器。"（《契丹国志》卷二十四）从这段史料可知辽朝军器制作用铁料，多由渤海国人冶炼，这些渤海国人聚居在一起，就是王曾所见的专门锻造军器的部落。

渤海国人的历史非常重要，其以靺鞨族为主体，公元698年，大祚荣在东牟山（今吉林敦化西南，一说吉林延吉东南）建立政权。公元713年，唐玄宗册封大祚荣为"渤海郡王"，并加授忽汗州都督，自此以"渤海"为号。渤海国受册封后即派遣使团入唐，从此汉制唐礼正式传入渤海国。渤海国贵族以唐礼为标准，建立起了以封建贵族等级制度为基础的社会秩序、以儒家思想为基础的道德规范，以及依据唐制建立的国家政治体制，被唐朝称作"海东盛国"。近代史料研究表明"渤海国人长于冶铁"（《渤海国志长编》卷十七食货考）。公元926年，渤海国被辽所灭后，渤海国的冶铁匠人被大量迁徙至辽国境内，在上京道饶州、东京道同州有大量的冶铁户，约有铁匠四千人。大量的渤海国冶铁匠人，早期从唐朝学习了技艺，促进了渤海国的军事技术发展，随其国灭，其冶炼技术被辽继承。辽朝的甲胄武备发展明显有渤海国的影子，也是间接受到了唐文明的影响。

除了渤海国冶铁技术对辽朝军事装备有较大影响，近代学者提出新的观念，王进玉先生在《古代北方少数民族的冶钢技术》中提出，辽朝的镔铁冶炼技术是从西北回鹘等民族那学习来的，并在其继承上改进冶炼工艺。《契丹国志》卷二十一载："高昌国、龟兹国、于阗国、大食国、小食国、甘州、沙州、凉州，已上诸国三年一次遣使，约四百余人，至契丹贡献。玉、珠、犀、乳香、琥珀、玛瑙器、宾铁兵器、斜合黑皮、褐黑丝、门得丝、怕里呵、硇砂、褐里丝，已上皆细毛织成，以二丈为匹。"相信在这样的交往过程中，辽朝掌握了镔铁技术。

史料中"辽以镔铁为号"这句话颇令很多辽史研究者费解。自元以来，人们对此解释各异。此段文字应来源于《金太祖实录》，在《三朝北盟会编》《资治通鉴后编》《辽史拾遗》《秋涧集》中亦有此记载。事实上，辽、宋遗留下来的史籍中鲜见"镔铁"的记载，更未有以"镔铁"为国号的说法。

2. 贮存、管理

辽朝的甲胄生产完成后，也是贮藏在武库之中。

辽天祚帝乾统二年（1102）十月，辽将"萧海里叛，劫乾州武库器甲"（《辽史·天祚皇帝本纪》）。这条史料说明辽朝铠甲、兵仗是贮藏在各个州府武库中的。

辽景宗保宁晚期，辽太尉女里"坐私藏甲五百属……赐死"（《辽史·女里列传》）；辽圣宗"（统和）十年春正月丁酉，禁丧葬礼杀马，及藏甲胄、金银、器玩"（《辽史·圣宗本纪》）。辽朝立国之初，甲胄多为部族私甲，至辽朝中期，部族武装逐渐淡化，封建化制度更为完善，对甲胄的管理也更为严格，明确规定私藏甲胄会判死罪。

这种变化是和辽朝不断封建化分不开的，辽世宗继位之后，继承辽太祖、太宗制定的辽朝社会封建化改革举措，《资治通鉴》《契丹国志》都记载他"慕中华风俗，多用晋臣"。至景宗、圣宗时期修改法律，使蕃汉二律逐渐统一，"因袭唐律"，反映出辽朝社会封建化和法制汉化，彻底成为一个以少数民族为统治阶层的封建化王朝。

三、壁画与雕塑中的甲胄

1. 壁画中的甲胄

1992 年发掘的辽朝会同四年（941）耶律羽之墓中，墓门绘制一摞甲持剑天王像（图 1），兜鍪胄体偏圆，属于典型的八瓣盔结构。外层盔叶正中有凸起脊线，两侧有明显的曲边，两片外层甲叶之间装饰圆形纹样，前额有一尖凸，胄顶有一盔缨，顿项反折。披膊为长条甲叶编缀；胸甲和背甲应是用肩带前后连接，胸甲左右两侧有明显的椭圆形金属防护，胸甲甲叶绘制成 Y 形，腰部有"扞腰"，甲裳整体较短。

耶律羽之墓室棺床上有木帐，木帐门上有铜质鎏金天王像（图 2），其甲胄形制与墓门一样，胄体明显是八瓣盔形式，正面盔叶两侧有明显的曲边，内侧盔叶上装饰圆环纹饰，甲裳是札甲形式，长至脚面，整体甲胄风格有唐朝风格。五代、辽初期的甲裙较长，与中唐神将风格有明显差异。

2000 年辽宁省阜新县关山出土的辽重熙十四年（1045）的墓葬壁画中，有两摞甲天王像（图 3），天王身甲应是裲裆结构，甲裳极短，未绘制甲片造型。内蒙古自治区解放营子辽墓壁画中有两武士像（图 4），两武士胄体两侧都有三簇飞羽，此种凤翅也是传承唐制，身甲、披膊、甲裳都是长条铁叶的札甲，身甲风格完全是唐制。1990 年发掘的河北宣化辽韩师训墓中也有武士壁画（图 5），其身甲形制与关山辽墓相近，但是未画出甲片形制，墓志铭显示是辽天庆元年（1111）下葬。

这些壁画中的甲胄形式都极为接近唐制，从风格上明显属于神将风格，图2的长甲裳在晚唐、五代中较为常见。

内蒙古敖汉旗博物馆征集到一件辽代的残木棺及同墓伴出的一副木门，这些文物出土于敖汉旗南部一座被盗辽墓，具体位置不详。木棺仅存右侧前段，后段被当地农民当柴烧毁。残存棺木上绘制一幅辽朝《兵马行军图》，这是迄今为止唯一辽军骑兵写实绘画（图6）。"乘马所披的铠甲保存比较完整，分马头的面帘、颈至胸前、马身、马臀下部等部分，其中的胸、身、臀下部三部分的边缘均加流苏。铠甲部分的甲片均横排列，面帘分双目、额前、鼻等部分，每一部均组成花形图案。额上插有羽状花"（邵国田《辽代鹰军考》，《昭乌达蒙族师专学报》1998 年第 3 期）。此幅绘画中前行第一人穿袍服，骑乘甲马，马甲的马珂[①]、当胸（辽具装铠的"鸡项、当胸"是合为一体的，和唐制、宋制都有所不同，应是辽独创）、身甲绘制极为清晰，都是札甲编缀而成，外缘装饰皮毛。后排六名具装铠骑兵的马甲与首领的马甲形制完全一致；骑兵的身甲可以分成兜鍪、披膊、前后身甲、长甲裳几个部分，右侧佩胡禄，手持牙旗，旗帜中绘制有鹰隼、日月。兜鍪明显是多瓣结构，在胄体上有圆环装饰，胄体和耶律羽之墓铜质鎏金天王像风格一致，顿项较长，完全遮蔽披膊，并且在下颌处系紧；披膊外缘有包边收口；披膊、甲裳明显都是札甲形制。甲的风格与敦煌壁画中 156 窟《张议潮统军出行图》（图7）、敦煌莫高窟 061 窟骑兵的唐制甲，仅仅兜鍪有差异。辽军的

---

① 马珂：马面帘。

具装铠整体风格与中国国家博物馆藏"大驾卤簿图书"中的具装铠形制相近。比较有意思的是这些辽骑兵的胄上装饰圆圈纹,这样的装饰在唐朝的石刻、绢画中就存在,美国弗利尔美术馆藏唐朝石雕门楣中的天王胄就有此类圆圈装饰(图8)。

据邵国田先生考证,此幅绘画中的骑兵就是辽史料中记载的"鹰军",《辽史·太祖本纪》载:"(太祖三年,)冬十月己巳,遣鹰军讨黑车子室韦,破之……(天赞元年,)六月,遣鹰军击西南诸部,以所获赐贫民。"《辽史·国语解》载:"鹰军:鹰,鸷鸟,以之名军,取捷速之义。后记龙军、虎军、铁鹞军者,仿此。"鹰军系辽太祖耶律阿保机所建,是辽初期一支重要的嫡系骑兵,在阿保机平定诸部和降服周围诸蕃的战略行动中扮演着重要角色。辽太宗时期的铁鹞军,应该就是鹰军的另一个称谓。此军制在辽史中仅在辽太祖、太宗朝存在,之后未在史料中见到鹰军记载。

2. 雕塑中的甲胄

辽朝寺庙、佛塔中有不少天王造像,这些天王造像都擐甲持剑,其甲胄形式总体都是延续唐神将风格。

辽朝重熙七年(1038)山西大同下华严寺薄伽教藏殿天王的胸背甲用肩带连接,胸口有圆护,甲裳短小,甲叶绘制成 Y 形甲叶(图9)。

辽宁朝阳北塔建于辽初期,完成于辽重熙十三年(1044)四月八日。1988 年,因年久失修和地震等影响,当地文物部门开始从上至下对北塔初步清理,发现了天宫、地宫,出土了上千件奇珍异宝,两颗佛祖释迦牟尼真身舍利再现于世。出土的木胎舍利银棺外錾刻擐甲天王像(图10)。天王甲与华严寺天王甲风格一致,甲叶为札甲形式。

内蒙古自治区赤峰市巴林右旗辽庆州白塔，此塔名为"释迦佛舍利塔"，建成于辽重熙十六年至十八年（1047—1049），是辽兴宗耶律宗真为自己的生母章宣皇太后而建造，八角七级，通高 73.27 米，砖木结构拱阁式塔。塔上门窗、楣拱及砖雕斗拱、拱眼等处，分别装有圆形、棱形青铜镜 856 面。每层塔檐砖雕斗拱上为木质檐椽，每支椽头各悬挂铁铸风铎一支。塔上 7 层共设壶门 28 个，门旁各有天王浮雕一尊，共 56 尊，这些武士头戴兜鍪，擐甲，手持剑、斧，武士所持之剑也是研究辽剑的重要依据（图 11）。武士的甲胄风格与华严寺天王风格一致，甲叶都是札甲。

这些雕塑中的辽天王甲胄风格与北宋巩县宋太宗元德李后陵墓门线刻神将的甲胄风格一致，都是源自唐朝开创的神将造型。

河北宣化辽墓群中的张世卿墓出土四尊武士俑（图 12），武士擐甲，身甲和甲裳都是札甲形式，胸甲和甲裳尺寸不同，这四尊武士都无披膊。从图像上看，前后身甲由肩带连接，身甲是裲裆甲结构，甲裙究竟是连接在身甲上，还是独立件，不得而知。木俑身下的甲裙长短不一，应是所属部队不同，短甲裙为骑兵，长甲裙应为步兵。宣化木俑是比较真实的军阵形制。

四、考古与实物

1. 胄

日本侵占东北时期，主持发掘了渤海国东京城（黑龙江省宁安市），出土了两顶铁胄，一顶为渤海国铁胄（疑似黑龙江博物馆藏品），另外一顶是典型辽铁胄（图13）。此铁胄出土时胄顶遗失，为八瓣结构，外层铁盔叶中部有凸起脊线，左右两侧各有4个火焰形，中间开孔铆接内层盔叶，八瓣盔叶下沿有一环形圈，分别铆接8片盔叶，正中有两眉毛形弧形铁条。渤海国典章制度完全效法唐朝，渤海国于926年被契丹所灭。其八瓣盔的结构应来自八瓣唐盔，从外侧铁盔叶出戟、在其上铆钉的做法来看，其与辽盔都属于同一时代风格。

1953年发掘的内蒙古自治区赤峰大营子辽墓中出土"铁盔（兜鍪）1顶。锻制，体分四瓣，每瓣锻接处有凸起小棱，每面有铆钉十，前额部正中有铁叶，体高26（厘米），口径21厘米"（图14）（前热河省博物馆筹备组《赤峰县大营子辽墓发掘报告》，《考古学报》1956年3期）。此胄自从发掘后未见实物展出。此种风格的铁胄除了渤海国、赤峰大营子辽墓考古实物，俄罗斯外贝加尔赤塔地区也出土了形制完全相同的铁胄，现保存于俄罗斯赤塔博物馆（图15）。赤塔博物馆的藏品品相较好，外层盔叶的脊线、弧形眉毛与渤海国东京城出土的胄完全一致。此胄下端的环形铁圈打出凸筋，这类凸筋是限制顿项甲片上移所用。马郁惟先生保存一顶辽铁胄（图16），其风格与赤峰大营子辽墓、俄罗斯赤塔博物馆藏品一致，只是用于外层盔叶的铆接火焰凸起只有3个，胄顶制作精良，伸出4个花瓣铆接于内层甲片，缨管呈多层塔状。郭海勇先生保存的一顶辽胄也是此类风格（图17）。

辽铁胄还有一种造型，盔叶外层无4个火焰形，4片铁盔叶相互叠压铆接在一起形成胄体，徐州博物馆保存藏品就是此风格代表（图18），此胄下沿有一圈环形铁圈，正面装饰两条上曲眉形。此盔应该是征集品，馆方未提供考古出处。郭海勇先生保存的辽胄胄体与徐州博物馆藏品一致，盔叶侧边两铆钉之间略呈曲边，下沿环形铁圈有一突出护鼻（图19）。

潘赛火先生收藏的一顶八瓣铁胄（图20），外层四片盔叶为四曲关系，无脊线，相对较窄，内层盔叶相对较大，盔顶的盔缨座完整，为柿蒂纹造型，铆接于盔片，盔片下沿铆接一环形铁封边，封边一周有编缀甲片的穿孔，盔体正面封边有两弧形眉状铁条。此顶八瓣结构铁胄在形制上极为接近洛阳出土唐铁胄，徐州博物馆藏辽盔和这顶盔应是辽初期之物，明显受到唐制八瓣盔影响。

刘恒先生收藏的一顶辽盔保存得非常完整（图21），整体由盔顶、盔体、下围缘组成。盔顶呈锥体，上端打出缨管，缨管与锥体连接处轻微内收；盔体饱满，为八瓣盔结构，外侧盔叶稍窄，中起脊线，两侧各有3个如意形铆接点，内侧盔叶稍宽；下围缘铆接盔体，正面有眉框形结构，额部有打出的略呈S状眉形。多数辽盔正面的两眉毛形弧形铁条都是平的，而此盔的特殊性是打出凸起立眉。

俄罗斯武备研究者根据出土实物，推测绘制了部分完整的辽铁胄造型（图22），其特征较为明显，总结起来有几点：整体结构是八瓣式或大四瓣结构；八瓣盔外层四面铁盔叶正中有凸起脊线，外缘有3~4个突出用于铆接内侧盔叶的火焰形出戟；盔体下沿有环形铁圈，俄罗斯赤塔、大营子辽墓两顶铁胄下沿铁圈有外凸的一条棱线，这条棱线是限制顿项甲片上缘的，这个起棱线铁圈在后期的金朝铁胄中有明显的继承性；铁圈的上弯曲眉毛形装饰，是辽铁胄的重要特点，这个风格与宋朝、金朝铁胄眉遮上的凸起立眉有明确关联性，应是同时代的共同风格，只是表现形式有所不同；盔体正中铁圈下有凸起的护额，与唐榆林 025 窟壁画中天王唐盔有相似处（图23），唐、辽铁胄的护额都由北朝尖形护额发展而来，形式上比北朝的尖形更明显。笔者认为，图 17 至图 20 四盔都是属于辽早期盔形，盔体具有非常浓郁的唐制风格；图 13 至图 16 四盔都是辽中期风格（内蒙古赤峰大营子墓是辽穆宗应历九年，即 959 年），在唐制的基础上发展出属于辽朝的风格，外侧盔叶的火焰形出戟就是辽制特有的；图 21 的盔形明显较之前的各型都饱满，其立眉的做法与早、中期的辽盔有明显差异，北宋晚期、金早期也采用了打出立眉的制作工艺，这应是东亚地区 11 世纪晚期 12 世纪初期共有的风格。

2. 铁甲叶

国内的考古实物中没有发掘出完整的辽铠甲，部分辽墓中有残存的铁甲片，多锈蚀损毁。

内蒙古赤峰大营子辽墓内出土铁甲叶，"出土时堆积一起，部分丝织品仍旧贴在胄叶片上，折合重量一百公斤左右。其中可分两类：一类，羽状甲胄片，下圆上方，背有四个小孔连在一起，长短宽窄不同，长 5~7.2 厘米，宽 2.5 厘米；二类，楔形甲片，上宽下窄，背有钉四，长 10.2 厘米，宽 3.5~4 厘米"（前热河省博物馆筹备组郑绍宗《赤峰县大营子辽墓发掘报告》，《考古学报》1956 年 3 期）。一类甲片应该属于身甲，二类甲片属于马甲，考古报告未提供甲片图像。

3. 毗沙门天王甲片

武备收藏家马郁惟、铁锤先生藏有一套出自东北地区的鎏金青铜毗沙门天王甲片（图 24、图 25），甲片上端呈圆弧形，下缘较为平直，正中有浮雕毗沙门天王立像，右手持戟，头戴高冠，脑后左右有牛角形，披膊为甲片编缀成型，胸前有两凸起圆护，腰部捆扎大带，由甲片编缀的甲裙长至小腿，左臂曲肘手托塔。甲片左右两侧各开5孔，下端上下两排开7孔。在其中一甲片下缘，明显能看出7孔连接铁甲片的痕迹，这种鎏金甲片下的铁甲片应是此种排列形式（图26）。

武备收藏家潘赛火先生也收藏东北地区所出的类似甲片（图27），此甲片整体呈圭形，随外缘起双脊线，在双脊线内开7组孔，每组开双孔，毗沙门天王头戴宝冠，右手持长戟，左手托塔，胸口明显可见圆护，甲裙分成三层，头顶两侧有明显的长足云纹。

这两类甲片都出自东北地区，从图样和材质来看，是较为典型的晚唐或辽初时期作品。两甲片虽然形制不同，但是在天王的帽冠、开脸、衣甲、长戟等细节上有高度的相似性，甲片中的毗沙门天王形象与敦煌千佛洞所出，现藏于大英博物馆（图28、图29）的晚唐、五代毗沙门天王形象极为相似。毗沙门天王的甲胄形式明显已经从初唐时期的"于阗式样"过渡到中唐以后"敦煌新样"，胸口出现两个较大的圆护，前后身甲由肩带连接，压于披膊之上。天王甲胄的"敦煌新样"明显是西域突厥式样的甲胄和中原甲胄结合后形成的新造型，毗沙门天王右手持长戟，左手擎塔，头戴宝冠，身擐长甲的造型从中唐开始出现，逐渐成为晚唐、五代、辽、北宋的标准造型。

契丹人原始宗教信仰是萨满教，于木叶山行祭天礼。唐末契丹势力范围不断扩张，与幽云等汉地的交流增多，当时在中原地区十分繁盛的佛教信仰迅速为契丹贵族所了解和接纳，契丹人在扩张发展过程中，原始萨满教已不适合社会的发展。加之契丹贵族不断吸取中原地区的唐朝文化、北亚地区的突厥文化，统治阶级开始选择佛教取代原始萨满教。耶律阿保机建国后，效仿中原建立封建王朝，辽太祖本人崇信儒家思想。《辽史·义宗倍传》载："时太祖问侍臣曰：'受命之君，当事天敬神。有大功德，朕欲祀之，何先？'皆以佛对。太祖曰：'佛非中国教。'（耶律）倍曰：'孔子大圣，万世所尊，宜先。'太祖大悦，即建孔子庙，诏皇太子春秋释奠。"耶律倍当时已被册封为皇太子，这段史料显示耶律阿保机本人希望在辽朝推行儒家思想，而且在他的心目中，辽朝是唐亡之后的正朔，除了阿保机本人之外，辽朝崇信佛教已经非常兴盛，故在他询问时，周围的贵族"皆以佛对"。契丹立国之初，太祖耶律阿保机和皇太子耶律倍都试图用儒学作为构建整个国家秩序的基础。但是在阿保机死后，耶律德光在其母述律平的帮助下夺取了皇位，这有悖于传统儒家思想，所以他当然不会崇信儒家思想。作为夺位的皇帝，他也需要为自己找一个理由和统治思想，他选择了佛教作为契丹国的信仰。佛教在辽朝影响力不断扩大，至辽中叶以后，辽人崇佛达于极端，以至于元史上评价辽朝对佛教的态度"辽人佞佛尤甚"，甚至有"辽以释废"的评价。

毗沙门天王信仰同样存在于辽朝初期，关于毗沙门天王信仰最早传入契丹的时间，现已湮没不可考，不过鉴于辽代制度与文化多有因袭唐朝之处，既然毗沙门天王信仰在唐玄宗以后在中土已大为昌隆，那么这一信仰也势必会在唐中期以后从中原传至契丹。毗沙门天王在唐、五代时期一直被赋予军神的职能，被军队大加供奉。辽朝肇造于中国北方，唐亡后以中国自居，那么受唐朝文化巨大影响的契丹人也将毗沙门天王视为军神加以崇拜，选择护佑北方的毗沙门天王作为军神也是顺理成章之事。

耶律阿保机在任契丹迭剌部夷离堇时期，就开始组建自己的亲兵"腹心部"与"皮室军"。"皮室"属契丹语，《辽史·国语解》中注释"皮室"为"军制"且"皆掌精兵"；宋琪在呈宋太宗的《平燕蓟十策疏》中称辽朝有"皮室兵约三万，皆精甲也，为其爪牙"。由这些记载可知，皮室军作为契丹的一支军队，成员精良，是耶律阿保机的亲信武装、天子禁军。辽初，皮室军作为耶律阿保机近身侍卫，保卫皇帝安全，其主要职能是宫廷宿卫。皮室军在宿卫辽皇帝的同时，也随同辽帝御驾亲征。至辽圣宗朝，皮室军逐渐不再近身护卫皇帝御帐，开始驻防宿卫辽上京和皇帝"四时捺钵"的驻地，同时也常常作为对外征战的主力军，说明这个时期皮室军已经开始从宿卫部队转为野战部队。

关于皮室军名称的含义，《辽史》中并未提及。长期以来，后世学者依据北宋余靖《武溪集·契丹官仪》记载，契丹称"金刚为比室，取其坚利之名也"。认为"皮室"乃"金刚"之意。据朱熹《五朝名臣言行录》载，余靖通契丹语，能作北语诗。故余靖谓"比室"乃契丹语"金刚"之意，颇为可信。"金刚"一词来自佛教，意译自梵文 vajra，佛教传入中国，也音译为"嚩日罗""伐折罗""跋折罗"等等，佛教典籍由梵文转译为汉文"金刚"一词时，保留了其在梵文中坚不可摧的意义，《三藏法数》说"金刚者，金中最刚"，即是此意。故余靖称契丹人以"皮室"命名军队，是"取其坚利之名"。吴飞先生对"皮室"二字有更多一层的解读，"皮室"极有可能是"毗室啰末拿"之略音（吴飞《契丹"皮室军"名号考》，《中文科技期刊数据库（全文版）经济管理》2016 年第 6 期），《金史》之中记载辽"皮室军"写作"毗室军",而"毗室啰末拿"另一个转写是"毗沙门天王"。那么极有可能是辽太祖耶律阿保机接受了唐代以来军中崇信毗沙门天王的信仰,也将毗沙门天王视作军神在辽军中推行,加之毗沙门天王所守护的北方正是契丹国所在方向,故而便以其名号"毗室啰末拿"之略音"皮室"来命名自己的大帐亲军,希望以此使这支军队得到军神法力庇佑。这是"皮室军"名称的一种新解读。

在佛教的宇宙观中,世界是以须弥山为中心的须弥世界所组成,须弥世界又由九山、八海、四大部洲组成。人和一切有情的生物均被称为众生,众生生活的世俗世界可以分为"欲界""色界"和"无色界"三界。东方提头赖吒天王、南方毗楼勒叉天王、西方毗楼博叉天王、北方毗沙门天王,守护四方天下。毗沙门为梵文 Vaisravana 音译,其意译为多闻天,其守护的世界是北方。

毗沙门天王的信仰起源大致在印度贵霜王朝时期(公元 1—3 世纪)控制的犍陀罗区域,随着佛教的东传,沿丝路向中原地区传播,其形象和崇拜首先进入西域,而西域最崇信毗沙门天王的则是于阗国。隋末唐初时期,毗沙门天王信仰已经随着佛教进入其社会上层,隋文帝杨坚的小字"那罗延",是典型的佛教梵语"金刚力士"之意;唐隐太子李建成小字"毗沙门",说明了隋唐上层贵族对佛教的认可。

唐朝初西游的玄奘在《大唐西域记》一书中提到了西域一带对毗沙门天王的信奉,据该书载,中亚缚喝国(大夏国)纳缚僧伽蓝素有毗沙门天王像,供奉的毗沙门天王保护了该国免于突厥的寇掠:"突厥叶护可汗子肆叶护可汗倾其部落,率其戎旅,奄袭伽蓝,欲图珍宝。去此不远，屯军野次。其夜梦见毗沙门天曰：'汝有何力，敢坏伽蓝？'因以长戟贯彻胸背。可汗惊悟，便苦心痛，遂告群属所梦咎征，驰请众僧，方伸忏谢，未及返命，已从殒没。"毗沙门天王特有的军事属性，在早期崇拜中就被刻意地强调。

该书同时记载了西域于阗建国与毗沙门天王之间的重要关联。于阗国王甚骁武，敬重佛法，自云是"毗沙门天之祚胤也"，"昔者此国虚旷无人，毗沙门天王于此栖止"，开国君主年老无而嗣，恐绝宗绪，"乃往毗沙门天神所，祈祷请嗣。神像额上，剖出婴孩，捧以回驾，国人称庆。既不饮乳，恐其不寿，寻诣神祠，重请育养。神前之地忽然隆起，其状如乳，神童饮吮，遂至成立。智勇光前，风教遐被，遂营神祠，宗先祖也。自兹已降，奕世相承，传国君临，不失其绪"。于阗国佛教信仰者编织了如此殊胜的建国因缘，使得毗沙门天王受到特别推崇，神庙内多诸珍宝，国人"拜祠享祭，无替于时"。

唐朝贞观时期设立安西四镇后，其军事上的主要对手从突厥转换成吐蕃，唐与吐蕃战争成为西北地区的主要军事矛盾，某种程度上期望获得毗沙门天王护佑，取得战争胜利的愿望被人为地放大，也促使毗沙门天王的战神的功能不断被突出。

按照于阗国的传说，在于阗被吐蕃围攻时，毗沙门天王显圣，破吐蕃军，于阗国得以幸免，于阗国崇拜毗沙门天王的信仰必然对唐朝军队产生了影响，毗沙门天王能护佑于阗国，也必能护佑唐军，由此毗沙门天王也成为唐军中崇拜的神祇。

车道政领受敕命前往于阗国摹写天王样，是毗沙门天王于唐朝大规模流行的开始。大相国寺"西库有明皇先敕车道政往于阗国，传北方毗沙门天王样来。至开元十三年封东岳时，令道政于此依样画天王像"（《宋高僧传·唐东京相国寺·慧云传》）。开元时期，唐密"开元三大士"之一的不空和尚持咒行法，请毗沙门天王第二子独健领天兵天将，解唐军在西域被吐蕃之围：

> 往年吐蕃围于阗，夜见金人被发持戟，行于城上。吐蕃众数十万，悉患疮疾，莫能胜兵，又化黑鼠，咬弓弦无不断绝。吐蕃扶病而遁，国家知其神，乃诏于边方立庙，元帅亦图其形于旗上，号曰"神旗"，出居旗节之前，故军出而祭之。至今府、州、县多立天王庙焉，一本云："昔吐蕃围安西，北庭表奏求救，唐元宗曰：'安西去京师一万二千里，须八月方到，到则无及矣。'左右请召不空三藏，令请毗沙门天王，师至，请帝执香炉，师诵真言，帝忽见甲士立前。帝问不空，不空曰：'天王遣二子独捷将兵救安西，来辞陛下。'后安西奏云：'城东北三十里云雾中，见兵人各长一丈，约五六里，至酉时，鸣鼓角，震三百里，停二日康居等五国抽兵，彼营中有金鼠咬弓弩弦，器械并损，须臾，北楼天王现身。'"（《神机制敌太白阴经》卷七）

唐军由于毗沙门天王的护佑，免于被吐蕃军攻灭。

至此，毗沙门天王在唐玄宗亲自推广下，开元朝开始大规模崇信。毗沙门天王形象开始在唐朝的壁画、绢画、器物中大量存在。军中更是有毗沙门天王专门的祭祀仪轨，每次出战必定隆重祭祀拜请天王法力护佑，唐代宗时河东节度使都虞候李筌撰《太白阴经·卷七》载："天王宜发大悲之心，轸护念之力，歼彼凶恶，助我甲兵，使刁斗不惊、太白无芒，虽事集于边将，而功归于天王。"《佛说陀罗尼集经》记载毗沙门天王形象为"左手同前，执矟拄地，右手屈肘擎于佛塔"，此形象成为敦煌壁画、绢画毗沙门天王的标准形式（图26、图27）。

从盛唐开始，毗沙门天王就成为唐军的军神，故在器甲之上装饰毗沙门天王成为可能，五代史料记载的"天王甲、天王字甲"都是对毗沙门天王崇拜的延续。

铁锤、马郁惟、潘赛火先生藏毗沙门天王甲片极有可能是辽早期皮室军的器甲，这些带有明确的军神符号的器甲，既是天子禁军的武备，也是区别于辽朝其他部族军的重要身份标志。事实上，史料明确记载五代时期的后唐装备天王甲，后唐末帝李从珂称帝后，"选军士之魁伟者，被以天王甲，俾居宿卫，因诏诸道造此甲而进之"。清泰二年（935）"庚申，邺都进天王甲"（《旧五代史·唐书·末帝纪》）。邺城制作的天王甲、宿卫披挂的天王甲与辽天王甲的起源都是承袭晚唐。

此两类毗沙门天王甲片的出现，填补了以往人们对辽札甲的认知空白，同时又增加了很多疑问和思考：毗沙门鎏金甲片究竟是在辽札甲的哪个位置？是胸甲上端，还是披膊？由于无绘画、雕塑、考古实物可以对应，很难准确定义其位置。笔者倾向于其在披膊上使用，笔者曾经在一套残损的西藏札甲披膊中，见到过顺披膊中线有单片成列的黄金甲片。潘赛火先生的甲片，在结构上与马郁惟、铁锤先生的有明显差异，双孔间距较小，从开孔形式上更像是覆盖在衣甲、袍服、帽冠之上，极大可能是缝制在衣甲、帽冠之上，其出现的准确位置尚不能判断。

五、小结

辽朝甲胄无论是史料、壁画、雕塑、考古实物都相对较少，对辽朝甲胄的形制很难做出准确的定义。

但从现有的资料来看，辽甲胄总体延续晚唐的风格。

辽朝铁胄明显继承了唐制八瓣盔风格，装饰的弧形铁眉则是辽独有风格。晚期平面眉则变成凸起的立眉，盔体下围缘逐渐出现外凸筋线（限制顿项甲片上移），这个风格后来被金朝胄继承。军阵甲的身甲应是裲裆札甲风格，有长短两种甲裙；辽军具装铠与后晋、北宋具装铠一致。

第八章

宋朝甲胄

公元 960 年，赵匡胤通过"陈桥兵变"夺后周恭帝柴宗训帝位后，改元自立，国号为宋。赵匡胤登基后，开始了统一战争，他采取宰相赵普的策略"先南后北"，先后灭后蜀、南汉、南唐等南方割据政权。统一南方后，宋朝回兵北上攻灭北汉，版图扩张至山西、河北一线，而宋朝的北方边境因为失去燕云十六州，面临着无险可守的境地。随着宋朝国土向北扩张，宋朝期望通过北伐重新夺回燕云十六州。公元 979 年，宋朝开始北伐辽朝，宋、辽开始了长达二十八年的战争，其间互有胜负，北宋无法达到夺取燕云十六州的战略目标，辽也无力继续南侵。至公元 1004 年，宋、辽两国决定罢兵，双方签订"澶渊之盟"，开始了近百年的和平共处。

公元 1038 年，北宋仁宗时期，李元昊去宋朝封号改元称帝，定都兴庆府（今宁夏银川），国号大夏，史称西夏，年号"天授礼法延祚"。自此，宋夏战争爆发，宋夏战争持续百余年，西夏成为北宋西北方向的劲敌。至宋徽宗宣和元年（1119），宋军攻克西夏横山之地，西夏失去屏障，面临亡国之危，西夏崇宗向宋朝表示臣服。金灭北宋后，西夏趁势扩张，继续蚕食宋朝西北领土，宋夏战争结束。公元 1226 年，成吉思汗率蒙古军攻夏，夏末帝李睍在中兴府（1205年兴庆府改为中兴府）被围半年后投降蒙古，西夏灭国。

女真兴起后，决意灭辽。公元 1115 年，完颜阿骨打在金上京会宁府（今黑龙江哈尔滨市阿城区）立国，数年之内占领辽北方大部分国土，北宋认为辽朝会被金所灭。公元 1118 年，宋朝背盟，选择与金朝合作，双方签订"海上之盟"，联合灭辽，宋朝期望灭辽后能夺回燕云十六州。宋金联合灭辽后，金军旋即南下，于靖康二年（1127）攻破汴京，掳走宋徽宗、宋钦宗，北宋灭亡。宋徽宗第九子赵构在南京应天府（今河南商丘）即位，金军南渡追杀赵构无果后回撤，南宋定都临安（今浙江杭州），史称"建炎南渡"。南宋失去了北方中原之地后，以韩世忠、岳飞为代表的主战派决意北伐，以赵构、秦桧为代表的主和派期望通过和谈保住半壁江山。南宋绍兴十一年（1141）南宋和金朝达成和约，宋向金称臣，金朝册封赵构为皇帝，南宋沦为金朝属国。

蒙古势力兴起后，不断攻金，南宋此时认为联蒙抗金可报靖康之耻。公元 1234 年，南宋、蒙古联军攻破蔡州，金哀宗完颜守绪自缢身亡，金朝灭。灭金之后，宋廷发起"收复三京"之役，宋军进兵中原，收复汴京、洛阳，史称"端平入洛"。公元 1235 年，窝阔台汗下令攻宋，宋蒙战争全面爆发。公元 1279 年，南宋、元双方在崖山外海进行了大海战，史称"崖山之战"，南宋军战败，左丞相陆秀夫负八岁的宋末帝赵昺投海而死，战后，宋十万军民浮尸崖山海面，宋亡，元朝统一中国。

宋、辽、金、西夏、蒙古、元在中国进行了四百年的相互战争，这个阶段是中国冷兵器发展的高峰，也是甲胄发展的高峰。

一、史料中的宋甲胄

北宋整体甲胄仍旧承袭晚唐、五代风格；在材质上分成铁、皮、纸三大类。铁甲以铁札甲为主，环锁铠在宋朝少量装备高级武将，同时纸甲也开始大量使用；甲胄又分成人甲和马甲两个分项。

宋朝的甲胄制度极为完善，宫廷仪仗、军中都大量装备不同形制的甲胄；军中对甲胄的长短、尺寸以及使用兵种都有相应的详细规定。

1. 宫廷仪仗

北宋宫廷大驾卤簿是宋太祖赵匡胤建隆四年（963）由大礼使范质、卤簿使张昭、仪仗使刘温叟勘定，北宋的大驾卤簿是在后唐《南郊卤簿字图》《大唐开元礼》的基础上修订完善的，总体趋向唐制。

大驾卤簿中清游队、步军都擐甲。"旧清游队有甲骑具装，亡其制度，縠（礼仪使陶縠）以其所记造之。"（《宋史·仪卫志》）此句史料说明，五代后唐的仪仗卤簿中已经没有具装铠的清游队，北宋初期卤簿是参照《大唐开元礼》的细节加以恢复的。

《宋史·仪卫志》中记载"清游队"的仪仗是"白泽旗二，（一人执，二人引，二人夹，左右金吾折冲都尉各一人领）弩八，弓箭三十二，矟四十"。

清游队的"甲骑具装"在《仪卫志》中也有详细解读："甲骑具装，甲，人铠也；具装，马铠也。甲以布为里，黄絁表之，青绿画为甲文，红锦缘，青絁为下裙，绛韦为络，金铜铁，长短至膝。前膺为人面二，自背连膺，缠以锦腾蛇。具装，如常马甲，加珂拂于前膺及后秋。"史料说明了在宋朝大驾卤簿中，宫廷仪仗的甲是布胎，表面裱黄色粗丝绸，画出青绿色甲文，模仿铁甲式样，四边用红色织锦饰边缘；甲裳是布胎裱青色粗丝绸，以绛红色的丝绳串连甲衣，腰带的饰件为铜镀金，甲的长度至膝盖，前胸有两块人面形护甲，连接前胸和后背的肩带用腾蛇锦缠裹。人面护甲的形制明显是延续晚唐风格。卤簿中的具装铠与军阵制马甲相同，只在前胸加珂，后秋加拂。宋卤簿仪仗中的马具装铠面帘使用铜质，可能是铜皮锤揲而成，应是鎏金装饰表面。

中国国家博物馆保存的《大驾卤簿图书》是研究北宋大驾卤簿的重要材料，因其卷尾有款"延佑五年八月□日翰林国史院编修官臣曾巽中纂进"，曾经被认为是元朝卤簿，后经过故宫陈鹏程、朱家溍、徐邦达先生的考据，认为此图应该是北宋仁宗皇祐五年（1053）绘制完成。此卷中一节绘制的金吾卫将军未擐甲，身穿公服，其后掌旗甲士擎白泽旗，图卷上端标注"清游队白泽旗二分左右各一人执二人引二人夹并甲骑具装……稍四十分左右为四重，旧制短长不齐宋景祐五年制定长一丈八尺细稍差小马"（图1），标注的内容与仪卫志中的内容几乎一致，细稍在仪卫志中亦有记载。图中清游队武士并未佩戴铁胄，而是佩戴乌纱制成的梁冠，手持弓箭、弩、稍，身甲边缘为红色织锦，边缘下端装饰豹皮，披膊画出青色甲文，明显能看出是模仿札甲形式，胸口左右两个圆护为人面（图2），此种人面装饰胸前圆护的形式在唐中晚期的甲制中极为常见，重庆大足北山晚唐毗沙门天王像（图3）就是典型，清游队甲裳较长至脚面。

北宋晚期规定具装铠为"朱红马甲"，"徽宗政和三年闰四月十八日，江南东路提点刑狱司奏：'江宁府都作院岁额合造马甲四百副，旧丝黑漆。今承降到朱红马甲工料法式样制，合用三朱为衬。缘本路民间不用三朱，所以无人贩到。相度乞用矾朱代三朱为衬，颜色不甚相远。兼朱红马甲合用毡造沥水裙襕，其毡本路并不出产。今据本院相度，乞面用缬绢，用青布里面，更用熟白羊皮代毡结裹。'诏余路准此"（《宋会要辑稿·舆服六》）。

马具装铠为红色，马尾由红色织物捆扎，后秋顶部有红丝绒装饰，此种风格也是延续唐制，传播至日本后，日本资料记载此构件名称为"云珠"，具装铠下沿有青色豹皮装饰，马珂彩绘，顶部装饰兽面，兽面之上插雉鸡尾羽。《大驾卤簿图书》中绘制的"甲骑具装"图像与《宋史·仪卫志》的记载基本对应，是研究北宋大驾卤簿和军制的重要参考实物。

"铁甲佽飞二十四人"说明仪仗军士擐铁甲，与清游队的布甲不同，其形制不明，应是步军甲制。次步甲前队的甲胄分成赤鍪甲、青鍪甲、黑鍪甲、白鍪甲、黄鍪甲，说明仪仗军士的十二队甲胄的色彩延续了唐制，保留了五行相生的关系。

北宋时期，御制甲和金甲在史料中多次出现，较为重要的是规定了皇帝校阅京师御林时的大阅服"以金装甲，乘马大阅则服之"（《宋史·舆服志》）。宋真宗校阅三军的时候"躬御铠甲于中军"（《宋史·真宗本纪》）。宋景德元年（1004），辽朝太后萧绰、辽圣宗耶律隆绪亲率大军南下侵宋，宋真宗在寇准的辅助下御驾亲征，至澶州城，真宗校阅三军，"亲御铠甲于中，诸王、枢密介胄以从"（《宋史·宋湜传》），此次出征任命亲王为大都督府统领，随御驾亲征，校阅三军的时候诸王和枢密院长官皆擐甲。几处史料未曾记载御用甲是何种材质，推测可能是铁甲涂金，与唐太宗金甲相似。

除了御用大阅甲是金甲，在大朝会中也使用金甲，宋徽宗政和三年（1113），大朝会仪卫中有"被金甲天武官一人……次金甲天武官二人……金铜甲二人，兜鍪、甲衫、锦臂衣，执金铜钺斧……统制官、将官、牵头、金铜甲，皆与前半仗同"（《宋史·仪卫志》）。此种金甲在宋徽宗宣和时期改制为铜甲。说明之前的金甲采用的可能是铁甲涂金、皮甲髹金漆、布甲描金等工艺。

北宋亡国后，赵构建立南宋，卤簿仪仗相对缩减。

2. 赏赐甲胄

由于铠甲的特殊意义，宫廷对勋臣、边臣赏赐铠甲就变得很有政治隐喻。

宋朝开国皇帝赵匡胤立国后，一直对燕云十六州未能纳入宋朝疆域而耿耿于怀。当时的辽朝已经是中国北方一个非常强大的政权了，赵匡胤清醒地认识到辽朝已经成为中原王朝最大的敌人，他在顺利平定南方诸多政权后，开始准备收复燕云十六州。考虑到幽燕诸郡是后晋主动割让，他甚至考虑用赎买的手段从辽朝收回燕云十六州，如果赎买不成，再考虑军事行动。可惜由于他的猝然离世，这个赎买的收复策略未能得以继承。

宋太宗赵光义继位后，于太平兴国四年（979）出兵灭北汉，在攻灭北汉的过程中，宋军有效地阻击了辽朝对北汉的援军。在顺利灭北汉后，宋太宗错误判断了辽军实力，率疲劳之师攻入辽境，意图携灭汉之威夺取幽州。辽名将耶律休哥利用辽军骑兵的优势反击，在高梁河（今北京西直门外）击败宋军，宋军针对辽朝的军事行动失败。此战是北宋第一次大规模对辽朝用兵，也是北宋和辽关系的转折点，北宋不得不和辽朝在燕云十六州的问题上进行军事摊牌。此战中的唯一亮点是名将李汉琼在浦城、遂城抵抗辽军的增援部队，大败辽军，"俘斩万计"，宋太宗因此功劳升任李汉琼为太尉。而之前太宗亲征北汉的时候，李汉琼前往大名府朝见太宗，太宗任命他为"沧州都部署"，御赐"战马、金甲、宝剑、戎具以宠之"（《宋史·卷二百六十·列传第十九·李汉琼》）。

宋太宗雍熙三年（986），宋太宗乘辽朝新君初立之机，再派三路大军北伐，史称"雍熙北伐"，北宋东路军孤军深入，先被辽军击溃。辽军随即反击西路、中路宋军，收复失地，在陈家谷之战中更是俘虏了宿敌杨业，大获全胜。此战之后，宋朝失去了攻取幽云之地的最好机会，之后宋朝被迫转为战略防御。几年后，宋太宗因在高粱河之战的箭伤发作而病逝，北宋对辽朝由攻势彻底转为守势。无法收复燕云十六州，在军事层面成为北宋战略防御的巨大隐患。

北宋真宗景德元年（1004）秋，辽承天太后萧绰、辽圣宗耶律隆绪亲自率领20万大军南下，直逼黄河岸边的澶州（今河南濮阳）城下，威胁北宋的都城东京（汴梁）。宋真宗在寇准的力谏下亲征，行宫驻跸澶州后，"赐近臣甲胄、弓剑"（《宋史·真宗本纪》），此时御赐甲胄，勉力诸将克敌制胜，击退辽军南侵。寇准力促宋真宗登澶州北城门楼以示督战，"张黄龙旗，诸军皆呼万岁，声闻数十里，气势百倍，敌相视益怖骇"（《续资治通鉴长编》卷五十八 真宗 景德元年）。宋真宗御驾亲征鼓舞了澶州守军的士气，同时战争的转折点也出现了。辽朝南京统军使萧挞凛恃勇，率数十轻骑在澶州城下巡视，宋军威虎军军头张瑰用床子弩伏击萧挞凛，"弩潜发，挞览中额陨，其徒数十百辈竞前舆曳至寨"（《续资治通鉴长编》卷五十八　真宗　景德元年）。辽军士气大挫，萧太后借机与真宗言和，签订了"澶渊之盟"，宋辽结束了战争状态，此后双方共享和平近百年。至宋神宗熙宁时期，枢密院上书言："祖宗时，臣僚任边职者，或赐带甲马，示不忘疆场之事"（《宋史·兵志》）。宋辽边境的和平距此时已经一甲子，枢密院如此进言，说明边事已经废弛，才会要求皇帝对任命边事的官员赐甲，以示重视与警觉。

南宋时期，宫廷依然保持对武将御赐甲胄的惯例。岳飞之孙岳珂编撰的《鄂王行实编年》中，多次提及赵构为奖励岳飞军功，对岳飞及其部属赐铠甲："绍兴二年，壬子岁，年三十。赐甲。讨曹成。破太平场寨。战北藏岭、上梧关。战蓬岭，擒张全。分兵降寇。擒郝政。擒杨再兴。转中卫大夫、武安军承宣使。降郝通，逐马友。平刘忠余党。平李通。春正月，诏以先臣治军整肃，勇于战斗，赐衣甲一千副。""绍兴三年，癸丑岁，年三十一……十三日，入见，上慰抚再三，先臣顿首谢而退，卒不言其功。上以其长者，益重敬之，赐衣甲、马铠、弓箭各一副，撚金线战袍、金带、手刀、银缠枪、战马、海马皮鞍各一。赐宸翰于旗上，曰'精忠岳飞'，令先师行之，次建之。"

宋朝宫廷除了对上任边地的臣属赏赐甲胄，对边地归附的少数民族将领也会赏赐甲胄。自宋太宗太平兴国七年（982）起，北宋西北边境大量吸收吐蕃、羌武士编练成军，称之为蕃兵。"蕃兵者，具籍塞下内属诸部落，团结以为藩篱之兵也。"（《宋史·兵志》）蕃兵是对编入宋军的西北少数民族士卒的统称，包括唃厮罗政权下的吐蕃、甘州回纥、羌等，蕃兵主力仍旧是吐蕃士卒。国内学者对此研究颇多，"北宋政府为了与吐蕃结成犄角之势，以断西夏右臂，对缘边吐蕃、回纥实行比较亲善务实的民族政策。甘州回纥可汗与唃厮啰地方国主在向宋中央王朝递呈的表章奏疏中，仍然沿用唐代和亲称谓，称宋皇帝为东京阿舅、赵家阿舅。如此看来，北宋西北边防军的蕃兵，其骨干是吐蕃当无疑问"（任树民《北宋西北边防军中的一支劲旅——蕃兵》，《西北民族研究》1993 年第 2 期）。宋夏战争时期，北宋希望吸收蕃兵和联合唃厮啰政权牵制西夏。北宋政府非常重视蕃兵建设，形成了较为完备的蕃兵制度，"蕃兵的编制以百人为都，五都为营，五营为军，十军为厢"（刘建丽 赵炳林《略论宋朝蕃兵建制》，《西藏研究所》2009 年第 5 期），蕃兵成为北宋四大军种之一。在这种情况下，宋朝皇帝为了更好地拉拢蕃兵将领，会御赐甲胄以示荣宠，尤其是对吐蕃赞普后裔唃厮啰赏赐极厚，"授立遵保顺军节度使，赐袭衣、金带、器币、鞍马、铠甲等"。同时授予吐蕃六谷部大首领潘罗之"为朔方军节度、灵州西面都巡检使，赐以铠甲器币"（《宋史·吐蕃传》）。

宋朝宫廷对边臣赏赐甲胄是提醒边臣实心用命，忠于朝廷。而对吐蕃首领这样的赏赐则带有强烈政治愿望：希望唃厮啰政权能忠心维持与宋朝的盟友状态，在西北方向有效牵制西夏。

3. 生产制作、管理、储存

宋朝史料中较为详细地记载了北宋器甲的制造和管理。

北宋军器制作有专门的机构"南北作坊"，由作坊使和副使掌管，这是北宋京城从事兵器生产的单位，地方上"诸州有作院"。北宋熙宁三年（1070）宋真宗改制，南北作坊改为"东西作坊"，其功能是"掌造兵器、旗帜、戎帐、什物，辨其名色，谨其缮作，以输于受藏之府。兵校工匠，其役有程，视精粗利钝以为之赏罚"（《宋史·职官志》）。宋真宗时设置弓弩造箭院，后期又增设攻城作、军器作、斩马刀局、万全指挥等，北宋官营作坊工匠人数极多，弓弩院军匠有一千零四十二人，弓弩造箭院有一千零七十一人，到了北宋后期，东西作坊的匠人有五千人。军中大部分器物都由南北作坊和地方作院生产，北宋曾巩编撰的《元丰类稿》中较为详细地记录了北宋军器的制作与品质："国工署有南北作坊，岁造甲铠、具装、枪、剑、刀、锯、器械、箭箙、皮笠、弩橦、床子弩，凡三万二千。又有弓弩院，岁造弓、弩、箭、弦、镞等，凡千六百五十余万。诸州岁造弓、弩、箭、剑、甲、兜鍪、甲叶、箭镞等，凡六百二十余万。又别造诸兵幕、甲袋、钲、鼓、炮、炒锅、蒯、行槽、锹、钁、镰、斧等，谓之什器。凡诸兵械，置五库以贮之。戎具精劲，近古未有焉。景德中，以岁造之器可支三二十年，而创作未已"（《元丰类稿 本朝政要策五十首 兵器》）。从曾巩的文字记录来看，宋军生产的甲胄军器数量极为庞大，这些器甲完成后都储藏在武库中。北宋徽宗时期，地方都作院逐渐增多，徽宗下诏在地方增加作院，"（大观元年十一月）帅府、望州未有都作院，各许一处置立，工匠，帅府二百人，望州一百人"（《淳熙三山志》卷一八）。

宋太祖赵匡胤出身行伍，对器甲的制作极为关注，开宝八年（975）宋军欲南征平定南唐，太祖令京城南北作坊造器甲，所造军器须送御前点验，其中就涉及多种铠甲，"南、北作坊，岁造涂金脊铁甲、素甲、浑铜甲、墨漆皮甲、铁身皮副甲、锁襦兜鍪、金钱朱漆皮马具装、铁钢朱漆皮马具装"（《文献通考·兵考》）。涂金脊铁甲可能是宫廷卤簿使用；素甲、浑铜甲应是军中常用甲胄；墨漆皮甲是军中之物；铁身皮副甲应是皮铁混合的一种甲制，这样的混合甲制在之前的史料中未曾提及，应是北宋时期出现的一种新型甲胄；锁襜兜鍪是指铁胄下悬挂环锁铠顿项，此种环锁铠顿项也是史料中第一次提及；南北作坊生产的具装铠提及"金钱"描述得较为简略，笔者推测朱漆上绘制的图样可能是晚唐时期较为流行的"球路纹"，陕西宝鸡法门寺地宫出土的"鎏金飞鸿球路纹银笼子"（图4）上的图样，视之就类似"金钱"样；宋军朱漆具装铠在《大驾卤簿图书》中也有所表现。"京师所造，十日一进，谓之'旬课'。上亲阅视，置五库以贮之。"（《宋史·兵志》）赵匡胤对京师作院生产的甲胄、军器十天检查一次，制作好的器甲点验后放置武库贮藏。

宋太宗赵光义"至道二年二月，诏：先造光明细钢甲以给士卒者，初无衬里，宜以绸里之，俾攦者不磨伤肌体"（《宋史·兵志》）。北宋铁质"光明细钢甲"与后周世宗柴荣御赐祁廷训的"明光细甲"应是一类，早期铁甲无内衬，赵光义下诏增加内衬。宋仁宗皇祐元年（1049），澧州、供备库副使宋守信献黑漆顺水山字铁甲，笔者认为"顺水山字铁甲"实际上就是唐制山文甲的延续，此类甲髹黑漆。宋神宗元丰元年（1078），"有司造将官皮甲，欲以生丝染红，代牦牛尾为沥水，帝惜之，代以他毛……改素铁甲为编挨甲"（《宋史·兵志》）。这段史料显示了几个重要信息，高级军将会穿皮甲；胄顶的红缨称之为"沥水"；早期"沥水"是用牦牛尾制作的；"改素铁甲为编挨甲"应是指军中使用的素甲重新编缀，改制成一种新形制。宋徽宗政和三年（1113），"曩时甲二副，今拆造三副"，这可能与"改素铁甲为编挨甲"作用一致。皮甲和皮笠是北宋初期军中常用甲胄，宋太祖赵匡胤任后周点检时，在督战过程中发现部分军士临阵不前，太祖"以剑斫其皮笠"（《资治通鉴·后周纪四》），次日在军中遍寻皮笠有剑痕的军士，共寻找到数十人，皆以军法处斩。

同时期宋军的具装铠的颜色也有改变，"马甲囊用黑髹漆，今易以朱"（《宋史·兵志》）。

建炎南渡后，南宋的主要对手是金朝，金军崇尚重甲骑兵，在南宋初期给予宋军巨大打击。南宋君臣开始认识到铠甲对军队的重要性，宋高宗赵构为此慨叹"无甲何以御敌"，张俊亦言"近岁军中方知带甲之利"（《中兴小记》卷十五）。所以南京武备制作中，对铠甲、斩马刀、斧、弓弩特别重视，《宋史》《文献通考》《翠微先生北征录》《宋会要辑稿》等都详细记载了铠甲的制作规范，内容之细为历代罕见。

南宋的提举制造所造甲，"绍兴四年，军器所言：'得旨，依御降式造甲。缘甲之式有四等，甲叶千八百二十五，表里磨锃。内披膊叶五百四，每叶重二钱六分；又甲身叶三百三十二，每叶重四钱七分；又腿裙鹘尾叶六百七十九，每叶重四钱五分；又兜鍪帘叶三百一十，每叶重二钱五分。并兜鍪一，杯子、眉子共一斤一两，皮线结头等重五斤十二两五钱有奇。每一甲重四十有九斤十二两。若甲片一一依元领分两，如重轻差殊，即弃不用，虚费工材。乞以新式甲叶分两轻重通融，全装共四十五斤至五十斤止。'"。高宗下诏："勿过五十斤。"（《宋史·兵志》）

项目 分类	内披膊	甲身	腿裙 鹘尾	兜鍪 帘叶	兜鍪 （杯子、 眉子）	皮线 结头	合计
数量/片	540	332	679	310	1	—	统计数量为 1861 片， 史 料记载为 1825 片
单叶 重量	2钱6分	4钱7分	4钱5分	2钱5分	1斤1两	5斤12 两5钱	—
单片折合 重量/g	10.4	18.8	18.0	10.0	680.0	3700.0	—
合计/g	5616.0	6241.6	12222.0	3100.0	680.0	3700.0	31559.6

注：以《中国历代度量衡单位量值表及说明》中宋朝1两合40~41.5克，以现存的西藏地区元、明甲片实物做比对，甲片厚度0.7~0.8毫米，11克重的甲片尺寸为7.6×1.9厘米；15克的甲片尺寸为8.4×3.2厘米。如果宋制甲片厚度增加，甲片尺寸会缩小。

《宋会要辑稿·舆服志六》记载了南宋乾道四年造三色甲的细节："乾道四年三月十五日，王琪进三色甲各一十副：'如得允当，其军器所并马步军之数亦乞依此制造。'从之。开坐三色衣甲叶数片重如后：枪手甲每一副皮线穿举，全成重五十八斤一两至五十三斤八两；甲身叶一千八百一十片至一千六百一十片，重三十六斤一十四两至三十一斤四两；披膊叶一千二百九十八片至一千二百二十八片，重十四斤至一十斤九两四钱；头牟叶六百七十四片至五百七片，重十斤一十二两至九斤。弓箭手甲每一副皮线穿举，全成重五十五斤至四十七斤一十四两；甲身叶一千八百一十八片至一千六百一十二片，重三十六斤一十二两至三十一斤一十二两；披膊叶八百五十片至六百四十六片，重一十斤至七斤一十二两；头牟

叶四百二十片至三百四十九片，重八斤半至六斤一十两。弩手甲
每一副皮线穿举，全成重四十五斤半至三十七斤一十两；甲身叶
一千三百二十六片至一千一百七十八片，重二十五斤半至二十二斤
一十两；披膊叶八百三十六片至六百三十片，重九斤半至七斤半；
头牟叶四百二十片至三百五十五斤，重九斤至六斤一十二两。"

分类 项目	枪手甲		弓箭手甲		弩手甲	
	甲叶数	重量（KG）	甲叶数	重量（KG）	甲叶数	重量（KG）
甲身	1610–1810	20–24.2	1612–1818	20.8–24	1178–1326	14.2–15.9
批膊	1028–1298	7.6–9.2	646–850	4.4–5.5	630–836	4.9–6.2
头牟	570–674	5.9–7	349–420	5–6.5	335–420	4.4–5.9
总计	3208–3782	35–38	2607–3088	31.4–36	2143–2582	24.7–29

注：总重量换算自原文，与各部位重量实际相加值存在出入，疑抄录有误。
计量以每两 40–41.6 克计算

宋制铁札甲都以铁甲片编缀而成，绍兴四年生产规范要求全套
完整甲胄由 1825 片铁甲片编缀而成，乾道四年则要求 3000~4000
片甲片。每片甲片必须内外打磨光亮，编缀使用皮绳。一套札甲分
成几个构件：兜鍪（杯子、眉子），眉子应是眉遮（后文详述），杯
子指铁胄钵体；兜鍪帘叶（顿项）；内披膊；甲身；腿裙（甲裳）、
鹘尾。宋军的重甲具有很好的防护能力，但是因为重量过大，在战
场中就算能击败金军，却无法追击导致不能扩大战果。刘錡在柘皋
之战后总结："以步兵甲重，不能奔驰，下令无所取，故无俘获焉。"
（《建炎以来系年要录》卷一百三十九）南宋名将毕再遇提出："更造
轻甲，长不过膝，披不过肘，兜鍪亦杀重为轻，马甲易以皮"（《宋

史·毕再遇传》)。

南宋时期，为了补充各地方军队的装备，地方作院成为器甲制作的重要生产单位。"成都、潼川、遂宁府及嘉、邛、资、渠共七州，自作院，日造甲；兴元府、兴、阆、成州、大安军、仙人关六处，作院，日造神臂弓、甲、皮毡，其器械山积，今并属总领所，给之有军库、马弓、弩弓，多至数十万，箭数百万枝。"(《建炎以来朝野杂记·四川作院》)四川的邛崃自汉代开始就是军器制作的中心，长安武库的甲胄和刀剑有相当部分是蜀地制作；蜀汉时期诸葛亮也在四川大量制造"五折钢铠"(《太平御览·兵部》)；宋朝成都各地的作院生产的甲胄数量极大，这些器甲堆积如山，贮藏于武库。

南宋孝宗淳熙六年（1179），建康府留守陈俊卿奏表朝廷，希望对军备物资进行清点，如果数量堪用，请朝廷体恤民力，减少器甲制作，在其奏章中可以一窥南宋器甲制作的数量：

> 闻殿前司及诸路都统司自隆兴二年以后，诸军所管军匠逐时造甲，至今十五六年，想亦稍备。兼闻御前军器所有工匠三千五百人，若以百工造一甲，日可得三十五甲，岁可得万副。以十五年计之，今不啻十四五万甲矣。及建康行宫见桩管精甲数万副，又诸州新造甲至年终计之，亦可得二三万副。(《文献通考·兵考》)

由奏章中可知，造一套完整的甲需要一百个工时，十余年中武库应该有"十四五万甲"。唐朝铠甲制作应该也是超过百日，如此可知唐、宋两朝制作工期应该相近。

南宋初期，器甲由地方作院和诸军生产，生产出来的器甲运送至武库贮藏。"凡弓甲物料，荆、湖、福建、浙西四路诸州军，计数赴殿司及沿江诸军制造，温、婺等八州，计数赴马司，江、台等八州，计数赴步司……"；"隆兴、庆元府、赣、抚、袁、信州、临江、兴国、南安军"诸府造"弓甲"；"建康、宁国府、建昌、太平、莇、衢州、广德军、绍兴府"造"甲"；"皆造成赴内军器库，而诸道羽箭亦皆造成"（《建炎以来朝野杂记·御前军器所》）。

各军中随军的军匠，为自己部队打造器甲。岳飞统领岳家军，用自己的私人财产补足器甲生产费用，"命宅库，除宣赐金器存留外，余物尽出货，以付军匠，造弓二千张"（《金佗稡编续编》卷二十七）；"韩世忠军造克敌弩，杨存中改进马黄弩，张俊造重甲"（王增瑜《宋朝军制初探》中华书局 2011 年版）。说明不同的将领统军会根据自己部队的不同特点，有针对性地生产器甲。南宋采取各地作院和军中自行生产器甲的制度，是一种改革，放弃了北宋时期全部由南北作坊制作再调拨至各地的制度，这样的制度更利于军队器甲的补足，但某种程度上也使各军更容易成为藩镇。

由于兵器制作是一个非常复杂的工种，涉及冶炼、锻造、研磨、木料、油漆、皮革等多种工艺，分成各个作，工匠只需做好自己熟悉的环节，作院内部根据不同的工种设立不同的作。北宋时期，开封的南北作坊有五十一作，分工极为复杂，各作均有自己的制作规范，这些制作规范都属于国家机密，禁止外传，"皆有制度作用之法，俾各诵其文，而禁其传"（《麈史》卷一）。南宋孝宗时期，福州都作院指挥分成"十一作"，包括"箭作、弓弩作、甲作、皮作、铜作、漆作、旗作、条作、木作、磨锃作、铁作"（《淳熙三山志·兵防类一》）；庆元府作院有"十有三作，曰大炉作，曰小炉作，曰穿联作，曰磨锃作，曰磨擦结裹作，曰头魁作，曰熟皮作，曰头魁衣子作，曰弓弩作，曰箭作，曰漆作，曰木弩桩作，曰木枪作"（《开庆四明续志·作院》），这些史料都显示了作院运行依靠复杂的分工，各部相互配合才能有效生产器甲。

所有的作院都对某种军器制作规定了制作工时。南宋时期，提举司对全套甲胄的制作工期也有详细记载："以七十工造全装甲一。又长齐头甲每一甲用工百四十一，短齐头甲用工七十四。"（《宋史·兵志》）长、短不同的甲胄所费工时不同，主要应是编缀工作量的不同所致。宋朝甲胄在制作上因消耗工时、材料甚多，每套甲胄非常昂贵。南宋建炎初期每套铁甲完成，"工费凡八十缗有奇"，一缗即为一千文，也叫一贯，"八十缗"即八十贯。程民生《宋代物价研究》一书中较为详细地记载了宋朝甲胄的造价，绍兴二年（1132），神武右军自造军器，"凡全装甲一副，费钱三万八千二百（38 贯 200 文）；马甲一副，费钱四十千一百（40 贯 100 文）"。绍兴三年（1133），神武右军所核定的兵器制造价格中包括"披膊 1 副，费钱 10 贯 400 文；兜鍪即头盔 1 顶，费钱 7 贯 800 文；金装甲 1 副，费钱 38 贯 200 文；朱马甲 1 副，费钱 40 贯 100 文；朱马甲当胸 1 副，费钱 17 贯 300 文"。绍兴三十二年（1162），南宋下诏民间有得金人所遗弃的器甲交送官府者，用内藏钱偿其值，"人甲十千（10 贯）；马甲减半（5 贯）"。淳熙六年（1179），南康军造铁甲，"每副造价为 34 贯余"。朱熹《晦庵先生朱文公文集·与曾左司事目札子》载："打造步人弓箭手铁甲，一年以三百日为期，两日一副。昨已打造到一百五十副了毕……铁甲计用皮铁匠一万八千工，钱五千二百余贯……"可知步人弓箭手铁甲每副 34.7 贯。宋宁宗时期，湖州官方造"铁甲长甲一副，计（铁）[钱] 二十九贯文；铁甲一副，二十八贯五百六文"。南宋中期，各州造甲的费用是"一甲之贵，大约五十千（50 贯）"。以至于宋高宗曾经对张俊、辛企宗言："是甲分毫以上，皆生民膏血，若弃掷一甲叶，是弃生民方寸之肤。诸军用之，当思爱惜。"（《续资治通鉴·宋纪一百六》）

南宋景定二年（1261）成书的《景定建康志》是南京现存最早、最完整的官修志书。记载了相当多南京地方武备细节：

> 宝祐二年，终见管旧军器二十七万二千五百四十一件
>
> 铁甲身七千八百四十七领，
>
> 铁头牟六千五百七十一顶，
>
> 铁披膊八百五十九副……
>
> 宝祐三年八月二十七日至寶佑六年正月二十六日，制使马光祖任内靭造及添修共三十六万七百三十二件……
>
> （内靭造二十一项共三万一千二百六十八件）
>
> 倒穿铁甲身五百领，
>
> 倒穿铁头鍪五百顶，
>
> 铁披膊一百八十副……
>
> 罗圈皮甲二副。
>
> 头鍪一，
>
> 改穿铁甲身七百三十六领
>
> 辘洒靭穿铁甲身九百六十四领
>
> 铁头鍪九百六十四领

（内靭造二十一项共三万一千二百六十八件）

倒穿铁甲身六百七十九领

倒穿铁头鍪六百七十九领

开庆元年四月十三日至景定二年七月，大使马光祖任内靭造及添修共三十万八千六百六十五件

（内靭造五十一项共六万二千六百二十五件）

铁甲身三千六百六十四领

铁头鍪一千一百一顶

（内添修三十一项共六万四千三百六十三件）

铁甲身九千九百九十领

铁头鍪一万一千七百二十一领

从史料中可以看出几个重要的细节，身甲、头鍪（盔）、批膊都是单独构件；第一次在史料中出现"罗圈甲"，"倒穿铁甲"，罗圈甲是何种形制，不得而知，倒穿铁甲应该是背后开襟的一种形制；铁身甲和盔的数量基本匹配；每年新造甲胄的同时，也修补历年库存的甲胄。《景定建康志》还提及宋军军袄是"红布、黑布衲袄，胖袄"。南京地区"项置局"在置制史姚悉得命令下造万人军器，除了本地使用，还调拨至"荆、蜀等地"，每个季度要向中央武库"内军器库"解送铁甲五十副。史料反应南京地区军器制作数量相当大，除了满足本地军备，还需调拨至外地和中央器库。

北宋晚期南宋初期，一个人维持每日生存需 20 文钱，普通一家三口，俩人劳作不过日入 100 余文左右。至宋宁宗时期，湖州按照朝廷政令制作甲胄，强征匠人劳作，日付 150~200 文，仅够一人糊

口，不能养家。一套铁甲造价，是普通一户人家一年的收入。

史料记载青唐羌善锻造"瘊子甲"，此种冷锻甲应该是青唐唃厮罗政权装备。青唐羌是九世纪末期吐蕃族地方割据势力，沈括《梦溪笔谈·杂志》载："青堂羌本吐蕃别族。唐末，蕃将尚恐热作乱，率众归中国，境内离散。"青唐羌不属于西夏，有自己的国主及疆域，部分归附宋朝，并接受宋朝的"爵命"，如唃厮罗、俞龙珂、瞎药、木征兄弟等，另一部分仍旧自立于邈川至青唐羌一带。河、湟一带吐蕃族群善于制作铠甲兵杖，都是延续吐蕃时期的工艺，青唐羌臣服宋朝中央政府的贡品中就有铠甲，"王韶入岷州，瞎吴叱及本令征来降。韶谕以不讨贼无所得食，两人各献大麦万石、牛五百头、羊二千口并甲五十领"（《续资治通鉴长编·神宗·熙宁六年》）。甲片锻打过程中留下凸起点，锻造过程中可以知道甲片变形量的锻造技术，在北朝时期的高句丽甲片中就已经出现，北宋时期出现在青海地区，说明此种技术已经得以广泛传播。

西夏也有冷锻制甲技术，宋仁宗康定二年（1041）五月，田况曾在夏竦经略陕西边事时任判官，在经历边事后上奏朝廷建言兵器改革，在《上仁宗兵策十四事》中将北宋武器与西夏武器加以对比："今贼甲皆冷锻而成，坚滑光莹，非劲弩可入。自京赍去衣甲皆软，不足当矢石。"发出了"以朝廷之事力，中国之伎巧，乃不如一小羌乎"的慨叹，他还向宋仁宗提出"今请下逐处，悉令工匠冷砧打造纯刚甲，旋发赴缘边，先用八九斗力弓试射，以观透箭深浅而赏罚之"（《续资治通鉴长编·仁宗·庆历元年》）的建议。说明在北宋时期，作院有可能生产冷锻甲。

器甲制作完成后，会纳入武库储存，生产和储存由不同部门管理。北宋初期储存军器的单位是武库，开封武库中各类器物分类储存，"军器五库在崇政殿东横门外，掌禁兵器、衣甲、枪、弩、箭各为一库"（〔宋〕王应麟《玉海》卷一八十三）。此种储存制度在宋太祖时期设立执行，至元丰改制后，武库由卫尉寺掌管，"掌藏兵杖、器械、甲胄、以备军国之用"（《宋史·职官志》）。南宋时期由于生产变得更为分散，部分府州军、县也设立武库储存器甲，但是从史料中反映出这些武库管理多有不善，器甲往往数年就朽烂不堪，弓的筋胶解折，甲的韦革腐烂。宋朝历代皇帝也屡屡下诏要求武库妥善保管器甲，非作战不得使用，并要求按时修缮器甲，"非军须、盗贼，不得支用，仍三年一修讫，申提刑司"（梁克家《淳熙三山志》卷一八）。

4. 军中装备

宋朝军中对甲胄的使用在史料中也有记载。

宋仁宗就专门下诏要求军士擐甲训练，庆历四年，"诏：骑兵带甲射不能发矢者，夺所乘马与本营艺优士卒"（《宋史·兵志》）。宋朝建国以来，因为无法夺取燕云十六州和西北、河西走廊等养马之地，宋朝的军马补给相对困难，对骑兵个人武艺更为看重，所以训练中要求骑兵披甲。宋光宗时期，枢密院对军中弓箭手训练要求必须擐甲，"（绍熙）二年，枢密院言：'殿、步司诸军弓箭手，带甲六十步射，一石二斗力，箭十二，六箭中垛为本等。弩手，带甲百步射，四石力，箭十二，五箭中垛为本等。'"（《宋史·兵志》）。

建炎四年（1130），金军在完颜宗弼带领下南侵，韩世忠率本部八千兵马于黄天荡截击金军归路。韩世忠本部军士皆穿铁甲，战马装备铁马珂和皮甲，"世忠海船，本备水陆之战，人皆全装，马皆铁面皮甲"（《三朝北盟会编》卷一百三十八）。是役，完颜宗弼大败，但仍旧突破宋军截杀北返。

宋真宗景德元年（1004）颁布军队临阵赏罚之令，"临阵……遗失铠甲兵器者……并斩"（《文献通考·兵考·兵制》）。可见军中对甲胄的保管极为严格，反映出军中甲胄发放到个人后，会有详细记载，否则无法查验何人遗失器甲。

二、铠甲形制

1.《武经总要》中的甲胄

《武经总要》是北宋官修军事著作。宋仁宗景祐元年（1034），富弼上《论武举武学奏》，建议设立武学。获得批准后，由天章阁待制曾公亮和工部侍郎、参知政事丁度等奉命编辑成书，定名《武经总要》。宋钦宗靖康二年（1127），金军攻破汴京，《武经总要》原本损失。1231 年，南宋借由一些副本重制了新版本的《武经总要》。现存的《武经总要》都是明刻版，而现在此书中记载的器甲究竟是宋仁宗之前的形制，还是由于散失而后朝重刻了新的器形？器物的形象是否为当时的准确形制？对于这些问题须做一定辨析。

（1）甲胄

《武经总要》中绘制了宋军甲胄形象，这是中国兵书中最早绘制的器甲形象。书中载："（甲胄）右有铁、皮、纸三等，其制有甲身，上缀披膊，下属吊腿，首则兜鍪顿项。贵者铁，则有锁甲；次则锦绣缘缯里；马装，则并以皮，或如列铁，或如笏头，上者以银饰，次则朱漆二种而已"（图5）。北宋步人甲分成身甲、兜鍪、披膊、吊腿四大部分，铁札甲和环锁铠是甲胄中最为贵重者，这和前文中制作工时可对应；具装铠以皮质为主，其甲片如同铁叶一样，高级具装铠装饰银饰，五代安重荣部将赵彦之的甲胄和具装铠就装饰银饰。军中所用具装铠就是髹漆装饰，据前文可知具装铠分成黑红两色。

从明刻版《武经总要》中步人甲的图中，可以看出胄（兜鍪）有几种形态：

图6-1胄体似一整体，下编缀顿项，身甲、甲裳连缀在一起，明显都是札甲形式，这样的身甲应该是在前胸开襟，腰部横拴紧固，后背通过肩带与前胸连接。

图6-2胄体明显分成两重结构，上半段是浅钵体整体式胄体，下半段是甲片，然后再接顿项。身甲形制与图6-1无区别，只是甲片有不同，甲片较图6-1较宽，身甲下突出的部分是鹘尾。

图6-3胄应该就是王处直墓盔结构，左右装饰了凤翅。这类形制明显偏神将风格。

图6-4胄与图6-2胄体相近，前额下缘还有一整体结构，顿项则有不同，分成左右护颊和顿项三大片结构；身甲明显有曲边关系，此种甲应就是"顺水山字铁甲"，也就是唐朝的"山文甲"的延续。特别要注意的一点是身甲部分是山文甲，而甲裳部分则是普通长条甲片，此种甲极大可能是分体结构。

图6-5胄应是都由相同甲片编缀而成，似乎胄体和顿项未作区分，左右有护颊，应该是唐制小甲片胄风格的延续。

图6-6是将平面身甲图立体化。

明刻版《武经总要》前后身甲的连接形式应该是裲裆甲的延续。

（2）披膊

宋朝甲胄中的披膊都是独立构件，其结构并非单独遮蔽两臂，明显是在前胸和后背都有一定的延长，这样的处理可以在胸背额外增加一层防护。从图像上看这样的披膊更适合披在身甲之外，而北宋的雕塑有相当一部分披膊是压于肩带之下，在《大驾卤簿图书》中，披膊则是披挂在身甲之外，两种披膊形式应该在宋制甲胄中都存在。图7中，五款披膊单从外形上很难区分其差异，《武经总要》作为官修书，不会无故画五个形制一致的披膊，其细节一定有所不同。仔细观察图像，会发现甲片的形制、肩部和两臂编缀上有明显的区别：

图7-1两臂的甲片极大可能是环锁铠，胸背是铁札甲；

图7-2胸背的甲片和两臂的甲片造型不同，胸背纵向编连与身甲相同，甲片较宽；

图7-3胸背和两臂的甲片形制相同，都是横向编连，其结构与西藏古格遗址出土的吐蕃晚期披膊造型几乎一致（图8）；

图7-4胸背和两臂的编连方式与图7-2相同，两部分的甲片相同，图像显示甲片较为窄细，也许就是"光明细钢甲"；

图7-5披膊的编连方式与图7-3一致，甲片形制不明，可能是绘画从简，如果是窄条札甲，则与古格披膊更为接近。

在《武经总要》中绘制的披膊、身甲都没有"盆领"结构，这是宋制甲胄与唐制甲胄很重要的一个区别。

（3）具装铠

《武经总要》中绘制了宋军具装铠图像（图9），分成马甲面帘、鸡颈、荡胸、马身甲、搭后几个部分，整体与唐制的具装铠区别不大，甲片较大，据史料记载都是皮甲。"笏头"是指甲片上端的造型如同笏板，宋时期笏板上端方中带圆，故可知宋马甲甲片上端应是抹圆的造型。图像中还绘制了马半面帘、马甲面帘，明显可以看出除了中间部分是整体结构，马脸两侧是由小甲片编缀而成，《宋史·仪卫志》中所言的"马珂"就是"面帘"，与《大驾卤簿图书》中的具装铠基本相同。

2.《翠微先生北征录》中的甲胄形制

华岳，南宋人，字子西，号翠微，安徽贵池人。他的生平在史料中只有寥寥数笔，《宋史》记载："华岳，字子西，为武学生，轻财好侠。"华岳于二十岁左右被推为"选人①"，在杭州读书生活，宋宁宗嘉泰元年（1201）辛酉应举国子监，以优异的成绩补为太学生员，后转入武学，研习军事。宋宁宗开禧元年（1205）华岳因上书谏止权相韩侂胄的北伐政策而被贬官下狱，放逐到建安。韩侂胄攻金朝计划失败后，南宋朝廷诛杀韩侂胄，向金朝求和。韩侂胄死后，华岳得以被释放，登嘉定武科第一名，为殿前司官，仍郁郁不得志，又预谋联合众人罢黜丞相史弥远，事被发觉，下临安牢狱，后被杖死狱中。《翠微先生北征录》为华岳在被放逐期间写的富国强兵和御敌之策的兵书。《翠微先生北征录》旧本最早为元抄本，第一部分是开禧三年（1207）上奏皇帝的《平戎十策》，其中包括《再上皇帝书》和取士、招军、御骑、陷骑、得地、守地、恩威、利害、财计、马政；第二部分是宋宁宗嘉定元年（1208）上奏皇帝的《治安药石》，这部分是写治国强邦之策。其中对南宋甲胄有极为详细的记载，是研究南宋甲胄形制的重要依据。

---

① 指候补、候选的官员。

（1）步人甲

华岳对甲胄的认识极为清醒，他认为甲胄的制作必须符合兵种要求，根据不同的需求制作："步军欲其长，马军则欲其短；弩手欲其宽，枪手则欲其窄。其用不同，其制亦异。"甲胄的长短和宽窄必须符合军种特点和人体结构，步兵徒步进攻，冒矢石，所以需要更全面的防护，需要长甲遮蔽。自秦汉开始，骑兵甲都较为短小，至宋朝骑兵都沿用短甲的思路，主要是短甲可以保证骑兵身体的灵活性。弓手开弓拉弦需要胸背打开，弩手上弦需手足配合，足踏弩臂前环，双手拉弦入弩机，需要胸背、腰腹较为灵活，故甲亦宽大。长矛兵是前突力量，故胸甲要紧密贴身，胸甲甲片要固定编缀成硬体结构。

否则会出现种种问题："肥者束身太紧，甲身则可周后背而前胸不交，甲裙则可闭后臀而前跨不掩。瘦者挂体太宽，挽弓发箭则甲不贴体而胸臆绊扑，有断弦脱箭之忧；挥剑刺枪则甲不附身而腰背松虚，有抵手碍足之患。"这些认知应是华岳在太学研究武学得出的经验。这段史料有一个细节值得探讨，按照华岳的记载，"周后背而前胸不交"，说明南宋步人甲是在胸前开襟。

华岳建议步人甲的腰围根据胖瘦设为三等：

一等，"腰圈四尺五寸，批膊五吊（止数直下五吊，横搭不计），头魁覆釜二尺五寸"；二等，"腰圈四尺，批膊四吊（止数直下四吊，横搭不计），头魁覆釜二尺三寸"；三等，"腰圈三尺五寸，批膊三吊（止数直下三吊，横搭不计），头魁覆釜二尺一寸"。

并且根据人体高矮，甲裙也制作成三等：

"第一等甲裙：直下长一十五吊（不计横段）；第二等甲裙：直下长一十三吊（不计横段）；第三等甲裙：直下长一十一吊（不计横

段）。"这段史料显示出几个细节，披膊、甲裳的长短是按照"吊"来衡量。"吊"就是指横向编连的甲片排数，仔细观察《武经总要》中的披膊，图7-4是"六吊"，图7-2是"五吊"，图7-5是"四吊"，图7-3就是"三吊"。

宋甲的编缀所遵循的原则是，甲片先横向编连，然后再纵向编缀，采取下层叠压上层的编连方式，所以一"吊"的长度基本是少于单片甲片的长度。如果以南宋中等人身高165~170厘米计算，上臂需遮蔽长度大致为29厘米，按照五等分应是5.8厘米，如果考虑到下层叠压上层的长度大致为2厘米，甲片的长度大致应在7.8厘米。据前文所知，《宋史》记载的披膊重量"二钱六分（10.4克）"，同样重量的元、明时期西藏铁甲片测量出来的尺寸为7.6厘米×1.9厘米，根据这个数据反向推导，南宋步人甲披膊的甲片形制可能大致为这个尺寸。

从宋画、雕塑上来看，一等甲裳"一十五吊"较长的甲裳会接近脚面，以正常身高165~170厘米计，甲裳合理的长度应该在60~70厘米，《宋史》中记载的甲裳、鹘尾单叶片重量为"四钱五分（18克）"，数量是"六百七十九"片，0.8毫米厚、15克重的西藏甲片尺寸是8.4厘米×3.2厘米，在相同厚度下，18克一片的甲片体量会更大，这样体量的铁札甲甲片在已知的铁甲片中体量算是非常大的，如果以300片来制作一个甲裳，体量会非常庞大，是极为不合理的。如果甲片厚度增加，外径会缩小，整体编缀出来的甲裳才可能成立，但是这个体量的甲片迄今为止也未见出土实物。《宋史·兵志》和《翠微先生北征录》两处的史料无法相互对应，以《兵志》中记载的数量、重量的甲片是无法做出《翠微先生北征录》中甲裳的形制的。

"头魁覆釜"是指头盔的周长，可以折算出南宋盔的周长和直径，胄体的直径从 21 至 25 厘米不等。已知的中原、西藏地区的宋、元铁胄实物直径是 21~24 厘米不等，史料中的胄体直径与实物测量几乎无差异。

项目 分类	腰围		披膊		头盔周长		甲裙	
	宋制	尺	宋制	长度/cm	宋制	周长/cm （直径/cm）	宋制	长度/cm
一等甲	四尺 五寸	四尺二寸 141cm	五吊	≥30？	二尺 五寸	78.5 （25）	一十五吊	70
二等甲	四尺	三尺八寸 125.6cm	四吊	≥28？	二尺 三寸	72.2 （23）	一十三吊	65
三等甲	三尺 五寸	三尺三寸 110cm	三吊	≥26？	二尺 一寸	66.2 （21）	一十一吊	60
合计								

注：在《中国历代度量衡单位量值表及说明》中，宋朝一尺合今天 31.4 厘米。

《翠微先生北征录》认为甲胄的制作应该按照不同兵种的特点、不同兵种中军士高矮胖瘦的身形来制作不同规格的甲胄，这样不同规格的甲胄发放到军中，才能切实有效地发挥作用，这是非常先进的制作观念。从史料记载的华岳的生平来看，他除了在太学研究武学，并无实际进入军营和作院的经历，他对甲胄制作的数据应是他根据调查提出的建言，数据是否完全准确值得再深入探讨。据《翠微先生北征录·人甲制》，南宋步人甲形制应该有两种：一种是裲裆风格长身甲，胸口开襟，甲长应在膝盖附近；一种是分体甲，甲衣和甲裳是完全分开的，身甲为裲裆甲结构，长度仅至腹部，甲裳独立，长及膝盖之下。这两种身甲都可以配单独的披膊。

（2）马甲

《翠微先生北征录》中记载的具装铠分成两类，一类称之为："大全装六件：甲身一副，搭尾一件，鸡项一件，大秋钱一件，小秋钱一件，面子一件。"另一类称之为："小全装六件：甲身一副，搭尾一件，了项一件（最紧），鸡项一件（小），面子一件，秋钱一件。"大全装马甲在军中装备较为常见，《武经总要》中的"搭后、当胸"应是《翠微先生北征录》"大小秋钱"；"面帘"是"面子"。小全装是在南宋晚期出现，小全装中的"了项""面子"不解是何物，小全装应该是在重量和形制上相对简化的马甲。两本书中所载的马甲形制区别较小，说明南宋生产的马甲还是按照相应标准制作的。

马甲在披挂的过程中，需要在马背上铺设"衬副两件，免打破马脊"，书中记载马甲整体不适合太长，过长的马甲会妨碍马匹奔驰，同时从制作的角度来看，"多费甲片"亦不合理。《翠微先生北征录》中特别记载了南宋与金朝的"符离、陈、蔡之役，马多被伤中寿星脑额而死"，南宋军的甲马在战争中多在脑部受创而死，说明马甲面帘的防护力不够。华岳认为马甲面帘要用棉布纳成一片，贴合在面帘背后，这样可以具有双重保护，"脱遇矢石，可透铁面，尚有贴额可隔"。

"符离之役"是南宋孝宗北伐中重要的一战。隆兴元年（1163，金大定三年）五月，南宋枢密使、江淮宣抚使张浚为统帅，设都督府于盱眙，宋军兵分两路，西路由淮西招抚使李显忠领军自濠州（今安徽凤阳）渡淮河至陡沟（今安徽固镇东浍河支流）攻灵壁，东路由御前诸军都统制邵宏渊为帅自泗州攻虹县（今安徽泗县），两军共计六万（对外称二十万）人马越过淮河北伐。李显忠率先收复灵璧县，宋军初战告捷。邵宏渊进攻虹县受挫。李显忠领军至虹县，遣人入城劝降，蒲察徒穆、大周仁开城门出降，虹县收复。然邵宏渊在北伐中作战指挥能力弱于李显忠，开始心生罅隙，李显忠军攻宿州，邵宏渊军不配合作战，待李显忠破城后，方才渡河入城，金守军被杀数千人后，宿州被攻克。报捷至临安，宋廷擢升李显忠为淮南、京畿、京东、河北招讨使，邵宏渊为招讨副使。诏书至军前，邵宏渊愈发不满。于是张浚又改令李、邵二将共同节制全军，因前后号令不一，既造成了指挥混乱，也使得前线二将关系更趋恶化。

金军左副元帅纥石烈志宁获知败报后，即自统精兵万人奔袭宿州，并处死弃城而逃的宿州守将乌林答刺撒以肃军纪。金将孛撒率十万人马进攻宿州城南，李显忠亲领宋军出战，冲击金军大阵，战数十合，孛撒大败，遂退走。激战中，"统制李福、统领李保各以所部退避，皆斩以徇。"随后金军援兵至，猛攻宿州城，李显忠再次率兵出战，并通知邵宏渊"并力夹击"，但邵宏渊按兵不动，对本军将士言："当此盛夏，摇扇于清凉犹不堪，况烈日中被甲苦战乎？"于是城中守军"人心遂摇，无斗志"。城外李显忠独自与金军苦战，虽重创金兵，斩杀金军左翼都统与万户、千户多人，但金援军不断，孤军难支，失利后退。金军攻城，李显忠命军士用克敌弓乱射，金军受挫后退去。

当夜，中军统制周宏鸣鼓大噪，谎称敌兵至，邵世雍（邵宏渊之子）、刘侁各领所部兵马遁；继而统制左士渊、统领李彦孚亦遁。城外防线崩溃，李显忠被迫移军入城。殿司前军统制张训通、马司统制张师颜、池州统制荔泽、建康统制张渊等十余将校，以二将不和，亦各自率部遁去。随后金军得知宋军内部分裂，随即强攻宿州，李显忠命诸军竭力防御，金军攻城部队被城头宋军顽强反击，"积尸与羊马墙平"。金兵在付出巨大的代价后，有数十人登上城东北角，李显忠取大斧率亲兵反击，"斫之，敌始退却"。李显忠认为"若使诸军相与掎角，自城外掩击，则敌兵可尽，金帅可擒，河南之地指日可复矣"。但邵宏渊却宣言道："金添生兵二十万来，傥我军不返，恐不测生变。"李显忠"知宏渊无固志，势不可孤立"（《宋史·李显忠传》）。至此，宿州孤城已无法再守，宋军遂于次日凌晨弃城南逃，溃散的宋军军心涣散，遭到金军追击，损失惨重，"于是显忠、宏渊大军并丁夫等十三万众，一夕大溃，器甲资粮，委弃殆尽。士卒皆奋空拳，掉臂南奔，蹂践饥困而死者，不可胜计。二将逃窜，莫知所在"（《齐东野语》卷二）。因宿州之郡名符离，故史称此战曰"符离之战"。

符离之战是南宋与金朝战略态势转折的关键一战，此战失利宣告了宋孝宗北伐中原战争的失败。金军元帅纥石烈志宁乘机渡过淮河，连续攻取南宋盱眙、濠州、庐州等地。此后南宋丧失再战之力，遂被迫议和，南宋对金朝称侄皇帝，不再称臣。改"岁贡"称"岁币"，银、绢各减五万，为二十万匹；宋割唐、邓、海、泗四州外，再割商、秦二州与金朝。签订合议这一年是宋孝宗隆兴二年（1164），故史称"隆兴和议"。

"符离之役"中南宋损失的甲马，应该都是在李显忠冲击字撒军的过程中损失的。华岳还在《马甲制》一章中记载金朝军中甲马装备的细节："贼军马甲，甲身只是平腹，下用虎斑布裙，遇箭皆被矫揉，所以披带轻捷，驰骤俏俊。"金军马甲在史料中往往只记载为"铁浮屠"，并无细节，《翠微先生北征录》这段史料对研究金军具装铠提供了细节，金军的具装铠较短，且下缘装饰老虎斑纹彩布。

3. 纸铠

纸甲从晚唐时期开始出现，唐朝史料记载纸甲甚是坚固，箭矢不能穿。至北宋时期纸甲成为一种标准甲制。

五代时期军中也装备有纸甲，后周李韬随着后周太祖郭威出战，后汉李守贞来攻，客省使阎晋卿告诉李韬"事急矣，城中人悉被黄纸甲，为火光所照，色俱白，此殊易辨"（《宋史·李韬传》）。南唐与后周交战，"民间又有自相率拒敌，以纸为甲，农器为兵者，号白甲军"（陆氏《南唐书》卷三）。

这两段史料显示纸甲为黄白色，说明纸甲未做其他着色。宋仁宗康定元年（1040年）四月，"诏江南、淮南州军造纸甲三万，给陕西防城弓手"（《宋史·兵志》）。京城东西作坊一次性制造和分发三万件纸甲，说明纸甲已经是当时军队的正式装备了。北宋司马光在《涑水记闻》中记载有"诏委逐路州军以远年帐籍制造"（《涑水记闻》卷十二）一句。由史料可见，宋代的纸甲是用陈年账簿或废纸制造。时任陕西经略安抚使的田况也说："臣前通判江宁府，因造纸甲得远年帐籍"（《续资治通鉴长编·仁宗·庆历元年》）。

北宋造纸术是在唐、五代的基础上发展而来，在造纸品、用途、产量、质量原料、产地、制作技术等方面都是历史的高峰。北方的造纸中心以河北路、陕西路、秦凤路、京西路为主，河北路产桑皮纸和粉纸。南方造纸以蜀地为中心。唐朝造纸主要以桑皮纸、麻纸、藤纸为主，到了宋朝，竹纸和楮纸成为主流。竹纸轻薄，成为书画常用之纸；楮纸是用楮树皮制作的纸张，至北宋中期，楮纸在官用纸上占据主导地位，元代费著《笺纸谱》载："凡公私簿书、契券、图籍、文牒，皆取给于是。"成都地区出产的楮纸最为知名，宋朝的纸币"交子"就用此种纸张印刷。由此可知，宋朝纸甲应是楮纸制作而成，旧账册应该是逐层相互黏合，并用重物挤压，达到一定厚度后就可以裁切成甲片。理论上纸甲应该髹漆，这样可以保证纸甲钻孔后即可编缀。纸铠制作简单，原材料也容易获得，理论上比铁铠轻便，应该与皮甲重量较为相似，制作费用也相对低廉。当然在北宋时期也有人认为纸甲质量堪忧，北宋哲学家李觏《直讲李先生文集》载："矧新甲之制，出于一切，次纸为札，索麻为缕，费则省矣，久将奈何？"说明部分州府的生产工艺可能是不达标的，只是糊弄了事。

4. 环锁铠

环锁铠从东汉时期就已经传入中国，唐朝环锁铠数量开始增加，在五代、宋史料中提及较少，依然是一种较为贵重的甲，并未普及。《武经总要》卷十三载："贵者铁，则有锁甲。"

五代史料仅在《吴越备史》中记载有环锁铠一例，十国中的吴越文穆王钱元瓘被后晋授天下兵马大元帅，"赐御服红罗真珠战袍、金锁甲各一副"（《吴越备史》卷三《文穆王》）；《宋太宗皇帝实录》记载至道二年（996）二月戊戌下诏曰："先是，造明光细网甲以给卒者，无里，宜以绸里之，俾摆者不磨伤肌体焉。"细网甲应该就是环锁铠；宋真宗大中祥符年间，名将马知节年老仍不忘边事，上书朝廷"天下虽安，不可忘战去兵"，自言如果边事有变，愿亲自领兵，并豪言"良马数匹、轻甲一联足矣"。当时，澶渊之盟已签订数年，宋辽边境无战事，宋真宗为表彰老将拳拳之心，"因命制钢铁锁子甲以赐焉"（《宋史·马全义传附知节传》）；《宋稗类钞》记载岳飞家被抄没时，"岳少保既死狱，籍其家，仅金玉犀带数条及锁铠兜鍪，南蛮铜弩，镔刀弓剑鞍辔，布绢三千余匹，粟麦五千余斛，钱十余万，书数千卷而已"（《宋稗类钞》卷三）。以上史料说明五代、北宋环锁铠仍旧未在军中普及，多作为宫廷御赐之物。南宋时期，岳飞被陷害抄家后搜出环锁铠，也能说明南宋时期环锁铠仍旧比较高级，仅为重要将领装备，前文说环锁铠贵重也说明数量较少。

关于两宋时期的考古中，至今未见有环锁铠实物出土，但是在南宋石翁仲中则有明显的表现。环锁铠自传入后，在唐朝就出现图像的演化，逐渐演化成 Y 形甲片，后世神将甲胄都采用此种表现形式。宋朝石雕中 Y 形甲片和圆圈环锁铠都有体现，宁波东钱湖南宋石雕显示的就是 Y 形甲片（图10），中国国家博物馆藏南宋四川石雕武士像（图11）、四川泸县地区南宋石雕武士更为清晰地显示了环锁铠真实的式样（图12）。从石雕细节中，宋环锁铠与明清环锁铠无甚差异。这种环锁铠的表现形式，在宋朝绘画中也多有表现，北京故宫博物院藏《维摩演教图》中，画卷右侧的毗沙门天王胸甲就是典型的环锁铠，此画虽未能准确判定是李公麟原作，但是人物风格明显都是宋制，极有可能是元、明照宋版的摹本。

5. 铁面

宋军铁胄装备"铁面"，北宋时期狄青冲阵就装备面甲，"临敌被发、带铜面具，出入贼中，皆披靡莫敢当"（《宋史·狄青传》）。至南宋，军中仍旧有此制，《宋史·扈再兴传》载："再兴募死士著铁面具，披毡，列陈以待之。"

三、绘画、雕塑中的甲胄

宋朝甲胄在绘画和雕塑中都有大量表现，总体分成三个部分：宗教艺术、宫廷仪仗、军阵列实战，这三类甲胄某种程度都是宋甲胄的一种外在表现形式。由于两宋甲胄没有完整考古实物，所以对宋朝甲胄的研究需要从大量的图像、雕塑中去比对，在这三类甲胄中找出真实的宋甲胄的形制。

宗教艺术中的甲胄一般是佛、道两教中的天王穿戴，这些甲胄明显带有唐朝神将甲胄的风格，在宋朝又有所发展。这类天王的甲胄既有真实甲胄的元素，又因为宗教艺术的需求，会在甲胄上增加夸张的细节，在各个环节上填充大量的装饰性符号，在研究甲胄形制中，必须要剔除其夸张的装饰细节，才能掌握其真实的形制。大驾卤簿、宫廷仪仗中的甲胄，代表整个国家和皇室的威仪，甲胄要表现出军队的实力，其甲胄形制与军阵甲胄差异不大，在装饰细节上表现得更为华丽。前文史料中显示，大驾卤簿中的部分甲胄分成布甲、铁甲两种。两宋军中甲胄是军阵实用之物，相对简素。

1. 宋画中的甲胄

（1）神将天王

宗教题材的宋画中涉及的神将和力士较多，保存在美国克利夫兰美术馆的《道子墨宝》是一套道教壁画题材的纸本水墨白描画稿（编号：2004.1），原无题，伪托名唐代画圣吴道子作，馆方鉴定为南宋作品。这套绘画共计五十张，分三个部分：第一部分描绘的是诸神朝谒，第二部分为地狱变相图，第三部分为搜山图。

此幅绘画是已知年代最早的《二郎搜山图》（图13），元明清都有相同题材的绘画。二郎神摞甲舒坐在几个小鬼之上，其胄两侧有凤翅，胄体顶部装饰如意纹；右手持如意环首剑，剑格为直翼八字格；身甲、胸甲、甲裳都是 Y 形甲片，肩带连接前胸后背，为裲裆结构，胸口单独用甲袢和丝绦束紧，腰部拴大带，腹部有兽头装饰；披膊独立罩在肩头，甲裳较长，坐下后至脚踝，如果起身，甲应至膝盖之下，披膊、甲裳边缘装饰皮毛。此幅绘画就是典型的天王风格甲胄，其甲胄在真实甲胄的继承上作了美化和神化处理，使整个神将看起来更为威严和神武。前文已经探讨了此种 Y 形甲片是环锁铠的变形，在唐朝中期就开始出现在神将天王身上，这种异域风格的环锁铠经过中国画匠的演化形成了神将特有的甲胄。绘画中的二郎神甲胄与卤簿仪仗中的宋甲在结构上一致，明显是在普通宋甲的基础上演化了甲片而来。环锁铠基本都是整体为套头衫形式，已知的实物中未见有做成分体甲形式的，西亚部分环锁铠有链接铁甲片的形式，但是都是南宋晚期才出现的结构。二郎神的随扈裨将身甲的形制与二郎神几乎一致（图 14-1），只是身甲为裲裆甲长及腹部，侧开襟，甲裙独立。身甲由长条甲片编缀而成，披膊压在肩带之下，下端有折角，方便手肘活动，腋窝下有单独的护腋，这类护腋在《道子墨宝》中的多个武士绘画上都有所表现（图 14-2），其甲片较大，二郎神随扈裨将的甲胄更加接近真实甲阵甲胄。

裲裆风格铁札甲一旦套上披膊后，上身正面几乎无弱点，因其结构特点，腋窝露空较多，这个位置需要特别的防护。历史上曾有神射手善于攻击札甲的这个弱点，金朝勇将神箭手郭虾蟆就擅长此技。

《道子墨宝》中，两尊神将身穿战袍（图 15-1、2），其甲形制为传统的裲裆风格，身甲为长条甲片编缀而成，无披膊，前后由肩带连接，两甲长度一致，仅遮蔽到臀部。图 15-1 神将戴兜鍪，身甲上还嵌有护心镜，腰部有护腰，腰侧戴胡禄，右手腕部悬挂铁鞭，其甲胄形制应是中下级军官形制；图 15-2 身甲同样也是裲裆结构，身甲更为简素，无明显的装饰性结构，属于典型的军士甲。

北宋武宗元绘制的《朝元仙仗图》卷首尾有五位神将（图 16），其甲胄形式与敦煌唐朝壁画、泥塑天王的甲胄高度相似，这类神将甲胄基本延续唐、五代风格。

台北故宫博物院保存的《免胄图》传为北宋李公麟作品（图17），表现的是平定安史之乱的名将郭子仪泾阳免胄，只身单骑与回纥可汗相见，说服回纥大汗重新与唐朝结盟，大破吐蕃一事。此幅绘画右侧是泾阳军，众军将擐甲，身甲持长戟、长刀、棹刀，马匹披具装铠；郭子仪的亲随站在马下，擐甲披战袍。绘画风格整体还是属于神将绘画风格。此幅绘画年代也有争议，从图像中的兵器类型和马具来看，极大可能是元代。可能是元人临摹宋画，器甲带有明显的宋制，甲胄上增加了很多装饰特征，尤其是马匹的具装铠更是增加了装饰性符号。

（2）卤簿仪仗

北宋《大驾卤簿图书》中，仪仗白泽队骑马武士身甲在胸口开襟，左右前胸装饰人面，这个细节是延续唐、五代甲制风格。前后身甲为由肩带连接的裲裆甲结构，身甲相对较长，骑乘时甲裳至脚面；胸口有一横向束紧丝绦，披膊独立，罩在身甲之外。披膊和甲裳外缘饰豹皮也是延续前朝制度（图 2）。此绘画应是较为确凿的宋画，所以其仪仗甲胄形式应该非常准确，其胸甲的人面细节与史料也能对应。

辽宁省博物馆藏北宋卤簿大钟也是研究北宋晚期卤簿仪仗甲胄的重要实物（图18）。钟身由弦纹分隔成上下六层：第一层为钟顶，呈半球形，上铸双龙钟钮；第二、第三、第四层凸铸"卤簿仪仗"，分别是"车辂""旗仗"和"清游队""步甲前队"三个部分；第五层为山林、树木、屋宇、人物；第六层为海水、仙人、蛟龙。铜钟口部有"右街僧官（押）宛平县仰山院官（押）"阴刻文字行13字，并有清代加刻"大清乾隆年造"六字款。此卤簿钟铸于宋徽宗宣和时期，应是徽宗改造宣德门后新铸之景阳钟，悬挂于门楼上。宋钦宗靖康二年（1127）金军破汴京，将此钟掠运至燕京宛平县仰山寺，清乾隆年间加刻清乾隆年款后运至承德，后由热河都统汤玉麟之子汤左荣从承德盗运至其奉天官邸（即辽宁省博物馆旧址），后入藏辽宁省博物馆。

此钟第二排的骑马武士擐甲、戴胄，披膊、身甲都为长条甲片编缀成的札甲，具装铠与《大驾卤簿图书》中一致；步甲武士手持长刀和骨朵，胄挂在背后，胄体下沿明显有甲片编缀的顿项，身甲为札甲，至臀部，无披膊。大驾卤簿钟整体细节较为写实，甲胄细节都是军中甲胄风格。

（3）军中实战器甲

台北故宫博物院保存有一套非常重要的北宋佚名着色绢本画《景德四图》，构图为右图左文，文字对图像进行了描述，从右至左依次为《契丹使朝聘》《北寨宴射》《舆驾观汴涨》《太清观书》。中外多位学者考论此图卷，认为该图卷属于宋仁宗时成书的十卷本宫廷画《三朝训鉴图》的一部分，或传是其摹本。台北故宫博物院所藏的《景德四图》无论是北宋宫廷原本还是后朝的摹本，它都反映了《三朝训鉴图》的历史面貌，具有重要的史料价值。

《北寨宴射》（图19）表现的是景德元年（1004）宋真宗御驾亲征，在澶州驻跸，召见前线将领李继隆、石保吉的历史事件，是北宋与辽朝从对抗走向和平的重要历史事件"澶渊之盟"之中的历史细节。画卷左侧文字："景德元年十二月，真宗幸北寨劳军，宴从臣。行宫西亭召排阵使李继隆、石保吉习射。上连中的，群臣奉觞称赞，李继隆、石保吉相继命中，赐袭衣金带鞍勒马。"画面中摲甲躬立的是李继隆和石保吉二人，左侧有须者是李继隆，他们面对的就是西亭，亭中有摲甲者在《宋史》中记载为"诸王、枢密"，西亭左右均站立摲甲军士，画面右上角有一高级将领端坐于帷帐。《宋史·石保吉传》中详细记载了此次宴会："冬，幸澶渊，命与李继隆分为驾前东西面都排阵使，军于北门外……俄而请盟，锡宴射于行宫后苑。帝谓继隆等曰：'自古北边为患，今其畏威服义，息战安民，卿等力也。'保吉进曰：'臣受命御患，上禀成算。至于布列行阵，指授方略，皆出于继隆。'继隆曰：'宣力用心，躬率将士，臣不及保吉。'帝曰：'卿等协和，共致太平，军旅之事，朕复何忧？'欢甚，赐以袭衣、金带、鞍勒马。"《李继隆传》中也有记载："真宗幸澶渊，继隆表求扈从，命为驾前东西排阵使……翌日，幸营中，召从臣饮宴。"此幅绘画对研究宋武备和军礼有着极高价值。在宋真宗进驻澶州后，辽军数万骑兵就开始进攻澶州北门，李继隆和石保吉旋即展开反击，石保吉在反击过程中亲率宋军骑兵冲击敌阵，"保吉不介马而驰当其锋"（《宋史·石保吉传》），说明他与辽军作战，平时都是人马俱披甲，此次冲击为了保证马匹高速，并未披挂具装铠。

西亭左右两侧的武士分成两种，傅伯星先生编撰的《大宋衣冠》一书中，把此画中出现的将领、中级军官、武士重新绘制（图）。①类武士属于殿前仪卫头领，头戴鹖冠，一种穿全套甲，一种绯袍单独穿甲裳，手持骨朵；②类甲士属于御前军士，戴铁胄，穿长甲，手持长刀。③、④两类人的品级最高，应是亲王、枢密，头戴鹖冠，身甲与披膊都是长甲片编缀成的札甲，札甲的边缘装饰红、绿两种织锦，腰间有护腰和大带。李继隆、石保吉二人甲胄与亲王、枢密一致。四类不同品级的武官甲胄形制几乎一致，唯一的区别是甲胄边缘装饰的织锦颜色不同，品级高者有明显红、绿两色，而普通军将则无彩色织锦装饰，可能仅用皮革收边。从图像上看，北宋初期的甲胄披膊是独立构件，身甲是前后肩带连接的裲裆甲结构，身甲可能是在侧边开襟，身甲前后都有鹖尾，甲裳独立。外围环立甲士的胄应都是铁胄，胄体光滑，正中有一脊线。

山西高平开化寺殿内保存有北宋元祐七年（1092）至北宋绍圣三年（1096）绘制的壁画，壁画中有两处宋军兵将穿甲形象（图20）。从图20-1图像中可以看出军将戴头巾骑马，身穿裲裆风格铁甲，甲裳较长，遮蔽至脚踝，如果站立，甲裳应该只及膝；图20-2中的军卒带白色笠帽；图20-3中的甲士戴兜鍪，胄体似乎为整体锻造，有前后四个圆形饰物。武士胄上的圆点装饰，在晚唐时期就已经出现，弗利尔艺术馆唐门楣、高昌出土的天王经幡胄上就有此类装饰（图21）。顿项只有脑后一片，身甲为裲裆结构，以肩带连接前后身甲，甲裳分为左右两侧，身后可见鹖尾，较短，所有身甲都是铁甲，边缘都包裹织物或皮革。壁画中的身甲应为连体结构，与《武经总要》中绘制的甲完全一致。壁画中的将、卒都没有披膊，说明披膊作为独立件，是随不同军事任务和等级单独装备的。

南宋《中兴瑞应图》中的甲胄非常写实，是非常准确的南宋军中甲制。

历史上的《瑞应图》有多种版本流传，但都无款识。目前存世的《中兴瑞应图》共有六个版本：上海龙美术馆版本，有十二段图像，其上曹勋的"序""赞"与董其昌、乾隆等的诗跋都记录完整；纽约大都会艺术博物馆所藏，仅存"黄罗掷子"一段；天津博物馆版本，现存三段，分别对应着第七段"黄罗掷将"、第九段"射中台匾"、第十二段"脱袍见梦"；台北故宫博物院所藏传为李嵩的《瑞应图》，仅存"金营出使""四圣佑护""射中台榜""脱袍见梦"四段，此卷应为明代仿本；北京故宫博物院藏明仇英《临萧照瑞应图》，现存四段，为"射中白兔""脱袍见梦""大河冰合""黄罗掷子"，其图像顺序与曹勋的题赞内容顺序不同；萧照六段本只有图像留存，不知所藏何处。上海龙美术馆、天津博物馆、纽约大都会博物馆所藏的是宋版，两岸故宫博物院所藏的都是明版。北宋王朝在靖康之变中瞬间覆灭，建炎南渡后，南宋朝野上下热切企盼赵宋中兴，"中兴"自然而然地成为政治文化领域里最广泛的社会性话题。《中兴瑞应图》就是在这样的背景下由宋孝宗授意而成，以宋高宗赵构即位前的种种瑞应传说为内容，根据曹勋辑"瑞应诸事"所写赞文绘制成图卷，是一幅赞颂赵构身份符合法统、重建宋朝是天意的画作。

上海龙美术馆、天津博物馆、北京故宫博物院三版《瑞应图》的"脱袍见梦"一卷，构图基本一致。表现赵构在梦中得其兄钦宗授御衣，兄授弟继，正是"天命有德"的吉兆。赵构由此受天下兵马大元帅，其继统有了合法性。宋高宗帐外侧环立甲士，左上角的马匹披红色具装铠（图22-1），其细节与《大驾卤簿图书》中仪仗具装铠形制一致，朱漆具装铠也符合史料记载。甲士都未戴胄，身甲为裲裆结构，身侧开襟，部分甲士穿甲裳，甲裳长至脚面。身甲和甲裳都是铁叶札甲编缀而成，长度可遮蔽臀部。天津博物馆藏品据馆方介绍为宋版，甲马的姿态与北京故宫博物院一致，右侧马甲鸡颈颜色为黄色。上海龙美术馆藏品甲马身形与北京故宫博物院、天津博物馆版略有差异（图22-2）。上海龙美术馆版中，宋高宗大帐外左侧甲士身甲边缘为红色，这个细节与《北寨宴射图》中的高级甲风格一致。萧照版《瑞应图》中的武士身甲与北京故宫博物院版几乎一致（图22-3），应该是年代较为接近的版本，天津博物馆的藏品年代最晚，应是明摹本。傅伯星先生的《大宋衣冠》一书绘制了甲士的白描图（图22-4），能更为清晰地看见裲裆札甲结构。三个版本中，宋甲呈现出披膊独立、身甲裲裆、甲裳可单独披挂的结构特征。此种结构身甲应是右侧腋下开襟。

上海博物馆藏仇英《临宋人画册》中也有宋制或金军甲胄图像（图23）。将军坐于交椅，内穿红色战袍，身甲与披膊都是甲片编缀而成，表面呈赭黄色，甲裳较长。一军士牵住将军马的缰绳，马匹披具装铠，能清晰地看出马珂、鸡颈、当胸、搭后；另一军士持杆，上顶将军铁胄，盔体为多瓣结构，外围盔叶为青绿色，马匹披具装铠，具装铠明显为铁质，其形制与《大驾卤簿图书》中宋具装铠一致。周围的军士都擐甲，马披具装铠，胄体为四瓣铁叶铆接，顿项为三段结构；披膊罩于身甲之外，身甲有左右白色绦带交叉捆扎。

画面右侧站立的甲士明显能看出在其身甲下有独立甲裳。

此图像是仇英临摹宋画，可能是南宋《瑞应图》中的一卷，内容与上海龙美术馆版第八幅《追师退舍》所表现的内容一致，表现的是金军南下抓康王赵构，金军追至磁州，向一老媪问路，老媪躬身朝金将行礼，将金军指向了另一个方向，赵构得以脱身。如果这个推测成立，此种甲胄可能是宋人笔下的金军甲胄。

台北故宫博物院藏品，标注为唐代阎立德绘制的《问道图》（图24）很值得关注。画中甲士背对画面，武士头戴青绿色头巾，身擐重甲，此画中披膊下端有折角，身甲在腋窝处有明显的遮蔽物，甲裳较长至膝盖以下，披膊、身甲、甲裳都是长条甲片编缀的札甲。甲裳为独立件，主要防备前部，后部是敞开的，形制与《北寨宴射图》中的宋军甲裳一致。此画中的披膊与纽约大都会博物馆2020年入藏的西藏披膊（图25）非常相似，尤其是披膊下端用甲片编缀出的折角。2010年湖南考古所发掘的湖南桂阳刘家岭北宋墓绘制有大量武士壁画，墓室的后室东西两壁绘制有仪卫武士图（图26），"东壁应该只绘制有十七个武士"，"西壁仪卫图绘有十八个手持各种兵器的武士"（湖南省文物考古研究所《桂阳刘家岭宋代壁画墓》，文物出版社2013年版），武士戴头巾，也有兜鍪，身甲风格较为一致，都是用肩带连接前后身甲的裲裆风格，鹘尾遮蔽前裆，甲片都是长条甲片，整体风格与《瑞应图》中的宋军甲制完全一致。

《北寨宴射图》《中兴瑞应图》《临宋人画册》三图中呈现的宋制具装铠完全一致，《北寨宴射图》《临宋人画册》中的军士铁胄形制一致；三图中的身甲和披膊形制相同，此种身甲有独立的甲裳，可根据不同场合和作战需求穿戴。

2. 雕塑、壁画中的甲胄

（1）神将天王

北宋雕塑中也有相当数量的神将穿戴甲胄的形象。这些雕塑多出现在寺院、塔刹、王陵墓门等处。这些神将穿着的甲胄更大程度是唐朝风格，披膊置于肩带下，左右两肩多有兽吞，胸口左右多有圆护，部分圆护为人面。甲片多是 Y 形锁子甲，且甲裳较短。

北宋初期，郑州开元寺塔地宫神将（图 27）、河南巩义宋太宗元德李后陵墓门线刻神将（图 28），这两处的神将甲胄更偏向唐朝风格，明显有追慕前朝的意味。洛阳北宋宰相富弼墓壁画神将持剑摽甲（图 29），披膊、身甲、甲片与唐朝的曲边甲风格一致，壁画中甲胄风格更趋于写实。

北宋宋陵集中在巩义，安葬了北宋除了徽宗、钦宗之外的七位皇帝。陵前摽甲石翁仲是研究北宋甲胄的重要素材（图 30）。永昌陵、永厚陵石翁仲身甲的肩带压住披膊；其他宋陵石翁仲的披膊都罩在身甲之上，所有的甲裳都垂至脚面，甲片较为细窄，应是史料中记载的"光明细钢甲"。这些石翁仲整体与绘画中的军制甲胄相似，铁胄两侧有明显的"凤翅"，此种凤翅最早在唐李无亏墓室墓门雕刻中首见，披膊、甲裳的边缘都有织锦装饰，腰带扎紧护腰，这是宋制甲胄中特有的一个细节。这些石翁仲都手拄长柯斧，甲胄风格整体较为写实，应参考了宋军较高级的铁甲细节。

北宋皇陵中永熙陵、永定陵、永裕陵、永泰陵胄下的顿项都非常宽大，几乎遮蔽至肩部，永裕陵、永泰陵胄下的顿项都是 Y 形甲片的环锁铠，就是史料记载的"锁襜兜鍪"。

至南宋时期，石翁仲的造像风格发生了非常大的变化。造像体形变得窄瘦，与北宋石雕浑胖的风格有明显差异，在胄体、身甲的收边、甲片的细节上装饰大量的纹样。甲胄的甲片都是 Y 形锁子甲，披膊上端都装饰兽吞，北宋石翁仲的胸口甲缘形式简单，南宋则增加一个柿蒂形环，手中不再持长斧，都是睚眦吞卡的铁锏。南宋皇陵在元朝被彻底毁坏，南宋石翁仲以宁波东钱湖石刻群（图 10）为代表，整体更偏向神将特征，这样的造型成为后世水陆画中神将的主要形象，少了军制的简素感。

　　除了江南地区的神将风格，四川地区保存了大量的南宋石雕，这些石雕造像集中在安岳、大足、泸县等地。这些雕塑中，既有神将风格，也有写实风格，非常独特。安岳毗卢洞持剑武士身甲为 Y 形甲片的环锁铠（图 31），身甲外罩战袍，其风格偏神将。泸县宋墓中的武士也分成了神将和相对写实两种风格，图 32 雕刻风格就偏神将，同样是泸县宋墓石雕，中国国家博物馆藏的环锁铠身甲（图 11）就非常写实。

　　（2）军制

　　1986 年，宁夏固原西吉县黑虎沟宋墓出土两尊砖雕武士。两武士在东西两壁，曲腿舒坐，身擐重甲，甲裳至小腿，腰有护腰，小臂亦有护具（图 33）。西壁武士持剑，剑格为直翼八字格，剑首为圭形首。此墓室无年款，固原考古所根据出土器物、瓷器判断此墓为北宋墓。两尊武士身甲造型应该都是北宋军中形制，与北宋皇陵石翁仲风格一致。北宋时期，固原地理位置变得更为重要，是宋夏战争中，宋朝最重要的军事基地，北宋在此地设置镇戎军。《文献通考》卷三二二对镇戎军的建置和丢失有较为完整的论述："本故原州平高县之地，山川险阻，旁扼夷落，为中华襟带。宋至道三年，建为军，领三寨。后置彭阳县。属秦凤路。建炎后，没于金。"此尊武士不仅是镇戎军甲士的形象，也是北宋西军的甲士形象。

大足石门山石刻造像开凿于北宋绍圣元年至南宋绍兴二十一年（1094—1151）之间，其中有一"千里眼"神将（图34-1、图34-2）。手持棹刀，身穿短甲，身甲造型和裲裆甲一致，甲片是曲边甲片，此类甲片就是史书所记载的"顺水山字铁甲"。此身甲非常写实，形制与《中兴瑞应图》中军卒的甲制相同。

1982年，四川文物系统在彭山做文物调查的时候，于双江镇场后半山发现一座宋墓，墓室早已被盗，从墓志铭可知墓主人虞公著于宋理宗宝庆二年（1226）下葬。墓门左右浮雕摝甲持刀武士（图35），环首刀为单手刀。彭山虞公著墓石雕武士像身甲、披膊、甲裳都是铁叶札甲，札甲边缘用织物或皮革收边，甲裳较长，几乎至脚面，这是较为典型的步军重甲。铁胄钵体应有一定宽度的檐，在檐边缘编缀顿项，顿项小甲片纵向编缀三片结构，胄的形制与北宋大驾卤簿钟中的武士背后的胄、上海龙美术馆金军铁浮图小队长的胄型一致，浮雕武士的甲胄属于典型的军制甲胄。

日本京都国立博物馆保存了一尊出自朝鲜半岛的金铜造像（图36），造像摝甲直立，右手缺失，左手持宝珠，头戴宝冠，身甲、披膊都是札甲形式，披膊较宽大，将肩部、上臂完全遮蔽，其结构与固原砖雕、虞公著浮雕完全一致，此尊造像类似半圆雕风格，对理解宋制甲胄非常有帮助。京都国立博物馆将此尊神将的年代定在公元8世纪，这是错误的，此尊神将的身甲是典型的宋制。

在宋朝花钱中也能看出此种军制甲胄的形象，胡坚先生收藏的宋、金花钱中军将摝甲（图37），其甲胄形式与虞公著和朝鲜半岛金铜造像一致。

从军制的甲胄形象来看，宋制甲胄明显延续了唐朝军制的甲胄
形式。北京故宫博物院保存的瓷俑就是典型军制甲胄（隋唐章节图
111），唐制披膊下沿收圆边，宋制收为平边；唐制甲胄仅束腰带，
宋制身甲有捍腰；唐制甲裳相对较短，而宋制甲裳相对较长。

四、实物

目前国内考古发掘尚无宋朝胄实物出土，这对研究宋朝甲胄形
制来说，不得不说是极为遗憾的事情。《甲胄复原》书中提及徐州博
物馆馆长提供了宋制甲片，但是未见考古报告刊载。国内武备收藏
家在近 20 年的时间中，有幸收藏了部分出土、出水的宋朝铁胄。

值得一说的是，1986 年《考古》第 7 期刊登了《山东郯城出土
宋代铜盔》。文中描述"古城遗址出土铜盔一件。盔高 8.5 厘米，口
内径 16 厘米，沿宽 3 厘米，重 1.9 公斤。盔顶外围饰花纹三组，口
沿上铸有铭文"宝祐四年吉日翼七字"（图 38）。笔者认为此考古资
料有误，已知盔内径都是在 19~22 厘米，此内径 16 厘米，远远小
于正常人的颅骨直径，此物应是门环下的构件。

徐州博物馆提供的宋甲片中特别要关注的是其中有 3 片甲片侧
边为多曲关系（图 39，原图未提供编号，第二排右侧 3 片）。此风格
的甲片亦有被收藏，苏海荣先生保存的多曲甲片出自南京，长 12.2
厘米，宽 2.7 厘米，开 7 组 13 孔，除中间 1 组是单孔，连缀上下排
使用，其余每组 2 孔，侧边上半段挫出曲边，曲边的开制是 3 个较

深的 V 形，2 个 V 形之间有 2 个弧度较圆的曲边，此种尺寸的甲片多是腰部以下的甲裳使用（图 40-1），和已知的曲江出土唐甲开孔方式一致。杨子麟先生保存的多曲甲叶出自扬州，长 7.5 厘米，宽 2.5 厘米，开 5 组 9 孔（图 40-2），曲边的开制方法是 2 个 V 形之间夹 2 个弧度较圆且较大的曲边，此种尺寸的甲片多用在身甲。两片甲片出现的位置极近，风格一致，说明在当时是一种较为流行的甲片形制，甲片曲边的制作方式与新疆福海县博物馆藏品颇有相似之处，此两种甲是晚唐至北宋时期的一种较为流行甲片形制，是山文甲在宋朝演化的实例。

1. 八瓣结构

杨勇先生收藏的湖州出宋铁胄（图 41），此铁胄为八瓣铁盔叶结构，外层 4 片盔叶侧边为三曲边造型，与内层 4 片盔叶铆接，下沿环包一圈铁叶，顶部盔缨管遗失，盔顶铆接于盔体。胄体顶端偏圆，下沿开两排孔，上排孔距较密，下排孔间距较稀疏。此种结构是典型唐制八瓣盔在中原地区的延续。

2. 眉子胄

北宋中晚期至南宋初期出现一种四铁盔叶结构的新胄型。此种铁胄由 4 片铁叶构成，左右两盔叶为半弧形，中间有一弧形长条铁叶连接左右两片盔叶，盔体正面铆接一长方形护额，护额上打出立眉造型，在史料中称为"眉子"，护额长出钵体下沿寸许，胄体下缘一圈有孔，用于编缀顿项。此种胄体前后轴向偏长，左右两侧宽度略窄，盔体略呈椭圆形。此类铁胄极为罕见，国内现存实物都在几位藏家手中。

赵亚民先生保存一顶胄（图 42）出自襄阳汉水，器形相对较为完整，左右两侧胄体朝顶部收分较快，正中有一条弧形铁梁铆接左右盔叶，铆钉较为粗圆。胄体正面铆接护额，正中铆钉下有六瓣梅花形垫片，护额上由内向外打出立眉。

郭海勇先生收藏一顶胄（图43-1）与赵强先生的胄结构相近，出自湖南益阳地区，中间铁叶由内向外打出棱线，棱线横截面为三角形，护额的立眉制作较襄阳铁胄更精细，立眉上下两端有轻微曲线，正中凸起铁叶錾刻有铭文，铭文为"朝廷降钱许浦刘都统任内造"（图43-2）。两铁胄的护额铆接胄体的铆钉都有六瓣花形垫片（图43-3，白描图绘制：苏海荣）。

刘恒先生收藏南京地区所出宋铁胄（图44，白描图绘制：周珏），眉遮相对简素，无外凸立眉造型，下沿为锯齿形。中间横梁左右两侧各有一如意形，连接左右两瓣胄体。胄体下沿开孔，用于编缀顿项甲片。整体胄形与襄阳、江西铁胄基本一致。

刘恒先生收藏的另一顶铁胄的眉子制作非常精良，在下沿会制作轻微的外凸（图45）；部分胄体下的眉子较为窄小（图46）。胄体下缘有上下两排孔，是编缀顿相的穿孔，此类顿项从已知图像看，都是小甲片编缀而成。

此种立眉造型的护额在金朝铁胄中也较为常见。笔者认为，宋、金盔型高度相似的原因之一是：北宋晚期，宋、金结为"海上之盟"，女真早期的甲胄来自北宋，宋军将自己的器甲输出至女真，帮助女真人立国和灭辽，女真早期无铁质器甲，常以为憾事。《金史·世纪》载"邻国有以甲胄来鬻者，倾资厚贾以与贸易"，可能暗指此事。

北宋和女真的密切交往在《宋史·夏国》中亦有记载："女直在宋初屡贡名马，他日强大，修怨于辽，其索叛臣阿疏，责还所掠宋诏，犹知以通宋为重。"另一个原因就是战阵缴获，造成器甲相似。

此种立眉风格铁胄，不仅中国有，日本也有。日本称此类胄为"头形兜"（图47），按照日本资料记载，此类"头形兜"出现在平安时代（794—1185）晚期，至日本战国时期都较为流行。日本武备研究学者认为其起源于古坟时期的冲角付胄，甚至认为是日本战国武将日根野弘就的发明，日本武备研究学界的观点是错误的。平安晚期正是北宋晚期，紧接着就是日本的镰仓时期。镰仓早期，南宋和金之间的战争正在反复拉锯之中，而这个时期，中日之间的贸易、佛教界交往频繁，中国自唐末、五代变乱以来，历代典籍散佚缺失颇多，日本入宋的僧侣经常携经书以补阙。欧阳修曾经写诗作《日本刀歌》赞美倭刀的锋利，说明中日贸易中不乏武备项目。有理由相信，此种风格的铁胄是在这个时期由中国东传至日本，成为日本"头形兜"的起源。日本此类胄在结构上与此类宋制胄完全一致，至日本战国时期，增加了一围绕胄体的铁圈，眉遮的处理与宋制略有差异。日本的"头形兜"眉遮下端多有反翘，宋制相对较平直，"头形兜"眉遮上的眉毛形式亦有一些变化，整体不似宋制眉形，日本在眉遮上增加了一个特有的"前立"。日本"头形兜"分成三枚张、五枚张结构，三枚、五枚是指胄体由几片盔叶构成，图44的胄就是典型的日本"五枚张头形兜"。较为有趣的是，日本此类胄是步兵常用胄型，也间接说明了此种铁胄品级不高，是军中常用形制。

3. 三片盔叶式胄

此类铁胄还有一个分支，在胄体正面无立眉护额，中间铁叶在顶部有一圆形凸起，无盔缨管，此结构像是将盔缨拴在胄体上，铁叶中间起脊，左右两侧各有一如意云头，云头上有铆钉铆接左右两侧盔叶，中间铁叶下端较宽，胄体下沿开孔编缀顿项，此种风格的铁胄整体稍扁，口沿整体呈椭圆形（图48）。部分胄体正中铁叶錾刻铭文，但是因为字迹朽坏不可辨识（图49）。此类胄不仅有铁胄，还有铜胄（图50）。

此种铁胄与《北寨宴射》图中，外围甲士所戴胄极为相似。

此种风格的铁胄在宋代绘画、石雕中也有所表现，但是经过了美化。《道藏墨宝》中的武士头盔如果去掉盔檐，盔体就非常接近此种风格了（图51-1、图51-2）。此种风格可能在五代时期就已经出现，王处直头盔也是此种结构（图51-3），南宋时期石翁仲头盔侧面会刻意表现一柿蒂纹窗口（图51-4），应该是对此类三盔叶铁胄的一种美化。

事实上此类铁胄在宋画中出现较少，萧照《中兴瑞应图》中的金军铁胄非常像此类盔，可能是绘画中借鉴了宋铁胄造型（图52）。《宝宁寺明代水陆画》图卷"地府五道将军等众"（图53）中，三位军卒所擐的甲胄是非常典型的南宋风格，其中左侧两位军卒的身甲为裲裆风格，右侧军卒在裲裆外披挂披膊；三人的胄就是以图48至图50实物为基础绘制的，此画虽为明初绘制，但其粉本明显来自宋或元。上海博物馆藏仇英《临宋人画册》中武士佩戴的胄也是此种风格。

4. 甲片

目前国内无考古学意义的宋甲片，目前收藏系中的宋甲片都是根据伴随物、开孔形制等细节判断的。

曹先然先生、刘恒先生以及笔者在南京、扬州一带收藏到一批形制不同的宋甲片。曹先然先生保存的一片南京地区所出的宋甲片（图

54-1），长9.5厘米，宽2.4厘米，厚0.6厘米，甲片微曲，一端两角抹圆，一端切角，开5组15孔，甲片上端纵列每组4孔，下端每组3孔，切角端中间开1孔。刘恒先生保存的甲片出自南京石臼湖（图54-2、图54-3、图54-5），伴随甲片同时出北宋、南宋铜钱，甲片长8.5厘米，宽2.4厘米，开孔形制与图51-1甲片一致；图54-1、图54-2甲片的开孔形制与同时期辽、金朝甲片开孔风格一致，说明在这个阶段，辽金在彼此的装备体系中都有对方的武备，究竟是缴获后使用，还是主动学习模仿，可能兼而有之。图54-3甲片中间宽上下两端收窄，顺甲片边缘开6组12孔，长8.4厘米，宽2厘米，此种甲片形制特殊，处于身甲何处位置不明。笔者所藏一批5片甲片（图54-4）形制相同。上端较圆，下端较平，两角抹圆，长8.4厘米，宽2.1厘米，厚0.6厘米，甲片略有弧度，开7组12孔，此种开孔形式明显继承唐制，应是身甲部分。图53-5类形的甲片非常少，不知道其原始位置，其甲片应该为"顺水甲"一类，是唐山文甲的延续。图54-7铜鎏金鎏金甲片折断了，从残存部分推测其完整形状应该与图54-4一致，都是唐制甲片风格。

五、总结

从史料、绘画、雕塑、实物中可以总结出宋制甲胄的一些特征。

1. 神将风格的甲胄

神将风格的甲胄多存在于寺庙、宗教绘画之中，北宋时期神将甲胄形制承袭唐制，披膊多压在胸甲肩带之下，甲裳较短，明显是在军制甲胄上进行复杂的装饰。南宋神将的甲胄风格更为成熟，胄体越发脱离实物造型，胄体自两鬓向下延伸，然后再接顿项（图55），事实上中国铁胄从未出现过此种结构。甲胄的甲片多表现为Y形，披膊左右有兽吞，兽吞风格来自唐朝，鹘尾由小方块变成圆弧形，后世的水陆画和寺庙神将都遵循此种风格。

2. 军中甲胄

军中甲胄造型简素，都是铁甲片编缀的札甲。甲胄分成身甲、甲裳、披膊、胄四大构件，军中甲制也明显传承于唐制。

铁胄有以下几种风格：八瓣盔延续唐制。三盔叶眉子铁胄是一种新出现的胄型，此种铁胄应该是北宋晚期至南宋胄的主流，金朝的眉子胄应该是受到宋胄的影响，此种风格还东传至日本，成为日本"头形兜"的起源。部分三盔叶无眉子宽檐胄在图像和雕塑中都出现，但是尚未有明确实物；此类胄的顿项可能有三片式，亦可能是围筒式，南宋绘画中的金军采用围筒式结构（图56）。

身甲前后部分由肩带连接，背甲下沿至臀部，身甲至腹部，整体为裲裆甲风格，部分身甲前后都有鹘尾，从图像上分析，此类甲应是在身侧开襟，与《武经总要》图像有所不同，宋甲已经按照不同兵种设定身甲的尺寸。甲裳为独立结构，长度按照兵种、身高不等，步人甲可长至脚面。披膊为独立结构，身甲穿戴完成后，可独立披挂。甲裙为独立件，部分军队会装备甲裙。甲片有直边、曲边两类，按照各部位不同，尺寸也有所不同。护腰作为一种标配成为身甲的一部分，此类护腰（捍腰、抱腰）亦是一种新制式，前朝未有。笔者认为此物的出现是因为披挂铁甲后，腰部仍需挂佩刀、弓矢等物，增加一个护腰可以明显缓解腰部压力。

　　根据现有的绘画、实物，笔者和时力强先生推测北宋晚期宋军
重甲形象（图57）。

　　3.环锁铠装备数量整体较少

　　4.纸甲作为一种补充性的甲大量出现

金朝甲冑

第九章

　　女真诸部原为辽朝藩属，公元 1114 年，完颜阿骨打统一女真诸部后，起兵反辽。于 1115 年在上京会宁府（今黑龙江哈尔滨市阿城区）建国，定国号"大金"。金朝立国之初，其国策就是灭辽，金朝联合北宋签订"海上之盟"共同灭辽，北宋将给辽朝的岁币转送金朝。公元 1125 年，金军在应州俘获天祚帝，历时十一年灭辽。灭辽之后金军迅速南下，与北宋开战。公元 1127 年，金军破北宋都城汴梁，掳获宋徽宗、宋钦宗，北宋灭亡。金朝在灭辽之后，中国东北部皆被金占领，原辽朝的蒙古高原被崛起的蒙古人占领。金朝的南部疆界更为深入中原，西北疆域至河套地区，与蒙古部、塔塔儿部、汪古部等大漠诸部落为邻；西沿泰州附近界壕与西夏毗邻；南部与南宋以秦岭淮河为界，西以大散关与宋为界。赵构"建炎南渡"后建立南宋，宋金两朝战和不断。蒙古势力崛起后，南下攻金，在蒙古势力的不断打击下，金朝在北部边境的势力大减，于是放弃了两线作战的模式，停止攻宋。公元 1233 年，蒙古、南宋结盟灭金，公元 1234 年两军于蔡州灭金，金朝国祚一百一十九年。

一、史料中的金军甲胄

1. 金朝甲胄起源

女真部落的崛起，与女真人善战有密切的关系，女真崛起的过程中，大量事件都与甲胄有关。

辽朝晚期，天祚帝继承大统后，尤其喜看海东青捕杀天鹅。海东青出自海东地区，辽朝强令女真人每年纳贡海东青，辽朝派往女真部落督办贡物的官员往往都携带"圣旨银牌"，贡鹰的官员也称作"鹰使"。辽朝派遣至女真部落的这些"鹰使""银牌天使"的权力极大，他们往往挟皇权肆虐地方，任意发号施令且百般索需，使女真部落不堪忍受。完颜阿骨打的反辽誓词中说"而侵侮是加"，就是指这些压迫，女真诸部心中早有反意，"女真浸忿之，然苦无战甲"（《契丹国志》卷九），女真诸部对铁甲胄的需求日甚。早期契丹对金朝的榷场中，严格控制铁器的交易，"契丹时亦置市场，唯铁禁甚严，禁不得夹带交易"（《大金国志》卷十三）。在这种严格控制条件下，女真人的铁兵器、铁甲是极难获得的。

女真部落臣服于辽朝，除了定期纳贡，在辽朝的对外战争中，往往也作为仆从军参战。北宋崇宁元年（辽乾统二年，1102），辽将萧海里反叛，劫掠乾州武库，逃入女真阿典部，《契丹国志》卷九中记载："国舅萧解里叛于女真，始得甲五百副。"也因此事女真部族第一次获得了铠甲，至于所获是皮甲还是铁甲，就不得而知了。金穆宗完颜盈歌当时是辽女真节度使，奉辽朝诏命携完颜阿骨打征讨萧海里，从辽朝获得了甲胄，"募军得甲千余。女直甲兵之数，始见于此，盖未尝满千也"（《金史·世纪》），籍此女真人开始装备甲胄。

获得甲胄后的阿骨打勇气倍增，曰："有此甲兵，何事不可图也！"（《金史·太祖本纪》）可见阿骨打当时心中就有反辽之意。在征讨萧海里的过程中，渤海国太守意图赠送阿骨打一些甲胄，阿骨打坚决不受，盈歌问为何不受？阿骨打说，"被彼甲而战，战胜则是因彼成功也"（《金史·太祖本纪》）。可见阿骨打对甲胄于战争的意义有极为清醒的认知，深知如果自己披挂渤海国太守赠送的甲胄，哪怕战胜了萧海里，其功劳也是渤海国太守的，对于想独自建功立业的阿骨打来说，这是不能接受的。

女真在立国之前的甲胄有相当一部分是通过购买得来的。《金史·世纪》载："生女直旧无铁，邻国有以甲胄来鬻者，倾资厚贾以与贸易，亦令昆弟族人皆售之。得铁既多，因之以修弓矢，备器械，兵势稍振，前后愿附者众。"其中"邻国"二字有两种解释：从地理位置来看是辽朝，辽晚期武备废弛，甲胄亦被军士贩卖，这在封建王朝末期已是常态；而另一种可能性就是从北宋购买器甲，这是有其历史背景的。北宋出于对燕云十六州的渴求，在辽国衰败的时候试图再次夺取燕云十六州，但是宋朝自知靠军事进攻辽朝不仅是对"澶渊之盟"背盟，军力上也未必能胜过辽军，就寄希望于新崛起的女真势力。北宋徽宗听信奸臣赵良嗣所言"女真恨辽人切骨，而天祚荒淫失道。本朝若遣使自登、莱涉海，结好女真，与之相约攻辽，其国可图也"（《宋史·赵良嗣传》）。北宋宣和二年（1120），宋金订立"海上之盟"，女真和北宋正式联盟灭辽。北宋和女真的密切关系在《宋史·夏国》中亦有浅浅一笔，"女直在宋初屡贡名马，他日强大，修怨于辽，其索叛臣阿疏，责还所掠宋诏，犹知以通宋为重"，可见在"海上之盟"前，北宋和女真就已经建立了关系。由此推测女真为了反抗辽的压迫，从宋朝购买器甲有极大的合理性，只是出于某种难以言明的原因，宋金两朝史料中均未言明此事。

金世祖完颜劾里钵与女真另外两部桓赧、散达之战中，世祖军少，部众未战而惧。完颜劾里钵面色如常，令军士"解甲少憩"，鼓励全军奋战，军势复振。战前单独拉着金穆宗完颜盈歌的手说，"今日之事，若胜则已，万一有不胜，吾必无生。汝今介马遥观，勿预战事。若我死，汝勿收吾骨，勿顾恋亲戚，亟驰马奔告汝兄颇剌淑，于辽系籍受印，乞师以报此仇"（《金史·世纪》），然后完颜劾里钵袒胸不披甲，直入敌阵。此时军阵中的完颜盈歌是骑具装铠。

"世祖尝买加古部锻工乌不屯被甲九十"（《金史·世纪》），劾里钵向女真加古部购买九十套铠甲，《辽史》记载加古部为"铁工也"。此事被温都部首领乌春阻挠，温都部也是以锻铁为业，乌春使人来曰："甲，吾甲也。来流水以南、匹古敦水以北，皆吾土也。何故辄取吾甲，其亟以归我。"（《金史·乌春传》）是时乌春、窝谋罕、与跋黑诸部联盟，乌春欲托以乌不屯卖甲之事对完颜部用兵，劾里钵当时势力偏弱，不得已与乌春讲和。

北宋政和四年（1114）秋八月，"女真阿骨打始叛，用粘罕、胡舍为谋主，银尤割、移列、娄宿、阇母等为将帅，会集女真诸部甲马二千，首犯混同江之东，名宁江州……州既陷，杀之无遗类，获辽兵甲马三千"（《契丹国志》卷十），阿骨打起兵反辽的时候，整个女真部落才有铁铠、具装铠两千余套，攻陷宁江州后，缴获辽军铠甲三千余套。《契丹国志》卷九载阿骨打起兵反辽的女真诸部的兵甲数量与辽史不同，"才有千骑，用其五百甲，攻破宁江州，累战累胜，器甲益备，而女真始强，不可御矣"，而《辽史》记载的破宁江州的女真诸部合兵一起"二千五百人"。

辽天庆四年（1114）十一月，辽军都统萧纠里、副都统挞不野将步骑十万会于鸭子河北，欲灭完颜阿骨打。完颜阿骨打亲率女真诸部反击，至鸭子河后，阿骨打称有神明相助，乘夜鸣鼓举燧而行，黎明前抢渡鸭子河。辽军先锋正准备渡河，女真军迎头击退，乘势渡河登岸。当时"甲士三千七百，至者才三之一"。女真军士至北岸仅一千二百余人，女真军与辽军在出河店遭遇，恰逢风云突变，"大风起，尘埃蔽天"，女真军乘风势进攻辽军，是役"杀获首虏及车马甲兵珍玩不可胜计"，此战女真再次获得大量辽军器甲，阿骨打将这些器甲珍宝遍赐所属将士。自此役后，"辽人尝言女直兵若满万则不可敌"（《金史·太祖本纪》）。鸭子河之战是女真灭辽第一次以少胜多的大战，此战大胜，使女真军实力更强、军威更盛，为以后大金国的建立创造了先决条件，辽军因惨败，从此对女真军产生了极大畏惧心理。

由以上史料可知，女真人立国之前，就极为重视铁甲胄，从征讨萧海里开始，女真部落才开始装备铁甲胄，同时尽可能地从辽朝、女真诸部、北宋购买铁甲。自起兵之后，缴获辽军甲胄日渐增多。

2. 金朝宫廷仪仗

金朝灭北宋之后，北宋仪仗卤簿都被劫掠至金中都，使得金朝宫廷礼制逐渐完善。故金朝仪仗卤簿与中原王朝一致，宫廷仪卫中装备有铠甲、具装铠：

> 初，国制，凡朔望常朝日，殿下列卫士，帘下置甲兵……
> 牙门旗队二十八人：（分左右）白泽旗二，执夹各五人（缘

具装冠、人马甲、锦臂韝、横刀，引夹加弓矢）。

步甲队第一、第二两队百一十人：……折冲都尉四人……朱牟甲……（兜牟、甲身、披膊、锦臂韝，行縢、鞋袜、勒甲、革带）

第四队五十二人：……青牟甲刀盾四十。

第五队五十二人：……黑牟甲弓矢四十。

第六队五十二人：……黑牟甲刀盾四十。

第七队五十二人：……银褐牟甲弓矢四十。

第八队五十二人：……银褐牟甲刀盾四十。

第九队五十二人：……黄牟甲弓矢四十。

第十队五十二人：……黄牟甲刀盾四十。

……金甲二人……

诸班开道旗队一百七十七人：开道旗一，（铁甲、兜牟、红背子、剑、绯马甲）……（黑漆铁笠、皂皮人马甲）。

引驾六十二人（皂帽、红锦团袄、红背子、铁人马甲、箭、兵械、骨朵）。

辅龙直一百二人（皂帽、红背子、骨朵、铁人马甲）。

第六节。中道，门旗队一百二十三人：骑执门旗四十，五方色龙旗十，步执红龙门旗六十，麾旗一，簇辇红龙旗八，日月旗二，麟旗一，凤旗一，旗皆一人（并铁甲、兜牟、红锦袄、红背子，马执者惟红背子，步执门旗仍带剑）。

仗剑六人（皂帽、红锦团袄、红锦背子、铁甲、弓矢、器械）。

部押二人（皂帽、铁甲、红锦袄、执骨朵）。

龙翔马队二十队，六百二十人，分左右，每队人员三人

（皂帽、铁甲、红锦袄、红背子、弓矢、剑、骨朵、甲马）。

殿侍二十八人（铁甲、红锦背子、弓矢、器械、甲马）。

东第五班，金枪六队，每队旗三人、枪二十五人（内二十人佩弓矢），共一百六十八人（并裹铁兜牟、金枪）。

银枪六队，每队旗三人、枪二十五人（内二十人佩弓矢），共一百六十八人（并裹铁笠，银枪）。

东第四班，二队，每队旗三人、弩二十五人，共五十六人（铁笠、兜牟）。

神勇步队七百人：分左右作四重，每重人员十（皂帽、红锦团袄、弓矢、器械、骨朵），长行六百六十人（并铁兜牟、甲）（《金史·仪卫志》）。

《仪卫志》中明确记载朝会仪卫中有"甲兵"，卤簿仪仗中胄有四种：兜鍪、铁兜鍪、铁笠、黑漆铁笠。金军的铁笠是何种形制尚不能分辨，北宋军中亦有"皮笠"，不知是否为相同形制，兜鍪在后文中会详细解读。人甲：铁甲、金甲。人甲多为铁甲，金甲应该分两类，铁甲涂金遵循唐制，铜甲镀金与宋相同。马甲：绯马甲、甲马、皂皮人马甲、铁人马甲。具装铠明显较为丰富，颜色有绯（红）、皂（黑）两色，材质有皮、铁两种。步人甲亦使用赤、青、黑、银褐、黄五色甲胄，明显也是继承唐制。

宋孝宗隆兴北伐失败后，签订南宋第二个合议"隆兴和议"，金、宋两国皇帝以叔侄相称。宋孝宗乾道六年（1170）五月，宋孝宗任命范成大祈请国信使，向金国索求北宋诸帝陵寝之地。范成大回来之后将见闻写成《揽辔录》，文中记载有金朝世宗宫廷仪卫的甲胄细节："东西两御廊，循檐各列甲士。东立者，红茸甲，金缠杆枪，黄旗画青龙；西立者，碧茸甲，金缠杆枪，白旗画黄龙。"红茸甲、碧茸甲是金军在海陵王时期建立的亲军，此亲军名号在金世宗、金卫绍王时期都存在，是金军一个正式番号。其甲是用红、碧丝绒编缀甲片，宫廷仪卫中的"金缠杆枪"目前尚未有考古实物，"缠杆"是指用金丝缠绕枪杆的长矛，此种形制在《宋史》中也有记载，《鄂王行实编年》中也记载了宋高宗赐岳飞"银缠枪"，"缠杆枪"除了在宋画中有所保留（图1），以《免胄图》中缠杆棹刀、戟为代表，中原地区并无实物遗存。西藏地区一直保存缠杆矛形制（图2），此种缠杆矛北朝就已出现，其在西藏地区出现应该在宋时期。

3. 御赐

金朝宫廷一直有向勋臣御赐甲胄的惯例。

金太祖完颜阿骨打于天辅七年（1123），"诏给泰州都统婆卢火所部诸谋克甲胄各五十"（《金史·太宗本纪》）。

完颜阿骨打在建国之初，就以甲胄作为奖励鼓励军将。

完颜宗弼作为完颜阿骨打的第四子，初从军就追击辽天祚帝于鸳鸯泺。金太宗天会三年（1125），随军攻宋，克汤阴，围攻东京。天会六年（1128），率军攻山东，击败宋军数万，连克青州、临朐等城。天会七年（1129），复率金军攻宋，先后在大名府、和州击败宋军。完颜宗弼是金朝主战派的代表，并领导了多次南侵，与宋军先后在黄天荡、富平、和尚原、两淮等地展开激战，胜败不一。"十一年，入见，太宗赐坐，慰劳甚久，特迁太子太保，赐衣一袭、马二匹及鞍辔铠甲，改元帅右都监"（《金史·大臭传》）。金熙宗天眷元年（1138），熙宗在燕京召见完颜宗弼，并御赐甲胄，"宗弼入朝，是时，上幸燕京，宗弼见于行在所。居再旬，宗弼还军，上起立，酌酒饮之，赐以甲胄弓矢及马二匹"（《金史·完颜宗弼传》）。在史料记载中，金朝皇帝两次赐铠甲嘉奖的，仅完颜宗弼一人。

金世宗在诛杀海陵王后，"拜忠义平章政事，兼右副元帅，封荣国公，赐以御府貂裘、宾铁吐鹘弓矢大刀、具装对马及安山铁甲、金牌，诏曰：'军中将士有犯，连职之外并以军法从事，有功者依格迁赏。'"（《金史·仆散忠义传》）。金章宗御赐之物有"具装对马及安山铁甲"，安山铁甲可能是以制作地为名号。

二、军中甲胄

女真自反辽开始，甲兵日盛。完颜阿骨打在平定乌春、窝谋罕叛乱的时候，"太祖年二十三，被短甲，免胄，不介马，行围号令诸军"（《金史·太祖本纪》）。说明阿骨打在建立金朝之前，在统一女真诸部的作战中为了鼓舞士气，穿短身甲，不戴铁胄，马匹不披具装铠。

金军宫廷仪仗有红茸、碧茸甲士，在军中有紫茸、青茸、黄茸军，此军是海陵王完颜亮组建的精锐亲军，"亮有亲军，女真（删此二字）三万，矛盾戈戟，器械精纯，尽用紫茸丝绦穿联铁甲，号紫茸军；其次用黄茸，号黄茸军；其次用青茸，号青茸军；紫青黄三军一名细军"（《三朝北盟会编》卷二百四十一）。金军精锐装备铁甲，且甲胄用不同色彩的丝绦或经过染色的皮索编缀，用不同的色彩对军队加以区分。

　　金朝建国之初，金军高级将领多以完颜部宗室为主，在对部族统一、灭辽、灭北宋的过程中，完颜宗室子弟构成了金初武将群体的主体。这些将领中有父子兄弟、叔伯子侄、族亲，完颜银术可是完颜䘏英之父，䘏英十六岁从军，其父银术可"授以甲，使从伐辽，常为先锋，授世袭谋克"。䘏英随完颜宗弼自陕西进攻仙人关，金军意图攻占仙人关入蜀。宋川陕宣抚司都统制吴玠以其弟吴璘驻军和尚原，亲自率主力退屯仙人关，依山势据险筑垒，控扼入蜀隘口。金军先锋"䘏英先攻之"（《金史·完颜䘏英传》），《宋史》载此役，"敌首攻玠营，玠击走之"（《宋史·吴玠传》）。应该就是䘏英率先发起进攻。䘏英率领金军架设云梯攻击宋军壁垒，宋军以撞竿击碎云梯，并以长矛攒刺蚁附攻城的金军，宋军主帅吴璘以刀划地曰："死则死此，退者斩！"金军连续进攻过程中，"战久，璘军少惫，急屯第二隘。金生兵踵至，人被重铠，铁钩相连，鱼贯而上"（《宋史·吴玠传》）。吴璘因兵少，撤退至第二防线，宋军以驻队弓弩箭矢迭射，矢下如雨，金军死伤甚众。这个时候完颜宗弼见金军久攻不下，令䘏英停止进攻，䘏英不听，完颜宗弼以"刀背击其兜鍪"令其退兵。激战数日，金军无法攻克宋军营寨，吴玠做出连续部署反击金军，统领田晟持长刀、大斧反击金军，"明炬四山，震鼓动地"。统制官张彦劫横山砦；吴玠又命部将王俊率军疾驰至河池设伏，扼其归路，俘斩金军千余人。宋军又乘其溃退，挥师追袭，迫金军连续撤退，"䘏英殿，且战且却，遂达秦中"（《金史·完颜䘏英传》）。金军经历此败后，隔渭水与宋军对峙，相当长时期内未敢攻蜀，此战史称"仙人关大战"。䘏英少年从军，从其父手中得甲，说明早期金军中将领的甲胄多为私甲，这些甲胄父子相授；金军在攻击宋军营寨的时候"人被重铠"，给宋军留下深刻印象。

金天会三年（宋宣和七年，1125）十一月，完颜宗望任南京路都统，率金军攻宋，郭药师率常胜军在白河与金军相遇，"破郭药师兵四万五千于白河"，郭药师降金，缴获"马万匹、甲胄五万、兵七万"（《金史·完颜宗望传》）。金军在灭辽、北宋的战争中获得了大量铠甲。

三、金军骑兵

在灭辽、灭北宋的时候，金军最为倚仗的就是骑兵。金军骑兵以"五十人为一队，前二十人全装重甲，持枪或棍棒，后三十人轻甲，操弓矢"（《三朝北盟会编》卷三）。金军骑兵编制说明，是重甲和轻甲混编，"全装重甲"应是人马都擐铁甲，是攻击的锋锐，是决定性的突击力量；而轻甲骑兵负责远程输出，同时负责侦察，这样的编制是延续辽骑兵制度。金军骑兵在进攻前，先会派出数人观察对手虚实，找到宋军军阵的薄弱处，然后以重甲骑兵先冲击，轻骑兵则围绕对方军阵射箭，"百步之内弓矢齐发，中者常多"（《三朝北盟会编》卷三）。进攻过程中，如重甲骑兵打破对方阵型后，整队骑兵则在敌军背后"缓追"，这样的追击能保持对敌军最大的压力，且能长途追击，让宋军无法重新集结，最后歼灭宋军。"其分合出入，应变若神，人自为战则胜"（《三朝北盟会编》卷三），说明金军骑兵个人作战能力相当突出，这样的作战技巧是金军骑兵长期训练和配合的结果，此种冲击战术是之前未见的。这样的战术直接影响了蒙古，蒙古骑兵在后来的征服战争中也使用这种战术。

河北都转运使吕颐浩总结宋金交战，认为金军取胜的主要原因是靠骑兵："金人起燕蓟，历赵魏，绝大河，至汴宋，皆平原广野，骑兵驰突，四通八达，步人不能抗，所以多败也"（《历代名臣奏议》卷九十）。金军的骑兵一般都会"倍养副马"，"居长以两骑自随，战骑则闲牵之，待敌而后用"（《三朝北盟会编》卷二百四十四），金军骑兵一人双马或更多，可以有效调配马力，保证作战的高效能。金军的重甲骑兵在宋金战争的初期，给南宋留下极为深刻的印象，宋人范仲熊在《北记》中记录他在完颜宗翰军中见闻："皆枪为前行，号曰硬军，人马皆全副甲，腰垂八棱棍棒一条或刀一口，枪长一丈二尺，刀如中国屠刀，此皆骁卫之兵也。弓矢在后，设而不发，弓力不过七斗，箭多者不满百只。"从史料可以看出，金军重甲骑兵主要使用长枪，副武器是大棒或刀。

宋钦宗靖康元年（1126），金军南下攻宋，宋军惨败，宋钦宗赵桓被迫遣使乞和，许割太原、中山（今河北定州）、河间（今属河北）三镇与金。宋金双方签订合议后，金军遣十七名骑兵将合议内容送回金朝，经过河北磁州的时候，磁州李侃决定截杀这十七名金朝骑兵。在金军南下之初，渊圣皇帝诏河北州军略曰：种师道、姚平、仲远提西兵以助天讨云云，深恐其宵遁，令河北州军尽行掩杀。李侃作为磁州官军钤辖，乃率二千禁军和民兵出城截杀。宋金两军相遇后，金军甲士曰："不须用兵，今城下已讲和矣。我乃被太子郎君差，往国中干事。"金军在和李侃对话期间，随即调整了自己的行军序列，迅速将十七人马分为三个小战斗群，七骑居前，左右两翼各五骑，趁着宋军尚未列阵，居中七骑率先冲击宋军，宋军立刻被打凹阵线，金军两翼迅疾从两翼卷击。金军在高速冲击过程中，以弓矢射杀宋官军，宋军阵线崩溃后，金军继续掩杀，宋军奔乱死者几半。金军三个小集群在冲击过程中先以弓矢开路，连续射杀宋军后，就以长枪冲阵，宋军正面迎敌，无法抵抗此种冲击，中路战线随即崩溃，金军在两翼卷击过程中，弓矢和长刀则穿插宋军两翼，史料未提及宋军是骑兵还是步兵，从其一对阵就崩溃的情况来看，肯定是以步兵为主，其中民兵率先崩溃，如此，全军整体陷入奔逃，金军骑兵追击，可以轻松收割人头。且金军在追击过程中，皆以八棱棒、骨朵、链锤追杀宋军。史载："河北路兵马钤辖李侃以兵二千与金人十七骑战，败绩"（《三朝北盟汇编》卷三十六）。

宋将吴璘总结金军四大优势："四长曰骑兵，曰坚忍，曰重甲，曰弓矢。"（《宋史·吴璘传》）金军士卒号令极严，加之骑术高明，骑兵装备精良，所以在金朝初期对宋军胜多败少。

早期金军骑兵一般都备有双马，这种配置可以充分保证骑兵的马力，史料中多有记载，"多带弓矢，倍养副马"（张浚《奏淮南备虏事宜状》）、"居长以两骑自随，战骑则闲牵之，待敌而后用"（《三朝北盟汇编·卷二百四十四》）。金军部分军俸也明文规定正军需发放"两马刍粟"或"给两马料""饲两马"（《金史·兵志》）。金朝初期与宋交战中，俘虏的宋人有相当一部分被贩卖至蒙古或西夏，用以交换战马。金熙宗与宋议和后，金军的马源逐渐不足，海陵王、金世宗都力图健全马政，试图缓解金军缺少马匹的困境。

金军与南宋交战之初，具装铠骑兵、步军的重铠在南宋史料中记载为"拐子马"和"铁浮屠"，而这两种称谓往往又因史料混杂，两词又混杂在一起，极易混淆其本义。

"拐子马"一词早在北宋人所撰述的相关武备和军事的史料中就已经出现,并非在宋、金战争发生后才出现的。宋仁宗康定朝,曾公亮等人编纂的《武经总要》记载说:"'东西拐子马阵',为大阵之左右翼也。本朝西北面行营,'拐子阵'并选精骑。"刘锜指挥的顺昌战役中记载:"敌又以铁骑分左右翼,号'拐子马',皆女真为之,号'长胜军',专以攻坚,战酣然后用之。"(《宋史·刘锜传》)南宋隆兴北伐,李显忠渡过淮水,袭陡沟,金军都统萧锜领兵拒战于陡沟,"张左右翼",李显忠指金军阵谓诸将曰:"此所谓拐子马,虏之长技也"(《名臣碑传琬琰集》下集卷二四)。实际上"拐子马"在北宋时期就已经出现,明确指宋军军阵左右两翼的骑兵,到了南宋时期,"拐子马"特指金军两翼骑兵。可见"拐子马"并非一单独军种,而是指金军军阵侧翼骑兵。

金军与宋军对阵时,往往也会摆出步阵迎击,金军部分骑兵会放弃战马,与重甲步兵一起布置圆阵,正面迎敌,部分骑兵则设置在圆阵左右两翼策应。金军此种步兵圆阵在宋人史料中多有记录,石茂良所著《避戎夜话》载,"凡敌人遇我师,必布围圆阵当锋,次张两阵,左右夹攻,故谓之三生阵";吕颐浩曰,"虏人遇中国之兵,往往以铁骑张两翼前来围掩"(《历代名臣奏议》卷九十)。金军圆阵中的步卒、骑兵这些锐士"被两重铁兜牟,周匝皆缀长檐,其下乃有毡枕"(《三朝北盟会编》卷二百二)。身披双重甲,铁兜鍪下编缀长条甲片,"三人为伍,贯以韦索,每进一步,即用拒马拥之,人进一步,拒马亦进,退不可却"(《宋史·刘锜传》)。这些重甲锐士三人一组构成战斗小队,用皮绳相连接,由辅助兵将拒马设置在战斗小组背后,重甲锐士朝前推移,拒马亦推移,这样的移动攻击,使金军圆阵形成一个移动堡垒。宋史记载顺昌战役中金兀术（完颜宗弼）身披白袍，骑具装铠马，率领牙兵在军前督战，牙兵系完颜宗弼的亲军，这些亲军都身披重铠，号"铁浮屠"，这些重甲兵按照金军的配置应是骑兵，史料原文中说三人为伍皮索相连进攻，但并未说是以骑乘状态用皮索相连；《三朝北盟会编》记载顺昌战役的时候特别注明："妇人财帛尽以赏军，其所将攻城士卒号铁浮屠。"这里充分说明了"铁浮屠"是进攻状态的重甲步兵，这些步兵的构成，有可能是下马作战的重甲骑兵，也有可能原本就是金军重甲步兵。这说明金军的骑士和步兵摽重甲都可被称为"铁浮屠"。金军圆阵中的重甲步兵也有战斗队形："每队一十五人，以一人为旗头，二人为角，三人为从，四人为副，五人为缴；旗头死，从不生还，还者并斩，得胜受赏亦然，故谓之同命队。"（《三朝北盟会编》卷九十八）金军早期军法严酷，促使这类小战斗队不得不拼死作战。

当双方步兵形成胶着的时候，左右两翼"拐子马"骑兵就会冲击宋军两翼，两翼的"拐子马"又称"长胜军"，"专以攻坚，战酣然后用之"（《宋史·刘锜传》）。这些精锐骑兵都是女真武士，多是将领的牙兵。金军骑兵的冲击被宋史料记载为"更进迭却，坚忍持久"。这样的进攻战术是金军南下之初的取胜法宝，至宋高宗晚期，金军的马匹数量减少，骑兵冲击力下降，南宋步军披重甲后，金军此种战术就未能再发挥太多效力。

后期一些史料往往将这些重甲锐士步战战术、"铁浮屠"重甲、"拐子马"三个概念混为一谈，岳珂编撰的《鄂国金佗粹编·鄂王行实编年卷之五》："初，兀术有劲军，皆重铠，贯以韦索，凡三人为联，号'拐子马'，又号'铁浮图'，堵墙而进，官军不能当，所至屡胜。"这段文字将"拐子马"与"铁浮图"这两个词混淆在一起，并把步兵重甲战术写成骑兵"三人为联"，实乃谬误。元人修宋史时也原文引用，形成后世错误认知。乾隆皇帝就曾指出："北人使马，惟以控纵便捷为主。若三马联络，马力既有参差，势必此前彼却；而三人相连，或勇怯不齐，勇者且为怯者所累，此理之易明者。拐子马之说，《金史·本纪·兵志》及兀术等传皆不载，唯见于《宋史·岳飞传》《刘锜传》，本不足为确据。"（《御批通鉴辑览》）乾隆皇帝对骑兵"三人为联"进行批判，其根据也是早期满洲骑兵和自己的骑射经验。

岳飞与金军的作战过程中也多次俘获敌方铠甲、马甲：

> 夏四月，金人再犯常州。先臣邀击，四战皆捷，拥溺河死者不可数计，擒女真万户少主孛董、汉儿李渭等十一人。复尾袭之于镇江之东，战屡胜。诏令就复建康，乃亲将而往。二十五日，战于清水亭，金人大败，僵尸十五余里，斩耳带金、银环者一百七十五级，擒女真、渤海、汉儿军四十五人，获其马甲一百九十三副，弓、箭、刀、旗、金、鼓三千五百一十七事。（《鄂国金佗粹编·鄂王行实编年卷之二》）

四、军器生产

金朝的军器监管、制造、贮藏都有专门的机构和官职。

军器管理机构分中央和地方两级，中央统管最高机构是军器监，军器监是金朝南迁后设立的机构。金朝早期以部族军为主体，甲胄为部族私甲。

金海陵王将金朝的政治中心从上京会宁府迁至燕京，朝廷的典章制度更趋于汉化，迁都使金朝摆脱以完颜部族为核心的旧贵族势力，宫廷中的重要官职都已经由汉人、渤海人、契丹人掌握，完颜姓旧贵族基本被屠戮一空。金朝汉化后，宫廷百官完全汉化，设立军器监"掌修治邦国戎器之事"，即掌管修造国家兵器的事务。从海陵王迁都至金章宗时期，甲胄的制作已经成为国家行为。

金章宗承安二年（1197），"始置军器监，掌治戎器，班少府监下，设甲坊、利器二署隶焉"。至金章宗泰和四年（1204），军器监被废除，甲坊、利器两署合并为军器署，设置令、丞、直长，直接隶属兵部。金卫绍王至宁元年（1213），复设军器监，军器库、利器署隶属之。军器库设置于金大定五年（1165），至宁元年（1213）曾隶属大兴府，金宣宗贞祐三年（1215）归军器监管辖。军器库的职责是"掌收支河南一路并在京所造常课横添和买军器"（《金史·百官志》），即掌管收发河南一路和在京制造的规定数量和额外增添的军器并购买军器。此处所记的军器库乃金宣宗南迁之后之制，在南迁之前，各京府和地方诸州均置有军器库，属于地方官。利器署本来为都作院，金宣宗兴定二年（1218）更为此名，"掌修弓弩刀槊之属"（《金史·百官志》），也就是掌管修造弓、弩、刀、槊之类的武器。从《金史·百官志》设置来看，与北宋官职几乎一致。

地方诸节镇的兵器监管制造是作院，贮藏是军器库。对诸节镇军器质量检查管理的是殿前都点检司所辖武库署。军器库、作院设置使、副使、都监等官员负责管理，"军器库：使一员……掌甲胄兵仗……作院：使一员，副使一员，掌监造军器……"（《金史·百官志》）。军器库的主官是军器库使一名，副使一名，库吏两人，点验军器出纳数量，兼看守巡护军器库。金中都、南京军器库按照此制度设置人员，金西京、北京只设置副使。部分州府的军器库和作院是一个机构，这种情况下，增加都监一人。作院设置院使、副使各一人，除了执掌军器监造，还监管囚徒。这些囚徒在服刑期间主要从事军器制作，"所徒之人，或使之磨甲"（《大金国志·科条》）。金中都大兴府、南京开封府的作院级别较高，称之为"都作院"，应是金朝最大的两个军器库。宋孝宗时期，宋人出使金国，记载金南京开封武库搬运兵甲："旧时南畔用兵，尽般军器在南京，今却般向北边去。三月中般用牛三千头，般未尽间，被黄河水涨后且休。"（《北行日录》）可见武库中器甲数量之庞大。宋使出访金朝时，正值金世宗用兵高丽与西夏，所以军器北移。

金朝中期，军器的制造中开始使用物勒工名的制度，《翠微先生北征录》载："虏中军器，上皆有元监造官姓名、年月，遇有损害，有误使用，即将元监造官吏依法施行，断不轻恕。"黑龙江省博物馆藏"大定二十九年"刀、"大同十一年"甲片都是金朝军器物勒工名的代表。

金朝晚期也遇到官造军器不堪用的情况，金宣宗在贞祐二年（1214），曾经问术虎高琪说："所造军器往往不可用，此谁之罪也？"对曰："军器美恶在兵部，材物则户部，工匠则工部。"（《金史·术虎高琪传》）因为军器制作是一个综合工程，各个部门分段管理，造成了器甲完成度低的现象，这是封建社会制度和不同部门争夺权力分配导致的必然结果。

金朝的铁器冶炼锻造总体发展水平较高，在景祖完颜乌古乃时代，温都部、加古部两部落都有锻铁工艺，从现有出土的金朝铁器来看，冶炼、铸造、锻造等诸多环节都有明确工种，生产工艺有淬火、退火等。至金朝立国后，铁业极为发达，《大金国志》载："至大金则不然，唯利是视，铁禁遂弛。"金朝考古中出土各种生活铁器、马具铁器数量极大，说明金朝冶炼能力强大，故军器制作也极为高超。一体锻造铁胄更是前朝所未有，开中国之先河，是金朝铁加工能力强大的代表。

五、绘画、雕塑中的金军甲胄

研究金朝甲胄形制也必须参考同时期的绘画、雕塑。

1. 绘画、壁画中的甲胄

南宋时期，宋孝宗主持画院歌颂高宗赵构建立南宋，《瑞应图》就是在这样的背景下，从文字与图像两方面来反复地强化高宗从出生到成为帝王前的一系列异于常人的经历。历史上的《瑞应图》有多种版本流传，但都无款识。这些绘画中都表现金军追杀康王赵构而赵构侥幸脱险的事件，其中的金军形象绘制了目前已知最为准确的金军甲胄的图像。

上海龙美术馆收藏的南宋绘画《瑞应图》中有明确的金军具装铠和重甲形象（图3）。其中第八幅《追师退舍》中，左边是重装金军骑兵，具装铠都是黑色，马珂上装饰羽毛，与山西稷山砖雕的具装铠形制一致。前排军士职位较高，戴黑色头巾，铁胄背于背后，军士铁胄上部为整体锻造的胄体，胄体下缘编缀甲片，顿项、护颊连接在一起，只露眉眼，骑兵首领的顿项揭起，挂在胄体上。披膊罩在身甲之外，身甲、甲裳都是铁叶札甲，甲裳下沿几乎到脚踝，盔甲颜色都是灰白色，应是磨光的铁甲，旌旗蔽空，以黑色为主调；右侧有一茅舍，一老媪当门而立，对门前问询的两员金将似有指点，其中一员闻言，策马欲作追赶状。此画面表现的是金军追击康王赵构至磁州，金军问路。此事在《三朝北盟会编》亦有记载："王在磁州。知相州汪伯彦据探马回报：金人铁骑约有五百余人，自卫县西来直北，指问康王远近，房（删此字）执村人为乡导，望魏县路前去。"金朝初期，就在军制中以五行相生相克的原理设计服饰和旗帜，金朝自认为"水德，凡是用师行征伐，旗帜尚黑，虽五方皆具，必以黑为主"（《三朝北盟会编》卷二百四十四）。《瑞应图》中金军旗帜都以黑旗为主，与史料记载相合。大旗为五方旗，赤，南方，火；白，西方，金；皂，北方，水；碧，东方，木；黄，中央，土。

山西繁峙岩山寺金朝（大定七年，1167）壁画中发现两铺涉及甲胄的图像，《深山苦修图》（图4-1）中，释迦牟尼座前跪倒一军将，可见兜鍪下顿项较长，身甲、甲裳都是札甲形式，身甲背后仅遮蔽臀部，整体风格与北宋甲胄极为相似。东大殿一铺壁画《鬼卒歇息图》（图4-2）（壁画艺术博物馆《山西古代壁画珍品典藏》，山西经济出版社2016年版），画面左侧三个鬼卒擐甲持刃，鬼卒擐短甲，无披膊，身甲明显为铁叶札甲，为典型的裲裆甲风格。完颜阿骨打征讨乌春叛乱，应该就是穿着此种短甲。

元人朱玉绘制的《揭钵图》中亦有甲兵形象（图5），现存浙江省博物馆。从图像上看，擐甲持刃的军士应是参考了宋、金时期甲士形象，手中长刃是典型的宋、金形制，其刀格为桃形，是宋、金常用造型（图6）。身甲、甲裳、披膊都是札甲编缀，边缘以皮毛收口，甲裳较长，至脚面。披膊罩于身甲之外，胸口左右绦带交叉捆扎，此种捆扎将披膊和身甲有效紧固在一起，此捆扎形式在宋甲中有出现。腰部有捍腰。上海博物馆藏仇英《临宋人画册》中的甲胄形制与此图高度相似，仅兜鍪形制不同。《揭钵图》甲士的胄应是小甲片编缀而成，这样的胄体在唐壁画中多见。

纽约大都会博物馆藏《胡笳十八拍》（藏品编号：1973.120.3）绘制有大量的甲士和具装铠（图7），据考证，此绘本是明临摹宋版，台北故宫博物院藏萧照《文姬归汉图》应该就是此画的南宋版，台北故宫藏品整体保存质量不好，勉强能看出铠甲形制（图8），其中的甲士和具装铠按照金朝军制绘制。图7马鞍下悬挂的马镫是典型的金朝马镫形制，与黑龙江克东县金代蒲峪路故城遗址出土的马镫形制（图9）完全一样。（张泰湘　景爱《黑龙江克东县金代蒲峪路故城发掘》,《考古》1987年第2期）

两幅画都表现有庭院中军将坐在胡床上向妇人问话的情景，两仆从一人将披膊搭在肩头，另一人将兜鍪挑于肩。我们将两幅图像进行比较，可以更直观地了解金军的甲胄细节。

纽约大都会版博物馆所藏的《胡笳十八拍》中，军将和军士的铠甲颜色不同，军将的身甲、兜鍪都是黄色，甲胄收边为红色，披膊、身甲、甲裳都是札甲，身甲为裲裆甲，甲裙与身甲连缀在一起，腹部以下开襟，坐具不明。军士叉手侧立，甲为青色札甲，披膊披挂在身上，下端有折角，腰悬弓矢。军将身后的侍从穿袍服，一人将披膊搭在肩头，披膊的细节不清晰，看似一整体结构。军将的胄体轻微偏锥形，下端编缀顿项（图10）。仔细辨识台北故宫博物院藏《文姬归汉图》，我们发现细节明显更多更准确，军将坐在胡床上，身穿侧开襟裲裆甲风格的札甲，甲裙非常独特，并非独立结构，连接身甲，且左右甲裙在裆部有交叠，这在以往的资料中是未曾出现过的。侍从肩部的披膊上端有系带连接，和其他军士的形制相同。

庭院外有数名军士和具装铠（图11），纽约大都会藏《胡笳十八拍》中的具装铠比较清晰，分成黑、蓝两色，马珂、当胸、身甲、搭后都非常准确。军士都头戴幞头，披膊为独立件，罩于身甲之外，用十字绦带交叉捆扎。身甲和甲裙为独立件，甲裙遮蔽前部，身甲后部长度至臀部。台北故宫版的军士披膊下端前后面都有折角，而大都会版的军士披膊只有正面有折角，手肘弯曲的时候正好可以避让，这个细节说明台北故宫版更为准确。军士的身甲和甲裙是一体结构，从图像上来看，一组军士的身甲表现了此种甲是中开襟形式（图12-1、2），另一组武士则没反映出开襟形式。绘画中的甲制、具装铠是典型的军制，马铠与宋画中宋军的具装铠接近，金军的具装铠"鸡项"和"当胸"合为一体，这种风格应该继承自辽。

《大宋衣冠》一书中绘制了大都会版军将和军士的白描图，笔者绘制了台北故宫版的白描图（图12），可以对比出两画中甲胄形制的不同。大都会版中的甲胄和《中兴瑞应图》中的甲胄应该较为接近。台北故宫版身甲为裲裆甲结构，有侧开襟和正中开襟两种，披膊独立，正面下端有折角，甲胄风格可能更接近金朝形制。这种身甲风格在元明的水陆画中还有表现。

2.雕塑中的甲胄

金朝重甲、具装铠在雕塑中亦有所体现。

山西稷山县西南马村有一宋、金时期遗留下来的家族墓群，共发现墓葬15座，已发掘9座。据墓室中的《段楫预修墓记》和对墓葬形制的判断，其为金朝大定朝以前的段氏家族墓地。其中第7号墓地墓志铭系宋政和八年（1118）至金大定二十一年（1181）之间。墓室中有大量砖雕武士形象（图13），这些武士的甲分成重甲和轻甲两种，擐重甲会戴兜鍪、披膊、身甲、甲裳；轻甲只穿戴短身甲或甲裳。砖雕中的金军重甲都是由铁札甲片编缀而成，兜鍪顿项是3排甲片构成；马匹也分成披具装铠和无甲两种。金军的具装铠与宋军的具装铠在形制上基本没有区别，马珂也在顶部装饰羽毛，其形制与《胡笳十八拍》绘制的具装铠一致。图13-4明显能看出军将的甲有披膊，周围的军士只穿身甲，其形制为裲裆甲风格，无披膊和甲裳。

3. 考古与实物

（1）胄

内蒙古博物院藏有金朝铁胄（图14），胄体呈浅圆钵形，盔顶有缨管（已遗失），正面有一长方形护额，护额上有凸眉，护额顶端有多曲形，可见制作之精良。此种风格的铁胄在俄罗斯远东边疆地区考古也有出土（图15）（《俄罗斯滨海边疆区女真文物集粹》，文物出版社2013年版）。这些区域曾经都是辽、金两朝的国土。徐开宏先生保存的出自金上京地区的铁胄（图16）与这些考古文物形制一致。

此类风格的铁胄还有一类分支，胄顶打出纵横交叉的四条凸筋，顶部有盔缨管铆接孔，部分盔体下沿铆接有一铁圈，铁圈中间有打出的筋线，此种筋线明显继承辽制，圈下缘有悬挂顿项的开孔，杨勇先生、铁锤先生保存的此类铁胄（图17）就是典型。金朝铁胄还有一种更为简素的风格，胄体为浅圆钵形，前额有一护额，护额无外凸八字形立眉，钵体下沿有一环形铁圈，腰部有一圈凸起。此种凸起的铁圈明显继承辽制，杨勇先生保存的此类风格的一体锻造盔体是后世蒙古一体锻造的铁胄的起源（图18）。

俄罗斯远东地区考古也出土了相当数量的女真铁胄。俄罗斯考古学和人种学研究所的 N.G.Artemyeva 在 2012 年发表的文章中指出在克拉斯诺亚尔斯克女真遗址发现了 8 个头盔。头盔的直径 20~24 厘米，高 8~14 厘米不等，胄体都是浅圆钵形，5 个胄体正面有八字眉前额。根据考古实物绘制的此类盔线图（图19），形制与国内出现的金朝铁胄形制一致。

潘赛火先生是收藏辽金系列武备的重要藏家，收藏的金朝铁胄有十余顶。保存较好铁胄上的护额可以看出眉形有明显的差异，甚至有弧形的眉毛（图20-5），这些不同大概应是制作区域的标准不同，或制作的年代不同形成的；护额的整体为弧形的长方形，但是细节也都不尽相同，部分护额左右两侧有上下两组开孔，这些开孔和顿项甲片编缀在一起，立眉上端左右两侧亦有单独开孔，可能是悬挂面甲使用（图20-1）；护额上缘铆接位置多为轻微凸起的弧形，下缘平直或呈 M 形，M 形有些较浅（图20-2），有些较为明显（图20-5）；部分护额下边缘会有反翘（图20-1、图20-2、图20-5），这种护额下端的轻微反翘和宋盔完全一致。

潘赛火先生对收藏的金军甲片进行分类，根据开孔数量、甲片大小整理出五类甲片，分别为顿项、面甲、披膊、胸甲、鹘尾、甲裙。根据部分考古资料和绘画复原了完整的金朝"铁浮图"，胄为浅圆钵形，正面铁护额有两凸起立眉，胄体下缘铆接凸脊环形铁圈；顿项甲片分三层，一层甲片的上缘卡在胄体下缘弧形凸脊处；面甲为独立结构，此处使用的甲片上缘弧形，下缘平直。身甲使用的甲片上下两端都较为平直，胸甲为三排，腰腹六排，甲片先横向编缀完成后，再纵向关联；身甲前、后两部分由肩带连接；披膊为五排甲片，最下端分出缺口，和《文姬归汉图》中的金军形制一致。身甲的下端单独编缀了鹘尾，为四排甲片；甲裙为独立结构，左右腿甲均为五排甲片（图21）。

金朝此类一体锻造浅钵体铁胄，分布极广，在整个金朝疆域都有出现，可见是一种极为标准的军制。金朝此类胄的圆钵都是整体锻造而成，也是中国第一次出现整体锻造铁胄，之前历代王朝都是铁盔叶分瓣锻造，完成后再铆接。此类胄的形制是蒙古式一体锻造式铁胄的起源；凸八字眉护额应是宋制铁胄传播至女真后，金朝后期完全延续此种风格。

金朝后期铁胄会装备铁面甲，"金人摘强兵披厚铠、毡衫、铁面而前"（《宋史·孟宗政传》）。俄罗斯远东边疆地区阿纳尼耶夫斯科耶村落、塞加城址考古过程中发现了两个铁覆面（图22），国内收藏家也保存了这样的铁面（图23），此种究竟是军器还是冥器，尚有争议，主要是目孔太小，在实际作战中，视线明显会有较大的遮蔽。还有一类铁面露出眼眶，遮蔽面部和下颌（图24），这类应是军器。从史料看，中国甲胄的铁面出现在北朝，金、宋时期实物有少量出土，总体数量极为稀少，而日本铠甲中则多有面甲，不知其起源是否与中国有关。

俄罗斯插画师根据考古资料，绘制了金朝武士的甲胄形象（图25），左侧武士胸口的方形饰物是不准确的，目前已知的金军图像中都无此物，应是俄罗斯画师参考了神将甲所绘制的。

金朝晚期至元朝初期出现了一种八字眉高胄体形制，此类盔胄体结构由三片铁叶铆接成胄体，与三片式宋铁胄一致，宋三片胄整体偏扁圆，此类盔底部横截面为圆形。盔叶正中有凸出的脊线，胄体下缘铆接铁圈，正面有长护鼻和立眉的护额。长护鼻形制明显继承自辽；立眉继承自宋、金；此类胄明显融合有宋、金、辽三朝形制。胄体较高，一类顶部直接向盔顶收尖（图26-1），一类胄体中部有一轻微收腰（图26-2），其护鼻上有一倒钩，功能推测有二，一是悬挂筒式顿项，一是悬挂面甲；一类胄体上部收腰明显，整个胄体类似葫芦形（图26-3）。图26-3盔侧面有两个战损痕迹：一个方孔，可能是破甲锥或啄之类刺穿盔体；旁边的条状凹陷明显是斧子一类钝器的打击。这类型盔是蒙古高胄体盔的起源。

（2）身甲

目前国内出土金朝铁甲片主要集中在黑龙江省，诸多考古资料显示金朝甲片"多为长方形，也有少量方形的，均较大。两侧有小孔。在南门东侧的堆积中曾成堆出土"（图27、图28）（张泰湘　景爱《黑龙江克东县金代蒲峪路故城发掘》，《考古》1987年第2期）。"大者长8~14厘米，宽7~9厘米，小者长5~7厘米，宽1.5~2厘米，而且每一片铁甲片都有多少不等的穿孔"（史凡《金代兵器初步研究》，《内蒙古社会科学》1996年第3期）。

金朝甲片普遍厚度在1.5~2毫米，多为17孔，四角较直，中间略微鼓。徐开宏先生赠送笔者两块金朝身甲局部残段，由多片17孔甲片编缀在一起（图29-1），这批甲片形制与黑龙江克东县金代蒲峪路故城出土实物一致。此两段身甲较好地保留了甲片的形状和编缀方式，残留的皮绳经过曹先然先生梳理，可以较为清楚地看出金朝铁甲的编缀方式（图 29-2）。单片甲片长 10 厘米，宽 3 厘米，甲片相互叠压，由单皮绳先横向编连，甲片下端用薄皮封边，再用细皮绳前后串连紧固；横向编连完成后，再用宽皮绳将上下两排编好的横排进行上下编连。经过复原编缀，大概能推测出金朝身甲的胸甲和背甲的大体造型（图 30），胸甲编缀以一甲片为中线，向左右编缀，前片叠压后片。披膊和甲裳大致应该也使用此种编缀形式。

俄罗斯甲胄爱好者保存了一片金朝铭文铁甲片（图 31），铭文为"大同十一年正月□□，监造官凡颜回"。大同年号金朝史书无记载。1980 年在东北地区出土的蒲鲜万奴建立的"大真（东夏）"政权官印中有"大同"年款，根据李崇智先生的《中国历代年号考》认为其年号共计十年。蒲鲜万奴原为金朝将领，金崇庆二年（1213），蒲鲜万奴被任命为咸平路招讨使，负责征讨耶律留哥领导的契丹反叛，次年又晋升为辽东宣抚使，成为金国在辽东的最高军事长官。金朝对蒙古作战失利后，金朝放弃金中都，迁都汴梁，中原与辽东失去联系。他于金贞祐三年（1215）自立为天王，国号大真，金朝在东北的诸猛安谋克多响应。1216 年降于蒙古，同年再度自立，称东夏。1233 年，窝阔台遣其子贵由率军征讨蒲鲜万奴，东夏国灭。铭文甲片与蒲峪路故城所出土的甲片形制一致，说明金朝身甲使用的甲片至金朝晚期都未作较大的改变，说明身甲形式也应该未作改变。

2010 年，北京市文物考古人员在丽泽商务区遗址区域的一口金代古井内发现一具金代铠甲（图 32）。但是迄今为止，相关文博单位并未给出相应的考古报告和复原资料。从甲片来看，与东北出土的金朝甲片较为相似，期待北京文博系统能尽早公布详细资料以便对金朝甲有更清晰的了解。

俄罗斯克拉斯诺亚尔斯克女真遗址中，发掘出较为完整的铁甲（图 33-1 至图 33-7），此套铁甲是目前已知最为完整的金朝铁甲，可以看出金朝铁甲结构相对简单，线图绘制的复原铠甲结构应该就是史料记载的"铁浮图"。俄罗斯考古资料显示，金军可能还有一种更为简洁的短甲（图 34-4、图 34-5），此种短甲后背无遮蔽，仅有前胸甲。图 34-2 短身甲的甲片极大，从图例标尺推测甲片长 13~14 厘米，宽 8 厘米左右，此类甲片在国内亦有出土。图 34-5 身甲是以常见尺寸金朝铁甲片编缀而成（图 33-6、图 35），此类甲片和国内出土的金朝甲片形制相同。

该遗址中出土一类大型弧面甲片（图 33-8、图 33-9、图 33-10、图 33-12，图 36），俄罗斯考古学者并未指出其功能，笔者推测此种异形铁甲片是悬挂在两腋下的护甲。图 9 坐在椅子上的军将腋下有黄色部件，疑似护腋，此种结构在傅伯星的《大宋衣冠》里也有描绘（图 37），只是由于其是在绘画中采集的图像，我们很难说清其材质与形制。金朝末期名将郭虾蟆善射，惯于射击敌人腋下、护甲无法掩盖的地方，射无不中。箭矢对重甲几乎无伤害，而腋下是札甲防护相对较弱的位置。金宣宗元光二年（1223），西夏军步骑数十万攻凤翔甚急，金军元帅赤盏合喜以郭虾蟆总领军事抵抗西夏进攻，两人在巡城的过程中，发现西夏军一将领坐在胡床上观察金军的防守，因其距离较远，超过一般弓矢杀伤距离，史载："合喜指似虾蟆云：'汝能射此人否？'虾蟆测量远近，曰：'可。'"郭虾蟆耐心观察敌将，开弓、搭箭，等那名西夏将领抬肘，"伺腋下甲不掩处射之无不中，即持弓矢伺坐者举肘，一发而毙"（《金史·郭虾蟆传》）。国内考古资料中未公布有此种铁甲出土，国内藏家保存有此类护甲，亦有人认为此护甲是护喉一部分。

俄罗斯女真遗址考古中还出土一铁护臂（图38），整体呈锥筒形，可套于手臂，筒体有开孔，可穿皮绳紧固。此种铁护臂成为蒙古护臂的起源之一。

笔者收藏的金朝甲片有多种形制（图39），甲片的厚度为1~1.5毫米。图39-5型甲片是金朝铠甲中应用最多的，甲片呈长方形，四角末倒圆，纵向和横向都有轻微的弧度，这种结构保证甲片在横竖两个轴向上都保持较好的强度（图40），甲片锻造精良，开孔部分整修了倒角，可以防止皮绳的磨损。金朝甲片的制作工艺、强度比宋制甲片要好，由这些甲片编缀的铠甲具有极好的防护性，这些残存的甲片也证明了宋朝史料记载金军强悍有赖于重甲的真实性。

（3）具装铠

金军的具装铁马珂虽未见于考古报告，但是国内藏家有收藏，铁锤、赵亚民、郭海勇三位先生的藏品就是其中典型代表（图41、图42、图43），马珂基本贴合马面，左右两侧有针式带扣，应是串联固定之用。

笔者和汪青先生收藏一类大型甲片，整体为圭形，甲片长14.6厘米，底边宽8.7厘米，上边宽8厘米，共15孔（图39-1），此种甲片上窄下宽，横向编缀后，整体略有弧形，此体量甲片应是具装铠甲片。其编缀方式可能同样是先横后上下，只是不知此类甲片属于具装铠具体哪个部位。俄罗斯考古中也出土过此类甲片（图34-1至图34-4），由于出土之前已被盗扰，其甲片究竟以何种形式排列也不得而知。俄罗斯考古学者推测其为一种胸甲，但是笔者觉得更应该是马甲。

六、小结

从现有的绘画、雕塑、实物，大致可以总结出金朝甲胄的概貌。

金军的铁胄形制主要是一体锻造浅钵体铁胄，胄体分成两种：一种为纯圆顶；另一种是盔顶有四条或六条打出的铁筋，这类胄体下多有一环形铁圈，铁圈有打出的一圈或两圈凸出铁筋。铁胄下沿编缀顿项，顿项有全围、三段两种形式。胄体正面有一长方形护额，护额有打出立眉。金朝晚期出现了高胄体盔形，明显融合了辽、宋、金三朝风格。

金军完整身甲应该包含披膊、身甲、甲裳等部分，都是铁叶编缀而成的札甲。从已知图像看，金军铁甲形制较为简素，披膊较大，罩在身甲之外，披挂后会用绦带在前身紧固；披膊下端正面有折角，方便手肘弯曲；身甲结构为裲裆结构，长度遮蔽前裆、后臀；部分身甲可以配独立甲裳，部分身甲连缀甲裳。

金军具装铠的甲片明显大于身甲，马珂系整体锻造，说明金朝锻造军器的工艺极为先进。金朝、南宋的具装铠形制完全一致。

从俄罗斯、中国两地考古资料来看，金军的甲胄形制都是一样的，说明金朝广大疆域的甲胄制作都贯彻了一种军制标准。现存的金朝甲片显示军器制作精良，强度超过宋制甲胄。

在宋、金两朝百余年的战争中，既有金军的南侵，亦有南宋军的北伐。在战争初期，金军利用铁浮图重甲、拐子马骑兵对南宋军形成巨大的压力，南宋军在总结经验后迅速调整，军中装备重甲、重斧、长枪破金军重甲，双手长柄刀破拐子马骑兵，有效遏制了金军铁浮图和拐子马的优势。南宋虽然在局部战场取得了战术优势，但是并未取得对金朝作战的战略优势。金军未能利用早期骑兵优势彻底击败南宋，随着时间的推移，内部矛盾迭出，南侵战线过长，给养供应困难，早期兵源以女真人为主，后期以山西、河北、山东的汉人签军为主，加之缺乏对占领地有效的控制，也彻底丧失了统一中国的机会。

第十章

西夏、青唐羌、大理甲胄

西　夏

　　西夏是以党项族为主体，在中国西北建立的政权，其疆域范围在今宁夏、甘肃西北部、青海东北部、内蒙古西部以及陕西北部地区，史称西夏。

　　晚唐僖宗时期，黄巢叛乱，攻入长安，僖宗逃入蜀地。党项部族拓跋思恭响应勤王召，出兵支持唐朝平叛，唐僖宗于中和元年（881）赐军号为"定难军"，中和三年（883）七月，黄巢被平后，唐僖宗因拓跋思恭平定叛乱有功，赐姓李，加任太子太傅，封夏国公，拜夏州节度使。党项定难军一直臣服于唐朝、五代，至宋太宗时期李继迁叛宋，投靠辽圣宗，被辽圣宗册封为"定难军节度使、夏银绥宥静五州观察使、特进检校太师、都督夏州诸军事"。公元1038年，李元昊在兴庆府称帝建国，即夏景宗，西夏正式立国，年号"天授礼法延祚"。西夏在对外扩张过程中，宋夏战争爆发，北宋与西夏之间发生了三川口、好水川、定川3次大规模战役，均以宋军失败而告终，史称"镇戎三败"。

　　李元昊于天授礼法延祚五年（1042）三月，请辽发兵攻宋，以配合西夏对宋的军事攻击。辽朝出兵至幽州后却不再前进。李元昊对此极为不满，随后煽动、引诱辽统治下的山南党项各部及呆儿族叛辽归夏。辽兴宗起兵攻夏，夏辽战争爆发，辽军先胜后败，从此西夏与辽、宋并列称雄，呈鼎足之势。金朝灭辽后，西夏臣服于金朝。大蒙古汗国崛起后，数次攻夏，西夏遂附蒙伐金，蒙古西征，西夏拒绝出兵，成吉思汗决定再次出兵攻夏。1227年，西夏末帝出城投降，西夏国灭，国祚189年。

一、史料中的西夏甲胄

宋太宗太平兴国二年（977），李继迁叛宋，宋太宗令李继隆、田仁朗、王侁出兵讨伐，"四月，出银州北，破悉利诸族，追奔数十里，斩三千余级，俘蕃汉老幼千余，枭代州刺史折罗遇及其弟埋乞首，牛马、铠仗所获尤多"（《宋史·李继隆传》）。可见定难军时期拓跋部族装备铠甲的数量极大。

西夏立国之后，极重军备，设"步跋子""铁鹞子"两军，都是夏军精锐。"西贼有山间部落谓之'步跋子'者，上下山坡，出入溪涧，最能逾高超远，轻足善走。"步跋子与宋军接阵的时候，常以大盾蔽身，缓步接战。夏军"铁鹞子"是重甲骑兵，"百里而走，千里而期，最能倏往忽来，若电击云飞。每于平原驰骋之处遇敌，则多用铁鹞子以为冲冒奔突之兵；山谷深险之处遇敌，则多用步跋子以为击刺掩袭之用……遇铁鹞子冲突，或掠我阵脚，或践踏我步人……"（《宋史·兵志》）铁鹞子的战法与金军拐子马类似，平原上骑马主要冲击对方步兵军阵，如果能打穿对方的军阵，则全军掩杀。这类骑兵"以铁骑为前军，乘善马，重甲，刺斫不入，用钩索绞联，虽死马上不坠"（《宋史·夏国列传》）。此处史料中的"钩索绞联"与史料记载金军"铁浮图"以皮索将三人相连相似，此处史料可能有误，颇为不合理。西夏军由于国小，故兵源征役年龄划分的尺度极大，"年六十以下、十五以上"，可以说全国男丁都在征集范围，这些被征发的人须自备器甲，"皆自备介胄弓矢以行"（曾巩《隆平集》）。

1. 铁鹞子

西夏军装备的重甲骑兵，在宋史中提及不多，仅有数处史料有记载。

宋真宗咸平元年（998），李继迁寇宋，鄜延泊都监钤辖张崇贵与李继迁交战："获具装马数十匹，再诏褒饬"（《宋史·张崇贵传》）。

宋仁宗康定二年（1041），夏景宗李元昊亲率十万军南下攻宋，二月十三日，鄜延路副总管任福率数千骑兵先至"怀远城捺龙川"，在这里与西路巡检常鼎、刘肃统领的镇戎军汇合，"与敌战于张家堡南，斩首数百"。西夏军初战不利，立刻"弃马羊橐驼"，假意溃退北撤，泾原驻泊都监桑怿立刻率军追击，任福自领后军跟随，黄昏时，兵至好水川。朱观、武英部在距离好水川五里的龙落川屯，两军约定于次日在好水川合兵。二月十四日，任福、桑怿引军循川西行，行军异常艰苦，加之粮饷后勤供给不力，"士马乏食已三日"，宋军处在一个极端不利的作战环境中。李元昊将西夏军分成两部，以两天两夜的时间迅速进入龙落川和好水川两个预设战场。宋军追击至羊牧隆城东五里处，发现道旁放置数个泥盒，将盒打开，百余只带哨鸽子飞出，鸽子是西夏军发出四面合击的信号，西夏军立刻出击，任福此时方知"堕敌计"，桑怿见形势危急，决心率军反冲击西夏军，为任福统领的宋军赢得列阵时间，桑怿"善用剑及铁简"，在反冲击中陷入重围战死，此时任福率领的宋军步兵仍未能组成阵型，"贼纵铁骑突之"，西夏军遂遣铁鹞子冲击未能列阵完毕的宋军，宋军步兵阵型被西夏军冲乱后，只能各自为战，战斗"自辰至午"，西夏军又分兵断宋军后路。任福"力战，身被十余矢。有小校刘进者，劝福自免。福曰：'吾为大将，兵败，以死报国尔。'挥四刃铁简，挺身决斗，枪中左颊，绝其喉而死"（《宋史·任福传》）。此一役，宋军在对西夏作战中的主将任福、桑怿、王珪、武英、参军耿傅、队将李简、都监李禹亨、刘钧皆死于阵前，宋军万余将士战死。

宋哲宗元祐七年（1092），环庆路经略使章楶奏："我师既回，果有追袭兵马，而所遣将豫于要害处暗设伏兵，前后合之，贼众大败，生擒首领二人、甲马一十二匹，斩首一十级，贼众远遁，更无一人一马敢追官军。"（《续资治通鉴长编卷四百七十一·哲宗》）

宋高宗绍兴九年（1139），南宋名将李显忠领本部兵八百人至延安后，总管赵惟清告诉他："鄜延路今复归宋矣，已有赦书。"李显忠和所属官吏对南宋赦书痛哭参拜。李显忠见西夏陕西招抚使王枢、啰讹，告知两位西夏官员，延安府在我控制之中，既然宋金议和，我准备率领本部军马归宋。西夏军将啰讹不同意，说："当初李经略投靠西夏，借兵取陕西，今天陕西到手，难道要令我空手而归吗？"李显忠知道和移啰说道理是说不通的，抽出刀就砍向啰讹，啰讹毕竟是武臣出身，躲过了李显忠的砍杀，李显忠顺手擒住西夏文臣主官王枢。当时李显忠与西夏文武官员摊牌时，"夏国都统与世辅皆在坐，夏国军马悉全装铁甲列寨下"（《三朝北盟会编》卷一九五），"世辅"即李显忠，此处的铁甲应都是铁札甲。

以上几处史料显示，西夏自立国起，重甲骑兵一直是军中重要的军事力量。

2. 西夏人铠甲

宋英宗治平三年（1066），西夏国主李谅祚领兵攻宋，兵困大顺城，"谅祚裹银甲毡帽以督战"，宋军以强弩从大顺城外壕向西夏军射击，"注矢下射，重甲洞贯"（《续资治通鉴长编卷二百八·英宗》），西夏国主谅祚中流矢，遂撤军遁去。西夏皇帝所穿的银甲可能也是银涂装饰，西夏军攻城的军士摆重甲。

1908—1909 年，科兹洛夫率俄罗斯探险队在黑水城遗址盗掘西夏文物，在大佛塔中盗取了西夏文编撰的《天盛改旧新定律令》，现藏于俄罗斯科学院东方学研究所圣彼得堡分所。其中记载了西夏铠甲的大小和构造，将铠甲分成"精蕃甲""蕃旧铠甲"（史金波、聂鸿音、白滨 译《天盛改旧新定律令》，法律出版社 2000 年版）：

项目 形制	胸	背	尾	胁	裙	臂	护肩	腰带
精蕃甲	五 头宽八寸，长一尺七寸。	七 头宽一尺一寸半，长一尺九寸。	三 长一尺九寸；尾三，长一尺，下宽一尺四寸，头宽一尺一寸。	四 宽八寸。	六 长二尺四寸半，头宽一尺七寸。	十四 前手口宽八寸，头宽一尺二寸，长二尺四寸。	四 长八寸，口宽一尺三寸。	腰带约三尺七寸。
蕃旧铠甲	五 头宽七寸，长一尺二寸。	七 头宽一尺一寸，长一尺五寸。	三 宽一尺四寸。	二 宽七寸。	六 长一尺寸，下宽一尺九寸。	十七 前手口宽七寸半，长二尺，头宽一尺二寸。	四 长五寸，口宽一尺一寸。	腰带约三尺二寸。

《律令》中记载的两种甲，在制作上明显有尺寸的差异。这类甲都是标准的铁札甲，"胸、背、尾、胁、裙、臂、护肩、腰带"指铠甲各个部位，"尾"指鹘尾，其后的数字应指甲叶的排数。西夏甲制中单独的"护肩"应是披膊。

这段史料中特别值得关注的是"臂"甲，按照文中记载有十四、十七排之多，据此，西夏甲胄形制中应该有单独的臂甲。甘肃定西市临洮县博物馆展出一对砖雕武士（图 1），博物馆标注其年代为宋。武士身甲与五代形制较为接近，顿项较大，遮蔽肩部，胄为纵向甲片拼接，身甲、顿项和甲裳都是铁叶札甲，武士的两臂有札甲制作的环臂甲，是目前已知辽、西夏、宋时期唯一表现臂甲的武士形象，极有可能是西夏甲胄史料中的"臂"甲。临洮县博物馆未详细提供这对武士画像砖的出土位置，此武士究竟是宋还是西夏，尚待详细考据。定西市在隋唐时期称作岷州，安史之乱后陷于吐蕃，至北宋元丰四年（1081）宋军五路伐夏，临洮已经被宋控制。在宋神宗之前，临洮在五代时期究竟属于吐蕃还是定难军统治，尚有争议。如果此对武士砖雕年代晚于北宋神宗朝，那么此武士甲胄形制应属于北宋的西军风格，北宋西军与西夏征战百余年，二者的甲胄应有相似性。

有些学者认为，西夏军还装备有"环锁铠、皮甲、毡甲"（尤桦《〈天盛改旧新定律令〉武器装备条文整理研究》，上海古籍出版社2019年版），并以宁夏博物馆展出的环锁铠为例。笔者认为该环锁铠并非考古出土实物，所以不能作为西夏具有环锁铠的例证。

二、考古中的西夏甲胄

1. 绘画中的甲胄

1977年甘肃武威西郊林场西夏M2墓出土的墓门有3幅彩绘武士形象木板画（图2）。武士身甲为典型的札甲，披膊较短，身甲前后两部分由肩带连接，是裲裆甲风格，甲裙较短。从风格上明显是唐制向宋制的变化状态。胄体应该是多盔叶铆接而成，图2-1胄体甲叶呈纵向关系，图2-2、图2-3两胄体盔叶呈横向关系。结构上与成都王建永陵的武士胄有相似之处。此套木板画中的武士甲胄绘制相对较为写实，但是还是有比较鲜明的神将风格。

俄罗斯艾尔米塔什博物馆保存了大量珍贵西夏文献，其中编号为ⅩⅩ-2492的绘画表现一骑马西夏武士持长刀擐甲（图3），其身甲胸口有两个圆护，肩带连接前后身甲，披膊较短，明显是札甲，与西郊林场西夏武士相近。

榆林窟03窟西夏壁画中有西夏武士形象（图4），其身甲与武威西郊林场M2墓木板画中的武士基本一致，都属于铁札甲，但是属于前开襟型，其盔应是多瓣盔叶铆接成型，正中有一盔梁，两侧有圆形图案，这与北宋开化寺壁画中的宋铁胄相似。

2. 实物

西夏国破后，蒙古汗国残酷杀戮西夏宗室、人民，幸存的部分党项人外逃，皇陵和中兴府被彻底破坏。现有对西夏的考古出土了部分铜、铁甲叶。

2000—2001年，宁夏闽宁村西夏墓地M7号墓出土了西夏铁甲叶，总共出土了大小不同类型的9片铁甲叶，"出土时甲片与泥土锈蚀在一起，甲片有圆角长方形和圭形两种，片状，微向外鼓，上有穿孔，有的孔已被铁锈堵塞。可分为大、中、小三种，大者长8厘米，小者5厘米。多数残，表面严重锈蚀"（宁夏文物考古研究所《闽宁村西夏墓地》，科学出版社2004年版）（图5）。

大型甲片有可能是用于马匹具装铠，中、小型甲叶有可能是用于具装铠或人甲。

类型 项目	大					中		小	
长/cm	8.2	8.5	7.5	6.2	5.0	6.8	6.6	5.2	5.4
宽/cm	4.1	4.0	4.0	4.0	5.0	3.0	3.2	2.3	2.3
厚/cm	0.3	0.3	—	—	0.25	0.25	0.3	—	—

M1号墓西侧碑亭出土残碑块上有"野利公讳"的字样。野利氏

是党项八部之一，是党项大族，李元昊之妃宪成皇后、其祖母顺成
懿孝皇后均为野利氏。西夏初期的名臣也多是野利氏家族成员，如
野利仁荣、野利旺荣、野利遇乞等，特别是野利仁荣还是西夏文字
的主要创造者之一。在另一个碑块上，发现了"郎张陟撰"字样，
张陟是西夏建国前后的一位重要人物，官至右仆射兼中书侍郎平章
事，生活在夏景宗李元昊、毅宗李谅祚时期。

　　西夏王陵考古出土有铜甲片（图6）。"宁夏银川王陵6号陵盗坑
堆土、甬道、墓室、盗洞淤土内，数量较多，甲片多有锈蚀，扁平，
质薄均匀，基本呈长条状，据其形制有三类，现在宁夏自治区博物
馆展出。西夏王陵出土许多武器残片，如甲片、盔型器、管形器，
以及与之相关的金鞍饰等。同时墓室内还出土了大量铁质武器残片"
（李进增　陈永耘《朔色长天：宁夏博物馆藏历史文物集萃》，文物
出版社2013年版）。该书对出土甲片进行了分类，分成A、B、C三
类，书中描述甲片的方向是错误的，事实上中国甲片都是圆头在上。
A类甲片是甲裙部位，B类甲片多是身甲，C类是披膊甲叶。西夏
王陵出土的这批甲片，从外形、开孔形式来看，完全承袭唐制，与
现存的西藏系甲叶完全一致（图7）。

类型	A	B	C
描述	平头圆脚长甲片，长条形，平头，圆脚，甲片上共有12个缀孔。头部5孔，上面1孔居中，下面4孔左右排列，每边两孔。脚部6孔，分3组，每组两孔，呈倒品字排列。甲片中部有1孔。	平头圆脚短甲片，平头，圆脚，体较宽，共有9个缀孔。头部2孔，左右排列。脚部6孔，排列同A型。中部1孔。	圆头圆脚短甲片，条形，圆头圆脚，头窄脚宽，缀孔排列同B型。
长/cm	9.9	5.9	5.8
宽/cm	2.1	1.8	1.5

从甲叶的形制来看，我们推测其身甲的形制应该与现存的西藏连身铁甲高度一致，这是由甲叶的造型、孔位所决定的。

西夏王室非常推崇藏传佛教，皇室设置的帝师也都是吐蕃僧侣。在西夏发展的过程中，藏传佛教各种佛事活动频繁进行，体现了西夏皇室上层将安邦定国、祈求福祉的希望，在一定程度上寄托于藏传佛教的神秘力量。藏传佛教在缓解西夏的社会、阶级、民族矛盾，统一内部精神信仰，发展宗教艺术，弘扬西夏文化上做出巨大贡献。但西夏后期，频繁铺张的佛事活动客观上也造成西夏经济日益困顿。在这样的文化背景下，西夏的武备应与西藏武备有紧密关联。

三、生产管理

1. 生产

西夏政权官方设有铁工院、木工院等机构专门负责兵器的制作。各种兵器的制作有专门的工匠，如铁匠、弓箭匠、枪柄匠、披铠匠、箭袋匠、绳索匠、炮工、毡匠等，有较为明确的分工，其器甲制作制度与宋制接近。据《天盛改旧新定律令》卷六《官披甲马门》规定，"所得敌人中，允许依私毁而打制新好战具、坚甲，亦可卖于官私所当卖处"，说明西夏国内存在私人工坊打造兵器；兵器销售有固定的经销点，西夏官府对私营兵器实行严密的监控管理。据《西夏事略》记载："灭回鹘后，始有物产，始有工匠，始有器械……灭吐蕃虏，百工之事，于是大备。"西夏军队在屠城时不会滥杀工匠，而且对"凡能显一技之长者，皆允其偕带家属，予以安置，俾为打造生活及战斗使用之工具"(《西夏事略》)。说明西夏早期是靠劫掠获得工匠，后期才开始建立起生产制作单位（图8）。

2. 装备

《天盛改旧新定律令》卷五《军持兵器供给门》显示，西夏军队兵器配备具有非常明显的等级性。负责西夏皇室安全卫戍的正规军的装备较好。西夏武器装备配备也是上层建筑的反映，对不同地位的人员的装备亦不同。其中社会地位越高的阶级，配备的武器装备就越全，数量也越多。如同类属的正军与辅主、负担的不同，对于不同类属的正军，武器也有所不同。《军持兵器供给门》显示军队中装备"官马、铠甲、马错、弓、箭、枪、剑、槌杖、全套拨子手扣、囊、弦、叉、凿头斧、后毯木橹、圆头木橹、铁笭篱"等。

随着国家经济的不断发展、国家器甲制作单位的成熟，西夏军队中的官马、铠甲、马甲应以国家配给为主，个人自备战具为辅。《天盛改旧新定律令》卷六《官披甲马门》中有明确的记载："诸人领有官马、坚甲中，著籍本人及辅主、子男、兄弟，选拔不同军抄之他人等使穿著、骑者与骑者在战场确实为敌所俘而无者一样，当以同院不同院大小军首领等三人担保。在边境者，监军司及京师畿内军首领等当移换，自亡失日起一年以内当申报注销，披、甲、马当自官家请领。"该条史料很明确地记载官马、铠甲、马铠应该从官家领取。该门的另一条文中亦规定："诸人领有官马、坚甲中为无室贫男、无力养治者，应禀报所属首领处，与子嗣已断，披、甲、马有所遗，当一同于院中移换，畜品次不及，可请勇健刚强堪胜人能养治披、甲、马者。"这种规定保证器甲始终分配在有能力的军人手中。

3. 点校

西夏政府对军队统一配备的兵器实行定期校验制度。西夏兵器的校验分大校和小校两个类型，大校的规定时间是每年的十月一日，大校是西夏全国范围的有组织的大型兵器审验活动，然而事实上并非每年都要举行大校。大校通常由殿前司组织，是否举行由殿前司报奏国主决定。如不举行大校活动，则由殿前司同意并由军队的基层将领如行监、溜首领等组织小校来代替大校。但连续三年后必须举行大校。举行大校的时机一般选择在天丰国稔之年，由殿前司行文告知经略司，再由经略司主管按其处司之所属次序，派遣官员作为校验队长来负责校验事务。校验结束后，所派遣的官员须各自遣回，校验记录交给殿前司。

在校验过程中如果发现有损毁、遗失等问题，西夏官府也有明确的处罚规定。

主要有以下数种情况：第一兵器损毁；第二兵器短缺；第三兵器式样、质量不合格；第四借索、交换兵器，派遣他人，冒名顶替；第五隐瞒不校者；第六虚报兵器者；第七将士行贿、受贿者；第八校验迟到者；第九畏罪外逃者；第十买卖兵器者；第十一以劣换优，以公换私，克扣下属兵器，以公充私者等。根据不同的责任进行不同等级的处罚，处罚手段主要有以下几种：笞，杖，罚马，短、长、无期徒刑，革职、军、官等，较少使用绞杀等极刑。

4. 管理

西夏的法律规定，对于国家统一配发的器甲，严禁私藏、出卖、典当、销毁、随意转移，如有违律要依法惩治。

《天盛改旧新定律令》卷七《敕禁门》："全国内不允诸人藏武器。

若违律持时，持者徒十二年，打者匠人徒十年。"卷六《官披甲马门》："诸人不得毁损著籍及敌处所获披、甲。违律毁著籍披、甲时，依偷盗律论处。所得敌人中，允许依私毁而打制新好战具、坚甲，亦可卖于官私所当卖处，此外妄毁者，依所毁处：值十缗以内有官罚马一，庶人十三杖，十缗以上一律徒二年。"

四、小结

从 881 年拓跋思恭任定难军节度使起，李氏政权共计 346 年。由于西夏文物本身就极其稀少，加之蒙古人的破坏较为彻底，俄罗斯探险队又从黑水城掠夺走大量西夏文物，造成现在我们对西夏文化的研究较为困难。

西夏武备的研究缺失相应的史料，仅能从有限的宋史、木板画、为数不多的出土甲叶来推测西夏甲胄的式样。史料中显示，西夏甲胄以铁制为主，西夏王陵中的甲叶与现存的西藏铁甲叶完全一致。所以，西夏的军中铁札甲在形制上仍旧应该是裲裆风格铁札甲为主，从其甲片的形制推测和西藏铁札甲也有一定渊源。

青唐羌

公元 842 年，吐蕃王朝赞普朗达玛被弑，吐蕃中央政权崩溃，吐蕃贵族、边将混战不息，王朝在各属地的统治相继崩溃，建国二百余年的吐蕃王朝自此灭亡，各种势力纷纷建立了各自为政的小国。公元 11 世纪，在秦凤路沿边、西凉府及河湟流域一带，都分布着吐蕃族群，其中被宋人称为"青唐羌"的唃厮罗一系声势最著。唃厮罗（997—1065）是吐蕃赞普之后，意为"佛子"。大僧侣李立遵和大首领温逋奇拥立唃厮罗为主，初居廓州（今青海化隆），先迁宗哥（今青海海东市平安区），又徙邈川（今青海乐都），最后定居青唐（今青海西宁）。唃厮罗以政教合一的统治形式，聚众日多，把割据分裂的吐蕃部落基本统一起来。在辽、宋、西夏三足鼎立的同时，河湟吐蕃成为一股新的政治势力，他和契丹使聘往来，通婚结好；与宋朝友好结盟，共同防御西夏。

北宋沈括撰写的《梦溪笔谈》涉及天文、数学、物理、地理、医药和乐律等各范畴，是反映北宋自然科学、工艺技术、社会历史的综合性笔记体著作，是古代中国科技史研究的重要著作和珍贵资料。

书中记载了青唐甲：

青堂羌善锻甲，铁色青黑，莹彻可鉴毛发，以麝皮为纲旅之，柔薄而韧。镇戎军有一铁甲，椟藏之，相传以为宝器。韩魏公帅泾原，曾取试之。去之五十步，强弩射之，不能入。尝有一矢贯札，乃是中其钻空，为钻空所刮，铁皆反卷，其坚如此。凡锻甲之法，其始甚厚，不用火，冷锻之，比元厚三分减二乃成。其末留筋头许不锻，隐然如瘊子，欲以验未锻时厚薄，如浚河留土笋也。谓之"瘊子甲"。今人多于甲札之背隐起，伪为瘊子，虽置瘊子，但无非精钢，或以火锻为之，皆无补于用，徒为外饰而已。

韩琦主政西北、对抗西夏的时候，取镇戎军收藏的青唐甲测试，五十步强弩无法射穿，有一箭矢贯穿铁甲，是从铁甲的绳孔射入，铁箭镞在甲叶孔中变形。青唐甲是典型铁札甲，甲叶打磨得极为光亮，但是表面铁色青黑，用麝皮贯穿编连。

沈括记载了此种青唐甲叶的冷锻制作工艺，甲叶初期厚度甚厚，用铁锤配合铁砧冷锻，将原始厚度减少三分之二，甲叶头部留原始厚度不作处理，其如"瘊子"，此种甲又称为"瘊子甲"。留置"瘊子"是为了检查甲叶冷锻前后厚度之差别，控制铁甲叶变形量。冷锻可以有效提高甲叶的硬度，冷锻过程中金属无再结晶状态，为了避免甲叶变形量过大形成破裂，就必须很好地控制加工厚度。按照现代金属加工实验得出的数据，"一般金属冷加工变形量小于60%~70% 时，变形量越大强度性能越好，当超过这个范围，则脆性增加"（《中国古代兵器》，编纂委员会《中国古代兵器》陕西人民出版社 1955 年版）。冷锻工艺从汉代就开始出现，唐朝武备中未曾提及冷锻技艺。唃厮罗族群能有此技艺，说明吐蕃时期可能就有此工艺。沈括还记载当时就出现伪造的"瘊子甲"，在甲叶背后打出凸起或用火焊在甲叶上接一假"瘊子"。

青唐羌的铁札甲应是继承吐蕃铁甲，吐蕃、西藏铁甲实物迄今也未见有"瘊子甲"的甲叶，但是吐蕃遗留的甲叶中，有凸点甲叶，此类甲叶是受到突厥影响。青唐羌的铁甲应与西藏铁甲形制一致。

大理国甲

公元 937 年，后晋通海节度使段思平定都羊苴咩城（今云南大理），国号"大理"，史称"前理"。公元1095年，宰相高升泰篡位，改国号为"大中"，翌年薨逝，归政段正淳，史称"后理"。公元1253年，忽必烈率十万军出甘肃忒剌（今甘肃迭部县达拉沟），分兵三路南进：兀良合台率西路沿晏当路（今四川阿坝草原）而进；宗王抄合、也只烈率东路经茂州（今四川茂县北）进兵会川（今四川会理）；自率中路军经满陀城（今四川汉源）渡大渡河，沿古青溪道南下，穿行山谷1000余公里，于十一月初进抵金沙江畔。忽必烈攻下大理城，没有屠城，当地白族名家大姓有的投诚，有的激烈反抗。次年秋天，兀良合台攻下了善阐（今云南昆明），俘虏了大理国主段兴智，大理国灭。

大理国军备资料极少，范成大的《桂海虞衡志》载："蛮甲。惟大理国最工。甲胄皆用象皮，胸背各一大片，如龟壳，坚厚与铁等。又联缀小皮片，为披膊、护项之属，制如中国铁甲，叶皆朱之。兜鍪及甲身内外，悉朱地间黄黑漆，作百花、虫兽之文，如世所用犀毗器，极工妙。又以小白贝累累络甲缝及装兜鍪，疑犹传古贝胄朱绶遗制云。"大理甲以皮甲为主，象皮制作，胸背各有一大片硬甲，形如龟壳，腰身下编连小甲片，披膊和护颈形制与中原地区风格一致，兜鍪和身甲都髹漆，为朱底黄黑色，绘制虫、兽、花草纹样，以小贝壳装饰。

台北故宫藏《大理国梵像卷》，传为宋张胜温所绘，其中有甲士数人（图9），身甲前胸似为一整体，胄上部为整体，左右两侧有整体护耳，披膊、身甲和甲裳的甲叶都较大，应是皮质。胄两侧的整体式护耳与现存的彝族皮胄完全一致（图10）。

史料记载的大理甲胄形制，与现存的彝族甲胄极为相似，尤其是彝族身甲的前、背为大块甲叶，与史料描述一致。范成大记载的大理甲胄，从器形、色彩、制作工艺来看，都符合彝族皮甲特征。

第十一章

大蒙古国、元朝、四大汗国甲胄

公元 1206 年，蒙古乞颜部族的首领铁木真统一蒙古诸部族，在斡难河畔宣布建立"大蒙古国"，铁木真被称为"成吉思汗"。大蒙古国立国后，开始通过征战扩大疆域。

公元 1219—1223 年，成吉思汗在位期间发动第一次西征。灭西辽（哈喇契丹）、花剌子模、亚美尼亚、格鲁吉亚和阿塞拜疆，并越过高加索山，击破钦察人各部。

公元 1227 年，大蒙古国灭西夏；公元 1234 年，联合南宋灭金朝。

公元 1236—1242 年，元太宗窝阔台汗在位时期发动第二次西征。以拔都为主帅，先后征服伏尔加保加利亚、卡马突厥国，灭亡位于东欧平原的基辅罗斯，击溃波兰王国和神圣罗马帝国联军，大败匈牙利王国、保加利亚第二帝国，前锋远达当时意大利的威尼斯共和国的达尔马提亚、原南斯拉夫地区的拉什卡地区。

公元 1256—1260 年，蒙哥汗在位时发动第三次西征。主帅为旭烈兀，灭亡了木剌夷（暗杀组织）、两河流域的阿拔斯王朝，以及叙利亚的阿尤布王朝，蒙古军短暂占领叙利亚，后被马木留克骑兵击败。蒙古帝国在三次西征过程中共灭四十余个国家。按照蒙古人的习惯，分封领土，成吉思汗长子朮赤的次子在东欧建立了金帐汗国（钦察汗国）；次子察合台在中亚建立了察合台汗国；三子窝阔台继承了成吉思汗的汗位，其孙海都建立了窝阔台汗国；幼子拖雷的六子旭烈兀在西亚建立了伊儿汗国（伊利汗国）。

公元 1259 年，蒙哥汗攻南宋，死于四川。忽必烈与其弟阿里不哥之间爆发争夺帝国汗位之战，忽必烈自立为第五代大蒙古国大汗，于公元 1264 年战胜阿里不哥，随后迁都大都（今北京），公元 1271 年定国号"大元"。

公元 1279 年，元军彻底攻灭南宋。

忽必烈和阿里不哥的汗位争夺战争，标志着大蒙古国的分裂，钦察汗国、察合台汗国、窝阔台汗国、伊儿汗国先后各自为政，拒绝承认忽必烈为大蒙古国大汗，直到公元 1303 年，元成宗与四大汗国、蒙古诸王意识到，黄金家族的内战是在破坏大蒙古国的基业，最终达成和解，约定四大汗国名义上重新承认元朝皇帝为大蒙古国大汗。

公元 1368 年 8 月，明军攻陷元大都，元惠宗北逃，史书认为元朝国祚终结于此。然而元廷仍在上都，后史书称之为北元。明廷认为元惠宗顺天明命，谥号为元顺帝。

以忽必烈改国号大元至元顺帝失国，元朝国祚九十七年；如果以成吉思汗建立大蒙古国开始计算，国祚一百六十二年；如果以金帐汗国最后在公元 1480 年灭亡，蒙古人建立的政权持续了近三百年。

蒙古人自蒙古高原开始扩张，在百余年的扩张中，灭四十余国，征战无数，建立了人类历史中横跨欧亚、土地面积最为广大的国家。对蒙古历史、元朝历史研究的专著，国内外著作汗牛充栋，但是至今尚未有一本专著对蒙古武备进行分类。

蒙古汗国、四大汗国、元朝疆域广大，这些区域遗存的蒙古甲胄稀少，研究蒙古甲胄的形制困难极大，本章节立足于史料、绘画、实物，尝试对蒙古系甲胄作相应的梳理。

一、史料中的蒙、元甲胄

1. 大蒙古国时期

宋、元史料中记载蒙古诸部到成吉思汗时期都对甲胄极为重视。

宋宁宗嘉定九年（1216），《建炎以来朝野杂记》中记录了蒙古早期的军事装备情况："生鞑靼，止以射猎为生，无器甲，矢用骨镞而已……以鲛鱼皮为甲，可捍流矢。"盖因为蒙古部落时期，无专职铁匠，亦无铁矿出产。契丹早期虽然与蒙古诸部开通榷场，但是严禁铁器流入，实行严格的铁禁制度。金朝灭北宋后，扶持刘豫为伪齐皇帝，刘豫废除北宋大量铸造的铁钱，"由是秦晋铁钱皆归之，遂大作军器，而国以益强"（《建炎以来朝野杂记》乙集卷十九）。蒙古诸部乘机大量收购陕西、山西、山东的铁钱，由此蒙古诸部开始制作铁刀和甲胄，为铁木真起兵反金奠定了相当的物质基础。

成吉思汗八世祖咩撚笃敦娶妻莫拿伦，生七子而寡，史载莫拿伦性格刚强、急躁。时蒙古押剌伊而部一众小儿在其家族的草场挖掘草根为食，莫拿伦驱牛车路过，看到后气急道："此田乃我子驰马之所，群儿辄敢坏之邪？"莫拿伦驱车子直冲众小儿，死伤数人。押剌伊而部人得知此情后盛怒，抢走莫拿伦家马群，莫拿伦的六个儿子听闻自己家的马群被夺，来不及披甲就去追赶押剌伊而部的人，莫拿伦颇为担忧，说："吾儿不甲以往，恐不能胜敌。"莫拿伦遂让诸媳"载甲赴之"（《元史·太祖本纪》），待诸妇到现场，莫拿伦诸子已经被押剌伊而部人所杀，押剌伊而部趁胜袭杀了莫拿伦，并灭其家。莫拿伦的长孙海都时年龄甚幼，乳母将他藏在柴堆，侥幸活命。海都为铁木真的六世祖，铁木真生于公元1162年，八世祖应是公元 1000 年左右，大致在北宋、辽时期，说明草原早期部族战争中就极为重视铠甲，这个阶段的蒙古诸部铁器极少，铠甲应都是皮甲，此时的这些甲都是私甲。

宋理宗端平元年（1234），徐霆、彭大雅出使大蒙古国，见元太宗窝阔台，后将所见所闻编缀为《黑鞑事略》，其中对大蒙古国时期的铠甲有记载，"其军器有柳叶甲，有罗圈甲（革六重）"（许全胜《黑鞑事略校注》，兰州大学出版社 2014 年版）。这是中文史料中最早记录大蒙古国时期甲胄的文字，柳叶甲就是铁叶札甲，罗圈甲是铁甲还是皮甲，史料未详述。

公元 1245 年，意大利人柏朗嘉宾受英诺森四世教皇委派，出使大蒙古国，1246 年 4 月到达伏尔加河，拜见拔都，8 月至哈拉和林，参加了元定宗贵由的登基大典。他在出使蒙古之后，用拉丁文编写了《出使蒙古记》，这本著作是西方最早在日记中描述蒙古，对早期蒙古研究有极高的史料价值，他在书中描写了蒙古战士的装备。1983 年中华书局出版的《柏朗嘉宾蒙古行纪 鲁布鲁克东行纪》就是《出使蒙古记》的中译本。书中记载了蒙古军队中的甲胄细节，是研究早期蒙古甲胄的重要史料。

（1）皮甲

　　某些人所披挂的甲胄，甚至包括马甲都是用皮革做成的，其工序如下：首先取一块牛皮或其他牲畜皮，约有一巴掌宽，然后再用柏油把三四块粘贴在一起，接着再用带子或细绳把皮块接合在一起；对于上面的一层皮革，细绳要扎在边缘上，对于下面的一层皮革，细绳要扎在中央，以此类推，所以当人弯腰屈体时，下面的皮革就会突伸到上面一块皮革之上，这样身上的皮甲就会增加两三倍厚度。

此段史料显示蒙古皮甲的甲片较大，有 10 厘米大小，甲片由多层皮革复合而成，皮甲片由皮绳编缀，先横向编缀，再纵向编缀，上层甲片的下边缘孔、下层甲片的中部孔用于上下两排甲片的穿连，这样才会形成下层甲片可叠压上层，并且可以有效伸缩。

它至少也是由四片组成的：一片从大腿一直到脖颈，但要适合人体的高低，因为要从前面缝合，要把自手臂以下的整个身体都包裹起来；在后背部有另一片皮革，从脖颈一直垂到与裹住了整个身躯的第一片相接，这前后两片在肩膀处用两个铁搭扣固定，而铁搭扣则是置于肩部的；各条胳膊部都有一块皮革，从肩部一直到手臂，同时在下部整个敞开；各条腿上也有一块皮革为甲。所有这些皮革块都用搭扣联结起来。

此段史料说的是士兵的皮甲形制，前胸、后背、两片甲裳都由甲片编缀而成，是独立构件；前后身甲由肩带前后连接，肩带使用铁搭扣，身甲在胸口开襟，甲裳左右分开遮蔽大腿，甲裳也是由金属搭扣和身甲连接。此种风格的甲从描述看，与金朝甲一致，仍旧是裲裆甲的遗风。

马甲是由五片皮革做成的：战马两侧各有一块，从尾至头一段，绑在马鞍上或马鞍后面的背部，或者是绑于马颈上；他们把另一片皮革置放在马的臀部，恰恰位于前两片系结的地方，并且在皮革片上挖一个洞以使马尾露出；他们把最后一片置于马匹的胸膛之前，一直让它垂到膝盖，至少要垂到大腿根。他们在马的前额部放置一铁片，并且与披到马颈部两侧的皮革片系结在一起。

具装铠身甲为左右两片，拴在背部，与马鞍一起紧固，马颈部有鸡颈，马屁股有搭后，前胸有当胸，马额头有面帘。

（2）蒙古铁甲、铁具装铠

他们制造了一种只有一指宽和手掌长的薄铁片，而且要准备相当大的数量。在每块铁片上又钻八个小孔，作为支撑物又要取三条狭窄而坚实的皮带，然后可以说是像阶梯一般地再将铁片叠垒起来，再用细皮条从小洞中绑扎在皮带上。在铁片的一端，再穿过一条皮线（这条皮线要置于两端），并且以另一根皮线固定住，以至于使铁片非常结实地绑在一起。所以，它们在某种程度上形成了统一的一条铁片，他们然后再将这一切统统缚在一起以作我们上文所讲的那种物品。这些制造物可以作为他们的马甲，也可以作为人的甲胄，他们将它擦得净光锃亮，甚至可以从中照镜子。

这段史料显示蒙古军中的精锐装备铁札甲和铁具装铠，铁甲片宽度在 2 厘米，长度在 10 厘米左右，这种尺寸的甲片与已知的辽、金系甲片有所不同，开孔数量亦不同。纽约大都会博物馆藏伊儿汗国细密画（编号：29.160.22）就绘制有蒙古具装铠（图1），其五大件结构与宋、金马甲形制一致（图2）。

（3）蒙古胄

胄的上半部分是用铁或铁网圈制成的，但用以保护颈部与面庞的环形部分则是用皮革制成的。

柏朗嘉宾笔下的蒙古铁胄分成锻造钵体和环锁铠两类，胄下的顿项使用皮革制作。

大蒙古国时代蒙古军中就已经装备了铁质札甲和具装铠，札甲形制应与皮甲无太多差异。从史料中可知，蒙古军的人甲和马甲分成皮革、铁甲两种材质，皮质札甲可能是使用大块皮革制作，蒙古人作为游牧民族，使用皮甲非常合理。蒙古在灭金朝的过程中，应该也对金朝的"铁浮图"重装骑兵有所学习，这成为蒙古重装骑兵的起源。

2. 元朝时期

公元1260年，忽必烈称帝，为第五代大蒙古国大汗，蒙古语尊号薛禅皇帝。公元1264年，从成吉思汗时代的首都哈拉和林迁都至大都（今北京），取《易经》"大哉乾元"之意，定汉文国号为"大元"，改蒙古语国号"大蒙古国"为"大元大蒙古国"，典章制度开始效法中原。

（1）宫廷仪卫

元朝宫廷仪卫中出现了大量的甲胄：

甲骑冠，制以皮，加黑漆，雌黄为缘……兜鍪，制以皮，金涂五色，各随其甲。

朱雀队：……皆冠甲骑冠，朱画甲……马皆朱甲、具装珂饰全。

十二旗队：……甲骑冠，紫画甲……马甲随其甲之色，珂饰。

殿中导从队：……引天武官二人，执金钺，金凤翅兜牟，金锁甲……马珂饰。

玄武黑甲掩后队：……皆黑兜牟……马黑金色狮子甲，珂饰……黑兜牟，黑甲条环……马黑甲，珂饰。

欻飞队：……甲骑冠，铁甲，佩弓矢器仗，马铁甲，珂饰。

左卫青甲队：……皆青兜牟，金饰青画甲……马青金毛狮子甲，珂饰。

前卫赤甲队：……皆朱兜牟，金饰朱画甲……马朱甲，珂饰。

中卫黄甲队：……皆黄兜牟，金饰黄甲……马黄甲，珂饰。

右卫白甲队：……皆白兜牟，金饰白甲……马白甲，珂饰。

殿下旗仗：……朱兜鍪，朱甲……白兜鍪，白甲……黄兜鍪，黄甲……青兜鍪，青甲……紫兜鍪，紫甲……

警跸三人……天武二人，执金钺，分左右行，金兜鍪，金甲，蹙金素汗胯，金束带，绿云靴。

《元史·舆服志》中记载的仪仗甲胄中有几个值得关注的细节。胄为皮制，色彩与身甲一致；仪卫、朝会中武士的甲胄分成黑、青、朱、黄、白、紫诸色，这类都为皮甲；部分身甲、马甲为画甲，应是在锦缎或布面上彩绘甲纹，与宋朝仪仗制度一致。《元史》中记载武宗，英宗祭祀太庙等活动中仪仗军用"五色甲马"，马甲材质未提及。金凤翅兜鍪、金锁甲、金甲是宫廷仪仗中较为特殊的形制，金甲应该也是金漆髹饰而成。"凤翅兜鍪"则是在文字史料中第一次出现，应该是在胄体两侧装饰凤翅，台北故宫藏明《出警入跸图》中，仪仗中的凤翅兜鍪应该就是承袭元制（图3），这类凤翅图像最早出现在初唐武周时期，唐、宋神将像中多有出现，北宋皇陵的石翁仲都戴凤翅兜鍪，但是此类胄是否为军制，难以定论，元朝仪卫出现凤翅盔，应是遵循宋仪卫制度。"金锁甲"是指金色环锁铠，应是普通环锁铠髹金漆，《出警入跸图》中羽林仪卫中有甲士穿金色环锁铠，应是继承元宫廷仪卫（图4），只是明中后期后仪卫穿的不是真实的环锁铠，而是织锦织造的环锁铠图样。"珂饰"是指在马匹额头装饰面甲。

（2）赏赐

元朝宫廷对有功臣属、出外作战的将领多御赐铠甲。御赐的铠甲种类也较多，有细甲、黄金甲、翎根甲、金锁甲、紫罗圈甲。

元世祖至元十一年（1274），元世祖忽必烈令伯颜攻宋。南宋襄阳城被围困五年后，守将吕文焕降元，元军沿汉水南下，先攻破沙洋堡，杀宋守军王虎臣、王大用。元军和新降将吕文焕进而转击新城，吕文焕至新城城下劝降，南宋守将边居谊拒绝招降，遣伏弩击杀吕文焕，吕文焕身中三矢，几为宋军钩获，幸为元军挟救，仓皇奔还。宋军守城总制黄顺越城出降，伯颜授其招讨使职。吕文焕挥兵攻城，守军以火具却之，元军旋蚁附而上，新城守军边居谊等三千余人皆战死。伯颜派遣万户帖木儿、通译阿里回朝奏报沙洋堡、新城大捷，并以新城降将黄顺拜见世祖，世祖为嘉奖其功劳，"赐顺黄金锦衣及细甲，授湖北道宣慰使，佩虎符"（《元史·世祖本纪》）。

至元十二年（1275），蒙古军出征四川也取得了胜利，蒙古军东川副都元帅张德润攻陷川东礼义城，杀渠州知州安抚使张资，招降军民一千五百余人。忽必烈为彰其功，"赐德润金五十两及西锦、金鞍、细甲、弓矢，部下将士钞三百锭"（《元史·世祖本纪》）。

成吉思汗四大将领之一、木华黎之长孙塔思，在灭金过程中屡立战功，元定宗贵由欲灭宋，朝堂问计诸王，群臣未答，塔思对曰："臣家累世受恩，图报万一，正在今日。臣虽驽钝，愿仗天威，扫清淮、浙，何劳大驾亲临不测之地哉！"元定宗贵由"赐黄金甲、玻璃带及良弓二十，命与王子曲出总军南征"（《元史·塔思传》）。

至元十七年（1280），漳州陈吊眼聚众叛乱，劫掠汀、漳诸路，枢密副使孛罗请命完者都前往讨伐，"加镇国上将军、福建等处征蛮都元帅，率兵五千以往。赐翎根甲，面慰遣之"（《元史·完者都传》）。

成吉思汗建立大蒙古国以后，一面对外扩张，一面对黄金家族成员进行分封，他的儿子多被封于中央兀鲁思的西面，称为"西道诸王"；其弟则多被封于东面，称为"东道诸王"。诸王在封地之上享有极大的权力，坐拥食邑，生杀予夺，威福自专。铁木哥斡赤斤以成吉思汗幼弟的身份，颇受宠信，受封于辽东。元太宗窝阔台死后，斡赤斤企图通过武力夺取汗位，被元定宗贵由处死。而其家族在辽东的势力并未因此受到牵连。在忽必烈和阿里不哥争夺汗位的时候，铁木哥斡赤斤之孙塔察儿率先拥戴忽必烈为汗，凭借拥立之功获得忽必烈的信任，因此成为东道诸王之长。乃颜为塔察儿之孙、斡赤斤家族的第五代继承人，到他在位时其家族已臻于全盛。元世祖忽必烈称帝后，遵用汉法，立国中原，引进中央集权制度，极大触犯了包括乃颜在内的蒙古贵族的既得利益。至元二十四年（1287）四月，乃颜联合成吉思汗弟哈撒儿后王势都儿、合赤温系诸王哈丹秃鲁干等，举兵反元。元世祖忽必烈亲征乃颜，高丽人洪福源随同出征，世祖为嘉奖，"赐以翎根甲、宝刀，命率高丽、女直、汉军扈从"（《元史·洪福源传》）。

耶律楚材之子耶律铸随元宪宗蒙哥出征西蜀，耶律铸亲领侍卫骁果宿卫，其间屡出奇计，攻下城邑，宪宗嘉奖其智勇，"赐以尚方金锁甲及内厩骢马"（《元史·耶律楚材传》）。元宪宗蒙哥伐宋，速哥随都元帅帖哥火鲁赤等攻蜀，万户刘七哥、阿刺鲁阿力与宋军在巴州交战，失利，陷于宋军阵中。速哥率亲军驰入宋军军阵，夺刘七哥等以归，"以功赐白金五十两、马二匹、紫罗圈甲一注"（《元史·速哥传》）。

以上史料显示，元朝宫廷御赐甲胄都是以嘉奖为主。尤其是元初期赏赐甲胄较多，至元二十二年（1285），元世祖忽必烈一次性赏赐征讨缅甸、占城的诸王"甲千被"（《元史·世祖本纪》）。元成宗铁穆耳时期，御赐武备数量更为庞大，"元贞元年……癸巳，赐安西王甲胄、枪挝、弓矢、橐鞬等十五万八千二百余事"（《元史·成宗本纪》）。这和元朝初期平定诸王叛乱、对外征战有相当大的关系。

（3）军中

大蒙古国时期，出战的部队中有能力者仍需自己置办甲胄，不能自办的由部族临战前发放甲胄，"有力者自备甲仗，无力者官与供给"（《元史·世祖本纪》）。这类情况在忽必烈建元之后逐渐改善。

说明蒙古诸部在早期大量存在私甲。

《元史》记载元军出征的甲胄基本由朝廷调拨，军中的甲胄平时贮藏在武库。

至元十八年（1281），蒙古决定第二次征讨日本，以报第一次征讨失败之仇。右丞高丽人洪茶丘与右丞忻都率舟师四万余人，由高丽金州合浦出发；时右丞范文虎等将兵十万，由庆元（今浙江宁波）、定海等处渡海出击，约定在日本一岐、平户等岛合兵登岸。《元史·世祖本纪》载："赐右丞洪茶丘所将征日本新附军钞及甲……忻都、洪茶丘军陆行抵日本，兵甲则舟运之，所过州县给其粮食……给征日本军衣甲、弓矢、海青符。""高丽国王王（睶）〔賰〕领兵万人、水手万五千人、战船九百艘、粮一十万石，出征日本，给右丞洪茶丘等战具、高丽国铠甲战袄。"

此史料说明，元军在对外征战中，甲胄由各州府武库调拨。各仆从军则自行准备器甲。

（4）朝贡

元朝立国后，建立了东亚地区的朝贡体制，周边国家朝贡礼物中亦有铠甲。

日本一直未被纳入中国的朝贡体制，在与中国的交往中以贸易为主，宋朝时期，两国贸易数量逐年增加，日本在汉、唐时期，学习了中原刀剑制作技艺后，到宋朝，其刀剑锻造技艺已经超过中原地区，与中国的贸易中大量物品为刀剑、甲胄，"倭商有庆等抵庆元贸易，以金铠甲为献，命江浙行省平章阿老瓦丁等备之"（《元史·成宗本纪》）。海外亦有"马法国进鞍勒、毡甲"（《元史·世祖本纪》）。西域有"札你别之地献大撒哈剌、察亦儿、米西儿刀、弓、锁子甲及青、白西马各二匹，赐钞二万锭"（《元史·顺帝本纪》）。

除了国外的这些入贡甲胄，元朝分封的各地土官亦向中央政府纳贡。较为值得关注的是西藏地区和中央政府的朝贡关系，元朝将西藏地区纳入中国版图后，西藏地区的僧俗领袖为表示服从中央政府的管理，就开始对中央政府朝贡。班智达在《萨迦班智达致蕃人书》中提到向中原中央政府进贡方物的细节："贡物以金、银、象牙、大粒珍珠、银朱、蕃红、木香、牛黄、虎（皮）、豹（皮）、山猫（皮）、水獭（皮）、蕃呢、上卫氆氇等物，此间甚为喜爱，此间于牲畜颇不屑顾，然各地可以最佳之财物贡来即可。"除了西藏史料中记载以上贡物，《元史·吴元珪传》载，至元十七年（1280），吴元珪"尝从同知枢密院事俺伯进西蕃铠甲，帝问其制度，元珪应对详明，帝益奇之"。说明西藏地区在向元朝中央政府纳贡的过程中，铠甲也作为方物朝贡，西藏地区的甲胄、刀剑自此成为对中央政府的朝贡必备品，这些甲胄、刀剑应该都进入元大都宫廷。元朝总制院管理的青海、甘肃藏区一部分就是青唐羌唃厮罗旧地，宋时期就已经向中原朝贡甲胄了。

二、生产制作与管理

大蒙古国时期，军器生产者都是各国被俘工匠，被强迫迁往蒙古统治中心哈拉和林，集中居住，无明确的待遇可言，以军匠编制进行管理。从元太宗窝阔台时期开始，政府对手工业的管理逐渐成形，制定了匠籍、工粮则例、考工等制度，大蒙古国治下的各种手工业生产逐渐形成规范化管理，军器生产的专业化趋势日益明显。元朝建立后，按照中原王朝典章制度设定军器管理机构和生产机构，军器生产有了更为规范的管理制度。生产者身份为匠籍，军器生产规格、品种、质量、数量制定了明确定额，地方诸路提举司、杂造局、甲局分布全国，管理结构完整，军器生产成为官造手工业的一个生产部门。

1. 管理机构

大蒙古国时期，仿效宋转运司制度，建立军储都转运使司，元宪宗二年（1252）设立，后废除。元世祖忽必烈中统二年（1261）复立，以汪古部人马月合乃为都转运使，周锴为副使。元世祖至元五年（1268），开始设立军器监，至元二十年（1283）改名为武备监，至元二十一年（1284）改监为寺，元成宗大德十一年（1307），升为武备院。元朝的器甲主要由武备寺负责管理、制造、贮藏、发放，"掌缮治戎器"（《元史·百官志》），设卿、同判、少卿、丞、经历、知事、辨验弓官、辨验筋角翎毛等官职，下辖寿武库（至元十年，以衣甲库改置）、利器库（至元五年，始立军器库）、广胜库（掌平阳、太原等处岁造兵器，以给北边征戍军需）、各州府甲局、弓局、箭局。

元朝，在武备寺之下，各个路、州府都设立了提举司、杂造局、甲局、弓箭局，形成了全国范围的兵甲制作单位：

提举司	杂造局	甲局	弓箭局
大都甲匠提举司 大都弓匠提举司	大都杂造局	—	大都箭局、弦局、双搭、成吉里、通州弓局
上都甲匠提举司	上都杂造局	兴州白局子甲局、千户寨甲局、松州五指崖、胜安甲局	—

续表

提举司	杂造局	甲局	弓箭局
大同路军器人匠提举司	丰州杂造局	丰州甲局、应州甲局、平地县甲局，山阴县甲局、白登县甲局、丰州弓局	赛甫丁弓局
平阳路军器人匠提举司	本路投下杂造局	绛州甲局	—
—	太原路军器人匠局	—	—
保定军器人匠提举司	—	河间甲局、祈州安平县甲局	陵州箭局
真定路军器人匠提举司	—	冀州甲局	—
—	怀孟河南等路军器人匠局	—	怀孟路弓局
—	汴梁路军器局	常课甲局	常课弓局
—	—	—	益都济南箭局
—	彰德路军器人匠局	—	—
—	大名军器局	—	—
辽河等处诸色人匠提举司	—	盖州甲局	辽盖弓局
—	奉圣州军器局	—	—
蔚州军器人匠提举司	—	—	—
宣德府军器人匠提举司	—	—	—
—	—	广平路甲局	—
东平等路军器人匠提举司	—	—	—
蓟州甲匠提举司	—	—	—
通州甲匠提举司	—	—	—
—	欠州武器局	—	—
大宁路军器人匠提举司	—	—	—

提举司	杂造局	甲局	弓箭局
—	归德府军器局	—	—
—	汝宁府军器局	—	—
—	陈州军器局	—	—
—	许州军器局	—	—
—	咸平府军器人匠局	—	—
—	隆兴路军器人匠局	—	—
—	平滦路军器人匠局	—	—

除了掌管全国武备兵甲生产的武备寺，辅佐太子的储政院下有单独的机构"资武库，掌军器"，管理东宫的仪仗武备，太子东宫有自己的部属，这部分铠甲仪仗都归"资武库"(《元史·百官志》)。元朝地方诸路杂造局承担军器、弓箭制造任务，和中央各司、局互为表里，形成元朝从上而下的武器造作体系。

元朝宫廷对各个提举司、军器局、甲局、弓箭局制造兵器严格管理，严禁擅造："元贞元年正月……今后司县达鲁花赤，如有各投下似此成造军器、胖袄等物，随即牒报本衙门申覆上司，无得擅自成造。都省准呈。"(《通制条格》卷二十七)"诸郡县达鲁花赤及诸投下，擅造军器者，禁之。"(《元史·刑法志》)元廷规定禁止擅造兵器，是控制军器的源头，本质上也是蒙古贵族对汉人、南人不信任，惧怕汉军过度掌握武力。

2. 生产

（1）匠人

蒙古立国之初，条件艰苦，器甲制造艰难。随着军事扩张的成功，越发重视匠人在国家军事体制中的作用。蒙古在西征灭西辽（哈喇契丹）、花剌子模、西夏的诸战中，俘虏了大量工匠，这些工匠被纳入军匠体系管理，所造军器精良，极大地提高了蒙古军的作战能力。"当蒙古人攻下一座城市或王国时，如果他们发现了有技能的人，例如工匠、手艺人或技师等，这些幸运的灵魂就能免遭屠戮，而被送往特定的地点，为蒙古人工作。他们可能加入蒙古军中，成为炮兵或技师。"（梅天穆《世界历史上的蒙古征服》，民主与建设出版社 2017 年版）在窝阔台灭金的战争中，金朝的北方区域率先丢失，大量匠人被编入蒙古军中。金国军器局的工匠被俘后，北上至蒙古制作军器，"故昌平屯田总管刘侯之祖仁，时为金军器局副使，治于汴。至是，率其属徙北以行"（袁桷《清容居士集》卷二八）。西域、金朝军器局工匠对蒙古军器制作起到至关重要的作用，有力保障了蒙古军的作战。蒙金战争中，金军连战连败，以至于金哀宗慨叹："北兵所以常取全胜者，恃北方之马力，就中国之技巧耳，我实难与之敌。至于宋人，何足道哉。朕得甲士三千，纵横江、淮间有余力矣。卿等勉之。"（《金史·完颜娄室传》）

元朝史料中多次提及甲匠，其中涉及甲匠工作场地的搬迁，以及对甲匠支付钱粮，"给阿石寒甲价银千二百两""徙谦州甲匠于松山，给牛具"（《元史·世祖本纪》）。"己丑，给桓州甲匠粮千石"（《元史·成宗本纪》）。"阿石寒"一词在《元史》中只提及一次，史料未解释究竟是人名、部落名还是地名。《永乐大典》卷 19416《站赤一》载："至元二年……闰五月六日……管领诸路蒙古、汉人甲匠阿昔寒言：各路额造皮、铁衣甲，应期送纳及关拨物料，俱各给驿，庶免迟误。省部准拟，遍行诸路，如遇阿昔寒所管局，分送纳衣甲及关拨造甲物料，往来验数递运，仍给押运人铺马。"明史料中的阿昔寒与《元史》中的阿石寒读音相近，由此推测阿石寒应是人名，官职为诸路蒙古、汉人甲匠总管，职责是管理属内甲匠按照定额生产造作皮、铁衣甲，并按期送至各个驿站转发入武库。

《元史·工艺》中对孙威父子制甲详加记载。孙威聪慧有巧思，金朝晚期、宣宗贞祐年间入伍，骁勇善战，后归降蒙古，授义军千户职，随蒙古军"攻潞州，破凤翔，皆有功"。孙威"善为甲，尝以意制蹄筋翎根铠以献，太祖亲射之，不能彻，大悦"。成吉思汗箭不能贯甲，可见其甲精良，太祖因此赐名"也可兀兰"，授命其"顺天安平怀州河南平阳诸路工匠都总管"一职，佩金符。孙威后随元太宗窝阔台攻邠、乾等地时，勇往直前，不避矢石。太宗宽慰孙威："汝纵不自爱，独不为吾甲胄计乎！"太宗询问穿有孙威所制铠甲的诸将："汝等知所爱重否？"诸将的回答都不合帝意。太宗乃说："能捍蔽尔辈以与我国家立功者，非威之甲耶！而尔辈言不及此，何也？"太宗认为诸将所立之功全仰仗孙威之甲。孙威死后，元廷"赠中奉大夫、武备院使、神川郡公，谥忠惠"。

孙威之子孙拱亦入朝为官，初为监察御史，后袭其父"顺天安平怀州河南等路甲匠都总管"之职。孙拱的巧思不逊于其父，曾经"制甲二百八十袭以献"，元世祖至元十一年（1274），特别制作了叠盾，"其制，张则为盾，敛则合而易持"。元世祖忽必烈认为此器古所未有，特赏赐以币、帛。丞相伯颜南征宋朝，以甲胄不足，诏诸路集匠民分制。孙拱统帅顺天、河间的甲匠，提前完成任务，"且象虎豹异兽之形，各殊其制，皆称旨。"至元二十二年（1285），孙拱卸任武备寺少卿之职，任大都路军器人匠总管，升任工部侍郎。元成宗铁穆耳继位后，授大同路总管，兼府尹；元成宗大德五年

（1301），任两浙都转运使；大德九年（1305），任益都路总管兼府尹。孙拱死后，元廷"赠大司农、神川郡公，谥文庄"（《元史·工艺传》）。

元朝重视匠人为中国历代之冠，孙威父子两人都因善于造甲而深受圣眷，孙威所造的"蹄筋翎根铠"在元朝史料中被数次提及，也多为御赐之物。

（2）生产资料、标准

元代制造武器装备的物料来源主要由官府向所辖民众差发，《元典章》载，官府"每年与物料交造军器诸般生活"。

元朝甲胄生产管理中，规定了甲胄使用皮绳的数量、材质，元人王恽编撰的《秋涧集》记载"每甲一副，举吊并裁线古狸皮一十张四分"，武库要求编缀身甲的皮料是"古狸皮"，而在实际核查过程中，发现有用"马项子"皮替代，属于未能按照国家标准生产。在实际生产过程中，各地甲局制作的皮甲重量不等，"至元六年常课皮甲斤重不同者，在都局有三十五斤及三十七八斤者，真定、顺天、东平等处却重四十斤、四十一二斤者……"（《秋涧集》卷八十八至卷八十九）大都甲局所造的皮甲比周围真定、顺天、东平的皮甲明显较轻，这说明各地的标准并未完全统一。

（3）生产数量

从史料中可以看出，元朝诸路生产甲胄数量是相当大的，各甲局造甲分成人甲和具装铠。元世祖中统二年（1261）"丁巳，敕诸路造人马甲及铁装具万二千，输开平""敕燕京、顺天等路续制人甲五千、马甲及铁装具各二千""敕诸道造甲一万、弓五千，给淮西行枢密院"（《元史·世祖本纪》）。这几段史料说明，元朝诸路制作甲胄、具装铠数量相当大。

特别值得关注的一个重点是，元朝非常重视生产铁具装铠。以往对元朝骑兵的研究和文献往往认为元军骑兵是以轻骑兵为主，主要是以弓矢远程射击，不进行对阵的冲击。而以上史料显示，元朝的骑兵装备铁具装铠，凡是有铁具装铠的骑兵，都具备极强的冲击对方军阵的能力。元军中人擐铁甲、马披铁具装铠的重甲蒙古骑兵部队与金军的"铁浮图"一致，蒙古的重甲骑兵应是继承金朝。

3. 贮藏

元朝军器有着严格的管理，军队的器甲在各州府制作完成后，分入武库贮藏。

元世祖至元四年（1267），"戊戌，改军器局为军器监"。掌握诸路军器，设置提点、大使副使等官职管理器甲，至元十年（1273），"置军器、永盈二库，分典弓矢、甲胄……以各路弓矢甲匠并隶军器监"（《元史·世祖本纪》）。

至元二十二年（1295），军器的管理更为严格，对汉军将领和蒙古人、色目人区别对待。汉军将领在至元初期就多交出兵器，并被禁止私藏兵器，灭宋以后，大力收缴南宋地区的军器，"分汉地及江南所拘弓箭兵器为三等，下等毁之，中等赐近居蒙古人，上等贮于库"（《元史·世祖本纪》）。

元朝武库管理制度之中，器甲入库须有文书记载成档。《至大金陵新志》载建康路"凡军之新旧名籍，船舰军装器备及军器局逐年成造器械，悉有额定……岁造黑漆铁甲二百三十付真皮盔甲袋全，四色水牛皮甲二百二十付紫真皮盔甲袋全……其起解积贮本路，具有文卷。"

武库朝外调拨、领取衣甲都须持有相关文书手令，领取后须填写文书备查。党项人阔阔出善制弓，因献弓被选为皇帝近侍，后被擢升为大同路广胜库达鲁花赤，"广胜者，贮兵器之所……使者薛绰不花、纳速鲁丁以檄取鹰房军衣甲弓矢若干，阔阔出责其入文书，领去"（《元史·朵罗台传》）。

4. 管理

元廷在对军器管理上制定了相当严格的法律规定，对民间和甲局："禁民间私藏军器……诏：'诸路置局造军器，私造者处死；民间所有，不输官者，与私造同。'"（《元史·世祖本纪》）。元廷对军器管理严格，也是因为元朝在入主中原的过程中，对汉军有所防范。中统二年（1261），益都行省长官李璮起兵反元，叛乱虽然数月就被平定，但此事加剧了元廷蒙古上层对汉军的不信任。随着南下灭宋后，元廷收编了大量原南宋军和武器，枢密院、行省、行台将收缴的汉人、南人的精良军器调拨至以蒙古人为主的探马赤军，普通的军器销毁，较好的入库贮藏。

军器的管理中对甲胄最为严格，律法中规定："诸私藏甲全副者，处死；不成副者，笞五十七，徒一年；零散甲片不堪穿系御敌者，笞三十七"（《元史·刑法志》）。在这样严格的管理之下，蒙古高官私藏甲胄获罪者在史料中亦多有记载，"太原路总管攸忙兀带坐藏甲匿户，罢职为民"（《元史·世祖本纪》）。元成宗铁穆耳朝，宗室魏王阿木哥因皇室内部权力斗争受到倾轧，被贬至高丽大青岛，元仁宗延祐六年（1319）六月，有一个叫赵子玉的江湖术士，游说魏王府的司马曹脱不台，曰"阿木哥名应图谶"，可以登上大位，于是二人密谋准备了"兵器、衣甲、旗鼓"，派人出海，意图把魏王阿木哥迎至大都，二人至利津县，"事觉，诛之"（《元史·仁宗本纪》）。"诸官员以黄金饰甲者禁之，违者甲匠同罪。"（《元史·刑法志》）这句史料反映出两个细节，元朝甲胄中的金甲除了采用唐、宋髹漆金涂的方式，还有一种就是用金片、金箔装饰，一旦查获黄金装饰甲胄，甲局的甲匠与事主同罪。

元朝立国后，在宗教信仰上较为开放，大都城内存在各种宗教，时常举办各种法事。元世祖至元七年（1270），按照帝师八思巴之言，在大明殿御座上设立大白伞盖佛像，每年二月十五日，在大明殿做白伞盖佛事，用诸色仪仗引导游皇城，以佛法被除众生不祥。佛事活动出动各种人等千余人，"凡执役者，皆官给铠甲袍服器仗，俱以鲜丽整齐为尚，珠玉金绣，装束奇巧，首尾排列三十余里"（《元史·祭祀志》）。这类官方佛事活动中，宫廷会拨付铠甲、马甲以做仪仗。大都监察院发现民间百姓在参加宗教法事过程中，"其人往往披执兵甲游历街衢，前后数日，及马有挂全副甲者"（《秋涧集》卷八十八）。这些活动中往往出现军器，这些军器都是民众从大都诸色官员借得，监察院在给皇帝的奏章中说，国家早有明令禁止，"诸神庙仪仗，止以土木纸彩代之，用真兵器者禁"（《元史·刑法志》），而官员屡禁不止，请御史台严惩官员将军器借于民间的行为。此禁令也说明，元廷在宗教信仰问题上被后世批评是有依据的。

三、形制

元朝、明朝初期的史料反映出元朝主要装备有札甲、罗圈甲、环锁铠、蹄筋翎根铠、纸甲、皮甲、胖袄几类。

1. 札甲

《黑鞑事略》载"柳叶甲";《蒙古行纪》记载"他们制造了一种只有一指宽和手掌长的薄铁片,而且要准备相当大的数量。在每块铁片上又钻八个小孔"。《世界历史上的蒙古征服》载,"蒙古战士大多装备轻型护甲,但他们的护甲是以皮革或金属制成的薄甲"。札甲从汉代开始出现,至唐、宋已经发展得极为成熟,金、夏两朝又将重甲发展到一个新高度,蒙古灭夏用了 22 年(1205—1227),灭金用了 23 年(1211-1234),蒙古从崛起开始就伴随着军事扩张和征服,在这个过程中不断地吸收夏、金武备,铁札甲应该是蒙古早期精锐才拥有的甲制,其身甲形制早期应该都是类似金、宋的裲裆甲风格。

2. 罗圈甲

元朝史料中反复提及"罗圈甲",罗圈甲在南宋晚期出现,元朝罗圈甲应是承袭宋制。《黑鞑事略》记载,元太宗窝阔台时期,大蒙古国就装备了"罗圈甲";元宪宗蒙哥御赐速哥甲胄中有"紫罗圈甲";元世祖忽必烈至元二十五年(1288),"丙子,始造铁罗圈甲"(《元史·世祖本纪》)。元仁宗延祐七年(1320)成书的元朝地方志《延祐四明志》详细记载了宁波府杂造军器岁额内容:"总计:军器二百七十五副……黑漆罗圈铁甲八十八副……"《永乐大典》记载金华杂造局制作"人甲六十九副,黑漆罗圈铁甲三十副……"罗圈甲,单独从字面意义比较难以定义究竟是何种甲制,《黑鞑事略》载"罗圈甲(革六重)",似乎罗圈甲是皮质;《延祐四明志》和《永乐大典》载的"黑漆罗圈铁甲"明显是铁质,并且髹黑漆，而其究竟是何种造型，在没有文物的支持下，实难考据。

3. **环锁铠**

史料中显示，蒙古御赐甲、羽林仪卫的甲胄中就有"金锁甲"。锁甲从汉代就被引入，在唐朝已经作为军制甲，至宋朝都较为名贵。元朝环锁铠相对装备较多，史料中提及次数也明显较多，元曲中也多有提及，说明民众也已经对锁甲有所认识。

4. **皮甲**

元朝史料中提及皮甲的数量超过铁铠甲，且从蒙古国时期就大量装备皮甲，说明元军装备的皮甲数量超过铁铠。

5. **蹄筋翎根铠**

孙威家族所造的蹄筋翎根铠在《元史》中出现多次，亦是御赐铠甲种类之一。但是史料中未曾描述其形制和材质，其具体的细节不得而知。

单从字面上理解，蹄筋是动物的筋腱，翎根是羽毛根，两种材质都是动物有机材质，从科学的角度来说不具备防护能力，所以蹄筋、翎根可能是以其形象代指甲片或编连方式，此铠甲形制在无准确考古实物前提下，很难解读清晰。

6. **纸甲**

元朝的纸甲制作技术来源于宋朝。至元七年（1270），"乙酉，立纸甲局"（《元史·世祖本纪》），说明纸甲制作一种铠甲形制，一直在中国存在。

7. **胖袄**

胖袄作为军制袍服，在南宋时出现，元朝胖袄应是承袭宋制，"（延祐）三年三月，命伯颜都万户府及红胖袄总帅府各调军九千五百人，往诸侯王所，更代守边士卒"（《元史·兵志》）。"下户相合置备车牛，其应般本奕衣甲、胖袄、枪刀、弓箭、军需等物，已及满载"（《元典章新集·兵部·军制》）。胖袄形制一直延续至明朝，也是明军的标准军服。胖袄制作是以厚棉为胎，将棉花锤实，可防一般箭矢，主要装备北方军队。

四、考古与实物

由于蒙古皇室、贵族都是实行秘葬制度，迄今为止尚未有蒙古皇室和蒙古人高官墓葬被发掘，目前在内蒙古一棵树墓地、正镶白旗三面井墓地、河北沽源梳妆楼墓考古中发掘的兵器已经腐朽难辨，只有部分刀的残件，无甲胄出现。

1. 考古

（1）国内考古

内蒙古博物院展陈了一套经过重新编缀的元朝铁甲，甲片明显是出土物，馆方未标注出土地点（图5，摄影@拔刀斋的日本刀版主老六）。从图像来看，肩部有两个对称的一体护甲，护甲边缘的开孔应该是用来连缀皮革或其他构件，中部开9孔，两片铁护甲可完美遮蔽肩部；身甲甲片为长方形，整体较平，上部顺甲片左右两侧各开5孔，下部左右两侧各开3孔，与金朝出土甲片几乎一致，唯一的区别是最下一排，金朝甲片会在中部开1孔（图6），而此套元甲的甲片没有这个孔。博物院复原编缀方式相当草率，完全不得甲片编缀要领。

　　此套元朝铁甲的甲片明显继承金朝的风格，甲片开孔方式相似，铠甲的编缀方式也应该一致，所以部分元朝铁札甲的身甲形制与金朝札甲有极大的相似性，这与大蒙古国灭金朝后，收编金朝武备库匠人有关。

　　内蒙古博物院藏有三顶宽檐尖顶铁胄。通辽市青龙沟出土一顶元朝宽檐尖顶铁胄（图7），胄体由8片铁叶铆接而成，胄缨座铆接于胄体，胄体外檐较宽，铆接于胄体。2016年首都博物馆特展《大元三都》展中，内蒙古博物院展出了一顶宽檐尖顶铁胄（图8）。两铁胄的胄体都是由4片或6片三角形弧面铁叶铆接而成，宽檐铆接于胄体下沿。还有一顶胄体由4瓣铁甲片铆接，每条铆接位置有凸起铁压条，宽檐部分稍窄较平（图9）。

　　山东博物馆藏两顶锥体宽檐铁胄（图10）和若干甲片（图11），宽檐铁胄与内蒙古博物院藏品相近，胄体应是整体锻造成型，胄体表面呈多面状。此铁胄系梁山贾庄漕船出土，其中有铁札甲片、十字格佩刀。随船出土的火铳铸造铭文"杭州护卫教师吴住孙习举□王宦音保铳筒，重三斤七两，洪武十年□月日造"；铁锚一只，铭文"甲字五百六十号，八十五斤，洪武五年造，□字一千三十九号，八十五斤重"。此船系武装押运军事物资的兵船，于明太祖洪武十年（1377）左右沉没。铁胄的器形与内蒙古博物院藏品相似，洪武时期器甲都是元制，两顶铁胄是元末典型军器。

　　铁札甲片的甲片一端稍平，一端抹圆，9孔居多，亦有较长的甲片。其甲片形制与唐朝、吐蕃铁甲片、西夏铜甲片风格非常相近。元代以西夏人为主体的军队主要有唐兀秃鲁花军及唐兀卫亲军，这些西夏人由两部分组成，一部分是成吉思汗时代西夏委质于蒙古的质子，另一部分是在蒙古军队强大势力威慑之下归降蒙古的西夏人。"拜延，河西人，父火夺都，以质子从太祖征河西，太祖立质子军，号秃鲁花，遂以火夺都为秃鲁花军百户。"（《元史·拜延传》）说明元军的铁札甲不止有金朝风格，可能亦有西夏形制。

此类造型铁胄诞生于元朝，整体风格与元朝流行的拔笠帽相近。拔笠帽是元朝蒙古人常用的一种帽型。甘肃省博物馆藏巩昌便宜都总帅汪世显墓出土的拔笠帽（图 12），是已知出土元朝等级最高的笠帽，帽径 35 厘米，圆形宽沿，以棕为胎，外裹黑纱，帽顶镶玉裹金，由帽顶垂系以 31 颗珠玉组成的串链（帽缨）。台北故宫博物院藏元朝历代帝王御容图中，元朝皇帝都戴此种笠帽。此风格铁胄前朝未见，应该是从拔笠帽发展而出的胄型。明朝史料记载的"帽儿盔"就是指此种宽檐锥体盔。

（2）俄罗斯考古

大蒙古国四大汗国之一的金帐汗国（1253—1502）又称作钦察汗国，元朝称之为大元钦察尤赤兀鲁思，是成吉思汗的长子尤赤及其次子拔都汗建立的汗国，占有东欧和中欧地区。原本是成吉思汗分封给长子建立的"尤赤兀鲁思"，后来因元定宗贵由汗与拔都不和，拔都汗于 1246 年自行独立。1302 年，脱脱汗向元成宗铁穆耳上表称臣，成为元朝朝贡国。

俄罗斯地区出土了一定数量的金帐汗国武备，包括铁胄（图 13）。图 13-1 铁胄是在俄罗斯普洛斯科耶村附近土墩出土的，因同坑出土的钱币所属年代是公元 13—14 世纪，故判断其是金帐汗国时期铁胄，胄体上半部分由 4 大片胄叶构成，通过 4 条竖梁铆接，胄体下半部分由多片铁叶铆接而成，最下缘铆接一环形铁圈，胄体整体向上收尖，正面有眉遮。图 13-2 出自加里宁格勒州科夫罗沃，由数条胄叶铆接成胄体，下沿铆接环形铁圈，眉遮略微倾斜向下；图 13-1、图 13-2 都反映出蒙古早期铁胄胄体朝上收尖的特征。图 13-3 出自保加利亚，胄体上半部由 3 片大胄叶铆接成型，下沿铁圈较宽，正面有凸出人面形象，此铁胄明显受到金朝立眉铁胄和钦察人面甲的影响。

吉尔吉斯共和国亦有公元 13 世纪蒙古铁胄（图 14）出土，铁胄是在 Ak-Kel 地区的一座高山牧场上发现的。浅胄体一体锻造而成，胄体装饰斜 45 度花边压条，胄体下沿铆接环形铁圈，正面眉遮前倾，顶部胄缨座较大，底座呈八瓣形，镂空装饰。

公元 1235—1241 年，拔都率蒙古军西征，在列格尼卡战役和蒂萨河之战之后，入侵了波兰王国和匈牙利王国。由于元太宗窝阔台病死，拔都东归。在匈牙利国家博物馆中亦保存有蒙古铁胄（图 15，馆藏编号：52.36），此铁胄整体锻造成型，下半段较直，下沿正面打出眉遮，此种打出形眉遮和英国利兹皇家军械博物馆的蒙古铁胄的眉遮做法一致，上半段收分为锥体，胄体錾刻如意纹、卷草纹、凤鸟纹，都是 13 世纪典型的中国纹饰，如意纹的造型与元青花梅瓶中的如意纹完全一致。此胄 1885 年出土于河床，早年匈牙利博物馆研究认为是奥斯曼风格，现在国际学者都认为此胄应是西征蒙古军高级将领遗物。

金帐汗国出土文物中，除了铁胄之外，还有相当数量的方形、方形切角甲片，根据这些出土甲片的形态，俄罗斯考古学者认为此类甲片为蒙古布面甲的内衬。俄罗斯历史学家、考古学家鲍里斯·亚历山德罗维奇·雷巴科夫在其著作中，对金帐汗国此类甲片绘图予以归纳（图16），指出此种布面甲蒙古语称"khatangu degel"，他认为此种甲在蒙古军中较为流行。图16-2、图16-3甲片在明初吴忠墓中也出土，后文详述。图16-5是金帐汗国布面甲甲片；俄罗斯联邦图瓦共和国Biy-Kheim地区发现了两套几乎完整的"khatangu degel"甲片（图17-1），并根据出土甲片绘制出此布面甲形制（图18）。前后身甲都是由方形、异形的铁叶通过3个铆点铆接在布、毡等基材上，前后身甲用肩带连接；图17-1的8号的弧形甲，是铁护臂上端的肩部位置（图17-2），7号甲片是肩部弧形护甲下的甲片，图18复制出铁臂手的形态。明代铁臂手源出于此。雷巴科夫认为披膊有两种形式，一种是皮索将弧形铁叶贯穿编连成的全金属披膊，此披膊通过肩部一块较大的弧形铁叶连接在身甲的肩部；另一种是将布、毡制作成套头，然后连接左右披膊，再将铁叶铆接在其上（图19）。

2. 绘画

伊儿汗国是成吉思汗之孙、拖雷的第六子旭烈兀征服西亚后，在西亚建立的政权，是大蒙古国的四大汗国之一。在阿里不哥和忽必烈争夺汗位的时候，伊儿汗国最早支持忽必烈，在元成宗时期承认中原的元朝为蒙古帝国之主。伊儿汗国立国后，创作了大量的细密画《列王纪》，这些细密画绘制了大量的蒙古武士甲胄，是研究大蒙古国时期甲胄的重要依据。

伊儿汗国推崇《列王纪》细密画，也有其重要的历史背景。波斯长篇民族英雄史诗《列王纪》创作于伊朗萨曼王朝（874—999）时期，记载伊朗上古神话传说和勇士故事，从诞生之时起就在中亚、西亚广为传播，史诗绘本中有大量图画。蒙古人建立伊儿汗国后，认为蒙古在中亚和西亚的征服与《列王纪》中伊朗帝王们征战的丰功伟绩契合，因此《列王纪》受到蒙古伊儿汗王朝统治者推崇。现今世界各大博物馆保存了不同风格的伊儿汗国时期《列王纪》绘本，主要收藏在纽约大都会博物馆、弗利尔美术馆、爱丁堡大学、德国国家图书馆。早期的绘本是蒙古王公贵族委托民间画坊制作，质量不高，图像相对稚拙。中期大不里士宫廷画院绘制《列王纪》，起始绘制年代大致为1329—1330年，此《列王纪》插图本被称为"蒙古大《列王纪》"，此套绘本明显受到中国绘画艺术的显著影响。

除了伊儿汗国的细密画，从元朝绘画中也能略窥中原地区甲胄的形制。

（1）伊儿汗国细密画

纽约大都会博物馆收藏的伊儿汗国早期细密画（图20，藏品编号：69.74.3）中描绘了蒙古铠甲，这一组绘画大致绘制于公元1300—1330年。图20画面中，左侧骑士张弓搭箭，身穿"khatangu degel"青色布面甲，头戴胄；中间落地的武士头戴胄，身穿札甲，内穿锦袍；右侧的武士穿紫色"khatangu degel"甲，戴胄，左手控制缰绳，右手持刀冲击。三人的胄型一致，应是一体锻造的胄体，左右两侧的护颊较大，呈上下两叠压的圆形，顿项较大，并且前围至喉部。中间武士的札甲绘制成青灰色，应该就是铁叶。两侧武士的布面甲的披膊有曲形包边，身甲在胸口开襟，此种布面甲在伊儿汗国细密画中较为常见，应是后世明、清布面甲的源头。图21（编号：67.74.4）武士的胄型整体呈浅钵型，左右两侧的双圆形护颊较大，与图20中武士的胄体一致。身甲、披膊均为铁札甲，札甲在前胸开襟，长度较短，仅至两胯，左右两胸有两个明显的铁质圆护，其意趣与长乐公主墓唐甲相似，在诸多蒙古细密画中，只此一例。

在伊儿汗国的细密画中，还绘制有环锁铠。大都会博物馆于1974年购买了一批伊斯法罕风格的细密画，这批细密画创作于公元1330—1340年，属于伊儿汗国中晚期，细密画（图22，藏品编号：1974.290.29）中的环锁铠呈上下交扣的U字形，环锁铠身甲较长，遮蔽膝盖。此种绘制方式与中国绘画中的环锁铠有相当大的差异，后者在唐朝晚期开始就绘制成Y形，元、明、清寺庙天王塑像、水陆画神将的身甲都沿用Y形甲片的绘画模式。

续约大都会博物馆收藏的此批细密画中，除了札甲、环锁铠，还有一种曲边甲形式（图23，藏品编号：1974.290.12）。图右侧武士身甲甲片侧边为曲边形，是曲边甲片札甲的另一种分支，此种甲制源头应是公元7—8世纪时期突厥风格甲型，在北亚地区较多，俄罗斯考古中有实物出土，传入唐朝后被称为山文甲，五代、两宋都得以继承，蒙古人装备此类甲亦在情理之中。武士戴多瓣铁叶胄，胄体下沿用细环锁铠做顿项和面甲。此张细密画作为典型的伊儿汗国作品，收录在纽约大都会博物馆出版的 *Illustrated Poetry and Epic Images: Persian Painting of the 1330s and 1340s* 一书中。

公元1528年，旭烈兀西征，率蒙古军攻克阿巴斯王朝首都巴格达。德国国家图书馆保存的伊儿汗国细密画描绘了攻城蒙古军的甲胄、弓矢、刀剑、胡禄、投石车等诸多武备（图24，藏品编号：S.7,Nr.1）。蒙古军铁胄钵体较浅，顿项分成3片，左右护颊，后遮脖颈；身穿长札甲，身甲长至膝盖下，身甲之外罩布袍。札甲颜色有青色、红色两种，可能是为了表现铁、皮两种不同材质。德国国家图书馆保存的部分细密画对札甲表面装饰有清晰描绘，在图25（藏品编号：S.9，Nr.1）中能看出红、蓝色札甲明显不同，上下两排明显绘制球路纹，此类札甲应是皮制。武士胄体较扁，明显分为四瓣或两瓣，与图片铁胄极为相似，外侧压条较窄细。

哈佛大学博物馆藏伊儿汗国细密画画风与纽约大都会博物馆、德国国家图书馆不同，为蒙古甲胄提供了另外的视角和信息（图26），其藏品右上角的蒙古重甲骑兵铁胄为典型的圆钵体，其形制与德国国家图书馆藏品中绘制的钵体有所不同，整体偏圆，且钵体加深，钵体下缘有环形铁圈，最值得关注的是其缨座，座底分多岔，岔的头部较尖锐，此种风格的胄缨座对后世蒙古系铁胄有较为深远的影响。身甲为黄色札甲，较大可能为皮甲。

爱丁堡大学收藏的细密画的绘画风格和美国大都会博物馆、哈佛大学博物馆、德国国家图书馆藏品风格不同，笔法纯熟，纸质极为精良，人物器甲细节丰富。据爱丁堡大学研究认为，该批细密画是伊儿汗国学者和宰相拉希德丁（1247—1318）创作，关于该手稿的确切日期尚有争议，这些手稿是最早的有关蒙古人形象的细密画，也是国际上研究成吉思汗至忽必烈时期大蒙古国的三大主要素材，被认为是世界上最重要的中世纪文献之一，梅天穆撰写的《世界历史上的蒙古征服》就以此细密画为封面。

爱丁堡大学藏编号0003501藏品画面中共有甲士8人（图27），中间交战的为双方主将，两人身后各有3人随扈；左、右侧随扈都是两人穿札甲，一人穿布面甲；交战左侧军将右手持刀高举，披膊随手臂抬起，推测其披膊是编缀在身甲上，身甲较长，遮蔽膝盖，身甲为甲片编缀的札甲，前胸开襟，甲裳下缘装饰卷草纹；右侧武将反手挥刀，身穿布面甲，表面有六边形图样装饰，此类布面甲内层极大可能铆接方形铁甲片，其披膊的形制与后世的清初布面甲几乎一致，布面甲的下边缘装饰缠枝纹。此伊儿汗国细密画中的布面甲与俄罗斯金帐汗国考古复原的"khatangu degel"甲一致。编号0003494藏品（图28）绘画中主将的札甲更为华丽，在每排甲片下都有一层装饰卷草纹。这批绘画显示，武士的胄体整体较扁，胄体前面出现了眉遮。

美国克利夫兰美术馆藏编号1943.658.b的伊儿汗国细密画是一个穿短甲的武士背影（图29），短甲为札甲，前后身甲由肩带连接，无甲裳，其形制与金、宋短甲几乎一致，仍属于裲裆甲风格，无披膊。

德国柏林国家图书馆藏伊儿汗国细密画中，蒙古武士穿一种后开襟的札甲（图30），此种后开襟形式的札甲图像在国内资料中未见，推测这类札甲可能就是《景定建康志》中记载的"倒穿甲"。

细密画中有一些胄型值得特别关注，将在后文详述。

（2）日本《蒙古袭来绘词》

公元1266年和1268年，忽必烈两次派遣使者持金符、国书赴日要求"通好"，而日本抗拒对元朝的臣服。1274年，元朝、高丽联军攻日，联军在连克对马、壹岐二岛之后，在日本九州岛的博多湾登陆，交战中先重创日军，由于副帅刘复亨中箭受伤，元军停止进攻。是夜，元军将领召开军议，由于后援不足，多数将领主张撤退，于是蒙古主帅忻都下令撤退，撤退登船后，竟遭到台风侵袭，"会夜大风雨，战舰触岩崖多败"（《高丽史·忠烈王世家》），元朝第一次征日作战失败。

公元1281年，日本幕府斩杀元朝使臣，忽必烈令元军再次攻日。元军这次入侵规模远大于第一次，东路军由忻都、洪茶丘率领蒙古人及女真、契丹士兵一万九千人，金方庆统率高丽军一万人，乘战舰九百艘，高丽水手一万七千人，携军粮十万石，由高丽出发；另一路由范文虎、李庭等人率领南宋降军十万人，乘战船三千五百艘，从庆元、定海（今浙江省宁波市）出发。两军约定于六月在九州会合，东路军负责作战，江南军则在占领区屯田，生产米粮，以为长久之计。由于日本幕府吸取上次抗元经验，提前为抗击蒙古再次入侵做足准备，甚至在博多湾修建大量石垒抵抗元军登陆。东、西两路攻日元军于七月会师，元军在登陆作战中遭到了日本幕府军的顽强抵抗，一月之中，毫无进展，蒙古军不得已再次退回至船上，再次遭遇台风，船只损毁大半，元军十不存一，范文虎甚至弃师逃跑，元军第二次征日作战失败。这两次元军伐日在日本史料中合称"元寇"或"蒙古袭来"，依当时的日本年号，称抵御元军第一次进攻的战事为"文永之役"，第二次为"弘安之役"。

日本肥后国豪族菊池氏部下竹崎季长在两次对元军作战中异常勇猛，特地请人将其在战争中的个人功绩绘制成图册，日本学界称之为《蒙古袭来绘词》或《竹崎季长绘词》。目前存世有两个版本，正本由日本皇室宫内厅藏于东京都千代田区皇居东御苑内的三之丸尚藏馆；临摹本藏在日本九州国立博物馆。此套绘画也是研究蒙古军的重要素材。

《蒙古袭来绘词》中绘制有元军造型（图31-1、图31-2），图31-1可见元军穿布面甲和胖袄，在日本武士的追击下撤退，元军的布面甲、札甲的顿项都较大，对肩颈、喉部有明显防护；护颊和顿项是3片结构，护颊装饰有皮毛；布面甲、札甲都较长，遮蔽至膝盖。图 31-2 描绘的是元军驻守的营垒，驻守的元军穿着布面甲、札甲，骑马者应是高级将领，其甲为札甲，札甲形制与伊儿汗国细密画中的札甲形制一致，其胄钵体较浅，顿项由甲片编缀而成；绘画中元军的胄体都是相对较浅的形制，部分胄有眉遮。元军在船上作战能看见部分元军佩带臂手（图 31-3）

（3）《下元水官图》

美国华盛顿弗利尔美术馆藏元朝何澄绘《下元水官图》（图 32、图 33），是典型中国宋朝水陆画风格。图 32 骑麒麟的神将右手悬铁鞭，身擐重甲，身甲和甲裳都是以铁叶札甲为原型，甲胄形制明显有唐、宋以来的神将风格的画风；图 33 鬼卒身披裲裆结构札甲，形制与克利夫兰博物馆藏南宋《道子墨宝》风格近似，此类札甲编缀的裲裆甲是典型的军制。何澄此幅绘画明显借鉴参考了宋朝水陆画的粉本。

（4）永宁寺水陆画

山西朔州右玉县宝宁寺内保存有明朝初期水陆画 139 幅，原名《敕赐镇边水陆神帧》。目前国内学者对此套水陆画年代有两种认知，一种根据清代康熙、嘉庆两次重裱题记所载，推测为明代初期宫廷"敕赐"，有"镇边"的政治功用。另一种是沈从文先生认为，此套水陆画中人物多穿着元朝服饰，从诸多细节认为是元朝绘本。无论宝宁寺的绘画实际绘制时间是元朝还是明初，但其绘制参考的图样粉本原型应是宋、元时期。其中绘制的神将、军卒，部分采取了神将风格，部分又极为写实。

其中《兵戈盗贼诸孤魂众》中军卒擐甲是典型军制裲裆风格短甲（图 34），和南宋《中兴瑞应图》中宋军甲制一致，《下元水官图》鬼卒亦穿此种身甲。《大将军黄幡豹尾白虎金神青羊乌鸡众》（图

35)、《地府五道将军等众》(图 36) 两图中，军将、步卒的铠甲非常值得研究，图 35 军将的身甲、披膊是小甲片编缀的札甲，札甲披膊用甲绦左右交叉在胸前紧固。其披膊的折角关系与台北故宫的《文姬归汉图》中的金军披膊一致，披膊用交叉带捆扎，与上海博物馆的仇英《临宋人画册》、萧照《中兴瑞应图》、龙美术馆《瑞应图》中的披膊紧固方式一致。这幅画是将宋元版本的军阵甲纳入了水陆画体系。

图 36 的三位步卒中，两人穿裲裆札甲，右侧一位将校札甲形制与图 35 军将甲胄一致，披膊捆扎于胸前的身甲，结构与南宋《中兴瑞应图》中的金、宋军甲制一致；其胄形制与南宋军实物一致。《往古文武官僚宰辅众》绘制的军将甲胄（图 37 ）亦非常写实，披膊捆扎于胸前，身甲应是札甲编缀的裲裆甲风格，左右两侧军将戴的是典型的元朝宽檐笠帽型盔。元军在灭金、征南宋的过程中，大量金、宋军卒投降，金、宋风格的甲胄存在于元朝军制中也是正常的。笔者在临摹宝宁寺水陆画的过程中，发现所有札甲的编缀都遵循以中心甲片为准，向左右叠加，这个细节完全遵守了中国札甲的编缀细节。也说明绘制图像的画师是见过真实甲胄的，并且注意到了这个细节。

3. 雕塑

居庸关云台原为过街塔的塔座，始建于元惠宗至正二年（ 1342 ），成于至正五年（ 1345 ），券门内外的浮雕和装饰均是融合了印度帕拉、中国西藏、中原艺术形成的的大都风格。券门内壁的顶部雕刻有五个曼陀罗图案，斜顶部雕刻有十方佛图案，曼陀罗和十方佛之间雕刻有千佛。两侧垂直的内壁雕刻有四大天王造像，东西两壁各有两尊。在四大天王造像之间的两面均有石刻文字，其中一侧为藏文、梵文、汉文、八思巴文、维吾尔文和西夏文拼写的《陀罗尼经咒》；另一侧为藏文、汉文、八思巴文、维吾尔文和西夏文记载的《造塔功德记》。

天王造像的身甲都是典型的神将风格，随扈的身甲与水陆画中裲裆札甲一致（图38、图39），是唐、宋神将风格的延续，是艺术化的甲胄形式。北京石刻艺术博物馆保存的元朝石翁仲身甲与南宋东钱湖石翁仲风格一致，只是开脸不是中原传统造型，而是典型的色目人造型（图40）。

这些石雕艺术的中甲胄实际是水陆画的立体化，都是艺术化的甲胄，是唐、宋以来水陆画的延续，此类神将风格一直延续至清朝，不能代表元朝军中甲胄形制。

4. 收藏

（1）木里、纳西、西藏皮甲

四川木里县、云南大理纳西地区有一种长身皮札甲，其形制非常古老，英国利兹皇家军械博物馆、美国大都会博物馆、德国皮革博物馆、蒙古国家博物馆、笔者都有收藏。

四川木里县脚屋蒙古族乡一组旧照中，一老者持长刀穿着的皮甲（图41）、约瑟芬·洛克拍摄的丽江纳西武士身穿的皮甲（图42）、持刀矛丽江武士穿的皮甲（图43）、英国利兹皇家军械博物馆的XXVIA.106号藏品（图44）、纽约大都会博物馆2001.268号藏品（图45）、蒙古国国家博物馆展陈的皮甲（图46），均标注为蒙古军皮甲。同类藏品还有德国皮革博物馆藏品（图47）、笔者保存的皮甲（图48）。大都会博物馆、蒙古国国家博物馆、德国皮革博物馆、笔者所藏的皮甲形制完全一致。

　　皮甲从形制上分两类：第一类是正面开襟，穿着后，腰部用腰带紧固；第二类是背后开襟，在正面胸口、腋下会编织 X 形交叉皮绳装饰，德国国家图书馆藏伊儿汗国细密画中有明确的皮甲后开襟（图 49）。以上诸博物馆藏皮甲在外形上高度相似，都为长身札甲，甲片皮胎，髹朱漆，甲片较大，宽度多为 30 毫米，长度 70 毫米左右，开孔形式一致，身甲由熟麂皮绳编缀，札甲散开呈扇形，围裹于身体时，身甲呈筒裙状。身甲总共 10 至 14 排不等，胸甲一般都是 3 排，甲裳 7 至 11 排不等。胸甲、身甲、甲裳编缀形式都是自中心轴线向左右对称编缀，左侧左片压右片，右侧右片压左片，此种皮甲都是先编缀横排，再进行纵向连接，下排压上排，现存西藏地区铁、皮札甲都采用这样的编缀形式。杨泓先生推测此种编缀形式为"下排甲片压上排甲片，并在甲片中孔留有较长的甲缘，使其可以上下伸缩。上述编缀铁铠的工艺新规程，为秦汉所承袭并不断完善，一直影响到后代，成为中国古代铠甲系统的民族特征之一"（杨泓《古兵札记三题》,《文物》2012 年第 6 期）。此种皮甲有一个重要特征，皮甲在收纳时，甲裳下一排的甲片可往上层折叠，层层相叠压，最后可横向盘桓成一圈，胸甲部分编连方式不同，不可上下叠压，为一整体（图 50），这样的编缀方式颇有楚式皮甲的特征。

　　英国利兹皇家军械博物馆所藏的纳西族朱漆皮甲是目前已知状态最好的皮甲之一。洛克拍摄的纳西武士披膊较为独特，其甲片编缀是上层叠压下层，与已知西藏、俄罗斯札甲实物相反，倒是与伊儿汗国细密画中部分札甲形制一致（图 24 中的射箭武士），英国利兹皇家军械博物馆皮甲披膊从图像反映也是上排压下排，可能是左右放置错误；美国大都会皮甲上端被后人增加了一个彝族皮甲的胸甲，也是一个令人遗憾的错误。

四川木里县脚屋蒙古族乡所藏皮札甲和长刀，据拍摄者称是蒙古军征大理时驻军木里时的遗物。老者所持长刀是典型的蒙古风格的呼拍刀剑，此类刀剑在蒙元初期被带入西藏地区，其造型在西藏地区有明确传承。云南大理纳西族保存了相同风格的蒙古形制长刀和皮甲。

公元 1253 年（蒙古宪宗三年、大理天定二年）夏，蒙古军在屡次攻宋不顺的情况下，意图先绕道吐蕃，灭大理国，然后从大理国进攻南宋的广西，从西南迂回南宋腹地，与北路攻宋的蒙古军会师杭州。忽必烈受蒙哥汗指派，率蒙古军出萧关（今宁夏同心县南），经六盘山集结于临洮（今甘肃临洮）备战，准备攻南宋西蜀与大理。元宪宗蒙哥命便宜都总帅汪德臣率军入蜀，抵嘉定（今四川乐山），配合忽必烈行动。同年九月，忽必烈督军至忒剌（今甘肃迭部县达拉沟），分兵三路南进：兀良合台率西路蒙古军沿晏当路进攻大理，行军路线"自甘肃迭部经今四川阿坝、马尔康西北、壤塘、炉霍、甘孜、德格、白玉、西藏贡觉、昌都、芒康、盐井、云南德钦、小中甸进入大理境内"。忽必烈率中军自六盘山忒剌分兵，率中路军"自甘肃迭部、四川若尔盖、红原、马尔康、满陀（今丹巴境）、色巫绒、九龙、木里、云南永宁、奉科、大具、丽江古城、鹤庆、邓川、上关而至大理城下"。东路军"自甘肃迭部经四川松潘、茂县北部、黑水、理县、邛崃山脉、小金、金汤、泸定县岚安、沈村渡、得妥南下至黎州白水村，然后由此渡大渡河至青羌地界进而至大理建昌府境内，此后经四川西昌、会理、云南永胜县、永胜县顺州，再西南行渡金沙江至鹤庆经邓川、上关而至大理城下"。（石坚军

《忽必烈征大理路线新考》,《中国历史地理论丛》2009 第 24 卷第 1 辑)元军于十一月初进抵金沙江畔,于公元 1254 年秋攻克大理,俘虏大理皇帝段兴智,至此大理国灭。一年之内,蒙古军十余万众转进千里,在崇山峻岭中行军作战,在冷兵器时代简直是奇迹。蒙古军灭大理国之后,对云南实行了二十年的军事管制。行省建立之前,蒙古先在大理立元帅府,总制大理国旧地,后改为大理善阐都元帅府,再后改为云南诸路宣慰司,下辖万户、千户、百户府。

在忽必烈南征大理国和统一西藏的过程中,有蒙古皮甲被遗存在四川藏区和云南地区,这就是四川木里、云南大理的皮甲形制的来源。笔者所藏的皮甲来自康巴地区东部,也是蒙古军南征大理所穿行的区域。目前这数套皮甲不能完全肯定是元军遗物,但是必然是元军所用皮甲形制。由此可知,木里、纳西、西藏东部的皮甲就是蒙古皮甲的遗存,其形制与伊儿汗国细密画中的皮札甲形制完全一致。

(2)一体锻造尖顶圆钵铁胄

英国利兹皇家军械博物馆保存的藏品(XXVIA.192)(图 51),胄体呈半圆形,顶部微微收尖,眉遮由胄体向前打出,顶部有较粗的缨管,胄体鋄银装饰缠枝纹、狮子纹,四面都有一头戴三尖冠的人物,此种三尖冠和美国大都会博物馆、德国国家图书馆保存的伊儿汗国细密画中的元睿宗拖雷,伊儿汗国阿巴哈汗、合赞汗形象完全一致(图 52),英国利兹皇家军械博物馆断代认为此胄所属年代为公元 1200—1299 年,应比较准确,是目前已知年代较为古老的圆钵胄,是大蒙古国时期作品,其眉遮的做法与匈牙利博物馆藏品制作方式一致。

武备收藏家杨勇先生收藏了相当数量的中国历代铁胄,其中的蒙元系列极为重要。其中一顶尖顶蒙古铁胄来自中国东北地区

（图 53），胄体整体锻造成型，钵体较扁，顶部收尖，胄缨座下缘分八瓣铆接于胄体，胄体下缘铆接一圈环形铁圈，正面眉遮遗失。此胄与德国国家图书馆藏伊儿汗国绘画（图 24）中的蒙古铁胄最为接近，是大蒙古国时期铁胄。时力强先生收藏的一顶蒙古盔（图 54），出自内蒙古、河北交界地区，胄体整体锻造，底口圆形，围一圈封边，顶部逐渐收尖，盔顶较小，顶部有缨管，眉遮如舌形铆接于封闭。整体器形与图 14 盔形接近，属于典型的早期蒙古盔形。

笔者收藏的一体锻造蒙古铁胄出自中国西藏（图 55-1），胄钵为整体锻造，胄体相对较浅，底口圆形，顶部逐渐收尖，胄顶底座为花瓣式，顶端为缨管，缨管上端较粗，口沿呈波浪形，眉遮整体为浅月牙形，折沿上部出 3 个小凸起，中间凸起外形呈葫芦形，凸起中间开孔，铆钉通过此孔将眉遮和胄体铆接在一起，此种眉遮和铆接形式产生于蒙古早期。多瓣式胄缨座和胄体中间残存一圈丝织流苏（图 55-2），由于年代久远，无法辨别颜色，可以推测当年圆钵胄顶端是用流苏装饰，这个装饰细节在其他圆钵铁胄上尚未发现。元代的笠帽会在帽顶装饰红缨，笔者推测元制圆钵形铁胄可能也会饰缨。钵体由整块锻铁打制，胄体内侧明显能看到锻造时遗留的锤痕，胄体表面在锻造成型后精细打磨，至今胄体能明显看见锻造纹理。胄体一侧有一焊接痕迹，是胄体在锻造过程中因为锻造铁闭合不好，出现断裂分层，制作工匠采取铜焊进行修补。多顶圆钵胄多有锻造分层现象，应该是因为西藏地区地处高原，缺氧的因素造成了锻造缺陷。环绕胄体均匀开 16 孔，用于编缀顿项甲片或环锁铠。

这几顶一体锻造铁胄钵体深度较浅，明显都向顶部收尖，呈锥体形。这类铁胄与德国国家图书馆所藏细密画中的胄体极为相似（图 56），尤其是杨勇先生的藏品与绘画中的铁胄别无二致。

这类蒙古一体锻造铁胄风格应该继承自金朝一体锻造型铁胄，对明朝铁胄产生直接影响，明初沐昂墓中出土的带眉遮铁胄（图 57）就是此类一体锻造元铁胄的延续。

（3）宽檐铁胄

杨勇先生保存一顶宽檐铁胄品相极好（图 58），宽檐略呈弧形下扣，胄体向上收分呈八面，顶部为平顶，整体锻造而成，此胄属于宽檐胄稍微晚期的风格，介于元末明初时期。

（4）蒙古八瓣盔

美国大都会博物馆保存的 2001.181 号藏品带眉遮八瓣胄（图 59）非常有特点，是具有关键节点性意义的文物。该博物馆定义此胄年代为公元 14 世纪，属于蒙古或朝鲜，胄体结构是八瓣式样，整体外形非常类似尖顶圆钵胄型，外侧 4 片胄叶侧边出脊，呈半圆形，与内侧胄叶铆接，这种结构与渤海国铁胄非常相似。胄体铆接浅眉遮，胄缨座呈多瓣形，与胄体铆接，缨管丢失。这个胄型非常重要，具备几个时期胄的不同特征，八瓣结构上与唐胄、渤海国胄和现存宋胄非常接近，收尖的胄体和略浅的钵体又具有金朝铁胄的特征，月牙形眉遮属于早期蒙古特征，这个混合多种风格的铁胄，是非常早期的蒙古胄造型，蒙古早期八瓣胄型在世界范围都非常罕见。

杨勇先生保存的蒙元八瓣铁胄分别来自东北地区（图 60）和西藏日喀则（图 61）。图 60 铁胄钵体由 8 片铁叶铆接而成，顶部铆接胄缨座，缨管遗失，胄体下沿铆接环形铁圈，正面铆接眉遮。此风格铁胄应该是蒙元晚期形制。图 61 铁胄外侧 4 片铁叶相对较窄，侧边制齿边花样，胄缨座分成四瓣铆接于胄体，此类铁胄系蒙古军驻扎西藏的形制。

蒙古八瓣盔除了在中国东北地区、西藏地区出现，在新疆库车亦有存世品，库车王府博物馆展出一顶八瓣铁胄（图62），馆方提供的信息显示其出土于苏巴什，断代为清代，其实此胄应是东察合台汗国时期的形制。

（5）铆接型尖顶圆钵铁胄

美国大都会博物馆藏西藏铆接型尖顶圆钵铁胄（馆藏编号：2005.270）（图63），馆方根据其装饰和构造，判断该胄的年代应是元末明初（1350—1450），这个时期的铁胄非常罕见。胄体是由两片弧形胄叶铆接而成，整体尖顶圆锥形，胄体装饰錽金云龙纹、佛像、缠枝莲等纹样，眉遮丢失。从纹样和器形来判断，是西藏地区制作的蒙古风格铁胄，装饰纹样受到中原纹样、藏传佛教的双重影响。对图样细节进行解读，更能理解元朝铁胄的一些特点。中国传统纹样中，龙纹是特别重要的图像，不同时代的龙纹特点极为明显，往往是判断器物年代的重要依据。胄体正反两面共有4条金龙，2条为升龙，2条为行龙，龙纹鬃毛向上飘扬，细颈、长足，龙尾似蛇，是典型的14世纪风格。胄体錽金全是由金丝平铺构成图像，这样的錽金技术是元朝錽金独有的工艺特征，2016年，古天一拍卖公司拍卖的"至元十一年大都赵仁造"藏传佛教法器护摩勺也使用此类工艺（图64），2012年，保利拍卖公司拍卖成交的带有"大都十号（吉日）家吉（造）"铭文的元铁镂雕錽金龙纹带钩（图65）也有金丝平錽工艺。

杨勇先生保存的錽银云龙纹尖顶铁胄出自西藏（图66），胄体由

4片弧形锻铁胄叶构成，胄叶呈三角型，铆接后整体呈圆锥形。胄体内侧对缝处，用长条铁片铆接左右两侧胄铁叶。胄体底口圆形，至顶部收尖。胄顶座为四叶型，出尖，尖端用铆钉铆接于胄铁叶，胄缨杆为实心。胄体正面对缝处铆接浅眉遮。胄体表面装饰鋄银云龙纹样装饰。此顶铁胄是除世界级博物馆外，私人收藏中品相最好的元朝鋄银铁胄，笔者对其纹饰详尽解读，以便更好地了解元朝胄的纹饰特点。

胄顶座沿周边鋄银粗细两条界线，内饰螺旋纹，缨杆实心，表面鋄银装饰，现剥离较多，此胄缨杆结构与现有已知的胄缨杆结构都不同，已知的胄缨杆都呈管状，可插入胄缨或羽毛，而此胄缨杆为实心结构，胄缨应该是拴于其上（图67-1）。此胄四叶型出尖胄顶座与哈佛博物馆所藏细密画中蒙古胄顶座细节一致（图67-2）。

胄体上鋄银纹样非常具有时代特征，此胄下沿部分使用连续三角形纹样环绕，三角形顶端装饰葫芦形纹饰，这样的纹样是典型的元朝风格，与美国大都会博物馆2005.270号藏品相近（图68），大都会博物馆藏品在纹样中还錾刻如意纹。从纹饰比对上来看，能明显看出杨勇先生的藏品纹饰所属年代更早一些。这个葫芦形纹饰不仅仅在蒙古系胄中出现，在公元16—17世纪奥斯曼土耳其系胄中也能看到。此类纹样是随蒙古人西征并建立伊儿汗国而传播至该区域的，还是西亚风格影响了蒙古人控制的中亚地区？在现有证据下很难判断。

胄体中部装饰一圈连续大如意纹，如意纹硕大饱满，肩部两曲，造型与元朝瓷器中常用的如意纹相同。江西高安出土的窖藏元青花梅瓶肩部如意纹、美国大都会博物馆1927年收藏的元青花梅瓶肩部如意纹，都是此种风格（图69），匈牙利国家博物馆藏蒙古铁胄也装饰双曲如意纹。此种如意纹为典型元朝装饰手法，也是判读此胄为元朝胄的一个重要依据。

如意纹之上为双龙纹（图70），龙形矫健苍劲，极为粗犷，龙爪分三趾，唐、宋、辽、金龙纹就是以三趾为主，元朝龙爪也继承了此种特征，多分三趾，为唐制遗风。双龙衔尾追逐，双龙中一侧为月亮，另一侧为金乌，为日月当空之意。

在鎏金银工艺上同样也能判读其时代特征，美国大都会博物馆2005.270号藏品和杨勇先生藏品，胄体表面鎏金银都采取银丝排鎏工艺，所有纹样均为银丝排列叠加而成，属于典型的元朝工艺特征。

此胄的外形、鎏银工艺、纹饰特点都表明其身份为典型元朝蒙古风格胄。蒙古统治疆域广阔，统治时间较短，其武备保存极为稀少，鎏金银胄作为高级配置武备则更为稀少，世界级博物馆保存也不过数顶，国内各大博物馆尚未见此类藏品。自凉州会谈后，成吉思汗建立的大蒙古国开始对西藏地区实行了有效统治，向西藏派驻蒙古官兵，与达鲁花赤管理西藏地区。忽必烈建立元朝后，西藏地区正式纳入中原王朝的管理，此胄应该是这个阶段进入西藏的。也有一种观点认为是西藏地方按照蒙古式样制作此胄。无论是蒙古高级官员带入，还是西藏本土按照蒙古形制制作，都是中原王朝对西藏地区实行有效管理的证明，此胄的历史价值和珍稀性显而易见，毋庸赘言。

卢浮宫阿布扎比博物馆还保存一顶鎏银蒙古铁胄（图71），形制与大都会博物馆相近。眉遮短小，但是前缘呈波浪形，胄体由四片大型弧形铁盔叶铆接而成。盔檐上部鎏银万字锦地，上一层环鎏银万字锦地、如意纹，胄体收尖部分环鎏银大如意纹，其纹样和图69纹样相同，盔顶铆接四乳突，盔缨管微损。此盔顶的四乳突铆接风格对后世北元、明盔都有影响。

北京故宫博物院保存一顶18世纪土尔扈特蒙古铁胄（图72），2012年曾在新疆《故宫博物院清代新疆文物珍藏展》中亮相，随胄附皮条上合书满、蒙、藏、汉文："乾隆四十四年八月初一日，土尔扈特部贝子沙拉扣肯进白铁胄一顶"，沙拉扣肯随渥巴锡东归后，将此胄进献乾隆帝，受封为乌察喇勒图贝子（《清高宗实录·乾隆三十六年九月辛亥》）。胄体为圆钵型，顶端收尖，眉遮、胄体嵌鎏金阿文，其胄缨座的分岔就是源自早期蒙古形制。

（6）条形甲片铁胄

伊儿汗国细密画中有条形甲片编缀的铁胄（图73），目前尚无准确考古实物。但是英国利兹皇家军械博物馆所藏明永乐时期的西藏条形甲片胄（图74，藏品编号：XXVIA.158）、美国大都会博物馆1999.158藏品（图75）应该就是蒙古条形甲片胄的延续，事实上条形盔叶编缀而成的铁胄在中原地区六朝时期就已经出现。

伊儿汗国细密画中有一类胄型极为特殊，是多层甲片编缀而成（图76），但未见有实物留存，此种胄在隋、唐时期就已经出现，在隋、唐两朝陶俑中常见。日本江户时期有一种"提灯兜"（图77），顶部为一浅钵体，周围多层甲片层叠编缀，佩戴时，周围环形甲片落下，与顿项同等功效，平放时甲片向上叠加，和胄体等高。此类东瀛胄从图像上看，与蒙古多层甲片胄颇有相似之处，是否是学习了中原形制，尚无明确依据。

（7）元臂手

元朝铁臂手在国内虽然无完整物出土，但是臂手的上端弧面仍有实物遗存。苏海荣先生收藏一块出自西藏的元铁臂手上端零件（图78），整体成瓦弧形，中部脊线高凸粗大，下衬铜片，四周錾刻缠枝纹，形制与蒙古国出土金帐汗国臂手甲一致。

五、小结

蒙古人在中世纪建立大蒙古国、四大汗国、元朝，形成了人类历史上最大的帝国，其武备兵甲之盛，在冷兵器时代无出其右。蒙古从朔漠崛起，用短短一个甲子的时间从一个部落发展成横跨东欧、西亚、东亚的大帝国。其初期的武备骨、铜混用，一个甲子时间里，器甲发展完备，融合东西文化，在东亚深刻地影响了后世的明、清两朝，同时也对东欧、西亚武备的发展产生了影响。

大蒙古国从灭花剌子模、西辽、西夏后，开始建立自己的军器生产体系，早期的武备形制多继承中亚、北亚风格；在灭金之后，俘获大量金军器甲和匠人，在一定程度上继承了金朝器甲风格，在内蒙古博物院展陈的元朝铠甲甲片就明显继承金朝风格。忽必烈建立元朝后，甲胄生产制作、管理、贮藏都参照中原法度，管理极为严格。

梳理了世界各大博物馆公布的伊儿汗国细密画，俄罗斯有关蒙古、金帐汗国相关考古实物，国内雕塑、绘画等资料后，蒙古甲胄的细节逐渐清晰。

1. 胄

蒙古铁胄风格较多，主要有：

（1）一体锻造尖顶胄、一体锻造折肩胄，此类胄都是金朝浅钵体胄的延续，钵体深度相对较浅，器形整体多为锥体形，多出现眉遮，是金朝的立眉形眉遮的演变。此类风格的铁胄在西藏地区出现较多，后世演化成西藏圆钵胄。早期钵体装饰仅为錾刻，元朝高级铁胄有鋄金银装饰。

（2）铆接尖顶胄。

（3）八瓣铁胄，多瓣结构明显是延续唐、宋旧制，这类多瓣盔在 15 世纪之后的蒙古地区较为常见，俄罗斯境内的布里亚特蒙古、蒙古国都保存有多瓣结构铁胄。

（4）宽檐锥形钵体铁胄，这类宽檐铁胄是明朝勇字铁胄的起源。

（5）宋、金风格的眉子胄在元朝后期消失。

2. 甲

蒙古甲形制主要有：

（1）札甲。札甲甲片分成铁叶、皮叶两种材质。元朝的札甲形制应是连身裲裆札甲，主要是前胸开襟，部分皮甲可能是后背开襟。从丽江纳西皮甲来看，披膊是单独构件，形制上应与宋、金连身札甲一致。

（2）布面铆铁叶"khatangu degel"甲。此种甲制在宋、金时期尚未出现，是蒙元时期出现的一种新型甲制，此种甲制对后世的明、清甲影响深刻。蒙古风格的布面甲随着第二次蒙古西征，传播至东欧，并且有一个专门的名词"Brigandine"，随后这种风格的甲传播至西欧。

（3）环锁铠。

（4）纸甲。

后两类甲也是元军常用甲。

史料中记载的"蹄筋翎根铠""罗圈甲",由于无相应的考古实物,尚不能解读。期待未来有考古实物能解答。

3. 具装铠

伊儿汗国具装铠有明确的图像,元朝具装铠无明确的绘画和雕塑,但是在元、明时期绘画中能看到部分端倪,台北故宫博物院藏《百子欢歌图卷》中绘制有两童子骑具装铠玩具(图79),台北故宫标注此画为宋朝苏汉臣绘制,实际从童子戴的"幔笠"来看,应该是典型的元末明初绘画,"幔笠本是金代女真服饰,后来被蒙古人接受,并在其裹挟下遍及中国、高丽、中亚乃至波斯地区,使用人群亦遍及各个社会阶层"(张佳《"深檐胡帽":一种女真帽式盛衰变异背后的族群与文化变迁》,《故宫博物院院刊》2019年第2期)。两童子的玩具具装铠清晰地显示了面帘、鸡颈、当胸、身甲、搭后几个部分,其中面帘上装饰龙角和羽毛,明显具有宋制特征。从现有文献和绘画来看,元朝具装铠总体与宋制相近。

第十二章

明朝甲胄

元朝立国后，皇帝对皇族及有功贵族、大臣大肆封赏，且每位皇帝登基即如此，加之皇位更迭频繁，给国家经济带来了沉重负担；同时，元代对于土地兼并不加限制，地主、富豪兼并土地严重，统治者崇信佛教，对寺院也大加赐赉。这些弊病成为元朝覆亡的重要因素。元世祖末期，国家财政就出现巨大亏空，元廷不得不进行经济改革以增加收入，但收效甚微，主要手段就是发行纸钞或钞法改革，从世祖后期到武宗时期，元代纸钞变革两次，用过三种纸钞。这种以钞买钞的恶性现象，以及不断地大量发行、使用无贵金属储备的纸钞，使得通货膨胀日益严重，经济危机加剧，百姓的生活更加艰苦；元廷虽然没为"四等人"的划分颁布过专门法令，但在政治、法律地位以及其他权利和义务方面，不同族群存在着诸多不平等，加速割裂社会和族群，使民族矛盾日益尖锐；加之天灾、瘟疫，民不聊生，民变暴动屡禁不止，白莲教逐渐盛行，并成为对抗元廷的势力。白莲教起事失败后，随之起义的红巾军势力遍布河南、江北、江南、两湖及四川等地，由民变逐渐转化成推翻元朝的战争。

朱元璋加入红巾军后，先投靠郭子兴，受韩林儿器重后，势力逐渐壮大。公元 1368 年，在扫灭陈友谅、张士诚和方国珍等群雄后，朱元璋于当年农历正月初四登基称帝，国号大明，年号洪武，定都应天府（今江苏南京市），之后以"驱逐胡虏，恢复中华"为号召，北伐中原，徐达、常遇春同年攻占元大都，元朝亡。元顺帝北遁上都，其在草原的政权被称为北元。明军随后攻占山西、陕西，常遇春挥师北伐，元顺帝再次北逃，至此收复燕云十六州，结束了蒙元在中国汉地的统治，统一天下。洪武一朝，六次出兵蒙古高原征北元，明太祖洪武二十一年（1388），蓝玉率明军取得捕鱼儿海大捷，北元天元帝脱古思帖木儿和太子天保奴仅以身免。脱古思帖木儿败亡后，元朝传统的帝号、谥号、年号均不再见于蒙古文献，北元亡。

朱元璋去世后，太子朱标之子朱允炆即位，改元建文。建文帝新政的重要一项就是削藩，导致受封于北平的朱元璋第四子朱棣发起了长达四年的"靖难之役"，建文帝在朱棣的燕军攻入南京后失踪。朱棣登基，改元永乐，后迁都至顺天府（今北京市），原京师改称南京，明朝自此执行两京之制。朱棣在位期间，不断北伐蒙古，郑和七下西洋，万邦来朝，国力达到最盛，史称"永乐盛世"。

正统十四年（1449），明英宗朱祁镇御驾亲征，北伐瓦剌惨败，被俘，此役明军死者数十万，京师劲甲精骑皆陷没。随从御驾的文武大臣阵亡五十余人。二十余万骡马，数十万明军衣甲、器械、辎重尽为瓦剌掠夺。

明神宗朝前期，任用张居正推行新政，国家收入大增，商品经济空前繁荣、史称"万历中兴"。经过"万历三大征"，平定内忧外患，粉碎了日本丰臣秀吉攻占朝鲜进而入明朝的计划；万历朝的"东林党争"造成明廷的政治混乱，辽东地区努尔哈赤领导建州女真崛起，于明神宗万历四十四年（1616）建立后金，称汗，改元天命。万历四十七年（1619），明军与后金军在萨尔浒决战，明军惨败，再无余力控制辽东。万历一朝是明朝由盛转衰的转折期。

明熹宗朱由校继承大统，改元天启，以魏忠贤为首的阉党祸乱朝纲。明思宗朱由检即位后改元崇祯，铲除阉党，但阉党倒台后，党争又起，明廷政治腐败以及连年遭遇天灾，使中原地区最终爆发大规模民变。公元 1636 年，皇太极称帝，改后金国号为"大清"。

公元 1644 年 4 月 25 日（农历三月十九），李自成所建立的大顺军攻破北京，明思宗自缢于煤山，史称"甲申之变"。大顺军转而攻击吴三桂驻守的山海关，吴三桂投降多尔衮率领的清军，引清军入关，与大顺军决战。大顺军惨败后，李自成退出北京。此役之后，清朝入主中原，征服南明与大顺、大西等政权，建立了全国统治。

一、史料中的甲胄

1. 仪仗卤簿、宫廷仪卫

元惠宗至正二十四年（1364），朱元璋自立为吴王，建立百官制度，任命李善长为右相国，徐达为左相国，常遇春、俞通海为平章政事，整个百官制度效仿元朝。至正二十七年（1367），定制"吴元年"，是年十二月，李善长着礼官安排卤簿："拱卫司陈设卤簿，列甲士于午门外之东西，列旗仗于奉天门外之东西。龙旗十二，分左右，用甲士十二人。"（《明史·仪卫志》）此时吴王朱元璋的甲士应该都是从军中遴选的勇士，所穿甲胄都是战阵之物。

明朝定都南京后，卤簿仪仗已经完善。明太祖洪武元年（1368）十月，定元旦朝贺仪规定，金吾卫于奉天门外分设旗帜，宿卫于午门外分设兵仗。金吾卫的甲士有"木青、火红、土黄、金白、水黑"（《明史·仪卫志》）五色，从唐至元，宫廷仪卫中都沿用此制。永乐时期，卤簿增加"摆锡明甲一百副，盔一百"（《明史·仪卫志》）。此处史料中提及的"摆锡"是明朝出现的一种工艺，是在器物表面上用骨胶将锡粉黏合，然后用汞将锡粉表面擦亮，使器物表面呈现金属的亮银色，明、清时期多用在竹木器物上，戏班中的甲、竹木刀剑都常用此工艺，唐、五代、宋的"金涂甲"大概也是此种工艺。"明甲"是指甲片在外的身甲。《明史》中对宫廷卤簿仪仗的细节记录较少，宋、金、元史料中卤簿仪仗中有"伙飞队"，至明朝已经不再采用。

兵部尚书于谦在明代宗景泰元年（1450）的奏议中提到京营有"轮流上直、披明甲"（《于谦集·杂行类·兵部为军务事》），说明至少正统、景泰朝朝会中，宫廷仪卫有"明甲"。根据《明代三千、五军营所辖侍卫军建制沿革考论》一文作者秦博先生对史料的检索，认为这是宫廷仪卫出现明甲最早的文字记载。结合两段史料来看，并不能确认明甲是铁质还是皮质。笔者认为摆锡明甲应是皮甲，而明甲应是铁甲。

《大明会典》中对卤簿仪仗、宿卫另有详细记载。《大明会典》始纂于明孝宗弘治十年（1497），初有180卷，大明正德朝参校后刊行。大清嘉靖朝经过两次增补，万历朝又增加修订，撰成重修本228卷，记载明朝典章制度十分完备。《大明会典》详细记载了大朝会、常朝的仪卫：

大朝会				常朝			
	单位	甲胄	人数		单位	甲胄	人数
御殿	掌领侍卫官	俱凤翅盔、锁子甲、悬金牌、佩绣春刀，一员侍殿内东，一员侍殿内西。	2	御殿	掌领侍卫官	俱凤翅盔、锁子甲、悬金牌、佩绣春刀。	—
中极殿导驾	锦衣卫将军	金盔甲、悬金牌、佩刀、执金瓜。	10	左右阑干	锦衣卫将军	明盔甲、悬金牌、佩刀、执金瓜。	24
盝顶门	将军	红盔、青甲、悬金牌、佩刀、执金瓜。	8	夹左右丹陛	勋卫、散骑舍人	明盔、锁子甲、悬金牌、佩刀、夹左右（丹）陛。	20
皇极殿	锦衣卫	金盔甲（殿内）	42	御道左右	锦衣卫将军	明盔甲、悬金牌、佩刀。	8
		明盔甲、俱悬金牌、佩刀、执金瓜。	16			明盔甲、悬金牌、佩刀、执金瓜、掖两陛下。	8
		明盔甲、悬金牌、执大红刀。	20		神枢营	俱明盔甲、悬金牌、佩刀、执金瓜。	4
		红盔、青甲、悬金牌、佩刀、执金瓜。	20				
	神枢营	红盔、青甲、悬金牌、执金瓜。	20				
	锦衣卫大汉将军	金盔甲、悬金牌、佩刀、执大金瓜斧。	4				

续表

大朝会			常朝		
单位	甲胄	人数	单位	甲胄	人数
殿门 —— 锦衣卫	金盔甲、金牌、佩刀、执金瓜。	16	直左右匮	锦衣卫将军	红盔、青甲、悬金牌、佩刀。	20

大朝会			常朝		
单位	甲胄	人数	单位	甲胄	人数
殿门 · 锦衣卫	金盔甲、金牌、佩刀、执金瓜。	16	直左右匮 — 锦衣卫将军	红盔、青甲、悬金牌、佩刀。	20
殿门 · 神枢营	明盔甲、俱悬金牌、佩刀、执金瓜。	20			
丹陛将军 · 锦衣卫	金盔甲	4	直左右品牌 — 锦衣卫将军	红盔、青甲、悬金牌、佩刀。	8
丹陛将军 · 锦衣卫	明盔甲、悬金牌、佩刀、执金瓜。	16			
丹陛将军 · 神枢营	红盔、青甲、悬金牌、执大红刀。	40			
上下缠腰将军 · 锦衣卫	金盔甲、金牌、佩刀、执金瓜。	4	直左右踏凳 — 锦衣卫将军	明盔甲、悬金牌、佩刀、执金瓜。	28
上下缠腰将军 · 神枢营	红盔、青甲、悬金牌、执鹅鸽头刀。	30			
上下踏凳将军 · 锦衣卫	金盔甲、金牌、佩刀、执金瓜。	16	列丹墀文武班后	明盔甲、悬金牌、执大红刀。	28
上下踏凳将军 · 神枢营	红盔、青甲、悬金牌、执鹅鸽头刀。	16			
东西戗廊将军 · 锦衣卫	红盔、青甲、悬金牌、执金瓜。	8	丹墀 — 神枢营将军	红盔、青甲、悬金牌、执金瓜、弓矢、佩鹅鸽头刀、米昔刀、黑、大红刀。	750
东西戗廊将军 · 神枢营	红盔、青甲、悬金牌、佩刀。	8		明盔甲、悬铜牌、执大红刀。	225
中左、中右门将军 · 锦衣卫	红盔、青甲、悬金牌、佩刀、执金瓜。	8	五军营官军	五百人、红盔、青甲、铜牌、执叉刀。	500
中左、中右门将军 · 神枢营	红盔、青甲、悬金牌、弓矢、佩刀。	8		披执如前、列金水桥南。	500
			锦衣卫将军	明盔甲、悬金牌、佩刀、执金瓜。	8

续表

大朝会				常朝			
	单位	甲胄	人数		单位	甲胄	人数
丹墀左右将军	锦衣卫	红盔、青甲、悬驾牌、弓矢、佩刀。	854	神枢营将军		八人、红盔、青甲、悬金牌、佩刀、执铁瓜。	8
		红皮盔、饿金甲。	50			红盔、青甲、悬金牌、弓矢、佩刀、列金水桥左右。	8
		红皮盔、描银甲、俱悬驾牌、佩刀、执金瓜。	50				
		红盔、青甲、悬金牌、执开鞘大刀。	14	锦衣卫将军		红盔、青甲、悬金牌、弓矢、佩刀。	8
丹墀左右将军	神枢营	大红盔、青甲、悬金牌、弓矢、佩刀、执金瓜及大黑刀。	558	神枢营将军		红盔、青甲、悬金牌、弓矢、佩刀。	8
		明盔甲、悬金牌、执出鞘红刀。	351				
丹墀四隅、锦衣卫将军	锦衣卫	红盔、青甲、悬驾牌、佩刀、作四队。	200				
	五军营	红盔、青甲、执叉刀及金枪、作四十队。	2000				
皇极门将军	锦衣卫	内八人、金盔甲、八人、明盔甲、四人、红盔、青甲。	24				
	神枢营	红盔、青甲、俱悬金牌、佩刀、执金瓜。	4				
弘政、宣治门将军	锦衣卫	红盔、青甲、悬金牌、佩刀、执金瓜。	16	直弘政、宣治门	锦衣卫将军		—
	神枢营	红盔、青甲、悬金牌、弓矢、佩刀。	8				

续表

大朝会				常朝		
	单位	甲胄	人数		单位	甲胄	人数
金水桥	锦衣卫	俱红盔、青甲、悬金牌、弓矢、佩腰刀。	8	锦衣卫校尉	鸣鞭及擎执伞扇仪仗者、鹅帽、只孙、抹金铜束带、皂靴、列午门内外。其余方巾、青衣、抹金铜带、双鱼铜牌、执铁狼牙等器仗、列御道西。	500
	神枢营	俱红盔、青甲、悬金牌、弓矢、佩腰刀。	8			
东西城路	锦衣卫	盔、青甲、悬金牌、弓矢、腰刀。				

资源来源："本表引自《大明会典》卷一百四十二。""本表整理自《大明会典》卷一百四十。"

以上史料显示，大朝会和常朝仪卫规格完全不同，负责宫廷仪卫的主要单位是锦衣卫和神枢营，极少时候出现五军营。

锦衣卫的前身是朱元璋称吴王时期设立的"拱卫司"，后改称"亲军都尉府"，统辖"仪鸾司"，初期的主要任务就是掌管皇帝卤簿仪仗和宿卫。明太祖洪武十五年（1382），裁撤亲军都尉府与仪鸾司，改置锦衣卫。锦衣卫的职责为"掌侍卫、缉捕、刑狱之事，恒以勋戚都督领之，恩荫寄禄无常员。凡朝会、巡幸，则具卤簿仪仗，率大汉将军（共一千五百七员）等侍从扈行。宿卫则分番入直"（《明史·职官志》）。朱元璋为了巩固皇权，加强了锦衣卫的功能，锦衣卫从单独的仪仗宿卫单位，增加了缉捕、刑狱大权。洪武二十年（1387），朱元璋意识到锦衣卫办案凌虐犯官，权势独立于三法司会带来问题，下诏废除锦衣卫，令内外狱案件的审理权全部归三法司审理。永乐皇帝朱棣靖难成功后，为镇压建文帝旧部对他的不满，重新恢复锦衣卫，其权力亦有所扩大。自此，锦衣卫一直延续至南明。锦衣卫将军都是遴选躯干丰伟、有勇力者为之。其中特别丰伟者称之大汉将军，在御殿宿卫。

神枢营的前身是京军三大营之一的"三千营"。三大营"一曰五军，一曰三千，一曰神机。其制皆备于永乐时"（《明史·兵志》）。明英宗朱祁镇亲征瓦剌，在"土木堡之变"中，京军"没几尽"。明世宗嘉靖二十九年（1550），俺答入寇，京师震动，京营无人敢战。明世宗决定恢复京军三大营，并将三千营改名为"神枢营"，令御史从京畿、山东、山西、河南招募四万人充实至神枢营、神机营。神枢营编制上有副将两人，各统军六千；佐击六员，各三千，基层军官二百零八人，外备兵四万人。神枢营在圣节、正旦、冬至及大祀、誓戒、册封、遣祭、传制用全直，值班宿卫人数为三千人，其余军士则更番。所用器仗、衣服与五军、神机稍有不同。神枢营军官多为明军官员的子嗣，部分为鞑官。

锦衣卫、神枢营两大侍卫单位在大朝会中出现兜鍪，有凤翅盔（掌领侍卫官）、金盔（大汉将军）、红盔、红皮盔；身甲，有锁子甲（掌领侍卫官）、明甲、青甲、戗金甲、描银甲。仪卫中的甲胄明显有铁、皮两种材质，戗金甲、描银甲就是典型的皮甲，"戗金"工艺是在漆器表面用针或雕刀刻出纹饰，在刻痕内填金漆或金粉后，令漆器表面的纹样呈黄金色，此种技艺肯定应用于皮甲。青甲实际上就是明朝绘画中常见的蓝色布面甲。

《大明会典》还详细记载了宫廷侍卫的锦衣卫大汉将军、旗将军、五军将军、府军卫带刀官、围子手官军装备军器详情：

项目 \ 单位	大汉将军	旗将军	五军将军	府军卫带刀官	围子手官军
明盔 / 顶	48				
尖顶明盔 / 顶		84	254（盔襻全）		
红漆皮盔 / 顶			723（盔襻全）		1000
明甲 / 副	24	84	254（肩缨缘号全）		
纻丝吊线甲 / 副				40	
青布绦穿甲 / 副			725		
青布铁甲 / 副					1000
红肩缨 / 副	24	84			
金瓜 / 把	48	56	44		
茜红雨笼 / 个	24	84	254		
茜红毡袄 / 领	24	84	254		
红滚刀 / 把		28			
摩挲刀 / 把		56	45（鞓带全）	40	
朱红靶滚刀 / 把			237（鞓带全）		
长柄黑刀 / 把			39（鞓带全）		
长柄红刀 / 把			59（鞓带全）		
滚刀 / 把					500
腰刀 / 把			553（鞓带全）		
鹁鸽头刀 / 把			37（鞓带全）		
米昔刀 / 把			2（鞓带全）		
弓 / 张			525		
弦 / 条			525		
撒袋 / 副			525（鞓带全）		
箭 / 枝			14750		
叉 / 把					500

资源来源："本表引自《大明会典》卷一百五十六 武学。""本表整理自《大明会典》卷一百五十六 武学。"

从此段史料来看，"明盔"和"尖顶明盔"是两种不同形制的盔，台北故宫博物院藏明宫廷绘画《出警图》中绘制有"尖顶盔"（图1）；"红肩缨"是宫廷侍卫身甲中特有的一种装饰物，《出警图》中仪卫身甲有清晰的表现（图2）。

明朝史料中对胄的记载大量使用"盔"字，以下行文中也以"盔"替代"胄""兜鍪"。

2. 军器局中的甲胄

《大明会典》中对军器局所造的甲胄有极为详尽的记录，为历代史料之最。

（1）兜鍪的种类

> 水磨铁帽；
>
> 水磨头盔；
>
> 水磨锁子护顶头盔；
>
> 抹金凤翅盔；
>
> 镀金护法顶、香草压缝、六瓣明铁盔；
>
> 镀金十字铃杵顶、香草压缝、六瓣明铁盔；
>
> 镀金宝珠顶、勇字压缝、腰箍口箍、六瓣明铁盔；
>
> 镀金宝珠顶、勇字腰箍口箍、铁压缝、明铁盔；
>
> 黄铜宝珠顶、香草压缝、六瓣明铁盔；
>
> 黄铜宝珠顶、勇字压缝、腰箍口箍、六瓣明铁盔；
>
> 黄铜橄榄顶、勇字腰箍压缝、六瓣明铁盔；
>
> 黄铜十字铃杵顶、勇字压缝、明铁盔；
>
> 黄铜勇字腰箍口箍、铁压缝、六瓣明铁盔；

黄铜宝珠顶、勇字口箍、铁压缝、六瓣明铁盔；

黄铜四勇字明铁盔；

一把莲八瓣、黄铜腰箍口箍明铁盔；

一把莲明铁盔；

镀金护法顶、压缝、六瓣铁盔；

黄铜宝珠顶、勇字朱红漆铁盔；

黄铜宝珠顶、口箍、浑贴金铁盔；

红顶缨、朱红漆铁盔；

四瓣明铁盔；

王簪瓣明铁盔；

摆锡尖顶铁盔；

朱红漆贴金勇字铁盔；

朱红漆贴金勇字皮盔。

    帽在元、明时期有特指，檐较宽，这里的帽都是元朝笠帽的延续，元朝铁胄中此类风格的帽有相当数量，内蒙古博物院藏的元铁胄基本都是此种帽型。明朝胄形制中此类铁帽也较多，台北故宫博物院藏《入跸图》中船中甲士戴的就是"水磨铁帽"（图3），水磨应该是指铁盔表面打磨得较为光洁，而未髹漆。

    "抹金凤翅盔"应该就是御殿中锦衣卫大汉将军所佩戴的盔型，此类盔至今虽无实物出现，但是在明朝绘画图像中表现极多，台北故宫博物院藏《出警图》中锦衣卫大量佩戴此种兜鍪（图4）。万历版《三才图会》中也绘制了此种铁胄的图样（图5）。胄体似是一体锻造，左右两侧各有"珥，似翅，故曰凤翅"。唐朝李无亏墓门所见的凤翅盔是图像中已知最早的。明朝宫廷仪卫的凤翅盔制度是继承自元朝。

"镀金护法顶"是明代中期出现的一种基于佛教、道教题材的盔顶，盔顶正中有佛祖或真武大帝，座下四面为四大天王或护法，此种盔顶有单独存世之物（图6、图7）；"香草压缝"是指多瓣铁盔叶铆接后，在其上两侧有出戟云纹、多曲波浪纹纹饰的压条遮蔽铆接缝隙；"六瓣明铁盔"是指盔体是由6片铁盔叶铆接而成。

蒙元时期，藏传佛教对元廷有较大的影响，故藏传佛教的诸多符号出现在饰品、军器中，明初，永乐皇帝对西藏地区采取了"多封众建、因俗以治"的策略，藏传佛教也继续在中原流行，"十字铃杵顶"就是指盔顶形制如同藏传佛教铃杵的式样，此种式样亦有存世（图8）。

"一把莲"纹饰是明永乐时期较为常用的纹饰，成都蜀王世子朱悦爧墓中门楣就雕刻此种纹样（图9），"一把莲明铁盔"应是在铁盔上錽银装饰"一把莲"纹样，此种盔国内尚未有实物对应，但是现存17世纪朝鲜半岛盔的錽银饰件基本都装饰莲花纹，应该就是明"一把莲"盔的延续。

"镀金宝珠顶""黄铜橄榄顶"的盔顶形制尚无实物对应，总体应该是宝珠风格。

"朱红漆贴金勇字铁盔、朱红漆贴金勇字皮盔"，说明此类盔都是糅红漆，上贴金字"勇"，《出警入跸图》中有大量持叉刀的五军营军士佩戴此类盔（图10），从图像中比较难以区分朱漆勇字盔究竟哪种是铁质，哪种是皮制，推测图中盔型相对较扁平的盔应是皮质。

史料中记载明军器局制作的盔多是四瓣明铁盔、六瓣明铁盔，这两类明盔是由 4 片、6 片铁盔叶铆接而成。

（2）甲的种类

红漆齐腰甲；

水磨齐腰钢甲；

水磨柳叶钢甲；

水银摩挲长身甲；

枪马赤甲；

抹金甲；

青织金云纻丝裙襕、鱼鳞叶明甲；

青织金界地锦纻丝裙襕、红绒绦穿、匙头叶齐腰明甲；

红绒绦穿齐腰明甲；

绿绒绦穿齐腰明甲；

绿绒绦穿方叶齐腰明甲；

绿绒绦穿鱼鳞叶齐腰明甲；

匙头叶齐腰明甲；

青纻丝镀金平顶丁钉齐腰甲；

青纻丝黄铜平顶丁钉齐腰甲；

青纻丝镀金丁钉齐腰甲；

红绒绦穿齐腰甲；

青绵布火漆丁钉齐腰甲；

青纻丝黄铜平顶丁钉曳撒甲；

紫花布火漆丁钉圆领甲；

黑缨红铜镜马甲；

大叶明甲；

青绖丝火漆丁钉齐腰甲；

青绖丝绦穿齐腰甲；

青绵布绳穿齐腰甲。

《大明会典》中这些甲，需要先对几个重要词汇加以解读。

"红漆齐腰甲"是指甲片上髹红漆，至于此类甲片是铁质还是皮质，不得而知。

"钢甲、明甲"是都指甲片外露的铁甲，且甲叶打磨明亮。

"匙头"是指甲叶上端和两侧轻微内弯，形状类似小汤匙状，这类制作法起源自北朝，早期甲片相对较为平直，至唐朝甲叶上端开始出现小汤匙状，现存西藏地区甲叶都保存了此种风格（图11）。

"裙襕"是指甲裙下端横向装饰的织锦。

"镀金平顶丁钉、镀金丁钉、黄铜平顶丁钉、火漆丁钉"是指布面甲表面的铆钉，"镀金"肯定是仪仗使用；"火漆"是指外露铆钉涂火漆防锈；"平顶"是指外露的铆钉是平头，大部分铆钉外露是圆头。

"齐腰甲"应该是指上身短甲，现存的明末布面甲分成坎肩式身甲、披膊、甲裙等结构，笔者认为会典记载的"齐腰甲"有两种，"……穿齐腰甲"就是指札甲类的短甲，"……钉齐腰甲"是指坎肩式样的布面甲上身部分。

带"……穿……"的甲都是札甲或者鱼鳞甲。

札甲编缀使用了"红、绿、青"三种颜色的"绒绦、丝绦、布绳"。

这些甲中又分成仪仗甲、军制甲两大类。仪仗甲是在军阵甲的形制上，使用高级材料装饰，早期仪仗甲用"织金锦、镀金"，"青织金云纻丝裙襕、鱼鳞叶明甲，青织金界地锦纻丝裙襕、红绒绦穿、匙头叶齐腰明甲，青纻丝镀金平顶丁钉齐腰甲，青纻丝镀金丁钉齐腰甲"这四类甲就应该是仪仗甲。"青织金云、青织金界地锦"都是青色为底子的织金锦，金线织出云纹、界线，这类织锦装饰在甲裙上。

"红漆齐腰甲、水磨齐腰钢甲、水磨柳叶钢甲、红绒绦穿齐腰明甲、绿绒绦穿齐腰明甲、绿绒绦穿方叶齐腰明甲、红绒绦穿齐腰甲、青绵布火漆丁钉齐腰甲、青纻丝黄铜平顶丁钉曳撒甲、紫花布火漆丁钉圆领甲、大叶明甲青纻丝火漆丁钉齐腰甲、青纻丝绦穿齐腰甲、青绵布绳穿齐腰甲"这十四类甲就应该是军制甲。

"水银摩挲长身甲、枪马赤甲"两类甲制不明。

《出警入跸图》绘制的是明朝皇帝出京谒陵和返回京城这一过程之盛况。现藏于台北故宫博物院，是研究明代宫廷仪仗、甲胄的重要资料。

《出警图》绘制的是皇帝在宫廷侍卫的护送下，骑马出京，声势浩大地前往京郊十三陵拜先祖。《入跸图》绘制的是皇帝的扫墓队伍自左而右，循水路而归，车辂仪仗，以及大部分羽林军士等不能乘船者，则傍岸而行。全卷绘画，中规中矩，一丝不苟。经台湾专家从画作的特点以及个别地理位置判断，此画中的皇帝正是明神宗朱翊钧。画卷中出现了万历皇帝、御林军、太监、锦衣卫、神枢军，画中有一类人物脸色较黑，应该是神枢军中的鞑官。长卷中侍卫们穿着各色锦袍，外穿罩甲，罩甲主要分成两种，一种蓝色罩甲表面有纵横的铆钉纹，是模仿暗甲露在外面的铆钉；另一类罩甲的纹样非常丰富，有 Y 字纹、外六框内 Y 字纹琐子、鱼鳞甲、环锁铠、札甲、山文等（图 12）。盔形也较多，有红漆勇字盔、水磨铁帽、抹金凤翅盔等。

《出警入跸图》中的铁臂手、铁盔都有真实文物存在，所以往往会被认为身上的罩甲也是表现真实的铁甲，其实不然。图像中的不同风格的甲纹应该都是织锦材料表现出来的，不是真实的军制铁甲。唐、宋时期宫廷仪仗除了铁甲外，还有布甲、织锦甲。内卫仪仗在王朝中期往往大量使用织物做仪仗甲，放弃军阵铁甲做为仪仗，清朝乾隆时期就有明确的圣旨，新造的大阅合操军士甲内无须用铁叶，表面装饰铆钉镀金。

明代史料也能反应出这个细节，明万历时期太监刘若愚编撰的《酌中志》详细记述了他在宫中数十年的见闻，其中记载了宫廷内臣穿着："罩甲，穿窄袖戎衣之上，加此，束小带，皆戎服也。有织就金甲者，有纯绣、洒绣、透风纱不等。"内官穿的罩甲是织金锦制作。明朝织造的"Y 字纹、外六框内 Y 字纹琐子、札甲纹"等类织金锦虽无实物流传，但是在其他绘画中也得以记录，台北故宫博物院藏传苏汉臣版《货郎图》中就有此种成匹织锦料，匹料边上还有明军罩甲背后特有的"勇"字，此画应是万历时期绘制。将《出警入跸图》《货郎图》中相同纹饰的锦料一比较（图 13），就可以印证《酌中志》中记载的准确性。《出警入跸图》里有相当一部分的甲应是用织金锦模仿的。

布面甲有青纻丝黄铜平顶丁钉曳撒甲、紫花布火漆丁钉圆领甲，此类布面甲诞生于元朝，明朝完全继承，甲片铆接在布面上，布面只显示出铆接的铜钉或铁钉，甲片藏于布面之后，此种甲又称为暗甲，与明甲相对应。

马甲有黑缨红铜镜马甲，此马甲边缘编缀黑缨，红铜镜可能是马甲装备类似护心镜类的防护。现有的史料显示，明军未装备军阵使用的具装铠，此处的马甲应是仪仗使用的马甲，《出警入跸图》中仅明神宗万历皇帝朱翊钧和其前导的两匹马有较小的马甲（图14）。

顿项有水磨锁子护顶（项）、紫花布火漆丁钉顿项、青纻丝顿项，明军的胄下有顿项，形制有环锁甲、布面铆接铁甲片、札甲片三类。

盔内有单独的衬盔，应是青绵布、棉胎制作的头罩，戴胄之前会戴衬盔，增加盔和头部之间的缓冲和保护。头盔戴好后，用盔襻拴紧于颔下。

盔缨管较长，上有盔旗：黑缨花皂绢盔旗、黑缨花皂绢红月盔旗。《出警入跸图》中显示出，锦衣卫的盔旗多为三角形，这类盔旗多为军阵使用。

3. 太监内操

《明史》中对甲胄细节的记载不如前朝丰富，反而在宦官列传中记载有一些不为熟知的细节。宦官在皇城内演兵习武，拥有相当数量的甲胄，部分权宦甚至私藏甲胄或身披甲胄出入皇城。有明一朝，宦官的势力遍及大明帝国中枢、地方、边塞，对明朝政治、经济、军事以及文化等各个方面都产生了巨大的影响。自明中期以来，宦官不仅提督京营、出使镇守地方监军统兵，还在皇城大内组织军事单位，同时也为皇帝的军事体育娱乐活动服务，史称"内操"。

明英宗朱祁镇时期，曹吉祥与宁阳侯陈懋等至福建，镇压邓茂七领导的民变，与太监王瑾提督监造火器。每次出征，"辄选达官、跳荡卒隶帐下，师还畜于家，故家多藏甲"（《明史·曹吉祥传》），累官至司设监太监。后来又与大将石亨、内阁首辅徐有贞等密谋，率兵迎明英宗复辟。天顺初年，迁司礼太监，总督三大营。天顺五年（1461），曹吉祥的嗣子曹钦举兵叛乱，曹吉祥事后被凌迟处死。

明武宗朱厚照时期，刘瑾通过进献鹰犬，获得皇帝宠幸，官拜司礼监掌印太监，权倾朝野。后被张永告发，武宗亲自至刘府抄家，"得伪玺一，穿宫牌五百及衣甲、弓弩、衮衣、玉带诸违禁物"（《明史·刘瑾传》），历朝私藏甲胄都是谋反重罪。除了抄没出甲胄，刘瑾常用的扇内还藏两只利匕首，此类多为日本在明朝勘合贸易中走私的器物，明武宗看到甲胄、利刃，始大怒曰："奴果反。"刘瑾被凌迟处死。

明熹宗朱由校时期，魏忠贤任司礼监秉笔太监，极受宠信，排除异己，专断国政，党羽遍布朝野，史称"阉党"，权势熏天的时候"衷甲出入，恣为威虐"（《明史·魏忠贤传》）。崇祯皇帝继位后，革除阉党，魏忠贤畏罪自缢，后被磔尸。

明代的宦官习武是历朝之最，永乐时期参加"靖难之役"的郑和就是一位习武宦官，后统帅巨舰七下西洋。明武宗个人好武，受到佞臣江彬蛊惑，下诏京营和边军互调，明武宗正德十一年（1516），随着边军入操大内，明武宗训练了"一支由宦官组成的军队，这是一支由宦官统领、宦官组成，皇帝直接指挥的'天子亲军'，宦官内操也首次登上历史舞台"（许冰彬《试析明代宦官内操的兴衰及特点》，《故宫博物院院刊》2012年第1期）。明武宗常穿戎服与江彬至内校场，"帝戎服临之，与彬联骑出，铠甲相错，几不可辨"，明武宗亲自领善骑射的宦官为一营，"号中军"，朝夕操练，"甲光照宫苑，呼噪声达九门"，正德皇帝校阅称为"过锦"（《明史·江彬传》），可见内操宦官衣甲鲜明。武宗驾崩后，嘉靖皇帝继位，内操宦官组成的"中军"被解散。明世宗嘉靖二十九年（1550），俺答入寇，京营不堪一战，嘉靖皇帝重新组织宦官内操。万历十年（1582），明神宗亲政，次年便选宦官内操，以便谒陵时作为亲军随扈。万历十二年（1584），神宗又"集内竖三千人，授以戈甲，操于内廷"（《明史·董基传》）。《万历野获编》载："自内操事兴，至甲申岁（即万历十二年，1584）之午日，预选少年强壮内侍三千名，俱先娴习骑射，至期弯弧骋辔，云锦成群，有京营所不逮者。上大悦，赏赉二万余金。然是日酷热，当值候操诸珰，擐甲操兵，伺令于赤日中，因而暍死者数人。"由此看来，内操的宦官除了充任谒陵时的护军以外，还用于端午节骑射表演，再现了武宗朝时"过锦"之景象。《出警入跸图》中相当多的甲士面白无须，这部分武士擐甲持刃，围绕玉辂，应该就是万历皇帝的内操宦军（图15）。《大明会典》记载随驾祭祀的营军是从兵仗局领取"盔、甲、刀、枪、毛马、响铃、顿项、臂手等件"（《大明会典》卷一百九十三《军器军装二》），事毕俱须归还。而内操宦官以"天子亲军"的名义拒不交还器甲，擐甲怀刃，出入宫苑，无人敢问。

　　明朝中期出现的宦官内廷演武"内操"虽然衣甲鲜明，但是纯属明武宗个人对演武的喜好的延续。嘉靖皇帝重开内操，也是出于对京营失望后的应急之举。万历皇帝内操的宦军完全就是用来充任出行仪仗，明神宗万历十三年（1585），罢内操，但是却不许内操马匹散归京营，并以此为借口多征银两。天启朝，内操的宦军已经成为魏忠贤的私人武装，他甚至衷甲出入内廷。崇祯一朝革除阉党后，罢内操宦军，关外辽东战事不断，关内李自成、张献忠造反已成燎原之势，待李自成军至北京城下，京军三大营皆溃，崇祯招募数千宦官，发器甲守城，这些宦军毫无战斗力，临战开城门乞降，致使闯军顺利入城。

4. 军中

《大明会典》记载，明军所有军器领用须登记造册，明太祖洪武二十五年（1392）诏命："令官军关领军器，将姓名数目造册收贮，仍于各器上，记官军姓名，损失即令偿官。"官军出征，将领、所部头目至兵仗局领"莲明铁盔、青纻丝齐腰甲、青绵布吊线甲、倭腰刀、黑漆弓、真皮撒袋、矛枪"（《大明会典》卷一百九十三《军器军装二》）各一把，战事结束后，交还至兵仗局销账。京营以及巡捕官军在每年春秋备防蒙古人入寇时，甲胄在内库申领，事毕后归还。

边军甲胄每三年发放一次，"石门寨七千五百八十四副，墙子岭三千七百三十五副，居庸关三百五十八副，镇边城四百十六副，黄花镇八十九副，渤海所五百四十九副，大同二万六千一百二十七副，辽东一万三千一百一副，宣府二万五千七百十九副"，从发放数量来看，大同、宣府、辽东三镇数量最多，这三个军事重镇是防御蒙古人南侵的节点，是明朝九边之三。

《明英宗实录》中对洪武、永乐两朝的甲胄颜色有记录，"太祖高皇帝、太宗文皇帝俱用红盔黑甲，正统年间改造明盔明甲"（《明

明朝甲胄

英宗实录》卷二二五）。明朝宽檐盔从明初到明晚期已知的都是髹红漆，和史料记载吻合。"黑甲"应是髹黑漆的札甲而不是布面甲。

万历中期，山西按察使、巡抚吕坤巡查山西边防后，上奏朝廷《摘陈边计民艰疏》，记载了边军使用甲胄的情况。吕坤巡查雁门关的时候，见边军射箭皆穿便衣，便责问军士演武为何不穿甲："汝临阵而射，亦便衣耶？"军士随即穿罩甲而来，罩甲即布面甲，甲片铆接于布衣，吕坤见到罩甲外无铁甲片，又责曰："汝临阵之甲，亦用此耶？"军士答："此正临阵甲也，凡临阵皆暗甲，而以衫罩之，一便于旋习，二不生戎心，故临阵无不暗甲者。"说明山西边军大量装备暗甲，而且接阵之时布面甲看不到甲片，往往令蒙古军不生戎心。吕坤再问："尔之明盔甲，安用哉？"军士言明甲"接送上司，眩耀观瞻耳"，因环跪在地，泣曰，军士之苦一半来自明甲，边军无高房广厦，明甲一经潮气，盔甲极易生锈，上官每岁巡边，都令军士穿着明甲，把总管队责令军士"锃磨，片片拆开，日日刮洗，数日始新"（《皇明经世文编》卷四百十六），然后重新请匠人穿编，如此整修一遍要耗费一月钱粮，一经雨雾，明甲又会满甲生锈。此段史料反映出，明甲就是甲片外露磨光的札甲，明朝边军中札甲和布面甲都有装备，札甲往往是接待上官时穿着，明光铁札甲往往让文官认为是军容整肃的表现，故每次文官来巡边，军官都会要求军士把札甲拆解，使甲片锃亮后重新编缀，接待上官巡检，拆编繁琐且耗费较大，不多时又会生锈，军士为此叫苦不迭。事实上，暗甲甲片一样会生锈，只是在布面之下看不到罢了。吕坤巡查结束后认为，边军明甲只装备将官"以壮观瞻"，边军军士不必装备明甲，这样可有效节省军费。

明正统十四年（1449），蒙古瓦剌部三万余人寇边，七月十七日，明英宗朱祁镇不顾群臣反对，命皇弟郕王朱祁钰留守京师，英宗本人携司礼监太监王振，率领文武大臣和大约25万京军亲征。

八月初一，明军到达大同。初二，英宗驻跸大同。王振又下令继续向北进军，途中，众文武大臣多次劝谏。不久，驸马都尉井源战败的消息传来，镇守太监郭敬秘告王振，瓦剌军兵锋极盛，明军不应继续北上，此时王振才开始准备班师。大同总兵郭登告诉学士曹鼐等人，英宗车驾宜从紫荆关（今河北易县西北）回京为宜，王振拒不听从。王振想让明英宗经其家乡蔚州（今河北蔚县）回京，行四十里后，怕大军过境时损坏庄稼，又急令军队东回宣府，此时瓦剌大军已经追至明军后卫。八月十三日，殿后的恭顺侯吴克忠、都督吴克勤率领鞑官骑兵与瓦剌军交战，大败，两人皆战死。成国公朱勇、永顺伯薛绶率三万骑兵前去阻击瓦剌追兵，至鹞儿岭中伏，全军覆没。

八月十四日，英宗车驾至今河北省怀来县土木堡，土木堡地高无水，掘井两丈亦不得水，土木堡南十五里有河，亦被瓦剌军控制。

八月十五日上午，瓦剌骑兵对土木堡形成合围，明军大营持重不敢动，全军断水一日有余，人马渴极，军心浮动。此时，瓦剌使者至大营，意图言和，拖延麻痹明军，英宗写敕书，派两通事随瓦剌使者返。当此之时，瓦剌军突然撤去南面部队，英宗决定拔营南行就水，"忽南坡有明盔、明甲人马来迎，疑是勇士。哨马不为设备"（《明英宗睿皇帝实录》卷二百二十五）。按照现在学者分析，此批人马是御马监太监喜宁、少监跛儿干带领的御马监勇士营，喜宁和跛儿干都是蒙古人，推测此二人在当时已经投降瓦剌。南行道路曲折，明军饥渴难耐，行伍已乱。英宗命令大军拔营南行，未三四里，瓦剌军去而复返，四面合围明军，跛儿干此时亦反叛，开始攻击明军，《明英宗实录》中也记载了这个细节，"锦衣卫小旗聂忠言三事：十四年，太上皇帝亲征胡寇，回至土木，起营之时忽南坡有明盔明甲人马来迎，疑是勇士哨马，不为设备。遂至败军陷。驾乞改明盔明甲仍为红盔黑甲。"（《明英宗实录》二百二十五）明军"兵士争先奔逸，势不能止"，瓦剌军"铁骑蹂阵而入，奋长刀以砍大军，大呼解甲投刀者不杀"（《明史纪事本末·土木之变》）。顷刻之间，明军军士皆除甲，"裸袒相蹈藉死，蔽野塞川"，御营虎贲和内宦侍遭遇瓦剌骑兵的攒射，"矢被体如猬"。明军所弃衣甲"积叠如山"（明李贤《天顺日录》），衣甲兵器尽被瓦剌军所得。明军溃败中，护卫将军樊忠以所持棰击杀王振，曰："吾为天下诛此贼！"明英宗突围不成，下马盘膝面南坐，不久被俘。此役明军死者数万，京师劲甲精骑皆陷没，随从文武大臣阵亡六十七人。明英宗的亲征军几乎全军覆没，造成明朝开国以来前所未有之危机，史称"土木之变"。

土木堡之变后，九月，朱祁钰称帝，改元景泰，遥尊明英宗为太上皇，明代史料称英宗"北狩"。提督居庸关巡守都指挥同知杨俊奉旨前往土木堡打扫战场，拾得明军所遗军器"盔六千余顶，甲五千八十余领，神枪一万一千余把，神铳六百余个，火药一十八桶"。宣府总兵官昌平伯杨洪言在土木堡战场拾得所遗军器"盔三千八百余顶，甲一百二十余领，圆牌二百九十余面，神铳二万二千余把，神箭四十四万枝，炮八百个"（《明英宗睿皇帝实录》卷一百八十三）。可见明军此次溃败，损失极大。由于瓦剌缴获了大量的明军器甲，明廷立刻下敕书，九边军镇更改器甲式样，明正统十四年九月改降各边衣甲军器新制：时土木败后，中国衣甲旗帜尽没，故"降新制以别之。甲背后勇字旧用方黄绢为地，今为圆地，前面左用红圆日，右用黄圆月，旗号上用青绢带，下用黄绢旗，取'上青为天，下黄为地'之义，战车军器俱令依新制造之"（《明英宗睿皇帝实录》卷一百八十三）。《入跸图》中锦衣卫的罩甲背后勇字依旧使用方黄绢为地，五军营使用红底方绢（图16）。

明英宗北狩期间，瓦剌趁着京畿兵力空虚，于同年十月十一日，瓦剌太师率军进攻至北京城下。北京形势危急，兵部尚书于谦组织城中军民抵抗，先战德胜门，再战西直门，瓦剌军均惨败；十月十四日，瓦剌军连续进攻彰义门。《蓬窗日录》记载了一个战争中的细节，给事中山西平阳徐公某请募诸将，用火器在彰义门设伏，瓦剌骑兵冲锋至近前，"发下大将军炮。虏军被冲，人马齑粉，其势即解"，瓦剌军攻势被阻挡后，"徐公复缒城而上，虏见之，矢发如雨，而公赖甲不得重伤"，虽然不知徐公身穿何种甲，但是看出弓矢对擐甲之人并无太大伤害，历代史料中都有类似记载。徐公此举使守城诸将颇为振奋，"自此诸将争恃炮力，虏卒不敢近城"。瓦剌军连续数次进攻均失利，加之也先胞弟孛罗和平章卯那孩都中炮阵亡，瓦剌军探知明朝勤王援军不断赶到，也先恐退路被截，于十月十五日夜下令北退。于谦命明军乘胜追击，大破瓦剌军。

明朝万历朝之前，边军装备的碗子盔，"不但宜头，渴可挹水，饥可温食，从来称便"。笔者认为此种头盔应无宽檐，就是圆钵形盔，军士认为此种盔在军中应用甚是便利。而最新装备边军的头盔上"加枪数寸"，是在盔顶加了较长的缨管，以便加装"旗旄"（吕

坤《摘陈边计民艰疏》），看起来是壮观美哉，实则不甚便利。此段
史料显示，明军在万历时期，对边军的盔有改造，在盔顶加较长的
缨管，装饰盔旗或旄毛，边军认为此种长缨管头盔使用起来无"碗
子盔"可以舀水温饭之便。有明一朝和长城以北的蒙古诸部鞑靼、
瓦剌长期处于敌对状态，明朝与蒙古诸部的互市经常断绝。诸多史
料显示，在明中期后，蒙古诸部极度缺铁，而其寇边的蒙古军又特
别喜爱此种长缨管盔，往往在阵中杀人抢夺此盔。

明嘉靖初期吏部侍郎何孟春在其著作《余冬录》中记载：

> 春顷衔命三边，将官副参将而下，随行境外。彼已装束，
> 与诸军同。军士衣甲鞍马之类，皆与边地塞草一色，有警，易
> 于按伏故也。将官服色不异军士，临阵对敌，使贼不得识之，
> 万一遂陷不测，犹得给而脱也。

三边明军的马鞍衣甲可能都是黄绿色，将官士卒服色一致，16 世纪
的明朝就如此注重军服与环境色的融合，在世界古代军事历史上是
非常罕见的。

从吕坤的《摘陈边计民艰疏》中能看出，明朝边军在万历时期
仍旧是明甲、布面甲并行装备。在与蒙古诸部作战过程中，明边军
喜穿布面甲。

5.《四镇三关志》《武备志》《武备要略》

明朝著录的地方志、兵书中都记载有不同形制的甲胄，也是研究
明朝甲胄的重要资料。主要的有《四镇三关志》《武备志》《武备要略》。

《四镇三关志》10 卷，乃刘效祖受蓟辽总督杨兆复委托，于万历

二年至万历四年（1574—1576）编纂成书。四镇指蓟州、昌州、保定、辽东，三关指居庸关、紫荆关、山海关。

《四镇三关志》中绘制了明朝边军装备的盔甲（图17），盔是典型的八瓣明铁盔，盔顶"加枪数寸"，装旗旄，图像显示边军的盔旗是方形。顿项分成左右护颊和披脑三段；身甲也是典型的明铁札甲，与《出警图》中锦衣卫身甲一致，肩部似乎是整体铁片，两肩处有单独的弧形护甲，此结构用于连接"臂手"护甲；"臂手"由多层弧形小铁甲片编缀而成，在《出警入跸图》中可见金银两色臂手，金色极大概率是铜鎏金制作，银色就是打磨光亮的铁甲（图12、图18）。锦衣卫的臂手甲片较大，臂手肩部前后各有4片单独铁甲，防护腋窝。明臂手护甲形制继承元制。《大明太宗文皇帝实录》（卷一百五十）就记载："永乐十二年，敕兵仗局以神机铳、炮、盔甲、辟手、额项、铁马裤、马甲、各二百、明甲一千送行在所。"其中的"辟手"就是"臂手"，永乐时期的军械基本都是元制。

笔者对《四镇三关志》中记载的披甲率、火器、兵器做了统计：

明朝《四镇三关志》披甲率表

蓟镇军旅

		营	驻扎	额员	盔甲	披甲率	兵器	火器
蓟镇军旅	督抚标下	左营	密云	主兵 1514 辽东客兵 991 大同客兵 594	6220	2.00	32012	481400
		右营		主兵 1235 延绥客兵 891 保定客兵 991	3880	1.24	34346	201183
		振武营		3017	2554	0.85	15580	693045
		永胜奇兵营		1085	773	0.71	11529	44895
		辎重营		2188	1696	0.78	1640	824
		镇房奇兵营	墙子岭	2486	1411	0.57	15732	7241

		营	驻扎	额员	盔甲	披甲率	兵器	火器
蓟镇军旅	抚院标下	左营	遵化	额兵 2500 内 1500 系三屯营, 尖手 500 系马兰路数内	3000	1.20	9554	436703
		右营		2953	616	0.20	3217	232364
		辎重营		2347	240	0.10	8150	48160
	总兵标下	中军营		哨站军夜 443 家丁 352 开路车兵 190 投乡通事 48	745	0.72	5298	
		左营		2679	2613	0.98	33323	436956
		右营		2833	2382	0.84	30518	462664
		辎重营		2006	80	0.04	800	
		奇兵营		501	352	0.70	346	
		东路协守建昌营		5432	3199	0.59	67678	448976
		西路协守石匣营		3291	2116	0.64	13040	185727
	各路分守	山海关营		1401 尖哨 30 夜不收 30	1660	1.14	4772	139484
		石门寨营		5634 尖哨 100 夜不收 400	1504	0.25	22666	186412
		台头营		3391 尖哨 100 夜不收 300	1128	0.30	20381	285830

		营	驻扎	额员	盔甲	披甲率	兵器	火器
蓟镇军旅	各路分守	燕河营		3128 尖哨52 夜不收300	1888	0.96	19954	214948
		太平营寨		3871 尖哨52 夜不收184	4399	1.07	60166	1076978
		喜峰口营		2433 尖哨100 夜不收300	3433	1.21	60166	1076978
		松棚峪营		3312 尖哨100 夜不收300	5274	1.42	34548	1105640
		马兰峪营		5730 尖哨150 夜不收400	6648	1.05	14750	1146370
		墙子岭营		1506 尖哨150 夜不收300	1885	0.96	18298	578798
		曹家寨营		2774 尖哨150 夜不收400	3445	1.04	21736	503958
		古北口营		1742 尖哨100 夜不收400	3110	1.39	46852	576679
		石塘岭营		2965 尖哨100 夜不收300	3312	0.98	17113	1041676

隆庆朝、万历朝初期，经过张居正的改革，明朝政治、经济、军事都军事上呈现出"中兴"之相，《明神宗实录》评价他"十年内海寓（内）肃清，四夷詟服，太仓粟可支数年，同寺积金至四百余万"，军事上他任用戚继光镇蓟门，李成梁镇辽东，又在东起山海关，西至居庸关的长城上加修"敌台"三千多座，加强北方的防备。所以笔者认为在万历朝初期，如此高的披甲率是可能存在的，这在历代王朝中都是极为罕见的数字。当然也有可能是边镇按照历年调拨统计，实际并

无如此数量。

《武备志》为明代茅元仪辑，240 卷。于明天启元年（1621）编成，集历代有关军事书籍 2000 余种，并多附插图。茅元仪曾任经略辽东的兵部右侍郎杨镐幕僚，后为兵部尚书孙承宗所重用。崇祯二年（1629），因战功升任副总兵，治舟师，戍守觉华岛，获罪，遣戍漳浦（今福建漳州），忧愤国事，郁郁而死。他目睹明朝晚期武备废弛状况，曾多次上言富强大计，《武备志》汇集兵家、术数之书 2000 余种，历时 15 年辑成。

《武备志》中记载了盔（兜鍪）（图 19）："造盔式每顶用净铁五六斤，加钢一斤，重围起细皮为止，如连围脑重二斤，其制诸如此，顶样不一，有名一块铁，有四明盔，有六叶盔，有皮穿柳叶盔。南方用旧棉花作盔，以水湿为利"（《武备志·器械》）。茅元仪曾经在军中历练，对军备记载相对准确，此段史料说明，铁盔的盔叶制作系锻造完成，锻造使用的铁料和钢有标准重量。顿项（围脑）重量为两斤，铁盔命名有"一块铁"，此类为整体锻造；"四明盔"应是 4 片铁盔叶铆接成型；"六叶盔"是 6 片铁盔叶铆接成型；南方地区有棉做的棉盔。

图 19-1 就是"一块铁"盔，图 19-2 是"四明盔"，图 19-3 盔旗都是方旗，与《四镇三关志》一致。图 19-6 标注为唐盔，可能就是多瓣铆接盔，也许是唐制八瓣盔的延续。图 19-4、图 19-5、图 19-7 可能是藤盔。

茅元仪在《甲》的一节言"甲之制不一，制甲之说甚多"，单从此句可见，明晚期的甲制相对较为杂乱。他绘制的图样中有两种"臂缚"（图 20-1、图 20-2），"臂缚式，一名臂手，每一副用净铁十二三斤，钢一斤，折打钻锃，重五六斤者，以熟狗皮钉叶，皮绳作带，以绸布缝袖肚，务要随体，宛转活便"（《武备志·器械》）。"臂缚"与《四镇三关志》的"臂手"图像一致，此书中的"臂缚"有护腋。《武备志》中引用了《武经总要》中身甲的图样，本章节不予以引用。书中记录了一种赤藤甲，"以赤藤五十斤，石槽内水浸半月，取出晒三日，复入槽添水，如此浸满一周岁，晒干照式编穿，共二十副，其外桐油油之，其甲轻坚，能革矢刃"（图20-3）。此种赤藤甲应是南方所制，未必是军中器物。"钢丝连环甲"就是环锁铠（图20-4），茅元仪标注"钢丝连环甲古西羌制，其制度却今大铁丝环圈如钱眼大，炼铁如贯串，形如衫样，上留领口，如穿自上套下，枪箭极难透伤"。环锁铠自东汉从西域引入，吐蕃军曾经大量装备，至元朝装备数量开始增加，明朝才开始大量装备，茅元仪书中言环锁铠"古西羌制"，其源头应是《唐通典》记载的吐蕃军装备环锁铠。

　《武备要略》是程子颐等编撰的图书。据称程子颐为明朝武术家程冲斗（宗猷）的子侄，此书14卷，有明崇祯刻本。乾隆刊刻《四库全书》对此书焚毁。卷九记载有部分甲胄形制（图21-1至图21-5）。诸多史料中未对程子颐生平有详细记载，也未见其有军旅经历，从其撰写的鞭技法看，是师从程冲斗习技艺。书中所录铠甲应非明军装备，图21-1铠甲铁面仅在他的书中有著录；图21-2穿山甲甲片制作的铠甲功效恐聊胜于无；图21-3皮甲可能是南方地区的某种甲制，在已知的明末甲制中未见相同风格，其身形的姿势颇似用火器而用的甲，比较注重防护身体右侧；图21-4的铁甲可能是印度风格链甲或典型菲律宾 Moro Suit of Armour 甲；图21-5马甲

也是与军制有异。《武备要略》中所录铠甲可能多是程子颐收集的南
方地区所见或随贸易进入中国的异域甲胄。

6. 御贸易与朝贡

明宫廷对蒙古汗王："赐可汗……花减金铁盔一顶、戗金皮甲一
副。"（《明英宗实录》卷一百）"减金"通"錽金"，錽金装饰的铁
盔，元朝就已经出现，明初御赐也是遵循旧例，戗金皮甲在宫廷仪
卫中就有装备。

《明实录》记载了自朱元璋建立明朝开始，从洪武朝至天启朝，
西藏、四川、青海广大藏族聚居区的僧俗领袖、地方长官在入朝朝
贡的过程中，呈献的大量铁甲、铠、甲胄、明铁甲。例如："洪武四
年六月戊子，……先是，三年冬，马梅遣管不失结等贡马及方物，
至是，偕孛罗罕等来朝，复贡马及铁甲、刀、箭"；"洪武二十七年
正月甲子，乌斯藏灌顶国师吉剌思巴监藏巴藏卜等各遣使来朝，献
甲胄斸缨等物"（《明实录·太祖高皇帝实录》），洪武时期，前元
朝册封吐蕃的宗王、丞相、元帅皆用"铁甲、刀、箭"作为贡品，
"复"是指再次或按照原有形式纳贡，西藏地区对中原朝廷的朝贡
体系是遵循元制，武备刀剑为贡品是元朝成例。明英宗正统十四年
（1449）"丁亥，朵甘思宣慰司剌麻武些灵藏赞善王、总菩呙地方加
儿等四寺剌麻、偏竹朵儿只等护教王地方蒙儿等二寺番僧，春孟等
来朝贡佛像、舍利、盔甲及方物，赐钞币等物如例"（《明实录·大
明英宗睿皇帝实录》）。《明实录》中记载的西藏朝贡贡品中，有关
盔甲的部分约有六十七处之多，青海藏族聚居区以西宁卫的瞿昙
寺、弘庆寺、弘觉寺，岷州卫的大崇教寺、胜安寺，临洮府宝塔
寺，河州卫灵藏寺、弘化寺为主。四川藏族聚居区以杂谷脑安抚

司、嘉定开化寺、茂州卫、长宁安抚司、董卜韩胡宣慰司、天全六番招讨司等为主。西藏地区则以"阐化王""阐教王""乌斯藏灌顶国师""乌斯藏都指挥使"为主。成化朝、隆庆朝规定西藏地区阐教王、阐化王、辅教王、赞善王统化番民；又有护教王、大乘法王、大宝法王七法王三年一朝贡；"长河西鱼通宁远等处、朵甘思宣慰使司、董卜韩胡（别思寨安抚司、加渴瓦寺）、长宁安抚司、韩胡碉怯列寺、洮岷等处番僧、洮岷等处番族"三年一贡，所有的贡物中都包含"明盔、明甲、铁甲、刀、剑"（《大明会典》卷一百八）。这些西藏朝贡的甲胄在洪武时期应该存放于南京武库。永乐朝迁都北京后，西藏地区进贡品都应纳入北京武库，理论上北京故宫博物院应有藏品，尚不知现故宫博物院是否保存有明代西藏进贡的甲胄，至今未见有相关论文和实物发布。

云南地区土官亦有甲胄朝贡，洪武十六年"沾益州土官安索叔、安磁等贡马及罗罗刀甲、毡衫、虎皮"（《明史·云南土司传》)，其中的"罗罗刀甲"是指彝族刀剑甲胄。

国外亦有甲胄朝贡，"洪武七年，西域安定王卜烟帖木儿，遣使来朝，贡铠甲刀剑等物"（《大明会典》卷一百七）；洪武朝，日本"朝贡铠甲、盔"（《大明会典》卷一百五）。

二、生产管理

1. 生产

明代军器制造业分为中央和地方两个部分。军器制作由工部管理，分发则由兵部负责，即所谓"军器造于工部而给散则兵部掌行，禁卫营操、内外官军，莫不有定数"（《大明会典》卷一百五十六）。

明代的中央军器制造业又分属工部和内府两个系统，工部具体的管理机构是虞衡清吏司，其下设军器局，令工部侍郎提督；内府管辖兵仗局。明太祖洪武十三年（1380），明廷设立军器、鞍辔二局，主管军器制造。永乐北迁后，此二局也设于北京，鞍辔局后并入军器局。明宣宗宣德二年（1427），军器局之下分设盔甲厂、王恭厂，军器局主要为京营制造所用的军器和军装。兵仗局也是洪武时期设立于南京，永乐朝北京亦设立。该局由内府监局管辖，负责皇城上直侍卫的锦衣卫使用的军器，以及皇帝赏赐给高级将领和边疆各关领及夷王奏讨军器。所有军器制作完成后须登记贮藏，京城内贮藏军器在戊字库，此库由内府管理。

《大明会典》记载了明朝军器制作的细节："洪武七年令，线穿甲悉易以皮"，编连铠甲的线改皮，说明此种甲是札甲，无论是哪种材质的线绳，在耐磨程度上都无法与皮绳的强度相比。洪武十六年（1383），"令造甲每副，领叶三十片，身叶三百九片，分心叶十七片，肢窠叶二十片，俱用石灰淹里软熟皮穿"。此句史料显示出整套甲的制作标准，身甲有领、身、分心、腋窝等几个部件，每个部件都有相应的甲片数量，从甲片数量反映出甲片较大。此种大片甲片在现存实物中都是铆接在布面之上，而此处史料显示，明初存在一种大甲片的札甲，此类大叶甲片使用皮绳编缀，皮绳都是用石灰硝制的熟皮。洪武十一年（1378），"天下岁造军器盔甲等项一万三千四百六十五件"。洪武二十六年（1393），"令造柳叶甲、锁子头盔六千副，给守卫皇城军士"（《大明会典》卷一百九十二）。柳叶甲应是窄铁甲片的身甲，锁子头盔可能有两种形制，一种是盔体下沿使用锁子甲顿项的盔，另一种是纯锁子甲制作的头罩，此种风格的头罩在欧洲使用较多。

明朝对中国南、北地区制作甲使用的材料有差异性要求，洪武十六年（1383），"令南方卫所铁甲，改用水牛皮造绵绳穿吊"，南方潮湿，铁甲易锈，故改为皮甲；"浙江沿海并广东卫所用黑漆铁叶绵索穿"，江浙地区的铁叶需糅黑漆，也是为了防锈，用棉绳穿编。北方地区仍旧是"俱造明甲"。

明孝宗弘治九年（1496），皇朝军士装备的甲有明确规定，"令甲面用厚密青白绵布，钉甲用火漆小丁。又定青布铁甲，每副用铁四十斤八两"。此种甲就是典型的布面甲，官方称作"钉甲"，规定布面使用青布为表，白布为里，棉布一定要"厚密"，铆接甲片的外露铆钉表面要用"火漆"封固，防止锈蚀，此类钉甲内衬铁叶需用铁"四十斤八两"，明朝一斤折合为596.8克，全套钉甲重24千克。

（1）军器局

弘治朝规定，工部军器局每年造"朱红油铁圆盔三千六百顶、青甲三千六百副"。

明代史料相对较多，部分史料还记载了不同单位制作的甲胄制作细节，其中包含重量细节。《皇明经世文编卷》载，"其甲中不掩心，下不遮脐，袖口太宽，又多压肩。不掩心则不能遮矢，袖宽压肩则不能开弓。且重二十四五斤而甲叶不坚，军士岂能披之？而盔尤平常，甲面布多蓝色，不足盛军容"。折合甲重14.9公斤。马文升在《成造坚利甲兵以防边患事》中说："即今京库阙少盔甲，如蒙乞敕兵仗局成造上样盔甲各二顶副，腰刀二把，其甲重十八斤，盔二斤半，发与两京军器局，着令管局内外官员照样成造。务将甲叶冷端数百锤，使之十分坚固，掷地有声，方为得法。甲面务要青布，用火漆钉钉之。若用线穿者，其线亦要精致。而盔要低矮，不宜太高，亦须端到，自不生秀。"（《马端肃公奏议》卷十三）折合甲重10.7公斤，盔重1.5公斤。《兵录》："造甲式，一副约用熟铁四十五斤，加钢三四斤，开成叶一片，钻千余锤。每副表里礬纸共重二十余斤则可。""造盔式，每顶用净铁五六斤，加钢一斤重，团起细皮为止。如连围脑重二斤，其制诸如此顶样不一，有名一块铁有四明盔，有六叶盔，有皮穿柳叶盔。"折合甲重12公斤多，盔重1.8公斤。《从征实录》记载郑成功铁人军"今我兵欲以一人穿带三十斤步行，雄壮者步伐不难，瘦小者未见其便"折合甲胄重18公斤。

明世宗嘉靖二十二年（1543），诏令："盔甲厂改鹿皮鞓带为透甲牛脂皮鞓带，改直领对襟摆锡丁甲为圆领大襟"，说明嘉靖时期部分提挂刀剑、撒袋鞓带是鹿皮，可能是鹿皮制作成本偏高，才将鞓带的材质改为牛脂皮。更改部分甲的式样，嘉靖四十三年（1564）各卫所"将六瓣明盔尽改造八瓣帽儿盔，其大甲一半改紫花布长身大甲新式，一半照旧式，惟布身加长二寸。共修造甲一万一千三百一十二副"。

明神宗万历十年（1582），盔甲厂、王恭厂"造明盔甲五千副，给京营军士。以五年为期，每年千副"。

（2）兵仗局

明孝宗弘治九年（1496），令"兵仗局造精致盔甲腰刀各二十件，送浙江、福建、江西、河南、山东、南北直隶抚按镇守官处，各督所属，依式成造"（《大明会典》卷一百九十二）。这句史料非常有意思，说明除了两京的军器局、兵仗局制造军器外，地方军镇亦制作军器。地方军器的标准件来自京师的兵仗局，说明兵仗局具有极高的军器制作水准，同时也说明内府掌握的兵仗局是整个明朝军器式样的设计主管单位。

军器局、兵仗局承担制作的军器数量和工艺要求都稍有差异。

明代中央军器制造业处于一种特殊的、相互制衡的管理体制之下。军器局辖于工部，由工部主事监督，但又有宦官主管；兵仗局辖于内府，由内府宦官管理，但军器制造所需的原料则由工部具办。"这种体制体现了皇帝对外朝机构的不信任，希图将中央军器制造业置于自己的直接控制之下。这种体制加剧了官营企业管理不良、效率低下的通病，对中央军器制造业有严重影响"（李伯重《万历后期的盔甲厂与王恭厂——晚明中央军器制造业研究》，《中国学术（总第三十辑）》商务印书馆 2011 年版）。

弘治朝对各卫所全造和减造军器数量做出规定：

	全造 / 副	减造 / 副
浙江都司十六卫五所	2760	1380
江西都司四卫十一所	1080	540
福建都司十一卫	1760	880
福建行都司五卫一所	840	420
山东都司十六卫五所	2760	1380
河南都司九卫三所	1560	780
大宁都司十一卫一所	1800	900
北直隶三十八卫四所	6240	3120
南直隶三十七卫五所	6120	3060

《大明会典》《明史》中，记载明军制作军器数量单位都是以"副"为单位，每副包含"盔、甲、腰刀各一件，弓一张，弦二条，箭三十枝，撒袋一副，锐箭五枝。每二副加团牌一面，长枪一根，各都司同"。明武宗正德十年（1515）规定，制作"一副盔、甲、弓、箭、弦、腰刀、撒袋一全副"军器的价格共折银八两。

吕坤《摘陈边计民艰疏》显示，一套明甲制作费用"计工料不减三千"。

2. 匠人管理

明朝承袭元朝以职业不同划分户籍的管理制度，将全国人口以民、军、匠三大类划分户籍，军匠隶属于军籍。

明初时期，军匠人数规模庞大，明太祖洪武二十六年（1393），在册的"穿甲匠二千五百七名"（《大明会典》卷一百九十二），洪武、永乐时期的军匠主要都是从元朝俘获所得，多安置在京师，永乐迁都后，这些军匠也迁徙至北京。正统朝时期，军匠来源主要是"投充军匠"和"收充幼匠"两种形式，投充军匠是充匠者本人出于某种意图，自愿成为军匠；而收充幼匠主要是由朝廷组织相关部门负责收充并培养幼匠，带有一定的强制性。明中期后，由于受到严格的管理、高强度的劳动等原因，军匠逃亡现象频繁出现。正统年间，军器局官军民匠共有 5787 人，到成化朝，由于匠人逃亡、事故，仅存 2000 余人。军匠数量不断下降的情况一直在发展，到明世宗嘉靖二年（1523），"兵部题准存留军匠二千九百四十七人，今惟一百九十一人应役。恐工作难就，军器缺乏"（《明世宗实录》卷二十二）。军器局属下的盔甲、王恭二厂，原额各色人匠 9200 余名，分两班，定四季成造，平均每班实际工作人数为 4600 余名。至明穆宗隆庆五年（1571），查二厂实在军匠只有 1592 名。兵仗局的情况也大同小异，其工匠原额为 3163 名，明英宗正统四年（1439），由于工匠的流失，"兵仗局内官奏：成造军器匠役不敷，乞于在京四十七卫拨取幼军余丁习学"（《明英宗实录》卷五十三），由于工匠逃亡，不得不采取"收充幼匠"政策来增补工匠数量，至隆庆朝时，兵仗局匠户下降至 1781 名。

内府、工部所管辖的军匠由于长期服役于官府，人身自由受到严重束缚，他们大都消极怠工，生产军器质量低劣，官营匠造器甲的政策彻底失败。由于明末战事不断，对武器的需求也迫使朝廷不得不雇募匠人从事军器制造。徐光启认为，战争的胜利与武器的精良有着密切关系，他上疏建议："广东募送能造西洋大小神铳巧匠、盔甲巧匠各十数名。买解西洋大小诸色铳炮各十数具，铁盔甲十数副……云南募送土司皮甲匠十数名，买送皮盔甲十数副……宣府、大同、宁夏、甘肃各募送善造盔甲火器铁匠、善制生熟皮匠各数名"（《皇明经世文编》卷四八八）。

3. 贮藏

明朝军器制作完成后，须纳入武库贮藏。"旧例，天下卫所岁造军器，在边镇者，留本处给军。在腹里者，解戊字库，专备京营官军领用，并无别项供应边讨之费"（《大明会典》卷一百九十二）。各地卫所生产的军器，边镇所造的军器留在边镇装备边军；其他内地制作的军器制作完成后，解押至京师的"戊字库"贮藏。

4. 律令

明廷法律严格规定了军器管理，首先明确禁止私造，"应禁军器。除弓箭刀枪外，凡盔甲、旁牌、火筒、火炮、旗纛、号带，不许私家制造"（《大明会典》卷一百九十三）。如果有违法，从重问罪，私藏军器"一件杖八十；每一件加一等"，私造者"加罪一等；各罪止杖一百、流三千里"（《大明会典》卷一百六十六）。

凡是军人将衣甲、刀枪、旗帜等军器私下售卖，"杖一百，发边远充军。军官卖者罪同，罢职充军。"购买者同罪，售卖价钱罚没收官。边军将帅领用的军器"若辄弃毁者，一件杖八十。每一件加一等。二十件以上，斩"（《大明会典》卷一百六十六）。战阵损毁的军器，不治罪。

三、考古与实物

国内考古发掘明朝定陵、勋臣墓中有甲胄出土，是研究明制甲胄的重要实物和参考依据。按照墓主下葬的时间顺序排列有：明成祖永乐八年（1410）蜀王世子朱悦爁墓、明英宗正统四年（1439）南京江宁县沐晟墓、正统六年（1441）梁庄王朱瞻垍墓、正统十一年（1446）定边伯沐昂及其夫人文氏合葬墓、明孝宗弘治八年（1495）云南呈贡王家营明沐详墓、明神宗万历四十八年（1620）明神宗朱翊钧定陵。

1.1970年2月，中国人民解放军驻成都某部在成都凤凰山工程取土中，发现蜀王世子朱悦爁墓，朱悦爁葬于永乐八年（1410）。原来墓前的陵园等建筑，今已无存。由于此墓早年被盗，随葬品多流失，出土"铁盔一件，高22、直径19厘米，前有短沿，后缀铜质网状顿项。弃置于中庭圜殿的前面"（中国社会科学院考古研究所 四川省博物馆 成都明墓发掘队《成都凤凰山明墓》，《考古》1978年第5期）。《中国传统工艺全集：甲胄复原》刊载出此盔图像（图22），盔体略有变形，能看出是"帽儿盔"形制，是铜锁子甲，明显分成左右护颊、脑后三部分，此类盔就是《大明会典》记载的"水磨锁子护顶（项）头盔"，可能"帽儿盔"的顿项主要是环锁铠形式。

2.1959 年 5 月 25 日，南京市文物保管委员会在江宁县东善人民公社清理了明定远忠敬王沐晟墓。盔、甲、剑放置在墓室中室石台上："盔 1 件，用布革之类六块制成，赭色，放在铁甲的上面，已腐朽过甚。直径 35 厘米。甲 1 件，折成长方形，是用小铁板联缀制成。每块小铁板长 5、宽 1.2、厚 0.2 厘米，上有丝绳联缀的穿孔二。甲领部与肩部均为薄铁板做成。根据折叠的形状来量，甲领大 0.25～0.35 米，肩宽 1.03、腰宽 0.7 米，因锈蚀损坏，不能复原。"（南市文物保管委员会《南京江宁县明沐晟墓清理简报》，《考古》1960 年第 9 期）沐晟是明朝初期将领，黔宁王沐英次子，"少凝重，寡言笑，喜读书。太祖爱之。历官后军左都督"（《明史·沐英传》）。沐晟的甲胄是较为典型的明初形制，其盔应是六瓣皮革或布胎髹漆制成，虽然不在《大明会典》记载的诸多形制之中，但是其六瓣结构也是典型明初形制；其甲片属于窄铁盔叶，只"穿孔二"，因为未见甲片图像，如果仅有 2 孔，铁甲片的尺寸不大，可能是利用上下孔缝缀在布面之上的，而不是札甲甲片编缀成身甲；从考古报告上看，甲领、肩部可能是由整体的铁板做成，肩宽"1.03"这个数据可能有误，由于考古报告未提供图像，其准确形制不得而知，可能与内蒙古博物院藏元甲类似，肩部都有整体护甲。

3.1970 年，山东博物馆和邹县文物部门组织发掘了鲁荒王墓。墓中出土铁盔和铁甲。"铁盔，矮圆锥形，尖顶，沿边有一周细钻孔，后部有翘尾。纵径 11.9 厘米、横径 10.7 厘米、高 7.6 厘米"（图 23-1），从器形上看可能是一体锻造，但是整体非常小，很大的概率是冥器，总体还是呈现了蒙元时期尖顶盔的造型。"铁甲片一组，穿线已朽毁，塌成一堆。为熟铁锻打制成后剪成很薄的铁片，有铁锈迹，长条状，形制略有不同，分成五型。Ⅰ型一端为圆弧，每片有四组 8 个编缀孔，长 3.8～4 厘米、宽 0.9～1.2 厘米、厚 0.05 厘米；Ⅱ型一端为梯形，一端为弧形，每片有五组 10 个编缀孔，长 3.2～4 厘米、宽 1～1.4 厘米、厚 0.05 厘米；Ⅲ型一端平直，一端为弧形，每片有五组 9 个编缀孔，长 4～4.65 厘米、宽 0.4～1.2 厘米、厚 0.05 厘米；Ⅳ型两端皆平，每片有五组 9 个编缀孔，长 4.3～4.5 厘米、宽 0.8～1.2 厘米、厚 0.05 厘米；Ⅴ型一端平直，一端斜抹边，每片有五组 9 个编缀孔，长 4～4.5 厘米、宽1.4～1.2 厘米、厚 0.05 厘米"（图 23-2）（山东博物馆、山东省文物考古研究所编《鲁荒王墓》，文物出版社 2014 年版）。由于甲片散乱，考古后期整理也未作统计，此套甲究竟有多少片，身甲形制是何种类型都不得而知。甲片非常薄，推测此套甲应是冥器。

4.1983 年，南京市文物保管委员会发掘了一批太平门外的明墓，其中吴忠墓后室左角出土铁甲一件，"由长 8.7 厘米、宽 7.6 厘米、厚 0.8 厘米的铁片穿缀而成，每片上部均有 0.4 厘米小孔 6 个"（图 24-1）（李蔚然《南京太平门外岗子村明墓》，《考古》1983 第6 期）。此墓未经盗扰，所以身甲应该是完整的，只是未作修复。吴忠为天兴翼副元帅、英武卫亲军指挥使吴祯次子，早年随明太祖起兵，为帐前先锋，是明初淮西二十四将之一。袭封靖海侯，明太祖洪武二十三年（1390）因胡惟庸案除爵。2020 年《1420：从南京到北京》展中第一次公布。从甲片开孔形式和南京沐昂墓所出甲片一致，这类甲片只出现于明初，说明此类甲仍旧延续元制铁甲。此类甲片在金帐汗国考古中就已经出现，是蒙古布面甲的一种，从已知的蒙元布面甲来看，一类甲片是通过铆钉铆接于布面，甲片在布面内层，即明代史料所记载的暗甲。这类在甲片一角开 6 个小孔的甲片应是布面甲的另一种形制，6 孔细小，不能铆接，只能缝合在布面，甲片相互叠压，遮蔽上角的缝合孔（图 24-2），这类甲片在布面之上，此类甲应该就是明史料中记载的明甲。

5.2001 年 4—5 月，由湖北省文物考古研究所主持，荆门市和钟祥市的文物考古工作者参加，共同对钟祥市长滩镇大洪村梁庄王墓进行了发掘，梁庄王朱瞻垍下葬于明英宗正统六年（1441）。墓中出土完整铁筋布胎髹朱漆勇字盔 1 顶（图 25），"椭圆形，隆顶攒尖，折沿，沿面窄而微斜，盔沿的后部圆弧，前部两侧各有 1 处内凹，前端尖弧，使之形成'帽舌'。隆起的盔体内面焊接一个由 12 条竖置的铁条组成的'罩子'，每根铁条宽 1.5 厘米。通体胶贴平纹麻布，然后髹红漆。在盔顶的正前方，用金粉书写一个大的'勇'字，高 18 厘米，盔沿径：纵 26、横 23.8 厘米，盔口内径：纵 19.9、横 18 厘米，沿厚 0.3 厘米"（湖北省文物考古研究所 钟祥市博物馆《梁庄王墓》，文物出版社 2007 年版）。此盔形制与《出警入跸图》中朱漆勇字盔形制接近，只是盔体较高，是典型蒙古帽式盔的延续，帽檐相对没有那么宽，与《大明会典》记载的"朱红漆贴金勇字盔"一致。

6.2006 年，南京市博物馆等单位对位于南京市江宁区将军山的明代定边伯沐昂及其夫人文氏的合葬墓（M13）进行了考古发掘。在前室后壁中部放置一个须弥座造型的石台上，放有一套铁质铠甲，石台周围发现有铁盔、铁刀、铁剑等，原来可能与铠甲共同放置于石台之上。"盔 1 件（M13：10）。圆形，一侧有月牙形檐。顶部已残，仅存下半部。整体铁质，底口有一圈铜扣。器内外表面皆残存麻布痕迹，近底口处有多个小孔，残存线痕。底口直径约22、残高12.2厘米（图26-1）。铠甲1件（M13：13）。出土时平放于石台上（图26-2），基本保持原位、原状。甲片之间的连索虽然大多朽断不存，但编连方式仍有迹可寻。甲片现存345片，大都左右对称，其形状多样，包括有长方形、三角形、梯形、方形、半椭圆形，以及不规则的异形等；其大小差别也较大，例如长方形甲片中，大的长7.6、宽5.5厘米，小的长4.5、宽3.6厘米。经初步整理发现，这套铠甲虽有部分甲片锈蚀残缺，但肩甲、胸甲、腿甲等各部位俱存，可以复原。"（南京市博物馆 江宁区博物馆《南京将军山明代沐昂夫妇合葬墓及M6发掘简报》，《东南文化》2013年第2期）

此种盔型是典型蒙古一体锻造圆钵盔，胄体顶端应该有一盔缨座，因锈蚀而遗失。其身甲应是目前已知保存最为完整的明早期铁铠甲，从甲片的形状和铆接点来看，沐昂墓中的甲就是"明甲"与"钉甲"的结合。甲片总计345片，其甲片数量与《大明会典》记载的明太祖洪武十六年（1383）定例的"每副，领叶三十片，身叶三百九片，分心叶十七片，肢窠叶二十片（合计376片）"相近。南京博物院曾经发文说此套甲已经完整复原，但是至今未见公布。从原始图片看是保存非常好的铁甲胄，属于非常典型的元制甲胄。

7.1956年，云南省文物工作队在昆明呈贡发掘沐详墓，沐详的高祖是沐英，曾祖是沐昂，明宪宗成化二十年（1484）任"锦衣卫都指挥金事、充右参将"，明孝宗弘治八年（1495）卒。墓中出土剑、盔、甲（图27）。"铁盔1件。高22、直径20～29厘米。由六块三角形铁片连接而成，下沿为圆圈形，顶部缨饰已脱落，两侧饰双龙，其一现已脱落。铁甲片 209 片。作矩形、三角形等形状，均长不到 10 厘米。各片边缘均有小孔，穿连绳索已腐，甲片位置业经扰乱，原形状不明。"（云南省文物工作队张增祺《云南呈贡王家营明清墓清理报告》，《考古》1965 年第 4 期）

盔为典型明制尖顶六瓣盔，整体盔型较尖，每条压缝都明显不是铁质，疑为铜鎏金材质。盔沿与盔体交界处亦有同样材质的压缝。甲片数量少于《大明会典》记载的身甲甲片数量，此甲应该也是布面钉甲。

8.1956—1957 年，中国社科院考古所主持对万历皇帝定陵玄宫进行了发掘，在 X20 随葬箱子中出土铁甲、铁盔。

盔"1 顶。X20:6，圆顶，宽平檐。顶用六块铁板构成，里用宽 2 厘米的铁条压缝，外用金饰条压缝，上刻香草纹。盔缘与顶相接处用金饰莲瓣纹压缝，各用六段相接，接缝处钉有铆钉。在正面盔缘上残留有小珍珠四十五颗，可能作装饰之用。盔里面从残留丝织品痕迹观察，有黄素绸作为衬里。盔顶镶有束腰形仰覆莲座，上嵌金制玄武大帝坐像。坐像披发，长髯，跣足，右手持剑，左手置于膝上，手心向上作掐指状；内著甲衣，外披道袍，腰束带，双肩系挂飘带。背后焊接有三个金管插座，中间一管内插有一段金管，上部残。这三个管座内原来可能插有旗缨之类的饰物。在盔的六面嵌金制六甲神，气魄雄伟，姿态各异，有的戴盔，有的戴高冠，有的挽髻束发。除一神双手持旗外，其余各持兵器：有持矛者，有双手持刀者，有一手拿剑、一手握轮者，还有拿铜者。……盔通高 33、帽高 17、外径 26.5～28.3、内径 17.5～19、沿宽 3.8 厘米。玄武帝君高 9.8 厘米，六甲神高 8.1～9.2 厘米。盔共重 1690 克"（图 28）

（中国社会科学院考古研究所 定陵博物馆 北京文物工作队《定陵》，文物出版社 1990 年版）。此盔就是《大明会典》所载的"金护法顶香草压缝六瓣明铁盔"。

此盔是目前唯一的明朝皇帝铁盔，盔顶为真武大帝，盔体六面有六甲神，说明万历皇帝崇信道教。至万历时期，盔体与前朝略有差异，顶部稍圆，盔沿较平。

万历皇帝铁铠甲也出自 X20 箱，置于器物箱最下层，甲片锈蚀严重，有相当数量的甲片已破碎散乱或锈结在一起，但是在锈结的甲片上保留有清晰的编结痕和衬里痕迹。和身甲一起发现有三面圆护、枣核形甲别扣三个，均为身甲附件。经过对锈结的甲片除锈和拼合粘对，共存各种类型甲片 159 片。

经过 X 光照相，进一步了解了甲片的孔位和编缀方式。甲身呈对襟背心式，领口近似于方形，双肩无披膊。"全甲自肩至底边通长 68 厘米，胸围 104 厘米，下摆周长 104 厘米，领口前后长 9.5、左右宽 14 厘米。甲身前襟分左右两片，每片胸部中心附一圆护；后襟为一整片，上部中心置一圆护，下部有开衩。前后襟在肩部缀连一起。"（中国社会科学院考古研究所 定陵博物馆 北京市文物工作队《定陵》，文物出版社 1990 年版）（图 29）

甲片均为熟铁锻打制成，外涂黑漆。依形制不同，分成三型：

Ⅰ型：共 186 片。长方形，表面微弧，长 8.8～9 厘米，宽 5.8～6 厘米，厚 0.3 厘米。每片上开 7 组编缀孔，每组 2 孔。这类甲片用于甲身。下摆及甲衣外侧的甲片则减少 1 组或 3 组编缀孔，增加 2 至 6 个包边孔。肩部两排外侧的长方形甲片稍窄，宽 5 厘米（图 30- Ⅰ）。

Ⅱ型：共 10 片。抹角形。用于两肩腋下转弯处，前襟 4 片，后襟 6 片，上边宽 1.7～4 厘米、底边宽 5.1～6 厘米，每片有 3 组或 5 组编缀孔，外侧另有 3 个包边孔（图 30-Ⅱ）。

Ⅲ型：共 3 片。顶端凹弧形，用于领窝部分，大小与Ⅰ型甲片相同，每片有编缀孔 5 组，包边孔 2 个（图 30-Ⅲ）。

圆护共 3 面（图 31），以铁板打制而成，正面微凸，表面贴金。前襟两个圆护纹样相同，上面錾刻两武士像，武士衷甲，一武士持矛，一武士右手持锏，左手牵虎，圆护直径 12.5 厘米。背部圆护共錾刻 5 人，中间坐像为玄武帝君，其余 4 人为随扈，圆护直径 13.8 厘米，每面周边有 6 至 8 组连接孔，每组 2 孔。

甲别扣 3 个，形状为枣核形，中腰有一沟槽，便于缀系。身甲左襟缀袢，身甲右襟缀扣，推测身甲应有 6 对袢扣。

甲片先横排编缀，前片甲片自襟对缝向左右两侧相叠压，连线呈凸字形；后片自中心 1 片向左右编缀，自里向外相叠压，连线呈锯齿形。纵排相连，将两横排甲片以下排压上排的次序相叠压，重叠部分约占甲片长度的二分之一；连线较长，伸缩范围约 2.5 厘米。左右前襟和后襟编缀完成后，于肩部甲片对缝相连，不相互叠压；连线较长，活动范围较大。

身甲内部有衬里，周围有包边，衬里由织金锦制作，裁剪成型后，从铁甲内侧向外反折，再于织金锦上覆盖宽 1 厘米左右的绦带，丝线从包边孔穿出，固定内衬于铁甲之上。

考古所认为，此套甲是万历出行时候穿着在袍服内的甲。此甲总长 68 厘米，符合《大明会典》记载的"齐腰甲"特征。有些学者认为此甲就是《大明会典》中记载的"明甲"。此甲的甲片尺寸是已知明朝考古实物中身甲甲片中最大的，编缀也是使用丝绦编缀，考古所认为，其编缀形式和身甲形式非常接近汉朝甲制。笔者认为，此种编缀形式与汉朝甲制应不同，其大甲片的形制和编缀形式更接近金朝铁甲，可能在元朝时期，就继承了金朝这样的大甲片以及其编缀形式，明朝又继承了元朝的此类大甲片短甲。目前因为没有明确的元朝此种甲出土，所以是一种推测，期待未来有元朝此类风格甲出土可证实。

9.《中国传统工艺全集：甲胄复原》一书中披露广州文物考古所在中山五路红砂岩渠道出土一套铁札甲，与共存物比较判断，此套铁甲下限在明早期。此套铁甲经过整理后，总重量 23 千克，整理出甲片 1088 片。

Ⅰ型：占全部甲片的大多数，约为 84%，片体呈较窄的长方形，长约 10 厘米，宽约 2 厘米，厚 0.15 厘米，重 10 克左右，甲片开 13 孔，甲片上端 5 孔，横三纵二呈 T 形，中腰两侧各设 1 对纵孔，甲片的中部偏下居中开 1 孔，下端则横设 3 孔（图 32-1 至图 32-7）。

Ⅱ型：数量最少，不足总数的 6%，片形长方，与Ⅰ型相似，较宽，平均长 10 厘米，宽 3.4 厘米，厚 0.2 厘米，重 14 克左右。甲片亦开 13 孔，布局与Ⅰ型略同，区别是中部居中 1 孔开在中腰两侧的 1 对纵孔之上（图 32-9 至图 32-12）。

Ⅲ型：甲片较短，下方上圆，片数较多，约占全部甲片的 10%，甲片长约 7.4 厘米，宽 2 厘米，厚 0.15 厘米，重 7 克左右。甲片开 9 孔，顶部居中 2 纵孔，中上部两侧各 1 对纵孔，中部偏下设 1 孔，下端开 1 对横孔（图 32-13 至图 32-17）。此风格的甲片和已知的唐、吐蕃甲片风格一致，说明此类札甲明显是唐、宋札甲的遗风。

图 32-8 甲片最为特殊，两片甲片串连在一起，整体如一合页，

总共出土两组，一组完好，一组残缺。白荣金先生推测，此合页在身甲的腰侧使用，是为了方便甲的折叠，此种合页结构也是目前首次出土。

白荣金先生和广州考古所的专家参考《武经总要》中铁甲资料，在没有实物参照下，对此套甲片进行编缀，复原了此套明铁札甲（图33）。身甲为背后开襟的背心状，左右披膊独立，前胸和后背各有大甲片编缀的前后掩心，甲裳独立，共计使用甲片 1165 片。

四、绘画、雕塑中的甲胄

现存的明朝绘画、雕塑中的甲胄形式也完全遵循了宋朝、元朝的两种表现形式：一种是在寺庙、道观、水陆画中表现出的神将风格；一种是在绘画中表现出的军中形制，此类绘画中的甲胄才是研究的重点。

1. 神将风格

明孝陵石翁仲（图34，其盔形是典型的"帽儿盔"）、山西平遥双林寺韦陀（图35）、河南新乡市博物馆藏明代关羽像（图36）、商喜绘《关羽擒将图》（图37）、宝宁寺明代水陆画《守斋护戒诸龙神部》（图38），此3尊塑像和2幅绘画较为准确地反映出典型明代神将甲胄风格。

甲胄中的身甲、披膊都是 Y 形甲片，此种甲片在历史中并不存在，是自唐朝开始，画匠把环锁铠的连环形式简化成 Y 形，并在雕塑中形成凹凸的表现形式，这样的艺术表现在明朝尤为突出，几乎所有的雕塑、绘画中的甲胄都是此类表现形式。在这些雕塑和绘画中，甲裳可以柔软地贴合身体，过长的甲裳可以折叠，挂在甲裙上部，这样倒是真实地模拟了环锁铠的真实状态，中国传统铁、皮札甲都不具备卷曲的可能性。但是身甲的前后裲裆关系、独立的甲裳又真实地反映了唐、宋、金身甲的结构。神将甲胄是一种美化了的甲胄形式，是对唐、宋神将粉本的一种延续。

洪武皇帝朱元璋的孝陵石翁仲非常值得重视，其身甲虽然为典型的神将风格甲，但是其盔型则是元、明初较为流行的"帽儿盔"。

2. 绘画中的军制甲胄

明朝绘画也有较多的写实风格，真实地描绘了明朝甲胄，是研究明朝甲胄的重要图像史料。

《丹宸永固：紫禁城建成六百年》大展中《徐显卿宦迹图》首次展陈，这本宦迹图是勾勒明代隆庆、万历年间大臣徐显卿一生际遇的彩绘图册，作于明神宗万历十六年（1588）。其中第八图《皇极侍班》表现的是明穆宗隆庆四年至明神宗万历五年（1570-1577）之间，徐显卿为翰林编修、修撰、侍读，大朝会时在皇极殿轮侍东班。故徐显卿诗序："凡遇升殿，轮值东班，盖天颜咫尺云。"画面绘制了大朝会时，皇极殿前百官朝拜，负责侍卫的锦衣卫、神枢营、五军营都有绘制，此幅画是现存已知的明朝大朝会礼仪唯一全景图画（图39-1、图39-2）。

《大明会典》载："皇极殿。御座左右、将军一百十八人。锦衣卫九十八人。内四十二人，金盔甲，十六人，明盔甲，俱悬金牌，佩刀，执金瓜。"《皇极侍班》中清晰地表现了锦衣卫大汉将军擐金甲、持金瓜的细节，金甲为长身札甲形制，金瓜为八叶形，此种瓜是蒙元时期从西亚引入的"夏西帕尔锤"。《大明会典》载,皇极殿门外的"殿门将军三十六人,锦衣卫十六人,金盔甲、金牌,佩刀,执金瓜。神枢营二十人,红盔、青甲……"而绘画中的殿门将军穿金甲和铁甲,神枢营军士的盔为典型的帽形盔,金甲和铁甲都是长身札甲。绘画中神枢营的甲与史料不同。《大明会典》载丹墀两侧的"五军营官军二千人,红盔、青甲,执叉刀及金枪,作四十队",图像中五军营军士未戴红盔,而是铁盔,身穿铁札甲,持叉刀。札甲的形制是罩甲形式,未披挂臂手。《徐显卿宦迹图》中绘制的锦衣卫、神枢营、五军营与史料有差异,但是仍然能看出明军的甲胄形制,五军营所擐之甲就是史料中典型的"明甲"或"札甲"。

1959 年,《平番得胜图卷》作为"岐阳王世家文物",由朱启钤先生捐赠给国家,入藏中国国家博物馆。岐阳王李文忠是朱元璋外甥,也是明初重要将领。《平番得胜图卷》描绘了明朝万历三年(1575),明廷对西北诸番部族的一次军事征剿行动。画面包含了军队动员、行军、联络、作战、赏功诸多内容。绘画中的明军器甲是除了《出警入跸图》之外、迄今为止描绘得最为准确的。

主要包含"军门固原发兵"。明军平番作战从固原城出发,总督三边主帅正坐军前,各路兵马领令出征(图 40)。主帅石茂华于明神宗万历二年(1574)任都察院右金都御史,总督陕西三边军务,此次平叛由其主导。帐下正对面跪着主将 1 人,裨将 3 人,其他将官 5 人,均内着红色锦袍。主将擐金甲、金胄、金臂手,应是短身甲,甲裳独立,可能是鱼鳞甲;3 位裨将的身甲是大甲片的明甲,其风格应与万历定陵所出的大甲片一致,甲裳为暗甲,盔为四瓣盔,盔顶有长箭杆,装饰方形盔缨;5 位从将穿布面钉甲,戴明尖顶明铁盔,披挂臂手。大帐左右两侧是三边主帅的传令兵和亲卫（图41），前排传令军士持三角旗，擐短身大叶明甲，胸口捆绑有荷叶边令牌。此种令牌是明朝常用令牌形式，此种造型令牌自洪武时期开始出现，有明一朝都在使用，后金时期令牌形制源自于此（图42）。传令军士下身为长暗甲甲裳，头戴多瓣明盔。传令兵之后是亲卫，穿长身红锦滚边罩甲，铁臂手，戴尖顶明盔。

"固原兵备刘伯燮督兵"画面主体为督兵总兵官刘伯燮及其仪仗（图43），刘伯燮跨骑白马，头戴忠靖冠，身着绿袍；两随扈鞬弮，两随扈负班剑随侍；前面列仪仗鼓吹威仪，身后随传令兵、骑兵，传令兵胸口捆扎令牌，持蓝色三角旗，身穿红布面钉甲；骑兵也是红色钉甲、甲裳，胸口有一护心镜，戴尖顶明盔。

"陕西总兵官孙国臣统兵"画面绘制总兵官孙国臣朱衣金甲（图44），跨骑黑马，亲兵护卫紧随其后，"帅"旗高张，大队明军骑兵行经"会宁县""安定县""巩昌卫""岷州卫"，画面中"白化岭""三岔驿"的山区地形崎岖险峻，道路狭窄。

"明军平定诸部之役"画面中，明军集结整备，分路包围进剿各个叛乱番族，各路明军将领督军与番兵激烈战斗，许多山寨已被焚烧，战事炽烈；老孺纷纷走避山中（图45）。明军部分军将穿铁札甲，大部分穿红色布面甲；部分军士戴帽形盔，部分戴尖顶盔，盔顶箭旗皆为方形。

"军门固原赏功"画面绘制明军大捷后，于固原赏功，三边主帅端坐高台的大帐中，所属文官分立两侧。正中跪有军将3人，各路官兵前往军门大帐前献捷，接受封赏。明军以首级赏军功，军士持杆将所获首级、器甲挑起，走过大帐。高台两侧站立各部军校，军校穿红色、黑色钉甲和同色甲裳，所戴之盔皆是明铁盔（图46）。

中国国家博物馆藏明人绘《抗倭图卷》（藏品号：Y1964），日本东京大学史料编纂所藏《倭寇图卷》（藏品号：S0080-2），这两幅绘画都是反映嘉靖时期的抗倭战斗，绘画中描绘了南方明军甲胄。中国国家博物馆朱敏撰写的《解读明人〈抗倭图卷〉——兼谈与〈倭寇图卷〉的关系》一文中认为，《抗倭图卷》是明中期绘制，而日本藏《倭寇图卷》大概率是作者曾见到过明人《抗倭图卷》，然后根据自己对倭寇的认识创作出的书画作品，两者看似相似，实有不同，并假托仇英之名面世。

《抗倭图卷》中，明军甲士盔为帽盔和六瓣盔，从图像看身甲，有明显的宋朝札甲遗风，兵士甲衣不甚清晰，但是明确是短身甲，两腿仅仅缠绑腿。《倭寇图卷》中，率领明军出征的是文官，穿红官服，戴纱帽，四周环卫骑马甲士。图中绘制的甲胄较《抗倭图卷》清晰，骑兵身甲为长身铁甲，披膊独立披挂，胸前十字捆扎，持器械甲士仅仅上身擐甲，背后有号，两腿缠绷带（图47）。

从两幅绘画中可知，明朝中期，南方甲胄与北方甲胄有明显差异，军士为征战便利，下身不穿甲裳。

五、收藏实物

1. 国内馆藏品

（1）布面甲

国内博物馆展示标注为明朝的布面甲有：杭州刀剪剑博物馆藏

皇甫江先生捐赠的明末布面甲（图 48），其余的布面甲基本都集中在西北地区的陇西县博物馆（图 49）、高台县博物馆（图 50）。这几副身甲都是典型的钉甲，外为蓝色布，品级较高的绣蟒纹。甲片基本都是 7~8 厘米见方，相互叠压，左襟甲片右上角用 3 个铆钉铆接于布衣，右襟甲片的左上角铆接于布衣，正视可见铆钉，横排较为密集的是甲片上两颗铆钉位置，下排是第二排单独铆钉位置。以上数套甲衣未知因何被断代为明朝之物，笔者从两肩、前襟下端袢扣推测为清初之物。明末清初，此种坎肩式样短身暗甲是中国甲的主流，以 1644 年明亡来断代，不尽准确。山西省忻州市忻府区数字博物馆提供的盔甲标注为清代，从其云纹来判断，应是明末之物（图 51）。

西藏萨迦寺藏有一套钉甲，萨迦寺认为是元朝忽必烈御赐之物，一直藏于萨迦寺的小博物馆（图 52），2018 年在首都博物馆、西藏博物馆联合举办的《天路文华——西藏历史文化展》中第一次对外展出。此套钉甲使用明黄布料，表面刺绣鸾凤纹，大甲片铆接于布面。甲片略呈正方形，四边平整，中部略鼓。背后正中一列甲片，正中都有一单独铆点。身甲长 76 厘米，结构与其他钉甲结构一致。从纹饰来看，此套甲应该是明中期的钉甲。

1932 年中国营造学社出版的《岐阳世家文物考述》一书中披露过岐阳王李文忠的残皮札甲（图 53-1），朱启钤先生当年将此批文物捐赠国家，现存于国博。2024 年 1 月 25 日国博主办的"岐阳世泽——中国国家博物馆藏李文忠家族文物展"将此 2 片残甲展出（图 53-2），皮胎髹黑漆，表面装饰螺钿，甲片上端抹圆下端平直，开六组 11 孔，部分甲片开孔周围装饰金漆，编缀以中心甲片向左右编缀，右侧部分左压右，左侧部分右压左，先编缀横排，再纵向编缀。漆甲正面髹金漆正脸四爪龙纹，鬣发残存较为清晰，龙纹下端有金漆菱形开窗，整块札甲外侧、下端绘制金漆缠枝纹，金漆应该是编缀好后绘制。此残甲应为甲裙，从龙纹是典型晚明形制。此甲未必是明初李文忠本人之物，但仍是研究明甲胄的重要实物。除了此皮甲，尚不知国内其他博物馆是否保存明朝皮甲。

（2）环锁铠

中国人民革命军事博物馆藏有一套品相较好的环锁铠（图54），制作极为精良，胸口的铁环有3个铆钉，一般环锁铠只有1个铆钉。

敦煌市博物馆在"博物馆中国"网站上展示了所藏的明朝环锁铠（图55）。事实上环锁铠从诞生起，其形制式样就未发生过太多变化，元、明、清时期的环锁铠并无本质区别。

（3）铁盔

山东省济宁市金乡县博物馆藏一只明盔（图56），盔体稍微偏圆，由4片大铁盔叶组成，两片盔叶由中间凸脊压条左右铆接，压片左右两边对称出脊如意云头，此类出脊云头应该就是《大明会典》中记载的"香草压缝"，盔叶的铆点就在如意云头处，其铆接形式与辽铁胄相同。盔体下沿有一环形铁圈，铁圈上端出云头，铆接于盔体。盔正面铆接一眉遮。此风格铁盔是明代中晚期出现的一种形制，盔体明显是早期八瓣盔的延续，眉遮则是较为典型的蒙古风格。

辽宁省博物馆藏一顶桓仁洼子沟遗址出土的铁盔，也属于史料记载的"香草压缝盔"，盔形略高，盔体由3片弧形铁叶组成，每两片盔叶由中间凸脊压条左右铆接，铆点在压片左右两边对称出脊如意云头上，盔体下沿环形铆接铁圈，正中打出盔檐（图57）。明万历四十七年（后金天命四年，1619），明廷集合二十万大军，分四路进攻后金都城赫图阿拉（今辽宁新宾老城），意图歼灭后金，努尔哈赤在萨尔浒地区大败明军。此役是明朝和后金在辽东地区的总决战，从此明军再无能力进攻后金，是明亡清兴的关键一战。努尔哈赤先击败西路杜松部明军，随后转兵，再次击败北路马林军，立即移兵，迎击刘军。东路明军由刘綎领兵四万，合朝鲜兵。后金军在阿布达里冈设伏，击败刘綎。桓仁洼子沟紧挨阿布达里冈，此遗址系萨尔浒之战的东线主战场。此盔出于此遗址，应该是较为典型的明晚期盔型。《桓仁县境最大的古战场——细说萨尔浒大战的东线之战》一文中记载："1976 年春，当时桓仁县铧尖子公社洼子沟大队的民兵修路时，在一个土坑里挖出了九顶古铁盔的事，引起了我们的注意……"九顶铁盔收藏于桓仁县文物管理所。辽宁博物馆的这顶盔应该就是此批出土铁盔之一。"香草压缝盔"除了已知这些实物，在辽宁崇兴寺的石翁仲上也能看见"香草压缝盔"（图 58），较为特殊的是，此石翁仲喉部有一个单独的护甲，与《武备要略》中面甲下的护喉非常相似。

2. 私人藏品

由于国内收藏家的不断努力，以杨勇、赵亚民、王旭、郭海勇等为代表的诸位收藏家，收藏有相当数量和高品质的明朝甲胄实物。

朱漆勇字盔在全国诸多藏家手中都有，主要集中在江南地区，北方地区反而较少出现此种勇字盔。杨勇先生的藏盔为整体锻造盔体，铆接帽檐，髹朱漆（图 59），器形与梁庄王墓所出的铁筋麻布夹纻勇字盔略有差异，更加呈锥形，与《出警入跸图》中的盔更为接近，应是明中期形制。

《大明会典》中提及的"尖顶明盔"，除了在史料、绘画中出现，亦有实物保存。尖顶明盔在《出警入跸图》中绘制得尤为准确，盔体收分较快，盔体呈尖锥形，盔顶亦呈现特别的收分状态。杨勇先生所藏一顶锥体明盔（图60）完全符合史料和绘画的记载，盔体一体锻造，收分尖锐，正面有一短眉遮，此类短眉遮都是蒙古风格的遗存。此种盔型应是在蒙古风格一体锻造的圆钵盔上发展而来，一体锻造的圆钵盔在西藏地区则呈现越来越圆顶的状态。

至明朝晚期，明盔又出现新式样，由两片铁盔叶铆接而成，铆接处有条形压缝遮蔽。此类盔横截面与其他形制的明盔不同，不是圆形，而是椭圆形，盔顶是半圆形，正中有盔缨管（图61）。此类盔在后世有多种变形，是清盔的主要起源。明万历四十六年（1618），直隶巡按周师旦奏宣府、大同两镇制作了"暗甲、牛心盔共二万六百八十七副，分给各城堡"（《明实录·明神宗显皇帝实录》），此种盔型就应是牛心盔。

大明万历时期，较为高级的铁盔会在压缝上錽银装饰图样。赵亚民先生收藏的明铁盔由3块铁盔叶构成，每条压缝较宽厚，表面錽银杂宝纹，眉遮表面装饰方胜、犀角纹，盔顶为半球形，錽银双龙火珠纹。此盔是目前已知最高级的錽银明盔（图62-1、图61-2），眉遮下錾刻铭文："前锋大营头哨 头队安世浦""前锋□提□□班 头队内丁黄坤"（图62-3）。盔体的顿项、护颈残存的甲片基本完整，可以看出甲片是铆接于织锦布胎之内，耳部有圆形听孔（图62-4）。

布面甲自元朝开始大量装备后，由于结构原因，取消了札甲特有的盆领。颈部的防护则由头盔下的顿项替代，顿项除了环锁铠形制，还采取布面甲形制，顿项的护颊下沿向喉部延伸，戴好头盔后，顿项前端拴紧，就可遮蔽喉部和颈部。杨勇先生保存的护颊下沿可以清晰地看见内衬铁甲片（图63）。这类就是图62盔的护颈。

　　郭海勇先生收藏的一顶六瓣朱漆宽檐铁盔（图64），盔体由6片大铁叶片组成，2片铁叶片用一条凸脊压片左右铆接，压片左右两边呈多曲形。此铁盔应是明初风格，与沐详墓出土的盔一致，多曲边压条也明显是唐、宋时期多瓣铁胄风格的延续。

　　寒光甲胄工作室收藏一顶出自内蒙锡林郭勒盟的香草压缝四瓣明盔，盔体由4片大三角盔叶为主体，4条窄条多曲压条铆接盔叶，盔体下缘铆接环形铁圈，正面铆接一浅眉遮，盔缨管较高，上圆下方，盔缨座用4个高乳突铆钉铆接于盔体（图65-1）。此盔应是明中时期的铁胄，随铁胄一起同出有柳叶甲1200余片，甲叶上端较为尖锐，应是《大明会典》中记载的"水磨柳叶钢甲"（图65-2）。这类甲片的开孔模式与唐制甲片一样，其中有数片甲叶中部有较大的铆钉（图65-2），这类铆钉的做法基本属于布面甲才有的工艺，此套甲原始状态主体应该是札甲，部分甲叶又嵌缀在边缘织物上，才使用铆钉固定。右侧异形甲片应该位于颈部或胸口上缘位置。此盔缨座的乳突风格是继承元制，在明末清初的一些高级盔上还有延续。

　　拉萨有一块明布面甲前左襟，布面深蓝色，刺绣云龙纹，蓝色布面下衬有一层白布，白布之外再罩一层青布，整个布面是由三层布构成。铆接甲片的每个铆钉都呈半球形，边缘略微外撇，制作精巧（图66），甲片锻造而成，四边平直，中间略鼓，此种结构有效提高了强度；表面锃光，四角倒圆，锃亮甲片最后的制作过程使用了非常细腻的砥石研磨表面，研磨水平相当高。现代科学证明，表面光亮的铁器比未经研磨的铁器具有更好的防锈功能。甲片相互叠压边缘后铆接。由于西藏地区气候干燥，甲片历经四百年依旧光亮如新。西藏墨竹工卡县群觉古代兵器博物馆藏有一套红绒面布面甲，每片甲片通过 6 个圆钉铆接于布胎，从破损的位置看出铁甲片打出两层方形凹面，这都是为了增加结构强度的特有工艺（图67）。该博物馆还保存了一些不同造型的布面甲甲片（图68），甲片内部有不同造型，部分制作成凹陷的回纹、三角纹，在平面的甲叶上制作这些纹样，并不是为了使甲叶好看，而是使表面由一个整体分割成小块，可以有效地增加甲叶的强度。其中有两片甲叶正面有镂空零件，铆接在布面之上，有明显的装饰意味，其形制与蒙古的梵文钉甲是一致的。

西藏地区保存的这些布面甲残片和甲片，都是中原地区之物，并非西藏地区自造。西藏地区从元朝被纳入中国版图后，历代皇室尊崇藏传佛教，对西藏地区厚赐以示恩宠，群觉博物馆这些藏品都是明宫廷或官府之物在西藏的遗存。

笔者收藏了一块明朝臂手上部的弧形铁甲片（图69），铁甲片外侧铆接 3 个针扣，用于连接肩部的皮带，边缘鋄银錾刻缠枝纹。目前只有故宫藏皇太极御用甲保留了完整的铁臂手实物，臂手上端连接的就是此类弧形铁甲片。

2016 年，武备收藏家王旭先生从海外拍卖得到一套明朝具装铠的一件"蓝地刺绣铁叶当胸"，整体呈 Y 形，佩表面为蓝锦缎嵌铁甲片，甲片横排铆接于布胎，一端插入锦缎之下，用银铆钉固定，另一端用铁铆钉固定。两排甲片之间刺绣行龙纹、团龙纹，外侧界线内装饰多宝纹，佩里为蓝布衬底，当胸上下两端装饰五色丝线（图70-1）。此当胸龙纹是比较明显的明中期之后的式样，与定陵织锦上的龙纹形态细节较为一致。当胸每排甲片之间的云形亦为典型的明中期龙纹（图70-2）。《出警入跸图》中，万历御马和前导两批马都披挂有此种风格当胸（图14）。此当胸应是典型明晚期宫廷之物，是明朝大驾卤簿中御驾前导马所披挂，是研究明朝宫廷马甲的重要藏品。

笔者保存了一套环锁铠（图71），身长83厘米，两袖宽124厘米，铁环较小，直径10毫米，制作铁环的铁丝粗1.1毫米，胸口开小领，颈部用铁环制作成铁领，与敦煌博物馆藏品一致。

六、同时期的蒙古甲胄

有明一朝，北元政权以及其后的蒙古诸部始终是北部边疆的隐患。元惠宗在徐达北伐之时，逃离大都，但是当时的元惠宗据有漠南、漠北的蒙古本土，关中还有元将扩廓帖木儿（王保保）驻守甘肃定西，此外元廷还领有东北地区与云南行中书省地区。元惠宗撤离大都后，继续使用"大元"国号。1388年，北元皇帝、大汗脱古思帖木儿被叛臣也速迭儿（阿里不哥后裔）弑杀，大元国号中止。黄金家族的孛儿只斤·巴图孟克在十五世纪先后征服卫拉特部、亦思马因、火筛、亦卜剌，统一漠南蒙古，成为右翼蒙古的"中兴之主"，尊号"达延汗"（"达延"实际上就是大元的音译），并且多次对明廷朝贡。明孝宗和明武宗时期，多次入侵明朝北部边境，但在明武宗时期多次被击败，《明史》称其为"小王子"。明朝史料对此时期的蒙古汗系记载是比较混乱的，明朝文献以"小王子"代称汗王。《万历武功录》记载小王子前后有七人之多。

明世宗嘉靖二十九年（1550），俺答汗自北古口破关，率兵十万直逼京师，纵兵大掠，明军不敢一战，史称"庚戌之变"。《皇明经世文编》（卷三百三十二）记载俺答汗骑兵有四万，精骑有万余，"戴铁浮图，马具铠，长刀大镞，望之若冰雪然"。这段史料颇为值得研究。北元政权在蒙古高原分崩离析后，蒙古诸部就饱受缺乏铁器的困扰，洪武时期严令军人、商人向蒙古走私铁器和军器。永乐时期，明廷对蒙古诸部对铁器的请求完全拒绝，永乐十年（1412）瓦剌部杀蒙古大汗本雅失里，挟胜入贡，要求明廷给军器，被永乐皇帝拒绝。至嘉靖朝，俺答汗崛起，在屡屡请求"朝贡"被拒之下，开始不断从宣大入寇，不断劫掠明朝边地，这一时期蒙古在边境军事冲突及入掠中缴获了大量明军武器。嘉靖二十四年（1545），时任甘肃总兵的仇鸾在一次军事行动中缴获了大批蒙古军遗留下的武器，"大将军仇鸾验夷器，坐纛缨皆用五色，顶用铜铁，喇叭用木，帽用红毡毳，靴用粉皮，袋用金甲，上用明柳叶，下用锁子，围肩绿闪色，袄黄段边，臂手用皮吊线，裤用皮，佩香系绦。皆异常，与汉同，大惊"（《万历武功录·俺答列传》）。俺答汗军装备了大量缴获明军的器甲，仇鸾对此大为震惊。俺答汗所部的武装水平在这一时期达到了北元朝廷瓦解后的新高度。庚戌之变中俺答汗的"铁浮图，马具铠，长刀大镞"多半是大明边军之物。万历时期兵部、刑部尚书萧大亨撰《北虏风俗》记载了蒙古诸部的甲胄："甲胄以铁为之，或明或暗，制与中国同，最为坚固，矢不能入，徒跃如也。"嘉靖三十八年（1559），兵部右侍郎王忬巡抚大同时，俺答汗寇边，明军在作战过程中缴获俺答汗甲胄。王忬在《大举达贼经由本境官军设伏奋击斩获首级夺获战马夷器等疏》中记载："双山墩与贼对敌，斩首一颗，夺获夷器等件并达马两匹，内青马一匹鋄银鞍辔上驮明盔、明甲、臂手各一副，各贼遁回，复有贼数骑牵马二匹前来答话，赎讨夺下马驮盔甲，说是俺答的，回说：不与。贼各哭去。"说明蒙古诸部的甲胄在明中晚期与明军几无差别。

随着俄罗斯考古和俄罗斯学者整理资料，北元和之后的蒙古高原武备也逐渐清晰。蒙古诸部在明朝中期，主要装备环锁铠和布面甲。较为典型的是一套收藏于俄罗斯托木斯克国立大学西伯利亚历史、考古和民族志博物馆的蒙古布面甲（图72-1），布面内层铆接方形甲叶，内层布料为绿色，外层布料为黄色，外层铆接梵文垫片，脊背中线纵向铆接如意火珠垫片，外层垫片表面鋄银装饰，大多数铆钉直接露在布面上。梵文（图72-2）、如意火珠（图72-3）都是典型的藏传佛教符号，自元朝开始，藏传佛教深刻地影响了蒙古人。按照俄罗斯学者的观点，此套布面甲是瓦剌蒙古的甲，布面甲有三处战损，但是都没有被刺穿，表里两层布面之间衬垫有羊毛，表面深色污损的部分是血液，经过化验推测是来自对手。铁盔的形式有多种，俄罗斯布里亚特共和国展示的蒙古盔以八瓣铁盔为主（图73-1、图73-2），部分铁盔盔体较高且尖锐；部分又相对较矮，无论哪一种都有较小眉遮。新疆库车王府的八瓣结构铁盔（图74）是东察合台汗国的遗物。

新疆伊犁州博物馆保存一顶非常特殊的蒙古盔（图75），盔体为典型的八瓣盔结构，盔体上端收分较尖，盔顶为一锥形，铆接于盔体，盔体下缘围环形下缘，正面有M形护额，上端有两弯曲似眉毛的饰条。这个盔非常特殊，属于典型的察合台汗国晚期的八瓣盔，最独特的是其护额上的眉形，这明显是继承自辽契丹风格，此种风格在蒙古系盔中延续数百年之久。

首都博物馆为迎接 2024 年农历新年，在调整展线的时候，首次展出一件鎏金云龙纹铁胄（图 76），胄体为四片弧形铁叶合围铆接而成，侧边可见鎏金装饰铆点，盔体内侧有长条型垫片。盔顶镂空缠枝纹，鎏金；盔缨座镂空缠枝纹，外侧出四蘑菇头，蘑菇头下端将盔缨座和胄体铆接为一体，顶接宝瓶座，宝瓶座上缨管下窄上宽，顶端为莲瓣装饰。胄体正面鎏金"金刚手菩萨"，外围装饰火焰纹；金刚手菩萨左右两侧各有行龙一只，龙纹之下为海水江崖纹饰，胄体中上段装饰大量云纹。盔体正中铆接眉遮，眉遮下端镂空缠枝纹，上端鎏金莲花纹。胄体正面有藏文，但是被眉遮遮蔽，仅仅露出少许藏文笔画；胄体下端从左侧至右侧，鎏金蒙文，经过中国社科院罗玮、杨勇两位老师寻找蒙文专家辨识，铭文为"威武的达延汗长孙俺答汗牛年四月九日制作黄金龙纹盔"，铭文证明此盔为俺答汗鎏金铁盔，是已知等级最高的明代蒙古系铁盔。

北元、瓦剌、鞑靼与明朝装备非常接近，主要是继承了元朝的甲胄衣钵，各自又有不同的发展。

七、同时期的朝鲜甲胄

明朝两瓣盔叶带压梁铁盔在明朝中晚期的北方边军较为流行，随着"万历三大征"中的两征朝鲜，明军将此种铁盔带入朝鲜，对朝鲜甲胄产生了明显的影响。

现存博物馆、拍卖行中出现过几顶风格相近的鎏银龙纹铁盔，盔体都是两片弧形铁盔叶铆接而成，正中和背后都有一凸起弧形压梁，盔顶为圆形平顶带短缨管。胄体正中铆接一眉遮，有 M 形护额。这几顶铁盔都在盔体左右两侧鋄银行龙，龙首前有火珠纹，行龙之下有海水江崖和杂宝纹。较为高级的盔压梁、眉遮、盔顶都是镂空雕刻，饰龙纹或缠枝纹。

维多利亚与艾尔伯特博物馆（V&A 博物馆）藏品介绍中说："此盔最初是日本人从朝鲜获得的，可能是高丽某位皇室成员之物，是首批进入 V&A 博物馆的韩国文物收藏品之一。"（图 77，藏品编号：118-1878）2017 年，美国佳士得"探索之心：美国收藏家的日本与韩国艺术品珍藏"96 号拍品介绍中，也说明该盔是朝鲜半岛制作，后被日本藏家收藏，2017 年重新进入拍卖市场。此盔被日本改造过，在盔体两侧增加吹返和日本风格的顿项（图 78）。日本福冈市博多区"元寇史料馆"中也有一顶此种风格的铁盔（图 79），被日本人当作入侵日本的元寇铁胄，其错误观念亦影响甚广，周纬先生在其著作《中国兵器史稿》中也认为这类型盔成于蒙古征日本时期，应是受到日本资料的影响。图 80 的铁盔有较为完整的布面顿项和护颈，在耳部有单独的听孔，布面内铆接铁甲片。

朝鲜有一类皮胎髹漆铁饰件鋄银高胄体盔，英国皇家军械博物馆藏品：XXVIA.59 就是此类典型，馆方给出盔的年代是公元1571—1599 年，时间上属于明朝万历时期。这类盔明显受到明朝中晚期北方风格影响，盔体四周有四条盔梁，眉遮一般都是一片铁，有 M 形眼眶护额，盔顶半球形，在盔顶、盔梁、眉遮上鋄银装饰缠枝莲纹。考虑到明朝对朝鲜的影响，这类纹样的盔应该就是《大明会典》记载的"一把莲"盔形（图 81-1、图 81-

2）。朝鲜的史料中，将"錽银"称为"入银"。

因为此类盔中龙纹具有典型的明朝风格，多被讹传为明朝盔。由于朝鲜在明朝是中国的藩属国，明朝中晚期高级铁盔中应该有此类风格，只是目前尚无实物可以佐证。

八、小结

明朝武备和蒙元武备密不可分，刀剑甲胄都是明确地继承了元朝风格。明军中有大量蒙古人、色目人服役，史料中称这些人为"鞑官""达官"，《出警入跸图》中面黑者都是"鞑官"。

从现有的史料和实物来看，明军甲胄从材质上而言有皮、铁两种，皮质铠甲主要装备南方，铁甲主要装备北方，这主要是因为南方湿热，铁甲易朽烂。

盔的形制主要继承自元朝帽盔、一体锻造盔、多瓣盔三大类。帽盔在明初较为流行，朱漆勇字盔就是典型，明中期之后宽檐帽盔式微。一体锻造盔又称作"明盔"，是指铁盔表面锃光。明朝中期发展出尖顶明盔，此类盔有短眉遮。多瓣盔早期多为六瓣，明中时期多改制为八瓣，至明朝晚期改为两瓣居多，有短眉遮，盔体略扁，盔顶由半球形逐渐发展成圆台形，成为清朝盔的起源。

身甲分成铁札甲、布面甲、环锁铠、皮甲四大类，铁札甲为传统甲叶编缀；布面甲又称作钉甲、罩甲，史料中，外露甲片的布面甲又称之为明甲。总体来说，札甲逐渐退出中国甲胄序列，钉甲逐渐成为明军的主要装备，并成为清朝钉甲的起源。

第十三章

清朝甲胄

公元 1616 年，女真人努尔哈赤在中国东北地区建立大金（史称后金），称汗，定都赫图阿拉（今辽宁新宾西）。

公元 1636 年，皇太极彻底击败蒙古诸部，在盛京（今辽宁沈阳）称帝，定国号为"大清"，控制的领土为中国东北及漠南地区，对明朝形成重大威胁。

公元 1644 年，大顺军在李自成率领下攻陷北京，明朝灭亡。明朝残余军队吴三桂部为对抗李自成而归降清军，由此多尔衮率清军进入山海关，在击败农民军后，大清迁都北京，并开始逐鹿中原。在其后的数十年时间内，清朝陆续消灭华北残余明朝势力、李自成的大顺军、张献忠的大西国、南明和台湾明郑等势力，统一中国全境，成为中国历史上最后一个帝制王朝。

公元 18 世纪，西方列强凭借工业化的突破，国力日盛；"鸦片战争"中，清朝惨败，列强迫使清廷签订不平等条约，以武力获得在华利益。在列强入侵的同时，西方科学与文化亦引入中国，清廷内部改革派与守旧派拉锯，清朝发起一连串的改革，如洋务运动。然而"甲午战争"的失败使改革的努力受到沉重打击，中国国际地位进一步下降，列强加速划分势力范围瓜分中国。维新运动也随守旧派抵制而告终。在义和团运动反列强失败、引来八国联军侵华后，清廷推动清末新政，虽取得一些成效，但清廷的腐朽让许多立宪派知识分子失望，转而支持革命。

公元 1911 年，辛亥革命爆发，1912 年 1 月 1 日，中华民国在南京正式成立，清末帝宣统（溥仪）于同年 2 月 12 日宣布退位，清朝正式灭亡。

一、入关之前的甲胄

明朝万历十一年（1583），清太祖努尔哈赤为报父、祖之仇，以"甲十三副"（《清太祖武皇帝实录》卷一）起兵，五年之中，征服建州女真诸部。努尔哈赤的崛起引起了明廷的警惕，辽东巡按监察御史熊廷弼在万历三十七年（1609）上书："人皆为河西危，而臣独为河东危。何也？西虏虽强盛，然所欲不过抢掠财物而止，无远志。而东虏城郭田庐、饮食性情与辽同，所志在我土地也。"熊廷弼认为西虏（蒙古诸部）不过是劫掠财物，并无入主中原的志向；他敏锐地察觉到东虏（建州女真）有大志，可能是未来明廷的劲敌。至万历四十四年（1616），女真诸部基本被努尔哈赤统一，努尔哈赤在赫图阿拉建国称汗，改年号"天命"。后金天命三年（1618）4月13日，努尔哈赤"告天"誓师，宣读"七大恨"讨明檄文，同时率步骑二万余攻明。明万历四十七年（后金天命四年，1619），明廷主动出兵，以赫图阿拉为目标，分进合击，四路会攻，试图一举围歼后金军。明军出动之前，作战企图即为后金所侦知。努尔哈赤认为，明军南北二路道路险阻，路途遥远，不能即至，宜先败其中路之兵，于是决定采取"凭你几路来，我只一路去"策略，集中后金优势兵力，逐路击破明军。总兵杜松部在萨尔浒被后金军全歼，后金军再破马林军，努尔哈赤击败马林军后，立即移兵，再破刘綎军。此役明军惨败，明廷从此再无机动兵力可与后金一战。明天启六年（后金天命十一年，1626），宁远之战后，努尔哈赤病亡。

《满洲实录》作为清代官修史书，记述了从女真起源到努尔哈赤去世这一阶段的历史。书中绘制了大量努尔哈赤征战图像，其中有大量后金和明军甲盔形象。从图像中可知，努尔哈赤戴尖顶盔，盔顶有长盔缨杆装饰"旄";身甲为典型的钉甲,两披膊通过襻扣连接在肩部,胸口有明显的护心镜,此种甲制带有清乾隆时期风格(图1、图2)。这主要因为《满州实录》在乾隆四十四年(1779),依照原本重新抄绘了两部,一部存上书房,一部送盛京崇谟阁尊藏,故其图像中的甲盔是典型乾隆朝风格,部分军士穿明式罩甲,无披膊。

北京故宫博物院藏有清太祖努尔哈赤"红闪缎面铁叶盔甲"(图3),甲长113厘米,甲身为袍式,面料为"绿地红闪缎缠枝莲花纹织锦",外包蓝缎缘;甲里衬古铜色粗布,上面铆接长10厘米、宽7厘米的铁甲叶,层叠排列,用银钉等距离铆接于布面之上,每片甲叶用3个铆钉固定。臂手顶端有9片弧形铁叶,最外侧有针扣与肩部皮带相连,边缘鋄金银装饰如意云纹,臂手主体由细铁甲叶连缀而成,长70厘米,最宽处20厘米、窄处13厘米,下沿有3片弧形铁叶,亦装饰鋄金银云纹。盔为两片铁盔叶铆接而成,前后梁铁雕鋄金压缝,眉遮、盔顶、缨管铁鋄金龙纹、火珠、云纹和缠枝莲叶纹。顿项、护耳、护颈均为绿地红闪缎缠枝莲花纹图案,蓝缎缘,内衬黄布铆接铁甲叶,用银钉铆接于布面。身甲两腋有独立的护腋。随甲有一黄木牌墨书:"太祖高皇帝红闪缎面盔甲一副,红闪缎面铁盔一顶,石青缎面衬帽一顶,金累丝盔缨一个,嵌蚌珠一颗、正珠十八颗、染貂皮二十,红闪缎面甲裓一件,大袖二件,遮窝二件。"(故宫博物院毛宪民《乾隆朝盔甲改造探析》,《清代档案与清宫文化——第九届清宫史研讨会论文集》中国第一历史档案馆2008年版)此套甲重数十来公斤。

明朝、朝鲜史料记载,努尔哈赤所属的建州女真在万历朝之前都极为缺乏铁器,通过貂皮、山参和明朝、朝鲜贸易铁锅、铁犁等生活用具,为了扩军再将这些铁器重新熔炼制作成箭镞和甲胄。努尔哈赤在佛阿拉城称王后，掳掠了大掠朝鲜铁工制作器甲，朝鲜史料记载此时建州工匠有"甲匠十六，箭匠五十余名，弓匠三十余名、冶匠十五名，皆胡人（女真）"（《朝鲜李朝实录·宣祖》卷六十九）。努尔哈赤从佛阿拉迁都赫图阿拉后，建州制铁业从原料到生产技术，都已经达到了自力更生和专业化的生产水平。崇祯朝文渊阁大学士徐光启在奏折中言："据朝鲜报称奴寨（赫图阿拉）北门铁匠居之。专治铠甲。向亦闻其铁工所居。延袤数里。""贼兵（女真）所带盔甲面具臂手。悉皆精铁。马亦如之。"（《皇明经世文编》卷四百八十八），建州女真在努尔哈赤的领导下，培养本族熟练的铁匠，使得器甲生产成为建州女真手工业生产中最发达的部分，这也是后金能够起兵反明的重要基础。值得关注的是建州女真装备铁面甲，在同时期的传教士文献当中也有记录，但是现北京故宫、沈阳故宫都未曾保存有实物。

努尔哈赤去世后，皇太极继承汗位，年号天聪。公元 1636 年，皇太极正式称帝，国号"大清"，改元崇德。大清两次入侵朝鲜，迫使朝鲜称臣，林丹汗统治下的蒙古在皇太极的不断进攻下纷纷投诚。皇太极在这样的局面下，开始加强对辽东残存的明军进攻。清太宗崇德七年（1642），赢得松锦大战，使得明朝关外精锐丧失殆尽，明廷的宁锦防线彻底崩溃，清军完全占领了山海关以外的明朝国土，南下入关已经成为必然。

北京故宫博物院藏有清太宗皇太极御用"蓝色缎面绣龙纹铁叶盔甲"一套（图 4），此套甲为蓝色缎面，由上甲衣、下裳、左右袖、左右护腋、前遮缝、左遮缝组成，穿时由钮扣及带子连缀成一整体。上甲衣长 71 厘米，胸宽 40 厘米，下甲裳长 77 厘米。表面面料为蓝缎，前胸后背刺绣升龙，盘旋于海水江崖之上，甲衣下端刺绣八宝纹、云纹。甲衣内衬古铜色粗布，铆接长 10 厘米、宽 7 厘米的铁甲叶，甲叶相互叠压排列，每片甲叶用 3 个银铆钉固定于布面之上，甲衣内铆接铁甲叶 186 片。身甲下端有方形前遮缝，身左侧有方形遮缝，均内衬铁甲叶。两腋下有护腋。护腋、前遮缝、左遮缝均彩绣火珠，四周饰以轮、螺、伞、盖、花、罐、鱼、肠等吉祥物。臂手顶端有数片弧形铁甲叶，最外侧应有针扣与肩部皮带相连，边缘鋄金银装饰，臂手主体由细铁甲叶连缀而成，长 70 厘米，下沿有 3 片弧形铁叶，亦装饰鋄金装饰。铁盔由两片弧形铁盔叶铆接而成，前后各有一条弧形镂空铁雕遮缝，正中有一桃形镂空龙纹，眉遮、护额、盔顶、缨管皆铁雕镂空龙纹、云纹鋄金装饰。通高 27 厘米，直径 21.5 厘米。护项、护耳、护颈面均为蓝缎，上绣火焰。鹿皮里，青缎缘，内俱敷铁叶，共计 35 块。下裳分左右，从上而下缀铁叶五重，每重 38 片，左右共计 380 片，每重铁叶间以镀金铜钉和彩绣八宝图案相隔。整套甲盔共重约 12.25 千克。随甲有一黄木牌墨书："太宗文皇帝绣蓝缎面盔甲一副，绣蓝缎面铁盔一顶，石青缎面盔衬帽一顶，金累丝盔缨一个，嵌蚌珠一颗、正珠十八颗、染貂皮二十，绣蓝缎面甲裙一件，大荷包一件，小荷包一件，遮窝二件，大袖二件，明裙一件。"（故宫博物院毛宪民《乾隆朝盔甲改造探析》,《清代档案与清宫文化——第九届清宫史研讨会论文集》中国第一历史档案馆 2008 年版）

　　清太宗风格的盔是明、清交替时期一种重要的盔型，纽约大都会博物馆（藏品编号：36.25.2a–qq）（图 5）、俄罗斯艾尔米塔什博物馆（藏品编号：B.O.–5049）（图 6）、沈阳故宫博物院（图 7）都藏有类似风格的盔型。

根据清宫史料记载，这两副盔甲并非努尔哈赤、皇太极当朝原物，而是乾隆朝根据太祖、太宗遗物复制、修复而成的，应是努尔哈赤、皇太极原物经长期征战兼保存不善，破烂不堪，乾隆为警示后世子孙先祖开国艰难，特令内务府找寻太祖、太宗相同衣料，按照遗物复原两套盔甲，乾隆在东巡时还将两套御用盔甲辗转送到盛京（今辽宁沈阳）祭祀。非常值得关注的是沈阳故宫博物院藏的盔，沈阳故宫虽然未能给出此盔的原始出处，但不难看出此盔和北京故宫努尔哈赤盔的相似性，此盔极大可能就是乾隆皇帝见到的努尔哈赤盔，因为贮藏不善，锈蚀严重，故乾隆按照此盔的式样制作了北京故宫博物院现存的盔。

此两套盔甲都是典型的明制，努尔哈赤的身甲与明朝绘画中的罩甲完全一致，皇太极的身甲属于明末布面甲向清初盔甲过渡的阶段。两副甲的铁臂手形制与《四镇三关志》中绘制的明军臂手形制一致。两副甲的盔都属于明晚期典型的盔型（牛心盔），较为值得关注的细节是，明盔中极少出现护额，而后金、大清初期的盔中就出现了护额，此种风格可能是结合了部分蒙古盔形制而形成的。根据这两副盔甲的细节，可知明晚期，边军都以钉甲（暗甲）、两片铆接铁盔（牛心盔）为主，后金军装备不会与明军有本质差异。士卒类的盔甲应无过多装饰，更为简素。

二、清初的甲胄

清军入关后，顺治帝迅速迁都至北京。清军用 20 年时间基本统一了全国。至乾隆时期，武备制度已趋完善，《钦定大清会典事例》对甲胄有详细的记载（图8），这部分定例是在顺治、康熙时期完成，记载了盔型、尺寸、各部名称、身甲结构、甲叶数量等（图9、图10）：

盔甲之制：原定凡盔制以铁二片制如帽形，上锐下平，合而成之曰盔（即兜鍪），高五寸，围圆一尺九寸，其合缝处压以铁梁曰盔梁。

盔前安铁一片曰遮眉，阔寸余，围长七寸。其上覆铁檐一，其形如盖曰舞擎，阔六分，长四寸三分，其下曰护额。

为覆碗于盔上，其仰者曰盔碗。径一寸六分，高一寸二分，围圆五寸，安管一，长二寸，围圆一寸，以插盔枪（俗名状帽顶）。枪长三寸六分，上为盘以垂氂，安顶，顶各有品制。

垂于项后者曰护项，垂于两耳者曰护耳，护耳之下曰护颈，其表官用锦缎，或施彩绣；兵用布，无定式。傅以铁叶，护项用铁叶九，护耳二，用铁叶各六，护颈同。

甲制：上衣下裳。

甲衣长二尺二寸，下广一尺一寸；护肩二，各长一尺一寸，广一尺三寸；袖二，各长一尺二寸；上围圆一尺二寸，下围圆九寸；

护腋二，各长一尺，上广九寸，凹其中以承腋，其末锐；遮裆一，方八寸；左裆一，方六寸；

甲裳长二尺六寸，幅二，每幅上广一尺二寸，下广一尺五寸，其表官用锦缎，施彩绣，兵用布，无定式。甲衣用铁叶一百三十六，每叶长二寸五分，广二寸；甲裳用铁叶一百一十六；

护肩、甲袖、护腋、遮裆、左裆均用小铁叶，长一寸六分，广一寸四分。步兵甲衣长二尺，甲裳长二尺六寸，间有无裳。

清朝甲盔中在身甲左侧有一"左裆"，这个结构在身甲右侧并无，非常独特。此位置增加一个单独的防护，应主要是因为清初时期，满洲武士精于骑射，骑马射箭的时候，左手推弓，身体左侧迎敌，所以在身甲左侧增加一个防护。

1. 御用甲盔

从努尔哈赤起兵至顺治定都北京，清军的甲盔基本延续明制铁叶暗甲，取消了札甲形制，也未装备皮甲。以北京故宫博物院藏顺治、康熙御用甲实物和《大清会典》记载的资料来看，身甲已经放弃了整体罩甲风格，完全采用上甲下裳结构，放弃了明朝铁臂手形制，改用襻扣连接的披膊和袖，增加了腋窝的护甲，身甲的前襟、身体左侧增加遮裆，这些细节都显示出与明甲的不同。

根据北京故宫博物院提供的资料可知顺治、康熙、乾隆的御用甲细节。

顺治帝锁子锦盔甲，整套盔甲分上甲衣、下裳，裳分左右两幅，左右护肩，左右袖，左右护腋，裳间有前遮缝、左右遮缝，共计11件。上甲衣长73厘米，下裳长71厘米。盔高33厘米，直径22厘米。甲为上甲衣下裳式，蓝地锁子纹锦面，石青缎缘，月白绸里，外布铜镀金钉。甲裳排铁叶6排，左右衣袖也排上下铁叶各1排，袖腕部饰镂金累丝云龙纹，镶嵌珊瑚珠、青金石、绿松石等。护肩接衣处饰镂空金累丝云龙纹及八宝吉祥图案，并镶嵌珊瑚珠、珍珠、青金石、绿松石等。上甲衣前胸部悬一圆形护心镜，镜周边镂饰金累丝云龙纹。盔为铁质，镂饰金累丝云龙纹和如意云纹，盔上饰四道金梁，各嵌饰一条镂金累丝降龙（缺一），金饰上镶嵌珊瑚珠、青金石、绿松石、螺钿珠、珍珠等。缨管下部为镂空金累丝盘龙鼓形盘，管顶嵌一颗东珠，四周垂貂皮盔缨。盔下沿有护耳、护颈，均为蓝地人字纹锦，石青缎缘，布面嵌铜镀金钉。左右耳处有镂空升龙金圆花。随甲有一黄木牌，上墨书："世祖章皇帝嵌珊瑚珠石红铜镀金月白锦缎面棉盔甲一副，嵌珊瑚珠石铜镀金铁盔一顶，石青缎面盔衬帽一顶，金累丝盔缨一个，嵌珍珠一颗、东珠十八颗、染貂皮三十，甲裙一件，大荷包二件，遮窝二件，护肩二件，嵌珊瑚假珠石明裙一件、明袖二件，嵌珊瑚假珠石护心镜一个，嵌珊瑚假珠石镀金玲珑腰刀一口"（图11）。

康熙帝御用盔甲，整套分上甲衣、下裳，裳分左右，左右护肩，左右袖，左右护腋，共计9件。上甲衣长75.5厘米，下裳长71厘米。盔高33.5厘米，直径22厘米。甲为上甲衣下裳式，明黄缎织金锁子锦面，月白缎里，石青缎缘，中敷棉，外布金钉。盔为牛皮制成，髹黑漆，漆面饰金璎珞、金狮头并梵文。缨管下部为镂空金累丝盘龙凸鼓形圆盘，管上接升龙二条，顶上嵌一颗大东珠，缨管四周垂貂皮盔缨。盔饰镂空金累丝云龙纹，镶嵌红、蓝宝石，碧玺，绿松石，青金石等。盔前后梁镂饰二条金龙，帽沿处梁上各镌三条金龙，镶嵌珍珠数十枚，每三枚一组。盔搭护耳、护颈，黄锦绣金龙云纹，錾布金钉，石青缎缘。上甲衣下裳的金叶均排为五道，左右袖上下排金叶各一道，穿时各部分由金钮扣连缀成一整体。上甲衣前胸部悬一圆形护心镜（图12）。

乾隆帝御用盔甲，整套盔甲有上甲衣、下裳，分左右两幅，左右护肩，左右袖，左右护腋，裳间有前遮缝、左右遮缝，共计11件。上甲衣长73厘米，下摆宽74厘米，袖长87.5厘米；下裳长61

厘米，下摆宽 57 厘米。盔通高 33.5 厘米，直径 22 厘米。此甲为明黄缎绣五彩朵云、金龙纹，下为海水江崖图案，月白绸里。甲面有规则的金帽钉。衣正中悬钢质护心镜，镜四周饰鋄金云龙纹。两袖用金丝条编织，袖口月白缎绣金龙。裳分左右，腰以布相连，裳面以金叶片、金帽钉、彩绣龙戏珠纹相间排列。大阅青牛皮胎，髹黑漆，顶镂空金龙宝盖嵌珍珠，前后梁鋄金云龙纹并饰以东珠，盔梁中饰金刚石臘蛇。胄体有镀金梵文三重，计 44 字，间金璎珞纹。据《清内务府档案》记载，道光十三年（1833），道光皇帝下旨让圣化寺喇嘛海鲁东、雍和宫古师棍楚克扎巴共同翻译乾隆盔体梵文：

上层释汉音：唵拉吗呵巴莫（二句）

中层释汉音：安吗呢巴特莫叶唵呵叶（二句）

下层释汉音：唵吗叶（八句）

胄兰札体梵文意为"心咒诅念观世音菩萨"（《内务府造办处旨意题头底档》编号 3809）。盔顶上植黑貂缨 24 条，缨顶端金累丝升龙托大东珠，缨管饰金蟠龙纹（图 13）。乾隆本人出于政治诉求对蒙藏宗教高层极尽拉拢，藏传佛教被高度崇信，他自身对藏文、梵文都涉猎颇深。图 11 顺治甲的小臂部分还嵌铁叶，图 12、图 13 御用甲的小臂部分，都"绣金袖条样"扁金线替代铁叶，在《满文老档》中称之为"亮袖"，这些都是明铁臂手的延续。

清朝《钦定大清会典图》中对皇帝大阅甲盔作了详细的规定，同时绘制了图样（图 14），这些图样采取轻微透视关系，非常清晰准确，并在图例注释乾隆二十一年（1756）规定的大阅甲盔制："皇帝大阅胄，制革为之，髹以漆。顶东珠一，承以金云，下为金升龙三，各饰红宝石三，又下为金圆珠、镂龙三，饰碧�玗三、珍珠四，又下为金垂云宝盖，饰青红宝石六；贯枪植管，镂蟠龙，周垂薰貂缨二十有四，长六寸五分，红片金里；管末承云叶五，亦镂龙，下为圆座，镂正龙四，饰珠八、红宝石四，座下金盘，镂行龙四，饰珠四、红宝石八，自顶至盘高，一尺一寸；胄前后梁亦镂龙各饰珠三、猫睛石二、红蓝宝石各二，正龙衔黄宝石一，梁左右镂金梵文三重，上重八，次十有八，间以金璎珞，次二十有四，前为舞擎镂龙四，饰珠五、红宝石四，护额髹金龙二，中间火珠，自胄梁至护额高八寸五分，后垂护项明黄缎表，月白里，青倭缎缘，绣五采金龙，左右护耳、护颈亦如之，以明黄绦四相属，当耳处为镂空金圆花以达聪，上绣金行龙各一，下绣金正龙各三，俱中敷棉，外布金钉系青缎带六，胄衬石青缎表红缎里，亦敷棉，上缀红绒顶。钦定大阅胄顶珍珠一、圆珠镂龙三，饰东珠各一，胄前后梁中饰金刚石螣蛇，梁左右梵文，上重十有二，次八，次二十有四，凡饰皆用东珠，余俱如大阅胄一之制。"

北京故宫博物院藏康熙、乾隆两顶皮胎髹漆盔，与《大清会典》绘制的大阅盔完全一致（图 15-1、图 15-2）。会典规定大阅盔："胄前后梁中饰金刚石螣蛇，梁左右梵文，上重十有二，次八，次二十有四"，与北京故宫现存乾隆御用大阅盔完全一致，其中"金刚石螣蛇"为典型的西方龙，应该是西方贡物，后被装饰在大阅盔之上，是出于乾隆帝本人之意（图 15-3）。故宫博物院仇泰格老师分析乾隆的这个喜欢可能有两个原因，一个是螣蛇带翼的形象与西方龙形象接近，另一个当时清宫有相当数量的钟表装饰有嵌金刚石西方龙，当时中国尚不具备金刚石切削能力，乾隆出于对这些珍物的喜好，所以在大阅盔的盔梁装饰"金刚石䗶蛇"。此套大阅胄保存良好，其盔缨亦有专门的木盒保存（图15-4）。

纽约大都会博物馆保存了一顶铁鋄金梵文盔（图16，馆藏编号：36.25.5a），是美国著名武备收藏家 George C. Stone 的捐赠。盔顶是镂空雕刻卷草纹、龙纹，盔体嵌三圈黄金兰札体梵文心咒，第二层有支巴扎吐璎珞纹，梵文、支巴扎都是藏传佛教符号。清朝在立国之初就推崇藏传佛教，主要是当时归附清朝的蒙古高层都崇信藏传佛教，为了笼络这些蒙古贵族，皇太极在盛京修建了清朝第一座藏传佛教"实胜寺"。盔梁较鼓，上鋄金装饰双龙纹，护额四龙戏珠，两处龙纹都是五爪，清初时期龙纹的管理相对没有那么严格，此盔应该是亲王、郡王品级。此顶盔是目前已知除了北京故宫外保存级别最高的清初宫廷铁盔，应该在1935年之前就已经流失海外，极大可能是在第二次鸦片战争时期，英法联军占领北京过程中遗失海外。

2. 王公甲盔

王公盔明显根据品级有三等，亲王、郡王器形上与御用盔差异不大，具体装饰细节不同，详见表一。盔体下半部分为桶形，高约5厘米，整体收分为锥体，康熙、乾隆二帝的御用盔都显示出这个特点，王公盔也是如此（图17-1）。三等级王公的身甲形制一致（图17-2）。

职官盔设四个等级，装饰细节详见表二。盔体都是圆体逐渐收分为锥体，前三等盔的护额下缘都是平直的，第四等盔的护额明显有M形双曲边（图18-1）。

表一

项		宝盖 盘座	垂貂	盔梁及舞擎	梵文	护额	护耳、护项
亲王、郡王	镂金火焰，衔红宝石、蓝宝石、珊瑚、松石（禁用东珠），承以金云，下为金立龙二	镂金龙座	垂熏黑貂十八，红缎子裹里	前后梁亦镂龙、饰杂宝；舞擎亦镂龙，饰杂宝	三重、上重八、次七、同以璎珞、次二十	铁铔金龙纹	石青锁子锦表，月白缎里，倭缎缘，中敷铁叶
贝勒、贝子、固伦额驸	顶衔素金	俱镂花，金不加饰	垂熏黑貂十四			铁铔金龙纹	石青锁子锦表，月白缎里，倭缎缘，中敷铁叶
入八分公	植蜜鼠尾	髹漆、镂金云龙	垂熏黑貂十二		无梵文	铁铔金龙纹	

表二

职官	顶植	宝盖盘座	垂貂	盔梁及舞擎	护耳、护项
职官一 领侍卫内大臣、八旗都统、前锋营统领、护军统领、直省总督、提督、巡抚	顶植雕翎二，衔镂花金叶	髹漆，镂金云龙	十二	髹漆，镂金云龙	石青缎为表，蓝布为里，通绣蟒纹
职官二 内大臣散秩大臣、和硕额驸、郡主额驸随旗行走、公侯伯子男、县主额驸、乡君额驸、宗室将军、文武一品至五品官、八旗副都统、骁骑营参领、直省总兵、副将	内大臣植蜜鼠尾，周垂朱托；獭尾			俱镂银云龙	
职官三 前锋参领、护军参领、銮仪卫所属官、王府长史、护卫典仪	前锋参领植獭尾，周垂黑托；护军参领、銮仪卫所植豹尾，周垂朱托；王府长史、护卫典仪植络㻐㻐，周垂黑㻐	俱镂银云龙		俱镂银云龙	
职官四 文六品至九品官、直省参将以下	植獭尾，周垂朱托				

职官甲分三等（图 18-2），一等：领侍卫大臣职官甲面用石青缎，内用蓝布，中嵌铁叶，以银钉铆接于布面，边缘裹倭缎。身甲前后、护肩、护腋、前裆、左裆各绣团蟒一，裳团龙二，护肩接甲衣处有明铁叶 20 片，髹漆，镀金龙纹。内大臣、散秩大臣、公侯伯子男、镇国将军、辅国将军、奉国将军、奉恩将军、和硕特额驸、郡县主额驸、文一二品、武一品官、八旗都统、八旗副都统、前锋统领、护军统领、直省总督、提督、巡抚相同。

二等：文三品以下，前后、护肩各绣团蟒二，裳团蟒二，其余与领侍卫大臣一致。骁骑参领、郡君额驸、乡君额驸、直省副将以下官相同。

三等：銮仪卫所属官、前锋参领、护军参领、王府长史、护卫典仪，身甲前后、护肩各绣团蟒一，甲裳铁叶四重，护肩接甲衣处有明铁叶镀银云龙纹。

北京故宫藏八旗盔甲为上衣下裳式。上衣圆领，对襟，带左右护肩、左右护腋、前裆与左裆。其下裳分左右两幅。上甲衣通长 74 厘米，下裳长 76 厘米。八旗甲面料以绸为地，按照八旗颜色所属不同，在其表面等距嵌铜镀金帽钉，月白布里，内敷以薄丝棉。八旗盔以牛皮为胎，髹黑漆。其上植缨管，盔枪顶部为葫芦形，下接圆盘，饰黑色牦毛（图 19）。

三、改制后的甲胄

从北京故宫现存的顺治、康熙、乾隆的甲盔来看，所有的大阅甲逐渐去除身甲、甲裳内的铁叶。

顺治帝御用甲，仅蓝地锁子锦下裳排铁叶 6 道；左右衣袖也排上下铁叶各一道。康熙帝御用的上甲衣、下裳均排金叶 5 道，左右袖上下排金叶各 1 道，以金线刺绣替代铁叶。康熙帝此套御用盔亦由牛皮胎髹黑漆，盔面饰金璎珞、支巴扎、梵文。盔檐、盔顶均为金累丝制作。顺治、康熙两帝的御用甲已经不再内衬铁叶，完全成为仪仗之器。

乾隆帝继位后，在制作自己的大阅甲盔、御用刀剑上亲自参与设计，御用盔甲制作要先画出"盔甲纸样"，供呈御览批准方可实施。乾隆四年（1739）十月十四日，内务府造办处在制作御用盔甲时，内大臣海望传旨："将绣金龙黄缎面盔甲皇上亲行被试，面奉上谕：'着将此甲枚勤围上铁叶甲，再去些另行改造，钦此。'于本月二十四日，内大臣海望、郎中色勒将改造的枚勤围铁叶并合牌样一件，时进交奏事处王常贵、张玉柱等，呈览奉旨：'将枚勤围上铁叶再去些，钦此。'"（《内务府造办处各作成作活计清档·乾隆四年十月鞍甲作》）"枚勤围"应是满语对甲裳以及其铁叶附件的称呼，可以看出乾隆帝本身在意甲盔制作的细节，更希望御用甲轻便，乾隆认为自身每年不过是检阅三军时才穿用一次甲盔，所以不必内衬铁叶，乾隆的大阅甲盔仅在外形上具备身甲的式样，并不具备实际防护功能，与努尔哈赤、皇太极的甲盔相去甚远（图 20）。

至乾隆朝，清朝入关后已历三帝。康熙收复台湾、平定郑明、击败准噶尔，在对外军事扩张中已经处于优势地位，在这些战争中，清军开始大量装备火器，传统的铁叶布面甲在战场上已经无法有效抵御火器的杀伤，在这样的大背景下，乾隆帝认为"非惟苦累兵丁，且铁叶甲亦仅军容而已，至于临阵不甚裨益，莫若绵甲尚属有用，理宜通融办理，不致苦累兵丁"（《钦定总管内务府现行则例》卷四）。

乾隆二十一年（1756），钦定棉盔制规定："八旗额设铁盔铁甲，将三分之一改造棉甲二万件，收储备用。另造不用铁叶，绸面金钉盔甲一万八千余副，以备大阅合操之用。"（《大清会典事例》卷七百一十）以上史料反映出，从乾隆二十一年开始，八旗军的甲盔出现明确的改变，盔多由皮革髹漆，盔顶为铜叶，护项、护耳、护颈内衬均为敷棉。身甲亦敷棉，职官钉甲表里皆为绸，外布黄铜钉镀金；兵士甲绸表布里，外布白铜钉镀银。乾隆先将京营甲盔改制，随后下诏："热河盔甲照京城之例，改造棉甲三分之一，以资实济。各省标营盔甲画一办理。"（《大清会典事例》卷七百一十）此类改制的甲表面是各旗颜色，背后是白布，布甲上铆接圆钉，背后有垫片，仅仅具有仪仗作用（图21）。

四、宫廷仪卫大阅甲盔的制作与贮藏

清乾隆时期，宫廷仪卫、大阅甲士数量相当庞大，承担大阅的主要有八旗满州火器营兵二千八百六十四名、八旗汉军火器营兵五千五百一十二名、前锋营兵八百八十二名、护军营兵五千二百九十五名、八旗骁骑满州蒙古兵三千五百三十名，共计甲士一万八千零八十三名。

乾隆二十一年（1756）甲胄改制后，清内务府组织江宁、苏州和杭州三大织造处制作大批八旗盔甲，此批次甲盔都是以备乾隆大阅时候使用："查给兵丁置做绵甲、八旗应验军器兵共六万一千余名，请按三分之一核计制造二万件，其制造此二万件绵甲，分派三处织造官员作为，三年陆续如数造成"（《钦定总管内务府现行则例》卷四）。

清宫仪卫所有的甲盔都由武备院管理，乾隆二十三年（1758），武备院点验三大织造处完成的盔甲："护军校盔甲一千二百四十副、骁骑校盔甲一千副、八旗前锋护军盔甲八百八十八副、八旗护军盔甲四千九百三十六副、八旗骁兵盔甲八千五百五十八副、八旗鹿角兵炮手盔甲九百七十六副，以上共收锭钉盔甲一万七千五百二十八副。作为皇朝大阅之用"（《钦定总管内务府现行则例》卷二）。

此批甲盔制作完成后，运送至京城，由武备院点验，贮藏于东华门、西华门城楼："大阅官兵所用盔甲一万七千五百二十八幅，存储东华门城楼，交武备院经管。"（《大清会典事例》卷一二○四）紫禁城的东华门、西华门、角楼等处存放了万余副盔甲，清宫为防止盔甲潮湿、尘垢污秽之虞，特意安设木架，酌于每个木架之上，各做蓝布垂门帘苫盖，每年需晾晒，每逢抖晾逐副下架查看，必须黑毡铺地，检视是否有零件损毁掉落，所需黑毡向毡库暂行领用，晾晒事毕仍照数交回。阅兵棉甲盔缨分收十箱，每年行用潮脑十斤，熏御除虫。

清宫史料记载了乾隆十七年（1752），平定金川后，原三省兵丁、八旗前锋营、云梯营作战，携带棉甲五千二百六十九件出征，点验后交回贮库。除了遗失的四件、赏赐公策楞靴锦棉甲一件、军营做箭挡用过二件外，共计回收棉甲五千二百六十二件，其中堪用棉甲二千七百三十六件，无需修补即行收贮。其余甚油污，不堪用，需换里面棉甲五百五十五件，里面油渍变色微破棉甲七百九十四件，大油污棉甲一千一百七十七件，需换面。说明清军甲盔依然是平时贮藏在武库，战时领用。

五、绘画、雕塑与实物中的甲胄

1. 绘画中的甲胄

乾隆时期，对外重要的征战有十次，乾隆帝十次派兵平定边疆叛乱。乾隆五十七年（1792），八十二岁的乾隆皇帝撰写了《十全记》，记述一生的"十全武功"，史称《御制十全记》。为了纪念这些对外征战的胜利，乾隆决定效仿凌烟阁功臣图的形式，重奖功臣，将这些战役中的功臣绘制成像，悬挂在紫光阁，对绘画的画师、功臣的穿着都有严格的规定，部分绘画都需先绘制小样，呈报御览，然后才能定样，绘制成大尺幅。紫光阁功臣像为立轴式，总计二百八十幅，目前已知存世不足三十幅，大部分为世界各地公私博物馆收藏。

绘画中显示，清军将领穿着有布面钉甲和环锁铠两种甲制，功臣中定边将军兆惠穿钉甲（图22），甘州提督阎相师和天津博物馆藏阿玉锡（图23）身穿环锁铠，铁、皮札甲在清初就完全退出了中国甲胄历史。

2. 雕塑中的甲胄

清皇陵武将石翁仲极为写实，清晰地表现了清初至清中时期甲胄的诸多细节，与绘画、现存实物完全一致。几尊石翁仲的身甲、披膊、甲裳、前裆基本一致，都是典型的钉甲，布面上的铆钉表现得尤为清晰，但是甲钉并非按照真实甲的位置雕刻，乾隆裕陵甚至将布面甲因内衬铁甲片的表面凹陷都表现出来。顺治孝陵石翁仲的盔体为圆形，两侧装饰缠枝纹，雕刻出盔檐。康熙、乾隆皇陵石翁仲的盔型亦为圆形，盔体两侧的龙纹明显也是源自实物，盔檐演化成凸出的如意纹。雍正泰陵、嘉庆昌陵的武将石翁仲胄体，表现出王公风格盔体腰部的折线（图24）。清帝陵石翁仲保持了高度写实性的同时，盔檐又艺术化演变成如意式样，盔体正中如意纹在元、明时期神将绘画中多有表现（图片提供@老猪的碎碎念）。

3. 博物馆藏品

除了北京故宫博物院藏历代清帝王甲胄外，纽约大都会博物馆藏有一套较为高级的钉甲（馆藏编号：36.25.5a）（图16、图25），是除北京故宫之外，目前已知最高级的清代王公甲。大都会还保存了几顶级别较高的铁胄（图26），明显能看出早期清盔型明显受到明制影响，至顺治朝，清盔已经开始出现"盔碗"状盔顶，在此之前多为覆碗状或平顶状，铜镂空、嵌宝鎏金盔顶、盔檐在清代乾隆朝开始出现（图26-1：36.25.2a；图26-2：1997.18；图26-3：36.25.184；图26-4：36.25.1；图26-5：16.118.29）。

2017年，首都博物馆和西藏博物馆联合举办的《天路文华——西藏历史文化展》中，第一次对外展陈了西藏萨迦寺收藏的一套黄缎面刺绣钉甲和梵文铁雕鎏金铁盔（图27），盔顶覆碗形，铁雕镂空双龙火焰纹，鎏金以饰，四边各有一乳突，正中有一短缨管；盔体由4片铁甲叶构成，每两片铁盔叶由一片出脊如意压条铆接而成，盔体正中压条有一条向上的镂空行龙，其余三个压条皆出脊六个如意形，盔叶和压条的铆点就在如意上，盔体上部鎏金兰札体梵文，下部鋄金行龙纹；盔体下沿有一环形铁圈，铁圈上沿出如意，铆接于盔体；盔体正面铆接镂空支巴扎盔檐；护额下端平直，鋄金装饰缠枝莲纹。此盔应该是皇室御赐之物，萨迦寺之前将此盔藏于护法殿，标注为元忽必烈御赐。《天路文华》展铭牌注释为"元 白兰王盔"。2013 年，苏富比拍卖中释出一顶此类风格的铁盔（图 28），被著名收藏家马未都先生入藏，此盔与萨迦寺盔风格一致，盔正面镂空压梁遗失，马未都先生认为，此盔系永乐皇帝朱棣御用之物，谬也。沈阳故宫博物院藏有一顶同类风格盔（图 29-1），盔体锈蚀严重，鋄金龙纹已经起层，正面盔梁的行龙也丢失，盔顶因为锈蚀破损，盔缨管较长，疑似后配，沈阳故宫展出铭牌给出年代是明末清初。1938 年出版的《亚细亚大观》第九辑的照片中展示了沈阳故宫中一顶同类风格的铁盔（图 29-2），照片显示盔的保存状态不好，正面盔梁遗失，沈阳故宫也许保存不止一顶此类风格的盔。

收藏这三顶盔的单位、个人都给出不同的年代。收藏家王晖先生收藏有此类盔的盔顶（图 30），品相极佳，能清晰看出铁雕龙纹属于典型明末清初时期纹样。萨迦寺、马未都先生收藏的盔的龙纹身形一致，只有鼻子的细节不同，萨迦寺藏品的龙纹鼻子是如意鼻，马未都先生的藏品是长鼻，两盔虽然是同一形制，但明显不是一个匠人制作，而是有先后关系，两种风格的龙纹都是明末清初较为典型的纹样（图 31），萨迦寺的龙首与皇太极身甲胸口的龙首几乎一致。盔梁的做法明显继承自明代的"香草压缝"风格，这样的铆接实际是源自辽制盔叶铆接方式。笔者与王琦先生对此风格的盔有过讨论，我们从铁雕技艺、龙纹风格、盔型的细节，认为此盔的年代应该是在皇太极至顺治朝时期。其盔体出现梵文应是清御用盔梵文的源头，应该与皇太极继位后，崇信藏传佛教有关，努尔哈赤的后金时期崇信萨满教，皇太极为了打败林丹汗，先争取科尔沁、喀喇沁等部的归附，随后用联姻、赏赐、封王爵、定外藩功臣袭职例、崇奉喇嘛教等手段笼络蒙古上层，同时与西藏僧俗头领建立联系，最终取得了蒙古诸部的支持和效忠，藏传佛教由此受到清廷的尊崇。另一个断代的依据是，康熙景陵石翁仲的盔体两侧有龙纹，其现实的原型就应是此种风格的铁盔。此风格盔是清廷早期吸取了明制和蒙古制两种风格融合而成，现存的三顶盔都是清早期宫廷器物。萨迦寺之物应是清廷御赐之物，寺庙将其作为忽必烈御赐之物是缺少依据和不准确的，更多的是为了附会元朝和萨迦寺的关系。这类盔缨座的4乳突是受蒙古风格影响。

4. 私人藏品

武备收藏家顾祎、王晖、杨勇（易水寒）、王旭先生都藏有品质较好的清朝盔、甲。

顾祎先生保存的一顶铁鋄金职官铁盔，盔顶、前后压梁、护额、盔檐都是鋄金芝麻花纹样，此铁胄是典型的清三代之物，从盔型和鋄金纹样可以对应的等级，应属于职官二等（图32）。

王晖先生收藏一套完整的骁骑营将军甲（图33-1），整体甲包括：甲衣、护腋、披膊、前裆、侧裆、甲裳；整套甲表面为蓝缎面，黑平绒包边，除身甲外，皆背衬蓝布，刺绣团蟒纹。缎面之下铆接铁甲片，身甲后背部分的铁甲片以中心为轴线向两边叠压（图33-2），左右、前身甲片则是顺开襟向两腋叠压。甲裳的甲片叠压方式与胸甲叠压方式相同。两护肩甲叶下衬垫蓝布，铁甲叶遮蔽至肘部。

　　杨勇先生收藏的一顶皮胎髹漆盔，盔顶和盔檐都是铁质，胎体为皮质髹漆（图34），应是较为早期的风格，明显是明制"牛心盔"的延续。杨勇先生收藏的一顶清盔（图35），有完整的顿项和护颊，布胎中铆接铁甲叶，盔檐、护额、盔顶都是铜质镂空鎏金，盔体肩部有折沿，属于典型的职官参将盔。

　　海外藏家 Ezio Shi 先生藏有一清早期素铁盔（图36），盔体由两片铁叶锤成形后对缝焊接，盔顶为束腰圆台形，应该有竹节装饰，眉遮、盔檐简素，整体形制与图26-2纽约大都会博物馆1997.18号藏品接近，盔体下缘有晚期装配的顿项。

　　笔者藏有一铁錽金龙纹盔顶（图37），盔顶为圆台形，盔缨管遗失，顶部装饰缠枝纹，盔顶侧面錽金双龙火珠纹，龙纹属于较为典型的康熙时期风格，其盔体应该与图26-2盔较为相似。

　　王旭先生从海外拍卖会所得一护腋和两片钉甲（图38-1），其护腋形制与已知的宫廷护腋器形有差异，表为月白缎，金线刺绣正脸龙纹，白布为里，内衬铁叶，外侧缝制银钮连接身甲袢扣，是典型的康熙时期宫廷甲部件。此类长护腋在中国国家博物馆藏明末《行军图》可见（图38-2），这是目前唯一的长护腋实物。同一批工艺风格的白缎甲，整体看不似身甲和甲裳，甲叶铁錽金装饰，铆接使用的铁铆钉亦錽金。此类甲尚未找到相同形制，北京故宫博物院也未公布过此类风格的钉甲，可能是清宫廷马甲的一部分。

　　纽约大都会博物馆藏有一套极为罕见的清马甲（图39，藏品编号：36.25.2a–qq），马甲为布胎，内嵌铁甲片，与钉甲结构一致，总体成前后两片，面帘和颈甲连为整体一片，无当胸，后鞲为一片。北京故宫博物院至今未公布有类似的马甲，此套马甲由著名武备收藏家 George C. Stone 于 1935 年捐赠给大都会博物馆。

六、同时期蒙古风格盔

同时期蒙古高原的蒙古诸部，留存的铁盔也值得研究。2017 年，英国著名的古董兵器经销商 Runjeet 先生在香港艺术品展会中，陈列出一顶蒙古风格铁盔，盔体由两片铁盔叶铆接而成，前后铆接缝隙由凸起的盔梁遮蔽，盔梁、盔檐鋄银鎏金金刚杵纹样。盔体略收尖，盔顶半球形，鋄银鎏金金刚杵纹样，缨管顶端略粗（图 40）。俄罗斯艾尔米塔什博物馆保存一顶蒙古铁盔（图 41），盔体由 3 片盔甲片构成，3 条镂空盔梁较平，两侧出脊如意纹，中间镂空，其纹样与萨迦寺藏品的压梁都源自明代"香草压缝"。该博物馆保存的另一顶蒙古盔盔体较高，顶部收尖，整体锻造成型，4 条鋄金长条火焰纹装饰模拟 4 条盔梁，分割出来的盔面鋄金火焰龙纹，盔体下沿铆接环形铁圈，鋄金云龙纹，盔体正面铆接盔檐，上饰双龙莲花纹，龙纹与中原龙纹略有差异（图 42）。

这三顶蒙古风格盔，从其形制和纹样，能明显看出与清初铁盔有紧密的关系。

七、小结

从努尔哈赤征服女真诸部时期开始，后金军的甲胄都是明朝形制，以布面钉甲为主，内衬铁甲片，以长袍连身和分体结构两种风格为主。清军入关时期，无论宫廷还是八旗军都保持延续并了明制钉甲风格。

自顺治、康熙开始，皇帝的大阅甲不再内衬铁甲叶。乾隆时期，在对外的征战中，铁叶钉甲、环锁铠仍旧是主流，在乾隆帝的一力推动下，宫廷、八旗军盔甲改制，铁叶钉甲已经逐渐改为内衬棉，成为钉甲式样的棉甲，此类棉甲一直在军中使用至清末。清军在乾隆时期的十次对外作战中，已经大量使用火器，说明火器已经取代冷兵器，成为战场上主要的杀伤武器。冷兵器时代，铁甲盔已经不再适应威力更大的火器，在中国延续了2000余年的铁盔甲彻底退出了武备序列。

附录一

西藏甲胄

在公元 7 世纪上半叶，吐蕃雅隆部酋长松赞干布统一西藏高原诸部落，建立起强大的吐蕃政权。此后，松赞干布先后镇压了内部工布、娘布等部落的反叛，征服了苏毗、悉立等少数族部落，建造都城、制订法律、组织军队、创立文字，逐步使吐蕃政权强盛起来。吐蕃成长为内亚地区一个强盛的王朝，开始向周边扩张，与唐朝在青海、甘肃、四川松潘反复交战。吐蕃与唐朝在二百余年的交往中时战时和，赤松德赞时期吐蕃进入极盛，其疆域东达川陇，西至葱岭，涵括大小勃律、拨汗，东南达南诏。至公元 755 年，唐朝发生"安史之乱"，安西军内撤平叛，吐蕃趁机发动攻势，安西、北庭都护府控制的中亚地区完全落入吐蕃控制，吐蕃王朝成为一个幅员辽阔的帝国。

现存吐蕃时期的壁画、雕塑及古格王朝的出土实物，都是研究吐蕃甲胄的重要参考依据。西藏地区的甲主要分成铁札甲、皮札甲、环锁铠三类，除了武士披挂的甲，还有战马披挂的具装铠。西藏地区的甲胄具有鲜明的地域特征，也是目前中国甲胄中形制保存相对较完整、信息较丰富的，在其发展演变的过程中，与中原地区的甲胄具有极深的渊源。吐蕃时期的武备是中国武备的一个重要分支，对吐蕃甲胄的研究也是对唐朝武备的补充。

西藏自吐蕃政权崩溃后，再无能力组成一个独立的政权，从此无法再组成大规模的军队对外征战。蒙古对西藏的征服并无大战。在明晚期（1637—1642），西藏地区发生过和硕特蒙古固始汗入康、入藏消灭了藏巴汗的战争。清康熙五十六年（1717），蒙古准噶尔部策零敦多布率军六千人，偷袭拉萨，杀拉藏汗，摧毁和硕特蒙古在西藏的统治。从10世纪至18世纪，整个西藏地区无大规模的战争，所以其武备器甲基本陷于停顿，基本保存了13世纪之前的风格，在相当程度上保存了中原唐、宋风格。研究西藏武备不仅是对西藏文化的研究，同时也是对中国中古时期武备文化的研究。

一、史料中的西藏甲胄

西藏地区铠甲的诞生时期，至今尚未有准确定论。

1. 吐蕃时期

赞普作为西藏地区的神、武士、最高贵统治者，诸多文献记载他的一切权力和神圣都体现在他的盔甲和兵器上：

"赞普，英武之王，他的力量来自于光芒万丈的神圣头盔和宝剑。一切阳光下的王国，东、南、西、北的生灵，都将臣服。"

"是的，我将出征！请赐我众神的魁宝：攻无不胜的神奇长矛，所向披靡的宝剑，盔甲自动披上身，盾牌抵挡所有的进攻。给我这些神奇的宝物，我即刻跨马出征！"

这种充满感情的表述，是西藏地区历史典籍和传说中经常出现的一种修辞方式。头盔和宝剑的圣光不仅是其权力的标志，也使赞普成为战无不胜的"神圣勇士"。吐蕃时期这些对赞普的赞颂中，往往对刀剑、盔甲充满了敬意，实际上是对强大武力的一种赞美。

止贡赞普与娘若香布城首领洛昂达孜比武，止贡赞普持"朗波那古司宝刀"（达仓宗巴 陈庆英译《汉藏史集》，西藏人民出版社 1986 年版）。其他史料在记录此次比武时，止贡赞普因为放弃了穿着铠甲，最后死于洛昂达孜之手。止贡赞普时代，西藏地区已经出现冶铁工艺（《藏汉大辞典》推测聂赤赞普即位是在公元前 121 年，经过七代赞普后，止贡赞普继位，止贡赞普统治时期为公元 1—2 世纪），由此推测公元初，西藏地区有可能开始装备了铁质盔甲。囊日松赞（570—629）时期，苏毗贵族韦义策与赞普举行一次盟誓，进一步确认和巩固其家族与王室的关系，获得囊日松赞应允。于是，韦义策"于拉木、恰拉山中间之冲木地方，以半克青稞煮酒，敬献饮宴，并献上犀皮铠甲一套，自战场缴获之带鞘之长剑两把"（王尧 陈践《敦煌本吐蕃历史文书》，民族出版社1992年版）。韦义策献给赞普皮甲作为礼物。西藏地区本不出产犀牛，文中犀牛皮铠甲是否为犀牛皮制作？或外域引进？或是其他皮制铠甲假托犀牛皮？皆无法考据。这段史料显示，公元7世纪左右，吐蕃有使用皮甲的事实。

藏文史料《贤者喜宴》记载吐蕃王朝初期，将匠人分为六匠：噶尤为铁匠、噶茹为鞍匠、娑为弓匠、惹夏为剑匠、恰巴为铠甲师、充孜为天师（神师）。（朱悦梅《吐蕃王朝人口研究》，《中国藏学》2012年第1期）这说明在吐蕃时期已经有专门的铠甲制作工匠，至于制作的是札甲还是环锁铠，史料不能有效说明。

随着敦煌考古资料的发表，出土的西藏简牍记载了吐蕃时期军队装备铠甲的细节。王尧教授的《吐蕃简牍综录》记录敦煌吐蕃简牍编号122条："付与论祖桑铠甲三付，论扎热铠甲两付，悉诺祖桑铠甲两付，工甲列铠甲两付，论悉诺扎铠甲一付，悉诺悉诺赞铠甲一付，巴尔热铠甲一付……"。编号124条："唐人中等大小铠甲（有九眼的）三套"。编号125条："锁子铠甲、柳叶甲"。编号128条："下郭仓部落，箭、弓……腰带、盔甲铠甲"。《敦煌西域古藏文社会历史文献》米兰木简："给论·措桑，头盔铠甲两个；给论·达扎：头盔铠甲一个；给达（勇士）·达赞，头盔铠甲一个；给贝热，头盔铠甲一个"（次旦扎西 杨永红《西藏古近代军事史研究资料选辑》，西藏人民出版社2010年版）。敦煌吐蕃木简多次提到"头盔、铠甲"，显示吐蕃军队已经拥有自己的铠甲和唐制铠甲，并有相应的管理制度和文档加以记录，唐制铠甲应是在蕃唐历次战争中缴获所得。吐蕃占据敦煌时期的这些铠甲是什么材质？史料未曾提及，推测皮质、铁质铠甲应该都存在。巴桑旺堆教授在 2014 年发表的《一份新发现的敦煌古藏文吐蕃兵书残卷解读》一文中，披露敦煌吐蕃时期手稿中记载吐蕃军："巡兵需持盾牌，手握弓箭披上盔甲，如此备战也。""遇大混乱之时，巡兵要在黎明之际叫醒每一人，披上甲胄而上。"（巴桑旺堆《一份新发现的敦煌古藏文吐蕃兵书残卷解读》，《中国藏学》2014 年第 3 期）诸多文献也说明吐蕃军队装备甲胄，可惜文献并未描述甲胄的材质和形式。

松赞干布率领吐蕃崛起后，向东扩张，与唐朝不可避免地产生领土争端。唐太宗贞观八年（634），吐蕃出兵二十万入寇松州（今四川松潘），"命使者贡金甲，且言迎公主，谓左右曰：'公主不至，我且深入。'"（《新唐书·吐蕃传》）。吐蕃的"金甲"不知是何形制，是否与唐朝的"金涂甲"一样，史料中并未记载。

环锁铠在西藏地区装备得非常早。唐《通典·吐蕃传》有载："人马俱披锁子甲，其制甚精，周体皆遍，唯开两眼，非劲弓利刃之所能伤也。"史料反映了吐蕃时代，武士使用重装全覆盖型环锁铠的情形。《旧唐书》载唐将郭知运于唐玄宗开元六年（718）在九曲（今青海共和南）击破吐蕃，"六年，知运又率兵入讨吐蕃，贼徒无备，遂掩至九曲，获锁甲及马牦牛等数万计"（《旧唐书·郭知运传》），此乃汉族文献中首见吐蕃使用环锁铠。"吐蕃使用环锁铠最早的部分可能是其役下的苏毗人"（周伟洲《边疆民族历史与文物考论》，黑龙江教育出版社 2000 年版）。至少在公元 4—5 世纪以前，游牧的苏毗人已长期活动在西域塔里木盆地南线一带，他们存在很早接触到锁子甲的地理优势与可能性（马冬《锁子甲传入中国考》，《西北民族论丛》2013 年第 1 期）。而在后来吐蕃与唐朝战争中的部分军士多为苏毗人，如《册府元龟》卷九七所言，苏毗"盖是吐蕃举国强授，军粮兵马，半出其中"，可以确定吐蕃地区开始使用环锁铠的时间应远早于公元 8 世纪前期。吐蕃地区环锁铠早期的来源地可能是中亚河中地区，据其他研究资料表明，这一时期，撒马尔罕和索格底亚那等地的盔甲制造业和武器出口贸易发达，而唐朝律法严禁铠甲民间交易，故许多产于中亚河中地区的精良武器，包括环锁铠的最大输入地就有西域和吐蕃。新疆出土的一些唐朝木简牍中，有关于吐蕃环锁铠的记载，其中木简 125 条："锁子铠甲"（王尧 陈践《吐蕃简牍综录》，文物出版社 1986 年版）。西藏寺庙壁画中的武士无论是吐蕃时期还是古格时期，都是摆铁札甲，束腰仅用腰带紧固甲身，未见着环锁铠的武士形象，这点非常令人费解。

吐蕃王朝崩溃后，西藏地区进入分治时代，这段时间的文史资料相对匮乏，无法知道西藏地区甲胄的情况，直到古格地区考古才使世人了解早期西藏甲胄，后文将详述。

2. 蒙元时期

蒙元将西藏地区纳入中国版图后，西藏地区的僧俗领袖为表示服从中央政府的管理，就开始对中央政府朝贡。《元史》载，元世祖至元十七年（1280）吴元珪"尝从同知枢密院事俺伯进西蕃铠甲，帝问其制度，元珪应对详明，帝益奇之"（《元史·吴元珪传》）。元朝史料中记载的西藏甲胄刀剑，往往是作为地方重要朝贡礼器进献朝廷。班智达大师在《萨迦班智达致蕃人书》中，提到向蒙古汗庭进贡方物细节："贡物以金、银、象牙、大粒珍珠、银朱、蕃红、木香、牛黄、虎（皮）、豹（皮）、山猫（皮）、水獭（皮）、蕃呢、上卫氆氇等物，此间甚为喜爱，此间于牲畜颇不屑顾，然各地可以最佳之财物贡来即可。"（阿旺贡噶索南著 陈庆英编译《萨迦世系史》，西藏人民出版社 1989 年版）忽必烈建立元朝后，史料记载，西藏地区向元中央政府进贡的贡品有"木香、牛黄、虎皮、豹皮、猞猁皮、野猫皮、水獭、蕃呢、毛布、氆氇、藏绒、足力麻、水獭皮、青稞、犀角、银珠、赭石、佛画像、藏经、舍利子、铜佛、铜塔、良马、牦牛、毛缨、羊毛、麝香、虫草、藏红花及西藏加工制作的金、银及珊瑚制品、象牙雕刻、珍珠镶嵌、甲胄、左髻、兜罗帽、刀剑等物"（黄玉生等《西藏地方与中央政府关系史》，西藏人民出版社 1995 年版）。

这段史料说明，西藏地区的甲胄从元朝开始，成为西藏对中央政府的朝贡必备品，这些甲胄应该都进入元大都宫廷，随着徐达攻破元大都，元顺帝北返中都，这些贡品应无实物遗存。

3. 明朝时期

朱元璋建立明朝初期，对西藏的策略是，首先用兵甘肃、青海之地，隔断蒙元残余势力和西藏地方的联系，防止蒙元残余势力与西藏地方合兵，进而形成对明朝的边患；然后对西藏各地大行诏谕，广泛招揽僧俗势力来朝输诚、归附，对前来归顺的西藏各部僧俗首领，视其元朝册封职务高低予以相应的封授。在诏谕藏族地方归附的过程中，明朝非常注重派遣使者入藏招抚，尤重已归附的藏族地方僧俗首领、汉地高僧。明太祖洪武二年（1369）九月，"时土酋赵琦弟同知赵三及孙平章、祁院使等皆先后来归，正悉与衣冠，厚遗而遣之。自是，诸部土官相率来降。"明军在攻克河州后，故元陕西行省宣慰使司都元帅何锁南普等属官随即归附，明朝通过恩威并重的手段，逐渐实现了甘、青地区藏族的归附。公元1371年，明朝设立河州卫，"自是，番酋日至"（《明史·西番诸卫》），河州以西，朵甘、乌斯藏等部归附者甚多。公元1372年，帕竹第二任第悉"释迦坚赞"（《明史》称"章阳沙加"）接受明太祖"灌顶国师"的封号，归附明朝，标志着明朝中央与帕竹政权统治下的乌斯藏地方政治隶属关系的确立，明王朝逐步替代元朝，在西藏地方行使中央政府权力。

《大明会典》记录了西藏各地行政机构和土官：乌斯藏（西番古吐蕃地，元时为郡县。洪武初，因其旧职）、长河西鱼通宁远等处、朵甘思（朵甘直管招讨司附）、董卜韩胡（别思寨安抚司加渴瓦寺附）、长宁安抚司、韩胡碉怯列寺、洮岷等处番族。西藏地方循例向中央政府朝贡，贡品有明盔、明甲、铁甲、明铁甲、刀、腰刀、长刀、剑、箭等物（《大明会典》卷一百八 朝贡四）。《明实录》中记载了从洪武至天启二百六十年间，大量西藏、四川、青海藏族聚居区的宗教领袖和地方长官前往南京、北京朝贡，其中明确记载贡品为"刀、剑、腰刀、镔铁剑"的有七十余次之多。《明太祖实录》卷六十六中记载的一段文字颇值得研究：

（洪武四年六月，戊子），以吐蕃来降院使马梅为河州卫指挥佥事，故元宗王亨罗罕、右丞朵立只苔儿为正千户，元帅克失巴卜、同知卜颜歹为副千户，同知管不失结等为镇抚，百户及其部属以下各赐袭衣、文绮有差。先是，三年冬，马梅遣管不失结等贡马及方物，至是，偕亨罗罕等来朝，复贡马及铁甲、刀、箭。上嘉其诚，故有是命，且谕礼部臣曰："时方隆暑，马梅等远来，宜早遣赴卫。"于是，复赐文绮及帛各十四，其部属以下各二匹而遣之。

洪武时期的这些朝贡者为"故元宗王孛罗罕、右丞朵立只苔儿、元帅克失巴卜、同知卜颜歹"，这些前元朝宗王、丞相、元帅皆用"铁甲、刀、箭"作为贡品，"复"是指再次或按照原有形式纳贡，说明洪武初期的西藏地区对中原朝廷的朝贡体系仍遵循元制，武备刀剑为贡品自宋朝开始，元朝延续。

明初时期，洪武、永乐、宣德皇帝册封西藏地区三大法王："大宝法王（噶举派）、大乘法王（萨迦派）、大慈法王（格鲁派）"。明永乐四年至十一年（1406—1413），明朝中央共册封五位地方政教首领为王，分别是阐化王、护教王、赞善王、辅教王、阐教王。明朝册封的西藏八王在整个明朝时期一直向中央政府朝贡，贡品中有"方物"也有"明盔甲、刀剑"等。西藏帕竹政权第十一代第悉"卓尾贡波（《明史》记载为：札释藏卜）"的朝贡记录中就明确有"刀剑"，"万历七年，贡使言阐化王长子札释藏卜乞嗣职，如其请。久之，卒，其子请袭。神宗许之，而制书但称阐化王。用阁臣沈一贯言，加称乌斯藏怕木竹巴灌顶国师阐化王。其后奉贡不替。所贡物有画佛、铜佛、铜塔、珊瑚、犀角、氆氇、左髻毛缨、足力麻、铁力麻、刀剑、明甲胄之属，诸王所贡亦如之"（《明史·西域传》）。

《明实录》中记载的西藏朝贡贡品中，有关盔甲的部分约有六十七处之多。青海藏族聚居区以西宁卫的瞿昙寺、弘庆寺、弘觉寺，岷州卫的大崇教寺、胜安寺，临洮府宝塔寺，河州卫灵藏寺、弘化寺为主。四川藏族聚居区以杂谷脑安抚司、嘉定开化寺、茂州卫、长宁安抚司、董卜韩胡宣慰司、天全六番招讨司等为主。西藏地区则以"阐化王""阐教王""乌斯藏灌顶国师""乌斯藏都指挥使"为主。从贡品数量和朝觐名单中可以看出，青海藏族聚居区朝贡盔甲最多，四川藏族聚居区次之，西藏再次之。而从现存的西藏盔甲实物中，青海、四川藏族聚居区相对较少，反而是西藏地区较多，这点细节颇令人疑惑。由史料可见，西藏地区对盔甲刀剑极为珍视，这些进贡的铠甲究竟是铁札甲、皮札甲还是环锁铠，《明实录》中并无详细记载，应是札甲和环锁铠都有，只是不知其比例，其中记载的"明铁甲"应该就是铁札甲。明太祖洪武二十年（1387），甚至调拨"陕西河州、巩昌、岷州、临洮四卫土著铁甲马军二千九百余人，至京听操，人赐钞八锭"（《明太祖实录》卷一百八十）。可见当时藏族聚居区所存的铁甲数量之大。

藏族地区僧俗首领定期向朝廷进贡，以示政治上的隶属关系，这种朝贡实际上就成为西藏地方对中央政府承担的一种必须履行的政治义务。明代西藏地区进贡的这些"刀剑、明甲胄"不知是否仍旧存于北京故宫博物院。近年故宫出版的《清宫武备》一书公布了清代部分西藏进贡刀剑的资料，期待未来故宫能够整理出版明代西藏贡品中的刀剑、甲胄实物。

4. 清朝时期

至清初时期，汉文史料中仍旧记载西藏地区武备情况，雍正末年，允礼在护送七世达赖喇嘛返藏途中，曾经见过藏军临阵时的装备，并在《西藏志 卫藏通志》里面详细记述下来：

> 西藏额设兵制，马兵、步兵共六万四千余名……上阵亦穿盔
> 甲，其甲有柳叶、有连环、有锁子。马兵盔上插红缨一大撮，孔
> 雀尾一枝，带腰刀靫袋，背鸟枪执长矛。步兵盔上插雄鸡尾一束，
> 带腰刀，插顺刀，带弓箭靫袋，执藤牌或木牌，其木牌宽约尺
> 五六寸，长三尺一二寸，外用铁皮包钉，绘虎兽形，以五色羽毛
> 装饰。带弓箭腰刀，亦拿鸟枪者不执牌，亦有持长矛者。箭以竹
> 为之，雕翎铁镞，镞如锥，长三四寸，其弓木胎角面身稍俱短小
> 而劲，亦有用竹为之者，以两竹片合扎无鞘靶。（《西藏志 卫藏
> 通志》，西藏人民出版社 1982 年版）

文中记载的"柳叶"应该就是铁札甲，"有连环、有锁子"即环锁铠。

世界上大多数民族的甲胄制作均是从皮革时代过渡到青铜时期，再进化到钢铁时代，一切武备的发展都是随着金属冶炼、锻造技术的提升而发展，西藏地区的甲胄发展中没有青铜时代，这是非常值得研究的环节。史料显示，西藏地区的铁、皮两种铠甲从吐蕃时期一直并存，直至公元 18 世纪。

二、壁画、绢画中的西藏甲胄

拉萨大昭寺建于公元 647 年，其中两铺壁画绘制有吐蕃时期擐甲

武士像（图1、图2）。两武士的胄明显由多片小甲片编缀或铆接成，图1武士胄顶装饰羽毛，胄正面有尖凸护额，上饰宝物，胄叶为小叶片，逐层编缀成胄，顿项披于双肩之上，外缘装饰唐式宝相花纹饰织锦。图2武士胄顶上明显有胄缨管，上饰红缨，胄体有尖形护额，胄的叶片有别于另一武士，从图像上看是曲边形，相互叠压编缀成胄，顿项披于耳侧，内侧衬红色织物，顿项向上翻卷，此种形式与中原地区唐武士壁画和天王造像的折返式顿项表现形式完全一致，两胄的胄片都是由甲片编缀而成。图1武士的身甲前开襟，左右两侧身甲横排甲片都是前片叠压后片，纵向是下排甲片叠压上排，这种编缀方式与唐甲无差别；图像中甲片上端略呈圭型，而非常见的圆弧形，甲片绘制非常精细，每个甲片上端都有一个凸起点，身甲至腹部明显收腰，甲裙的横排则是从身体右侧向左叠压，甲裙未正中开襟，这个细节颇为独特，与长乐公主墓壁画东侧武士身甲几乎一致。图2武士的长身甲正中开襟，颈部有一个紧固盆领的 Ω 结构，这个细节与唐甲非常相似，身甲明显是由皮条编缀，甲叶绘制相对简略，图像中未显示甲片的横排和纵向的编缀关系。两套铁甲的披膊都是编缀在身甲肩部，这个细节与西藏现存西藏地区铁札甲实物完全一致。身甲和披膊下段衬织锦，织锦花纹是典型唐式样宝相花，此类宝相花在敦煌、榆林窟唐时期塑像、壁画及同时期丝绸中大量出现（图3）。图1武士身甲的甲片外侧绘制勾双线（图4），现存西藏铁札甲甲片在锻造中，为增加侧向的强度，会在甲片侧边錾刻折线（图5），壁画清晰地展示了甲片制作的这个细节，说明大昭寺的壁画非常写实和准确。

图1壁画清晰显示了吐蕃札甲的编缀方式。在中国武备史中，如此写实描绘甲胄细节的壁画极为罕见。这两铺壁画是迄今能看见

的、最为古老的西藏甲胄式样，从绘画中甲片的颜色来推测，应是两领铁札甲。

斯坦因从敦煌藏经洞带走的绢画《维摩诘经变相图》（馆藏编号：ch.00350），绘制年代在公元751—800年，此时期正值吐蕃占领敦煌。绢画中绘制吐蕃赞普形象，也有吐蕃武士形象（图6），绢画左下角有4位吐蕃武士，最左侧武士持长戟，戴高冠，摄长身铁札甲，披膊外侧有红色织锦装饰，从图像学角度来看，应该是毗沙门天王造型；右二武士身甲较短，属于铁札甲，披膊外罩在身甲之上，胄的顿项反折，胄体正面有条形装饰，甲胄内衬红色织锦。身甲正中开襟，其甲裙未正中开襟，与大昭寺壁画武士甲一致。4位吐蕃武士在造型上与敦煌唐武士形象高度相似，说明土蕃时期的神将甲胄也深受唐制神将风格影响。

西藏曲水县聂塘区的聂塘寺门口保留了四尊甲胄天王像（图7），与唐朝时期敦煌、中原地区的天王像造型完全一致。聂塘寺兴建时期不详，印度高僧阿底峡大师至拉萨传教弘法时期，住于聂塘寺，在北宋至和元年（1054）于此圆寂，说明聂塘寺塑像建造时间不晚于北宋至和元年。门廊中的四大天王造像完全承袭了唐天王造像，其甲胄形式为典型唐朝明光铠，身甲、披膊、甲裙都是长条形甲片编缀成型，与敦煌唐时期天王塑像完全相同，聂塘寺的天王非常中原化，说明其寺庙极有可能在吐蕃时期就已经建立，明显受到唐文化的影响。其左侧西方广目天王所戴胄的顿项与唐朝武士相同，这样的折返顿项的表现形式在整个唐朝极为流行。

吐蕃分治时期（公元9—13世纪）的古格遗址中，拉康噶波（白殿）保存了一尊完整的身着甲胄武士造像（图8）（甲央、王明星

《宝藏：中国西藏历史文物》，朝华出版社2000年版），塑像所展现的甲胄形式与大昭寺壁画中的吐蕃武士有明显差异，圆雕塑像展现了丰富的细节，头盔由于拍摄角度的关系无法清晰辨识，应已经损坏；身甲是长条形甲片编缀成的札甲，身甲较长，至膝盖上部；颈部可见盆领关系，胸口开V形领口，领口下端有圆护，两肩窝处有圆形凸起结构，腹部收腰，并用丝绦束甲，其腿护甲与敦煌唐天王塑像中护腿形式相似，此造像的甲胄明显属于于阗风格毗沙门天王甲胄形式。毗沙门天王自盛唐兴起，敦煌壁画、绢画、印刷品中有大量毗沙门天王形象。印度德里博物馆藏敦煌纸本毗沙门天王（图9）（霍巍《从于阗到益州：唐宋时期毗沙门天王图像的流变》，《中国藏学》2016年第1期）、敦煌154窟南壁西侧毗沙门天王（图10），两尊毗沙门天王身甲领口开襟、两肩、胸口的圆形护具形态上与白殿造像身上的甲胄极为相似，只是敦煌毗沙门天王上身为鱼鳞甲，下身为札甲。这尊分治时期的西藏武士造像中的甲胄明显部分延续了敦煌、于阗风格式样。吐蕃占据敦煌时期，洞窟壁画中绘制的毗沙门天王像可以看出两种不同风格的甲胄，一种明显偏重于中原风格，胸前有圆护；一种偏重于于阗风格，领口开襟，呈Y字形，两肩胸腹有璎珞捆扎。从历史背景看，当时的吐蕃在相当长的时间内控制西域，日本敦煌学者佐藤有希子在有关毗沙门天王的论文中指出："可能是7世纪吐蕃入侵西域时，引进了已经包括于阗的西域使用的甲制"（佐藤有希子著 牛源译《敦煌吐蕃时期毗沙门天王像考察》，《敦煌研究》2013年第4期）。由此，吐蕃军队极有可能同时具备唐制和于阗两种风格的甲胄形制。从历史背景来看，这个可能性是存在的，只是现在西藏、新疆、青海考古中未曾有此类于阗风格盔甲实物出土，尚不能完全支持此种观点。

古格壁画中还有大量的武士形象，其中拉康玛波（红殿）壁画遗存的"七政八宝"之一"将军宝"（图11），较为清晰地展示了武士形象，武士身着红色锦袍，外罩青黑色铁札甲，左手持盾置于胸前，右手持剑扬于脑后，头戴"八瓣盔"，盔体下沿有小铁甲片环绕一周，顿项由甲片编缀，披于脑后。披膊与身甲相连，身甲胸部开襟，长及膝，收腰捆扎红色腰带。足蹬长靴，左腿蹲，右膝着地。披膊和身甲皆由长条型铁甲片编缀成型，甲裙边和披膊边缘饰有滚边。红殿壁画所呈现的头盔造型与大昭寺壁画中头盔形制有明显的差异，出现了典型的八瓣盔或十六瓣盔形式，两处壁画中武士的身甲较为相似。此铺壁画的年代颇值得讨论。于小冬先生在《藏传佛教绘画史》一书中对该壁画的判断为15—16世纪，"古格王宫红殿东壁下部，公元16世纪前后"（于小冬《藏传佛教绘画史》，江苏美术出版社2006年版）。但是从"七政八宝"周围其他绘画中的缠枝与纽约大都会博物馆保存的公元13世纪唐卡中的缠枝进行比较，两者造型和绘画细节高度吻合，"将军宝"的绘画应是公元13世纪之前。遗址壁画中大量绘制了擐甲武士，造型较为一致，都是头戴八瓣盔，身擐铁札甲（图12）。

古格红殿中现存一幅公元15—16世纪左右的财宝天王壁画中，也能够看到大量身着甲胄武士形象。主尊财宝天王着山纹甲，骑狮，左手持吐宝鼬，右手持宝幢。财宝天王即毗沙门天王（图13-1），在敦煌壁画中大量出现，在唐朝被供奉为军神，早期身着札甲，宋以后基本着Y形甲叶身甲，主尊的形象明显受到了中原文化的影响。主尊周围环绕8位骑马武士形象（图13-2），能够清晰地看出武士的盔皆为八瓣盔，甲片编缀的顿项披于脑后，盔皆青黑色，铁质。身甲为札甲，明显能看出其甲于胸口正面开襟，两侧开衩，胸口、肩胛皆装饰彩色滚边，和公元 13 世纪的"将军宝"武士甲胄形制一致。因甲士所处方位在宗教含义中有所不同，故部分武士甲胄绘成黄色、红色。

古格红殿、白殿壁画中武士身着的甲胄与现存于各大博物馆、私人收藏家所保存的西藏铁札甲实物造型完全一致，说明现存西藏地区的铁甲胄形制，在不晚于公元 13 世纪时已经基本固化，后世唐卡、壁画都沿用此形制，并保留至 19 世纪。

西藏地区唐卡、匝嘎利绘画中也有甲胄形象，匝嘎利是一种小型彩绘画，用于藏传佛教的仪轨，其绘画内容庞杂，涉及造像、供器、多宝、武备等。美国芝加哥艺术博物馆保存的西藏 12—14 世纪的匝嘎利（图 14，藏品编号：1995.203.20）绘制了西藏武士完整的一套装备：铁胄、铁札甲、靴子、剑、胡禄及弓囊、长矛、盾牌、马匹、马鞍。另一幅匝嘎利单独绘制一套札甲（图 15，藏品编号：1995.203.17）。

三、影像中的西藏甲胄

自 1904 年荣赫鹏率领英军入侵西藏之后，西方的侵略者和冒险家用相机记录了大量西藏地区的武士形象和甲胄照片（图 16）。美国大都会博物馆出版的 *Warriors of the Himalayas: Rediscovering the Arms and Armor of Tibet* 一书中，披露最早的西藏武士照片是 1906 年纽约出版的 *Lhasa and Its Mysteries*，作者是英国探险家、西藏学教授 Laurence Austine Waddell，其拍摄的具装铠武士是已知最早的西藏武备影像资料（图 17）。1936 年英国博物学家弗雷迪·斯潘塞·查普曼受到 Basil Gould 爵士的邀请，前往西藏，在此期间拍摄了大量西藏风土照片，其照片基本都保存在大英博物馆，其中部分照片记录了 1937 年 2 月 10 日传召大法会期间，穿着铠甲的西藏武士（图 18）。1938 年，希特勒批准纳粹党卫军头子希姆莱派遣"德国党卫军塞弗尔探险队"赴西藏进行探险考察，探险队的队长恩斯特·塞弗尔，博物学家；其他 4 名成员分别是：布鲁诺·贝格尔，人类学家；恩斯特·克劳施，植物和昆虫学家，同时也是官方的摄影师；卡尔·维内特，地球物理学者；埃德蒙·格尔，探险队的管理者。探险队在 1938—1939 年期间拍摄了大量西藏人文、地理照片，这些照片大多保存在德国联邦档案馆，其中在 1938 年春节"默朗木祈愿大法会（传召大法会）"上拍摄了大量西藏着铠甲武士照片。传召大法会也称为祈愿大法会，藏语称"莫朗钦波"节，是藏传佛教重要的宗教庆祝活动，其于明永乐七年（1409）由宗喀巴大师创立。公元 1643 年，在五世达赖喇嘛主持下，祈愿法会作了重大改革，将法会的时间由原来的正月初一至十五日改为正月初三至二十五日（亦有文史资料显示，在二十七日结束）。法会期间，举行规模宏大的"默朗朵甲"驱鬼仪式，由古装兵护送，鸣放火铳，燃烧"朵玛"，向拉萨河南岸进发。清初史料《西藏志》载："（正月）二十一日，调集各处蒙古、西番马步兵三千名，顶盔贯甲，执长矛、弓箭、鸟枪、藤牌，马亦从头至尾披挂五色甲裙，各各跳舞放枪，绕召三次，至琉璃桥南，点放火炮，以为迎神逐鬼。"（《西藏志　卫藏通志》，西藏人民出版社 1982 年版）不同史料对"默朗朵甲"日期记载有所出入，《西藏志》记载是"正月二十一日"，有一些史料记载"正月二十四日"，《西藏文史资料选辑》记载是"二十六日"。德国、英国、美国博物馆中保存了相当数量的西藏传召大法会武士巡游照片，武士出巡是传召大法会中重要的一环，一般是正月初三举行，又称为"扎基阅兵"。阅兵中，武士和仪仗大约千余人，由两部分组成，一部分是五百人的"森巴"或"森穷"军，这是古代藏王卫队的名称，这些"森巴"不属于正规军队，平时在家耕地、放牧，没有守边、治安等任何军事任务，世代享受"森巴"俸禄，属于西藏的大差巴户，生活相对富裕，每年为噶厦政府支一次差。每年藏历十二月至拉萨，受"莫朗达巴（传召大法会领导机构）"指挥，法会期间主要任务是充当仪仗队，"所用服饰、武器和乘马皆为政府借予，传召结束即收回"（西藏自治区政协文史资料研究委员会编《西藏文史资料选辑》第八辑，西藏人民出版社 1986 年版）。还有一部分大约五百名武士，是拉萨各大贵族、噶厦所属各大机构官员以及藏军代本级别以上的头目，按照规定名额花钱雇来支差，这五百人装备和"森巴"军一致，任务一致。"他们穿着古代武士服装，佩带弓箭和腰刀，威风凛凛以壮阵容。或以部分人参加达赖喇嘛的出行仪式，或在一定场合接受检阅"（西藏自治区政协文史资料研究委员会编《西藏文史资料选辑》第八辑，西藏人民出版社 1986 年版）。从这些史料中可知，大法会中的仪仗、刀剑、盔甲都属于噶厦政府。《西藏志》记载骑兵盔中的孔雀尾羽和步兵的雄鸡尾羽，在西藏 20 世纪 40 年代老照片中都得以呈现，德国联邦档案馆藏大法会照片（图 19-1）骑兵盔插孔雀尾羽，照片还拍摄了骑兵队伍的行进（图 19-2），塞弗尔探险队拍摄的这批照片中显示骑兵都是穿环锁铠带圆钵盔。美国史密森尼学会保存了一批美国战略情报局在拉萨拍摄的大法会穿甲胄的步兵和骑兵照片

（图20-1、图20-2）。图18、图20-1显示巡游的步兵都是穿铁札甲，戴八瓣盔。

这些照片是现在已知对西藏铠甲记录较早的影像资料，近代陈宗烈先生、蓝志贵先生、姜振庆先生在西藏工作期间，也拍摄了西藏具装铠和武士照片。这些影像资料是今天研究西藏武备的重要史料。

四、考古文物中的西藏甲胄

1. 新疆、西北地区

1906—1907年，斯坦因先后两次对米兰戍堡遗址进行发掘，盗掘走了大量珍贵的文物，其中就包含相当数量的吐蕃时代皮甲。米兰遗址经过新疆考古所后期调查发掘，认为该遗址年代开始非常早，从建筑结构与出土遗物来看，该城址的下限年代应在8—9世纪，上限尚不清楚。斯坦因带走的皮甲现存于大英博物馆，这批甲片数量不详，但是为我们研究吐蕃皮甲提供了重要的研究标本。"发现的文物中，首先值得一提的是皮甲片。因为这种东西不仅在技术和材料上具有意义，而且数量庞大。事实上它们是从不同房间中成套挖掘出来的，这是一个重要证据，证明那些生活在戍堡中并将其穿旧的装备'脱'在那里的人主要是军人。最先发现的如图21中所示全是散片，长方形，涂漆，尺寸和装饰变化多样。没有任何明确的迹象表明其原来的用途和联系"（图21-1中左上角的一组甲片）（奥雷尔·斯坦因著，中国社会科学院考古研究所译《西域考古图记》，广西师范大学出版社1998年版）；"米兰戍堡的甲片则都呈长方形，编结方法也不同，从某种意义上讲，更复杂一些。幸运的是我们发现有一些成套的甲片，仍用原来的窄皮条互相系在一起"（图21-2）（奥雷尔·斯坦因《路经楼兰》，广西师范大学出版社1999年版）。经过斯坦因的研究，发现这些吐蕃甲片是用骆驼皮制作。

米兰戍堡中的皮甲证实了吐蕃军队装备皮甲的事实，同时从实物能看出皮甲制作有统一的规范，甲片凹凸的纹样显示出是模压制作（图21-6），甲片表面会刻画逗号式纹样，表面反复髹漆，整体以朱漆、黑漆为主（图21-4、21-5）。4组甲片的开孔方式各不相同，说明身甲编缀方式是较为复杂的。此4组甲片体量较大，无完整甲身，无法断定是何部位的甲片。

1979年发现于甘肃肃南裕固族自治县的大长岭吐蕃墓葬出土了木棺板画、金银器、丝织品等143件遗物，其中墓室"内还发现四块铁甲，以铁丝制成，环环相扣，连成一体，应该是文献记载的吐蕃锁子甲"（全涛《甘肃肃南大长岭吐蕃墓葬的考古学观察》，《考古》2018年第6期），这是目前唯一的考古发现吐蕃环锁铠信息（图22）。

2. 西藏地区

西藏甲胄考古出土记录主要来自古格遗址，现存于西藏博物馆。遗址中的甲片未给出确切的考古年代，大致定义在10世纪左右，其身甲、甲片形制应直接继承吐蕃王朝，对现存古格王朝甲胄的研究，基本可以略窥吐蕃时期甲胄的门径。

（1）古格遗址

古格地区遗迹时间跨度自公元9世纪至17世纪，古格王朝在西藏吐蕃王朝之后的历史上有着极其重要的地位，共世袭16代国王。古格王朝的王系是吐蕃王朝赞普的嫡系后裔，所以对古格王朝的研究必然会追溯到吐蕃王朝。公元 9 世纪末，末代赞普朗达玛因灭佛被刺杀，吐蕃王朝崩溃，朗达玛后裔逃往至阿里，建立古格王朝，公元 17 世纪初，国王与其弟因权力斗争，其弟勾结拉达克人出兵古格，由此，古格王朝在内部权力争斗和分裂中消亡。

1985 年，由西藏自治区文物管理委员会主导的古格遗址考察中，发现"故城遗址各区均可见零星铠甲片"，"采集到甲衣残片 38 件，无一完接，其中残片稍大且大能看出部位的有 14 件"（西藏自治区文物管理委员会《古格故城》，文物出版社 1991 年版）。张建林先生著《荒原古堡：西藏古格王国故城探察记》，记录古格出土部分残甲的状态："采集到的铠甲衣均残破不堪，只有十几件大体还看得出形制或部分形制。主要是一种长及膝部的带袖对襟铠甲衣。这种甲衣还在胯两侧开叉，除领、袖外，其它部位不衬底料，直接以皮条编缀铁甲片，很厚重，其中有一件较大的残甲衣重近 20 公斤，如果完整的话可达 25 公斤。这种铠甲的制作过程很复杂，要选用数种甚至 10 种以上的不同铁甲片连缀而成。领部用一种向外弯成弧形的铁甲片编成单排，外面用羊皮整体包缝，肩、前后胸、腰、下摆、上臂、小臂等部位所用甲片都不一样。"书中记录的在考古过程中发现的古格札甲，其中"领部用一种向外弯成弧形的铁甲片编成单排，外面用羊皮整体包缝"，这样的结构是西藏札甲非常重要的一个特征（图23），在现存纽约大都会博物馆、各个寺庙、私人收藏家保存的藏甲中都能清晰地看见，西藏地区铠甲的颈部弯曲甲片结构，就是中国古代典籍中记载的"盆领"结构。

在古格遗址考古中还发现"藏兵洞"，内藏残存的一定数量的胄甲、28 件盾牌（图 24-1）、箭矢十万余枝等武备。1957 年，八一电影制片厂在西藏驻军的协助下，拍摄了古格藏兵洞的影像，从影像的截图中可以看见（图24-2），此处窨藏的胄甲实物中有八瓣铁胄和不完整身甲（或马甲），在画面中不仅能够看见八瓣式胄（图24-3），也能看见元、明时期多见的钵式胄，由于资料有限，不能得知其中的甲究竟有哪些形式，影像中可见铠甲皆为铁甲片编缀的札甲。在影像资料中可以看见，藏兵洞遗留的兵器中还有公元17世纪典型的北印度塔拉瓦弯刀。

古格遗址各区均可见零星铠甲片，建筑遗址内外俯首可拾，铠甲片种类丰富，形制复杂，大致可以分为11型36个亚型。除了在一件残甲衣上发现一片铜甲片外，其余都是熟铁锻造制作，原表面较为光洁，遗址中部分甲片还保留银白色，现大部分有锈迹。遗址发掘、采集到的38件残甲衣中，体量稍大并且能看出部位的有14件，大致分成5型，编缀方式有：皮条编缀、皮条缀甲片于底料、铆钉铆接甲片于底料等3种形式。

出土的甲片属于具装铠、身甲两大类中各个部分（图25、图26），涉及的部位有具装铠面帘、身甲（图25-1至图25-6），人甲的盆领（图25-21）、胸甲、身甲、披膊、甲裳不同部位。其中两片曲边甲片非常值得关注（ⅡC型，图25-8；ⅩE型，图26-17），是典型的突厥系甲片在西藏地区的遗存。从1985年古格考古中这种曲边甲片出现，至今国内文博界未见有对此类甲片作深度解读的文章，由于文博系统的视觉点在武备系统中关注不多，所以此类甲片并未引起国内学界的重视。事实上这种曲边甲片的出现，间接证明了唐时期山文甲的真实形态，这无疑是唐、吐蕃时代涉及武备考古中的一项重大成果。

出土的14件甲衣，大致分成5种类型。

I 型

甲衣为连身札甲，胸甲部分较短，甲裳较长，腰部甲片会折弯成 S 形，两胯处开衩，胸前开襟，身甲、甲裳的甲片尺寸不同，颈部有盆领结构，以 L 形甲片编缀而成，盆领外缘包裹皮料。札甲的编缀是先横排编连，再上下排编缀，横排甲片的编缀是左右叠压，上下排是下层压上层。此类甲衣 29 件。

标本Ⅵ较为完整（图 27），残存后背及左右襟大部，盆领、甲袖不存，两肩有缺，原位置编缀甲袖，两胯开衩，将后摆和左右襟分开，甲衣上下残长 90 厘米，领下残存宽度 33 厘米，后摆下缘宽 48 厘米，左右襟下缘均宽 49 厘米。整套甲衣编缀致密精细，不同部位采用了 4 个亚型的甲片：

①图 26-14 型甲片主要编缀身甲主要部位，甲片开 7 组 13 孔。

②图 26-15、图 26-16 型甲片编缀衣甲及开衩的两侧边缘，有孔一侧与横排甲叶编连，外缘因不需要编连，故无编缀孔。

③图 26-5 型甲片编缀衣甲最下排，上连缀图 26-14 型甲片，线段横向缀封。

④图 26-9、图 26-10 两型甲片仅用于衣甲最下排两侧边缘，有空侧与图 26-5 型甲片连缀，外侧不须编连，无编缀孔（西藏自治区文物管理委员会《古格故城》，文物出版社 1991 年版）。

标本Ⅵ残存领右半部、右侧前襟大部、后背右侧，右袖虽然脱离，但可拼接。整体能看出 I 型甲衣的肩袖关系（图 28）。肩袖连接部位的甲片编缀较为复杂，呈半环形，由 3 排甲片构成。领部由单层甲片包裹皮革构成盆领，身甲、袖所用甲片相同，编缀方式也相近，袖下端以羊皮为底料，铆接小甲片。整体使用 5 种亚型甲片编缀：

①图 25-7 型甲片用于领部，单排横缀，皮革从内层向外包缀。

②图 25-16 型甲片广泛用于前胸后背及前襟的腰以下等部位，上接领部甲片，下接腰部图 25-19、图 25-20 型甲片。

③图 25-20 型甲片仅用于腰部一横排，甲片侧视呈 S 形，上接图 25-19 型甲片，下接图 25-16 型甲片。

④图 25-19 型甲片用于腰部图 25-20 型甲片以上一至二排，上接图 25-16 型甲片。此类甲片还用于甲袖的部分。

⑤图 25-1 型甲片铆接于羊皮底料。

Ⅱ型

甲衣很可能是一种披膊，仅能遮护领、肩、前胸后背的上部，除了领部外，其余部位无底衬，以皮条直接穿缀甲片制成，整个以中部一竖排略弯折的甲片为中轴，向两侧横置竖排甲片，上排压下排，外侧排压内侧排，领部以皮革包裹一横排折弯略呈 U 或 V 形的甲片，甲片左片压右片缀连。此型甲衣主要采用图 25-15 至图 25-18、图 25-10 至图 25-12 型甲片。此类甲衣使用的甲片较小。采集到 4 件，保存有领、肩、背部的较大残甲衣仅有 2 件。

标本Ⅵ残存领、肩及后背上部，领口展开呈 U 形，领部为皮革包单排甲，两端残损，中部脊线横置一竖排折成近 V 形的甲片，两侧用一端圆弧的条形甲片横置，竖排向肩臂延伸出九排，然后缀封，右肩外缘残留小片羊皮，前胸后背均残损。领部残长 48 厘米，两肩臂间宽 94 厘米，后背残长 22 厘米。右肩第五、六两排较长，各长出 6 片甲片，左侧应该有相同结构，应已遗失。不同部位分别采用了 3 个亚型的甲片（图 29）：

①图 25-17 型甲片仅用于领，单排竖置横缀，再以皮革从内侧向外包缀。

②图 25-12 型甲片用于后背中脊，单排横置竖缀，两侧与图 26-19 甲片相连接。

③图 25-19 型甲片用于后背及肩臂，以中脊为轴向两侧各延伸九排，横置竖排，边缘缀封，中与图 26-12 型甲片相连。

标本Ⅵ残存领、背及肩臂的部分，领口展开呈半圆形，领部为皮革包单排甲片，两端稍藏，领口有较长皮条用于系结，中脊部横置一竖排略弯曲的圆端条形甲片，两侧用同型甲片横置竖排向肩部延伸，残存 12 排。领部残长 29 厘米，两肩臂间残宽 98 厘米，后背残长 28 厘米，甲衣不同部位仅用两个亚型的甲片编缀（图 30）：

①图 25-20 型甲片仅用于领部，单排竖置横缀，再以皮革从内侧向外包缀。

②图 25-19 型甲片用于除领部以外的所有部位，中脊部横置一竖排略弯的此型甲片，两侧以弧形端朝内，平端朝外横置，竖排向肩部延伸。

这两件甲衣就是独立的披膊，这个披膊与唐山西襄垣县唐墓出土唐俑、长乐公主墓壁画武士的披膊非常接近。

古格遗址中出土了八瓣盔的盔叶共计 48 片。

考古学者将其分类为"头盔脊片"和"头盔底片"两大类。"头盔脊片"是八瓣盔外侧盔叶，每片盔叶上有一纵向凸起脊线，以脊线为中心，盔叶左右两侧呈波浪形曲边，每个波浪尖端开制纵向两小孔，用于盔叶的编缀（图 31），盔底缘开横孔。"头盔底片"整体略呈三角形，少部分中间有脊线，大部分无脊线，左右两侧和顶部开编缀孔，每组两孔，底缘横向开编缀孔（图32）。遗址发现的盔片均为铁质锻造，表面经过磨光，许多头盔片在当时仍明光锃亮。八瓣盔由4块"头盔脊片"和4块"头盔底片"通过皮绳紧固在一起，形成盔体，再将盔顶编缀于盔顶，盔体下缘编缀甲片和顿项；"出土的盔片有一类较窄，整个盔体由9片'头盔脊片'和9块'头盔底片'构成，此类盔就是西藏地区的十八瓣盔"（西藏自治区文物管理委员会《古格故城》文物出版社1991年版）。考古工作者认为西藏有十八瓣盔是基于对盔片弧度测量的推算，事实上，西藏地区多瓣盔结构中只有八瓣和十六瓣盔。

遗址出土盔顶5件，盔顶由喇叭形底座和缨管构成，缨管顶部部分为单竹节形，缨管中间出两圈弦纹；大部分缨管为双竹节形。八瓣盔的盔顶底座开4组8孔，十八瓣盔开18孔（图33）。

考古学者根据八瓣盔的编缀规律，复原了其中一顶八瓣盔（图34）。此盔后来放置在西藏博物馆展陈，相关考古资料定义年代为公元10世纪左右，正是吐蕃王朝崩溃后进入分治的时代。

（2）寺庙中的收藏

现今在西藏诸多大寺庙的护法神殿中，仍旧能看见木柱上捆绑铁札甲，这些铁札甲是作为对护法神的供奉，存放于护法殿，护法殿一般都安置在大殿侧，供奉护法神。藏传佛教格鲁派供奉护法"玛哈噶啦""大威德金刚"；清朝皇家寺庙的护法殿主要供奉"大威德金刚"，紫禁城内的梵宗楼、雍和宫的法轮殿都设立"大威德金刚"坛城，在坛城内会供奉盔甲、刀剑。梵宗楼内供奉："……鋄金鞘花羊角把小刀一把……铁鋄金钉皮盔顶，护肩两块，绣月白缎甲一副，左右供五彩描金架二个，腰刀二把，钺斧二柄，枪二支，撒袋二份，弓二张……""洋铜药葫芦一个，嵌米珠穿金丝九龙袋一个，洋铜什件鞓紫天鹅绒鞘腰刀一把，俱班禅额尔德尼进。"雍和宫的大威德坛城供奉更为神圣，"唯独西藏所贡进的军器则永远供在雍和宫雅木德克坛。旧时在雅木德克坛所陈列的西藏著名军器共有三件，一件是西藏拉萨布达拉宫内镇宫之宝，镶嵌珠宝青碧色纯钢宝剑一口，蒙古语尊之名叫'色勒穆'；一件是镶嵌钻石的"架枪"，蒙古语尊之名叫"济达"。这两件特别军器都是乾隆十年（1745）十月十五日，西藏第七世达赖喇嘛噶桑嘉错所呈进的。另一件是双眼鸟枪……乃是乾隆十二年（1747）十二月初十日，西藏郡王珠米那穆扎尔所呈进的"（王家鹏《清代皇家雅曼达噶神坛丛考》，《故宫博物院院刊》2006年第4期）。在格鲁派宗教概念中，大威德金刚具有战神的作用，所以大威德坛内必须供设兵器。现布达拉宫、萨迦寺、色拉寺、哲蚌寺（图35）、列城Phyang寺这些寺庙中的护法殿都保留有历代供奉的铁札甲。2000年，朝华出版社出版的《宝藏：中国西藏历史文物》第一册披露了布达拉宫藏一套甲胄（图36），这套甲胄是目前已知国内官方博物馆保存的最为完整和高级的西藏铁札甲，身甲下摆装饰明代"八答晕"织锦，盔、甲的甲叶保存极好，光亮如新，较为值得关注的是，此套甲在拍照时候，以背面示人，其正面开襟形式未曾有图片显示。

五、盔

西藏大昭寺壁画中，吐蕃时期武士所戴的小盔叶编缀盔型，与新疆出土唐陶俑的盔式样相近，西藏地区无小盔叶编缀盔型实物存留，仅在壁画中得见。敦煌壁画中，盛唐之前表现军阵的武士绘画、塑像，多以此类小盔叶为主，图像显示，吐蕃、唐军早期都装备小盔叶编缀盔（图37）。只是迄今为止尚未有明确出土实物可以佐证。

西藏地区现存头盔归纳起来有以下三大类：多瓣盔、条形甲叶盔、圆钵盔。

1. 多瓣盔

盔体由8片、16片盔叶构成，盔叶、盔缨座多使用皮条编缀固定，少部分使用铆接固定。从考古实物和传世实物来看，有古格出土实物显示为公元10世纪；纽约大都会博物馆保存一顶嵌铜条八瓣盔，馆方标注为公元8—10世纪。八瓣盔存世量较大，多为明代之物。

大都会博物馆保存的一顶八瓣盔（图38，藏品编号：2002.226），博物馆断代为公元8—10世纪左右，该盔叶的上端、下缘、盔顶下缘、脊线部位装饰铜片。大都会博物馆对此盔断代应比较准确，这样的铜压条装饰形式在后世的西藏八瓣盔中也有所保留，笔者在康巴地区见过一顶明显较为晚期的八瓣盔，仍旧采取这样的装饰风格。此盔的装饰风格与杨勇先生的十六瓣嵌金叶唐残盔装饰风格相近。现存于北京民族文化宫博物馆的萨迦法王头盔是已知文博系统中八瓣盔保存较好的一顶（图39），顿项甲片最完整，下沿包裹明代八答晕织锦。官方网站称此套甲胄是忽必烈御赐八思巴，实际应该是元、明时期西藏本地制作的甲胄。笔者保存的一顶八瓣盔（图40），风格与民族文化宫藏品风格近似，盔体铁叶呈青灰色，盔叶内部有数字1-8铭文。西藏八瓣盔盔叶制作好后，会在模子中调整每盔叶曲度，然后錾刻铭文，用于编缀时候按照顺序穿连，这样就能较好地控制盔叶之间的缝隙。笔者这项八瓣盔盔叶完美贴合，严丝合缝，盔体表面有一片盔叶明显有刀砍的战损痕迹。盔顶为单竹节形，与古格地区出土的图33-1一致。盔下沿编缀顿项甲片，甲片开7组13穿孔，盔体下沿的护额编缀是以正中一片为中心向左右叠加。顿项编缀先横排，由右片压左片编缀，后使用上排甲叶的中单孔连接下排（此盔顿项、护额由曹先然先生修复编缀）。

苏海荣先生保存了一片非常特殊的八瓣盔"头盔脊片"（图41），盔体表面整面装饰黄金，金层不是传统鎏金、鎏金工艺，应是一种特殊的黏合技术，两侧能看出"头盔脊片"的边缘痕迹，不知道"脊片"是否有此饰金工艺。此盔叶是目前已知唯一的金八瓣盔零件，此盔若是完整，应是一种在高级礼制中的佩戴之物。此盔极有可能是西藏地区对唐制"金甲"的一种模仿和延续，亦有可能是吐蕃"金甲"工艺的遗存。

西藏八瓣盔的盔叶都是冷锻成型，盔叶一般厚度为2~2.5毫米，脊线高3毫米，其凸起脊线不仅为装饰作用，还起到加强筋功能。脊线是整体锻造而成，左右两侧低于脊线的平面，是完全由手工锉磨成型，盔叶因经过冷锻，强度极高，手扳盔叶，完全不能产生变形。笔者在整理清洁此类盔叶时，发现盔叶都经过淬火处理，盔叶上的孔作抹圆处理，防止毛刺割伤皮绳，在极少部分盔叶中能看见由于炉温不够，形成不了锻铁有效闭合的分层。

西藏八瓣盔下沿多有甲片编缀，脑后披顿项，两种甲片都有所不同。盔体下沿的甲片较为平整，与身甲用甲片呈瓦形不同，上下两端较平，甲叶略呈梯形，上端收窄，6组11孔，在额头正中的甲片，其中间不开孔，为5组10孔，甲片这个细节非常特殊，长5厘米，宽2.4厘米左右（图42-1）。顿项甲叶相对较小，也较平，横截面无明显瓦形，6组11孔，甲片尺寸长3.8厘米，宽1.8厘米（图42-2）。顿项甲片先横排编连，后纵向编连。顿项从结构来说有两类，一类是分成左、中、右三部分，左右两侧顿项和颈后部分相互重叠，两侧顿项下有皮绳，可系于下颌，苏格兰博物馆、邦瀚斯拍卖的西藏盔的顿项就是此类（图43）。此类顿项左右两片可以向上反折，唐朝天王像中顿项反折就是此类结构艺术化的表现。另一类是顿项为一整体编缀，大英博物馆1880.725.b号藏品是此类代表（图44）。

西藏八瓣盔的盔顶非常有特点，总结起来有以下几种：单竹节型（图45）、双鼓棱型（图46）、圆球型（图47）、八面双台型（图48）。

笔者藏八瓣盔的盔顶、古格出土的盔顶（图33-1）是单竹节型代表。单竹节型盔顶应该在吐蕃时期就产生了，在晚唐咸通十年（869）修建的敦煌012窟前室西壁天王像的头盔上，能看到此种单竹节型盔顶的原型（图49），莫高窟061窟主室北坡顶部的武士头盔也是此类风格，说明唐制头盔的此类盔顶并不是孤例，应是一种普遍装备，吐蕃此种竹节盔顶应该和唐盔顶有明确的继承关系。双竹节型盔顶应是单竹节型盔顶的演化，制作较为精良的会在竹节间装饰双细筋，底座经常会錾刻藏文，内容一般多为"左或右＋数字"形式，部分铭文只有数字。这类数字有两种解读，一种是部队中第×号盔，另一种是某个匠人做了第×个盔，两种解读都存在一定的合理性。

圆球型盔顶也应该出现于吐蕃晚期。圆球顶部侧边开4个孔，顶部有孔与中间的盔缨管相通。英国利兹皇家军械博物馆藏品是球形顶八瓣盔的典型（图 50，藏品编号：XXVIA.121），将此类盔顶与渤海国出土盔（图 51）进行比较，不难看出其同源关系。吐蕃、唐朝、渤海国应都装备了此类风格盔顶。

西藏、四川、云南还有一种类似八瓣盔造型的十六瓣盔型，英国利兹皇家军械博物馆保存的 XXVIA.106 号藏品（图 52），博物馆标明出自四川或云南；大英博物馆保存藏品（图 44），博物馆标明出自西藏地区；美国大都会博物馆也有类似的藏品，编号 2017.160（图 53），博物馆标明出自西藏地区；笔者保存的藏品出自木里县，都是同样形制的十六瓣盔。笔者藏品和英国利兹皇家军械博物馆藏品更为接近，大英博物馆和大都会博物馆藏品较为相似，唯一的差异是大都会藏盔的内层盔叶不起脊线。云南、木里区域的十六瓣盔，外侧盔叶侧边的弧度相对较小，整体盔叶厚度相对较薄。西藏地区的十六瓣盔外侧盔叶弧度较大，出尖更为尖锐，盔叶也稍厚，从盔顶的形制和盔叶的出尖关系来判断，四川、云南地区的十六瓣盔型更有早期多瓣盔的一些特征。十六瓣盔的盔顶比较独特，形制基本相同，都是双重结构，外形近似八面双竹节型，节的位置下端几乎是平面，双节表面都微呈八面关系，结构近似塔形，盔顶整体尺寸小于八瓣盔盔顶（图 48）。

八瓣盔在广域藏区都有出现，说明该类型铁盔属于大规模军事装备。从历史角度来看，只有形成统一政权之后，才具备这样的装备模式。在西藏历史上只有吐蕃时期和元朝统一西藏两个时期才具备这样的可能性。从考古实物来看，吐蕃时期，西藏地区就开始大量装备使用此种形制八瓣盔。将古格出土八瓣盔、纽约大都会博物馆 2002.226 号藏品、唐长乐公主墓仪卫武士、洛阳出土唐盔相比较，大都会博物馆藏品除了在盔体有铜饰件之外，与唐制八瓣盔高度相似（图54）。在《隋唐甲胄》一章节中，笔者从图像、雕塑和实物三方面罗列了中原地区八瓣盔从南北朝开始出现，于唐朝盛行，唐制八瓣盔形制对后世的辽、五代、北宋盔型都有深远的影响等内容。吐蕃与唐朝有两百年的交往历史，其间时战时和，会盟达八次之多，双方的军事冲突贯穿两个王朝的历史，所以，我们有理由相信双方的武备是高度趋同的。西藏风格的八瓣盔就是唐制八瓣盔在西藏地区的遗存。

2. 条形甲叶盔

盔体由多片长铁叶组合而成，盔叶数量在40～50多片不等，盔叶、盔缨座使用铆接或皮绳编缀。多瓣长铁叶盔多出现于公元13～15世纪，从现有的保存情况来看，多瓣长铁叶盔数量最少。盔体甲叶以熟铁锻造，为长条形，部分盔叶起脊线（凸筋），甲叶锻造成型后侧边开孔，甲片下宽上窄，以逆时针方向，上片压下片编缀，顶部由一圆形顶片与甲片连接，圆形顶片铆接盔缨管。

美国大都会博物馆保存的两种不同盔叶的盔（馆藏编号：2001.183、2005.146，图55、图56），图54由49片盔叶编缀而成，顶部圆片铆接盔缨管，管上端略粗，博物馆给出的年代一是15—17世纪。图56盔体由32片凸筋甲片铆接而成，甲片侧边包黄铜装饰，正面铆接盔檐，盔顶鋄金银，装饰梵文莲瓣纹样，盔缨管遗失，博物馆给出的年代是15—17世纪。

刘恒先生收藏的49片条形盔，盔型较为完整（图57），条形甲片每条錾刻折线加强甲片强度，缨管顶端嵌铜，形制与大都会博物馆藏品（图55）较为接近。笔者和杨子麟先生都保存有图55风格盔的盔叶（图 58），盔叶长 19.4 厘米，宽 1.6 厘米，厚 0.4 厘米，开 8 组 13 孔，甲片中间略鼓，弹性极好。杨子麟先生保存一顶条形盔叶残盔（图 59），现存甲片为 7 片，盔叶较长，从盔叶现存的编缀状态来推测，其形制非常有特点，盔体较高，至顶部逐渐收分，盔叶高 22.5 厘米，甲片底宽 1.5 厘米，中段宽 1.75 厘米，尖宽 0.75 厘米。顶部应有单独盔顶编缀其上，其形制不可考，此盔如果完整，整体造型非常类似南朝铁盔。

苏海荣先生收藏的凸筋甲片盔是由 41 甲片编缀而成，顶部圆形盔顶嵌入甲片的凸筋，制作极为精巧，盔下沿带有残顿项。此盔（图 60）与图 54 风格略有相似，年代应该稍早于大都会藏品，应该是 15 世纪早期作品。

英国利兹皇家军械博物馆保存的西藏条形甲叶盔（编号 XXVIA.158，图 61），博物馆断代为 1400—1425 年，是已知此类长条形甲片盔中级别最高的。此盔甲叶左侧装饰波浪形，中起脊线，脊线右侧甲叶无波浪，甲叶交叠编缀成型。盔顶、缨管錾金银装饰，盔缨管装饰龟甲纹，内填六瓣小花，是典型元朝纹饰。一般长条甲叶盔都没有盔檐，而此盔有一个非常华丽的盔檐，是西藏长条甲叶多瓣盔吸取了蒙古风格后，形成的独有造型。台湾收藏家卢益村先生保存有一顶类似的盔。

国外学者判断西藏长条甲片盔多出现于公元 13—15 世纪，有些学者甚至认为其是蒙古式风格的传入。俄罗斯部分考古资料显示，金朝有类似头盔出土，在俄罗斯阿穆尔地区 Korsakov 第 87 号墓、203 号墓中出土 7 片长条形盔甲片（图 62），图中 1a、3a 就是长条形盔叶，经过俄罗斯考古学者的复原，可知此种盔直径在 19～21 厘米，整体盔由 43～47 个长条盔叶编缀成型。目前在中国现有的对蒙古、金朝的考古报告中，均未见此类盔出土。部分西方学者认为，西藏条形盔是在蒙古时期传入，这个观点是值得商榷的。中原地区早在南北朝时期就产生了条形甲叶盔；隋朝李和石棺上的武士就佩戴条形甲叶的盔；敦煌莫高窟 322 窟天王像中的盔（图 63）也是长甲叶编缀而成，并且甲叶有明显的曲边。英国利兹皇家军械博物馆保存的编号为 XXVIA.158 的西藏盔甲片和此盔甲片非常相似，如此相似的结构，难免不让人产生联想。唐制盔中的长甲叶编缀盔明显是对隋盔的继承，隋盔又是继承北周、十六国长盔叶形制。由于西藏地区的民族特性，没有土葬习俗，缺乏相应的出土考古信息，因此，对此类盔的断代无有效考古手段支持。前面罗列的中原地区条形盔叶盔，说明从北朝至隋、唐，此种类型盔在中原地区一直广泛存在。由此，从图像学和地域关系来看，西藏长条盔叶型盔极大可能是唐时期自中原地区传入，尤其是曲边长盔叶型盔应是唐盔的形制之一，随着吐蕃与唐的交往传入西藏地区，并且保持至公元 13—15 世纪。

3. 圆钵盔

西藏地区的圆钵盔非常有特点，底口几乎为正圆形，制造方式有整体锻造成型和两瓣、四瓣铆接成型；盔顶座为圆形，盔顶有缨管式和宝瓶式两种；圆钵盔都有盔檐，盔檐有平面光素型、平面阴刻纹饰型、镂空型三种，多装饰卷草纹或缠枝纹，纹样鋄金银装饰。部分高级圆钵盔上装饰鋄金银纹饰：蒙古贵族、大威德金刚、支巴扎、龙纹、云纹、如意纹等。圆钵盔的盔顶和盔缨管更加精美，往往镂空雕刻云纹和卷草纹。盔檐分成镂空铁雕、阴刻平鋄两类。圆钵盔主要出现在西藏地区，青海藏族聚居区和四川藏族聚居区极少出现，西藏地区圆钵盔的早期盔体上部略微收尖，晚期整体逐渐偏圆。

研究西藏地区的圆钵盔，不可忽视蒙古武备对西藏甲胄产生的影响。公元 1247 年，阔端代表蒙古汗廷，萨班作为西藏地方代表，双方在凉州举行了首次会谈，史称"凉州会谈"。会谈的结果产生了《萨迦班智达致蕃人书》，关于西藏归附问题达成几点共识：西藏地方的僧俗官员和百姓属民都要承认自己是蒙古大汗的臣民；各地僧俗官员及百姓有关行政方面的事务，须由蒙古指派的官员来管理；有关宗教和寺庙僧众的事务，由蒙古委托萨迦派首领来管理，从此西藏地区正式进入中国版图。由此，蒙古汗廷派驻兵、将领和行政官员进入西藏，蒙古风格的武备开始影响西藏。

西藏地区现存的圆钵盔被世人熟悉，多因西藏传召大法会照片影响，英国、德国、美国在中国拍摄的大法会照片中，西藏骑兵多佩戴圆钵盔（图 64）。

美国大都会博物馆、英国利兹皇家军械博物馆保存了数顶高品级西藏圆钵盔，同时国内近二十年的收藏亦有相当数量的精品。按照年代，较为清晰地梳理出了西藏圆钵盔的发展变化过程。

（1）公元 13—15 世纪

英国利兹皇家军械博物馆保存的藏品（XXVIA.192，图 65），盔体呈半球形，顶部微微收尖，盔檐由盔体向前打出，顶部有较粗的缨管，盔体錽银装饰缠枝纹、狮子纹，四面都有一头戴三尖冠的人物，《蒙古、元、四大汗国甲胄》一章对此盔作了一定的解读，本章节对纹饰再作分析。狮子纹是较为典型的藏传佛教符号，藏传佛教的狮子可以理解为降伏对手的含义，这是借用佛祖释迦牟尼和弟子降伏外道如"狮子吼"的隐喻。盔体的缠枝纹和莲花纹是11—12世纪宋、金常用的纹样，从纹饰来看是较为典型的元朝初期风格，是中原文化和藏传文化刚刚交融的初期。笔者认为馆方对该藏盔给出的断代为公元1200—1299年是准确的。这类盔是西藏一体锻造盔的起源，其前身来自于金朝的一体锻造盔。

杨勇先生保存的鋄银云龙纹尖顶铁盔出自西藏（图66），胄体由4片弧形锻铁胄叶构成，胄叶呈三角型，铆接后整体呈圆锥形。盔体内侧对缝处，用长条铁片铆接左右两侧胄铁叶。胄体底口圆形，至顶部收尖。胄顶座为四叶型，出尖，尖端用铆钉铆接于胄铁叶，胄缨管为实心。胄体正面对缝处铆接浅盔檐。盔体表面装饰鋄银云龙纹样。整体风格为元朝早期，属于13世纪初期。

美国大都会博物馆藏元末西藏圆钵盔（图67，编号2005.270），盔体由两片弧形盔体铆接而成，盔体略微收尖，盔体上鋄金云龙纹、佛像、缠枝莲等纹样，此盔应该是丢失了盔檐。该博物馆将其断代为1350—1450年。此盔是较为典型的元盔，年代比杨勇先生的盔略晚，属于14世纪初期。

笔者收藏的一体锻造蒙古铁胄出自西藏（图68），盔钵为整体锻造，相对较浅，底口圆形，顶部逐渐收尖；盔顶底座为花瓣式，顶端为缨管，缨管上端较粗，口沿呈波浪形；盔檐整体为浅月牙形，折沿上部出三个小凸起，中间凸起外形呈葫芦形，凸起中间开孔，铆钉通过此孔将盔檐和胄体铆接在一起。杨子麟先生的一体锻造盔与笔者的几乎一致（图69），盔檐较为平直，有折线。蒙古系铁盔早期的盔檐较窄，前缘为月牙形，晚期一点的盔檐有明显的折线，这个时期的盔檐都是单片铁锻造而成，两顶铁盔的风格如此一致，可以判断此类风格盔是典型元朝军器。

（2）公元15—16世纪

美国大都会博物馆藏一体锻造盔（图70，馆藏编号：2003.389），盔顶部收尖，有一较小的盔顶，盔体正面鋄金莲花火焰纹，中间铆接宝石座。该博物馆将其断代为14—17世纪。从纹饰、盔型判读，其年代应该在15世纪较为准确。该博物馆藏另一顶鋄银盔（图71，馆藏编号：36.25.96），盔体由四盔叶铆接而成，盔体锥度与图65、图66较为相似，鋄银装饰双夔龙纹、如意纹，盔檐铆接于盔体，原始顶遗失，现盔顶为八瓣盔，该博物馆给出其年代为15—17世纪，笔者从鋄银的缠枝纹推断，应为16世纪。该博物馆藏另一顶鋄金盔非常特殊（图72，馆藏编号1999.120），其折肩以下是一圈环形铁圈，折肩之上为两片铁叶铆接合成，顶部再铆接一锥体，盔顶遗失。此折肩盔体制作繁复。折肩之下表面鋄金"十相自在"、佛塔、兰札体梵文经咒，折肩之上锥体部分鋄金"大威德金刚"，金刚周围圆圈内鋄金梵文种子字，周围鋄金"空行母"。此盔是已知的西藏系铁盔中装饰藏传佛教佛像、经咒最多的一顶，实属罕见。此盔的盔顶和盔檐遗失，该博物馆给出其年代为15—17世纪，笔者认为应在16世纪较为准确。此类风格的盔在印度达兰萨拉的一个地方博物馆亦有保存（图73），该盔的年代应为17世纪初期（明末）。此盔的造型和装饰风格明显影响了清代初期宫廷御用盔造型。顺治御用盔就是此类盔在中原地区的延续。

苏海荣先生藏铁鋄金盔檐一体盔，是典型明中期风格，胄体明显还有元盔的特征，帽顶开始出现新的风格，在蒙古式的缨管下出现了宝瓶，盔檐还具有蒙古浅月牙特征，装饰錽金支巴扎（图74）。顾祎先生的一体锻造盔（图75）的盔体也明显具有蒙古浅盔体风格，盔檐出现了新的风格，中间开始加厚，表面錽金缠枝纹样，盔顶为宝瓶形。这个阶段的盔体明显更多地出现了藏传佛教的造像和文字，说明简素的军制蒙古风格盔更多地受到佛教文化影响，也说明这些盔都是蒙古风格盔在西藏本地化后，在制作过程中形成的新演变。

（3）公元16—17世纪

明中期之后，西藏圆钵盔又有一些细节发生变化，主要体现在盔檐、盔顶、盔体上。盔檐开始变厚，早期为单层关系，中期制作则是在原来的基础上，把下空部分焊接一个底板，形成一个整体结构。部分盔檐铁雕镂空，盔檐边缘出现多曲变化，盔顶基本都是宝瓶式样。最重要的是盔体高度开始增加，顶部不再是收尖风格，盔体整体开始变圆。

江龙先生、杨子麟先生收藏的一体锻造盔就是这个时期的典型（图76、图77），宝瓶、盔檐上饰錽金缠枝花。江龙先生的盔是16世纪早期作品，年代略早于杨子麟先生的藏品。这两顶盔的盔体在内部都能看到锻造的锤痕，这个时期的盔体比更早的盔体稍薄。美国大都会博物馆同类风格的盔被馆方断代为18—19世纪，笔者认为馆方的断代偏晚，此盔品相完整，带有织锦做成的三片式顿项，此种顿项并非实战之物，而是用织锦模仿早期铁质的左右护颊、顿项，使用的织锦是18—19世纪之物，应是后期制作。宝瓶形盔顶镂空缠枝纹，属于较为典型的明中期风格（图78）。

明晚期，一体锻造盔盔体变得更圆，盔檐保持明中期的风格，錽金装饰纹样也较为简单。笔者和杨勇先生的盔就是这个时期的典型代表（图 79、图 80）。

在现存的西藏地区盔中，八瓣盔和圆钵盔存量比例最大，说明圆钵盔也是一种大规模装备的盔型。前文中已经阐述过，只有在吐蕃和蒙元时期高度统一的政权的条件下，才具备这样的大规模装备能力。西藏地区的圆钵盔形制应起源于蒙元时期，公元 13 世纪，蒙元统一西藏后，蒙古武士将此风格盔型带入西藏地区。而蒙古汗国、元朝一体锻造盔圆钵盔，则是蒙古人攻灭金朝之后，继承金朝一体锻造圆钵盔形制后发展出来的。西藏大量遗存的圆钵盔也正是在这样的历史背景下被大量装备。

4. 皮盔

西藏地区还有一种皮胎盔，国内文博系统和收藏家都没有实物。美国大都会博物馆保存一顶皮胎盔（图 81），馆方给出的年代是 15—17 世纪。盔体是整体制作，应是采用阴阳范模压而成，较为特殊的是，盔体模仿铁质八瓣盔造型，表面髹朱漆后，金漆绘制金刚杵纹样和梵文。

六、甲

由于西藏地域、文化的特殊性，保存了大量的铁札甲实物。自元朝开始，中国甲胄发生大变，札甲开始式微，至明朝已经基本退出中国甲胄历史。从吐蕃壁画、考古资料来看，西藏系的札甲从吐蕃时期一直延续至 19 世纪，整体未出现太多变化，其主要原因是吐蕃崩溃后，西藏地区再未能出现统一的王朝，整体未对外征战，也未发生大规模内战，千余年的时间内，西藏地区无大规模战争，所以整体武备形制再无进化，完全延续吐蕃造型。中原地区由于历代王朝兴替，明朝甲胄实物都无明确遗存，而西藏因其独特的地域特点，几乎完整保存了中古时期铁札甲的形制，这些铁札甲从甲片、形制等诸多环节都与唐朝甲胄有深刻的渊源。

纽约大都会博物馆、大英博物馆、苏格兰国家博物馆、英国利兹皇家军械博物馆都收藏有完整的西藏铁札甲。国内文博系统中，布达拉宫管理处、西藏博物馆、群觉博物馆都收藏有完整的西藏札甲；西藏哲蚌寺、萨迦寺、列城 Phyang 寺这些寺庙中的护法殿都有历代供奉的铁札甲保留。

1. 铁札甲

苏格兰国家博物馆收藏一套全身甲片尺寸相仿的西藏札甲（馆藏编号：A.1909.406，图82-1）。此套札甲是英军中尉 F.M.Bailey 从西藏江孜带回英国，后转卖给当时的苏格兰皇家博物馆。据 Bailey 自称，这套盔甲和马甲是购买自江孜，在购买的时候，西藏当地人就告诉他，这两件武备非常古老和珍贵，购买后他拍照留念，照片存于大英图书馆（图82-2）。荣赫鹏于1904年入侵西藏时期，Bailey 在军队服役，后成为英国和西藏贸易代表。苏格兰国家博物馆对身甲的部分皮绳做了碳-14年代测定，得出其年代为公元1630—1690年，美国大都会博物馆和苏格兰国家博物馆认为，此次检测是不绝对准确的，认为此种形制应该更早一些，推测为公元14世纪左右。此套甲长165厘米，身甲、甲裳、披膊的甲片都采用近似尺寸的小甲片编缀。绝大部分西藏札甲各个部位的甲片尺寸是不同的，此套甲全部用相近尺寸甲片，目前只有这一例。两披膊之下有一皮护臂，皮胎铆接方形小甲片，整体风格与古格出土的臂手（图83）基本一致。

美国大都会博物馆收藏有数套西藏札甲，2001.318号藏品较有代表性（图84-1）。官方图片较为清晰地展示了西藏铁札甲的结构：盆领、前后胸背身甲、披膊、腰部、甲裳。此套札甲前胸领口部分、腋下有单独加强横排固定的皮条。横向加固的皮条保持这个部分甲片的结构强度，身甲的重量往往会使这些部位的皮绳容易断裂。领口部分有一单独的皮绳，此皮绳可能因为朽烂变短，故只在颈部环绕。其实皮绳应该较长，其作用是环绕盆领，将盆领收紧，将前胸身甲的重量分担一部分至颈部。这个独特结构与唐制天王陶俑颈部出现 Ω 结构的功能是一致的（图84-2）。身甲总长96.5厘米，胸口开襟，左胸的甲片编缀是左压右，右胸的甲片编缀是右压左；背后的甲片上排是左压右，下排是右压左，两排方向不同。盆领由 L 形甲片环形横排编连，顶端从内向外包裹皮革，《宋史》记载的"先造光明细钢甲以给士卒者，初无衬里，宜以绸里之，俾攒者不磨伤肌体"（《宋史·兵志》），就是特指这些部位要包裹好，避免磨伤。腰部的甲片呈 S 形，这个结构是为了方便束紧腰带。甲裳最下排两层甲片较长，下缘包裹皮革。

大英博物馆保存了一套比较完整的藏甲（馆藏编号：1880.725.b），此套甲长152厘米，身甲自腰部开始外撒，形似裙状，下缘装饰织锦和皮条（图85-1）。盆领、肩甲都完整，左侧肩甲部分皮绳断裂，两披膊较为完整，有14排之多，是目前已知甲片排数最多的披膊之一，下端装饰织锦（图85-2）。

现存北京民族文化宫博物馆的萨迦法王盔甲非常值得探讨

（图86-1）。民族文化宫网站介绍此套盔甲：“萨迦法王盔甲是元代元世祖忽必烈赐予西藏萨迦法王八思巴的物品。”其甲裙包裹的织锦明显是典型明代“八答晕”纹样，此套甲胄应是萨迦寺旧物，只是因为年代久远，寺中将此物当成元世祖御赐之物。此套甲在官网图片展示的是其背部关系，后在北京展出时，汗青先生拍摄了此套甲的正面图像（图86-2，摄影：汗青）。此套甲应该在进入民族文化宫博物馆之前就已经残损得很厉害，身甲的胸甲、肩部都已经遗失，后期用两条皮带连接。现存结构与唐宋军卒的裲裆风格铁甲几乎一致。徐州博物馆展出了一套藏甲（图87），其来源不得而知，上半身为皮质坎肩，下缀甲叶。此套甲也应是残损后修复而成。如果这两套甲的原始形制未受到太多破坏的话，其肩部使用的披膊应该是古格出土和美国大都会博物馆的那种形制（图29、图30），这样的结构就与唐宋裲裆甲配披膊的形制非常接近。

将史密森尼博物馆藏传召大法会照片中的西藏札甲（图88-1）与敦煌217窟的《八王子礼佛图》（图88-2）、敦煌156窟《张议潮统军图》《武士射箭图》（图88-3、4）、昭陵长乐公主墓仪卫武士图（图88-5）、新疆阿斯坦纳墓武士（图88-6）做比较，可以发现西藏札甲横排纵连的结构与敦煌壁画中的札甲几乎一致，说明敦煌壁画中的铠甲都是札甲。以现存的西藏札甲为研究基础来反向推导唐制札甲，也是一种尝试。

在西方关于西藏或者蒙古武备研究的一些著作中，有一种观点认为，西藏铁札甲有可能受蒙古铠甲的影响，这个观点在学术界颇有争议。主要依据是因为，阔端和班智达“凉州会谈”之后，西藏地区被蒙元统治，蒙古势力从公元13世纪至18世纪，在青藏高原极为活跃，持此观点的部分学者是根据历史背景做出的推论，认为西藏铁札甲从这个阶段开始受到蒙古影响。这种观点的持有者主要是欧洲和俄罗斯研究东北亚地区武备的学者，尤其是俄罗斯学者从远东地区的考古实践中，对蒙古系札甲有了一定的认知，并由此推断西藏地区札甲也因为蒙古势力的进入而受到影响。他们还明显受到意大利人约翰·柏朗嘉宾用拉丁文撰写的《出使蒙古记》影响。柏朗嘉宾于公元 1247 年受到罗马教廷委派，出使蒙古国，他出使蒙古后后编写了该书，这是西方第一次在笔记体资料中描述西方人眼中的蒙古，对早期蒙古研究有极高的史料价值。1983 年，中华书局出版的《柏朗嘉宾蒙古行纪 鲁布鲁克东行纪》就是约翰·柏朗嘉宾用拉丁文撰写《出使蒙古记》的中译本，书中对蒙古铁札甲作了描述：

　　他们制造了一种只有一指宽和手掌长的薄铁片，而且要准备相当大的数量。在每块铁片上又钻八个小孔，作为支撑物又要取三条狭窄而坚实的皮带，然后可以说是像阶梯一般地再将铁片迭垒起来，再用细皮条从小洞中绑扎在皮带上。在铁片的一端，再穿过一条皮线（这条皮线要置于两端），并且以另一根皮线而固定住，以至于使铁片非常结实地绑在一起。所以，它们在某种程度上形成了统一的一条铁片，他们然后再将这一切统统缚在一起以作我们上文所讲到的那种物品。这些制造物既可以作为他们的马甲，也可以作为人的甲胄，他们将它擦得净光锃亮，甚至可以从中照镜子。（耿昇 何高纪 译《柏朗嘉宾蒙古行纪 鲁布鲁克东行纪》，中华书局 1985 年版）

从柏朗嘉宾的文字中，我们看见蒙古有铁札甲形式，并且知道其甲片开孔形式是 8 孔，与西藏地区的甲片开孔数量完全不同。由于世界范围内没有博物馆明确地收藏蒙古铁札甲，所以至今我们无法准确掌握蒙古铁札甲的细节。蒙古铁札甲应该是继承辽、金札甲形式，从现有出土的辽金时期甲片来看，甲片几乎为长方形，略呈瓦形，四角并未抹圆，部分开孔达到 17 孔，与西藏系札甲的甲片形态有较大的区别。

持这种观点的学者因为对中国自汉代至隋、唐的盔甲历史了解不够，而简单认为蒙古札甲对西藏札甲产生影响。事实上蒙古系札甲主要是继承辽、金两朝，辽、金札甲又受到隋、唐影响，西藏札甲和蒙古札甲是中原隋、唐札甲遗留的两个分支，这两个分支又受到各自地域文化影响，形成了自己的风格，两者相近，细节却有明显差异。大量唐宋史籍对西藏地区的甲胄都有极为准确的记载，在蒙古势力进入西藏之前，西藏地区的甲胄已经十分精良。国际著名藏学家阿米·海勒博士在一篇论文中叙述："早期文献记载吐蕃还输出盔甲、武器和食盐，吐蕃人精于金属工艺"（阿米·海勒 杨清凡《拉萨大昭寺藏银瓶——吐蕃帝国（7 世纪至 9 世纪）银器及服饰考察》，《藏学学刊（第 3 辑）——吐蕃与丝绸之路研究专辑》2007年），虽然不知道阿米·海勒博士这个资料的出处，但是能够间接佐证吐蕃的盔甲制作技术在蒙古势力进入西藏前，就非常精通和熟练。

蒙古札甲对西藏札甲产生影响这个观点也不被美国大都会博物馆武器和盔甲馆的馆长 Donald La Rocca 先生认同。由大都会博物馆出版、Donald La Rocca 主持编著的有关西藏武备著作 *Warriors of the Himalayas: Rediscovering the Arms and Armor of Tibet* 中，对西藏地区的札甲作了相应的阐述，该书披露了一些非常有价值的藏文资料，一名叫扎西朗吉的西藏学者于公元 1524 年编撰了的一本关于西藏马鞍、刀剑、瓷器、丝绸、造像鉴赏的书籍——《处世论》，书中对西藏地区的盔甲、刀剑作了明确的记载，甚至对不同年代盔甲的制作形式和特点做出阐述，Donald La Rocca 先生反驳西藏札甲受到蒙古影响这个观点："事实上，在 Tashi Namgyal 的著作中称，片状札甲没有蒙古语名称，而诸如剑、马鞍、马镫、造像和丝绸，通常被根据产地进行分类，根据他们是否是从西藏（*bod*）、中国（*rgya nag*）、印度（*rgya gar*），或者蒙古（*sog po* 索波、*hor* 霍尔）来进行划分，在西藏的历史文本中清楚地表明这铁片札甲被认为是西藏地区和西藏人制作。因此，似乎没有令人信服的理由得出西藏地区的札甲是蒙古的。"Donald La Rocca 先生的观点清晰地表明，西藏地区的铁札甲并非受到蒙古影响，这个结论和笔者做出的论断是相同的。

西藏札甲的不同部位由不同类型的甲片编缀而成，主要结构性部位有：盆领、前后身甲、肩甲、披膊、腰甲、甲裳。结合古格遗址考古资料和笔者收集到的西藏甲片实物分析可知，整套札甲各个部位的甲片都有较为固定的尺寸和编缀方法，说明在整体设计札甲时有严格统一的工艺要求，甲片应是按照不同部位所对应的尺寸先加工成型，然后统一根据编缀需求进行打孔，有些特殊位置的，尤其是最外侧甲片，都是只完成一侧孔。西藏札甲的编缀是从盆领开始，然后横排编缀身甲，每个横排完成后，再进行上下排连缀，其编缀形式与中国历代札甲编缀形式相同。西藏札甲的盆领结构和十六国时期的制作方式非常接近，身甲、披膊的编缀与唐制甲编缀应相同。

2. 独立披膊

美国大都会博物馆于 2020 年入藏了一套札甲披膊（馆藏编号：L.2020.22.1a、b），高 66 厘米，宽 97.8 厘米，单片甲片尺寸约为 7 厘米 x1.9 厘米，开 13 孔（图 89）。该博物馆给出的年代为 14—16 世纪，认为此类披膊和蒙古系武备有关，这个观点是值得商榷的。笔者认为，此类披膊应该属于较为典型的西藏风格，其形制与古格遗址出土的披膊（图 29、图 30）、宋朝《武经总要》中绘制的披膊（图 90）一致。此种披膊应该与裲裆甲配合使用，在唐、宋、金甲胄的图像中有较为明确的表现。目前已知的西藏地区的札甲都是连身铁札甲，并不需要此种披膊。西藏札甲中应该存在裲裆甲风格的札甲，只是未有实物遗存，否则此种披膊就失去其存在的合理性。笔者推测类似民族文化宫博物馆的裲裆铁札甲在西藏一定存在，只是因为前后仅靠肩带联系，一旦肩带断裂，前后身甲就非常容易破损散乱，所以更加不易保存，而肩部和披膊编缀在一起的身甲相对稳固，所以得以保存。

3. 札甲甲片及工艺

除了古格的考古资料，笔者也收集了大量西藏甲片，通过对甲片的分类，更好地了解西藏札甲的构成。

盆领的甲片主要由一排 L 形甲片编缀而成，内缘裹革，此种甲片都较长、较宽，在颈部编缀成环形，上端反折向外，形成对颈部的防护。甲片长 90 毫米左右，宽度 25 毫米左右，甲片上端两角钝圆，下端相对较平。图 91-1 曲边甲在唐山文甲中已经论述，此类甲片受到突厥甲制的影响。

胸甲使图 91-5 至 91-7 类型甲片，这类甲片尺寸基本长度在

50~65毫米，宽度在18~22毫米，宽度剖面呈现瓦面形，上端较圆、内扣，下端较平。开孔形式为7组13孔，孔径为3毫米，中间一孔尺寸稍大，在4~4.5毫米，此孔为上下两排甲片连接使用。

甲裙使用图91-2至图91-4类型甲片，甲片尺寸基本长度在85~95毫米，宽度在18~20毫米，宽度剖面呈现瓦面形，上端较圆、内扣，下端较平。图91-4甲片用于开襟、开衩边缘。

在胸甲开襟、甲裙开衩最边缘，会使用图91-4类型甲片，最外侧不开制穿绳孔。此种甲片极为稀少，在美国大都会博物馆、英国利兹皇家军械博物馆藏品中能看出其位置。图91-9甲片非常窄，也是侧边不开孔，但是不知其使用在何位置。正常尺寸一侧不开孔的甲片，都是在开襟边缘使用。图91-12是西藏曲边护臂用的小鳞甲。

腰部使用图92类型甲片，这类甲片尺寸基本长度在110毫米左右，宽度为18毫米左右，甲片中部折弯，从折弯以下编缀甲裙，甲裙逐层外扩。

披膊的甲片相对较小，但是彼此相互层叠，不会出现前后排可折叠的关系，这样可以增加披膊的防护强度，主要使用图91-8、图91-10、图91-11甲片形式。披膊的形式有多种，故使用甲片的形制也有不同。对二十余套完整铁札甲进行比对，统计分类的13种甲片形式涵盖了大部分札甲甲片形制，与《古格故城》中考古资料能够相互印证。

在众多类型的甲片中，杨子麟先生和笔者保存的凸点甲片极为特殊（图93），图93-1甲片上、中、下3组开孔，上下每组2孔，中间5孔，3组孔之间有两个乳突；图93-2甲片较大，上端圆弧、下端平直，下端仅开1孔，其余开孔形式、乳突都与图93-1相同，属于同一类形制的甲片，图 93-1 年代应该早于图 93-2。此种乳突甲片在西藏非常稀少，明显与新疆丹丹乌里克塑像（图 94）天王甲片有渊源，具有西域风格。俄罗斯阿尔泰共和国 Blik-Cook（Balyk Sook）突厥人墓葬中所出土的铁札甲就有明显的乳突（图 95），史料记载，吐蕃和突厥曾经联合攻唐，此类甲片明显具有突厥风格。

西藏地区的甲片上能够明显地看见锻造时候留下的纹路（图 96），说明甲片是以不同硬度的铁混合锻造成型。甲片在锻造中使用了与锻造刀剑相同的技术，将不同硬度的铁和钢混合，复合锻造出来的甲片强度，比简单使用纯铁锻造出来的甲片在物理性能上有极大的提高。西藏札甲绝大部分甲片都呈现瓦片形，这样的造型使甲片的受力强度大幅度增加。在甲片侧面用錾子打出一条折线，这个折线能有效地增加甲片的强度，此种錾刻工艺与六朝时期甲片的制作工艺相同（图 97），这个细节在图 1 吐蕃时期大昭寺壁画武士札甲上有明确体现。甲片的圆弧端会用錾子从背后打出一个折痕，使甲片圆弧段呈现勺子的状态（图 98），《大明会典》中记载的"匙头甲"应该就是这种。

在笔者收的一套西藏古札甲中，混编两片造型非常特殊的甲片（图 99）。此套古札甲肯定是在修补过程中编入了更为早期风格的甲片，这两片甲片造型极为古老，侧边的波浪形与古格考古所出的甲片有明显差异，从器形上来看，此种甲片与丹丹乌里克遗址天王甲裳的甲片完全一致，具有更明显的西域风格。笔者和杨子麟先生都收藏有古格遗址出土的 II C、XE 类型曲边甲片（图 100），此类甲片就是唐制山文甲，在《隋唐甲胄》一章已有论述。

西藏现存的铁札甲，腰部甲片较长，部分腰部的长甲片除了弯曲成 S 形 (图 92),也有侧边开有月牙形缺口 (图 101),这样的缺口保证甲胄在裹紧身体后,腰带可以更贴合身甲。

西藏地区于 2019 年在山南出一领残甲,披膊较完整,整体形制类似图 30 古格披膊,在披膊正中有一列纵向黄色甲片装饰 (图 102),黄色甲片与披膊的铁甲片形制一致。此种装饰结构未见任何资料提及,各大博物馆和私人藏家未有实物,笔者将其中一片甲片进行金相测试,发现甲片为 82% 含量的黄金,这是目前唯一说明西藏地区铁札甲表面有黄金甲片装饰的例证。苏海荣先生保存的一片西藏胸背残甲中,发现了两片铜甲片 (图 103),甲片与同排的铁甲片形制一样,排列在居中位置。

笔者收藏的西藏甲片中,有数片开孔形式与西安曲江出土的唐甲片完全相同 (图 104),长宽尺寸有差异。相同的甲片必然有相同的编缀方式,此类甲片再一次证明了吐蕃铁札甲和唐甲之间密切的关系。笔者和杨子麟先生都保存了一类非常特殊的西藏甲片,形制类似马蹄形,一端为圆弧形,另一端较为平直,开 5 组 9 孔。笔者保存的甲片长 2.7 厘米,宽 1.9 厘米 (图 105-1);杨子麟先生的甲片长 3.8 厘米,宽 2.9 厘米 (图 105-2)。这类甲片与汉、南北朝甲片相似 (图 105-3),但是使用位置不明。西藏札甲在受到唐制影响之前,应该还受到了南北朝风格的影响,只是目前保存下来的西藏札甲更多是延续唐制。

4. 皮甲

西藏地区的皮甲数量较少,纽约大都会博物馆 2001.268 藏品为典型器 (图 106)。大都会博物馆研究指出,此种身甲形式大概属于西藏东部范围,传统意义上的藏东是指四川藏族聚居区,而笔者对该地区较为熟悉，该区域并无此类甲出现。笔者收藏的两领皮甲与大都会博物馆藏品（2001.268）几乎一致，因都是从古董市场得来，无法考证其出现的区域，都属于生牛皮髹朱漆编缀而成的皮札甲。现在已知的西藏地区唯一大量保存皮甲的是四川阿坝藏族聚居区的黑水县，黑水地区称此种皮甲为"卡斯达温"，其他藏族聚居区几乎未有皮甲出现。周纬先生在其著作《中国兵器史稿》之《边疆各族兵器》一章《边疆各族卫体武器》一节中载，"川边羌族之皮甲则形式略异，系全用小皮条编成者，其坚固较逊"，其配图明显能看出与大都会藏品一致，标注为"四川西北松理茂汶一带地方之羌族皮甲（成都华西协和大学藏器）"（图107）（注：成都华西协和大学其渊源是1910年美国、英国、加拿大等5个教会组织在成都华西坝创办的私立华西协和大学，是中国最早的医学综合性大学，2000年9月，原华西医科大学与原四川大学合并组建新的四川大学）。从周纬先生的书中可知，华西藏品来自现在的四川阿坝藏族自治州松潘、理县、茂县、汶川一带，华西藏品极有可能就是黑水地区的"卡斯达温"皮甲。

蒙古国、德国、英国利兹皇家军械博物馆都收藏有此类皮甲。皮甲分成两类：一类是四川木里县脚屋蒙古族乡一老者持长刀穿着皮甲、约瑟芬·洛克拍摄的丽江纳西武士身穿的皮甲、英国利兹皇家军械博物馆保存的此类皮甲（XXVIA.106）；另一类是蒙古国国家博物馆、纽约大都会博物馆保存的皮甲，笔者保存的皮甲。这两类皮甲有明显不同，第一类是正面开襟，穿着后，腰部用腰带紧固；第二类是背后开襟，在正面胸口、腋下会编织X形交叉皮绳装饰。此类皮甲都是蒙古系皮甲在西藏地区、云南地区的遗存，在《元朝甲胄》章节中已有论述。

　　笔者收藏了出自拉萨、编缀在一起的 5 片皮甲（图 108），甲片长 7.3 厘米，宽 3.2 厘米，开 6 组 9 孔，牛皮胎髹漆，正面髹黑漆，背后髹朱漆，应是公元 16 世纪之物。较为特殊的是，在甲片的正面刻画有纹饰，上部刻卍，此万字纹明显受到西藏本教的影响，万字纹之下刻画逗号形纹饰，此纹饰与米兰戍堡中的皮甲纹饰相似（图 21-5）。在 2020 年发掘的青海都兰血渭一号墓中出土皮甲，甲片上也勾画有逗号纹样。从图像学的角度来看，笔者所藏这组皮甲片构图明显是对吐蕃皮甲纹样的继承，此种纹样从吐蕃时代一直沿用至 16 世纪。

5. 环锁铠

　　唐朝史料、敦煌藏文史料都显示，从吐蕃时期开始，西藏就装备环锁铠。西藏地区现存的环锁铠主要分布在拉萨、青海藏族聚居区、四川藏族聚居区，藏北地区极少出现。在古格考古过程中未曾发现环锁铠，而且古格壁画甚至更早期的壁画都未曾绘制环锁铠。

　　现存的影像资料中，无论是德国联邦档案馆还是大英博物馆保存的西藏照片中，都有大量武士穿着锁子甲的照片（图 109，德国档案馆：Bundesarchiv Bild135-S-14-13-34）。

　　笔者见过的西藏地区环锁铠编缀形式都是"一环套四环"，与中原地区所见的形制完全一致，西藏现存的环锁铠多为明末清初时期或更早一些。西藏地区现存的环锁铠中，明确有和硕特蒙古、准噶尔蒙古在明末清初时期的遗留。纽约大都会博物馆保存的西藏环锁铠（图 110，藏品 36.25.27）是西藏现存实物的代表。笔者保存的三领西藏环锁铠（图 111）与大都会藏品基本一致，现存环锁铠与吐蕃时期的环锁铠在制作结构上应没有发生改变。

现有史料显示，由于地利的原因，吐蕃成为中国古代最早成规模使用环锁铠的地区，也对环锁铠向中原传播起到了积极的推动作用，明代茅元仪《武备志》中都记载环锁铠为"古西羌制"。西藏地区的环锁铠来源复杂，在不同的时间段有不同的输入渠道，已知的有从中亚、西亚、印度、准噶尔蒙古等区域输入。在已知的史料和西藏的文献中，都未曾言明西藏地区究竟哪个机构、哪个区域、哪个工坊曾经生产环锁铠，以至于西藏本地是否生产环锁铠成为一个历史谜团。

6. 具装铠

西藏具装铠的形象最早出现于 1906 年纽约出版的 *Lhasa and Its Mysteries* 一书中，作者是英国探险家、西藏学教授 Laurence Austine Waddell，随后 Richard Kenneth Saker 摄影图像中也清晰地展示了西藏具装铠，Richard Kenneth Saker 在 1904—1942 年任英国在拉萨的贸易代理，现在这些照片保存在史密森尼博物馆的人类研究电影档案馆，馆藏编号 sihsfa_2008-16OP_132 的照片中，能清晰地看到四位武士的马匹上都披有具装铠（图 112）；英军中尉 F.M.Bailey 从西藏江孜购买了一套具装铠，现存苏格兰博物馆，当时他拍摄了此套具装铠（图 113），照片现存大英图书馆。从周围的街景来推测，应该是在大昭寺门口拍摄藏历新年传召大法会中的武士巡游，大法会中贵族和武士出巡的形式与中原皇帝出行的"大驾卤簿"极为相似。清代史料《西藏志》记载，传召大法会在正月二十一日还要举行"迎神驱鬼"仪式，其中"马亦从头至尾披挂五色甲裙"即具装铠。

20 世纪 50 年代，西藏拉萨地区大法会中仍然可以见到具装铠形象（图114），马甲在藏区流传时间极长，现存具装铠多为元、明之物。

现存西藏地区的具装铠实物，主要由美国大都会博物馆、英国利兹皇家军械博物馆、西藏群觉古代兵器博物馆以及部分私人收藏家保存。西藏具装铠分为"面帘、鸡颈、当胸、马身甲、搭后"几部分，与中原地区具装铠的区别是没有"寄生"。出土的中国汉、南北朝、隋、唐甚至是高句丽、日本古坟时代的面帘都是整体锻造，西藏地区的面帘是以一长条铁甲作为马面正面，小型乳突甲片编缀在大型甲片两侧，马腮处有三角形铁叶装饰，整体面帘能随马脸变化而束紧。大都会博物馆编号2004.402藏品（图115）是已知西藏地区具装铠中最为精美的马面甲，小甲片锻造非常有特点，呈四方形，四角开空，中段乳突，这样的乳突形式与吐蕃时期的具装铠几乎一致，甲片下层是革层，用皮绳连缀甲片和基层，4小片甲片相聚，4孔用一乳突销钉遮盖，制作工艺精湛，构思巧妙。面帘中，大型甲片往往饰金银花饰，有四合如意纹、山字纹、回纹、万字纹等等，是极具西藏特色的马甲，具有极高的艺术表现力。

英国利兹皇家军械博物馆保存了一套完整的西藏地区武士甲胄和马甲（具装铠），编号XXVIH.21-22，是已知最为完整的西藏具装铠（图116），是十三世达赖喇嘛图登嘉措（土登嘉措）在1910年赠送给Charles Bell爵士的礼物，后者于1908年被任命为英国驻锡金政治专员，1910年在印度结识十三世达赖喇嘛，并成为他的好友。十三世达赖喇嘛亲自对这套具装铠做了鉴定，认定是西藏地区自己制作的具装铠，Charles Bell爵士在1913年将此套具装铠借给南安普顿博物馆展出，并且写信给博物馆馆长说："此套马甲是（十三世）达赖喇嘛赠送给我的，大概有200年历史，他还告诉我，现在西藏已经没有这么好的技艺制作（马甲）这样的艺术品了。"通过信中十三世达赖喇嘛告知Charles Bell爵士的信息，可以得知在公元20世纪初期的西藏，已经不再有匠人制作盔甲，根据信件中的内容，早期英国博物馆对此套具装铠的记录都认为是公元17世纪左右，实际这类具装铠的年代应是13世纪左右。

西藏地区具装铠中的鸡颈分成几类。一种是由左中右三部分组成，由带扣串联，每部分都是由4方乳突小甲片连缀而成，基层为革或厚棉布，以大都会博物馆藏品（2007.183）为代表（图117）。另外一种是以硬质皮革为基础，表面漆金彩绘，并装饰镂空雕花铁件，两侧对称，以大都会博物馆藏品（1997.242a–c）为代表（图118）。

西藏具装铠"当胸、身甲、搭后"形状与壁画中的南北朝具装铠相同。唯一不同的是，甲叶为长条形甲片编连而成，与身甲甲叶开孔、结构相似，最下排甲叶最长，与身甲最下层最大的甲叶制作方式相同。现存纽约大都会博物馆西藏地区明代具装铠的"当胸"（1999.36）（图119）完全采取革质，并施以彩绘，说明西藏地区具装铠已经完全本地化。

中原地区南北朝时期具装铠甲叶都是方形铁甲或皮甲，面帘多是整体成型，少量敦煌壁画显示使用小甲片拼接成面帘。而西藏地区的具装铠甲叶则分成两大类，一类在阿里地区，由多种小甲片拼接成，主要是乳突形甲片；一类在拉萨地区，主要是铁札甲片，与人甲相同，乳突形甲片具装铠应是比较早期的吐蕃马铠甲形式，随着吐蕃的崩溃，其主要形制都遗存在阿里地区。札甲型具装铠在西藏地区究竟是什么时候形成的，尚需更多的史料和考古来解读，目前世界各大博物馆保存的西藏具装铠以铁札甲形式为主。

西藏地区具装铠早期的身甲、面帘多是由小甲片编连而成，应该是西藏特有高原气候因素，造成锻造整体大面积铁甲难度较高，故而采取容易成型的小甲片，来整体编缀成身甲和面帘，这样的工艺不仅降低了施工难度，同时显示了西藏地区工匠高超的技艺。现存的面帘甲片与古格出土甲片相同，说明西藏地区的具装铠明显有自己特有的风格和延续性。西藏地区铁札甲具装铠更大可能是源自中原地区，自吐蕃时期一直延续到公元 17 世纪左右。其具装铠实物是中国盔甲历史上唯一可见的完整传世品，它既基本保留了两晋、南北朝和隋、唐时期具装铠的所有特征，又经过西藏地区吸收和发展，融合西藏地区自己的形制特点，形成了西藏独有的具装铠形制。

7. 护臂

护臂是西藏甲胄防护具中的一部分，整体略呈筒形，主要分皮胎髹漆、皮胎髹漆嵌铁条、铁镂空三类。

Ⅰ类是纯皮质漆金彩绘，皮胎为半硝制牛皮，厚度为 5～6 毫米，皮胎呈筒形，上段宽，口部较窄呈圆形，下段侧边有一小段反卷，可套入手臂，此类有两种漆色，一种为朱漆色，一种为明黄色，绘制纹样也多是云龙纹、龟背纹、花卉纹等。纽约大都会博物馆藏 2001.35a 号皮护臂（图 120）中绘画有龟背纹，龟背纹中有六瓣花样。中国丝绸博物馆藏元朝"龟背地团花锦"、内蒙古博物院藏集宁路故城遗址出土的"龟背纹地格力芬锦被"也有同样的龟背纹，三者的纹饰形式完全一致（图121），说明西藏地区此种纹饰完全是学习元朝织锦风格，仅仅以纹饰来推断，皮护臂出现的时期应该不晚于元朝。

Ⅱ类是皮胎髹漆彩绘，与Ⅰ类相似，皮胎朱漆绘画云龙纹、龟背纹等，背面髹黑漆。护臂随外形制作铁质边条，边条内侧做花形，用铆钉铆接于皮层，铆钉背后有圆形垫片。正面装饰镂空铁雕饰件，镂空饰件多为卷草纹拼接成菱形，饰件上端为如意云变形呈箭镞型，铁条饰件正面为3条，侧边1条（图122）。对现存镶嵌铁镂空压片和外裹边条的装饰风格研究，发现铁压片和边条在纹饰上与"呼拍"类刀剑的镂空铜压片和鞘边条风格非常相似，说明护臂的诸多装饰细节受到蒙古风格的影响。

Ⅲ类是铁雕镂空型。护臂长短不一，正面整体呈半弧形，护臂中间有向下的卡子，用于固定在手臂，护臂镂空缠枝纹完全与呼拍类刀剑镂空压片风格一致，属于典型蒙元造型，此类纹饰在西藏呼拍类刀剑纹饰中较为常见，是典型的蒙古吸取南宋缠枝纹后产生的纹样。收藏家铁锤先生收藏的铁雕镂空护臂就是此类护臂的代表（图123）。

Ⅰ类彩绘纹样有明显的蒙元朝特征；Ⅱ类护臂压片和铁边条与呼拍类刀剑的装饰风格高度一致；Ⅲ类完全是呼拍类镂空缠枝纹风格。从现存的西藏地区铁、皮两种护臂来看，铁护臂的纹饰和造型要稍早于皮护臂，皮护臂和铁镂空护臂都受到蒙古风格影响，但是至今没有出土资料能够给出直接证据证明元朝军队曾经装备此类护臂，所以西藏地区此类护臂究竟是西藏武备独立发展出来的防护具，还是受到蒙古人武备文化影响，进而在西藏早期护臂形式上装饰元朝纹样进而发展成现存形式？这些问题只有靠未来更准确的文物发掘或者文献资料来论证。目前通过对这些实物以及相应纹样的对比研究，推断这样的护臂形式极有可能是蒙古人武备形制传播至西藏得以保留，所以在西藏地区和西亚、印度这几个区域保存的这类护臂风格都较为相似，盖为蒙古人武备之遗风。国外博物馆和一些研究机构对此类护臂的研究观点有些不同，美国大都会博物馆认为此类护臂的断代基本都是公元15—17世纪左右，英国利兹皇家军械博物馆有数只类似护臂，但是官方网站并没有提供藏品图片，该博物馆标注的制作年代为公元1200—1299年，制作地为蒙古，说明利兹皇家军械博物馆对此类器物的认知是比较准确的。

西藏地区的护臂究竟是两臂使用，还是单臂使用？因为没有相应的图像资料，故很难说清，也无考古资料能够佐证。按照大都会博物馆的判断，基本都是左臂使用。这点在逻辑上不是很通顺，按照通常的防护原则，右利手挥刀的情况下，右侧手臂会戴护臂，左侧多做防御，大多会持盾，持盾手未必需要护臂，所以应该是右侧佩戴为主，兼顾左右两侧佩戴。这种护手形式与彝族地区的护手极为相似，中原地区明、清两朝都没有此种护臂形式，宋、辽、元三朝出土盔甲资料极少，未见此类形制的护臂。

西藏还有一种较为特别的护甲，护甲截面呈C形，此种护甲由数百片小甲片编缀而成，外形略呈弧形，甲片近乎方形，中部甲片略大，宽度10毫米左右，两侧较小，只有6毫米左右，下缘呈W形，甲片左右两侧开孔，用细皮绳编缀，其甲叶细密，编缀紧实，实属罕见。纽约大都会博物馆（2001.559，图124）和英国V&A博物馆各藏有一片（IM.73N-1910，图125），收藏家江龙先生保存1件（图126），杨子麟先生保存2件（图127），至今未见其他博物馆和收藏家有此种护甲。此种护甲究竟使用在何种位置不得而知，大都会博物馆认为此护甲是公元15—17世纪作品，从其弧度和开合关系，推测应该是使用于肩膀或膝盖防护。

此类护甲在中原地区无实物对应，但是在新疆柏孜克里克千佛洞壁画中，有一铺天王像壁画为研究此护甲提供了新思路（图128）。此铺壁画被日本大谷广瑞探险队盗割，现保存于韩国国立中央博物馆。壁画中天王的臂甲呈筒形，包裹小臂，其中部有明显曲边甲叶叠压结构，在日本东京国立博物馆保存的另一铺柏孜克里克天王像中（图129），也能看见相同结构。柏孜克里克千佛洞壁画从7世纪一直延续至13世纪左右，此两尊天王像与新疆吉木萨尔县回鹘西大寺壁画中的武士像高度相似，柏孜克里克千佛洞壁画的年代应该为11世纪左右。前文对丹丹乌里克天王曲边甲传入吐蕃做过梳理，曲边甲片来自西域，传播至新疆，后传入吐蕃和唐朝。现存的西藏这类护臂中的甲片与两铺壁画中的护臂甲片高度相似，此类护臂具有明显的西域风格，其源头极大可能是来自粟特人或突厥甲胄，可能是在吐蕃控制西域时期，此类西域风格护臂传入西藏，后期在西藏本地化后形成现存的护臂式样。此类护臂年代应该早于大都会博物馆的判断，其下限应该在13世纪左右。

8. 护腰

西藏武士穿环锁铠时，在腰部捆扎铁质护腰。护腰有两种形式，一种类型是，中间一片甲片略大，上下两端呈弧形，整片甲呈银铤型，中部有一铁质乳突，其余铁片自中部向左右两侧相互叠压，甲片逐渐向两端缩小，铁甲片开孔铆接于皮带，甲片叠压部分遮盖铆点。一般护腰内侧有两三条皮带，针式带扣固定于一侧，另一侧皮带打孔，在后腰处进行紧固。现存的藏品中，以大都会博物馆保存的藏品为典型（馆藏编号：36.25.29，图130）。另一种护腰的甲片大致尺寸相同，上下两端四角抹圆，以中间一片为中心，向左右两端编缀，编缀方式与第一种相同，在甲片铆接皮绳位置侧边，从背后打出三个品字形凸起，此种形式护腰少于第一种。此种护腰形式在中原武备中未见出土资料，世界其他区域的武备防护具中也未见。应是西藏武备中独立发展出来的一种腰部保护形式。此种护腰主要在拉萨地区出现，康巴、安多地区极为少见，在德国档案馆保存的公元1938年新年传召大法会影像中，大量西藏武士穿环锁铠带护腰（图131），笔者收藏的第一类护腰正面面板鎏金装饰支扎纹饰，其余部分铁甲遗失，说明高级护腰是有鎏金银装饰的（图132）。

9. 护心镜

西藏武备防具中，护心镜非常有特点，四个护心镜为一组，编连方式有两种：一种是横向四面连接；另一种是前三面连接，中间一面护心镜与后面一面连接，护心镜之间都是由熟革连接。西藏护心镜穿戴于札甲和环锁铠之外，披挂完毕后，胸口和背后各有一面护心镜，两肋也各有护心镜，极大增加了身甲防护力，大都会博物馆的护心镜就是此类典型（馆藏编号：36.25.26，图133）。

护心镜镜面主要分成两类，一类是护心镜无外圈装饰，一类是有外圈装饰。材质上分成铜、铁两种，铁质为军器，铜质为佛像或者乃琼护法配饰（图134）。军器护心镜又分有外框结构和无外框结构两种，中心部分皆由锻铁构成，表面微凸。无外框的护心镜多在表面中心装饰錾金涡纹、金刚杵纹，西藏又称之"喜旋"。喜旋纹来自藏传佛教，其意义较为广泛，在武备上代表三怙主之意，此类护心镜外侧多装饰回纹。有外框结构的护心镜，其外框多为铁雕镂空龙纹，錾金装饰，护心镜多为光素。从现存实物来分析和对比，无外框装饰的护心镜年代会早于有外框装饰的护心镜。江龙收藏的旋焊护心镜錾金装饰喜旋，周围装饰回纹（图 135）。还有一些简素的护心镜背后有火漆印（图 136），不知道是寺庙收藏印还是工匠制作印。

10. 面甲

美国大都会博物馆收藏有两副西藏面甲，一副较为简素（馆藏编号：2007.10，图 137），眼眶、口鼻以及外框铜包边；另一副为锻造錾金装饰（馆藏编号：L.2019.3，图 138），眼眶铜包边，眉毛、胡须铁錾金丝装饰。馆方认为此面甲是蒙古风格传入西藏后的遗存。史料记载，南宋、金军都曾经装备过面甲，但是总体数量较少，史料未记载蒙古军装备面甲，但是在金帐汗国辖区的钦察人则有佩戴面甲的喜好。蒙古第二次西征后，部分钦察人加入元朝军队，元朝曾经以归顺的钦察人为主设立左、右钦察卫，隶属元代大都督府，为京城侍卫军。大都会博物馆可能由此推测，西藏现存的两个面甲属于蒙元风格。

11. 铁臂手零件

美国大都会博物馆保存一件铁錾金银的弧形铁零件（图 139，馆藏编号：1998.2），铁件錾金麒麟纹，围绕麒麟錾银缠枝纹，从纹饰来看是典型的明初期作品，馆方给出的年代是 13—15 世纪，此零件高 13.3cm，宽 17.1cm。馆方认为这是膝盖的护具，其实是错误的，这件零件是铁臂手的上端零件，西藏地区出现的这类臂手，都是宫廷御赐之物。

七、小结

通过对以上各种史料、壁画、出土文物、现存实物的分析，可以推断出，西藏地区甲胄至少是公元 1 世纪就出现。文史和考古资料显示，环锁铠至少诞生于公元 7 世纪前，铁札甲应该是在吐蕃时期出现。通过西藏地区铁札甲实物和中原实物、考古例证的比对发现，西藏地区铁札甲学习和承袭了汉、唐、西域札甲构造形式，披膊与身甲编缀一起的方式和盆领结构继承汉制铠甲，而其甲片的形制和开孔方式、编缀方式主要来源于唐制和西域，部分有汉制的影响。西藏地区的护心镜、护腰等护具应在本土诞生，未受到周围区域的影响。西藏地区皮质具装铠有可能受到蒙古风格影响。西藏地区的头盔既有对唐盔形制的保留，也有对蒙古风格盔的继承，甚至还有对中、西亚地区文化的学习的可能。

战争是不同文明之间最激烈的对抗，同时也是文明相互交流效果明显的一种形式，战争促使双方相互学习，在武器装备方面表现得尤为突出。在吐蕃与唐的数次战争、和亲中，吐蕃更多从中原武备文化中学习，得以形成自己的甲胄。唐以后，中原盔甲的式样随着战争模式的改变和统治者身份的变化而不断变化。而吐蕃的扩张在唐朝中期以后逐渐结束，随着大规模战争结束，西藏地区甲胄也停止了进化，一直保留其式样至今，从现有的西藏札甲中仍旧能看到唐甲的痕迹。随着蒙古势力在公元 13 世纪进入西藏，蒙古风格的甲胄又对西藏武备产生影响，现存的西藏地区武备也保留了大量的蒙古形制。

西藏地区的甲胄从公元 7 至 18 世纪长达千年的时间中，保存了唐朝、西域、蒙古不同历史时期不同风格的甲胄特点，从其甲胄的特点能反向推导出中原王朝的一些甲胄特点和形制。西藏地区特有的文化多样性、包容性使其成为保存各种文明符号的基因库，在世界范围来看都是极为罕见的文化现象，这些器甲也恰恰说明了西藏和中原千余年不可分割的交流历史。

彝族甲胄

　　皮质甲胄在人类武备历史中出现最早，应用范围最广，延续时间最长。

　　彝族皮甲是中国武备中一个重要的分支，整套皮甲由盔、护颈、臂甲、身甲、盾构成。彝族广泛生活在今四川、贵州、云南三省，彝族皮甲则主要出现在四川彝族聚居区。1903 年，法国人方苏雅（Auguste François）任法国驻云南省代表期间，在四川彝族聚居区拍摄了相当数量的彝族武士照片，是已知最早的彝族皮甲影像（图1）。

一、史料中的彝族皮甲

《宋史》记载，大理国在宋神宗熙宁九年（1076），遣使朝贡，贡物中有"金装碧玕山、毡罽、刀剑、犀皮甲鞍辔"（《宋史·大理传》）。

彝族皮甲在中国史料中从南宋时期就有记载，南宋范成大撰《桂海虞衡志》记载了大理国皮甲："蛮甲，惟大理国最工，甲胄皆用象皮，胸背各一大片如龟壳，坚厚与铁等，又联缀小皮片为披膊、护项之属，制如中国铁甲，叶皆朱之。兜鍪及甲身内外，悉朱地间黄黑漆，作百花虫兽之文，如世所用犀毗器，极工妙。又以小白贝累累络甲缝及装兜鍪，疑犹传古贝胄朱绶遗制云。"范成大为宋高宗时期文臣，曾经出使金朝，并撰写出使日记《揽辔录》，记载了金朝宫廷仪仗甲胄。他还任职过广西经略使、敷文阁待制、四川制置使、礼部尚书、资政殿学士等职，见识宽广，所以他记载的大理国皮甲细节极为可信，其中描写的诸多细节与现今所存的彝族皮甲极为相近。南宋周去非任广西静江府县尉时，编撰的《岭外代答》中亦对蛮甲胄有记载："诸蛮唯大理甲胄以象皮为之，黑漆坚厚，复间以朱缕，如中州之犀毗器皿。又以小白贝缀其缝，此岂《诗》所谓"贝胄朱绶"者耶？大理国之制，前后掩心以大片象皮如龟壳，其披膊以中片皮相次为之，其护项以全片皮卷圈成之，其他则小片如中国之马甲叶。皆坚与铁等而厚几半寸，苟试之以弓矢，将不可彻，铁甲殆不及也。"周去非所写内容应该是参考了范成大的《桂海虞衡志》。

2012 年韩国国立中央博物馆展出了一套绘画屏风（馆藏编

号：구 8559），屏风绘制了明朝万历三大征中的"朝鲜之役"。画面从右至左以时间、空间为序，绘制了"各营天兵""三营川兵""夺回平壤城图""露梁海之战""朝鲜复安""献俘承恩"等画面，全方位展现了明军击破日军，最后以明军向明朝皇帝献俘的场面结束（图2）。"各营天兵"和"三营川兵"中有许多穿彝族甲的明军形象，《"再造藩邦"之师——万历抗倭援朝明军将士群体研究》一书中指出这些"川兵"多是明朝历史记载的"川兵""夷兵"，这支部队由明军将领刘綎统领，分步、骑兵两军。"壬辰援朝"时刘綎率兵五千赶到朝鲜时，平壤已经收复，因此他们并没有赶上几次关键性战役。后来封贡和谈进行之时，他们暂时留在朝鲜，并没有跟随宋应昌、李如松于明神宗万历二十一年（1593）九月、十月回国，成为留守朝鲜的明军。"丁酉再乱"的时候，明朝再调川兵一万人入朝参战，这些入朝参战的西南夷兵、狼兵等，皆属于刘綎所率领的部队。从图像上看，有相当比例的"川兵"穿彝族风格皮甲。

二、现存实物

目前所见的彝族盔、甲都为皮质。凉山彝族奴隶社会博物馆、美国大都会博物馆、英国利兹皇家军械博物馆、上海博物馆、四川大学博物馆都保存有较好的彝族皮甲。

皮盔分成几个部分，盔体顶部为一浅圆钵形，顶部开圆孔，开孔切割的圆形皮顶不切断，保留在盔体之上，部分盔体上有一竹制提手。盔体正面编缀有一排长方形皮甲叶，甲叶下端略有反翘。盔体髹黄、红、黑三色漆，纹饰多样复杂。左右护颊有两种形式，一种是整体皮胎形式，利兹皇家军械博物馆、四川大学博物馆藏彝族盔的护颊就是此种风格，护颊有凸起的 L 形卷纹（图 3、图 4）；另一种是由多片甲叶编缀而成，大都会博物馆保存的就是此种风格的（图 5）。所有皮盔的顿项都是由长方形皮甲片编缀而成，顿项较长，横排编缀完成后，再用皮条连缀上下排。

皮甲分成前后胸甲、甲裙两大部分。胸甲、背甲、腹甲、左右两肋都是以大块皮甲编缀而成，甲裳是由皮甲片编缀而成，分成 7~8 排。前胸甲分成 4 块，最上端一块上呈 M 形，下端平直，整体略呈弧形，下接 3 块腹甲，左右两块腹甲呈梯形，遮蔽两片腹甲中缝的一块甲为长方形，整体由皮绳紧固在一起。背甲的结构与胸甲相同，背甲上端甲叶相对较长，上端呈弧形。两肋甲叶由 4 片甲叶构成，单侧由两片编缀而成，上端为弧形，适合腋窝形式，侧边开襟，部分高级皮甲有铭文（图 6）。甲裳编缀完成后呈外撒筒形，最下一排甲叶最长，甲裳编缀与中原地区编缀形式一致，甲叶先编缀横排，上下两排用皮绳连接，每片甲叶都是穿两条上下连接的皮绳。前胸、后背用肩带连接，与裲裆甲一致。

2013 年，笔者在友人处曾经有幸接触过纽约大都会博物馆所藏的皮甲实物。此副皮甲是目前已知年代最早、纹样最为特殊的，胸甲、背甲、两肋都绘制有龙纹（图 7-1、图 7-2），龙纹从皮胎基层凸起，用针刻剔犀方式表现纹样和鳞甲，龙纹较为特殊，长吻翻卷，鬣毛后扬，脚为 4 趾，背部有翼，龙纹与中原风格有明显的差异（图 7-3）。此套皮甲皮胎为牛皮，底层间隔髹黄、朱漆数道后，髹黑漆，凹陷部分轻微打磨露出部分朱漆，龙身部分用针刻剔犀技法显示龙纹细节。此套皮甲经过大都会用科技检验判断为 12 ~ 13 世纪左右的作品，推断可能为大理国时期皮甲。

大理国北部边界包括今四川凉山州。此套皮甲形制与目前已知的彝族皮甲形制完全一致，说明彝族皮甲自公元 12 世纪至今，形制未发生变化。彝族皮甲展开后为一整体（图 8），披挂时候挂住两肩后，侧边系结。

彝族皮甲在形制上非常接近北朝裲裆甲，甲裳的制作方式与部分唐甲完全一致，在前文已作比对分析。彝族身甲可能在相当的程度上继承了部分唐甲的细节。

彝族甲胄中有专门的护臂，整体为筒形，侧边有开口，手臂伸入后用皮绳可紧固在手臂上（图 9）。

皮盾是以一张整皮制作，部分有木胎，外形有椭圆和圆形两种，表面多绘制太阳纹（图 10）。

彝族甲有特别的护颈，整体呈月牙形，上端有一个反折的边，可护住喉咙，下端为弧形。此种护颈极为稀少，四川大学博物馆收藏的彝族甲有此物（图 11）。

三、制作

彝族皮甲皮胎基本使用牛皮为胎，生牛皮剥下后褪毛，将湿牛皮剪裁好后，放入模具压制成型，皮甲的弧度、纹样需要的凸起都是在模具上预先制作好，阴阳模具将牛皮扣紧，阴干成型。待阴干皮胎成型后，将岩石磨成细灰，与生漆调和后做底漆，底漆反复髹多道，然后打磨光滑完成基础胎。盔体、胸甲、腹甲都是按照这些步骤制作。部分需要弧度的甲叶基本也是按照这个步骤制作，其他甲叶就直接压平后按照尺寸裁剪、打孔，然后刮灰。这种皮甲制作方式与战国时期楚甲的制作方式基本相同。

盔体、胸甲、腹甲、甲叶完成基础后，开始髹漆，基本是髹黑、黄、朱漆多道，内侧基本髹黄漆，表面再根据纹饰的需要描绘图样。一套皮甲从压模到完成大致需要半年时间。

四、小结

彝族皮甲是中国皮甲的活化石，笔者调研彝族皮甲超过二十年，从见过的实物来看，应该没有披膊。彝族皮甲形制应该是学习了北朝、唐朝的身甲风格，总体是中原裲裆甲的一种延续。

四川凉山彝族地区比较珍视皮甲，在隆重的祭祀活动中都会穿戴或陈列，由于皮盔甲制作繁复，多为家支重要财务，按照凉山彝族习惯法，允许将皮甲作为货币，可赔偿打冤家①过程中支付的"命金"。

---

① 编者注：打冤家指旧时某些少数民族地区报怨仇而发生械斗。

写在最后

在多年的中国历代武备收藏、研究过程中，我早期是以刀剑为核心的，后来随着研究不断深入，发现甲胄才是武备的核心。

甲胄的出现对一支军队、一个国家有着重大的影响和意义。欧美一些国家有非常专业的文博机构收藏、研究甲胄，研究成果也颇为丰硕。2006 年纽约大都会博物馆出版的 *Warriors of the Himalayas:Rediscovering the Arms and Armor of Tibet* 一书是研究西藏历代武备最重要的著作之一，我的甲胄研究之路从中获得过很大的启示。但是随着对此书的认真阅读，我也发现了很多问题，西方博物馆收藏了大量精美的武备实物，这是他们的优势，然而西方的学者在解读过程中，难免因对中国史料及相关资料的考证不足，导致某些观点有失偏颇。再观国内武备研究学界、文博系统却鲜有这样的专著，这是非常令人遗憾的事情。

国内研究武备的第一代学者周纬先生的《中国兵器史稿》成书甚早，当时无论是文字史料，还是考古实物、图像、造像等可用的资源都极为稀少，在有限的条件下，周纬先生仍然对古代兵器的发展脉络进行了梳理，但未及进行最重要的工作诸如历代兵器、甲胄形制等具体考据。周先生的书稿完成后，尚未付梓出版，便于 1949 年去世，他的离去是中国武备研究领域一个极大的损失。第二代学者以中国社会科学院考古研究所杨泓教授为代表，他于 1980 年出版了《中国古兵器论丛》，从实物、绘画、雕塑等方面对中国古代历代兵器、甲胄进行了整理、描述，并对中国甲胄的变化如何受到外来文明的影响进行了阐述，是中国古代兵器、甲胄研究中最重要的著作之一。

我从 2000 年左右开始收藏历代中国武备，在发现美国大都会博物馆的西藏武备著作有诸多不足之处以后，便萌发了撰写《西藏武备考》一书的想法，欲以大量中国的史料为依据，重新解读西藏武备。构建好了提纲，我于 2017 年开始动笔，至 2019 年基本成稿。写此书的这两年时间里，我不仅仅对西藏武备同时也对中国历代武备进行了更全面和深刻的研究和整理。2019 年，我应中华书局之邀出版《中国刀剑史》后，又写成了《中国甲胄史》。

我在写《中国甲胄史》的过程中遇到的困难比预料的更多，主要是南北朝至元朝这个阶段的出土实物太稀少，虽然已经查阅和考证过大量文史和图像资料，但撰写中需要更细致地比对和分析，这个过程占据了整个工作量的百分之七十。我之前撰写《西藏武备考》时，撰写了不少关于甲胄的单篇文章，这次也归纳整理了一部分，并在《中国甲胄史》当中。在成书过程中，我得到了国内外诸多收藏家的帮助，比如收藏在德国联邦档案馆、大英图书馆、史密森尼学会的西藏老照片引起了我的关注，这些照片是英国荣赫鹏侵略军、德国纳粹塞弗尔探险队、美国战略情报局在 1904—1939 年间于西藏拍摄的，其中有大量的西藏甲胄和刀剑的照片。为了购买这些照片，海外友人 Ezio Tuo 先生与欧美多家博物馆、图书馆反复沟通协调达一年有余，王琦（畅行天下王晖）、杨子麟（优悠）先生更是慷慨相助，我们共同出资购买了这批珍贵的影像资料，才使这些照片得以在《西藏甲胄》的章节中呈现。更要感谢杨勇（易水寒）、赵强、赵亚民、铁锤（庸人）、潘赛火（我不是潘安）、苏海荣（浪潮君物）、刘恒、江龙、马郁惟、郭海勇、时力强、汗青、王旭（老六）、葛龙飞、顾祎、徐开宏等先生将自己的藏品无私与大家分享，这些交往多年的朋友们虽星散各处，但情谊俱在，令我感动。知乎用户夕颜·源氏物语、@搓猫怪先生、幻想狂刘先生（刘鹤）、叶留增先生提供了相当多的文史资料，周珏、苏海荣先生为部分盔绘制白描图。没有这些朋友的帮助，《中国甲胄史》是不能顺利完成的。本书的编辑傅可先生每每在我写到筋疲力尽之时，总是鼓励我坚持。再次对这些朋友的襄助表示感谢！

从 2020 年 5 月至 2021 年 8 月，在整个写作的过程中，心情是很复杂的，艰难，又充满希望，我的夫人一直精心照顾着我，感谢十余年来她坚定地陪伴在我身边，支持着我对中国古代武备的热爱和研究。也要感谢我家两只萌萌的小毛娃——英短弟弟龚锤锤、布偶妹妹龚二碳无时无刻地爬在书桌上对我的"督促"。

中国**甲胄**史

龚剑

——

著

The History of Chinese Sword

（图册）

中华书局

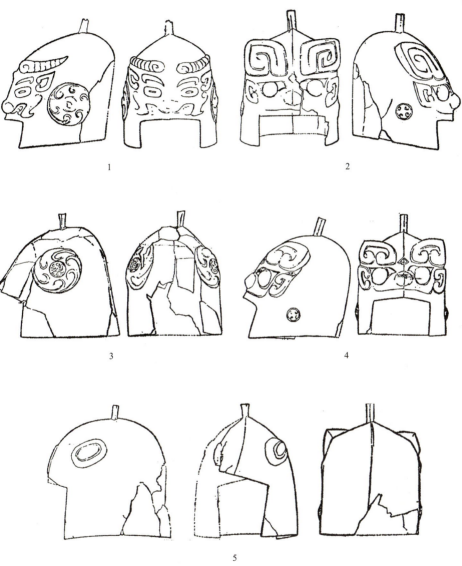

1   2

3   4

5

图1 河南安阳殷墟铜胄

图2　美国圣路易斯博物馆藏商铜胄

图3　江西新干大洋州商青铜胄

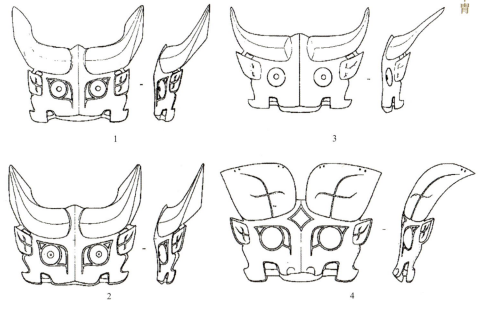

1　　　　　　　　　　3

2　　　　　　　　　　4

图4　山东滕州 I 型青铜胄

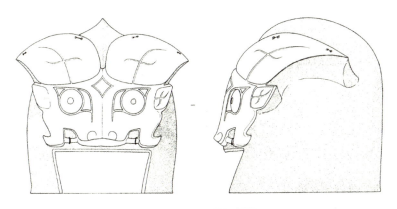

图5　山东滕州 Ac 型胄

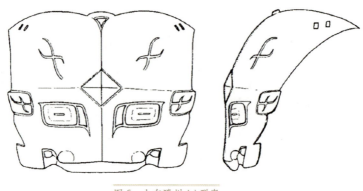

图6 山东滕州Ad型胄

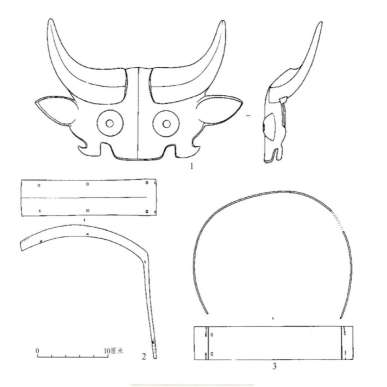

图7 山东滕州Ⅱ型青铜胄

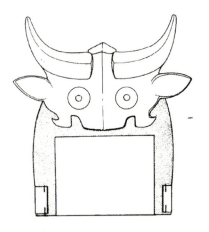
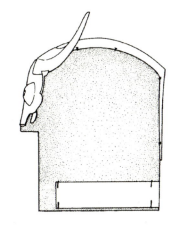

图 8　山东滕州 II 型青铜胄

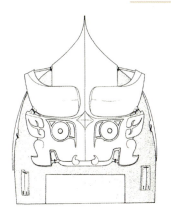
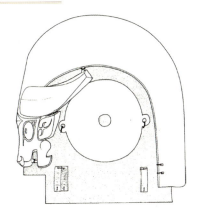

图 9　山东滕州 III-1 型青铜胄

图 10　中国保利博物馆藏商青铜胄

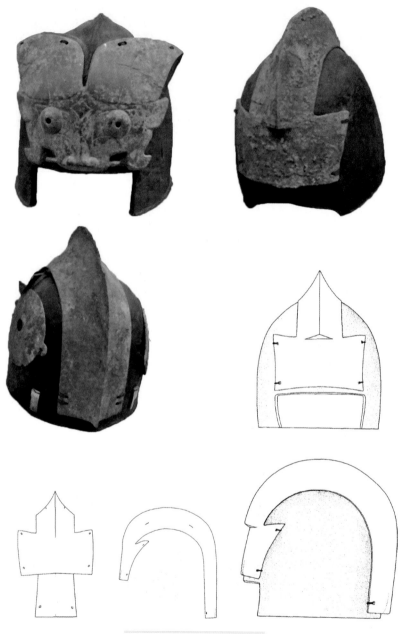

图 11　山东滕州Ⅲ-2型青铜胄

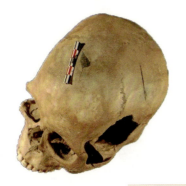
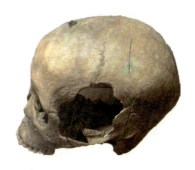

图 12　河南殷墟出土受伤头骨

图 13　山西柳林县高红商铜胄

图 14　北京房山琉璃河 1193 号墓西周铜胄

图 15　北京昌平白浮西周铜胄

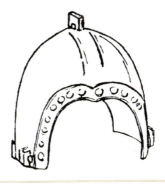

图 16　内蒙古宁城县南山根 101 号墓铜胄

图 17　内蒙古宁城县铜胄

图 18　内蒙古昭乌达盟宁城县小黑石沟铜胄

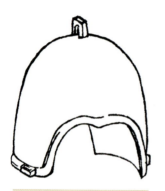

图 19　内蒙古赤峰美丽河铜胄

图 20　青海民和塘尔垣铜胄

图 21　宁夏西吉县铜胄

图 22　河南灵宝战国铜胄

图23 斯基泰文化库班式胄

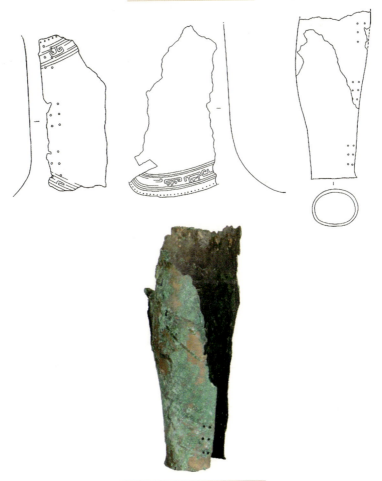

图24-1 陕西宝鸡石鼓山胫甲

1
2

图 24-2　陕西宝鸡石鼓山板甲

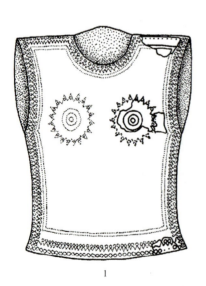

1
2

图 25　瓮棺文化铜甲

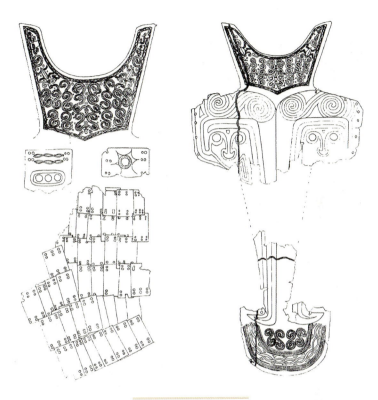

图26　云南李家山青铜甲

图27　云南李家山青铜臂甲

图28 云南铜甲

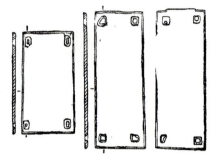

图29 陕西长安西周青铜甲片

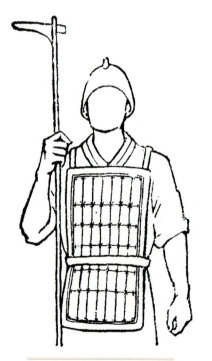

图30 陕西长安西周青铜甲复原

图31 湖北随州叶家山马面甲

图32 河南安阳殷墟皮甲

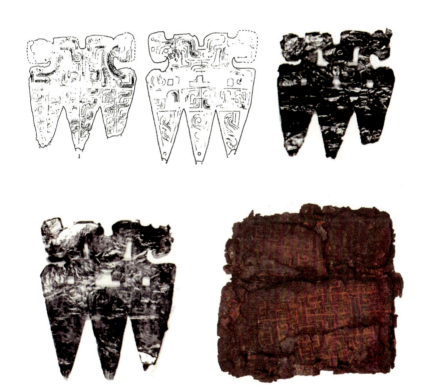

图33 河南淅川县下寺春秋楚墓皮甲残片

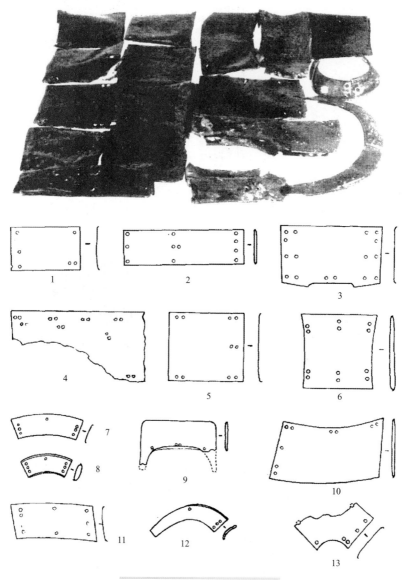

图 34　湖南长沙浏城桥一号墓皮甲

图 35　湖南长沙左家公山十五号墓皮甲

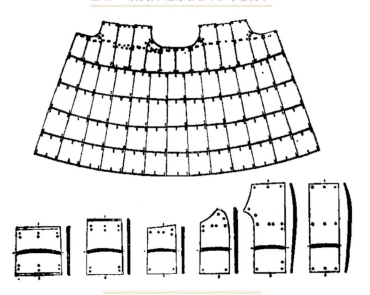

图 36　湖北江陵天星观一号楚墓甲

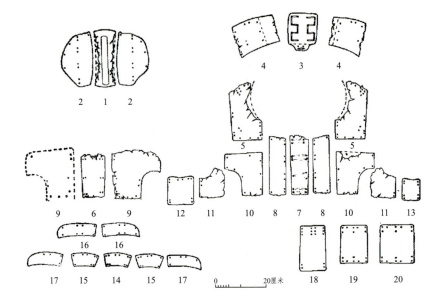

图 37　湖北荆门包山楚墓甲

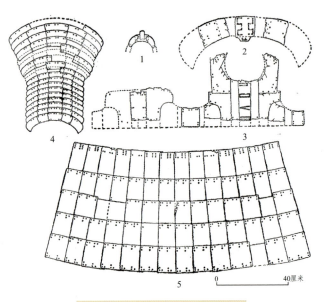

图 38　湖北荆门包山楚墓甲裙展开图

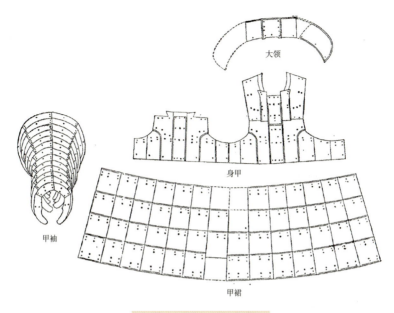

大领

身甲

甲袖

甲裙

图 39　湖北随州曾侯乙墓皮甲

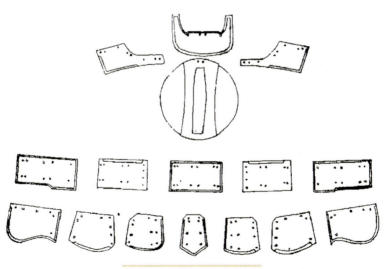

图 40　湖北随州曾侯乙墓皮胄

图 41　湖北随州曾侯乙墓皮甲胄复原

图 42　湖北随州曾侯乙墓皮甲胄复原

图 43　战国皮甲　安徽六安白鹭洲 M585 墓

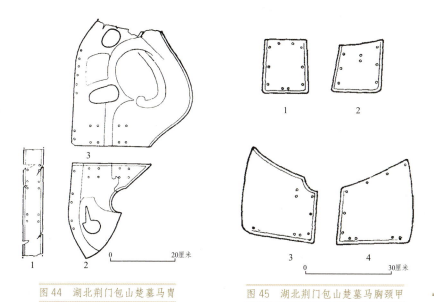

图 44　湖北荆门包山楚墓马胄　　　　图 45　湖北荆门包山楚墓马胸颈甲

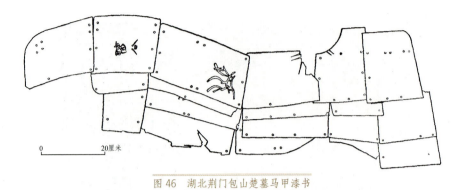

图 46　湖北荆门包山楚墓马甲漆书

图 47　湖北荆门包山楚墓马甲复原

图 48　湖北随州曾侯乙墓马胄复原

图 49　湖北随州曾侯乙墓马甲漆皮

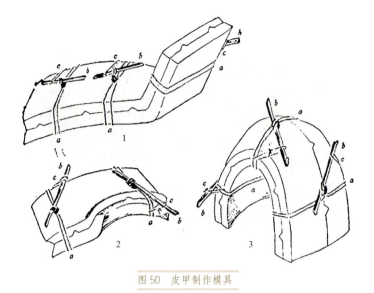

图 50　皮甲制作模具

图 51　河北易县战国铁胄

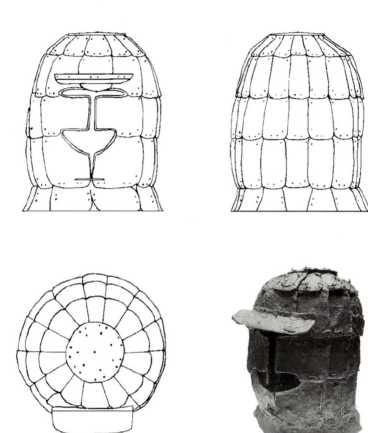

图 52　河北易县燕下都遗址铁胄

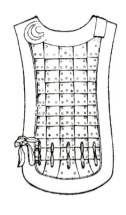

图 1　第一类Ⅰ型秦甲

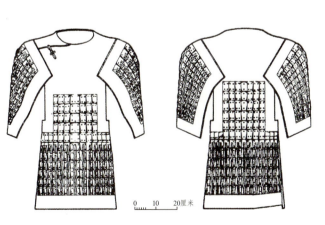

0　10　20厘米

图 2　第一类Ⅱ型秦甲

图 3　第一类 III 型秦甲

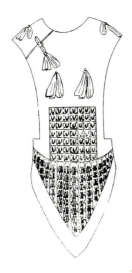

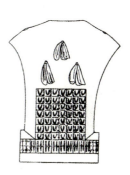

图 4　第一类 Ⅲ 型秦甲

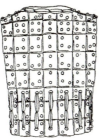

图 5　第二类 Ⅰ 型秦甲

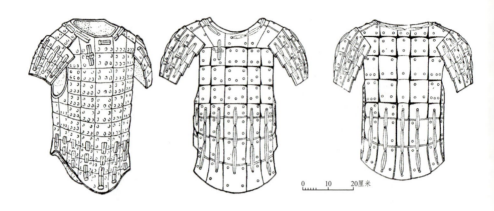

0 ⌐10 20厘米

图6　第二类Ⅱ型秦甲

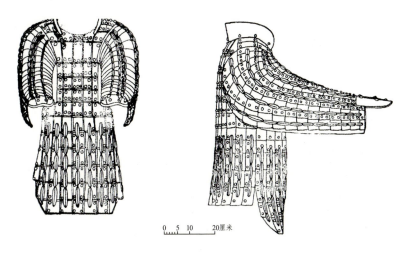

0　5　10　　20厘米

图 7　第二类 Ⅲ 型秦甲

图 8　陕西西安 K9801 陪葬坑石甲胄

图 9　陕西西安 K9801 陪葬坑石甲

图 10　扁铜丝

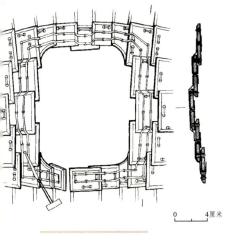

图 11　石铠甲领口编缀

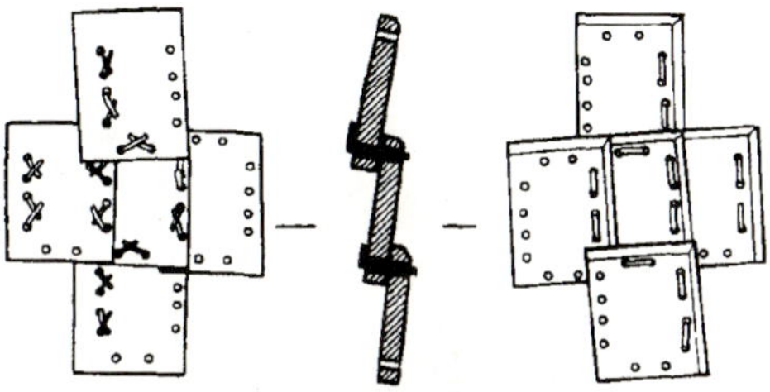

0　　4厘米

图 12　石铠甲身甲编缀

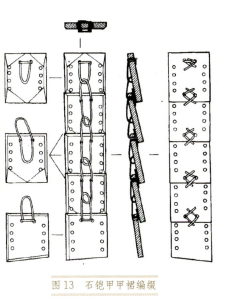

0　　4厘米

图 13　石铠甲甲裙编缀

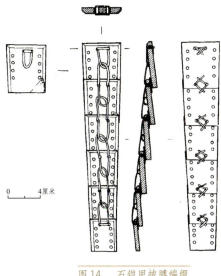

图 14　石铠甲披膊编缀

图 15　T4G1胄1

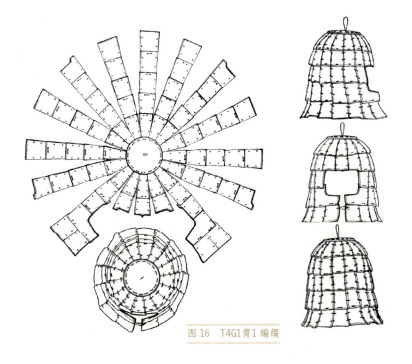

图 16　T4G1 胄 1 编缀

图 17　T2G2 胄 2

1 胸甲   2 背甲

图18 秦甲胸甲、背甲编缀

III-I вв.до н.э.

71 мм / 14,3 г

Трехлопастной паянный наконечник стрелы,
изготовленый и спаянный из доспешных пластин Хунну.

图1　俄罗斯东部地区出土汉军甲片改制的匈奴箭镞

弩繼（四一）六萬九千八百八十八
弩矢千一百卅一萬四千一百五十九
弩犢丸（四一）廿二萬六千一百廿三
弩蘭（四一）十一萬八百卅三
弩蘭冠（四十三）四萬五千三百七十四

弩……十九
弩……十九
弩……千九百卅一
弩……七百六十六
弩……一萬三百七十二
弓弓萬七千五百一
弓弦三千九百八十七
弓矢百五十九萬八千八百五
弓犢丸（四十四）五萬二千四百一十九
弓衣（四十五）七十二
弓……三千九百五十五
七十四
甲十四萬二千三百廿二
鎧（四十六）六萬三千三百廿四
鞮瞀九萬七千五百八十四
革……二萬六百八十一

馬甲鞮瞀（四十七）五千三百卅
面衣（四十八）八十八
巾幘（四十九）
革札（五十）廿四
股甲衣□□萬五千六百六十三

甲衣一
吊□二
十二兩
五
五兩

图2　《武库永始四年兵车器集簿》记载的甲胄

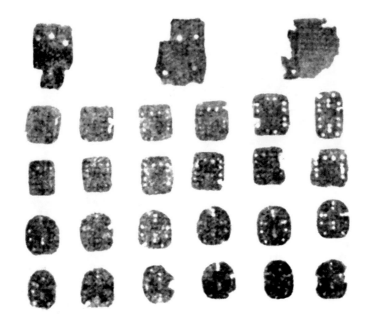

图 3　湖南长沙侯家塘西汉墓髹漆皮甲

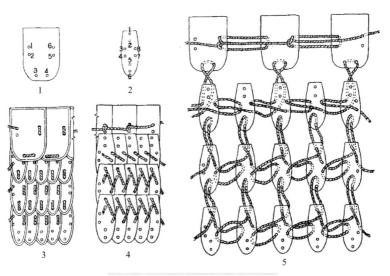

图 4　河南洛阳西郊 3023 号墓铁甲片

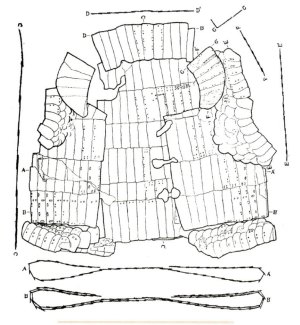

图 5　内蒙古呼和浩特二十家子汉铁甲

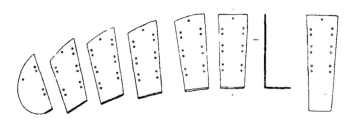

图 6　内蒙古呼和浩特二十家子汉铁甲 I 型甲片

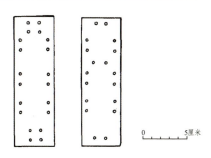

图 7　内蒙古呼和浩特二十家子汉铁甲 II 型甲片

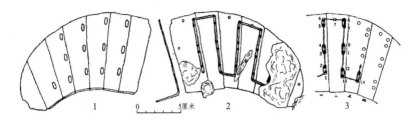

图 8　内蒙古呼和浩特二十家子汉铁甲盆领

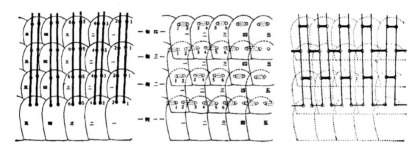

图 9　内蒙古呼和浩特二十家子汉铁甲肩部

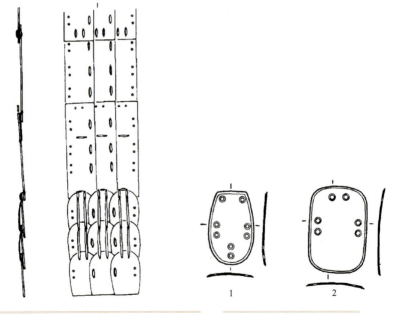

图 10　内蒙古呼和浩特二十家子汉铁甲垂缘　　图 11　河北满城汉墓铁铠甲片

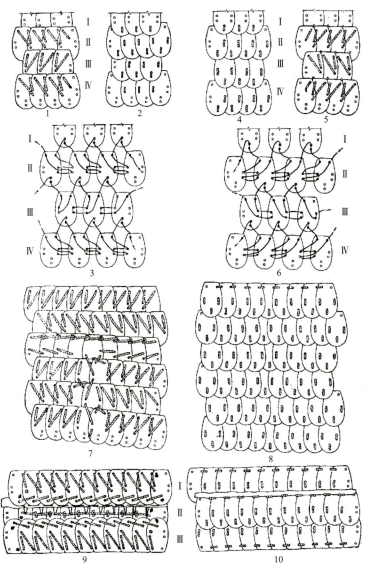

甲身局部的组编方法

1. 右半身背面　2. 右半身正面　3. 右半身穿绳示意图　4. 左半身正面　5. 左半身背面
6. 左半身穿绳示意图　7. 后背中部背面　8. 后背中部正面(以上属第一式编法, 7、8并
包括背腰块的连接)　9. 左肩背面　10. 左肩正面(以上属第二式编法)

图12　河北满城汉墓身甲、筒袖编缀

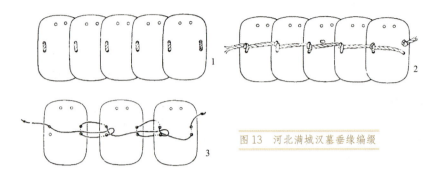

图 13　河北满城汉墓垂缘编缀

图 14　河北满城汉墓铠甲复原

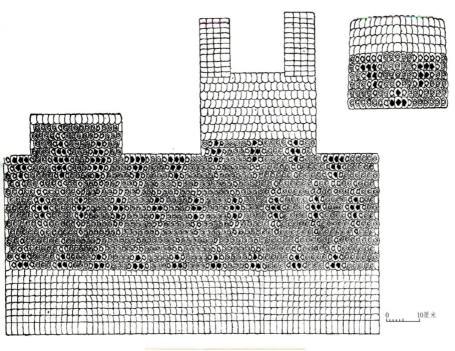

图15　山东淄博西汉齐王墓金银甲

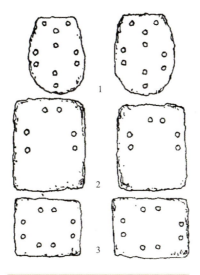

图16　山东淄博西汉齐王墓金银甲片

图 17　山东淄博齐王墓金银甲复原

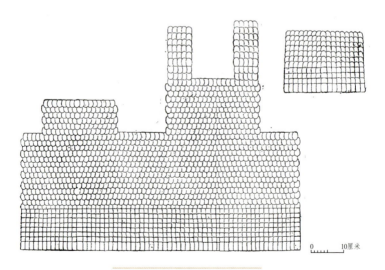

图 18　山东淄博西汉齐王墓素甲

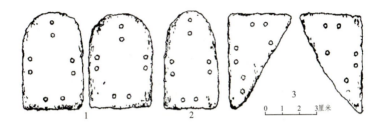

图 19　山东淄博西汉齐王墓素胄甲片

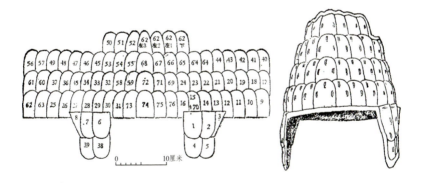

图 20　山东淄博西汉齐王墓铁胄

图 21　广州南越王博物馆铁铠甲

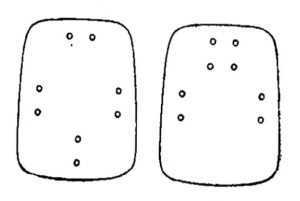

图 22　广州南越王博物馆铁铠甲甲片

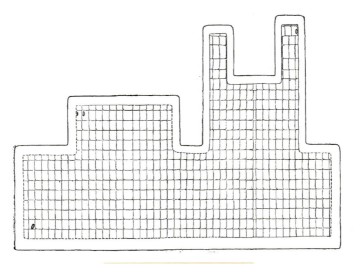

图 23-1　广州南越王博物馆铁甲

图 23-2　广州南越王博物馆铁甲复原

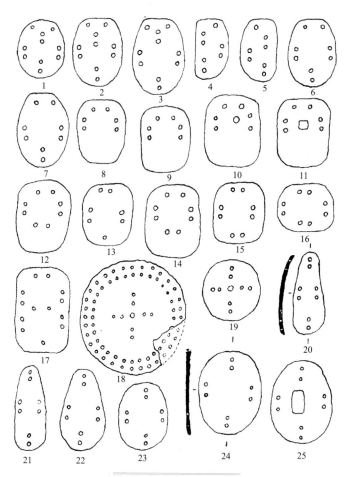

图24　西安北郊西汉铁甲

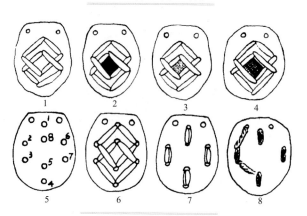

图25　陕西西安北郊西汉铁甲

图 26

1. 甲胄模型正面　　　　2. 甲衣背面　　　　3. 甲衣左侧

图 27　陕西西安北郊西汉甲胄复原

图 28　陕西咸阳杨家湾汉陶俑身甲

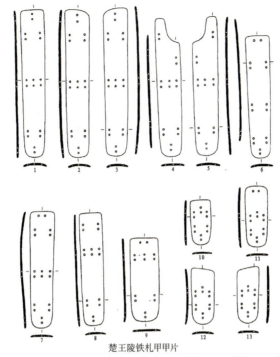

楚王陵铁札甲甲片

1. A型 I 式　2. A型 I 式　3.A型 II 式　4. A型 IV 式　5. A型 V 式　6. A型 VI 式　7. A型 VII 式
8. A型 VIII 式　9. A型 IX 式　10. A型 X 式　11. A型 XI 式　12. A型 XII 式　13. A型 XIII 式

图 29　江苏徐州狮子山楚王陵 A 型札甲甲片

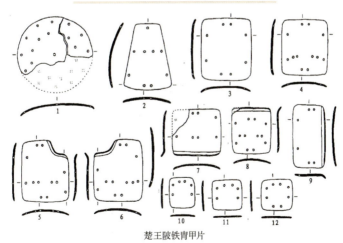

楚王陵铁胄甲片

1. B型　2. C型　3. D型 I 式　4. D型 II 式　5. D型 III 式　6. D型 IV 式　7. D型 V 式
8. D型 VI 式　9. D型 VII 式　10. E型 I 式　11. E型 II 式　12. E型 III 式

图 30　江苏徐州狮子山楚王陵 BCDE 型札甲甲片

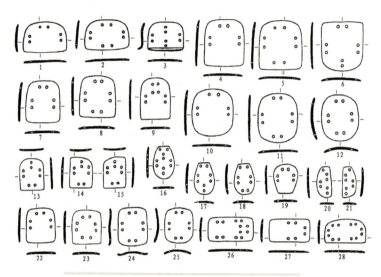

图 31　江苏徐州狮子山楚王陵 FGHIJKL 型札甲甲片

图 32　徐州博物馆藏楚王铁胄

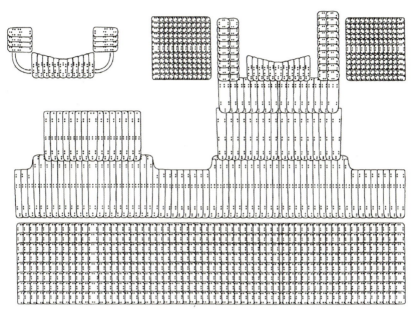

图 33　江苏徐州狮子山楚王陵铁甲复原

图 34　江苏徐州狮子山楚王陵铁甲复原

图 35　江苏徐州狮子山楚王陵小鱼鳞甲

图 36　江苏徐州狮子山楚王陵小刀形鱼鳞甲

杨家湾出土西汉陶俑所
披铠甲

1. 一类铠甲
2. 二类铠甲
3. 三类铠甲

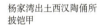

图 37　陕西咸阳杨家湾陶俑身甲类型

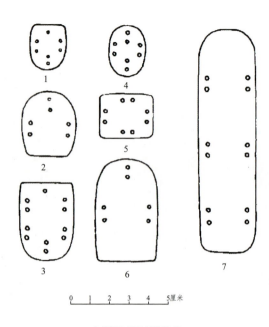

0　1　2　3　4　5厘米

鱼鳞甲上所见甲片类型

1. I型　2. II型　3. III型　4. V型　5. IV型　6. III型　7. VI型

图38　汉长安武库甲片形制

图39　汉长安武库鱼鳞甲复原

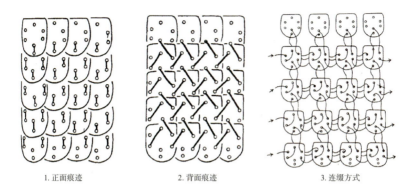

1. 正面痕迹　　　　　　　2. 背面痕迹　　　　　　　3. 连缀方式

图 40　汉长安武库甲片编缀

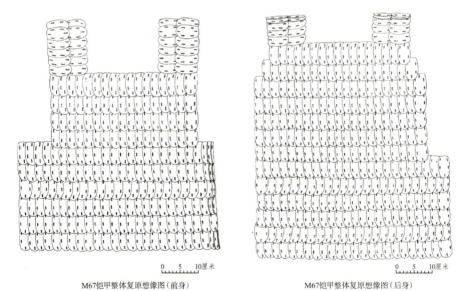

M67铠甲整体复原想像图（前身）　　　　　M67铠甲整体复原想像图（后身）

图 41　吉林榆树县 M67 墓身甲复原想象

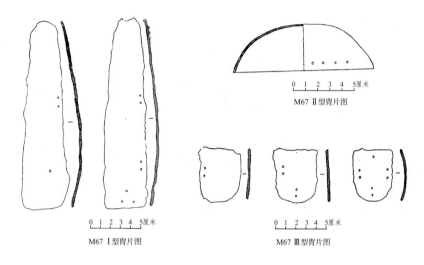

M67 Ⅱ型胄片图

M67 Ⅰ型胄片图

M67 Ⅲ型胄片图

图 42 吉林榆树县 M67 墓胄片

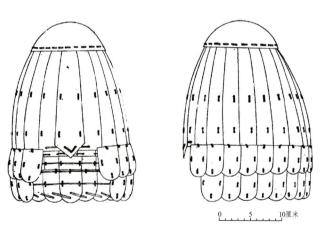

M67胄整体复原图(正、侧视)

图 43 吉林榆树县 M67 墓胄复原

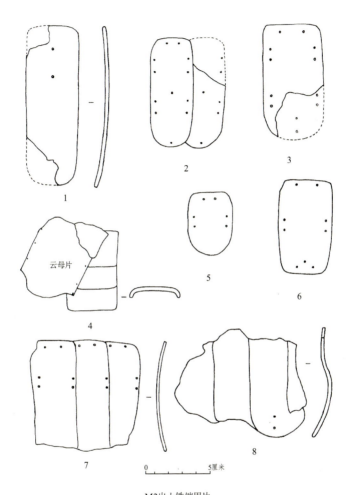

云母片

0　　　　　　5厘米

M2出土铁铠甲片

1. Fb 型铁铠甲片（M2:960）　　2. Cb 型铁铠甲片（M2:953）　　3. D 型铁铠甲片（M2:878）
4. Cb 型铁铠甲片（M2:962）　　5. Aa 型铁铠甲片（M2:946）　　6. Ec 型铁铠甲片（M2:957）
7. Fd 型铁铠甲片（M2:967—1）　　8. Ga 型铁铠甲片（M2:963）

图 44　曹操高陵

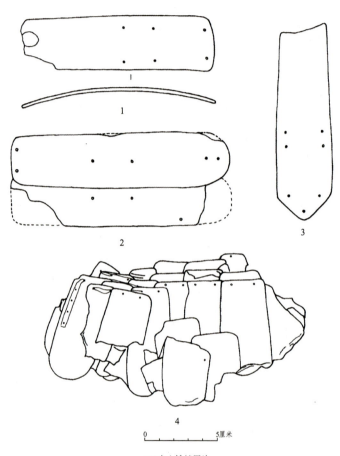

M2出土铁铠甲片

1. Fe 型铁铠甲片（M2：961）　 2. Ce 型铁铠甲片（M2：954）　 3. Fa 型铁铠甲片（M2：959）
4. Ca 型铁铠甲片（M2：952）

图 45　曹操高陵

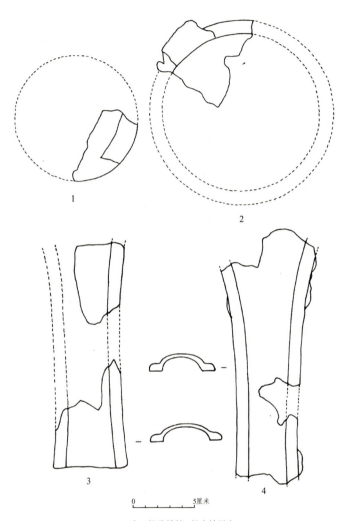

M2 出土护胸铁镜、护肩铁甲片

1. 护胸铁镜（M2：967—2） 2. 护胸铁镜（M2：965） 3. 护肩铁甲片（M2：222）
4. 护肩铁甲片（M2：939）

图 46 曹操高陵

黄龍元年監作都尉盛戒所作三湅九辟明光旺昳四千廿具重二斤半鋼師彭鎧師孫柱□□賣

無難將趙淩部曾□

图 47-1　刘恒藏黄龙元年胄片

黄龍元年五十五二

图 47-2　刘恒藏黄龙元年胄片

图 48　许宁藏黄龙元年胄片

图 49-1　东吴胄片（推测盔形）

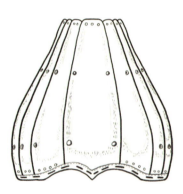

图 49-2　东吴胄片（推测盔形）

图 50　葛龙飞藏东吴甲片

右作部督孙无典业胡立业吏李

安书史王立除业十年七月五日造

所作三涑明

光钨铠

重十两

图 51　许宁藏东吴甲片

十两尉师彭五甲师如师吴孝铠师陈龙作

图 52　许宁藏东吴甲片

永安六年十月
负成重十六斤
功夫吏朱纺

图 53　永安六年甲片

黄龙元年□部

图 54　黄龙元年

陈敦□

图 55　陈敦

图 56　东吴异形甲片

图 57-1　朱漆甲片

图 57-2　黑漆甲片（杨子麟先生藏品）

图 57-3　汉髹漆甲片

图 57-4　朱漆甲片（龚剑藏品）

图 58-1　滇人皮胄（摄影 @ 路客看见）

图 58-2　滇人皮胄（摄影 @ 路客看见）

图 58-3　滇国带扣

1　　　　　　　　　　2　　　　　　　　　3

洛阳西晋墓陶俑　　河南济源博物馆西晋武士俑　　云南东晋霍承嗣墓壁画

图1　晋朝筩袖铠

图2　故宫博物院藏西晋武士俑

图3-1　陕西西安十六国梁猛墓白彩武士俑

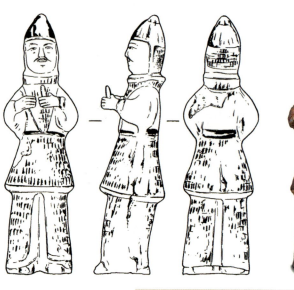

图 3-2　陕西西安十六国梁猛墓奏乐男立俑

图 4　陕西长安少陵原十六国墓 M100

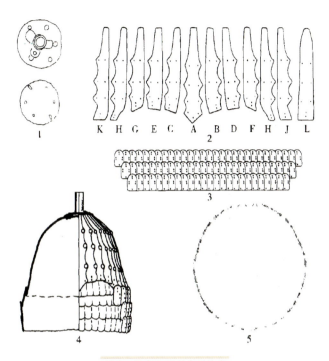

图5　辽宁北票喇嘛洞铁胄

图6　辽宁北票喇嘛洞十六国三燕铁胄

图7　宽胄叶铁胄

铁兜鍪
(88M1:54)
(1/5)

图8　辽宁朝阳十二台前燕铁胄

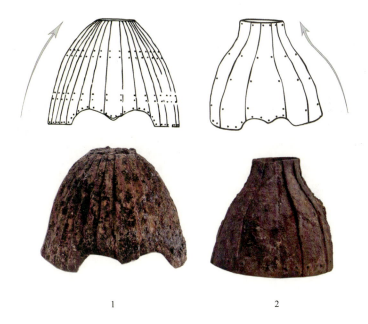

1　　　　　　　　2

图9　辽宁朝阳十二台、北票喇嘛洞2种盔型

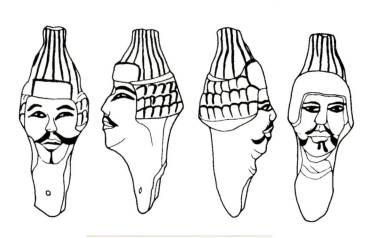

图10　宁夏彭阳新集北魏墓武士俑俑头

图11　陕西西安草场坡北魏武士俑

图12　山西大同破多罗氏墓壁画（@木岛主拍摄）

图13　山西大同的北魏明堂甲胄武士（@几苇渡拍摄）

图 14　河北曲阳北魏墓

图 15　洛阳博物馆藏武士俑（@kps001 拍摄）

图 16　河南洛阳元邵墓武士俑

图 17　河南偃师联体砖厂二号墓武士俑

图 18　山西大同七里村北魏墓群 M29

图 19　陕西咸阳北周叱罗协墓武士胄

图 20　山西北齐娄睿甲胄武士

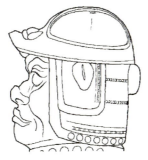

图 21　河北磁县北齐高洋墓武士俑胄

图 23　日本京都国立博物馆
藏江田船山古坟冲角胄

图 22　朝鲜半岛伽倻时期铁胄

图 24　日本天理大学附属天理
参考馆藏久津川车塚古坟冲角胄

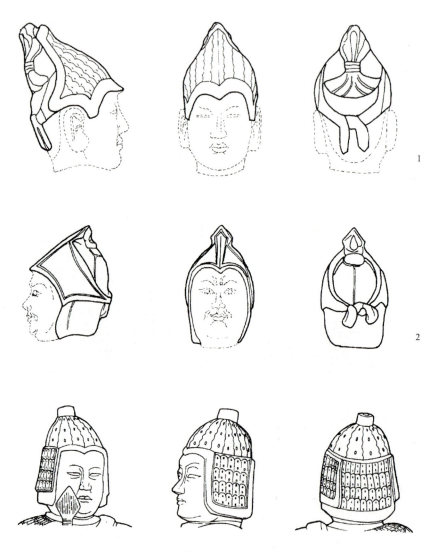

图 25　河北磁县北齐高欢墓武士俑胄

1.大都会博物馆　　　　　　　　　　2.故宫博物院

图 26　大都会博物馆、故宫博物院藏北朝陶俑

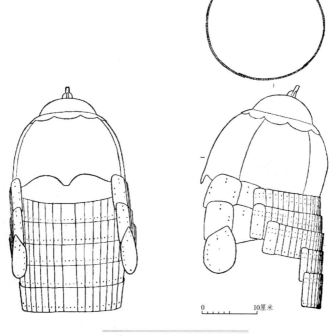

图27 河北临漳邺南城 I 型胄

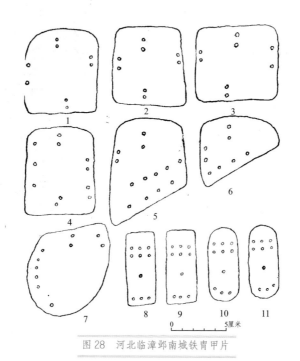

图28 河北临漳邺南城铁胄甲片

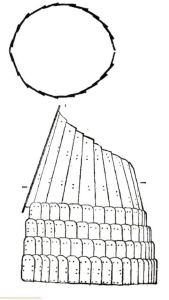

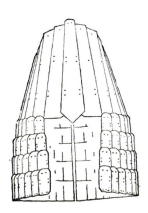

图29　河北临漳邺南城Ⅱ型胄

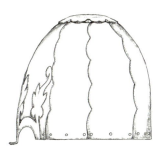

图30　北朝铜胄（瑶哥藏）

图 31　山西司马金龙墓石雕棺床卷草

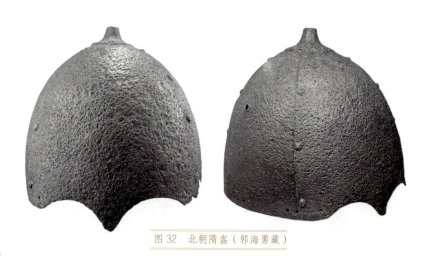

图 32　北朝隋盔（郭海勇藏）

图 33　北齐 库狄迴洛墓武士俑 山西博物院　　　图 34　陕西安康博物馆藏南朝武士俑

图 35　陕西安康博物馆藏南朝武士俑头

图 36　南朝 I 型铁胄

图 37-1　南朝Ⅱ型铁胄（许宁先生藏）

图 37-2　南朝Ⅱ型铁胄条形甲片　胄体正面（龚剑藏）

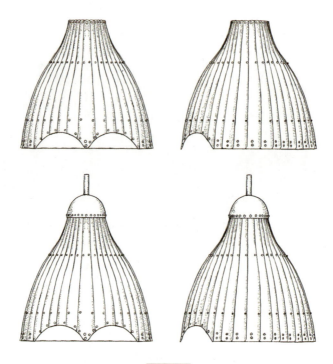

图 37-4

图 37-3　南朝Ⅱ型铁胄条形甲片　　　　图 37-5　南朝Ⅱ型铁胄条形甲片
胄体侧面（龚剑藏）　　　　　　　　　　侧边錾刻线（龚剑藏）

图 38-1　吉林集安高句丽墓壁画

图 38-2　韩国国立中央博物馆伽倻时期武士甲复原

图 39　北朝晚期铁胄

图 40　南朝盔·南京市博物总馆藏

图41　河北磁县北齐
高润墓武士俑

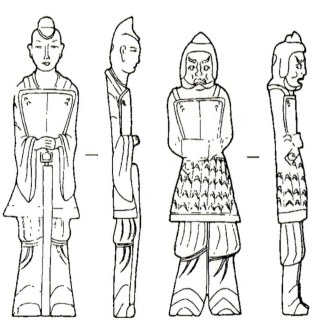

图42　河南洛阳纱厂西路北魏陶俑

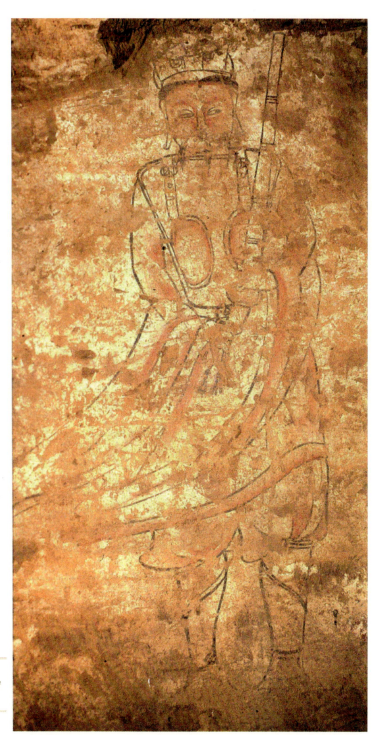

图 43
北周李贤墓壁画中
仪卫着裲裆甲

图 44　北魏破多罗氏墓壁画武士像（摄影@木岛主）

图 45　山西大同北朝艺术博物馆解兴石堂武士像（摄影 @几苇渡）

图46 北齐东安王娄睿墓陶俑虎皮短甲

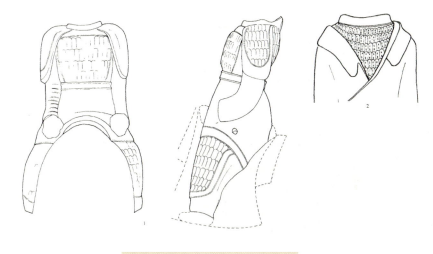

图47 河北磁县北朝墓步兵、骑兵甲

图48 河北磁县北朝墓道东、西两壁壁画武士像

图 49　河北磁县北朝墓壁画武士像

图 50　陕西西安北周叱罗协墓武士俑甲

武士圖（之一）　寧懋石室　北魏·孝昌

武士圖（之二）　寧懋石室

图 51　河南洛阳北魏宁懋石室武士

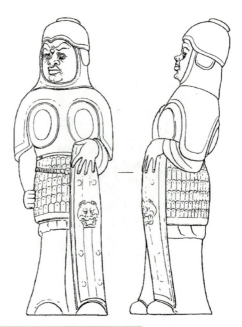

图 52　北齐东安王娄睿墓武士俑

图 53-1　大运河博物馆藏北朝武士俑　　　　图 53-2　北朝武士甲片叠压关系

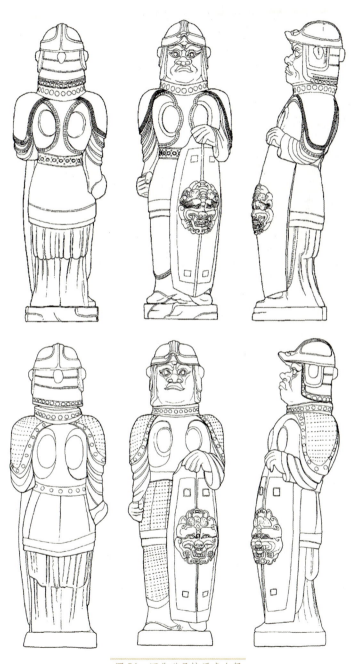

1型

2型

图 54　河北磁县按盾武士俑

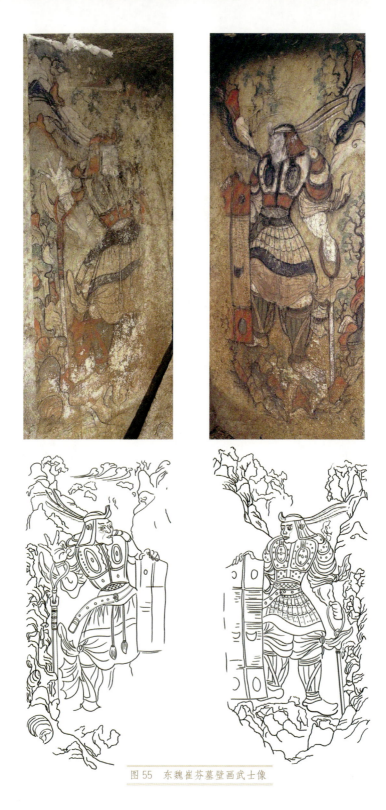

图 55　东魏崔芬墓壁画武士像

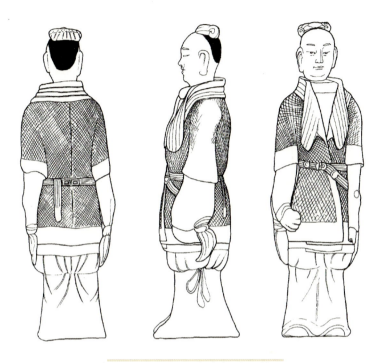

图 56　河北磁县北朝墓武士俑环锁铠

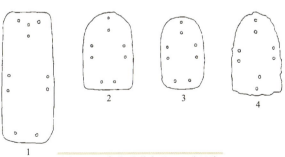

图 57　辽宁北票喇嘛洞 IM3 墓甲片

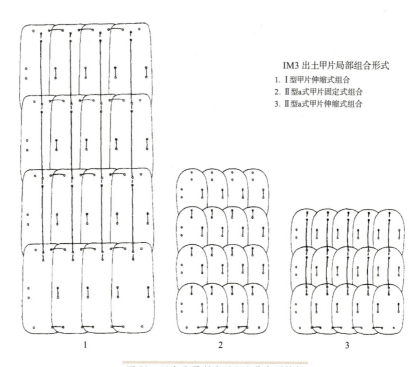

IM3 出土甲片局部组合形式
1. Ⅰ型甲片伸缩式组合
2. Ⅱ型a式甲片固定式组合
3. Ⅱ型a式甲片伸缩式组合

1   2   3

图 58　辽宁北票喇嘛洞 IM3 墓身甲编缀

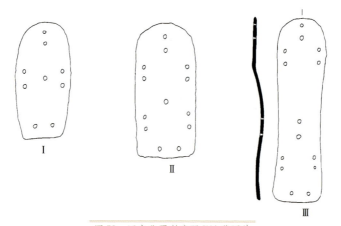

Ⅰ   Ⅱ   Ⅲ

图 59　辽宁北票喇嘛洞 IM4 墓甲片

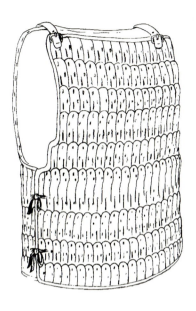

图 60-1　辽宁北票喇嘛洞 IM4 墓裲裆甲复原形象示意图

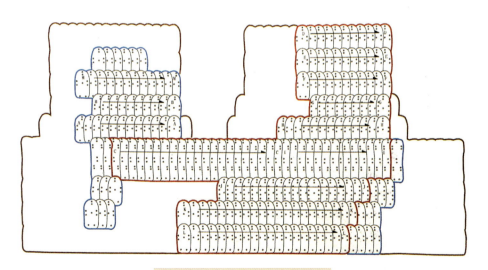

图 60-2　辽宁北票喇嘛洞 IM4 墓身甲

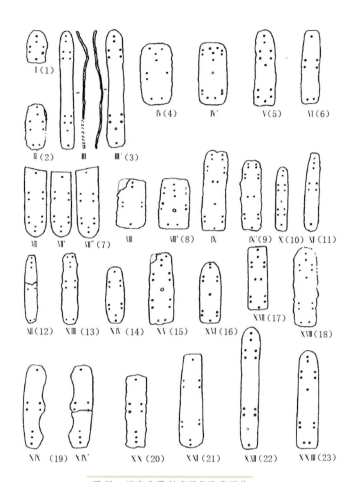

图 61　辽宁北票喇嘛洞 IM5 墓甲片

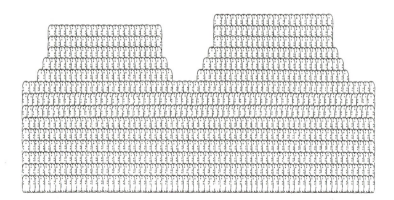

图 62　辽宁北票喇嘛洞 IM5 墓身甲复原

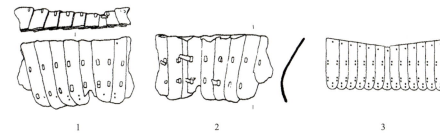

1 2 3

图 63　辽宁北票喇嘛洞 IM5 墓领甲

1 2

1. 河北湾漳北朝壁画墓中西壁第42人颈甲形象
2. 颈甲片局部组合图

图 64　辽宁北票喇嘛洞 IM5 墓颈甲

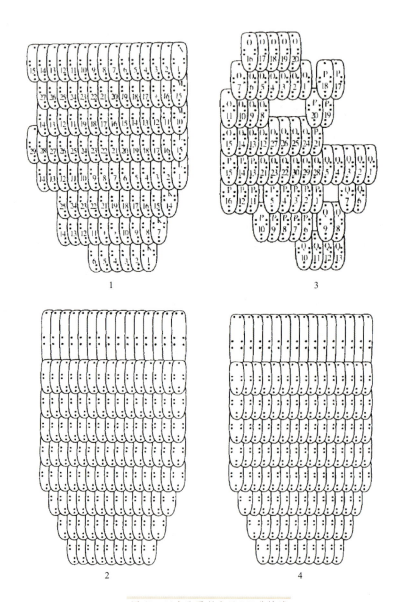

图 65　辽宁北票喇嘛洞 IM5 墓披膊

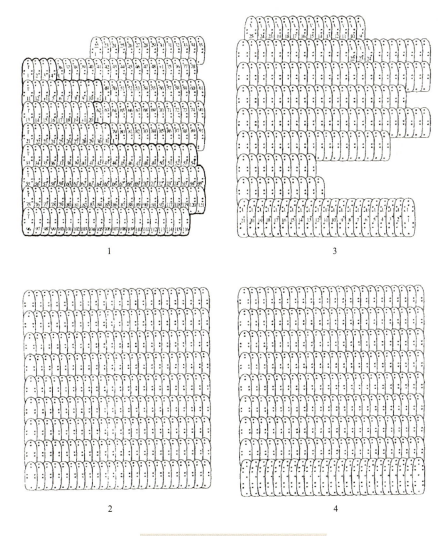

图 66　辽宁北票喇嘛洞 IM5 墓甲裳复原

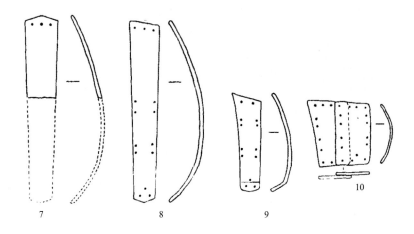

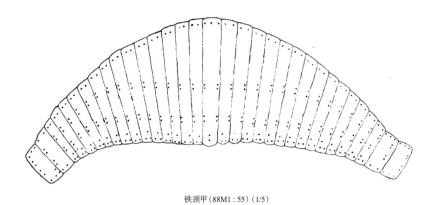

铁颈甲（88M1：55）（1/5）

图 67 辽宁朝阳十二台前燕盆领甲叶

图68　吉林集安高句丽墓壁画武士

图 69　韩国国立中央博物馆藏伽倻时期武士甲盆领复原

图 70　河北临漳邺南城铁甲

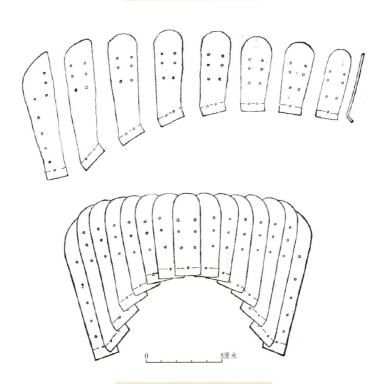

图 71　河北临漳邺南城铁甲盆领

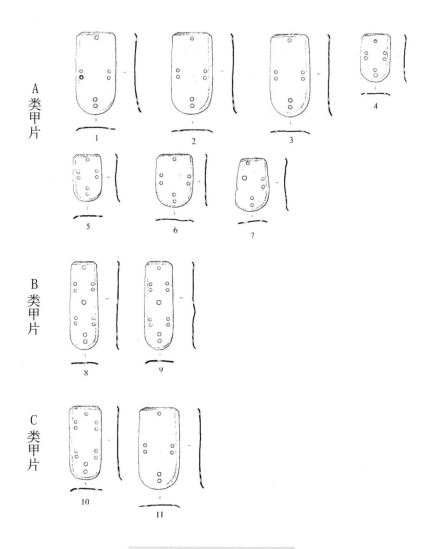

A 类甲片

B 类甲片

C 类甲片

图 72　麻线 2100 号墓出土鎏金甲片

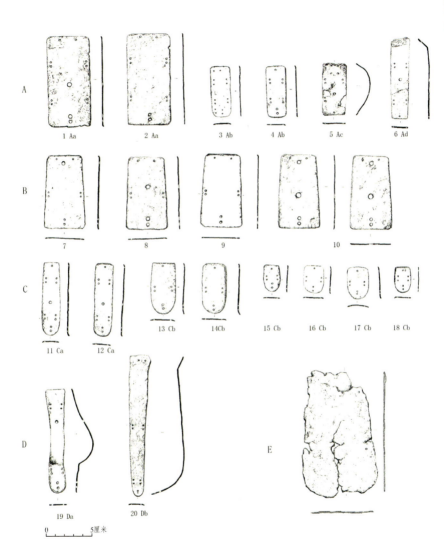

A

1 Aa　　2 Aa　　3 Ab　　4 Ab　　5 Ac　　6 Ad

B

7　　8　　9　　10

C

11 Ca　12 Ca　13 Cb　14 Cb　15 Cb　16 Cb　17 Cb　18 Cb

D

19 Da　　20 Db

E

0　　　5厘米

图 73　麻线 2100 号墓出土铁甲片

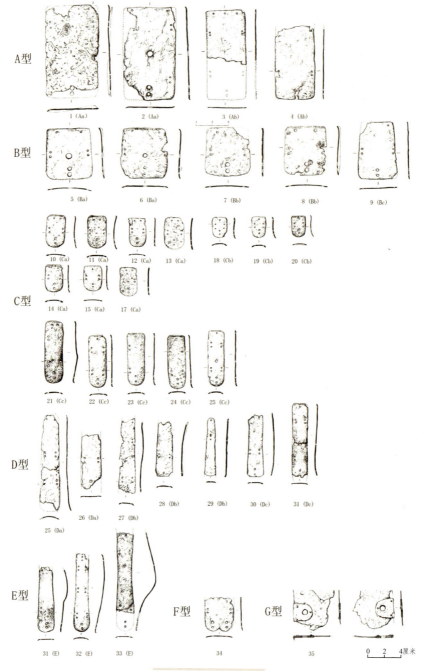

图 74 好太王陵铁甲片

图 75　杨子麟、刘恒、龚剑藏六朝甲片

图76　六朝甲片（曹先然藏）

图 77　江苏南京六朝铭文甲片

图78　六朝盆领甲片（刘恒藏）

图79 六朝皮甲片（杨子麟、龚剑藏）

图80 南京城墙博物馆藏皮甲片

图 81 南北朝具装铠

图 93　中国丝绸博物馆藏北朝织锦面甲

图 95　织锦面甲（贺祈思藏）

图 94　中国丝绸博物馆藏织锦面甲

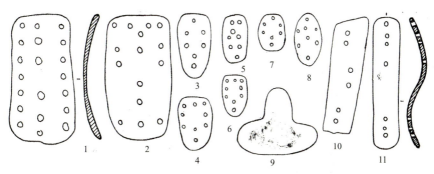

图 96　冯素弗墓甲片

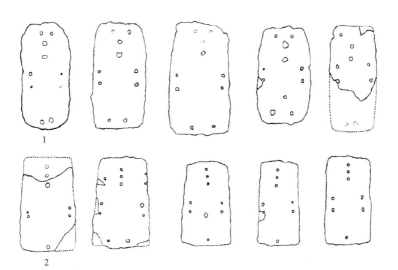

图 97　辽宁北票喇嘛洞 IM5 墓马颈甲

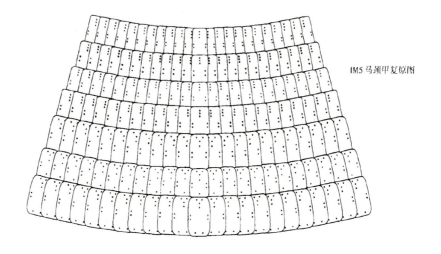

IM5 马颈甲复原图

图 98　辽宁北票喇嘛洞 IM5 墓马颈甲复原

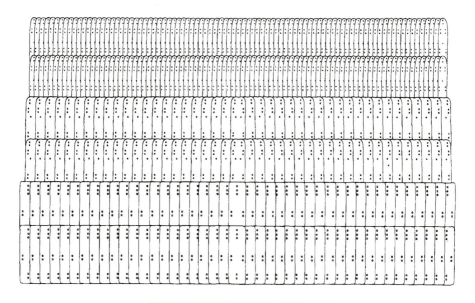

图 99　辽宁北票喇嘛洞 IM5 墓胸甲复原

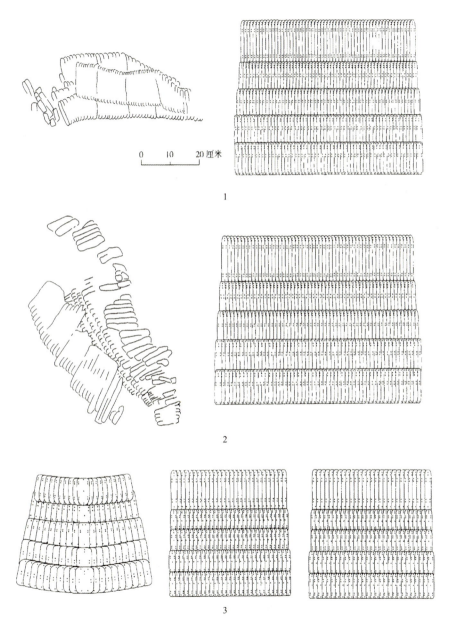

0　　10　　20 厘米

1

2

3

图 100　辽宁北票喇嘛洞 IM5 墓身甲、搭后

图 101　辽宁北票喇嘛洞十六国具装铠复原

图 102　甘肃敦煌莫高窟 285 窟西魏五百强盗

图 103　辽宁省博物馆藏晋朝铜鎏金镂空寄生（摄影@止语庭除）

图 104　甘肃敦煌莫高窟 285 窟西魏具装铠面甲

图105　辽宁省博物馆具装铠复原（摄影 @君大一）

图106　辽宁北票喇嘛洞十六国甲骑具装复原（绘制 周钰）

图 107　大都会博物馆藏东魏武士石雕

图1 李寿墓 裲裆甲

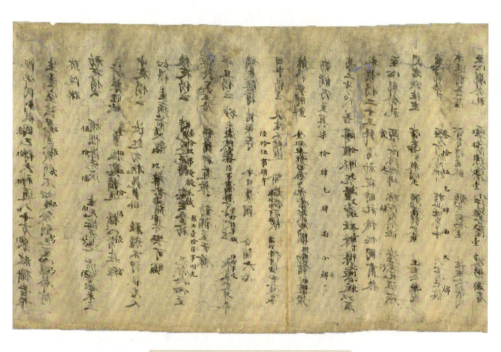

图2　甘肃敦煌沙州都督府会计历记载甲胄

图 3　布达拉宫藏西藏甲胄

图 4　大英博物馆藏唐敦煌绢画中的锁子甲

图 5　法国吉美博物馆藏天王像着环鏁铠（摄影 @shaguatony）

图7 唐开元十八年庆州游击将军穆泰墓陶俑

图6 唐李爽墓武士俑

图 8　上海博物馆藏唐
天王像着锁子甲

图 9　大英博物馆藏《行道天王图》中的锁子甲

图 10　宋《维摩诘辩经图》中的天王胸甲

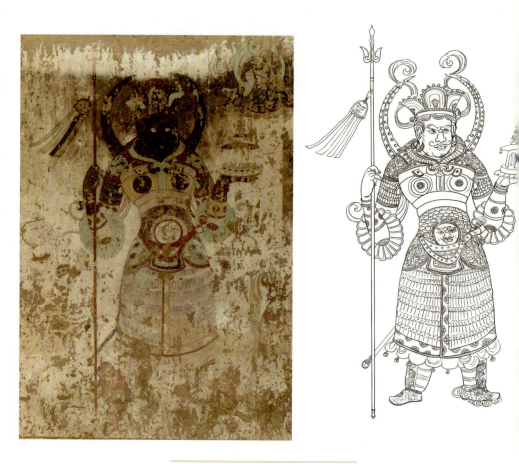

图 11　甘肃榆林窟 025 窟毗沙门天王像

图 12　甘肃榆林窟 025 窟南方天王像

图 13　甘肃榆林窟 025 窟天王像甲裙

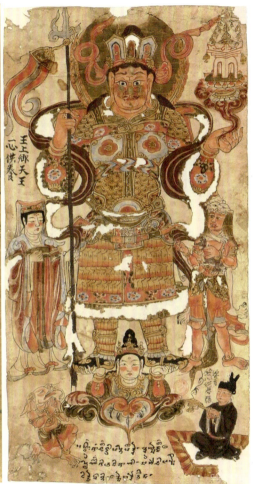

图 14　法国吉美博物馆藏敦煌毗沙门天王像　　　　图 15　法国国家图书馆藏敦煌绢画毗沙门天王像

图 16　陕西宝鸡唐铜鎏金天王像

图 17　新疆丹丹乌里克遗址天王像

图 18　俄罗斯艾尔米塔什博物馆藏
粟特武士银盘

图 19　俄罗斯艾尔米塔什博物馆藏
片治肯特壁画工线描图

图 20　大英博物馆藏新疆焉耆明屋唐武士像

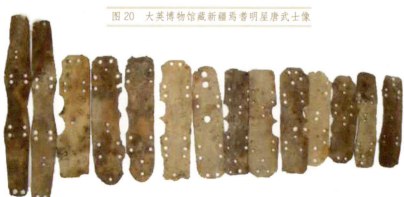

图 21　新疆福海县博物馆藏曲边甲甲片

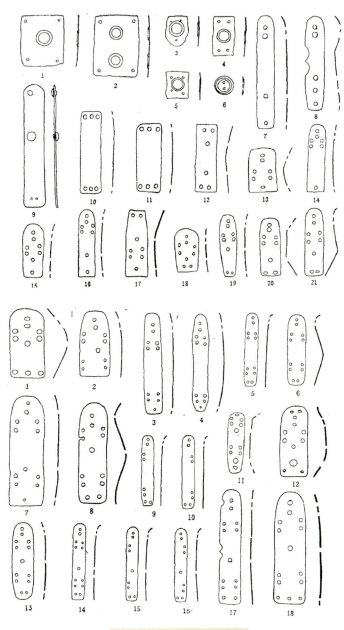

图22　西藏古格故城曲边甲片

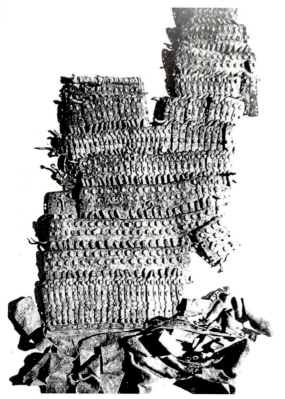

图23 西藏古格故城曲边甲衣

图24 西藏古格故城曲边甲片（龚剑藏）

图25 曲边甲片（龚剑藏）

图26 大都会博物馆藏西藏臂甲（膝甲）

图 27 新疆柏孜克里
克壁画曲边甲

图 28　日本正仓院藏金银钿庄唐大刀　　　　图 29　日本正仓院藏密陀绘金银钿庄唐刀

图30　丘行恭　飒露紫　甲　佩刀

图 31　唐章怀太子墓墓道西壁仪卫图

图 32-1　韦贵妃壁画曲边甲甲裳

图 32-2　四川成都永陵博物馆
藏后蜀武士俑

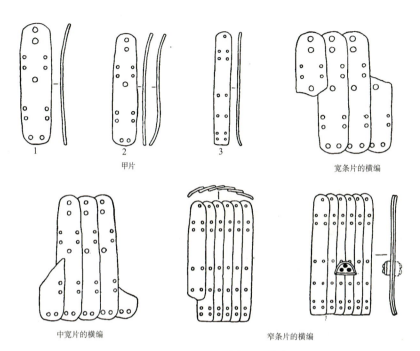

甲片

宽条片的横编

中宽片的横编

窄条片的横编

图 33　陕西西安曲江池唐甲片

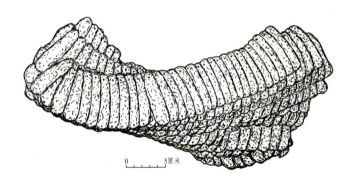

0 ⌊⌊⌊⌊⌊ 5厘米

图 34　陕西西安大明宫含元殿唐甲片

0　　20厘米

图 35　甘肃祁连大墓吐谷浑唐甲

慕容智铁胄复原模型图

身甲部分结构复原

甲裙

披膊

身

正面

云考古丨一起见证2021年度全国十大考古诞生　　反面

图 36　慕容智铁甲复原

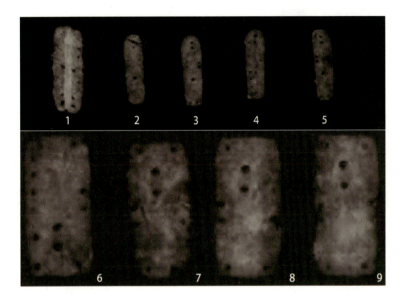

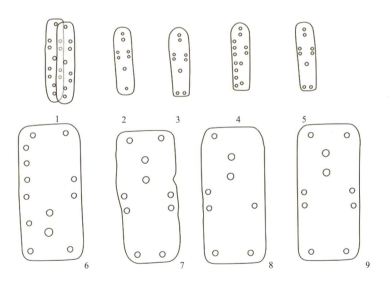

图37 慕容智甲片X光

图 38　敦煌莫高窟 322 窟天王胄

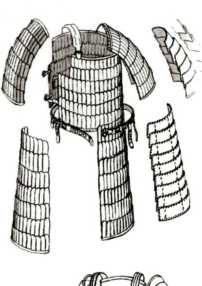

图 39　慕容智甲胄线描图

图 40　突厥甲

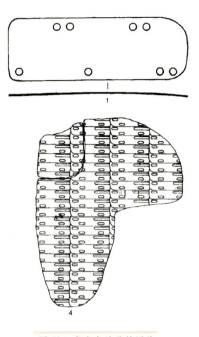

图 41　青海乌兰县铁甲片

图 42　周纬《中国兵器史稿》中的唐甲片

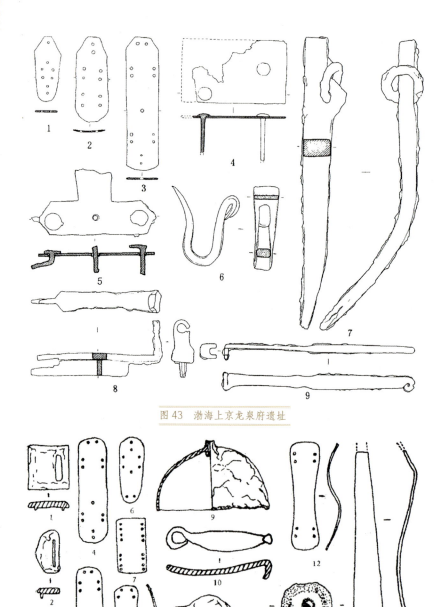

图 43　渤海上京龙泉府遗址

图 44　杨屯大海猛渤海国遗址

A型 宽条形，共1件。

标本TS01W16⑤a:3，整体由6片单独的带孔宽条甲片叠压编缀在一起，其中4片相对完整。残半的2片中，1片仅保留被叠压的部分，另1片居于甲片最后，从中间横向折断。横向长4.6~5.9，纵向宽7.8，厚1.7~2.4厘米（图六二）。

B型 窄条形，共1件。

标本TS01W16⑤a:6，由5片单独的窄条甲片叠压编缀在一起，其中2片相对完整，整体呈弓形，外侧凸出。在甲片内侧可见纵向编缀痕迹。横向长4.7~5.8、纵向宽5.6、厚0.1~0.2厘米（图六三）。

C型 宽叶形，共1件。

标本TS01W16⑤a:7，残断。呈叶片状，上部圆弧，顶部正中有尖状凸起，器身两侧弧状内收。残长10.4、宽6.3、厚0.2~0.3厘米（图六四）。

图六二 A型铁甲片（TS01W16⑤a:3）

图六三 B型铁甲片（TS01W16⑤a:6）

图六四 C型铁甲片（TS01W16⑤a:7）

D型 窄叶形，共2件。

标本TS01W16⑤a:8，呈柳叶形。铁甲片相互叠压，同向放置成摞，现因生锈黏结在一起。总厚3.5~5.1厘米，单个铁甲片长7.6、宽3、厚0.1厘米（图六五）。

标本TS01W16⑤a:9，形制同上，整体略有弯折。一侧甲片表面残留明显的绳索捆绑痕迹。总厚5~6.4厘米，单个铁甲片长6.9、宽2.5、厚0.1厘米（图六六）。

图六五 D型铁甲片（TS01W16⑤a:8）

图六六 D型铁甲片（TS01W16⑤a:9）

图45　山西晋阳古城唐代一号作坊遗址出土甲片

图46　新疆尼雅皮甲

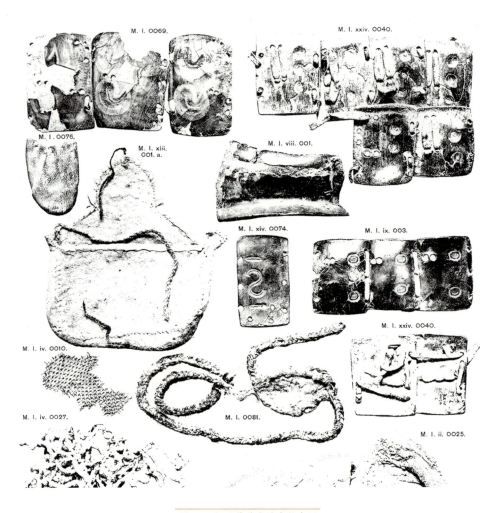

M. I. 0069.

M. I. xxiv. 0040.

M. I. 0076.

M. I. xiii. 001. a.

M. I. viii. 001.

M. I. xiv. 0074.

M. I. ix. 003.

M. I. iv. 0010.

M. I. xxiv. 0040.

M. I. iv. 0027.

M. I. 0081.

M. I. ii. 0025.

图 47　新疆若羌米兰戍堡皮甲

图 48　大英博物馆藏米兰戍堡皮甲片

图 49　大英博物馆藏米兰戍堡皮甲片

图 50　大英博物馆藏米兰戍堡皮甲片

图 51 大英博物馆藏米兰戍堡皮甲片

图 52 大英博物馆藏米兰戍堡皮甲片

图 53 新疆尉犁县克亚克库都克烽燧皮甲片

图 54-1 唐贞观十九年漆面甲片

图 54-2　唐贞观皮甲铭文

图 54-3　唐贞观十九年皮甲甲片形制

图 55　唐贞观马甲

图 56　青海都兰血渭一号墓青铜甲片

图 57　青海都兰血渭一号墓铁甲

图 58-1　青海都兰血渭一号墓皮甲片细节

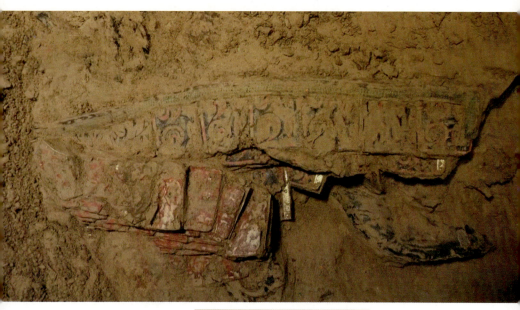

图 58-2　青海都兰血渭一号墓皮甲片

0 　　　　 5厘米

1　陶甲骑具装俑（标本76）

0 　　　　 5厘米

2　陶甲骑具装俑（标本228）

图59　隋潼关税村具装铠陶俑

图 60　唐懿德太子墓具装铠

图 61 重庆万州唐驸马墓具装铠

图 62　甘肃敦煌莫高窟 156 窟《张议潮统军出行图》中的唐骑兵

图 63　隋郁久闾可婆头墓

图 64　唐昭陵长乐公主墓《仪卫图》领班胄

图 65　甘肃榆林窟 015 窟南方天王胄

图 66-1　国家博物馆藏郑仁泰墓唐多瓣胄

图 66-2　陕西咸阳张士贵墓陶俑多瓣胄

图 67　故宫博物院藏初唐武士俑八瓣盔

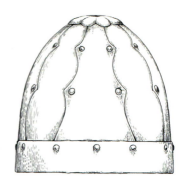

图 68　河南洛阳暅仪城唐胄

图 69-1　四川王建墓玄武武士

图 69-2　四川王建墓青龙武士

图 70　渤海国铁胄

图 71　渤海国、辽契丹铁胄

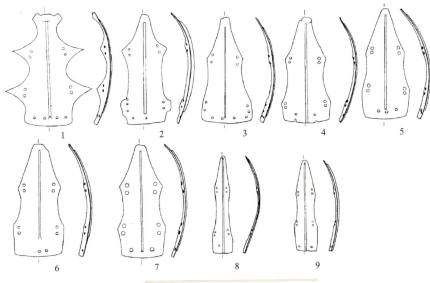

图72-1　西藏古格遗址头盔外侧甲叶

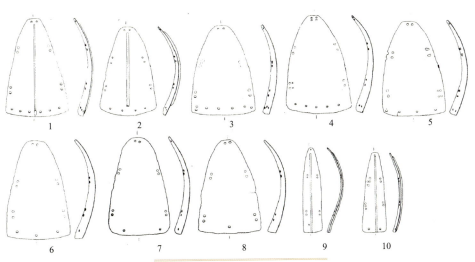

图72-2　西藏古格遗址头盔内侧甲叶

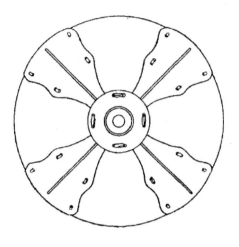

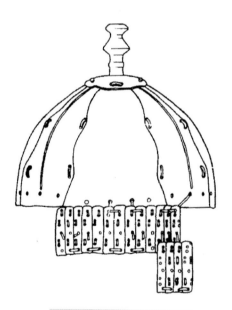

图 73　西藏古格遗址头盔复原

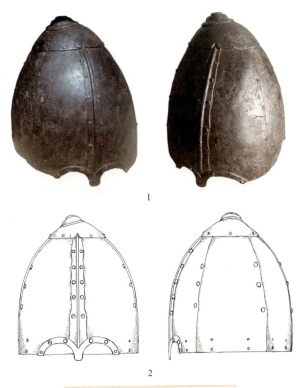

1

2

图74　北朝晚期初唐铁盔（赵亚民藏）

图75　唐铁胄（赵亚民藏）

图 76　唐铁胄（刘恒藏）

图 77　唐多瓣盔残片（杨勇藏）

图 78-1　金多瓣盔叶（杨勇藏）

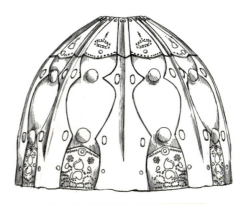

图 78-2　金多瓣盔白描图（杨勇藏）

1.实物

2.复原

图 79　铜曲边八瓣盔（大谦藏）

图 80　新疆阿斯塔纳墓武士（@kps001 拍摄）

图 81　新疆阿斯塔纳墓武士（@kps001 拍摄）

图 82　陕西西安碑林博物馆藏隋开皇二年李和墓武士石雕

图 83　唐修定寺砖雕武士长条甲片胄

图 84　韩国国立庆州博物馆藏铁胄

| 1　莫高窟012窟前室西壁 | 2　莫高窟061窟主室北披 |

图 85　唐胄竹节盔顶

图 86　陕西武周李无亏墓石墓门武士

图 87　10—11 世纪新疆地区武士绘画

图 88　山西五台山南禅寺大殿唐武士

图 89　河南巩义宋永泰陵石翁仲

1　故宫博物院藏唐黄釉武士

2　河南偃师杏园村唐墓武士

图 90　故宫博物院、河南偃师唐墓武士俑

图91　山西襄垣县唐墓武士俑

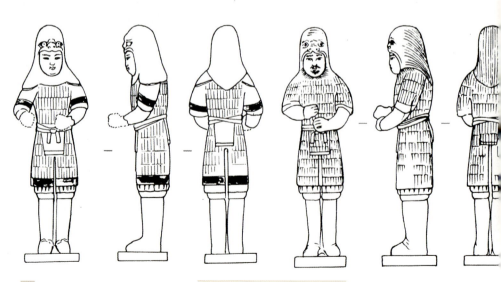

图92　懿德太子墓虎头风帽俑

图 93-1、2　唐昭陵长乐公主墓壁画武士

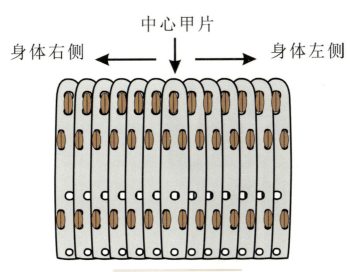

中心甲片

身体右侧 ← → 身体左侧

图 93-3　唐甲片编缀方式

图 94　唐节愍太子墓武士

图 95　唐韦贵妃墓甲胄仪卫武士
（修图 @ 夕颜 06213）

图 96　甘肃榆林窟 025 窟天王像披膊

图97　唐长乐公主墓武士披膊

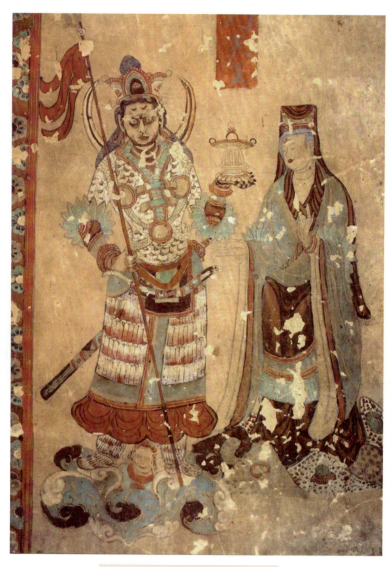

图 98　甘肃敦煌第 154 窟毗沙门天王像

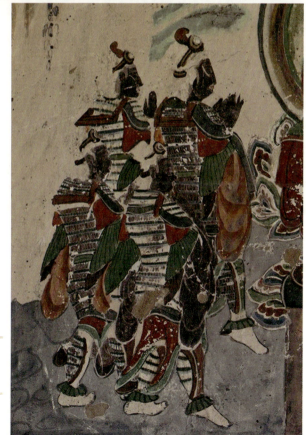

图 99
甘肃敦煌莫高窟 217 窟
盛唐《八王子礼佛图》

图100　甘肃敦煌莫高窟 217 窟《交战图》

图 101　大英博物馆藏佛陀本生绘画中的武士

图 102　甘肃敦煌莫高窟 012 窟武士

图 103　甘肃敦煌莫高窟 156 窟武士

1　北齐 临漳邺南城

2　北齐 娄睿墓

3　北周 叱罗协墓

4　初唐 长乐公主墓

5　洛阳唐城考古

图 104　八瓣盔源流

图 105　大英博物馆藏萨珊八瓣盔

图 106　大都会博物馆藏吐蕃盔

图 107　新疆库木吐喇石窟唐武士

图 108　大英博物馆藏
绢画将军像

图 109　法国吉美博物馆藏《降魔成道图》

图 110　甘肃博物馆藏
唐新疆骑兵俑

图 111　故宫博物院藏唐武士陶俑

图 112　武汉市博物馆藏长沙窑碗
（摄影 @sergio1968）

图 114　李寿墓武士

1初唐
莫高窟322窟

2盛唐
莫高窟319窟

3盛唐
莫高窟046窟

4盛唐
故宫博物院藏品

图 113　唐朝神将像

图 115　西藏札甲领部紧固　　　　图 116　西安博物院藏天王像（摄影 @ 鞠骁）

5 中唐　　　　　　6 中唐　　　　　　7 中唐　　　　　　8 晚唐
故宫博物院藏品　　五台山南禅寺大殿　　五台山南禅寺大殿　　五台山佛光寺东大殿

图 117　粟特人甲狼头

正面

背面

图 118　大都会博物馆藏彝族甲

图 119　敦煌 194 窟天王像

图120 彝甲胸甲与唐天王胸甲龙纹比较

图 121 彝族背甲与唐郑仁泰墓武士俑背甲比较

图1　五代王处直墓武士（摄影 @ 老邪楦）

1　　　　　　　　　　　　　　　　　　2

图2　五代十国后周显德元年大云院浮雕武士

图4 五代前蜀永陵王建墓石雕神像

图3 山西平遥镇国寺万佛殿武士像（摄影 @ 阿诚的白日梦）

图 5　成都博物馆藏后蜀赵廷隐墓陶俑

图 6　成都永陵博物馆藏王建墓神将

图 7　南唐钦陵武士像

图 8　江苏南京栖霞寺舍利塔武士像

图 9　甘肃敦煌莫高窟 061 窟五代归义军壁画

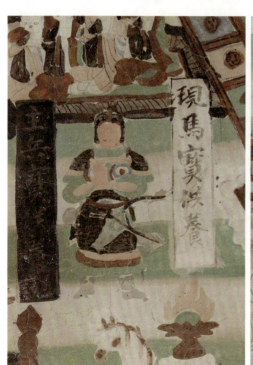

图 10　甘肃敦煌莫高窟 061 窟五代甲胄

图 11　杭州五代烟霞洞武士

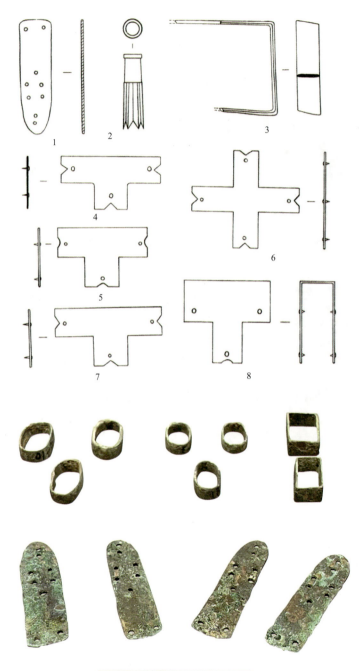

图12　五代李茂贞陵出土甲片

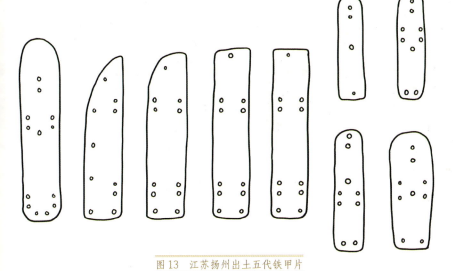

图 13　江苏扬州出土五代铁甲片

图14 五代前蜀神将八瓣盔

图15 五代前蜀永陵白虎神将条盔

图16 五代前蜀神将铁胄

图 17　五代王处直墓石雕武士铁胄

图1　耶律羽之墓门天王像

图2 耶律羽之墓鎏金铜武士

图3　辽宁阜新辽墓天王像

图 4　内蒙古解放营子辽墓壁画武士

图5　河北宣化辽墓武士像

图 6　内蒙古敖汉旗博物馆藏辽鹰军《兵马行军图》

图 7　甘肃敦煌莫高窟 156 窟《张议潮统军出行图》

图 8　弗利尔美术馆藏天王胄

图 9　山西大同下华严寺薄伽教藏殿天王像

图10　辽宁朝阳北塔辽天王像

图 11　内蒙古辽庆州白塔天王浮雕

图12 河北宣化张世卿墓武士俑

图 13　渤海国辽盔

图 14　内蒙古赤峰大营子辽墓铁盔

图 15　俄罗斯赤塔博物馆藏契丹盔

图16　辽盔（马郁惟藏）

图17　辽盔（郭海勇藏）

图18　徐州博物馆藏辽盔

图19 辽盔(郭海勇藏)

图20 辽盔(潘赛火藏)

图21 凸立眉辽盔(刘恒藏品)

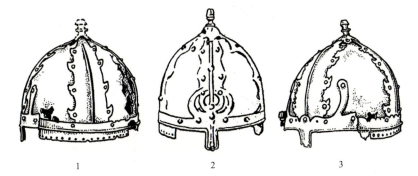

1　　　　　　　2　　　　　　　3

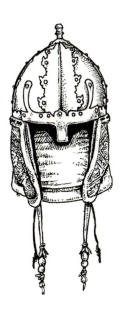

1. 黑龙江省宁安市
2. 赤峰大营子辽墓
3. 俄罗斯赤塔博物馆
4. 复原图

4

图 22　辽铁胄白描图

图 23　甘肃榆林窟 025 窟唐胄护鼻

图 24　毗沙门天王甲片（马郁惟藏品）

图 25　毗沙门天王甲片（铁锤藏品）

图 26　鎏金甲片排列形式

图 27　辽甲片（潘赛火藏）

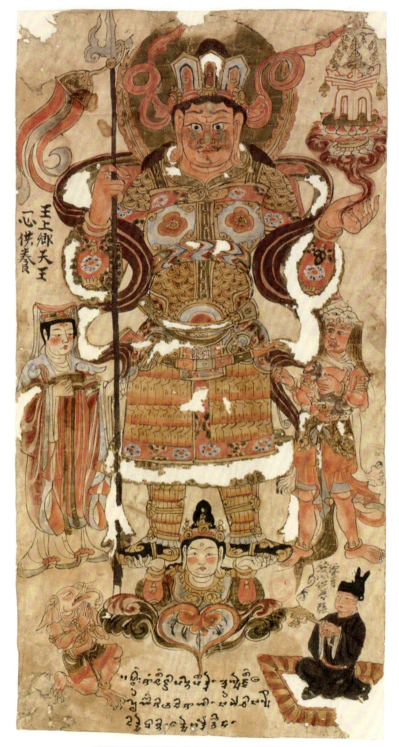

图 28　大英博物馆藏敦煌毗沙门天王像

图29 大英博物馆藏毗沙门天王像

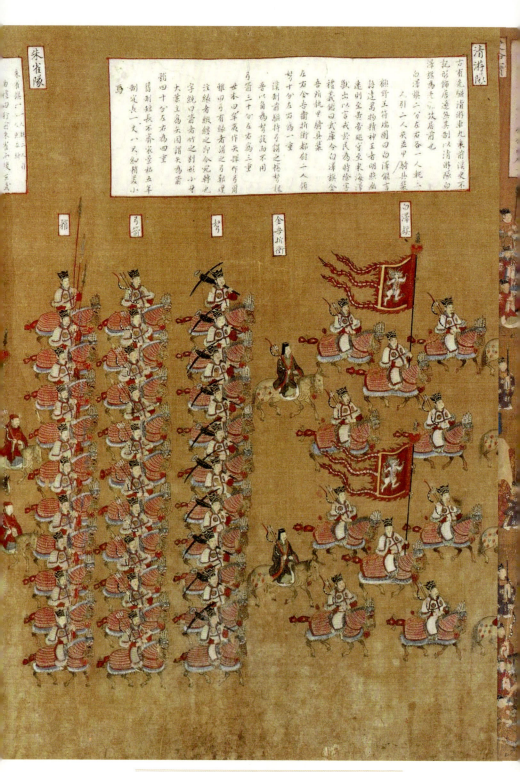

图 1　中国国家博物馆藏《大驾卤簿图书》中的清游队武士

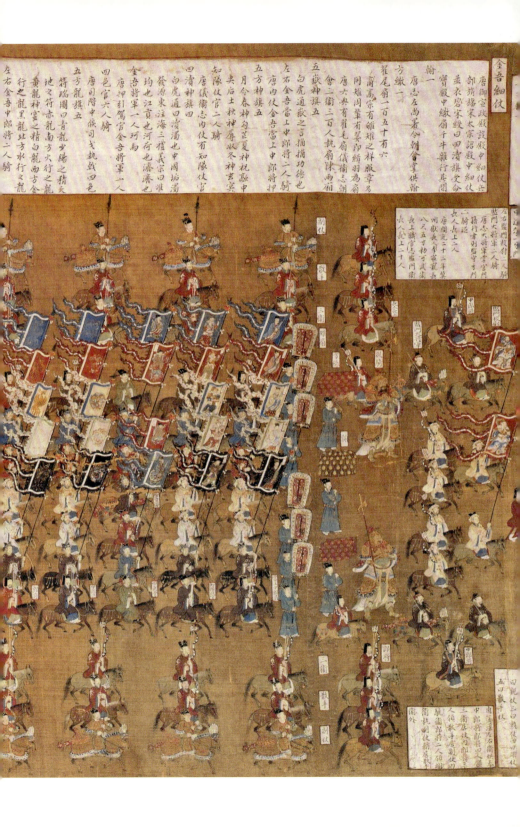

唐御宣政殿設殿中細仗立
郎將播殿中細仗立
並衣彩刼繡宗緩曰回濟
寶殿中繳繡千牛雜行身閣

翟尾幡一百五十有六
簡尾幡有雛雄之祥服章多
同雄圖肇刊有繡羽繡為幡
唐六典有翟毛繡儀備志朝
會二衛三百人執繡陳兩廂

五嶽神旗五
唐內仗金吾當上中郎將二人騎
五方神旗五
唐內仗金吾當上中郎將押

方繳二
唐志左右尚書令朝會掌供翰
翰一

白虎通義諺之言捕捕功德也
左右金吾當上中郎將二人騎
知隊仗官二人騎
四濟仗官二人騎
共和東正夏神祝驗中
月令春神勾芒夏神玄宴
唐儀仗内仗有知隊仗官
四濟神排四
白虎通志濟濟也中國坊濶
漬源東注海三體義宗曰雍
均地江貢也河何也濶濶也
金吾押引駕宗金吾珂馬
唐押引駕宗金吾中候司戈
唐官階中候司戈執戰馬

五色龍旗五
四色龍旗六人騎
特瑞關曰青龍少陽之精天
地之行赤龍南方火行之龍
黃龍神靈之精白龍西方金
行之龍黑龍北方水行之龍
左右金吾中郎將二人騎

图2　中国国家博物馆藏《大驾卤簿图书》中的铠甲

图3　重庆大足唐毗沙门天王

图4　陕西宝鸡法门寺鎏金飞鸿球路纹银笼子

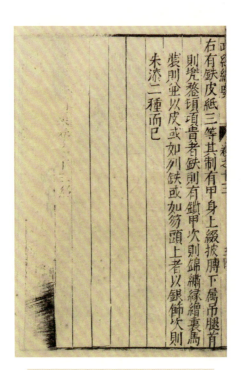

图5　宋《武经总要》中关于甲胄的文字

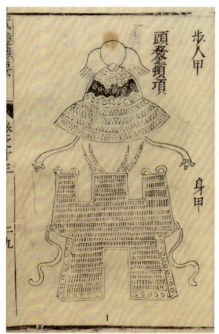

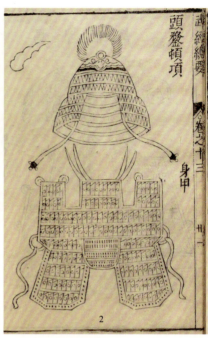

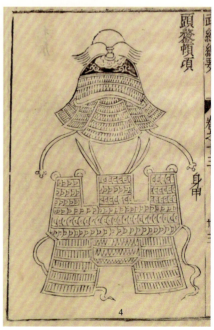

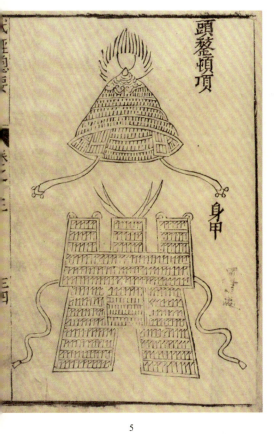

5

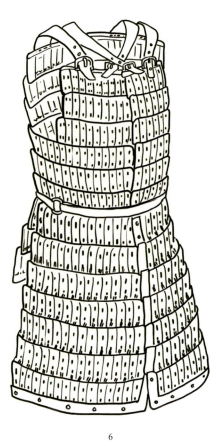

6

图6　宋《武经总要》中的甲胄

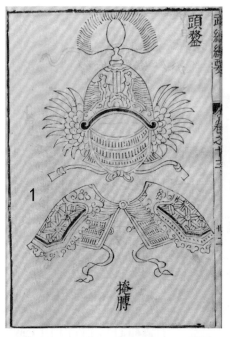

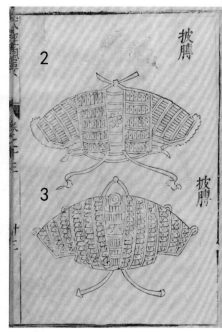

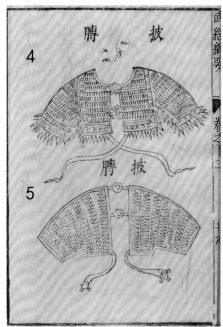

图 7 宋《武经总要》中的披膊

图 8　西藏古格披膊

图 9　宋《武经总要》中的具装铠

图 10　浙江宁波东钱湖南宋石雕武士 Y 形甲片

图11 中国国家博物馆藏宋石雕武士环锁铠　　图12 四川泸县南宋石雕武士环锁铠

图 13　美国克利夫兰美术馆藏《道子墨宝》中的二郎神

图 14-1 《道子墨宝》中的随护裨将

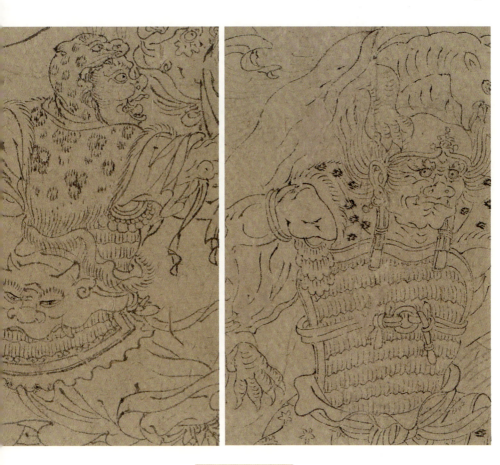

图 14-2 腋窝护甲

1   2

图 15 　《道子墨宝》中的神将裲裆甲

图 16　宋《朝元仙仗图》中的神将

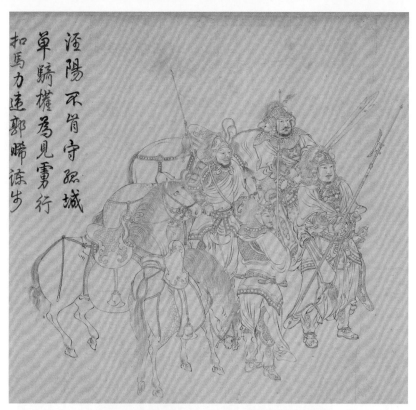

睢陽不肯守孤城
單騎權爲見雪行
扣馬力遂郭晞誅卒

图 17　台北故宫博物院藏《免胄图》

图 18　辽宁省博物馆藏北宋卤簿大钟具装铠（摄影 @核桃蛋）

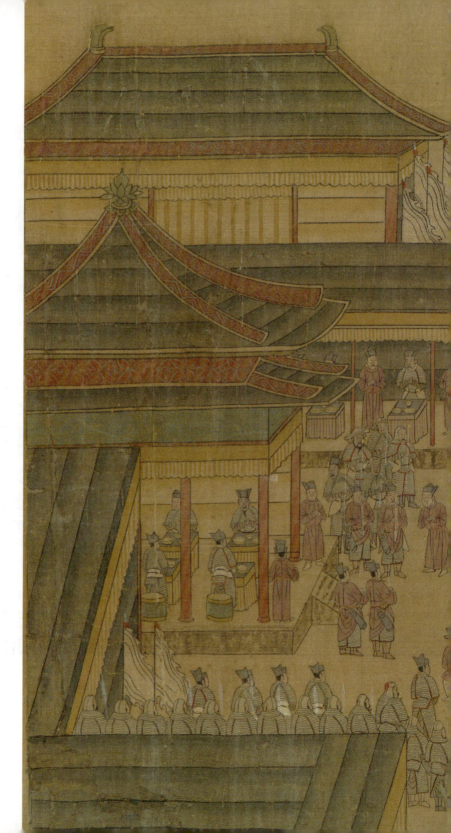

2

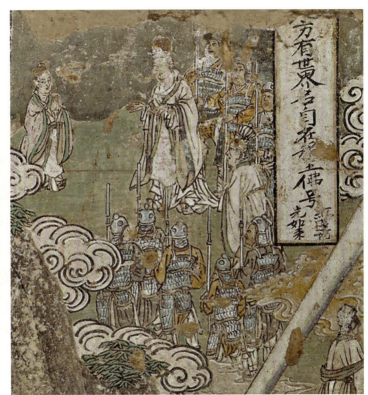

3

图 20　北宋开化寺军将甲胄

图 21　晚唐 交河故城 IB6309 唐胄

图 22-1　北京故宫博物院藏仇英《中兴瑞应图》

图 22-2　上海龙美术馆《中兴瑞应图》

图 22-3　萧照《中兴瑞应图》

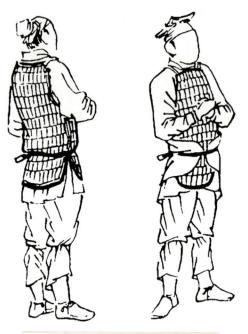

图 22-4　傅伯星《大宋衣冠》甲士白描图

图 23　上海博物馆藏仇英《临宋人画册》之《三顾草庐》

图 24　《问道图》（线描）

图 25　美国大都会博物馆藏西藏披膊

图26　湖南桂阳刘家岭宋墓壁画武士

图 27　河南郑州开元寺地宫宋武士

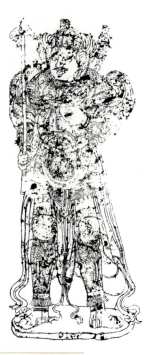

图 28　河南巩义北宋元德皇后陵武士

图 29　河南洛阳北宋富弼墓壁画武士

永昌陵

永熙陵

永定陵

永昌陵

永熙陵

永定陵

永裕陵

永泰陵

永厚陵

永裕陵

永泰陵

图 30　河南巩义宋陵石翁仲比较

图 31　四川安岳北宋毗卢洞武士

图 32　四川泸县宋墓武士

图 33　宁夏固原宋墓武士

1

图 34-1　四川大足石门山石刻武士　顺水甲

2

图 34-2　南宋 四川大足石门山石刻武士　胸甲白描

图 35 四川彭山南宋虞公著墓持刀武士

图 36　日本京都国立博物馆藏金铜武士像

图 37　胡坚藏花钱中将军

图 38　铜盔、盔顶纹饰及铭文拓本

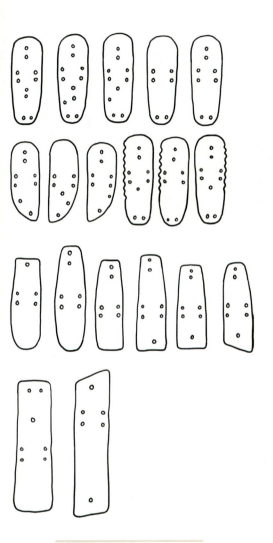

图 39　江苏徐州博物馆　宋甲片

1

2

图 40　苏海荣南京　杨子麟扬州　曲边甲

图 41　宋铁胄（杨勇藏）

图 42　宋铁胄（赵亚民藏）

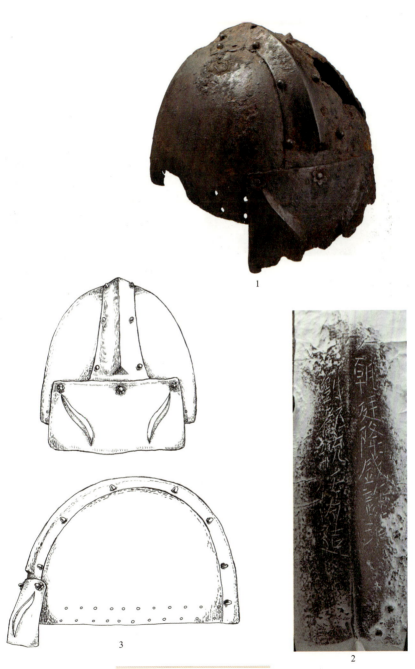

图 43　宋铭文铁胄（郭海勇藏）

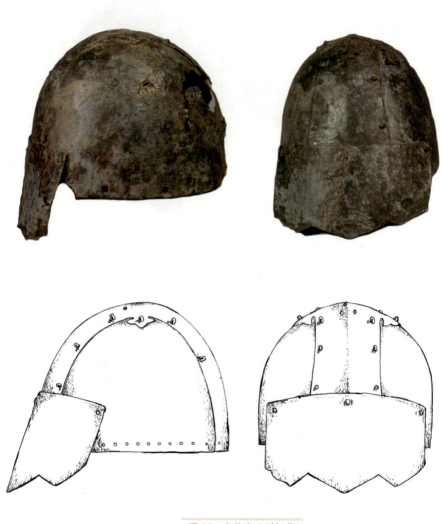

图 44 宋铁胄（刘恒藏）

图45　宋铁盔（刘恒藏）

图 46　宋窄眉遮铁胄

图 47　日本头形兜

图 48　宋铁胄（赵亚民藏）

图 49　宋铭文铁胄

图 50　宋铭文铜胄

1

2

3

4

图 51　宋制铁胄比较

图 52　传萧照《中兴瑞应图》

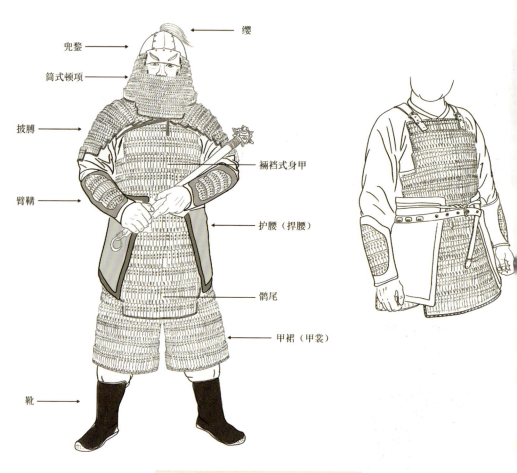

缨

兜鍪

筒式顿项

披膊

臂鞲

裲裆式身甲

护腰（捍腰）

鹘尾

甲裙（甲裳）

靴

图57　北宋晚期宋军重甲步兵（推测复原图）

图 1 《免胄图》缠杆棹刀、戟

图 2　美国大都会博物馆藏西藏缠杆长矛

图 3　上海龙美术馆藏南宋《中兴瑞应图》中的铠甲

1

2

图 4　山西繁峙岩山寺壁画中的武士

图 5　元《揭钵图》甲兵

图6　长柄宋刀（龙哥藏品）

图7　美国大都会博物馆藏《胡笳十八拍》中的铠甲

图8　台北故宫博物院藏《文姬归汉图》

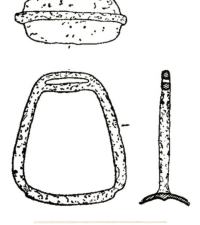

图9　黑龙江克东金朝马镫

图 10　美国大都会博物馆藏与台北故宫博物院藏
《胡笳十八拍》中的军将铠甲

图 11　美国大都会博物馆藏与台北故宫博物院藏
《胡笳十八拍》中的军将铠甲

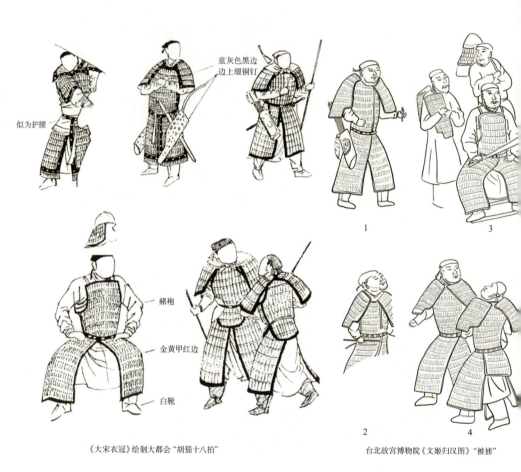

似为护腰

蓝灰色黑边
边上缀铜钉

赭袍

金黄甲红边

白靴

1

3

2

4

《大宋衣冠》绘制大都会"胡笳十八拍"

台北故宫博物院《文姬归汉图》"被掳"

图12　胡笳十八拍　白描

1

2

3

4

图13　山西稷山
金朝墓砖雕武士

图14 内蒙古博物院藏金代铁胄

图16 金铁胄（徐开宏藏）

图15 俄罗斯滨海边疆区女真铁胄

图 17　四棱顶金胄（杨勇藏）

图 18　环形圈金铁胄（杨勇藏）

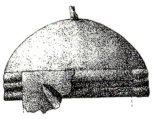

图 19　俄罗斯远东地区女真铁胄

1 2 3

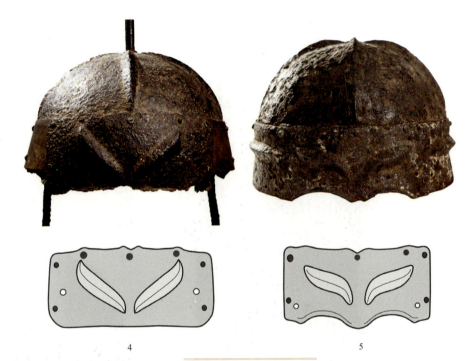

图 20　金盔眉形（潘赛火藏）

图 21　潘赛火复原金铁浮图

图22 俄罗斯远东地区金代铁覆面　　图23 金朝面具（徐开宏藏）

图24 金朝面具（徐开宏藏）

图 25　俄罗斯插画师绘白描图金朝铠甲

图 26-1　金晚期铁胄（赵亚民藏）　　　　图 26-2　金晚期铁胄（郭海勇藏）

图 26-3　金晚期铁胄（赵亚民藏）

图 27　黑龙江克东县蒲峪路故城金甲片

图 28　黑龙江省博物馆藏黑龙江克东县金甲片

图 29-1　金朝残甲片（龚剑藏）

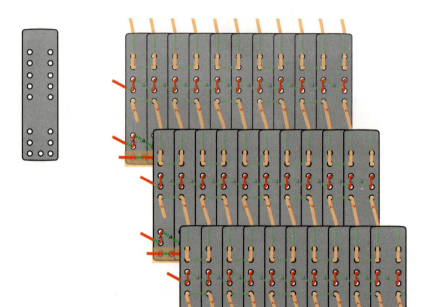

图 29-2　金朝甲片编缀方式

图 30　金朝身甲（徐开宏藏）

图 31　金朝铭文铁甲片

图 32　北京丰台丽泽商务区金代铠甲

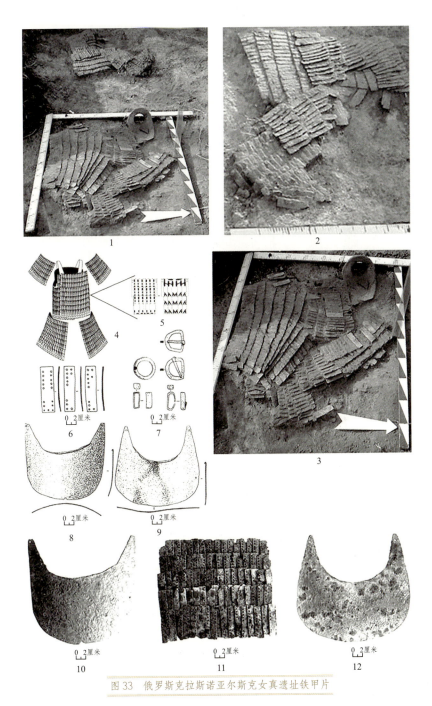

图33　俄罗斯克拉斯诺亚尔斯克女真遗址铁甲片

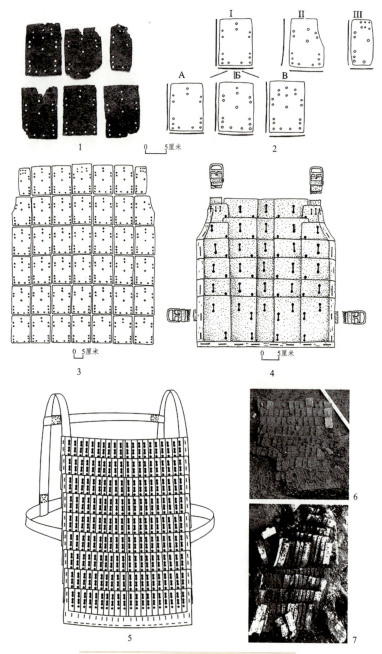

1

2

0   5厘米

3

0 5厘米

4

0 5厘米

5

6

7

图 34　俄罗斯克拉斯诺亚尔斯克女真遗址铁甲

图35 俄罗斯哈尔科夫金朝铁甲片

图36 俄罗斯克拉斯诺亚尔斯克女真遗址护腋

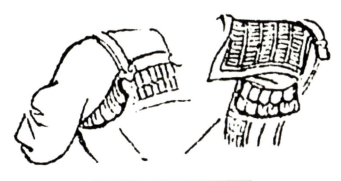

图37 傅伯星《大宋衣冠》护腋

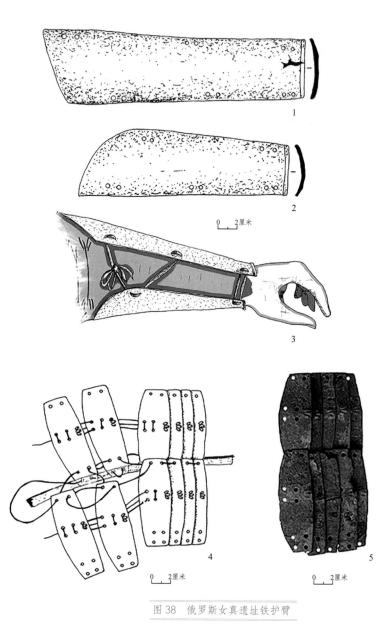

图 38　俄罗斯女真遗址铁护臂

图 39　具装铠甲叶（龚剑、汗青藏）

图 40　金朝甲片三视图

图 41　马珂（铁锤藏）

图42 马珂(赵亚民)

图43 马珂(赵亚民)

图1　甘肃临洮县博物馆砖雕武士

                        2   3

图 2　甘肃武威草场坡西夏墓武士

图 3　俄罗斯艾尔米塔什博物馆藏西夏武士画像

图 4　榆林窟 03 窟西夏武士壁画

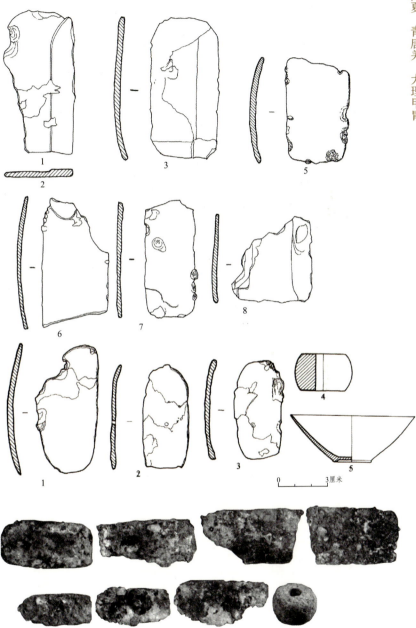

图5　宁夏闽宁村西夏墓地铁甲叶

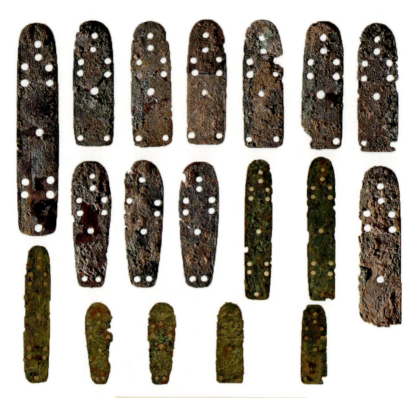

图6　宁夏博物馆藏西夏王陵铜鎏金甲片

图7　西藏吐蕃甲片

图8 榆林窟03窟西夏锻造

图9 台北故宫博物院藏《大理国梵像卷》中的甲士

图 10　四川大学博物馆藏彝族甲胄

图 1　美国大都会博物馆藏伊儿汗国细密画中的具装铠

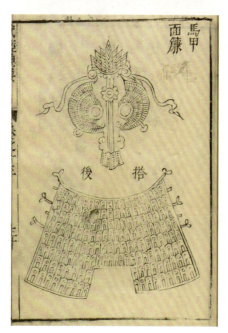

图2 《武经总要》中的宋朝马甲

图 3　台北故宫博物院藏《出警入跸图》中的凤翅兜鍪

图 4　台北故宫博物院藏《出警入跸图》中的环锁铠

图5　内蒙古博物院藏元铁甲（摄影@拔刀斋的日本刀版主老六）

图6　金、元甲片比较

图 7　内蒙古博物院藏元宽檐尖顶铁胄

图 8　内蒙古博物院藏元宽檐尖顶铁胄

图 9　内蒙古博物院藏元宽檐尖顶铁胄

图 10　山东博物馆藏元铁胄

图 11　山东博物馆藏元甲叶

图12　甘肃省博物馆藏汪世显墓拔笠帽

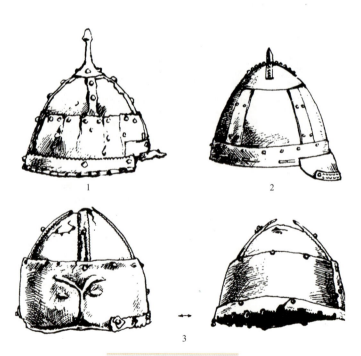

图13　俄罗斯金帐汗国铁胄

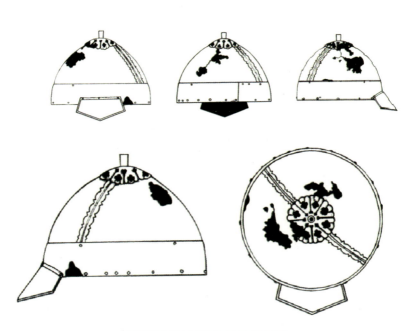

图14　吉尔吉斯共和国蒙古铁胄

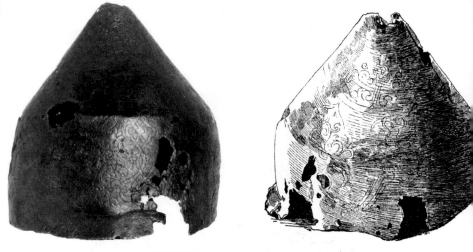

图 15　匈牙利国家博物馆藏蒙古铁胄

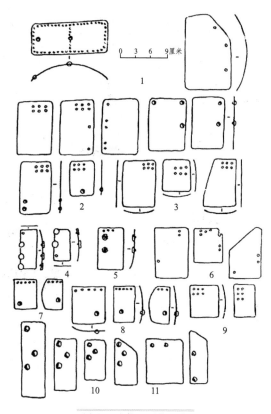

图 16　金帐汗国铁甲叶

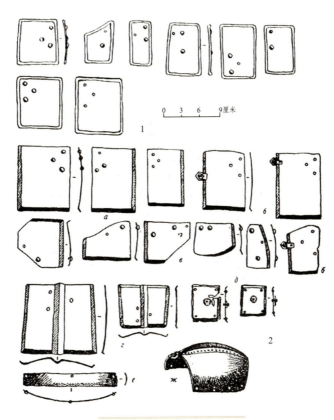

图 17-1 金帐汗国布面甲铁叶

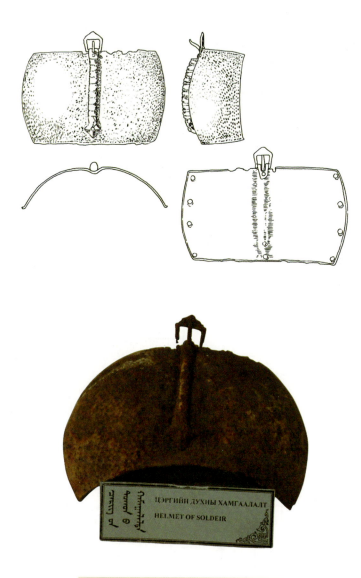

图17-2　蒙古科布多省博物馆 金帐汗国 臂手

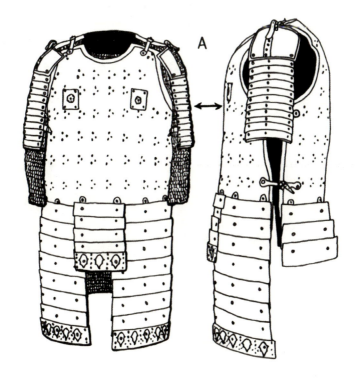

图 18　金帐汗国布面甲形制

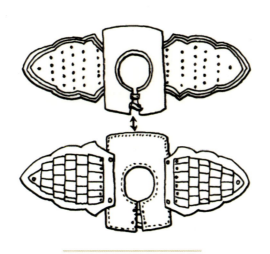

图 19　金帐汗国布面甲披膊

图 20　美国大都会博物馆藏伊儿汗国细密画中的蒙古铠甲

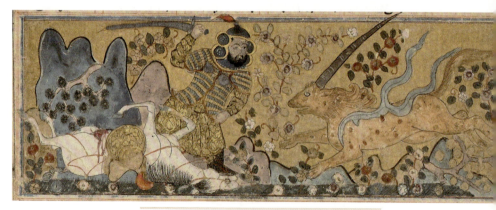

图 21　美国大都会博物馆藏伊儿汗国细密画中的武士

图22　美国大都会博物馆藏伊儿汗国细密画中的环锁铠

图23　美国大都会博物馆藏伊儿汗国细密画中的曲边甲

图 24　德国国家图书馆藏伊儿汗国细密画中的蒙古武士

图 25　德国国家图书馆伊儿汗国细密画中的武士红蓝札甲

图 26　哈佛大学艺术博物馆藏伊儿汗国细密画中的蒙古骑兵

图 27　爱丁堡大学藏伊儿汗国细密画中的甲士

图 28　爱丁堡大学藏伊儿汗国细密画中的甲士

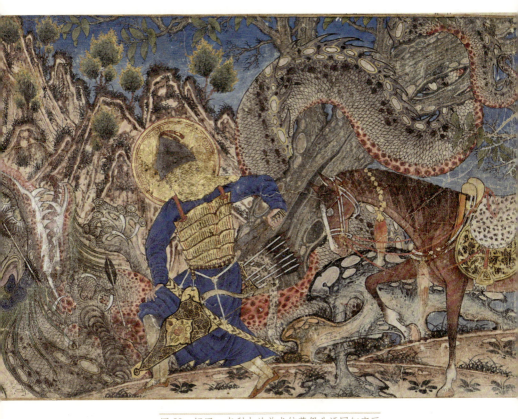

图 29　短甲　克利夫兰美术馆藏伊儿汗国细密画

图 30　蒙古倒穿甲　德国柏林国家图书馆

图 31-1　日本《蒙古袭来绘词》元军造型

图 31-2　日本《蒙古袭来绘词》元军造型

图 31-3　日本《蒙古袭来绘词》臂手

图 32　美国华盛顿弗利尔美术馆藏《下元水官图》中的神将

图 33　美国华盛顿弗利尔美术馆藏《下元水官图》中的鬼卒

图 34-1　山西朔州宝宁寺《兵戈盗贼诸孤魂众》军卒

图 34-2 《兵戈盗贼诸孤魂众》 裲裆甲 白描

图 35　山西朔州宝宁寺《大将军黄幡豹尾白虎金神青羊乌鸡众》军将

图36　山西朔州宝宁寺《地府五道将军等众》军将

图37　山西朔州宝宁寺《往古文武官僚宰辅众》军将

图 38　北京居庸关云台天王浮雕像

图 39　北京居庸关云台天王浮雕像

图 40　北京石刻艺术博物馆元朝石翁仲

图 41　四川木里蒙古皮甲

图 42　云南丽江武士

图 43　云南丽江纳西武士

图 44　英国利兹皇家军械博物馆藏皮甲

图 45　美国大都会博物馆藏蒙古军皮甲

图 46　蒙古国国家博物馆藏蒙古军皮甲

图 47　德国皮革博物馆藏蒙古军皮甲

图 48　皮甲（龚剑藏）

图 49　德国国家图书馆藏伊儿汗国细密画武士皮甲后开襟

图 50　皮札甲折叠

图 51　英国利兹皇家军械博物馆藏蒙古铁胄

元睿宗拖雷（11911—1232）　　　伊儿汗国阿巴哈汗（1234—1282）　　　伊儿汗国合赞汗（1271—1304）

利兹皇家军械博物馆蒙古胄（1200—1299）人物

图 52　英国利兹皇家军械博物馆与史密森尼学会藏蒙古铁胄比较

图 53　蒙古铁胄（杨勇藏）

图 54　时力强藏蒙古盔

图 55-1 蒙古铁胄（龚剑藏）

图 55-2 蒙古铁胄胄缨（龚剑藏）

图 56　德国国家图书馆伊儿汗国细密画一体锻造盔

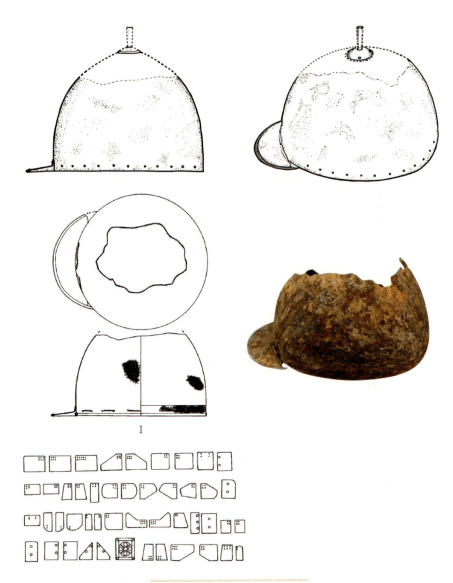

图57 江苏南京沐昂墓盔（线稿）

图 58　宽檐铁胄（杨勇藏）

图 59　美国大都会博物馆藏蒙古八瓣胄

图 60　八瓣蒙古盔（杨勇藏）

图 61　八瓣蒙古盔（杨勇藏）

图 63　美国大都会博物馆藏铁鋄金龙纹蒙古盔

图 62　新疆库车王府龟兹博物馆藏蒙古八瓣盔

图 64　古天一拍卖公司元火供器

图 65　保利拍卖公司铭文元铁镂雕鋄金龙纹带钩

图 66　鋄银元盔（杨勇藏）

1

2

图 67　錽银元盔盔缨（杨勇藏）与哈佛大学博物馆藏伊尔汗国细密画中蒙古胄比较

图 68　元盔（杨勇藏）与美国大都会博物馆藏元盔比较

图 69　元盔如意纹比较

图 70　元盔（杨勇藏）双龙纹

图 71 卢浮宫阿布扎比博物馆 元盔（Ezio Tuo 拍摄）

图 72 北京故宫博物院藏土尔扈特铁胄

图73　德国国家图书馆伊儿汗国细密画条盔

图75　美国大都会博物馆藏条盔

图 74　英国利兹皇家军械博物馆藏西藏条盔

图 76　伊儿汗国细密画中的小甲片胄

图 77　日本江户时期提灯兜

图 78　元末明初　臂手上端弧形甲片（苏海荣藏品）

图 79　台北故宫博物院藏《百子欢歌图卷》中的具装铠玩具

图1　台北故宫博物院藏《出警图》中的尖顶盔

图2　台北故宫博物院藏《出警图》中的红肩缨

图3 台北故宫博物院藏《入跸图》中的铁帽

图4 台北故宫博物院藏《出警图》中的凤翅盔

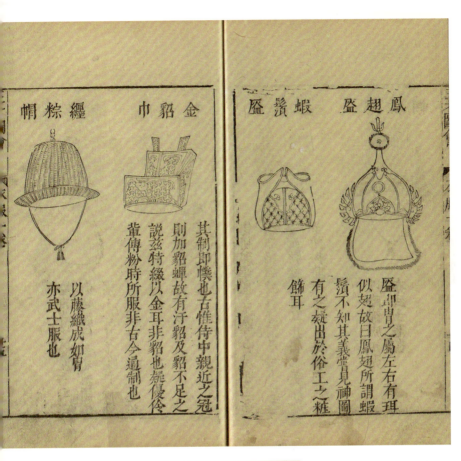

图 5　明《三才图会》凤翅盔

纓棕帽

以藤織成如冑
亦武士服也

金貂巾

其制即幘也古惟侍中親近之冠
則加貂蟬故有汗貂及貂不足之
說茲特綴以金耳非貂也嬈優伶
輩傳粉時所服非古今通制也

蝦鬚盔

盔即冑之屬左右有珥
似翅故曰鳳翅所謂蝦
鬚不知其義當貟神圖
有之嬈出於俗工之粧
飾耳

鳳翅盔

图6　护法帽顶

图7　真武帽顶

图8　金刚杵帽顶

图9　四川成都明蜀王世子朱悦燫墓"一把莲"纹饰

图10 台北故宫博物院藏《出警入跸图》中的朱漆勇字盔

图11 西藏匙头甲片

图 12　各种甲片形态的罩甲

《出警入跸图》六边琐子纹罩甲

札甲风格罩甲　　《货郎图》六边琐子纹 札甲纹 织金锦

图13　六边琐子纹札甲罩甲、织金锦

图14 台北故宫博物院藏《出警入跸图》中的马甲

图15 台北故宫博物院藏《出警入跸图》中的内操宦军

图16　台北故宫博物院藏《入跸图》中的方黄绢勇字罩甲

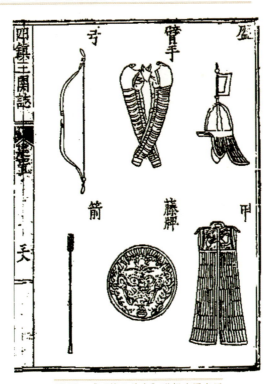

图17　《四镇三关志》明朝边军盔甲

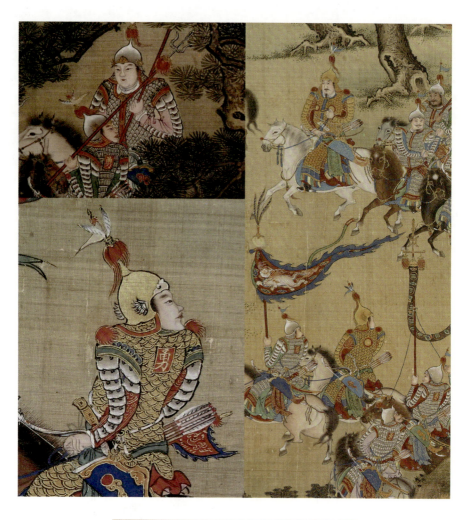

图18 台北故宫博物院藏《出警入跸图》中的臂手甲

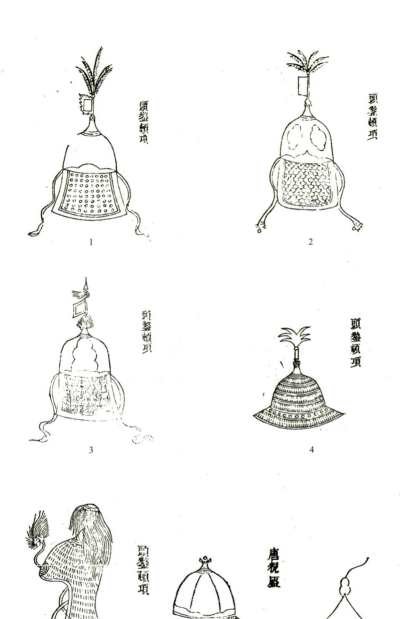

頭鍪頓項　　1

頭鍪頓項　　2

頭鍪頓項　　3

頭鍪頤項　　4

頭鍪頓項　　5

唐猊盔　　6

藤盔平　　7

图 19　《武备志》盔合集

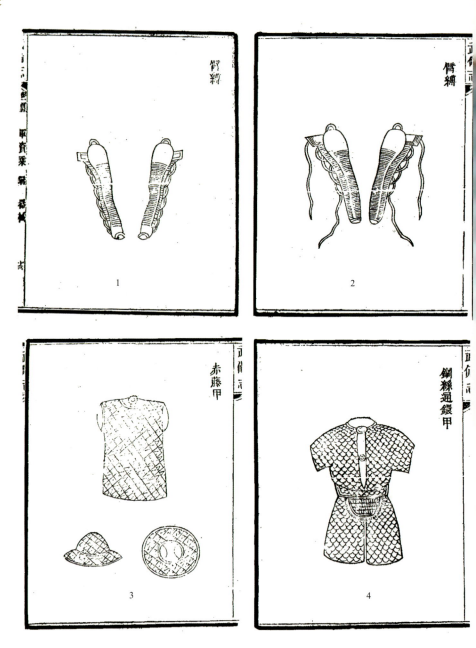

图20 《武备志》甲比较

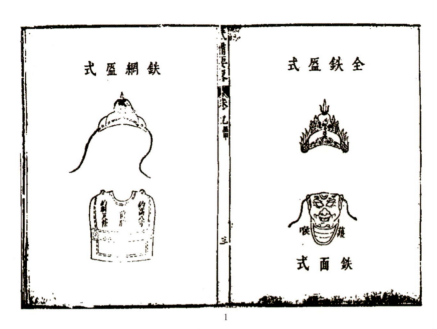

1

2

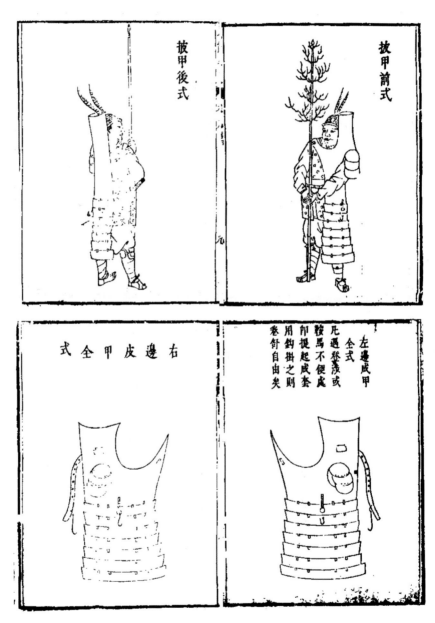

被甲後式

披甲前式

式全甲皮邊右

左邊成甲
全式
凡遇發淺或
鞍馬不便處
即提起成套
用鉤掛之則
卷舒自由矣

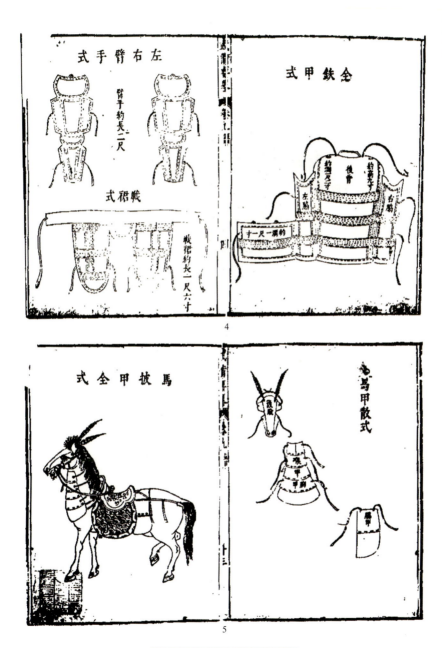

图21　《武备要略》甲胄形制

图 22　四川成都凤凰山蜀王世子朱悦燫墓铁盔

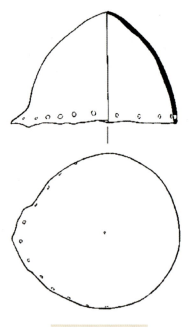

图 23-1　鲁荒王盔

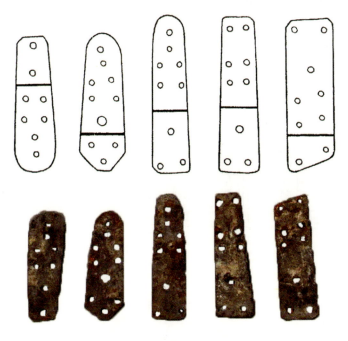

图23-2 鲁荒王甲片

图24-1 明南京吴忠墓铁甲叶

甲片叠压示意图

图 24-2 吴忠墓铁甲复原、甲片叠压示意图

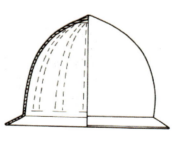

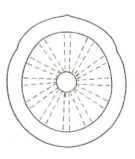

图 25 湖北钟祥梁庄王墓朱漆勇字盔

图 26-1　江苏南京将军山沐昂墓盔（线稿）

图 26-2　江苏南宁将军山沐昂墓铠甲

图 27　云南昆明沐详墓甲胄

图 28　北京明十三陵定陵万历皇帝铁胄

图 29　北京明十三陵定陵万历皇帝铁铠甲

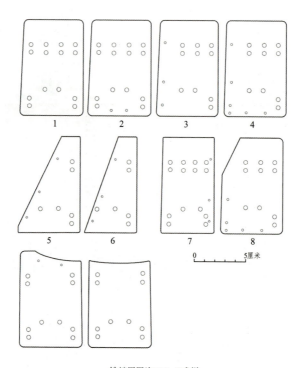

铁铠甲甲片X20：11式样

1、I型甲身片　2、I型下摆片　3、I型边甲片　4、I型边角甲片　5、6 II型腋下前襟甲片
7、I型肩部外侧甲片　8、II型腋下后襟甲片　9、10 III型领窝甲

图 30-1　北京明十三陵定陵万历皇帝铁铠甲甲片

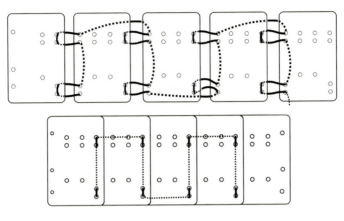

1　铁甲前襟凸字形连线

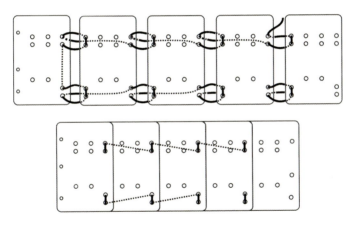

2　铁甲后襟锯齿形连线

图 30-2　万历铁甲横排编连示意图

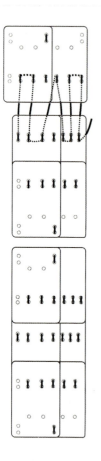

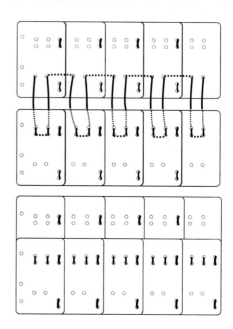

2. 万历铁铠甲身甲连接

1. 万历铁铠甲肩部连接

图 30-3　万历铁甲纵排缀示意图

图 31　北京明十三陵定陵万历皇帝胸甲圆护

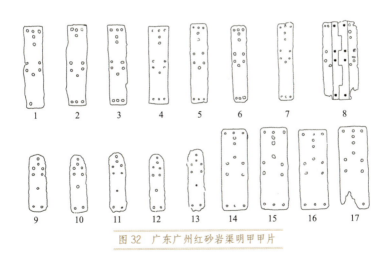

图 32　广东广州红砂岩渠明甲甲片

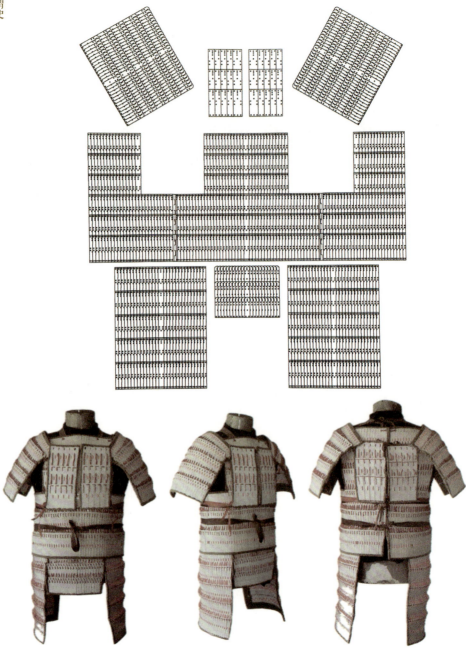

图 33　广东广州红砂岩渠明甲复原

图 34　江苏南京明孝陵石翁仲

图 35　山西平遥双林寺韦陀

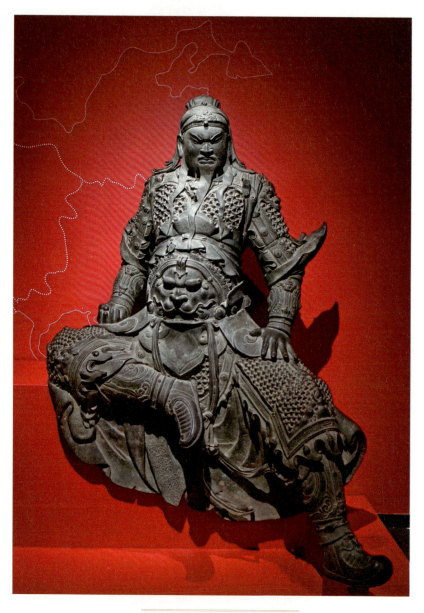

图 36　河南新乡市博物馆藏关羽像

图37　明商喜《关羽擒将图》

图38　山西朔州宝宁寺《守斋护戒诸龙神部》神将

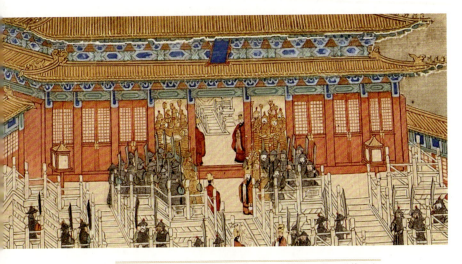

图 39-1　明《徐显卿宦迹图》甲士（摄影 @谢田谢摘星）

图 39-2　明《徐显卿宦迹图》甲士（摄影 @谢田谢摘星）

图 40　明《平番得胜图卷》将士

图 41　明《平番得胜图卷》兵卫

图 42　辽宁博物馆藏义州
卫守军铜令牌

图 43　明《平番得胜图卷》仪仗甲兵

图 44　明《平番得胜图卷》将士

图 45 明《平番得胜图卷》将士

图 46 明《平番得胜图卷》官兵

图 47 《倭寇图卷》甲士

图 48 杭州刀剪剑博物馆藏明末布面甲

图49　陇西县博物馆藏明布面甲　　　　图50　高台县博物馆藏盔甲

图51　山西省忻州市盔甲

图 52 西藏萨迦寺钉甲

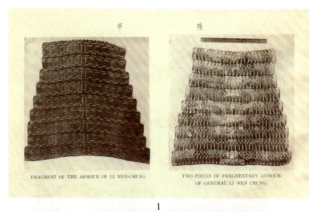

1

2

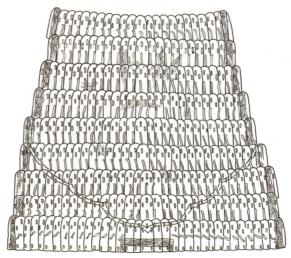

图 53　明岐阳王李文忠皮甲

图 54　中国人民革命军事博物馆藏锁子甲

图 55　甘肃敦煌市博物馆藏明锁甲

图 56　山东省济宁市金乡县博物馆藏香草压缝盔

图 57　辽宁省博物馆藏明铁盔（摄影 @君大一）

图 58　辽宁崇兴寺石翁仲　香草压缝盔

图 59　明朱漆勇字盔（杨勇藏）

图 60　尖顶明盔（杨勇藏）

图 61　明末牛心盔（杨勇藏）

图 62-1　明晚期錽银盔（赵亚民藏）

图 62-2　明铁盔（线描图绘制：周珏）

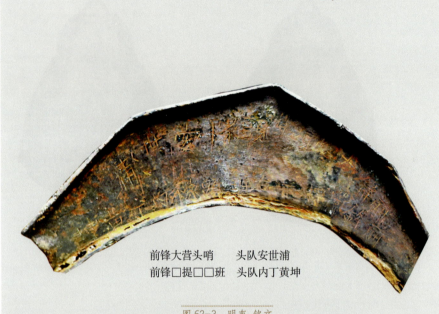

前锋大营头哨　　头队安世浦
前锋□提□□班　头队内丁黄坤

图 62-3　明盔 铭文

图 62-4　鋄银盔顿项

图 63　护颊铁甲片（杨勇藏）

图 64　多瓣曲边宽檐明盔（郭海勇藏）

图 65-1　明中期香草压缝铁盔（寒光甲胄工作室藏）

图 65-2　明柳叶甲（寒光甲胄工作室藏）

图 66　西藏拉萨明甲（时力强藏）

图 67　西藏群觉古代兵器博物馆藏红绒布面甲

图 68　西藏群觉古代兵器博物馆藏布面甲甲片

图 69　环臂甲甲片（龚剑藏）

1

2

图 70　明马甲（王旭藏）

图 71　环鏁铠（龚剑藏）

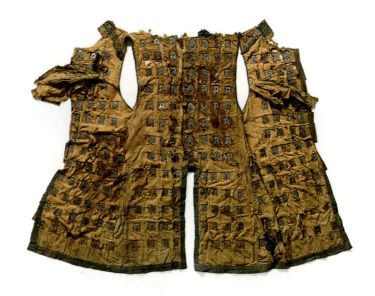

图 72-1　蒙古布面甲

Рис. 23. А-образные накладки панширных пластин: *1, 2, 4* — изготовленные из железа, покрытого серебром; *3* — из латуни; *4* — накладка, подвергшаяся ремонту. Фото Ю. И. Ожередова.

图 72-2　蒙古布面甲　梵文

图 72-3　如意火珠

图 73-1　布里亚特蒙古甲、盔

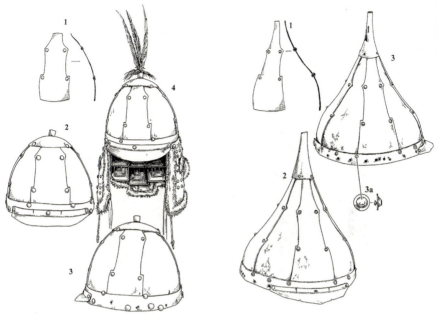

图 73-2 俄罗斯布里亚特共和国历史博物馆藏蒙古八瓣铁盔

图 74 新疆库车王府龟兹博物馆藏东察合台汗国铁盔

图 75　伊犁州博物馆藏察合台蒙古盔

图 76　首都博物馆　俺答汗鎏金云龙纹盔

图 77　英国 V&A 博物馆藏铁盔　　　　图 78　纽约佳士得拍品铁盔

图 79　日本福冈元寇史料馆藏铁盔

图 80　朝鲜带完整顿项铁盔

1　　　　　　　　　　　　　　2

图 81　朝鲜錽银莲花纹皮胎髹漆盔

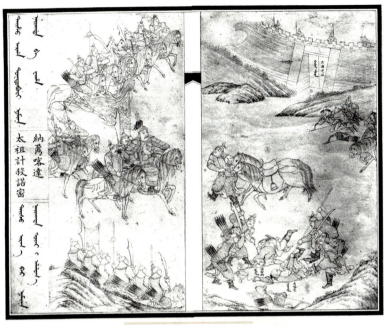

图1　清《满洲实录》甲胄

图2　清《满洲实录》甲胄

图 3　北京故官博物院藏努尔哈赤盔甲

图 4　北京故宫博物院藏皇太极盔甲

图 5　美国大都会博物馆藏清盔

图 6　俄罗斯艾尔米塔什博物馆藏清盔

图7　辽宁沈阳故宫博物院藏清盔（摄影@动脉影）

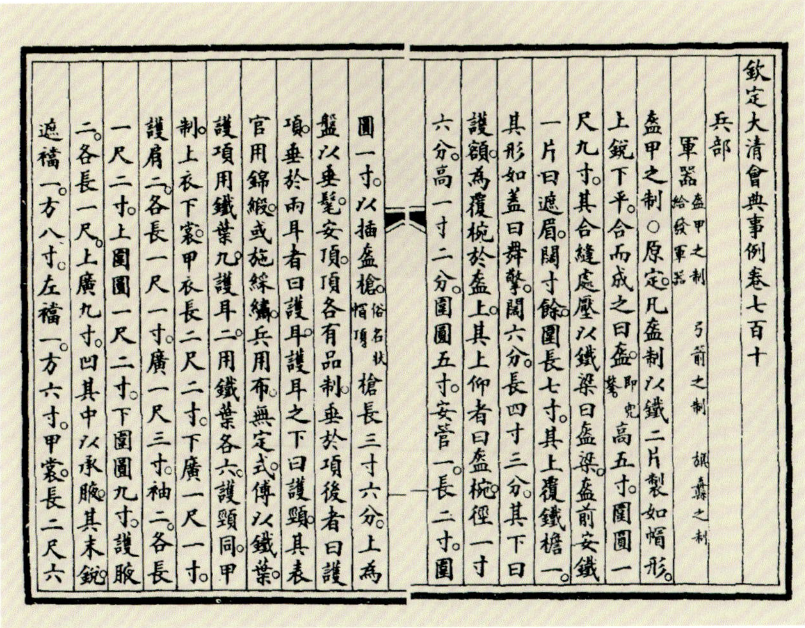

兵部

军器　甲之制　弓箭之制　胡禄之制

盔甲之制○原定凡盔制以铁二片製如帽形。上锐下平合而成之曰盔。即兜鍪。高五寸。圆圆一尺九寸其合缝处压以铁梁曰盔梁盔前安铁一片曰遮眉阔寸馀圆长七寸其上覆铁榹一尺九寸圆圆一尺九寸其合缝处压以铁梁曰盔梁盔前安铁其形如盖曰舜警閒六分长四寸三分其下曰护额为覆椀於盔上其上仰者曰盔椀径一寸护额为覆椀高一寸二分圆五寸安管一长二寸六分高一寸二分圆五寸安管一长二寸圆

圆一寸以插盔枪俗名枪顶帽顶枪长三寸六分上为盔以垂笔安顶顶各有品制垂於两耳者曰护耳护耳之下曰护项其表项垂於两耳者曰护耳护耳之下曰护项其表官用锦缎或施绣兵用布无定式传以铁葉。护项用铁葉九護耳二用鐵葉各六護頸同甲制上衣下裳甲衣長二尺二寸下廣一尺一寸護肩二各長一尺一寸廣一尺三寸袖二各長一尺二寸上圓圓一尺二寸下圓圓九寸凹其中以承腋其末銳二各長一尺上廣九寸凹其中以承腋其末銳逗襠一方八寸左襠一方六寸甲裳長二尺六

图8　《钦定大清会典事例》盔甲记载

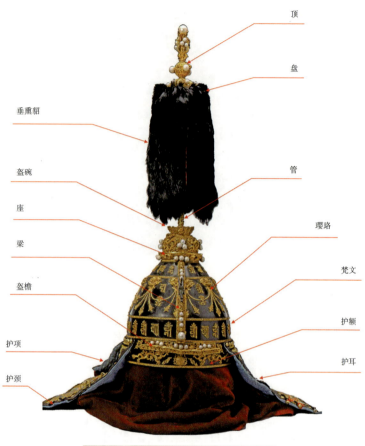

顶

盘

垂熏貂

管

盔碗

璎珞

座

梵文

梁

护额

盔檐

护耳

护项

护颈

图9 《钦定大清会典事例》盔细节名称

盔枪

垂髦

护腋

护肩

甲袖

遮裆

左裆

甲裳

图10　《钦定大清会典事例》盔甲细节名称

图 11　北京故宫博物院藏顺治皇帝大阅甲胄

图 12 北京故宫博物院藏康熙皇帝御用甲冑

图 13　北京故宫博物院藏乾隆皇帝大阅甲胄

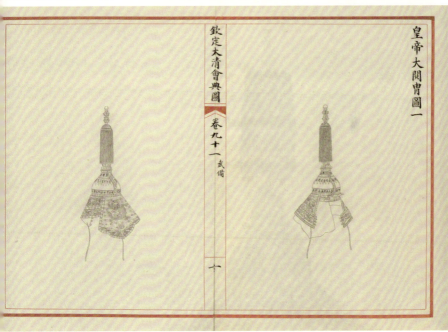

图 14　《钦定大清会典图》皇帝大阅甲胄

图 15-1　北京故宫博物院藏康熙皇帝御用盔

图 15-2　北京故宫博物院藏乾隆皇帝御用盔

图 15-3　北京故宫博物院藏乾隆皇帝御用盔金刚石臁蛇

图 15-4　北京故宫博物院藏乾隆皇帝御用盔盔缨

图 16　美国大都会博物馆藏铁錽金梵文盔

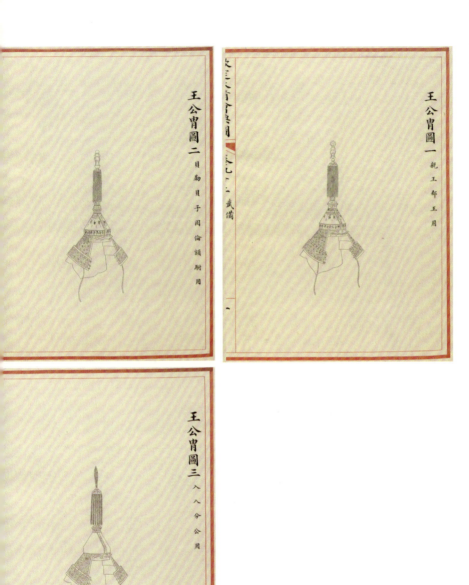

王公冑圖一　親王郡王用

王公冑圖二　貝勒貝子固倫額駙用

王公冑圖三　八分公用

图 17-1　《钦定大清会典图》王公冑

图 17-2　《钦定大清会典图》王公甲

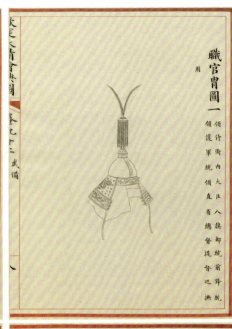

職官冑圖一
用
領侍衛內大臣八旗都統前鋒統
領護軍統領直省總督提督巡撫

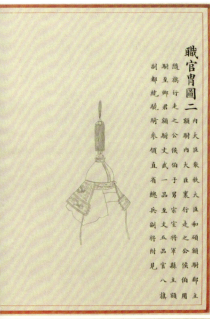

職官冑圖二
內大臣散秩大臣和碩額駙郡主
額駙內大臣襲行走之公侯伯用
隨旗行走之公侯伯子宗室將軍
駙至鄉君額駙丈五品官縣主額八旗
副都統驍騎參領直省總兵副將附見

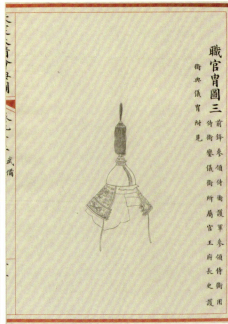

職官冑圖三
附見
衛典儀冑
前鋒參領侍衛護軍參領侍衛用
侍衛鑾儀衛所屬官王府長史護
衛

職官冑圖四
用
大六品至九品官直省參將以
下

图 18-1　《钦定大清会典图》职官胄

職官甲圖一

領侍衛內大臣　公侯伯子男　宗室覺羅　和碩額駙　文一二品　武一品官　八旗都統　前鋒統領　護軍統領　直省總督提督迤撫總兵用

至縣主額駙　副都統　前鋒統　副都統前鋒統　

職官甲圖二

文三品以下官　驍騎參領　郡君額駙　貝勒者副將以下用　參領郡君額

職官甲圖三

前鋒參領　待衛護軍參領　待衛用　待衛鑾儀衛所屬官　王府長史護衛典儀甲附見

图18-2　《钦定大清会典图》职官甲

正黄旗　　镶黄旗　　正白旗　　镶白旗

正红旗　　镶红旗　　正蓝旗　　镶蓝旗

图 19　北京故宫博物院藏八旗盔甲

图 20　北京故宫博物院藏乾隆皇帝大阅图

图 21　清八旗仪仗布面甲

綏疆懋績

图22　北京故宫博物院藏紫光阁元勋兆惠像

散秩大臣喀喇
巴圖魯阿玉錫
於格登山賊擾險
守率廿四人間道
襲後諸賊大潰爰
以成功本厄魯特
降順劾忠
乾隆庚辰春
御題

图 23　天津博物馆藏阿玉锡像

順治孝陵

康熙景陵

雍正泰陵

乾隆裕陵

嘉庆昌陵

图 24　清历代皇陵石翁仲

图25　美国大都会博物馆藏清王公甲胄

1   2   3

4   5

图 26   美国大都会博物馆藏清盔

图27　西藏萨迦寺梵文铁雕鋄金铁盔（摄影@老猪的碎碎念）

图28　铁盔（马未都藏）

图 29-2　辽宁沈阳故宫博物院藏铁胄

图 29-1　辽宁沈阳故宫博物院藏铁胄

图 30　盔顶（王晖藏）双龙纹

图31　盔顶龙纹比较

图 32　铁錽金职官盔（顾祎藏）

1

2

图 33 骁骑营钉甲（王晖藏）

图 34　皮胎髹漆盔（杨勇藏）

图 35　清盔（杨勇藏）

图 36　素铁盔（海外藏家 Ezio Shi）

图 37　铁鋄金龙纹盔顶（龚剑藏）

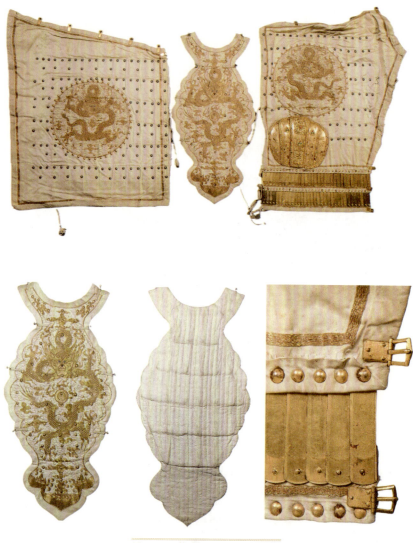

图 38-1 护腋、钉甲（王旭藏）

图 38-2　明末《行军图》

图 39　美国大都会博物馆藏清马甲

图 40　蒙古铁盔（英国古董商藏）

图 41　俄罗斯艾尔米塔什博物馆藏蒙古铁盔

图 42　俄罗斯艾尔米塔什博物馆藏蒙古盔

图1　西藏拉萨大昭寺吐蕃时期壁画武士像（摄影：陈宗烈）

图2　西藏拉萨大昭寺吐蕃时期壁画武士像（摄影：陈宗烈）

图 3　宝相花织锦（中国丝绸博物馆）

图 4　西藏拉萨大昭寺壁画武士像甲片细节

图 5　西藏铁札甲甲片錾刻折线痕迹

图6 甘肃敦煌《维摩诘经变相图》吐蕃武士

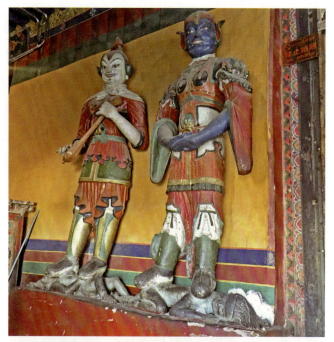

图7 西藏曲水聂塘寺天王像（摄影 芥子）

图 8 西藏古格白殿武士

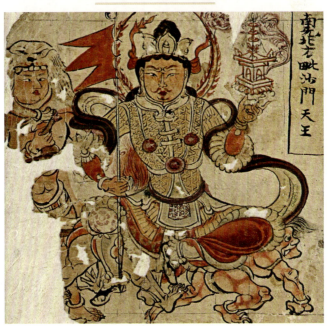

图 9 印度德里博物馆藏敦煌纸本毗沙门天王

图 10　甘肃敦煌 154 窟毗沙门天王

图11　西藏古格红殿将军宝

图12　西藏古格红殿壁画武士

1

2

图13　西藏古格红殿财宝天王壁画（摄影　王鹏）

图14　美国芝加哥艺术博物馆藏西藏匪嘎利武士

图15　美国芝加哥艺术博物馆藏西藏匪嘎利札甲

图 16　西藏武士老照片　　　　　图 17　西藏具装铠武士老照片

图 18　大英博物馆藏西藏大法会武士老照片

图 19-1　德国联邦档案馆藏西藏大法会骑兵老照片

图 19-2　德国联邦博物馆藏西藏大法会骑兵老照片

1

2

图 20　美国史密森尼学会藏西藏大法会步兵、骑兵老照片

图 21　新疆若羌米兰戍堡吐蕃皮甲片

图 22　大长岭吐蕃环锁铠

图 23　西藏札甲的"盆领"

图 24-1　西藏古格遗址藤盾

图 24-2　西藏古格遗址甲胄

图 24-3　西藏古格遗址头盔

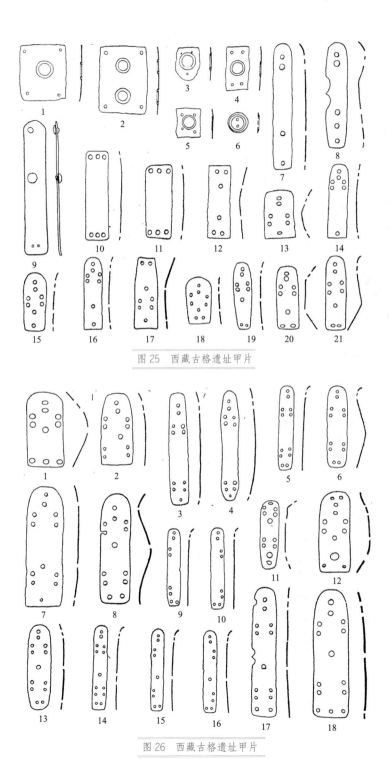

图 25　西藏古格遗址甲片

图 26　西藏古格遗址甲片

图 27　西藏古格遗址衣甲

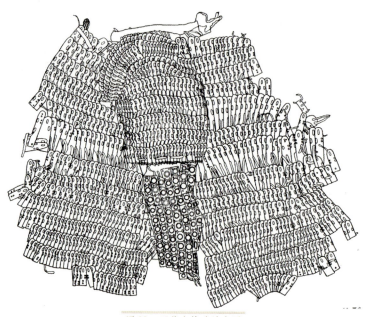

图 28　西藏古格遗址衣甲

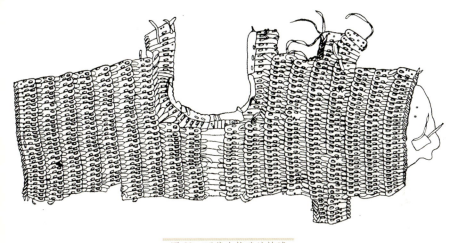

图 29　西藏古格遗址披膊

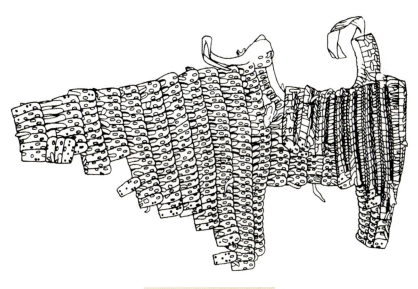

图 30　西藏古格遗址披膊

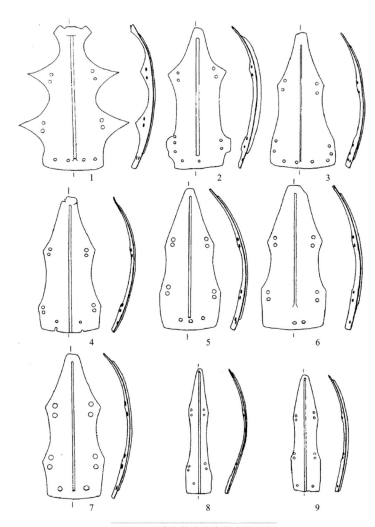

图 31　西藏古格遗址头盔外侧甲叶

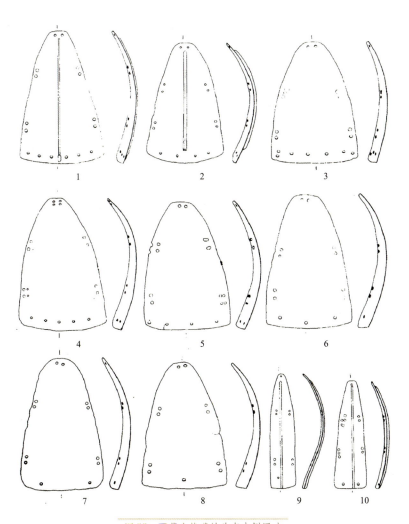

图 32　西藏古格遗址头盔内侧甲叶

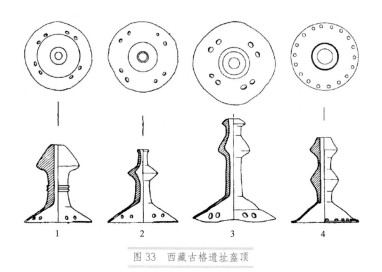

图 33　西藏古格遗址盔顶

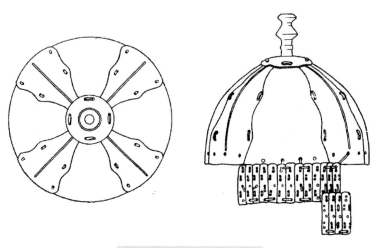

图 34　西藏古格遗址头盔复原

图 35　哲蚌寺盔甲

图 36　布达拉宫藏铠甲

小甲片编缀盔

条形甲叶盔

吐蕃　　　　　　　　　　　唐朝

图 37　吐蕃盔、唐盔比较

图 38　美国大都会博物馆藏八瓣盔

图 39　北京民族文化宫博物馆藏萨迦法王盔

图 40　八瓣盔（龚剑藏）

图 41　金盔叶（苏海荣藏）

图 42　西藏八瓣盔护额、顿项甲片

图 43 邦瀚斯拍卖行西藏盔

图 44 大英博物馆藏西藏盔

图 45　单竹节型盔顶

图 46　双鼓棱型盔顶

图 47　圆球型盔顶

图 48　八面双台型盔顶

图 49　甘肃敦煌莫高窟 012 窟胄顶

图 50　英国利兹皇家军械博物馆藏球顶盔

图 51　唐渤海国胄

图 52　英国利兹皇家军械博物馆藏十六瓣盔

图 53　美国大都会博物馆藏十六瓣盔

图 54　吐蕃、唐八瓣盔比较

图 55　美国大都会博物馆藏条形盔

图 56　美国大都会博物馆藏条形盔

图 57　条形盔（刘恒藏）

图 58　条形盔甲叶　　　　　图 59　条形盔残片（杨子麟藏）

图 60 多瓣盔（苏海荣藏）

图 61 英国利兹皇家军械博物馆藏条形盔

图62　俄罗斯阿穆尔地区条形盔复原

图 63　甘肃敦煌莫高窟 322 窟天王像条形盔　　　图 64　西藏大法会骑兵老照片（摄影：陈宗烈）

图 65　英国利兹皇家军械博物馆藏圆钵盔

图 66　錽银元盔（杨勇藏）

图 67　美国大都会博物馆藏西藏圆钵盔

图 68　元盔（龚剑藏）

图 69　元盔（杨子麟藏）

图 70　美国大都会博物馆藏圆钵盔

图 71　美国大都会博物馆藏鋄银盔

图 72　美国大都会博物馆藏鋄金盔

图 73　印度达兰萨拉盔

图 74　鋄金盔（苏海荣藏）

图 75　圆钵盔（顾祎藏）

图 76　圆钵盔（江龙藏）

图 77　錾金圆钵盔（杨子麟藏）

图 78　美国大都会博物馆藏圆钵盔

图 79　圆钵盔（龚剑藏）

图 80　圆钵盔（杨勇藏）

图 81　美国大都会博物馆藏朱漆皮盔

图 82-1　苏格兰国家博物馆藏西藏札甲　　　　图 82-2　大英图书馆藏西藏札甲老照片

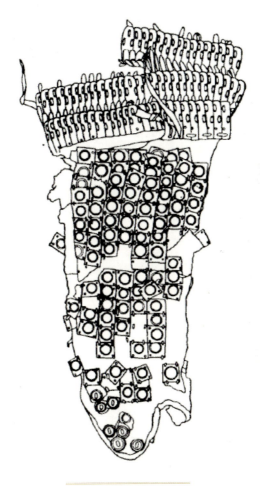

图83　西藏古格遗址臂手

1

2

图 84　美国大都会博物馆西藏札甲

1   2

图 85　大英博物馆藏西藏甲胄

1　　　　　　　　　　　　　　2

图 86　北京民族文化宫博物馆藏萨迦法王甲胄

图 87　江苏徐州博物馆藏西藏甲胄

1　　　　　　　　　　　　　　　　　　　　2

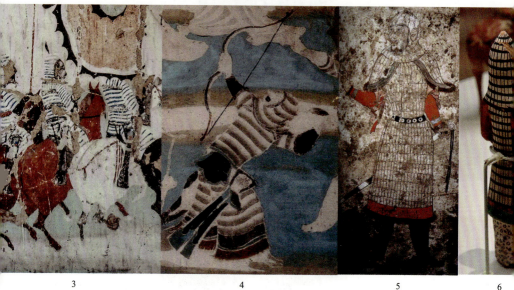

3　　　　　　　　　4　　　　　　　　5　　　　　6

图 88　西藏、敦煌、唐昭陵、新疆札甲比较

图 89　美国大都会博物馆藏披膊

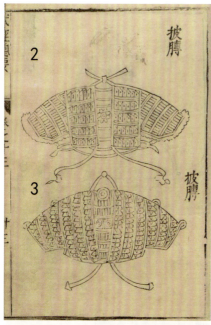

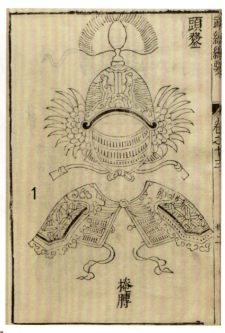

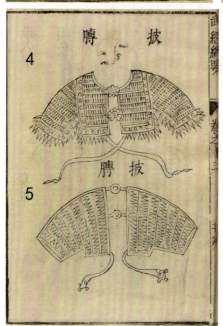

图90 《武经总要》披膊

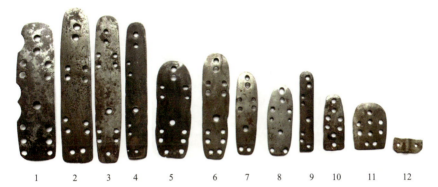

图 91　西藏甲片类型

图 92　西藏腰部甲片

图 96　西藏甲片锻造纹路　　　图 97　西藏甲片边条　　　图 98　西藏甲片勺子头

图 99　西域风格曲边甲片（龚剑藏）　　图 100　古格遗址曲边甲片（杨子麟、龚剑藏）

图 101　西藏铁札甲腰部甲片（苏海荣藏）

图 102　西藏山南金甲披膊

图 103　铜甲（苏海荣藏）

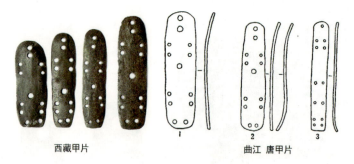

西藏甲片　　　　　　　　　　　　曲江 唐甲片

图 104　西藏甲片、唐甲片比较

1　　　　　　　2　　　　　　　3

图 105　西藏甲片、汉制甲片比较

图 106　美国大都会博物馆藏皮甲　　　　　图 107　四川大学博物馆藏皮甲

图 108　皮甲（龚剑藏）

图 109　德国联邦档案馆藏西藏环锁铠老照片

图110　美国大都会博物馆藏环锁铠

图111　西藏环锁铠（龚剑藏）

图112　西藏大法会具装铠老照片

图113　大英博物馆藏具装铠老照片

图 114　西藏火法会具装铠老照片（摄影：陈宗烈）

图 115　美国大都会博物馆藏马面甲

图 116　英国利兹皇家军械博物馆藏西藏武士甲胄、具装铠

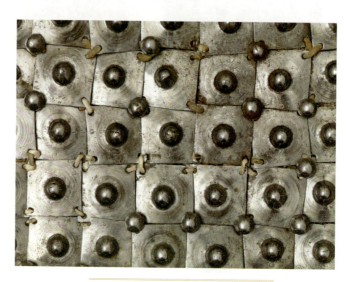

图 117　美国大都会博物馆藏具装铠鸡颈

图 118　美国大都会博物馆藏具装铠鸡颈

图 119　美国大都会博物馆藏西藏具装铠当胸

图 120　美国大都会博物馆藏皮护臂

图 121　皮护臂龟背纹比较

图 122　皮胎髹漆饰镂空铁雕护臂（龚剑藏）

图 123　镂空护臂（铁锤藏）　　　图 124　美国大都会博物馆藏曲边甲

图 125　英国 V&A 博物馆藏曲边甲

图 126　曲边甲（江龙藏）

图 127　曲边甲（杨子麟藏）

图 128　新疆柏孜克里克千佛洞壁画天王像

图 129　日本东京国立博物馆藏柏
孜克里克壁画天王像

图 131　德国联邦档案馆藏西藏大法会环鏁铠铁护腰老照片

图 130　美国大都会博物馆藏铁护腰

图 132　鋄金护腰（龚剑藏）

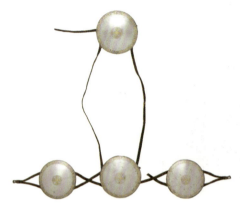

图 133-1　美国大都会博物馆藏护心镜　　　图 133-2　美国大都会博物馆藏护心镜

图 134　乃琼护法配饰铜质护心镜

图 135　鋄金旋焊护心镜（江龙藏）

图 136　护心镜　火漆印（龚剑藏）

图 137　美国大都会博物馆藏西藏面甲

图 138　美国大都会博物馆藏西藏鋄金面甲

图 139　美国大都会博物馆藏铁鋄金银麒麟纹臂手甲

图1 四川彝族武士老照片

图 2　韩国国立中央博物馆《征倭纪功图屏》

图 3　英国利兹皇家军械博物馆藏彝族盔　　　　图 5　美国大都会博物馆藏彝族盔

皮盾牌

图 4　四川大学博物馆藏彝族盔　　　　　图 6　彝族铭文皮甲

1

2

3

图7　美国大都会博物馆藏彝族皮甲

图 8　上海博物馆藏彝族皮甲

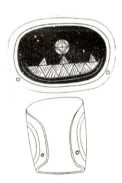

图 9　彝族皮甲护臂

图 10　彝族圆形太阳纹皮盾

图 11　四川大学博物馆藏彝族皮甲护颈